栄東中学校（東大特待）

〈収録内容〉

便利な DL コンテンツは右の QR コードから

解答用紙

過去年度

国語の問題は
紙面に掲載

⇒

※データのダウンロードは 2025 年 3 月末日まで。
※データへのアクセスには、右記のパスワードの入力が必要となります。 ⇒ 956921

〈合格基準点〉

	東大特待	1 教科	東大Ⅱ
2024年度	274点／329点／ー	207点／265点／ー	276点(東大)／335点(1年間)
2023年度	265点／324点／ー	210点／257点／ー	261点(東大)／328点(1年間)
2022年度	281点／335点／353点	201点／268点／280点	241点(東大)／300点(1年間)
2021年度	276点／329点／344点	195点／240点／245点	ー

※1年間／3年間／6年間特待

	東大Ⅰ	東大Ⅱ
2020年度	267点	282点

本書の特長

実戦力がつく入試過去問題集

- ▶ 問題 …………… 実際の入試問題を見やすく再編集。
- ▶ 解答用紙 …… 実戦対応仕様で収録。
- ▶ 解答解説 …… 詳しくわかりやすい解説には、難易度の目安がわかる「基本・重要・やや難」の分類マークつき（下記参照）。各科末尾には合格へと導く「ワンポイントアドバイス」を配置。採点に便利な配点つき。

入試に役立つ分類マーク

基本 確実な得点源！
受験生の 90%以上が正解できるような基礎的、かつ平易な問題。
何度もくり返して学習し、ケアレスミスも防げるようにしておこう。

重要 受験生なら何としても正解したい！
入試では典型的な問題で、長年にわたり、多くの学校でよく出題される問題。
各単元の内容理解を深めるのにも役立てよう。

やや難 これが解ければ合格に近づく！
受験生にとっては、かなり手ごたえのある問題。
合格者の正解率が低い場合もあるので、あきらめずにじっくりと取り組んでみよう。

合格への対策、実力錬成のための内容が充実

- ▶ 各科目の出題傾向の分析、合否を分けた問題の確認で、入試対策を強化！
- ▶ その他、学校紹介、過去問の効果的な使い方など、学習意欲を高める要素が満載！

解答用紙ダウンロード 解答用紙はプリントアウトしてご利用いただけます。弊社ＨＰの商品詳細ページよりダウンロードしてください。トビラのＱＲコードからアクセス可。

UD FONT 見やすく読みまちがえにくいユニバーサルデザインフォントを採用しています。

栄東中学校

アクティブ・ラーニングで未来を翔ける!!
可能性を広げる豊かな教育環境

生徒数　902名
〒337-0054
埼玉県さいたま市見沼区砂町2-77
☎048-667-7700
☎048-666-9200（アドミッションセンター）
宇都宮線東大宮駅　徒歩8分

URL	https://www.sakaehigashi.ed.jp

環境

文武両道で心と身体を豊かに

新しく第６校舎が完成し、学習施設はもちろん、活発な部活動に応える各種施設も充実。体育館は床面積が5000㎡、１階には柔道場・剣道場・小体育館、２階にはバスケットコート２面のアリーナ、そして３階には650席のギャラリーが備えられている。講堂は700人以上収容可能な観客席のあるホールとなっている。２階建ての図書館は、１階が閲覧室、２階が自習室として、日々生徒の学習活動に利用されている。そのほかにもアーチェリー場、室内温水プール、硬式テニスコート、日本庭園に囲まれた茶室など31ある各部に対応している。

ハード面ばかりでなく、ソフト面の環境も充実。専任教員が生徒一人ひとりの学習・生活面をきめ細やかにサポート・指導している。

カリキュラム

知る・探る・究める アクティブ・ラーニング

中高ともにアクティブ・ラーニング（以下AL）を柱に特色あるカリキュラムを展開している。ALとは能動的・活動的な学習のことで、教師が生徒に知識を伝達する講義形式ではなく、課題研究やディスカッション、プレゼンテーションなど、生徒の能動的な活動を取り入れた授業の総称。

AL in アメリカ 異文化コミュニケーション

中学には「東大クラス」と「難関大クラス」を設置。東大クラスは、将来に向けて高い目標を掲げることで、幅広く、奥深い学習を行う。難関大クラスもカリキュラムと授業進度は東大クラスと同じである。具体的な取り組みとしては、各教科をはじめ、20年後の履歴書、キャリア教育や授業の中での校内AL。それをステップアップさせ現地調査・研究を目的とした、宿泊を伴う奥武蔵、京都、オーストラリアへのALと展開していく。様々な教育活動を通して、自立的な学習態度や社会が求める「前に踏み出す力」「考え抜く力」「チームで働く力」を育む。

高校には「東・医」、「α（アルファ）」という２つのクラスが設定され、ALを展開し、部活動に励みながら社会に貢献するために必要な力を身につけることを目標としている。両クラスとも３年間という限られた時間の中で目標を達成するために、２年次から文系・理系および習熟度別に授業クラスが編成される。将来の志望と自らの興味・適性に合わせ、科目を選択できるようになっている。３年次には志望する大学の入試形態に合わせた授業クラスが編成される。最大限の効果が得られるよう、個々の志望に応じた入試対策演習を重ね、第一志望校合格をより確実なものにする。

学校生活

国際社会で活躍できる人材を育成

海外ALは中３でオーストラリア、高２でアメリカを訪れる。その他、希望者は短期研修に参加している。

［運動部］　軟式野球、バレーボール、剣道、バスケットボール、水泳、陸上競技、卓球、サッカー、柔道、アーチェリー、テニス、ソフトボール、アメリカンフットボール、チアダンス

［文化部］　吹奏楽、コーラス、箏曲、書道、茶道、美術、理科研究、鉄道研究、クイズ研究、インターアクト、囲碁将棋、ESS、写真、社会科研究、競技数学同好会、園芸同好会、家庭科同好会、情報技術同好会、演劇同好会

クイズ研究部クイズ全国大会準優勝!!
グアム、ニューヨークへ

進路

国公立への道を拓く!!

東大をはじめとする最難関大学に多数の合格者を出し、難関大学への現役合格率は首都圏でもトップレベルとなっている。

2023年度は東大13名など国公立大215名合格。早稲田143名、慶應77名、上智29名合格。また医歯薬獣系も好調で、217名が合格した。

2024年度入試要項

試験日　1/10または11（A日程）
1/11または16（帰国生）
1/12（東大特待Ⅰ）
1/16（B日程）　1/18（東大Ⅱ）

試験科目　国・算・理・社（一般）
国・算＋面接または算・英＋英語面接（帰国生）
※東大特待Ⅰは算数1教科型も可

2024年度	募集定員	受験者数	合格者数	競争率
A日程10日 難関大/東大	100/40	5522	1625/1966	1.5
A日程11日 難関大/東大		2325	525/696	1.9
東大特待Ⅰ 4科/算数	30	1151/141	598/34	1.9/4.1
B日程/東大Ⅱ	40/30	2008/621	870/309	2.3/2.0

※帰国生の募集は若干名

過去問の効果的な使い方

① **はじめに**　ここでは，受験生のみなさんが，ご家庭で過去問を利用される場合の，一般的な活用法を説明していきます。もし，塾に通われていたり，家庭教師の指導のもとで学習されていたりする場合は，その先生方の指示にしたがって，過去問を活用してください。その理由は，通常，塾のカリキュラムや家庭教師の指導計画の中に過去問学習が含まれており，どの時期から，どのように過去問を活用するのか，という具体的な方法がそれぞれの場合で異なるからです。

② **目的**　言うまでもなく，志望校の入学試験に合格することが，過去問学習の第一の目的です。そのためには，それぞれの志望校の入試問題について，どのようなレベルのどのような分野の問題が何問，出題されているのかを確認し，近年の出題傾向を探り，合格点を得るための試行錯誤をして，各校の入学試験について自分なりの感触を得ることが必要になります。過去問学習は，このための重要な過程であり，合格に向けて，新たに実力を養成していく機会なのです。

③ **開始時期**　過去問との取り組みは，通常，全分野の学習が一通り終了した時期，すなわち6年生の7月から8月にかけて始まります。しかし，各分野の基本が身についていない場合や，反対に短期間で過去問学習をこなせるだけの実力がある場合は，9月以降が過去問学習の開始時期になります。

④ **活用法**　各年度の入試問題を全問マスターしよう，と思う必要はありません。完璧を目標にすると挫折しやすいものです。できるかぎり多くの問題を解けるにこしたことはありませんが，それよりも重要なのは，現実に各志望校に合格するために，どの問題が解けなければいけないか，どの問題は解けなくてもよいか，という眼力を養うことです。

算数

どの問題を解き，どの問題は解けなくてもよいのかを見極めるには相当の実力が必要になりますし，この段階にいきなり到達するのは容易ではないので，この前段階の一般的な過去問学習法，活用法を2つの場合に分けて説明します。

☆偏差値がほぼ55以上ある場合

掲載順の通り，新しい年度から順に年度ごとに3年度分以上，解いていきます。

ポイント1…問題集に直接書き込んで解くのではなく，各問題の計算法や解き方を，明快にわかるように意識してノートに書き記す。

ポイント2…答えの正誤を点検し，解けなかった問題に印をつける。特に，解説の 基本 重要 がついている問題で解けなかった問題をよく復習する。

ポイント3…1回目にできなかった問題を解き直す。同様に，2回目，3回目，…と解けなければいけない問題を解き直す。

ポイント4…難問を解く必要はなく，基本をおろそかにしないこと。

☆偏差値が50前後かそれ以下の場合

ポイント1～4以外に，志望校の出題内容で「計算問題・一行問題」の比重が大きい場合，これらの問題をまず優先してマスターするとか，例えば，大問2までをマスターしてしまうとよいでしょう。

理科

理科は[1]から順番に解くことにほとんど意味はありません。理科は，性格の違う4つの分野が合わさった科目です。また，同じ分野でも単なる知識問題なのか，あるいは実験や観察の考察問題なのかによってもかかる時間がずいぶんちがいます。記述，計算，描図など，出題形式もさまざまです。ですから，解く順番の上手，下手で，10点以上の差がつくこともあります。

過去問を解き始める時も，はじめに1回分の試験問題の全体を見通して，解く順番を決めましょう。得意分野から解くのもよいでしょう。短時間で解けそうな問題を見つけて手をつけるのも効果的です。くれぐれも，難問に時間を取られすぎないように，わからない問題はスキップして，早めに全体を解き終えることを意識しましょう。

社会

社会は[1]から順番に解いていってかまいません。ただし，時間のかかりそうな，「地形図の読み取り」，「統計の読み取り」，「計算が必要な問題」，「字数の多い論述問題」などは後回しにするのが賢明です。また，3分野(地理・歴史・政治)の中で極端に得意，不得意がある受験生は，得意分野から手をつけるべきです。

過去問を解くときは，試験時間を有効に活用できるよう，時間は常に意識しなければなりません。ただし，時間に追われて雑にならないようにする注意が必要です。“誤っているもの”を選ぶ設問なのに“正しいもの”を選んでしまった，“すべて選びなさい”という設問なのに一つしか選ばなかったなどが致命的なミスになってしまいます。問題文の“正しいもの”，“誤っているもの”，“一つ選び”，“すべて選び”などに下線を引いて，一つ一つ確認しながら問題を解くとよいでしょう。

過去問を解き終わったら，自己採点し，受験生自身でふり返りをしましょう。できなかった問題については，なぜできなかったのかについての分析が必要です。例えば，「知識が必要な問題」ができなかったのか，「問題文や資料から判断する問題」ができなかったのかで，これから取り組むべきことも大きく異なってくるはずです。また，正解できた問題も，「勘で解いた」，「確信が持てない」といったときはふり返りが必要です。問題集の解説を読んでも納得がいかないときは，塾の先生などに質問をして，理解するようにしましょう。

国語

過去問に取り組む一番の目的は，志望校の傾向をつかみ，本番でどのように入試問題と向かい合うべきか考えることです。素材文の傾向，設問の傾向，問題数の傾向など，十分に研究していきましょう。

取り組む際は，まず解答用紙を確認しましょう。漢字や語句問題の量，記述問題の種類や量などが，解答用紙を見て，わかります。次に，ページをめくり，問題用紙全体を確認しましょう。どのような問題配列になっているのか，問題の難度はどの程度か，などを確認して，どの問題から取り組むべきかを判断するとよいでしょう。

一般的に「漢字」→「語句問題」→「読解問題」という形で取り組むと，効率よく時間を使うことができます。

また，解答用紙は，必ず，実際の大きさのものを使用しましょう。字数指定のない記述問題などは，解答欄の大きさから，書く量を考えていきましょう。

算数　出題傾向の分析と合格への対策

●出題傾向と内容

東大Ⅰ・Ⅱの出題数は，大問が4題または5題で小問数は20題前後であり，1教科入試のほうは大問が3題または4題で小問数が7題～15題前後である。

東大Ⅰ・Ⅱの出題形態は通常の入試問題とほぼ類似しており，「平面図形」・「立体図形」・「割合と比」・「速さの三公式と比」・「和と差の文章題」・「場合の数」から出題される比率が高い。なかにはかなり難しい問題が含まれる場合があり，注意を要する。

1教科入試の出題形態は，通常の入試問題とは異なり「論理・推理」が重視されており，考え方を説明させる問題が特徴である。問題文をよく読んで細部を見落とさないように注意して，ヒントを見つけることがポイントになる。

✔学習のポイント

やや難しい練習問題と取り組み，長めの問題文の読み取りに注意して問題文に含まれるヒントを見つけられるように意識すること。

●2025年度の予想と対策

本校の過去問を利用して，これまでの出題傾向とレベルに慣れておくことが大事であり，難問にこだわる前に合格点を確保できる実力養成を目指す必要がある。

東大Ⅰ・Ⅱでは「図形」・「割合と比」・「速さの三公式と比」・「和と差の文章題」・「場合の数」の分野について型通りでない出題を意識して問題と取り組み，1教科入試では長めの文章題に挑戦して，問題のなかの考え方の理由を説明する課題に対し自分なりにヒントをつかみ，わかりやすい説明が書けるように練習しておく必要がある。

▼年度別出題内容分類表

※　よく出ている順に☆，◎，○の３段階で示してあります。

出題内容			2022年			2023年			2024年		
			東大Ⅰ	東大Ⅱ	1教科	東大Ⅰ	東大Ⅱ	1教科	東大Ⅰ	東大Ⅱ	1教科
数と計算		四則計算									
		概数・単位の換算	○	○		○			○	○	
		数の性質	☆		☆		◎	○	◎		
		演算記号	☆			☆					
図形		平面図形	☆	☆	○	☆	☆	☆	☆	☆	☆
		立体図形	☆	☆		☆	☆		☆	☆	
		面積	○	◎	○	☆	☆	◎	○		
		体積と容積	◎				○			◎	
		縮図と拡大図	◎	◎	○	☆	◎		☆	☆	
		図形や点の移動		☆				◎	☆		
速さ		三公式と比	○	☆		○	○		○	○	
	文章題	旅人算	○								
		流水算									
		通過算・時計算									
割合		割合と比	☆	☆		☆	☆	◎	☆	☆	☆
	文章題	相当算・還元算									
		倍数算									
		分配算									
		仕事算・ニュートン算		○		◎			○	○	
文字と式											
2量の関係(比例・反比例)											
統計・表とグラフ											
場合の数・確からしさ			◎		○	○	☆	○		☆	☆
数列・規則性			○	○		☆	○		☆	○	☆
論理・推理・集合					☆			☆			○
その他の文章題		和差・平均算	○							○	
		つるかめ・過不足・差集め算	○	○		○	○			◎	
		消去・年令算	○	◎		○			◎	○	
		植木・方陣算									

算数 ——グラフで見る最近3ヶ年の傾向——

最近3ヶ年に出題されたすべての問題を内容別に分類・集計し，全体に対して何パーセントくらいの割合になっているかを示しました。

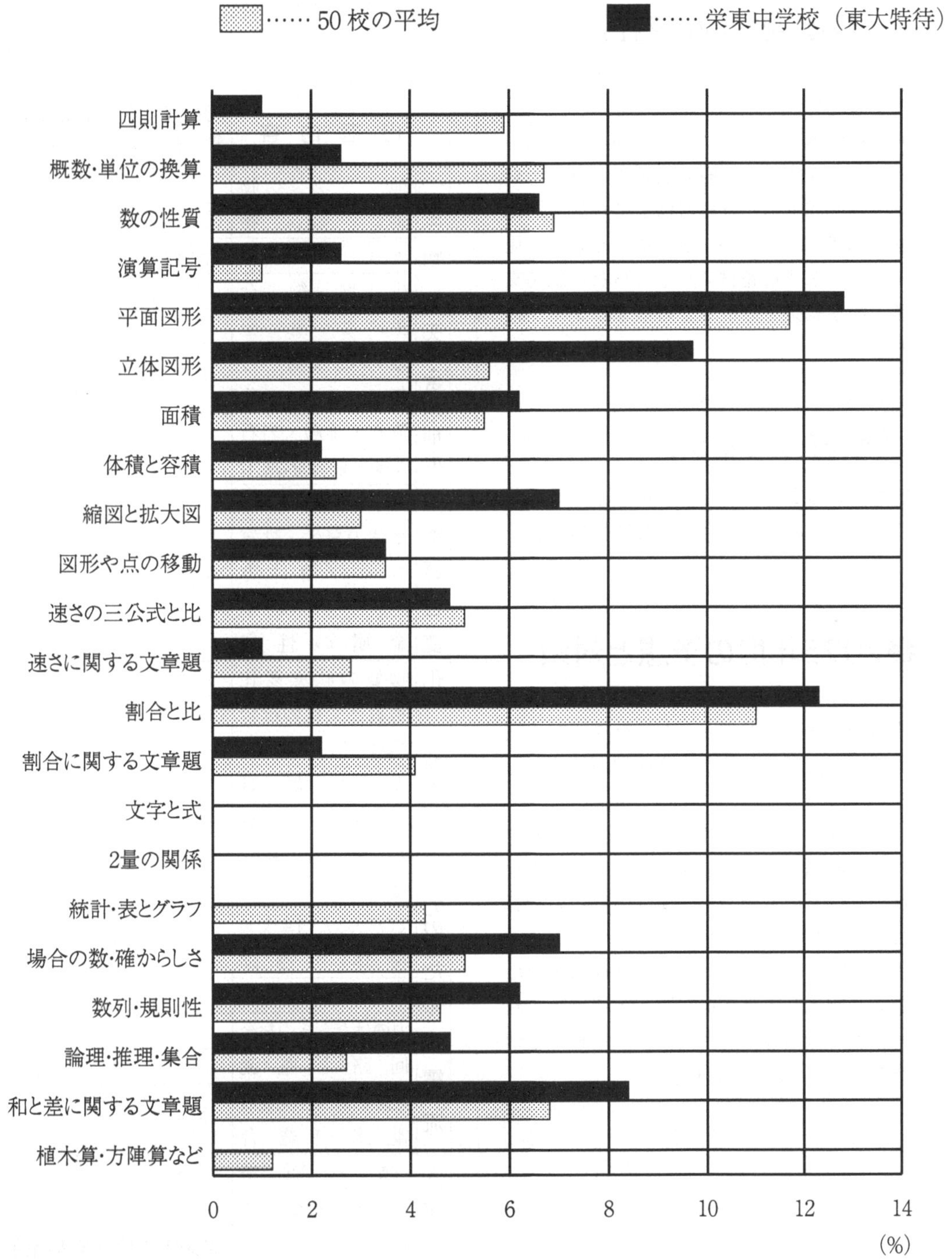

理科　出題傾向の分析と合格への対策

●出題傾向と内容

今年度は大問4題，解答数25と，例年とほぼ同程度であった。

記号選択問題が中心だが，計算問題の出題もある。また，文章記述問題が出題されることもある。計算問題では，計算力以上に題意の正確な理解や思考力などが要求される。そして，見慣れていないような題材で，与えられた説明文や実験・観察結果を分析して考察するタイプの問題も多い。

学習のポイント

実験や観察などの結果をもとに考察するタイプの問題に積極的にとり組んで慣れておこう。

●2025年度の予想と対策

やや難易度の高い思考力や考察を要求される問題を含む記号選択が中心だが，計算問題や文章記述問題も出題されるという傾向が続くと思われる。

計算は物理・化学分野に限らず，生物や地学分野からも出題される可能性があるので，やや難易度の高いものも含めて，幅広い単元の計算問題に取り組んでおくとよい。

また，未習内容を題材にして，試験問題中にくわしく説明されるような問題もよく出題されるので，読解力・思考力・分析力を養える学習・演習を重ねておくとよい。

▼年度別出題内容分類表

※　よく出ている順に☆，◎，○の３段階で示してあります。

出題内容		2022年		2023年		2024年	
		東大Ⅰ	東大Ⅱ	東大Ⅰ	東大Ⅱ	東大Ⅰ	東大Ⅱ
生物	植物			☆	☆		☆
	動物	○					
	人体	☆	☆			☆	
	生物総合						
天体・気象・地形	星と星座						
	地球と太陽・月						
	気象		○			☆	☆
	流水・地層・岩石	☆	☆	☆	☆		
	天体・気象・地形の総合						
物質と変化	水溶液の性質・物質との反応	◎		☆			
	気体の発生・性質			◎			
	ものの溶け方	☆			☆	☆	
	燃焼		○				
	金属の性質			○			
	物質の状態変化		○				◎
	物質と変化の総合		○				
熱・光・音	熱の伝わり方		◎				☆
	光の性質		☆				
	音の性質						
	熱・光・音の総合						
力のはたらき	ばね						
	てこ・てんびん・滑車・輪軸	☆		☆		◎	
	物体の運動						
	浮力と密度・圧力						
	力のはたらきの総合					☆	
電流	回路と電流				☆		
	電流のはたらき・電磁石				◎		☆
	電流の総合						
実験・観察		☆	☆	☆	☆	☆	☆
環境と時事／その他							

理科 ——グラフで見る最近3ヶ年の傾向——

最近3ヶ年に出題されたすべての問題を内容別に分類・集計し，全体に対して何パーセントくらいの割合になっているかを示しました。

▒……50校の平均　　　■……栄東中学校（東大特待）

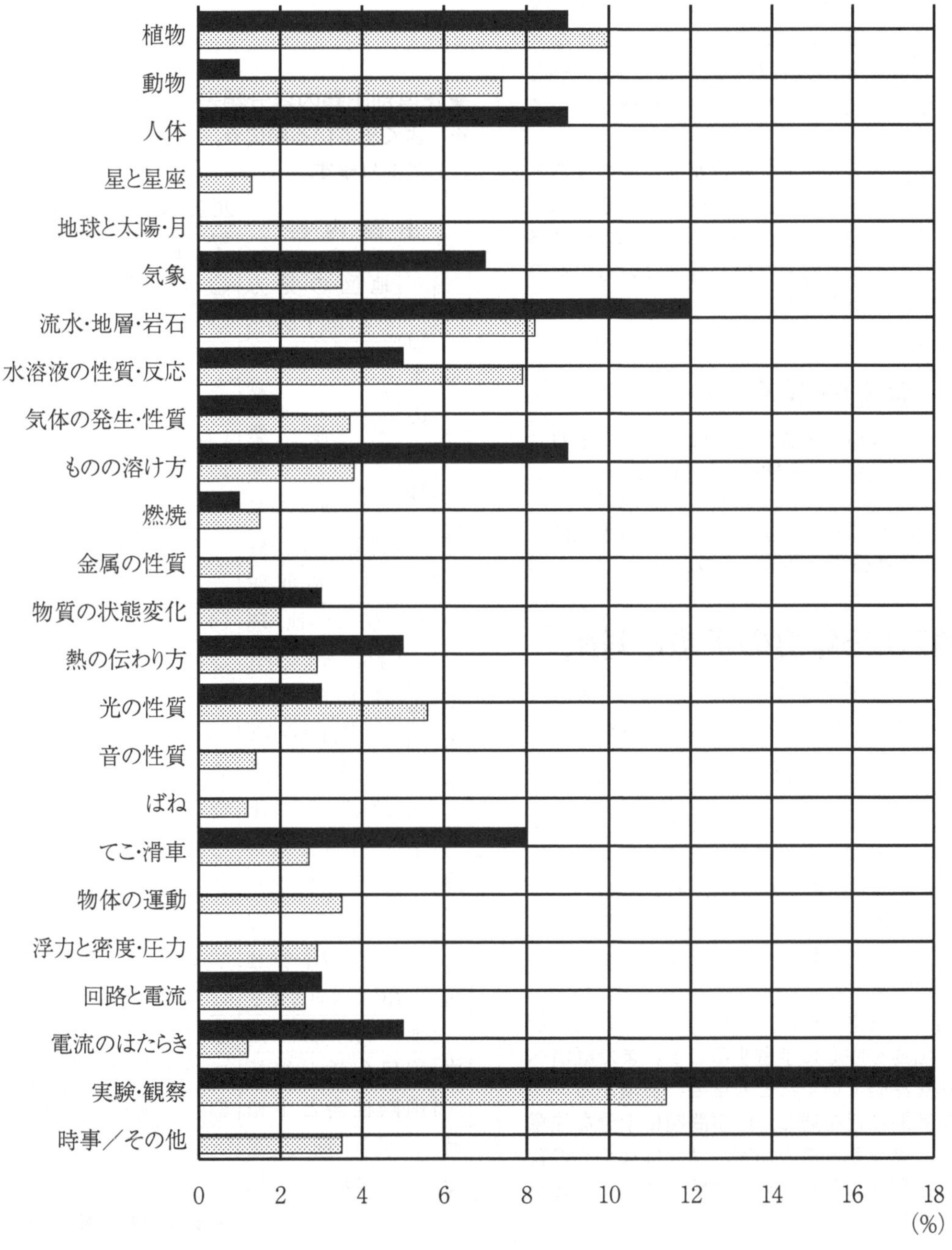

社会　出題傾向の分析と合格への対策

●出題傾向と内容

地理は日本のさまざまな地域の産業や気候，地形図の読図に関する内容が問われている。歴史は古代から現代までの政治，産業，文化などに関する問題が出された。政治は憲法，三権，地方自治国際社会，経済に関する事柄について出題された。

全般に，ストレートに知識があればできるというものもあるが，周辺の知識と照らし合わせて考えないと答えづらいものが特に地理に多く，記述もかなり考えないと書けないものなので十分な対策が必要といえる。

学習のポイント

地理：基本知識を覚えるだけでなく，それに関連する事柄にも注意しよう。
歴史：歴史の流れや因果関係に強くなろう。
政治：政治に関する基本事項とその因果関係を確実に理解しよう。

●2025年度の予想と対策

各分野の正確な知識と理解，論理的な思考力が必要である。重要事項の整理とともに他分野との関連を考えて学習していきたい。

地理は，国土，産業の特色を学習すること。その際に，地図帳で必ず位置を確認し，資料集で最新の統計データを見ることはもちろん，その数値と勉強したことのつながりに注意しよう。

歴史は，政治史を中心に時代ごと，テーマごとに整理する。事件名・人名・年代などを関連付けて覚えること。

政治は，日本国憲法，人権，日本の政治の仕組みと国連を中心に学習すること。また経済への理解を深めていくことも重要。日頃からニュースや新聞に目を通し，時事問題に十分な注意を払い，単なる言葉の知識だけではなくその背景や因果関係なども含めて理解していくことが重要である。

▼年度別出題内容分類表

※　よく出ている順に☆，◎，○の３段階で示してあります。

出題内容			2022年		2023年		2024年	
			東大Ⅰ	東大Ⅱ	東大Ⅰ	東大Ⅱ	東大Ⅰ	東大Ⅱ
地理	日本の地理	地図の見方	◎	◎	◎	◎	◎	◎
		日本の国土と自然	◎	○	◎	◎	◎	◎
		人口・土地利用・資源	◎	○	☆	☆	◎	☆
		農業	◎	◎	○	◎	◎	
		水産業	○	○	○	○	○	
		工業	◎	◎	◎	○	◎	○
		運輸・通信・貿易		○	○	○	○	
		商業・経済一般						○
	公害・環境問題				○			
	世界の地理		○	○				
日本の歴史	時代別	原始から平安時代	◎	☆	◎	◎	☆	◎
		鎌倉・室町時代	◎	○	◎	◎	◎	◎
		安土桃山・江戸時代	◎	◎	☆	◎	☆	◎
		明治時代から現代	☆	☆	☆	☆	◎	☆
	テーマ別	政治・法律	☆	☆	☆	☆	☆	☆
		経済・社会・技術	○	○	◎	◎	◎	○
		文化・宗教・教育	◎	◎	☆	◎	◎	◎
		外交	◎	○	◎	◎	◎	○
政治	憲法の原理・基本的人権		○	○	◎	◎	○	◎
	政治のしくみと働き		◎	☆	○	◎	◎	◎
	地方自治		○	○	○	○		
	国民生活と福祉			○	○			
	国際社会と平和		◎		◎		○	
時事問題								
その他			◎	◎	○		◎	◎

栄東中学校（東大特待）

社会 ——グラフで見る最近3ヶ年の傾向——

最近3ヶ年に出題されたすべての問題を内容別に分類・集計し，全体に対して何パーセントくらいの割合になっているかを示しました。

……50校の平均　　……栄東中学校（東大特待）

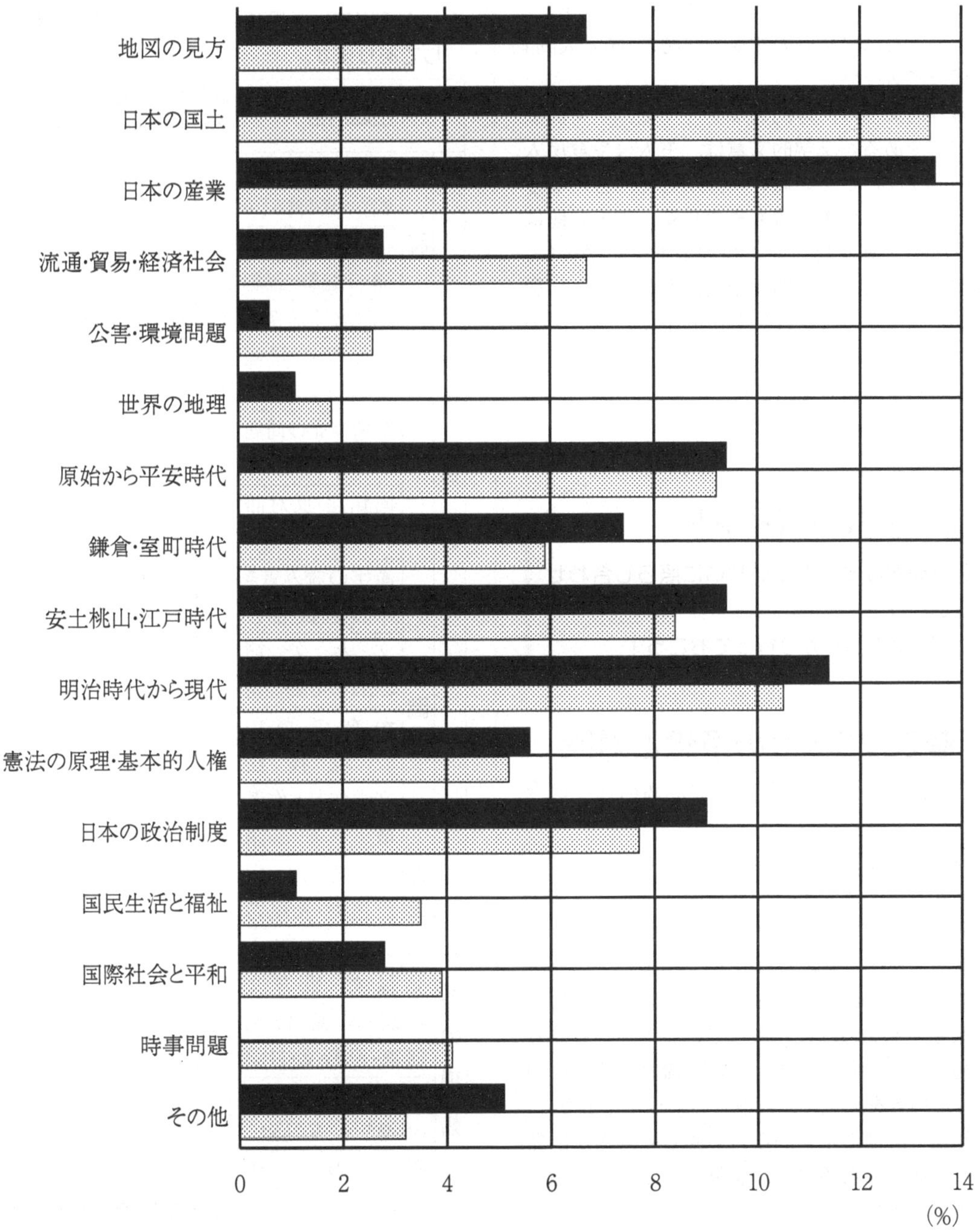

国語

出題傾向の分析と合格への対策

●出題傾向と内容

今年度は東大特待Ⅰ・東大Ⅱいずれも，論理的文章と文学的文章の長文問題が各1題ずつ，漢字，ことばの意味の知識の問題が1題の大問4題構成であった。

論理的文章は，専門的なテーマで，やや高度な内容である。文学的文章は，主人公や登場人物の心情などがていねいに描かれた内容になっている。いずれの文章もやや長く，選択問題は本文との丁寧な照合が不可欠である。最後に，内容にからめた記述問題が出題されるのが特徴である。本文全体を理解し，的確に述べる必要がある。

総合的な国語力を試される内容である。

学習のポイント

選択問題は本文とていねいに照らし合わせていこう！
記述対策をしっかり行っておこう！

●2025年度の予想と対策

長文2題に，知識分野の独立問題の構成は今後も続くと見られる。

論理的文章，文学的文章いずれも記述対策はしっかり行っておきたい。新聞の社説や短編小説の要約などで，記述力をつけておこう。自分の考えを述べる練習もしておきたい。

選択問題では，選択肢の説明をていねいに読み取り，本文の内容と合っているか，しっかり見極めることが重要だ。文章の流れを的確につかんで内容を正確に読み取れるようにしよう。

知識分野は慣用句的な言い回しの語句が出題される傾向にあるので，語彙力をしっかり積み上げておきたい。

▼年度別出題内容分類表

※　よく出ている順に☆，◎，○の３段階で示してあります。

出題内容			2022年		2023年		2024年	
			東大Ⅰ	東大Ⅱ	東大Ⅰ	東大Ⅱ	東大Ⅰ	東大Ⅱ
内容の分類	読解	主題・表題の読み取り						
		要旨・大意の読み取り	○				○	○
		心情・情景の読み取り	☆	☆	☆	☆	☆	☆
		論理展開・段落構成の読み取り			○		○	
		文章の細部の読み取り	☆	☆	☆	☆	☆	☆
		指示語の問題				○		
		接続語の問題	○	○		○		
		空欄補充の問題	☆	☆	☆	☆	◎	◎
	知識	ことばの意味	☆	☆	☆	☆	☆	☆
		同類語・反対語						
		ことわざ・慣用句・四字熟語		○	○		○	
		漢字の読み書き	◎	◎	◎	◎	☆	☆
		筆順・画数・部首						
		文と文節						
		ことばの用法・品詞						
		かなづかい						
		表現技法						
		文学作品と作者						
		敬語						
	表現	短文作成						
		記述力・表現力	☆	☆	☆	☆	☆	☆
文の種類		論説文・説明文	○	○	○	○		○
		記録文・報告文					○	
		物語・小説・伝記	○		○	○	○	○
		随筆・紀行文・日記		○				
		詩（その解説も含む）						
		短歌・俳句（その解説も含む）						
		その他						

栄東中学校（東大特待）

国語 ——グラフで見る最近３ヶ年の傾向——

最近３ヶ年に出題されたすべての問題を内容別に分類・集計し，全体に対して何パーセントくらいの割合になっているかを示しました。

……50校の平均　　　……栄東中学校（東大特待）

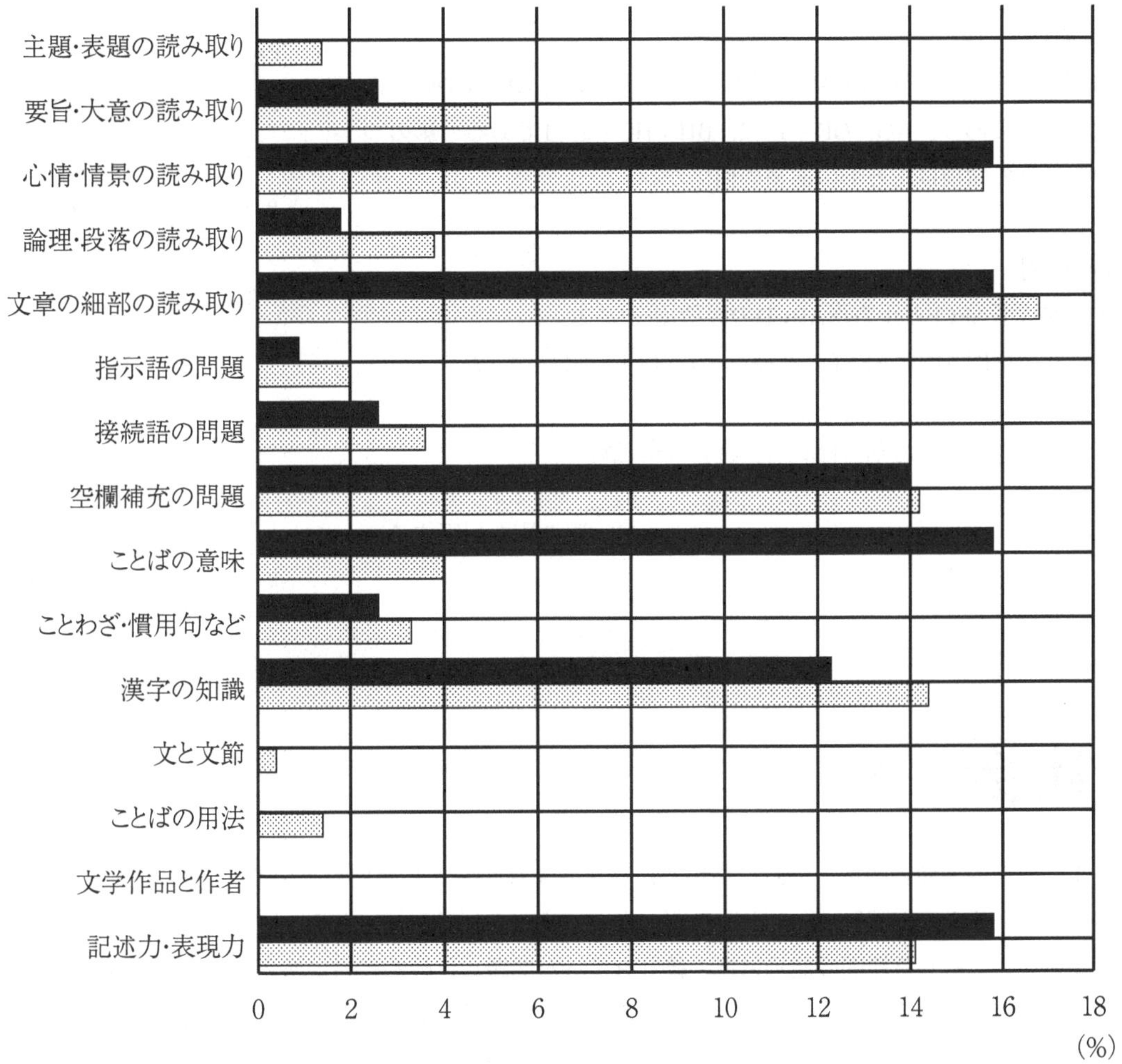

	論説文 説明文	物語・小説 伝記	随筆・紀行 文・日記	詩 （その解説）	短歌・俳句 （その解説）
栄東中学校	50.0%	41.7%	8.3%	0.0%	7.7%
50校の平均	47.0%	45.0%	8.0%	0.0%	0.0%

2024年度 合否の鍵はこの問題だ!!

（東大特待Ⅰ）

算数 [1] (6)

よく出題される，難しいレベルの問題ではないが，実際に1度で正解できるかどうか，挑戦してみよう。

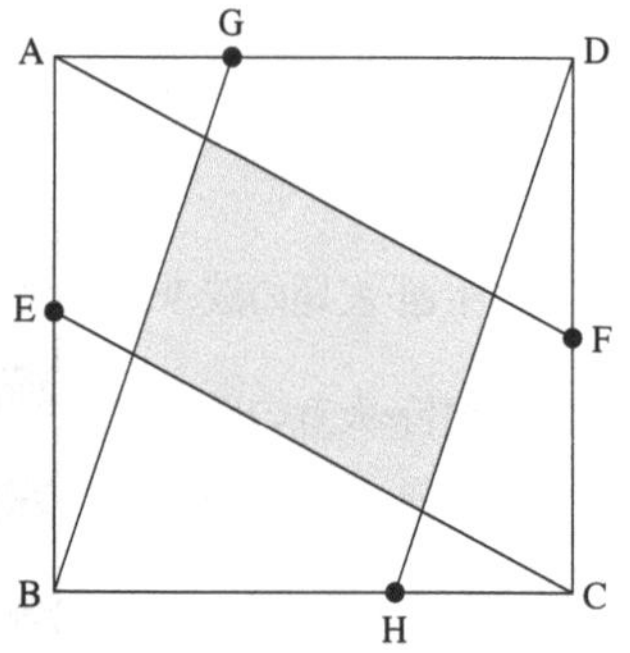

【問題】

右図の正方形ABCDにおいて，点E，Fはそれぞれ辺AB，CDのまんなかの点であり，AG：GD＝1：2，BH：HC＝2：1である。影のついた部分の面積は正方形の面積の何倍か。

【考え方】

平行四辺形AECFと正方形ABCDの面積比…1：2

平行四辺形KLMNとAECFの面積比…4：(2＋4＋1)＝4：7

したがって，求める割合は4÷(7×2)＝$\frac{2}{7}$(倍)

辺の比を利用する →

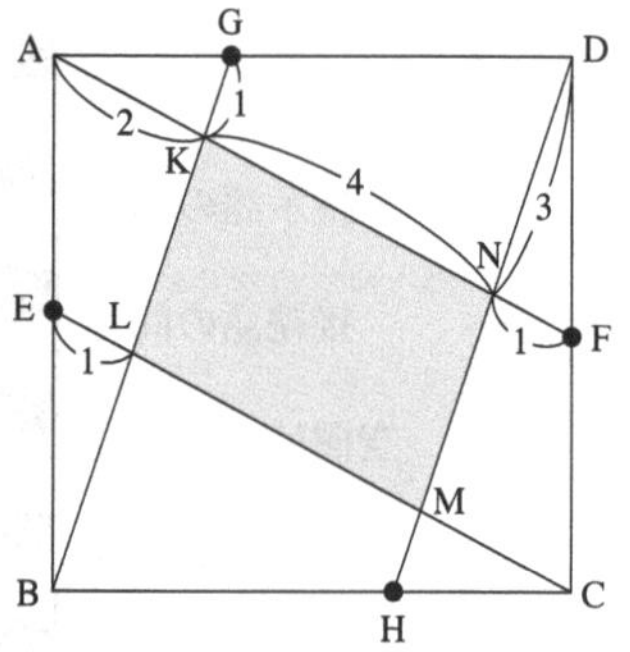

社会 [1]

[1]は地理の問題。幅広い分野について，さまざまな角度から問われている。小問は解答欄で17あり，地名を答えるものが2題，短文記述が2題，あとはすべて記号選択になる。短文記述はやや難しいが書けなくもない。むしろ難問は記号選択の統計を扱った問題。比較的容易に答えられるものもあるが，多くは，その統計の項目の順位などを知っている受験生はまずいないであろうもの。ただ，その項目の意味すること，あるいはその項目をなぜ加えてあるのかの理由をよく考え，周辺知識と照らし合わせて考えられれば，答えられるものも多い。

[1]の中では問1，問4は比較的容易に答えられるもの。逆に問2，問3は考えさせられるものが多い。問題を最初から順にやるのではなく，この大問の中でも問2，問3は後回しにし，さらに[2]や[3]を先にやった方が得点につながる。問題を一通り見渡して，戦略を立てて取り組むことも必須である。

理科 3

本年度は，物理・化学・生物・地学分野から各1題ずつの出題であった。本年度の問題の中で鍵となる問題として3をとりあげる。3では，生活習慣病の一つである糖尿病が題材として登場している。

問1と問2は，血液循環に関する標準的な問題で，特にめずらしいタイプの問題でもないため確実に正解すべき問題である。問3以降は，糖尿病を題材にした問題が続き，問4と問5では計算が必要な問題が出題された。めずらしい題材であるため，その分，問題文において説明がしっかりなされており，正解するのに十分な情報が与えられている。問3と問6は説明文の内容を正しく読解し，表またはグラフを正しく読み取れればそれほど難易度は高くなく，冷静に対処して正解を積み重ねたい問題であった。計算問題のうち，問4は要求されている計算が単純なものであると気づけば比較的やさしい問題である。問5は，複数の説明などから必要な条件を選び出し，それをもとに計算する問題で，「健康な人」と「糖尿病患者」での違いを正確に把握する必要があり，全体の中でも難易度は高めの問題であったと考えられる。問5は「糖尿病の治療薬」について考察する問題で，5つの選択肢から適切なものをすべて選ぶ問題であるため，正解するという観点では手強い部類に入る問題である。しかし，ここまでの小問を解答していく中で蓄積された情報等を利用して総合的に考えると，それほど難易度は高くない。本大問のまとめの問題のようにとらえると解きやすいであろう。

本校の問題はいわゆる典型題の出題が少なく，やや目新しいものを題材にし，それについての説明をしっかりと読ませる問題が多い。そのため，そういった問題への対策は非常に重要である。

国語 三 問八

★合否を分けるポイント

――線部6「この醸造方法は，日本の醤油醸造業を救った」とあるが，どういうことか，指定字数以内で説明する記述問題である。説明に必要な本文の内容を見極め，指定字数以内で的確に説明できているかがポイントだ。

★何を説明するかを明確にする

――線部6の「この醸造方法」は，直前で述べているように「醤油のもろみにアミノ酸液を加えて一緒に発酵させる新式二号という製法」のことである。このことをさらに直後の段落で，「アミノ酸液を加えて速醸するという」「発明が『日本の醸造業はクレイジーだ，とても原料大豆を支援することはできない』といっていたGHQを動かし，醸造してつくる醤油業界に原料大豆をまわしてもらえることにな」り「この技術のおかげで現在の醤油業界が生き残ることができた」とくわしく述べている。これらの内容で設問の説明に必要なのは，「この醸造方法」が「速醸」であったこと，この技術が，それまで「クレイジーだ」として原料大豆を支援してくれなかったGHQを動かし，原料大豆をまわしてもらえることになったこと，その結果，醤油業界が生き残ることができたこと，という内容である。これらの内容から要点をさらにしぼって，この醸造方法は速醸できる→GHQを動かす→大豆をまわしてもらえる→醤油業界が生き残ることができた，といった内容になることを確認する。そして，これらの要点を文章にすることが，設問で求められている説明ということになる。解答例の「速醸できることでGHQが考えを変えたため大豆が手に入り，醤油づくりが途絶えなくてすんだということ」という内容のように，わかりやすい語句に言いかえるなどして，文章を整えることも心がけよう。

指定字数のある記述問題では，説明に必要な本文の内容の要旨を的確につかみ，その内容を字数以内にわかりやすくまとめることが重要だ。

2024年度

★★★★★★★★★★★★★★★★★★★★★★★★★★★

入　試　問　題

2024年度

栄東中学校入試問題（東大特待Ⅰ）

【算　数】（50分）　＜満点：150点＞

【注意】　1．コンパス・分度器は使わずに答えてください。

　2．円周率《りつ》は3.14とします。

　3．比を答えるときには，もっとも簡単な整数の比で答えてください。

1　次の □ にあてはまる数を答えなさい。

⑴　マヨネーズとケチャップを混ぜてつくったソースをオーロラソースといいます。東さんはマヨネーズとケチャップを３：１の割合で混ぜてつくったオーロラソースＡと，１：１の割合で混ぜてつくったオーロラソースＢをそれぞれビンに入れて冷蔵庫で保管していました。

　ある日，東さんはマヨネーズとケチャップを３：２の割合でつくるとおいしいと聞いたので，ＡとＢを □ ： □ の割合で混ぜることで，マヨネーズとケチャップの割合が３：２のオーロラソースをつくりました。もっとも簡単な整数の比で答えなさい。

⑵　あるケーキ屋では，500円のケーキと300円のカヌレと100円のクッキーを販売しています。ある日の売り上げは26200円で，カヌレはケーキより多く，ケーキはクッキーより多く売れました。また，カヌレの売れた数はクッキーの売れた数の２倍より１個少ない個数でした。カヌレは □ 個売れました。

⑶　１辺の長さが１cmの正七角形と，7cmの長さの糸があります。糸の端《はし》を点Ａに固定し，正七角形の周りに巻き付けました。その糸をたるまないように図の位置までほどいたところ，糸が通った部分は，影《かげ》のついた部分になりました。その部分の面積は □ cm^2です。ただし，円周率は3.14とします。

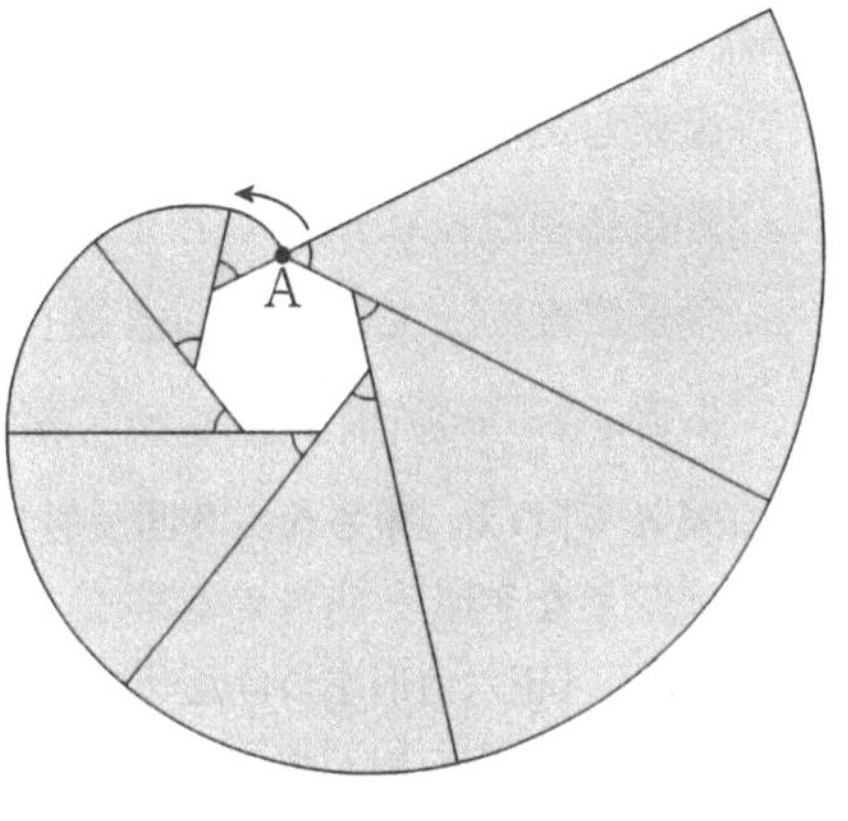

⑷　入学式の日に新入生を迎《むか》える教室をデコレーションするのに，栄くんと東さんの２人では30分，東さんと中さんの２人では40分かかります。ある教室で東さんが35分作業したところで，栄くんと中さんも加わって３人で作業をしたところ，その10分後に仕上がりました。栄くん，東さん，中さんの３人で最初から最後まで作業すると □ 分かかります。

⑸　栄くんと東さんは同じ道を通って学校から駅まで歩きます。東さんが学校を出発した２分後に栄くんも歩いて駅に向かいました。栄くんは出発してから４分後に東さんに追いつきましたが，そこで忘れ物をしたことに気付き，すぐに学校に向かって走って引き返しました。栄くんが学校に着いてから再び出発するまでに３分かかり，走って駅に向かったところ，東さんより２分遅《おそ》く駅に到《とう》着しました。栄くんと東さんが歩く速さはそれぞれ一定で，栄くんが走る速さは栄くんが

歩く速さの２倍でした。東さんは学校を出発してから駅に到着するまでに □ 分 □ 秒かかりました。

(6) 右の四角形ABCDは正方形です。点Ｅ，点Ｆはそれぞれ辺AB，辺CDの真ん中の点で，AG：GD＝１：２，BH：HC＝２：１です。

影《かげ》のついた部分の面積は，正方形の面積の □ 倍です。

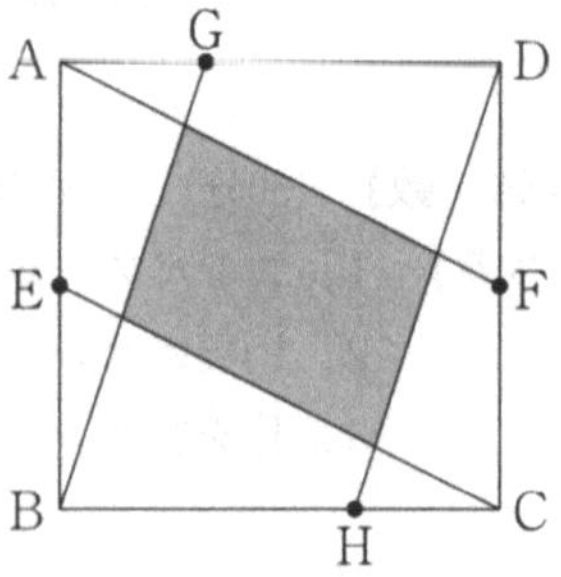

2 点Ａから出た光が正六角形ABCDEFの辺に当たるたびに反射して，どこかの頂点に到《とう》達するまで進みます。

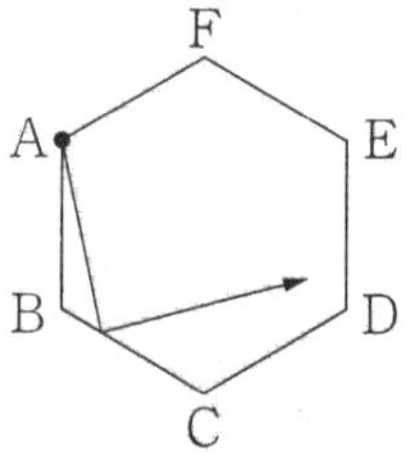

たとえば，点Ａから辺BCの真ん中の点に光を向けると，１回反射して点Ｄまで進みます。

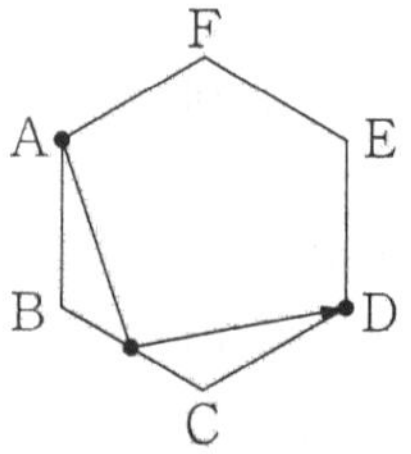

栄くん 「ねえ，東さん。３回反射して点Ｂまで進む光を出すには辺BCのどこに向ければいいかな？」

東さん 「正六角形をつけたせばわかるんじゃないかな」

栄くん 「１回反射して点Ｄまで進む光の道すじを考えたければ，こういう正六角形を並べた図に１本の直線をかけばいいってことか！」

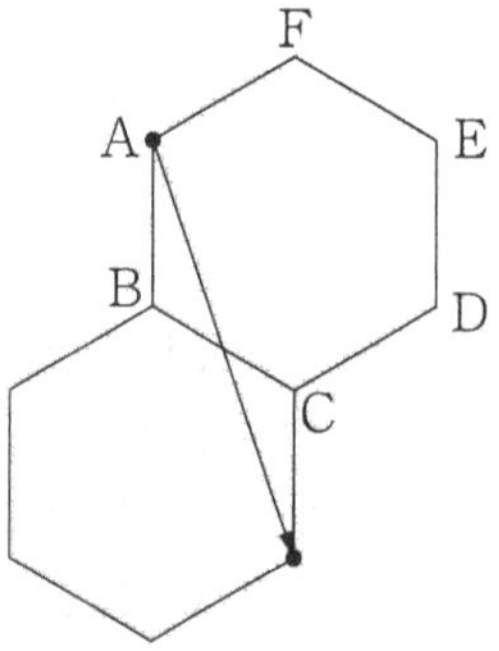

東さん　「そう。これなら辺BCの真ん中の点に向ければいいってわかる」
栄くん　「じゃあ，図をかいて考えるね！　ありがとう東さん！」

(1)　Aから出て３回反射して点Bまで進む光の道すじを考えるときの１本の直線を解答欄《らん》の図にかきなさい。

(2)　(1)のとき，光がはじめて辺BCに当たる点をGとします。BG：GCをもっとも簡単な整数の比で答えなさい。

3　下のような三角柱ABC－DEFにおいて，点M，点Pはそれぞれ辺BC，辺CAの真ん中の点で AQ：QB＝２：１，FR：RD＝３：１です。

３つの点P，Q，Rを通る平面でこの三角柱を切ったときにできる切り口が辺DEと交わる点をSとします。

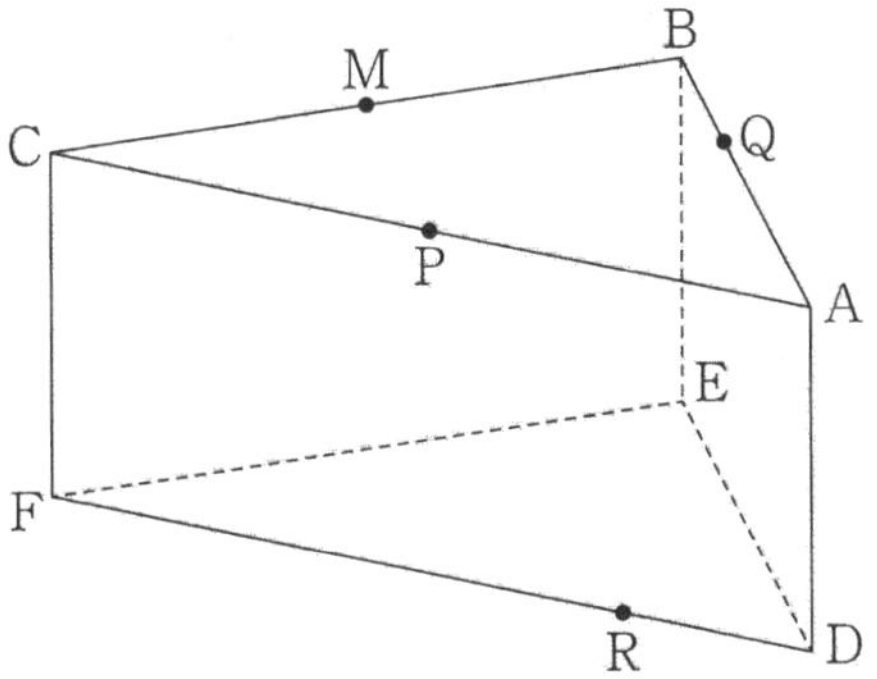

(1)　DS：SEをもっとも簡単な整数の比で答えなさい。

(2)　AMとPQが交わる点をTとします。このときAT：TMをもっとも簡単な整数の比で答えなさい。

(3)　三角柱を３つの点P，Q，Rを通る平面と，３つの点A，M，Dを通る平面で切ったとき，点Cを含む立体の体積はもとの三角柱の体積の何倍になるか答えなさい。

式だけでなく，言葉も使った説明を解答欄《らん》の《考え方を記す欄》に書きなさい。

4　栄くんと東さんの会話を読んで問いに答えなさい。

栄くん　「１＋２＋３＋……＋10って，簡単に求められる？」
東さん　「それは知ってる。同じものを２つ用意して，逆さにして足せば

$$\frac{\boxed{ア}\times(\boxed{ア}+1)}{2}=55$$ でしょ」

栄くん　「じゃあさ，
１＋(１＋２)＋(１＋２＋３)＋……＋(１＋２＋３＋４＋５＋６＋７＋８＋９＋10)
を簡単に求める方法は知ってる？」
東さん　「え，知らない。そんなのないでしょ」
栄くん　「それを見つけちゃったんだなあ。知りたくない？」
東さん　「ええ！　すごい！　天才！　知りたい知りたい」
栄くん　「正三角形の紙を３枚つくるんだ。これに足したい数字を書いていく。試しに５まで

バージョンでいくね」

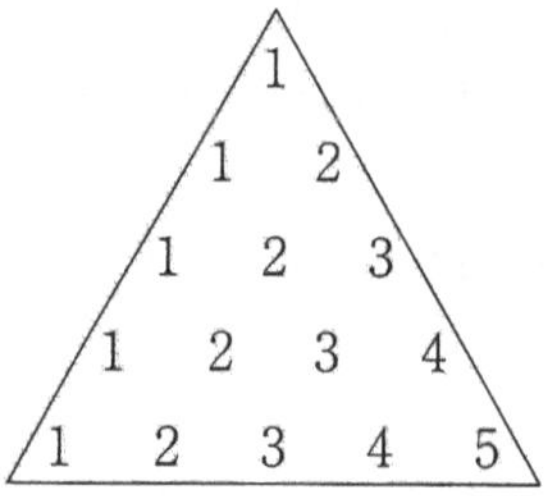

東さん 「うん。え，待ってまだ言わないで。１＋２＋３＋……＋10は同じものを２つだったけど，今回は３枚つくるんだよね。書いてるのをこっちから見てたら分かったかも」

栄くん 「嘘《うそ》でしょ。１週間かかって考えたのに！」

東さん 「もしかして，さっきの１＋２＋３＋……＋10みたいに，回転させるんじゃない？　逆さじゃないけど$\frac{1}{3}$回転ずつ。こうやって……」

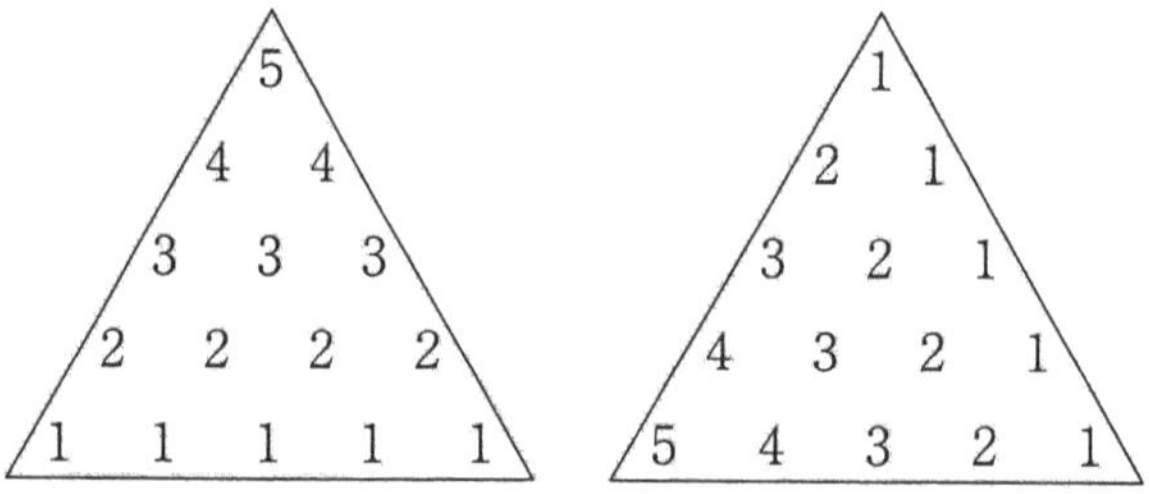

東さん 「この３枚の紙を重ねて，同じ位置にある数を足すと，すべて［イ］になるよね」

栄くん 「こうもあっさり気付かれるなんて……。天才はそっちじゃん」

東さん 「へへ。栄くんが気付いたのを見たからだよ」

⑴ ［ア］と［イ］にあてはまる数をそれぞれ答えなさい。

⑵ ２人の会話を参考にして計算すると，

$$1+(1+2)+(1+2+3)+\cdots\cdots+(1+2+3+4+5+6+7+8+9+10)$$
$$=\frac{\boxed{\text{ア}}\times(\boxed{\text{ア}}+1)}{2}\times\boxed{\text{ウ}}\times\frac{1}{3}=\boxed{\text{エ}}$$
となります。

［ウ］と［エ］にあてはまる数をそれぞれ答えなさい。

⑶ １＋（１＋２）＋（１＋２＋３）＋（１＋２＋３＋４）＋（１＋２＋３＋４＋５）を栄くんは５までバージョンと呼んでいます。１＋（１＋２）＋（１＋２＋３）＋……＝2024となるのは［　　］までバージョンです。空欄《らん》にあてはまる数を答えなさい。

【理　科】（40分）　＜満点：75点＞

1　次の文章を読み，あとの問いに答えなさい。なお，滑車《かっしゃ》とロープの重さは無視《むし》できるものとします。

体重計Ａにのっている体重50kgの東《ひがし》くんがロープのついた荷物を上に持ち上げることを考えます。**図１**のように，東くんが５kgの荷物ａを持つと，体重計Ａは55kgを示していました。

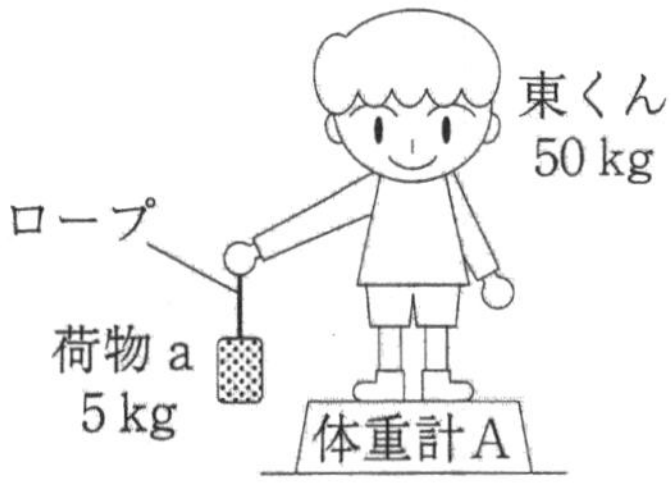

図１

次に，**図２**のように，体重計Ａの横に体重計Ｂを置き，荷物ａを体重計Ｂの上に置いた状態で，東くんは荷物ａを持ち上げるためにロープを引く力を少しずつ大きくしていきました。荷物ａが持ち上がるまでの間に体重計Ａは50kgから，体重計Ｂは５kgからそれぞれ示している値《あたい》が少しずつ変化していきました。**体重計Ｂが０kgを示したときに荷物ａは体重計Ｂからはなれて持ち上がりました。**

図２

問１　体重計Ｂが３kgを示しているとき，東くんがロープを引く力は何kgですか。また，このとき体重計Ａは何kgを示していますか。

次に，**図３**のように体重計Ｂに荷物ａよりも重い荷物ｂを置き，東くんは荷物ｂを持ち上げるためにロープを引く力を少しずつ大きくしていきました。東くんが可能な限り最大の力でロープを引きましたが，荷物ｂを持ち上げることはできませんでした。このとき体重計Ａは57kg，体重計Ｂは３kgを示していました。

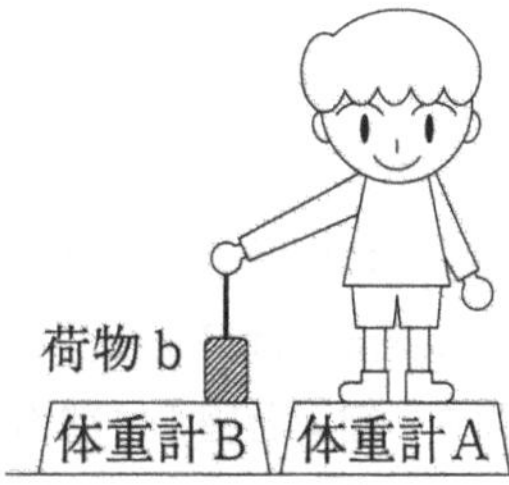

図３

問２　荷物ｂの重さは何kgですか。

次に，**図４**のように，東くんは天井《てんじょう》に定滑車をとりつけ，荷物ｂについたロープを長いものにとりかえて，ロープを下に引く力を少しずつ大きくしていきました。すると，荷物ｂが持ち上がるまでの間に体重計Ｂの示している値は少しずつ変化していき，**体重計Ｂが０kgを示したときに荷物ｂは体重計Ｂからはなれて持ち上がりました。**

図４

問３　荷物ｂが体重計Ｂからはなれて持ち上がったとき，体重計Ａは何kgを示していますか。

次に，**図５**のように，定滑車と動滑車を組み合わせて体重計Ｂに90kgの荷物ｃを置いて，ロープを下に引く力を少しずつ大きくしていきました。荷物ｃが持ち上がるまでの間に体重計Ａは50kgから，体重計Ｂは90kgからそれぞれ示している値が少しずつ変化していきました。**体重計Ｂが０kgを示したときに荷物ｃは体重計Ｂからはなれて持ち上がりました。**

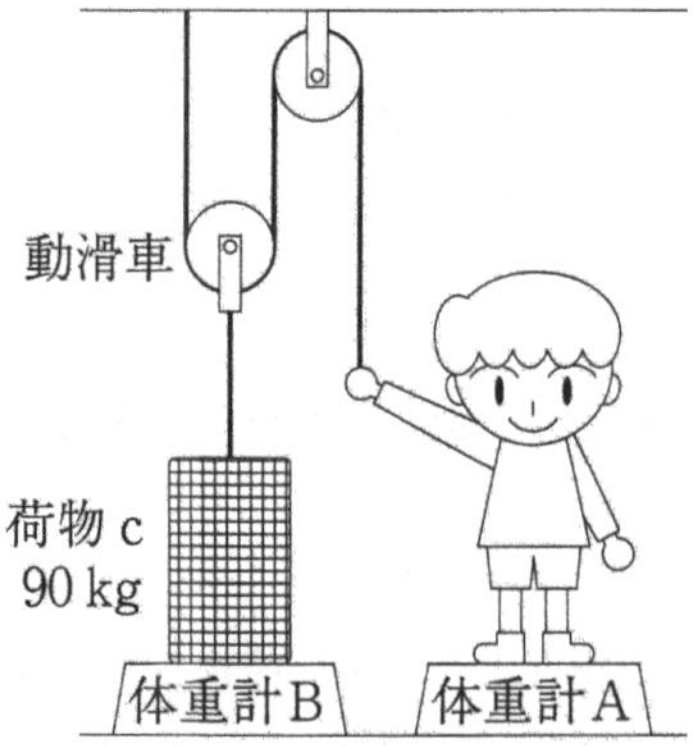

図５

問４　体重計Ｂが10kgを示しているとき，東くんがロープを引く力は何kgですか。また，このとき体重計Ａは何kgを示していますか。

問５　**図４**と**図５**で荷物をできるだけ重いものにかえる場合，東くんが持ち上げることのできる荷物の重さはそれぞれ最大で何kgですか。

次に，**図６**（次のページ）のように，定滑車１つと動滑車３つを組み合わせて荷物を持ち上げることを考えます。

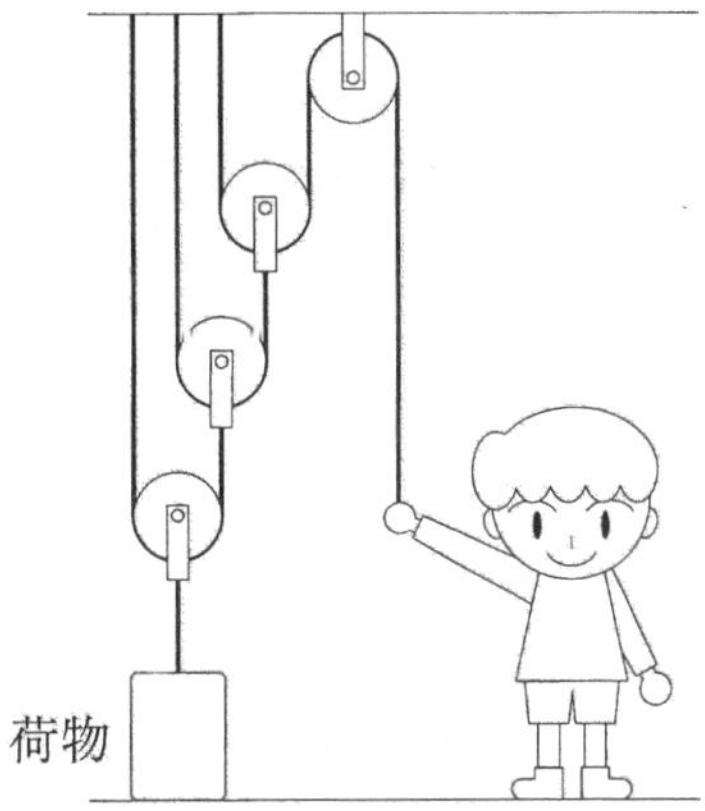

図 6

問 6　このとき，東くんが持ち上げることのできる荷物の重さは最大で何kgですか。

次に，**図 7** のように，定滑車３つと動滑車３つと棒《ぼう》を組み合わせて荷物を持ち上げることを考えます。なお，棒の重さは無視できるものとします。

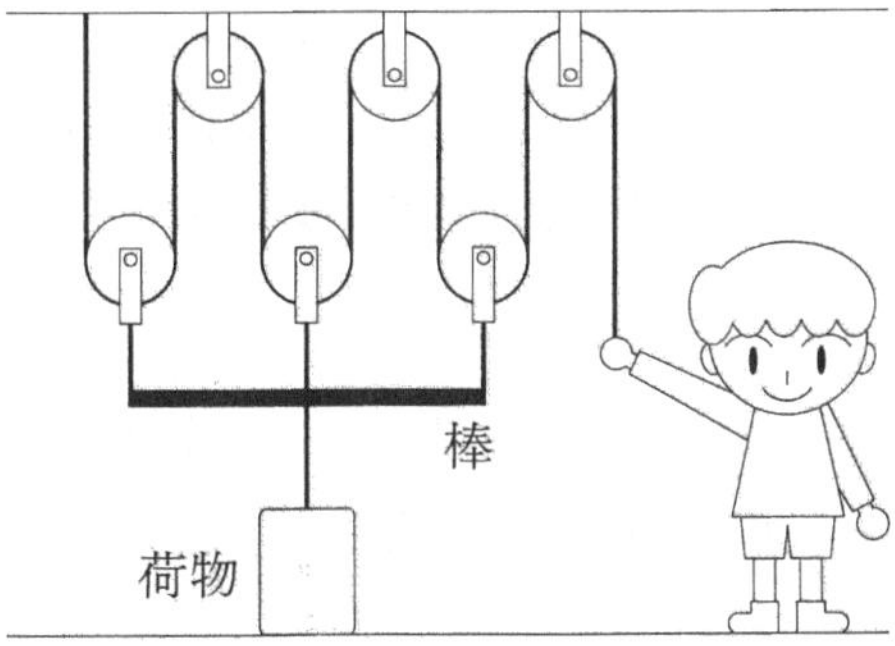

図 7

問 7　このとき，東くんが持ち上げることのできる荷物の重さは最大で何kgですか。

2　あとの問いに答えなさい。

栄《さかえ》くんは自由研究で塩化ナトリウム（食塩）の大きな結晶《けっしょう》をつくることを目的として，２つの実験を行った。

〈実験Ａ〉

70℃の水に塩化ナトリウムを溶《と》かせるだけ溶かした後，70℃に保温したまま，ゆっくり水分を蒸発《じょうはつ》させた。

〈実験Ｂ〉

70℃の水に塩化ナトリウムを溶かせるだけ溶かした後，室温になるまで冷やした。

実験Aでは大きな結晶が得られたが，実験Bでは大きな結晶にならず，白い粉末状の塩化ナトリウムが少し得られただけだった。

問1　実験Aで得られた塩化ナトリウムの結晶のスケッチとして，正しいものを次の**ア～エ**から1つ選び，記号で答えなさい。

ア
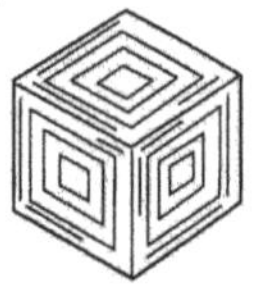
イ
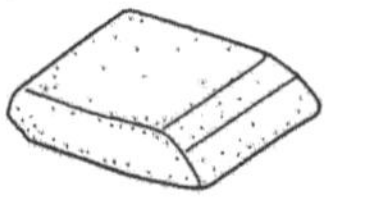
ウ
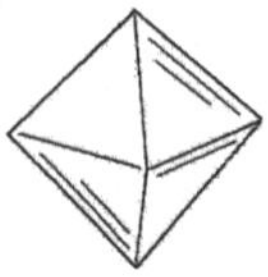
エ

問2　実験Aの下線部について，ガスバーナーを使って一気に水分を蒸発させる場合，どのような結果が得られると考えられますか。次の**ア～エ**から1つ選び，記号で答えなさい。

ア　塩化ナトリウムも水分と一緒《いっしょ》に蒸発してしまい，何も残らない。

イ　大きな結晶にならず，白い粉末状の塩化ナトリウムが残る。

ウ　加熱中に鼻を刺《さ》すにおいのある白い煙《けむり》が発生し，水分が無くなったあとには，何も残らない。

エ　黒い物体が残り，焦《こ》げたようなにおいがする。

実験A，Bの結果から，一定量の水に溶かすことができるものの重さには限度があり，温度によって変化することがわかった。そこで栄くんは，3種類の粉末が100gの水にそれぞれ何gまで溶けるか，水の温度を変えながら調べて**表**にまとめた。

表

	20℃	40℃	60℃
塩化ナトリウム［g］	35.8	①	36.8
硝酸《しょうさん》カリウム［g］	31.4	②	108.9
ミョウバン［g］	5.9	11.7	③

問3　40℃の水250gに，塩化ナトリウムを100g加えて，よくかき混ぜました。その結果，9.5gの塩化ナトリウムが溶け残りました。**表**の①に入る数字を次の**ア～カ**から1つ選び，記号で答えなさい。

ア　3.8　　**イ**　26.3　　**ウ**　36.2　　**エ**　36.3　　**オ**　36.5　　**カ**　90.5

問4　40℃の水250gに硝酸カリウムを溶かせるだけ溶かし，20℃まで冷やすと，79.5gの硝酸カリウムが出てきました。**表**の②に入る**数字**を答えなさい。

問5　**表**の③について，ビーカーに入れた60℃の水400gに，ミョウバンを加えてよくかき混ぜました。その結果，いくらかのミョウバンが溶け残りました。溶け残りをろ過した後，乾燥《かんそう》させてかろ紙ごと重さをはかったところ，19gでした。ろ過後の液体を20℃まで冷やしたところ，溶けきれなくなったミョウバンが出てきたため，これを別のろ紙を用いてろ過し，乾燥させてからろ紙ごと重さをはかると76.8gでした。**表の③に入る数字**を答えなさい。また，**最初に加えたミョ**

ウバンは何gか答えなさい。ただし，ろ紙の重さはいずれも1.2gであり，ろ過でビーカーから減った液体の重さは無視《むし》できるものとします。

> 栄くんは，続けて硝酸カリウムの結晶を作成しようとした。しかし，硝酸カリウムに塩化ナトリウムが混ざってしまった。この混合粉末をXとする。このX中にどれくらいの塩化ナトリウムが混ざっているか調べ，X中の硝酸カリウムの純度《じゅんど》を調べることにした。ここでは純度を以下のように考える。
>
> $$\text{純度}\ [\%] = \frac{\text{硝酸カリウムの重さ}[\mathrm{g}]}{\text{塩化ナトリウムの重さ}[\mathrm{g}] + \text{硝酸カリウムの重さ}[\mathrm{g}]} \times 100$$
>
> なお，X中の硝酸カリウムと塩化ナトリウムは均一に混ざっているものとする。また，2種類以上のものを同じ水の中に溶かしても，溶かすことのできる限度量はそれぞれ変わらないものとする。

問6　60℃の水200gにXを加えていき，溶液の重さが384gを上回ると，溶け残りが出ました。X中の硝酸カリウムの純度は何%か答えなさい。

問7　硝酸カリウムと塩化ナトリウムが7：3の重さの比で均一に混ざった混合粉末があります。この混合粉末500gをYとします。次の**ア**～**オ**のうち，最も純度の高い硝酸カリウムが取り出せる操作《そうさ》を1つ選び，記号で答えなさい。

ア　Yを20℃の水300gに加え，出てきた溶け残りをろ過する。

イ　Yを60℃の水300gに加え，出てきた溶け残りをろ過する。

ウ　Yを20℃の水300gに加え，出てきた溶け残りをろ過して取り除《のぞ》いた後，温度を保ったまま液体を放置して重さが150g減るまで待ち，溶けきれずに出てきた固体をろ過する。

エ　Yを60℃の水300gに加え，出てきた溶け残りをろ過して取り除いた後，温度を保ったまま液体を放置して重さが150g減るまで待ち，溶けきれずに出てきた固体をろ過する。

オ　Yを60℃の水300gに加え，出てきた溶け残りをろ過して取り除いた後，液体を20℃に冷やして，溶けきれずに出てきた固体をろ過する。

3　次の文章を読み，あとの問いに答えなさい。

みなさんは，自分の健康に気をつけて生活していますか。栄養バランスの整った食事をとることや，定期的に運動をすることは，健康に生きていくうえで大切なことです。これらの生活習慣にかたよりがあると，「生活習慣病」にかかってしまうことがあります。生活習慣病の1つに「糖尿病《とうにょうびょう》」があります。糖尿病は，血液中の糖が増えることで尿の中に糖がふくまれてしまう病気です。

糖尿病の「糖」とは，「①ブドウ糖」のことです。ブドウ糖は，生物のエネルギー源《げん》であり，②血液の循環《じゅんかん》によって体の各部に運ばれ，細胞《さいぼう》に届《とど》けられます。血液中のブドウ糖を「血糖」といい，この濃《こ》さを「血糖濃度《のうど》」といいます。

尿はタンパク質などの分解によって生じた不要物をふくみ，じん臓《ぞう》でつくられ，ぼうこうに集められて体の外に出されます。健康な人の尿にはブドウ糖はふくまれませんが，糖尿病患者《かんじゃ》の尿にはブドウ糖がふくまれます。

じん臓で尿がつくられる際には，じん臓に流れこむ血液の中から，不要物と一緒《いっしょ》に水やブドウ糖もこしとられます。しかし，水やブドウ糖は体にとって必要な物質なので，こしとられてから輸尿管《ゆにょうかん》にたどり着くまでに周囲の毛細血管に再吸収《さいきゅうしゅう》され体の中にもどります。このとき，再吸収する能力には限界があります。そのため，③血糖濃度が高い糖尿病患者は，じん臓でブドウ糖を再吸収しきれず，再吸収されなかったブドウ糖が尿にふくまれるようになるのです。

問１　下線部①について，ブドウ糖は毎日の食事によって得られます。以下の文章は，ヒトが食事をして体内にブドウ糖を取りこむまでの流れについて説明したものです。（あ）～（う）にあてはまる語句の組み合わせとして正しいものをあとの**ア～ク**から１つ選び，記号で答えなさい。

「食事によって得られた（　あ　）が消化液の一種である（　い　），すい液や腸液《ちょうえき》によって分解され，ブドウ糖になる。ブドウ糖は小腸の表面にある（　う　）という部分から体内へと吸収される。」

	（あ）	（い）	（う）
ア	タンパク質	だ液	じゅう毛
イ	タンパク質	だ液	べん毛
ウ	タンパク質	胃液	じゅう毛
エ	タンパク質	胃液	べん毛
オ	炭水化物	だ液	じゅう毛
カ	炭水化物	だ液	べん毛
キ	炭水化物	胃液	じゅう毛
ク	炭水化物	胃液	べん毛

問２　下線部②について，**図１**はヒトの血液が体の中を循環するようすを表したものです。**図１**の**a～e**は各器官とつながっている血管を，矢印は血液の流れる向きを表しています。ヒトの体における血液の特徴《とくちょう》の説明として正しいものを次の**ア～オ**から１つ選び，記号で答えなさい。

ア　血管**a**には，常に二酸化炭素が最も少ない血液が流れている。

イ　血管**b**には，最も多くの酸素がふくまれる血液が流れている。

ウ　血管**c**には，常に最も多くの養分がふくまれる血液が流れている。

エ　血管**d**には，二酸化炭素以外の不要物が最も少ない血液が流れている。

オ　血管**e**には，常に二酸化炭素が最も少ない血液が流れている。

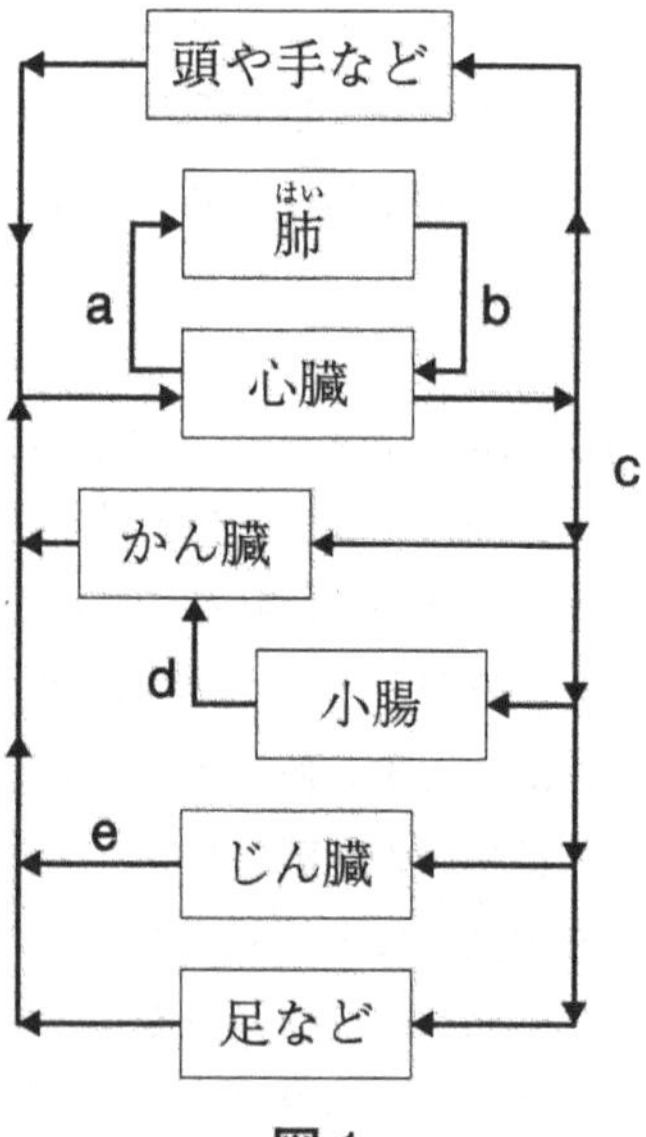

図１

下線部③について，あとの問３～問５に答えなさい。

表１は，健康な人の「血液」「原尿《げんにょう》（じん臓で血液からこしとられた液体）」「尿」のそれぞれ１Ｌにふくまれる成分の量です。**表１**の**ア**～**ウ**は，不要物，タンパク質，ブドウ糖のいずれかを表しています。

表１

成分	血液	原尿	尿
ア	70 ～ 90 g	0 g	0 g
イ	0.3 g	0.3 g	20 g
ウ	1 g	1 g	0 g

問３　９・10ページの文章を参考にして，ブドウ糖を表しているものを**表１**の**ア**～**ウ**から１つ選び，記号で答えなさい。

表２は，ある糖尿病患者の「血液」，「原尿」，「尿」のそれぞれ１Ｌにふくまれるブドウ糖とイヌリンの量を示しています。イヌリンは，じん臓でこしとられますが，まったく再吸収されない物質です。そのため，水が再吸収されることで原尿中に比べて尿中にふくまれるイヌリンの量は多くなります。

表２

成分	血液	原尿	尿
ブドウ糖	1.8 g	1.8 g	25 g
イヌリン	0.01 g	0.01 g	1.29 g

問４　この糖尿病患者は，１日に何ｇのブドウ糖を体外に出していますか。なお，この人が１日あたりに体外に出す尿の量は1.4Ｌとします。

問５　問４の糖尿病患者の血糖濃度が少しずつ減少し，ある血糖濃度になったとき，尿にブドウ糖がふくまれなくなりました。このときの血糖澄度は，血液１Ｌあたり何ｇですか。最も適当なものを次の**ア**～**ク**から１つ選び，記号で答えなさい。ただし，血糖濃度が変化しても，ブドウ糖を再吸収する能力は変化しないものとします。

ア　1ｇ　　**イ**　1.1ｇ　　**ウ**　1.2ｇ　　**エ**　1.3ｇ
オ　1.4ｇ　　**カ**　1.5ｇ　　**キ**　1.6ｇ　　**ク**　1.7ｇ

血糖濃度は，常に調節されています。食事をとることによって血糖が増えたときには，すい臓から血糖濃度を下げる働きをもつインスリンというものが出ます。インスリンは，かん臓へのブドウ糖の貯蔵《ちょぞう》や，細胞へのブドウ糖の取りこみをさかんにします。

一方で糖尿病患者は，インスリンの量が減ったり，④インスリンの効きが悪くなってしまうことで，血糖濃度の調節が正常に機能しなくなっています。

問６　**図２**（次のページ）は，健康な人と糖尿病患者について，食事を12時にとったときの血糖濃度とインスリン濃度の変化を表しています。**A**と**B**は，それぞれ健康な人と糖尿病患者のいずれかを表しており，実線のグラフと点線のグラフは，それぞれ血糖濃度とインスリン濃度のいずれかを表しています。**糖尿病患者のインスリン濃度**を表しているグラフを**図２**の**ア～エ**から１つ選び，記号で答えなさい。

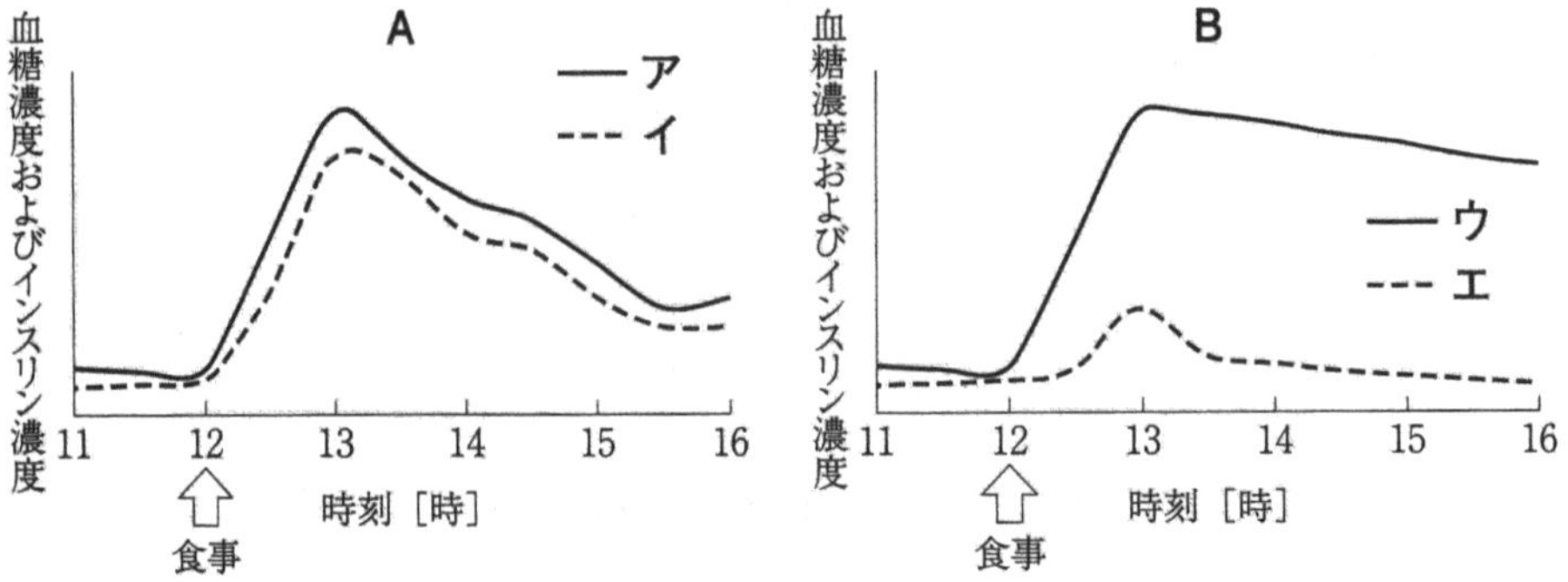

図２

糖尿病を治療《ちりょう》するためには血糖を正常な量に調節する必要があります。現在，有効な方法としては，食事から摂取《せっしゅ》するブドウ糖の量を調節する食事療法や，日ごろの運動量を増やすことによってブドウ糖の消費量を増やす運動療法などがあります。食事療法や運動療法を行っても血糖濃度が変わらない場合には，血糖濃度の調節に効果のある薬を投与《とうよ》する薬物療法が行われます。

問７　下線部④について，インスリンがまったく効かないことで糖尿病になった人に対する治療薬として考えられるものを次の**ア～オ**から**すべて**選び，記号で答えなさい。

ア　インスリンの合成をうながす薬

イ　インスリンの分解をうながす薬

ウ　細胞へのブドウ糖の取りこみをうながす薬

エ　かん臓へのブドウ糖の貯蔵をうながす薬

オ　かん臓からのブドウ糖の放出をうながす薬

４　次の文は，日本付近にやってくる低気圧について記述したものです。これについてあとの問いに答えなさい。

日本付近にやってくる低気圧のうち，北緯《ほくい》（　あ　）度の海上で発生し，暖《あたた》かい空気だけでつくられる低気圧を（　い　　）低気圧といいます。また，北緯（　う　）度の地域《ちいき》で発生し，暖かい空気と冷たい空気の境目にできる低気圧を（　え　）低気圧といいます。

（い）低気圧は，前線を伴《ともな》うことなく暖かい海水から供給《きょうきゅう》される（　お　）によって発達し，中心付近の風速がおよそ毎秒（　か　）以上に発達すると①台風とよばれるようになります。

（え）低気圧は，ある程度発達すると，②前線を伴います。

問１　文中の（あ）～（か）にあてはまる語句の組み合わせとして，最も適当なものを次のページの**ア～カ**から１つ選び，記号で答えなさい。

	(あ)	(い)	(う)	(え)	(お)	(か)
ア	0 ～ 5	熱帯	5 ～ 30	温帯	水蒸気《すいじょうき》	17 m
イ	0 ～ 5	熱帯	5 ～ 30	温帯	乾いた空気	15 m
ウ	5 ～ 30	熱帯	30 ～ 60	温帯	水蒸気	17 m
エ	5 ～ 30	熱帯	30 ～ 60	温帯	乾いた空気	15 m
オ	30 ～ 45	温帯	45 ～ 70	寒帯	水蒸気	17 m
カ	30 ～ 45	温帯	45 ～ 70	寒帯	乾いた空気	15 m

図1は台風の西側と東側における中心からの距離《きょり》と風速の関係を表すグラフです。

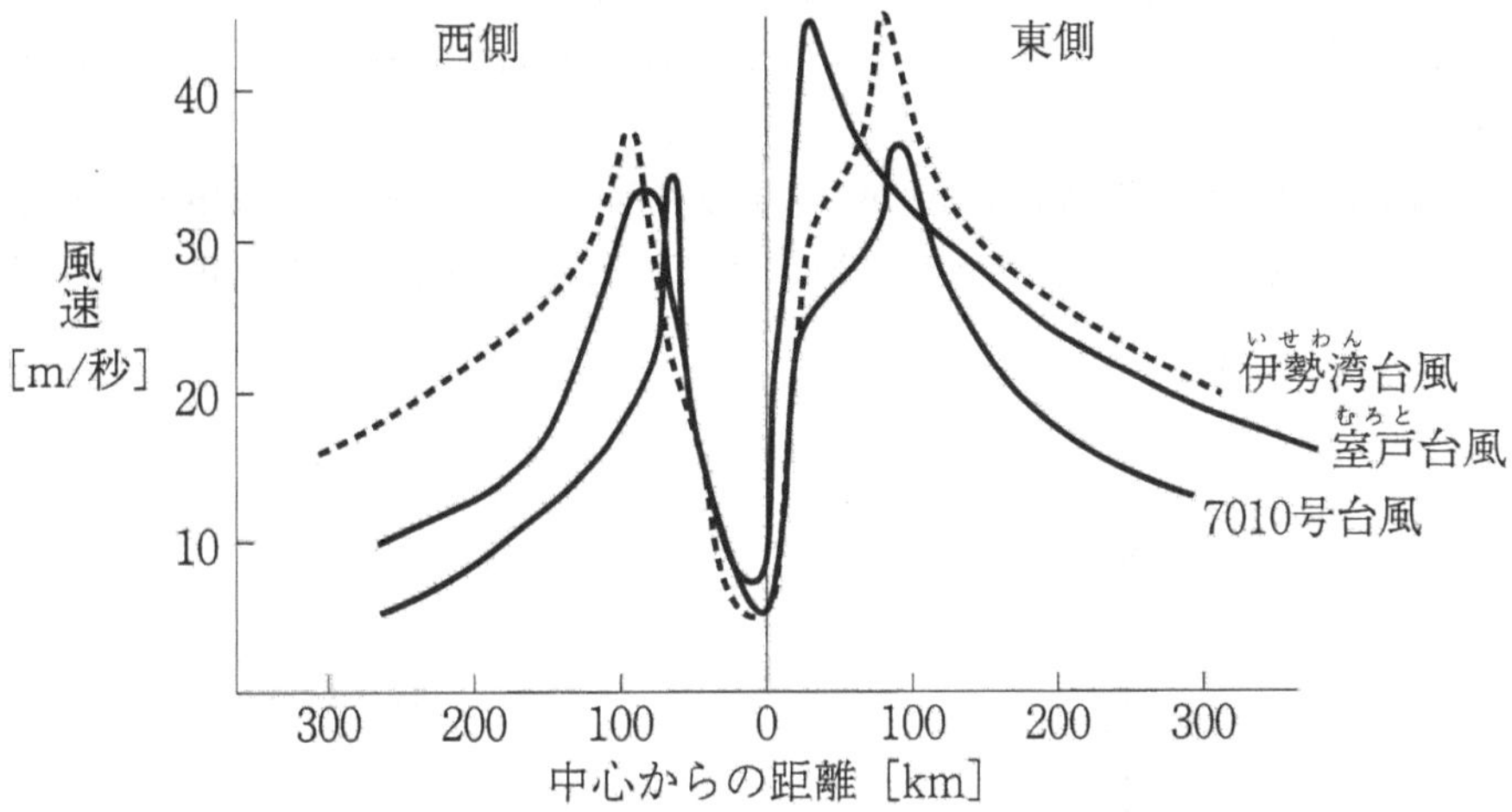

引用元：気象庁《きしょうちょう》　台風に伴う風の特性

図1

問2　下線部①について，この**図1**から分かるように，北上する台風の進路の西側よりも東側の方が風が強い傾向《けいこう》にあります。その理由を説明した以下の文の（あ）～（う）にあてはまる語句の組み合わせとして，最も適当なものを次のページの**ア～ク**から1つ選び，記号で答えなさい。

台風による風は地表付近では（　あ　）に中心部（　い　）。その風と台風（　う　）の影響で，東側の方が風が強くなる。

	（あ）	（い）	（う）
ア	時計回り	から吹《ふ》き出す	を移動させる風
イ	反時計回り	から吹き出す	を移動させる風
ウ	時計回り	へ吹き込む	を移動させる風
エ	反時計回り	へ吹き込む	を移動させる風
オ	時計回り	から吹き出す	の東側にある太平洋高気圧
カ	反時計回り	から吹き出す	の東側にある太平洋高気圧
キ	時計回り	へ吹き込む	の東側にある太平洋高気圧
ク	反時計回り	へ吹き込む	の東側にある太平洋高気圧

問３　**図２**に示すように，台風が北上しながらＡ地点とＢ地点の間を矢印のように移動したとき，Ａ地点およびＢ地点での台風による風向の変化を最も適切に表しているものを下の**ア〜エ**から１つ選び，記号で答えなさい。ただし，**図２**中のａ，ｂ，ｃは台風の中心付近があった場所を示しています。

例えば，**図３**のようにある場所の風向が，台風の中心がａ地点にあるとき南東風，ｂ地点にあるとき南風，ｃ地点にあるとき南西風のように変化したときを「時計回りに変化」と表現します。

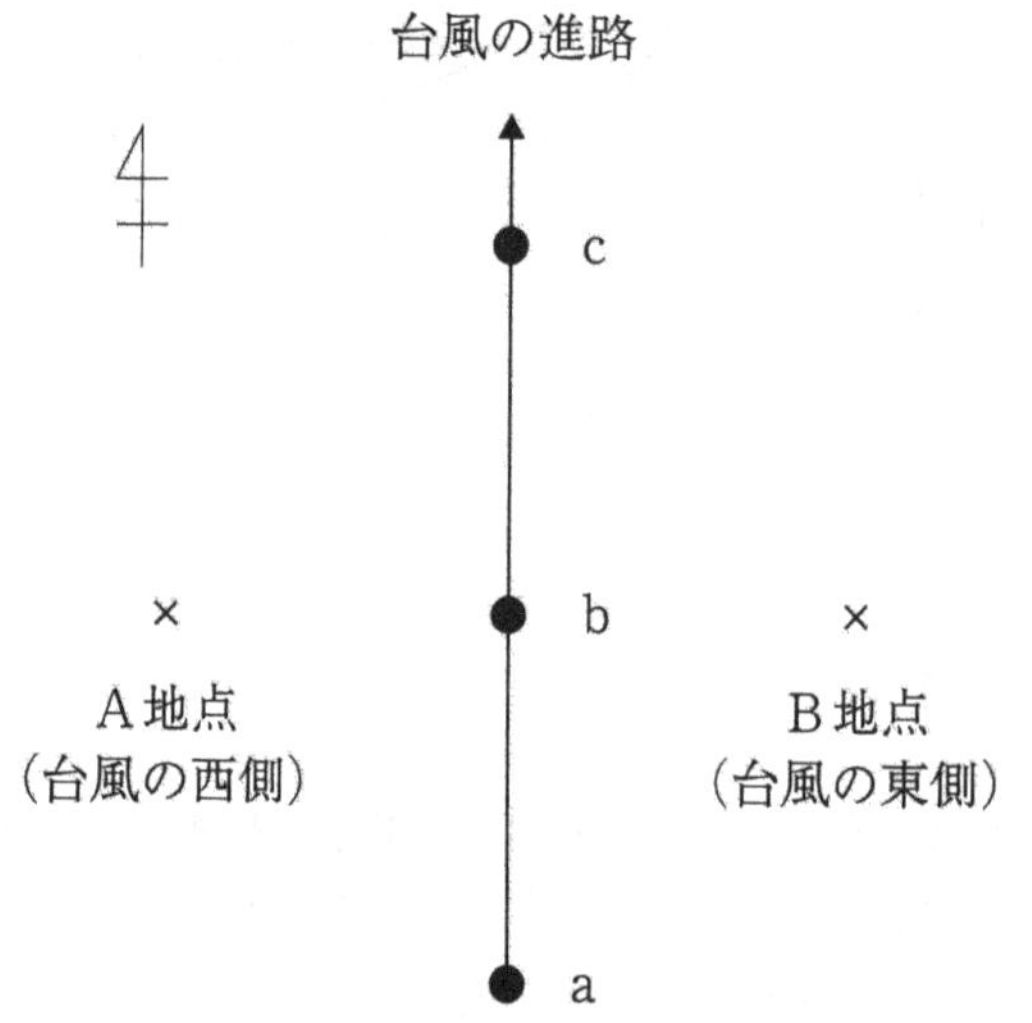

図２

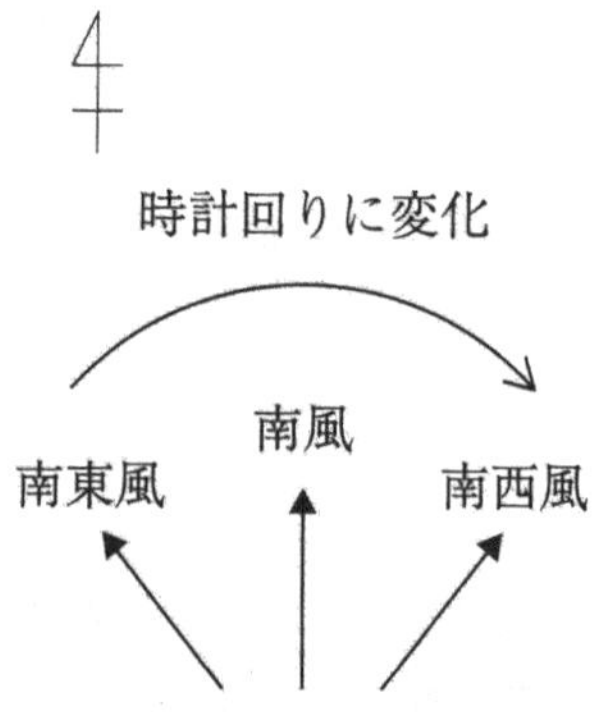

図３

	Ａ地点	Ｂ地点
ア	時計回りに変化	時計回りに変化
イ	時計回りに変化	反時計回りに変化
ウ	反時計回りに変化	反時計回りに変化
エ	反時計回りに変化	時計回りに変化

問４　下線部②について，次の⑴，⑵に答えなさい。

⑴　前線の配置を正しく表しているものを次の**ア〜エ**から１つ選び，記号で答えなさい。ただし，点線は⑵の**オ〜ク**についての位置を示します。

ア

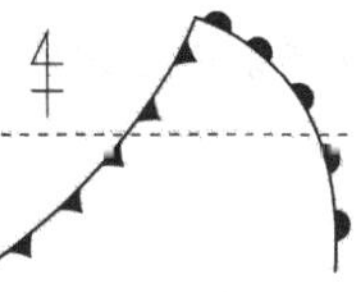

イ

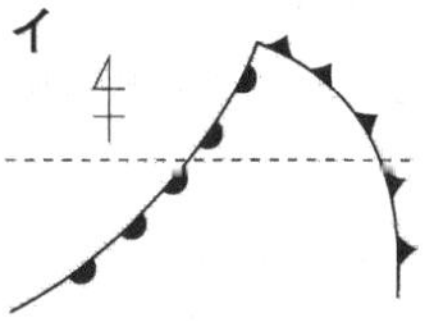

ウ

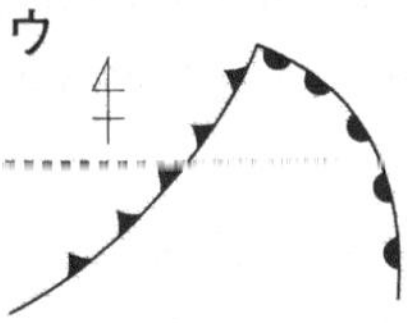

エ

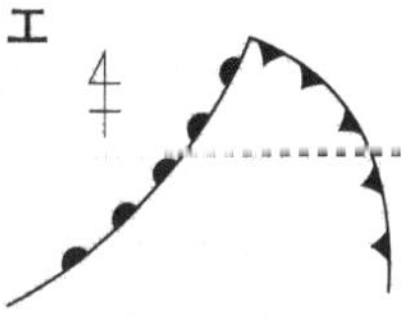

⑵　⑴の前線付近の断面における空気の境目と周辺にできる雲のようすを正しく表しているものを次の**オ〜ク**から１つ選び，記号で答えなさい。

オ

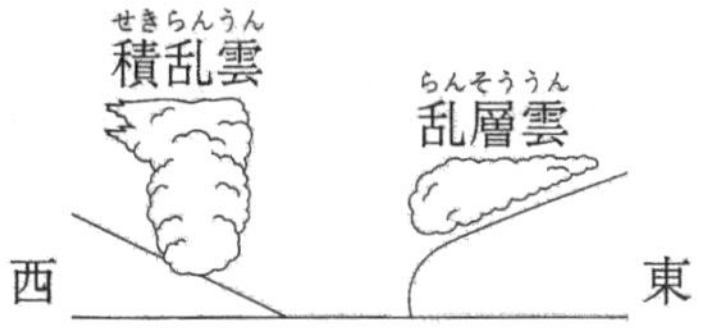

カ

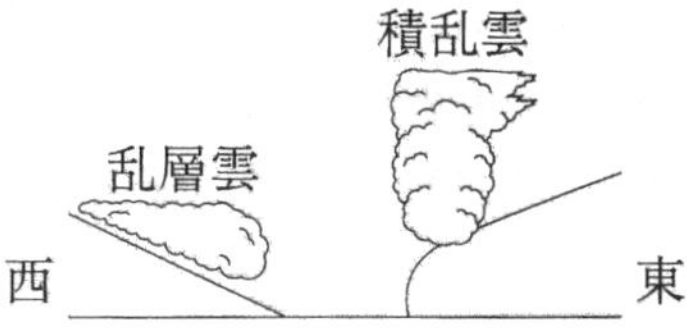

キ

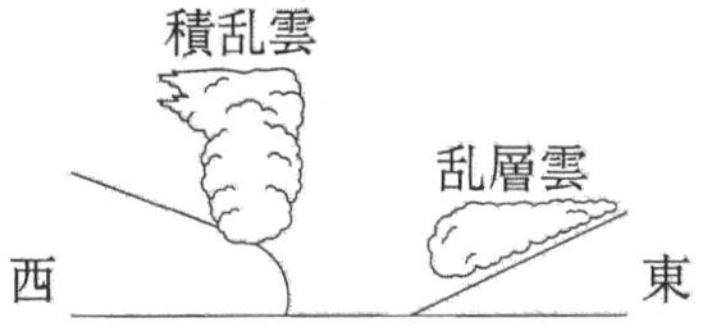

ク

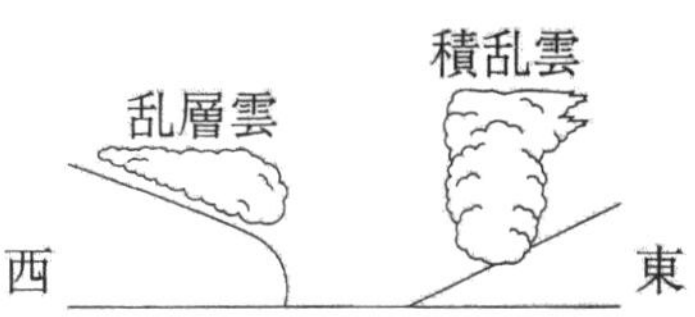

【社　会】（40分）　＜満点：75点＞

1　次の各問いに答えなさい。

問１　日本の自然環境《かんきょう》について，次の各問いに答えなさい。

⑴　次のⅠ・Ⅱの文が説明している地形の名称《めいしょう》を，それぞれ解答欄《かいとうらん》にあうように**漢字**で答えなさい。

Ⅰ　湘南海岸に面し，神奈川県南部に入りこんでいる湾。

Ⅱ　栃木県を南流し，宇都宮市の東部を通り，茨城県南西部で利根川に合流する長さ約177㎞の河川。

⑵　次の表は，日本のある都市における観測地点の標高・１月の日降水量１㎜以上の日数の平年値・ソメイヨシノの開花日の平年値を示したものです。表中の**ア～エ**には，それぞれ「銚子市」「甲府市」「福井市」「宮崎市」のいずれかがあてはまります。「銚子市」にあてはまるものを，**ア～エ**から１つ選び，記号で答えなさい。

	標高（m）	１月の日降水量 1mm 以上の日数（日）	ソメイヨシノの開花日
ア	272.8	3.9	3月25日
イ	20.1	7.1	3月30日
ウ	9.2	5.7	3月23日
エ	8.8	22.8	4月 1日

（国立天文台『理科年表 2023』より作成）

問２　日本の産業について，次の各問いに答えなさい。

⑴　次の表は，日本のおもな農産物の農業総産出額の移り変わりを示しています。表中の**ア～エ**には，それぞれ「米」「果実」「畜産」「野菜」のいずれかがあてはまります。「米」と「畜産」にあてはまるものを，**ア～エ**からそれぞれ１つずつ選び，記号で答えなさい。

（億円）

	1960年	1980年	2000年	2017年
ア	3 477	32 187	24 596	32 522
イ	9 074	30 781	23 210	17 357
ウ	1 741	19 037	21 139	24 508
エ	1 154	6 916	8 107	8 450

（矢野恒太記念会『数字でみる日本の100年（改訂第７版）』より作成）

⑵　次のページの表は，ある県における海面漁業産出額（2020年）と うなぎ の養殖《ようしょく》の収獲《しゅうかく》量（2020年）を示したものです。表中の**ア～エ**には，それぞれ「青森県」「静岡県」「愛媛県」「鹿児島県」のいずれかがあてはまります。「静岡県」と「愛媛県」にあてはまるものを，**ア～エ**

からそれぞれ１つずつ選び，記号で答えなさい。

	海面漁業産出額（億円）			うなぎ（t）
	計	漁業	養殖業	
ア	756	170	586	39
イ	649	182	467	7 057
ウ	459	432	26	1 536
エ	454	348	106	-

（矢野恒太記念会『データでみる県勢 2023』より作成）

⑶　次の【グラフ】は，それぞれ日本のある工業地帯の工業出荷額割合（個人経営を除く）を示したものです。【グラフ】の**あ～う**には，それぞれ「京浜工業地帯」「中京工業地帯」「阪神工業地帯」のいずれかがあてはまります。また，あとの【表】は，上記の工業地帯に位置する都府県の工業における全事業所数・従業者数（2020年６月１日）を示したものであり，【表】中の**え～か**には，それぞれ「東京都」「愛知県」「大阪府」のいずれかがあてはまります。「京浜工業地帯」と「東京都」にあてはまるものの組み合わせとして正しいものを，あとの**ア～ケ**から１つ選び，記号で答えなさい。

【グラフ】　（2020 年）

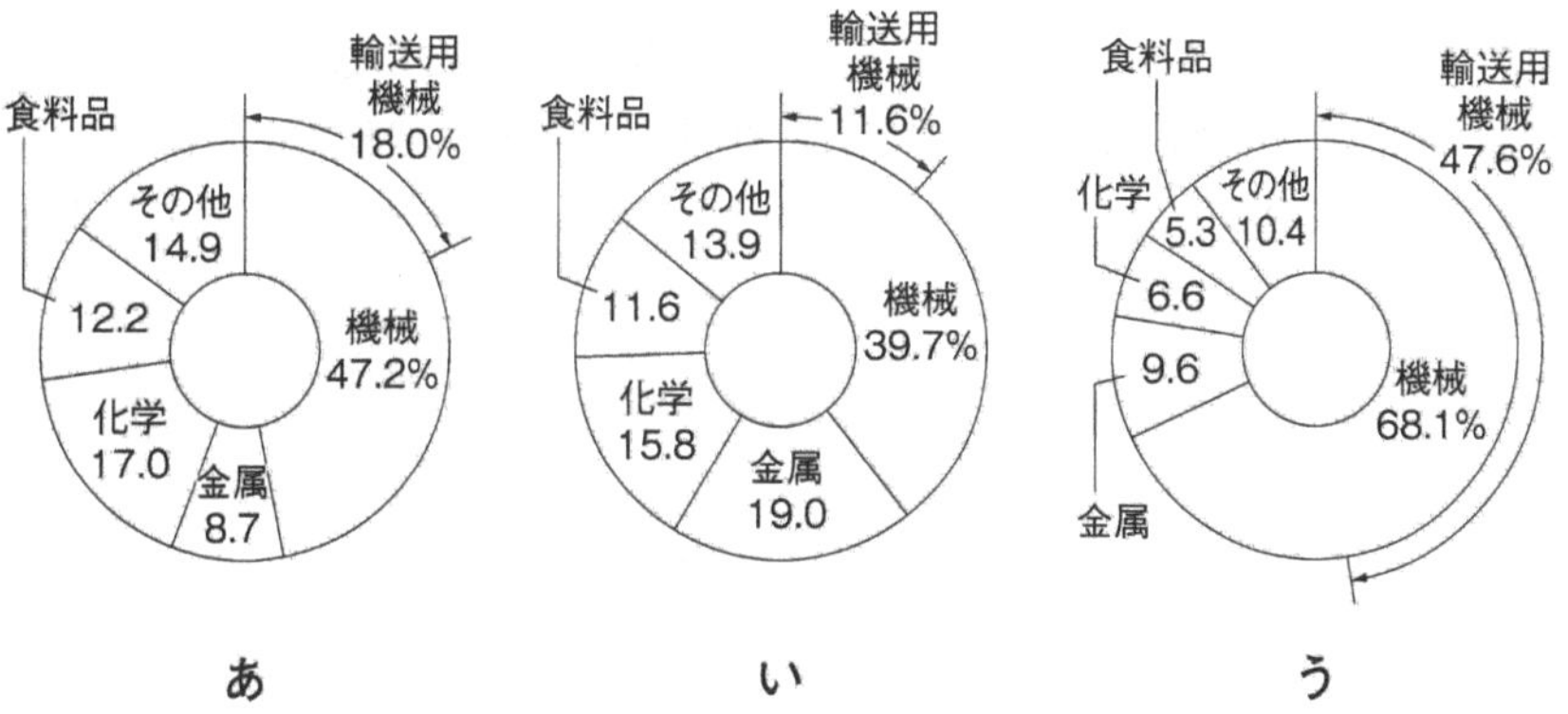

【表】

	都府県の工業における全事業所数	都府県の工業における従業者数（人）
え	30 231	475 394
お	26 739	872 011
か	25 464	276 158

（【グラフ】は矢野恒太記念会『日本のすがた 2023』、
【表】は矢野恒太記念会『データでみる県勢 2023』より作成）

ア．あ・え　　イ．あ・お　　ウ．あ・か　　エ．い・え　　オ．い・お
カ．い・か　　キ．う・え　　ク．う・お　　ケ．う・か

⑷　次の表は，発電方式別発電電力量（2021年度，電気事業者のみ）上位３位までの道県を示したものです。表中のア～エには，それぞれ「水力」「地熱」「風力」「太陽光」のいずれかがあてはまります。また，あとのⅠ・Ⅱは，それぞれア～エのいずれかの発電方法の説明です。Ⅰ・Ⅱの説明の発電方法にあてはまるものを，表中のア～エからそれぞれ１つずつ選び，記号で答えなさい。

	ア	イ	ウ	エ
1位	福島	青森	富山	大分
2位	茨城	北海道	岐阜	秋田
3位	岡山	秋田	長野	鹿児島

（矢野恒太記念会『データでみる県勢 2023』より作成）

Ⅰ　高い場所から低い場所にモノが落ちる力を利用して発電機を回転させることにより電気を生み出す発電方法。

Ⅱ　地下にたまった熱を利用して発電機を回転させることにより電気を生み出す発電方法。

問３　日本の人口や観光について，次の各問いに答えなさい。

⑴　次のグラフは，ある県における人口上位３市それぞれの，県全体の人口に占《し》める割合※を示したものです。また，グラフ中の☆は，県庁所在都市を示しています。グラフのア～エには，それぞれ「福島県」「静岡県」「岡山県」「熊本県」のいずれかがあてはまります。「静岡県」と「熊本県」にあてはまるものを，ア～エからそれぞれ１つずつ選び，記号で答えなさい。

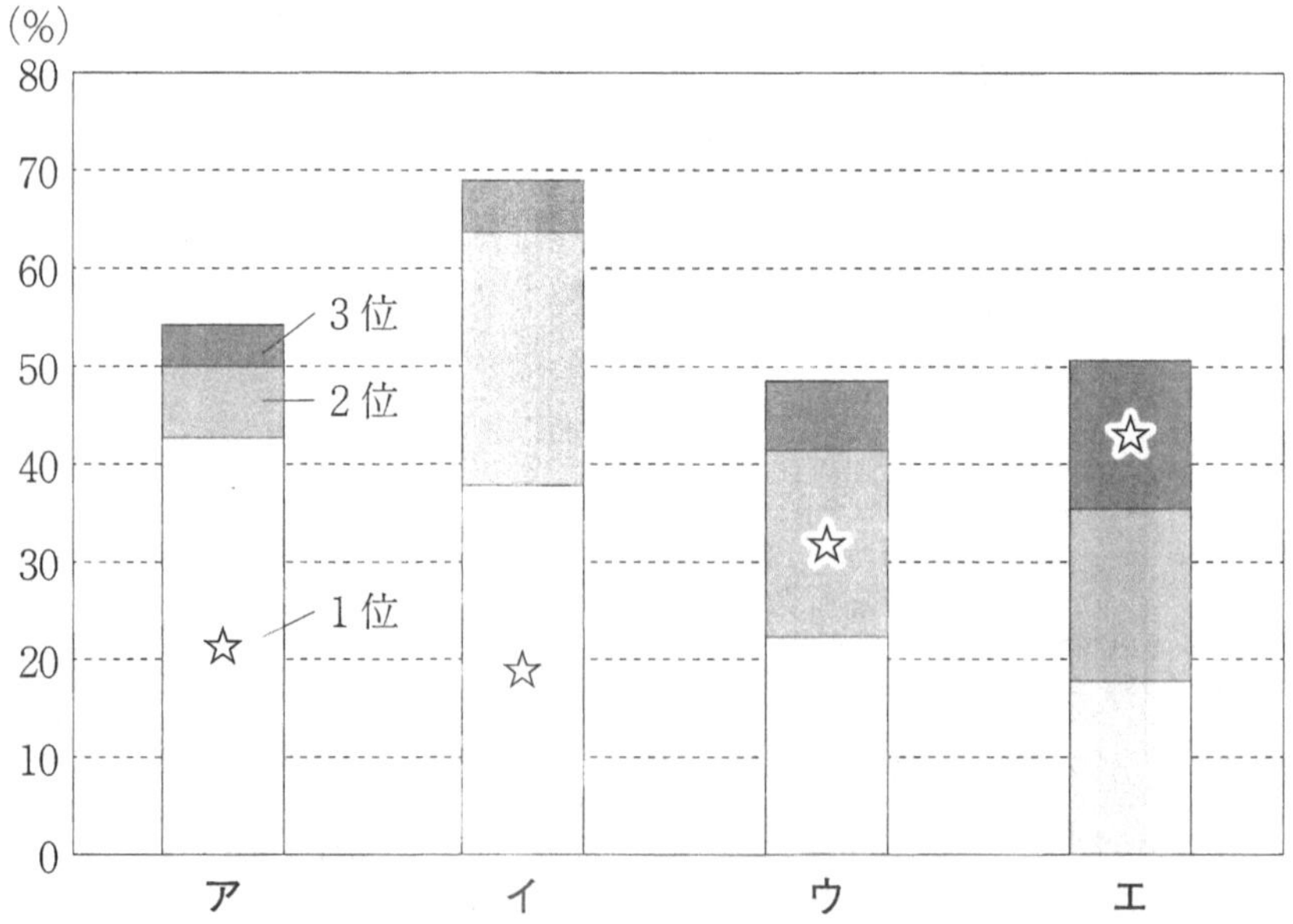

※市の人口は、2022 年 1 月 1 日現在。県の人口は、2022 年 10 月 1 日現在。

（矢野恒太記念会『日本国勢図会 2023/24』より作成）

⑵　次の表は，ある県の１人あたり医療費《いりょうひ》（2019年度）・乗用車の100世帯あたり保有台数（2021年）・昼夜間人口比率※（2020年10月１日現在）を示したものです。表中の**ア～エ**には，それぞれ「千葉県」「山梨県」「島根県」「福岡県」のいずれかがあてはまります。「山梨県」と「福岡県」にあてはまるものを，**ア～エ**からそれぞれ１つずつ選び，記号で答えなさい。

	１人あたり医療費 （千円）	乗用車の100世帯 あたり保有台数 （台）	昼夜間人口比率
ア	397.1	140.3	100.1
イ	394.5	106.3	100.0
ウ	348.5	153.4	99.3
エ	308.5	95.5	88.3

※夜間人口100人あたりの、昼間人口の比率。

（矢野恒太記念会『データでみる県勢2023』より作成）

⑶　次の表は，ある府県を訪れた宿泊旅行者数※1・日帰り旅行者数※2・外国人宿泊者数※3を示したものです。表中の**ア～エ**には，それぞれ「埼玉県」「長野県」「京都府」「沖縄県」のいずれかがあてはまります。「埼玉県」と「長野県」にあてはまるものを，**ア～エ**からそれぞれ１つずつ選び，記号で答えなさい。

（2019年）

	宿泊旅行者数 （千人）	日帰り旅行者数 （千人）	外国人宿泊者数 （千人泊）
ア	13 430	9 876	1 578
イ	8 373	10 269	12 025
ウ	7 235	550	7 751
エ	4 048	8 779	220

※１・２…のべ人数。

※３…のべ泊数。

（矢野恒太記念会『データでみる県勢2023』より作成）

⑷　次の文章を読み，あとの各問いに答えなさい。

　近年，観光地において，観光客が著《いちじる》しく増加することで，地域住民や自然環境に負の影響《えいきょう》がおこる「オーバーツーリズム」が問題となっています。「オーバーツーリズム」が進むと，交通渋滞《じゅうたい》により，通勤・通学などの移動に時間がかかるなど，地域住民の日常生活に支障が出るとされています。

Ⅰ　文章中の下線部について，「地域住民の日常生活に支障が出る」という具体的な例を，**交通渋滞により，通勤・通学などの移動に時間がかかること以外で**１つ答えなさい。

Ⅱ　「オーバーツーリズム」への対策として，観光税のように観光地域への入場料を有料にして観光客の増加による混雑を抑《おさ》えようという案があります。**観光地域への入場を有料にすること以外で**観光客の増加による混雑を和《やわ》らげる方法を，考えて答えなさい。

問４　次の図は，国土地理院発行の２万５千分の１の地形図「天童」の一部を示しています。図を見て，あとの各問いに答えなさい。

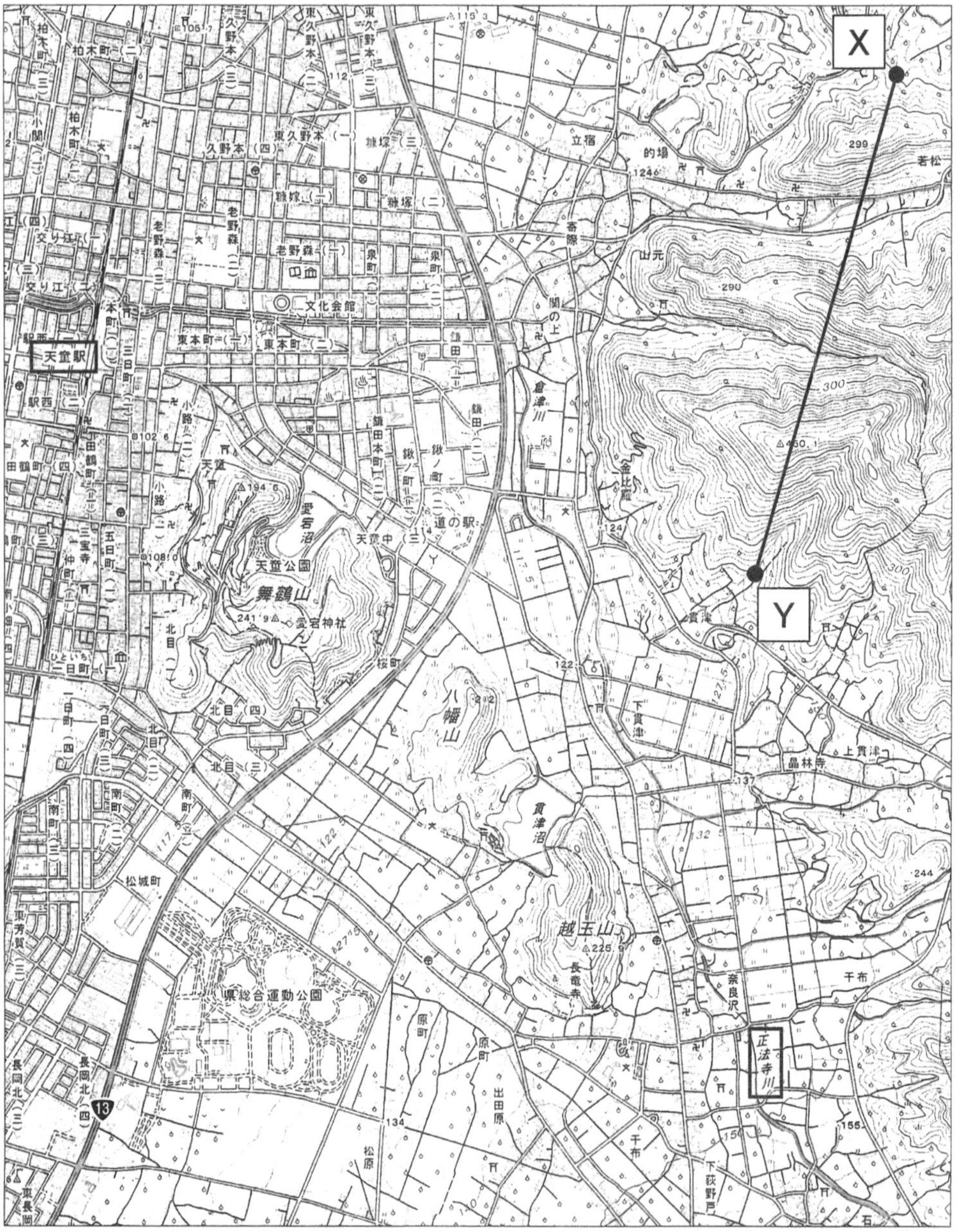

(1)　図から読み取れることとしてもっともふさわしいものを，次の**ア～エ**から１つ選び，記号で答えなさい。

ア． 国道13号線より東側に住居や建物が多くみられ，西側は農地や山地が多くみられる。

イ．「天童駅」から電車で南に進むと，左手に舞鶴山や越王山が見える。

ウ．市役所の北には図書館や老人ホームがあり，南には温泉がみられる。

エ．「正法寺川」は南向きに流れ，近くに果樹園や畑が多くみられる。

⑵　図中の**X－Y**間の断面図としてもっともふさわしいものを，次の**ア**～**エ**から１つ選び，記号で答えなさい。

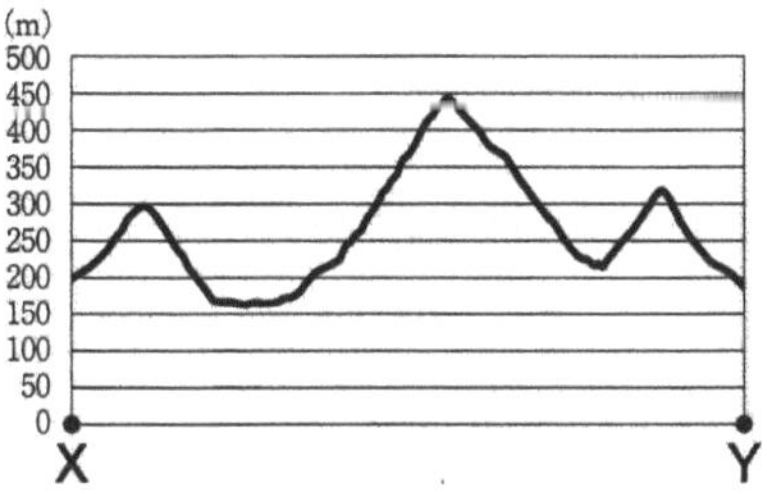

ア

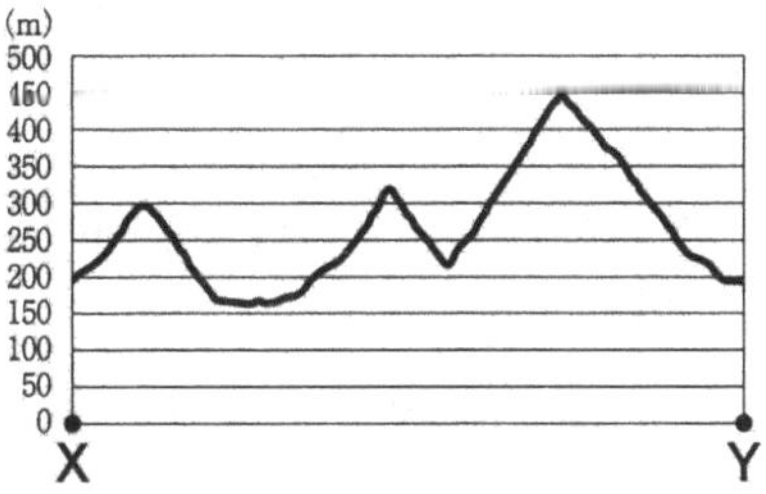

イ

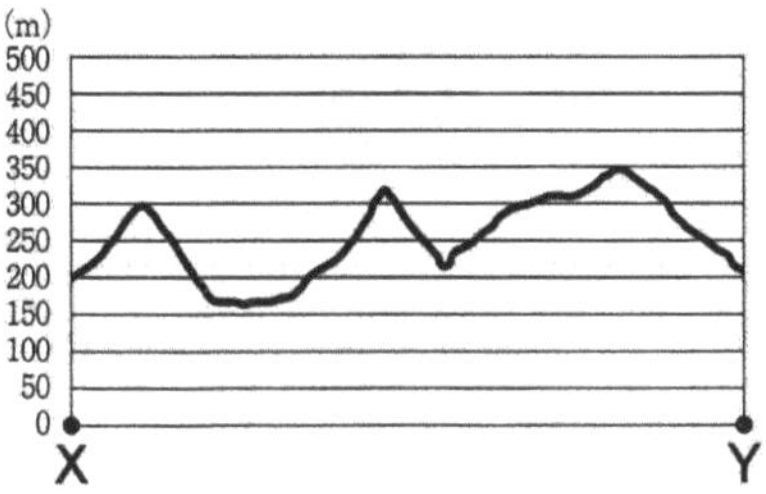

ウ

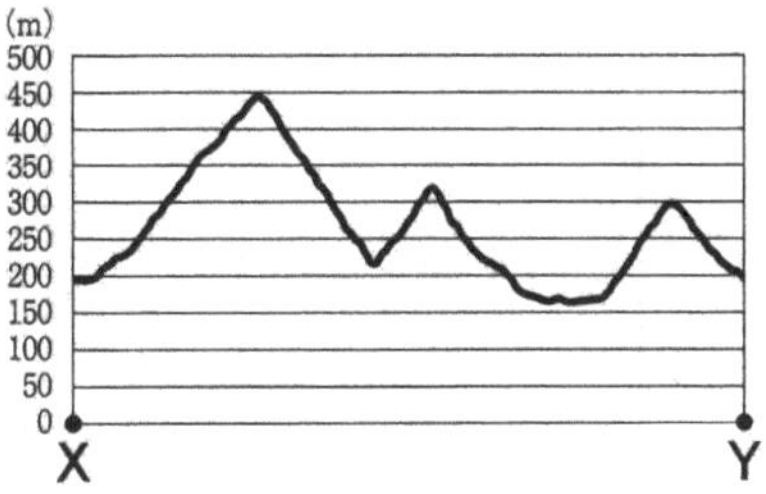

エ

⑶　図中の山形県天童市は，果樹の栽培がさかんな地域です。次の表は日本のおもな果実の収穫《しゅうかく》量上位３位（2021年産）までの道県を示しています。表中の**ア**～**エ**には，それぞれ「西洋なし」「おうとう」「ぶどう」「もも」のいずれかがあてはまります。「西洋なし」と「もも」にあてはまるものを，**ア**～**エ**からそれぞれ１つずつ選び，記号で答えなさい。

（t）

	ア		イ		ウ		エ	
1位	山形	13 900	山形	9 160	山梨	34 600	山梨	40 600
2位	新潟	1 790	北海道	1 500	福島	24 300	長野	28 800
3位	青森	1 780	山梨	942	長野	10 600	岡山	15 100

（矢野恒太記念会『データでみる県勢2023』より作成）

⑷　図中の「天童駅」には，天童市の伝統的工芸品である将棋駒《しょうぎこま》の資料館が併設《へいせつ》されています。次の**ア**～**オ**の国が指定した伝統的工芸品のうち，東北地方のものに**あてはまらないもの**を，**ア**～**オ**から**すべて**選び，記号で答えなさい。

ア．南部鉄器　　**イ**．益子焼　　**ウ**．大館曲げわっぱ

エ．小千谷ちぢみ　　**オ**．会津塗

2　次の年表は，今年（2024年）から100年ずつさかのぼり，それぞれの年におきたできごとをまとめたものです。この年表を見て，あとの各問いに答えなさい。

西暦《せいれき》	できごと
1924年	婦人参政権獲得期成同盟会《ふじんさんせいけんかくとくきせいどうめいかい》が結成される…………①
1824年	畿内《きない》の1320の村が菜種《なたね》の自由な売買を求めて訴《うった》えをおこす…………②
1724年	米価下落のため幕府が他の物価の値下げを命じる…………③
1624年	朝鮮の使節が将軍徳川家光と面会する…………④
1524年	江戸城主上杉朝興《うえすぎともおき》が北条氏綱《ほうじょううじつな》に敗れ河越《かわごえ》城へ逃《のが》れる…………⑤
1424年	明の永楽帝《えいらくてい》が亡くなる…………⑥
1324年	鎌倉幕府が天竜川に橋を架《か》けるように命じる…………⑦
1224年	北条泰時が執権に就任する…………⑧
1124年	中尊寺金色堂が建てられる…………⑨
1024年	能登《のと》国の百姓らが国司の善政をたたえる文書を提出する…………⑩
924年	藤原忠平《ふじわらのただひら》が左大臣に就任する…………⑪
824年	新羅人を陸奥《むつ》国に移住させて口分田を与《あた》える…………⑫
724年	聖武天皇が即位《そくい》する…………⑬

問１　年表中の①に関して，次の**ア**～**オ**は，さまざまな時代の女性に関する文です。**ア**～**オ**を年代の古い順にならべたとき，**２番目**と**４番目**にくるものを，それぞれ記号で答えなさい。

ア．女工たちの過酷な労働によって生産された日本の生糸の輸出額が，中国を抜《ぬ》いて世界一になった。

イ．大名の妻子が人質にとられ，関所では「入鉄砲に出女」が厳しく取り締《し》まられた。

ウ．はじめて女性に参政権が与えられ，翌年の衆議院議員総選挙の結果，39人の女性議員が誕生した。

エ．「尼将軍」とよばれた女性が，幕府で政治をおこなった。

オ．大戦景気により工業化・都市化が進み，電話交換手やタイピストなどさまざまな職業に就《つ》いて働く女性が増えた。

問２　年表中の②に関して，次のＡ～Ｈは，それぞれ農業や工業などの産業に関する文です。各文の □ にあてはまる語句をひらがなで答えて，〔　〕で指定された順番の文字をそれぞれ抜き出してならべかえると，産業に関係がある語句か人名になります。ならべかえてできる語句か人名を**漢字４字**で答えなさい。なお，□ にあてはまる語句においては，「っ」「ゃ」「ゅ」「ょ」などの小文字も１文字として数えること。

Ａ．南蛮貿易でおもな輸出品となった銀の多くは，□ 銀山で産出されたものといわれている。〔３文字中の**２文字目**〕

Ｂ．稲の穂首刈《ほくびが》りをおこなうときに使用された石器を □ という。〔７文字中の**１文字目**〕

Ｃ．明治新政府は，産業をさかんにして生産力を増やすという意味の □ を標語にかかげて，さまざまな政策をすすめていった。〔10文字中の**１文字目**〕

Ｄ．鎌倉時代の畿内や西日本では，米の裏作で麦をつくる □ がおこなわれた。〔５文字中の**４文字目**〕

Ｅ．江戸時代，江戸ではおもに金貨が使われ，大阪（坂）ではおもに銀貨が使われていたので，□ という職業が都市で貨幣を交換した。〔８文字中の**５文字目**〕

Ｆ．江戸時代，有力な商工業者たちは □ とよばれる同業者組合を結成し，幕府に税を納める代わりに営業を独占した。〔５文字中の**２文字目**〕

Ｇ．八幡製鉄所では，地元の □ 炭田で産出された石炭などが利用された。〔４文字中の**１文字目**〕

Ｈ．商人が道具や材料などを農民らに貸して品物をつくらせ，それを引き取る方法を □ 工業という。〔８文字中の**８文字目**〕

問３　年表中の③に関して，次のＡ～Ｅの文を読み，あとの各問いに答えなさい。

Ａ　一般的に，需要《じゅよう》量（人々が買おうとする商品の量）が変わらないのに供給量（人々が売ろうとする商品の量）が増加すると，商品が売れ残るので価格は下がる。

Ｂ　年表中の③のときの将軍である徳川吉宗は，新田開発を奨励《しょうれい》した。その結果，耕地面積は江戸幕府が開かれたころの２倍近くになった。

Ｃ　江戸時代は，さまざまな農具や肥料が発明・改良されたため生産力が高まった。また，農書（農業に関する本）によって，それらの技術が広まった。

Ｄ　江戸時代は，生活に必要なものが商品として流通していたため，それらを入手するには貨幣が必要であった。

Ｅ　江戸幕府の収入の大半は，幕領から年貢として集められた米であった。集められた米は，大阪（坂）や江戸に置かれた蔵屋敷に送られた。

⑴　年表中の③の時期に米価が下落した原因を，**A～C**の文を参考にして説明しなさい。

⑵　米将軍とよばれた徳川吉宗は，新田開発を奨励したり年貢率を上げたりして，年貢を増やそうとするだけでなく，米市場を認めたり貨幣を改めたりして，米価が上がるように試みました。江戸幕府が米価を上げようとした理由を，**D**・**E**の文を参考にして説明しなさい。

問４　年表中の④に関して，江戸時代の外交について説明した文として正しいものを，次の**ア**～**エ**から１つ選び，記号で答えなさい。

ア．江戸時代初期には朱印船貿易がさかんにおこなわれ，中国の各地に日本人が住む日本町がつくられた。

イ．薩摩藩は琉球を侵略して支配したが，中国との貿易は継続させるとともに，江戸幕府の将軍や琉球国王の代替《だいが》わりごとに，琉球から江戸へ使節を送らせた。

ウ．松前藩は蝦夷地でアイヌとの交易を認められたが，そのやり方に不満を持ったアイヌの人々が，コシャマインを中心に反乱をおこした。

エ．ペリーが来航した後に，幕府は異国船打払令をゆるめた。

問５　年表中の⑤に関して，河越城はのちに川越城と書かれるようになり，川越藩主の居城となりました。川越藩があった埼玉県について説明した文としてもっともふさわしいものを，次の**ア**～**エ**から１つ選び，記号で答えなさい。

ア．薩摩藩士がイギリス人を殺傷する生麦事件がおこった。

イ．大森貝塚や，はじめて弥生土器が発掘された弥生町遺跡がある。

ウ．旧石器時代の存在を証明した岩宿遺跡や，富岡製糸場がある。

エ．この地で銅が発見され，朝廷によって和同開珎がつくられた。

問６　年表中の⑥に関して，次の**ア**～**オ**は，日本と中国に関するできごとです。**ア**～**オ**を年代の古い順にならべたとき，**２番目**と**４番目**にくるものを，それぞれ記号で答えなさい。

ア．柳条湖事件がおこった。　　　　**イ**．中華民国が建国された。

ウ．二十一か条の要求が出された。　**エ**．五・四運動がおこった。

オ．盧溝橋事件がおこった。

問７　年表中の⑦に関して，次の文章の空欄にあてはまる地名を，［ a ］は**漢字３字**で，［ b ］は**漢字２字**でそれぞれ答えなさい。

> 江戸時代，天竜川などの東海道を横切る大きな川には，軍事上や財政上の理由から橋がかけられませんでした。現在の静岡県を流れる［ a ］や安倍川は，人が背負って向こう岸まで渡していたので，雨で川が増水すると渡ることを禁じられました。そのため，東海道で最大の難所とされ関所も設置された［ b ］とともに，「［ b ］八里は馬でもこすが　こすにこされぬ［ a ］」とうたわれました。

問８　年表中の⑧に関して，日本の歴史において，幕府の中心となって政治をおこなった人物を次のページの図のように場合分けしたとき，図中の［ 4 ］にあてはまる人物の氏名を**漢字**で答えなさい。

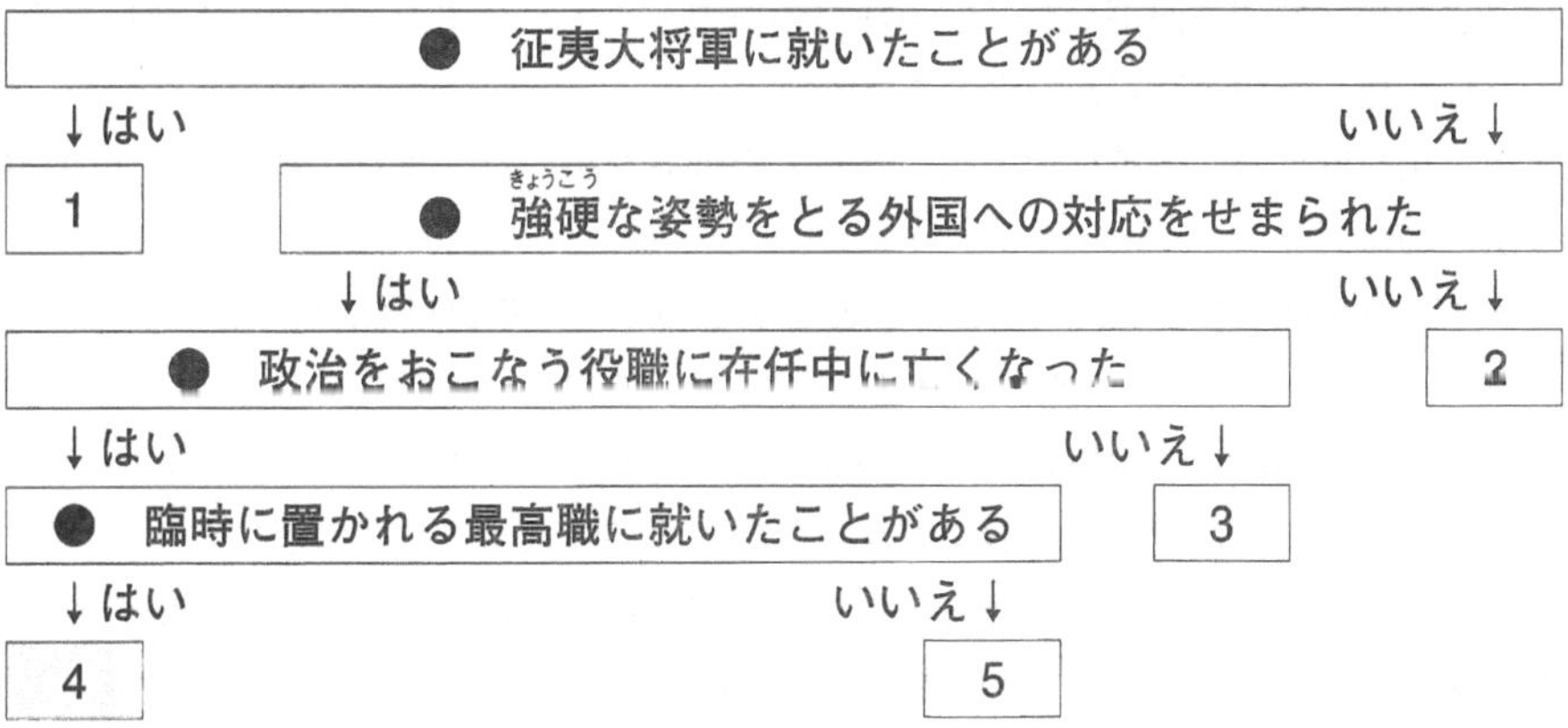

問９　年表中の⑨に関して，中尊寺金色堂は阿弥陀仏をまつる阿弥陀堂とよばれる建物です。平安時代に広まった，阿弥陀仏を信仰して死後に極楽へ生まれ変わることを願う教えを何といいますか。**漢字３字**で答えなさい。

問10　年表中の⑩に関して，10世紀後半に郡司や百姓に悪政を訴えられた尾張国の国司の氏名を**漢字４字**で答えなさい。

問11　年表中の⑪に関して，藤原忠平はのちに摂政に就任しますが，そのときに初めての大規模な武士の反乱である平将門の乱がおこりました。次の**ア**～**オ**の戦乱を，**年代の古い順**にならべたとき，**４番目**にくるものを記号で答えなさい。

　また，**ア**～**オ**の戦乱がおこった場所を，**東から順**にならべたとき，**３番目**にくるものを記号で答えなさい。

ア．壇ノ浦の戦い　　**イ**．保元の乱　　**ウ**．関ヶ原の戦い　　**エ**．五稜郭の戦い

オ．薩英戦争

問12　年表中の⑫に関して，次の各問いに答えなさい。

⑴　次の**ア**～**オ**は，日本と朝鮮に関する文です。**ア**～**オ**を年代の古い順にならべたとき，**２番目**と**４番目**にくるものを，それぞれ記号で答えなさい。

ア．伊藤博文が韓国の青年に暗殺された。

イ．李成桂が日本に倭寇の取りしまりを求めてきた。

ウ．日本の植民地支配からの独立を求めて，三・一独立運動がおこった。

エ．幕府の将軍の代替わりの際に，朝鮮から通信使が派遣《はけん》された。

オ．日本が朝鮮を開国させ，不平等条約を結ばせた。

⑵　次の**Ａ**～**Ｅ**は，東北地方の県の歴史について説明した文です。**Ａ**～**Ｅのどの文にもあてはまらない**東北地方の県を，解答欄にあうように**漢字**で答えなさい。

Ａ．最上川の河口に位置する酒田は，江戸時代に海運の拠点として大いににぎわった。また，米沢藩主の上杉鷹山は名君として有名である。

Ｂ．江戸時代には，松平定信が藩主を務めた白河藩や，戊辰戦争で旧幕府軍の中心となった会津藩があった。

Ｃ．縄文時代の巨大集落が発掘された三内丸山遺跡や，室町時代にアイヌとの交易で入手した品が集まった十《と》三《さ》湊《みなと》がある。

D．奈良時代に多賀城が築かれ，蝦夷征討《せいとう》の拠点となった。また，家臣の支倉常長をヨーロッパに派遣した伊達政宗が有名である。

E．坂上田村麻呂が，蝦夷征討の拠点として胆沢城を築いた。また，奥州藤原氏の根拠地の平泉がある。

問13　年表中の⑬に関して，聖武天皇ともっともかかわりのある史料を，次の**ア～エ**から１つ選び，記号で答えなさい。ただし，史料は分かりやすいように現代語に訳してあります。

ア．唐に留学中の僧からの報告書に，唐の衰退《すいたい》について細かく書かれています。……この報告書を読んだうえで，遣唐使を派遣するかどうか決めていただければと思います。

イ．「今民衆を苦しめているのは，蝦夷の征討と平安京の造営です。この２つをやめれば民衆は安らかになるでしょう。」……天皇はこの意見を採用し２つの事業を中止した。

ウ．開墾した田については，これまでは期限を決めて私有を認めていた。……今後は期限を決めず，永久に自分の土地としてよい。

エ．天皇として14年政治をおこなって，退位して上皇となった後も院で政治をおこなった。……退位した後も政治をおこなうことは，昔はなかった。

3　次の各問いに答えなさい。

問１　日本の国会・内閣・裁判所に関する説明として正しいものを，次の**ア～エ**から１つ選び，記号で答えなさい。

ア．衆議院が解散されたときは，解散の日から40日以内に衆議院議員の総選挙がおこなわれる。

イ．裁判所は，裁判で争われている具体的な事件がなくても，法律などが違憲かどうかの判断をくだすことができる。

ウ．法律案は，先に衆議院に提出しなければならない。

エ．内閣が条約を締結《ていけつ》する際には，必ず締結前に国会の承認が必要となる。

問２　日本の選挙に関する説明として正しいものを，次の**ア～エ**から１つ選び，記号で答えなさい。

ア．大選挙区制は，小選挙区制に比べて死票が多い。

イ．仕事や旅行などを理由に，期日前投票をおこなうことができる。

ウ．日本国憲法施行から2023年９月までの間，国会議員を選出する国政選挙の投票率が，50％を下回ったことはない。

エ．衆議院議員総選挙の比例代表選挙は，政党名と候補者名のどちらを書いて投票しても有効となる。

問３　日本の税金に関する説明として正しいものを，次の**ア～エ**から１つ選び，記号で答えなさい。

ア．住民税は，個人の所得に応じて国に納める直接税である。

イ．法人税は，会社などの法人が利益に応じて地方に納める直接税である。

ウ．所得税は，会社員や農家，自営業者などすべての職業の所得が正確にとらえられ算出されているので，不公平感のない直接税である。

エ．消費税は，所得の低い人ほど所得にしめる税の割合が高くなると指摘されている。

問４　国際連盟や国際連合に関する説明として正しいものを，次の**ア～エ**から１つ選び，記号で答えなさい。

ア．国際連盟は，アメリカの提唱で設立され，アメリカは常任理事国になった。

イ．国際連盟は，平和解決のため国連軍を組織したが，一度も派遣されたことがなかった。

ウ．国際連合の予算は，加盟国が負担する分担金形式であるが，未払《みばら》いの国があり問題となっている。

エ．国際連合の機関の一つである信託統治理事会は，信託統治地域が今後独立できるように，監督や指導をする活動を現在も続けている。

問５　次の表の空欄（**A**）～（**F**）にあてはまる数字のうち，同じ数字の組み合わせとして正しいものを，あとの**ア**～**カ**から**２つ**選び，記号で答えなさい。

	衆議院議員	参議院議員	都道府県の知事
任期	（　A　）年	（　B　）年	（　C　）年
被《ひ》選挙権	満（　D　）歳《さい》以上	満（　E　）歳以上	満（　F　）歳以上

ア．AとB　**イ**．AとC　**ウ**．BとC　**エ**．DとE　**オ**．DとF　**カ**．EとF

問６　経済に関する説明としてもっともふさわしいものを，次の**ア**～**エ**から１つ選び，記号で答えなさい。

ア．現金を使わないキャッシュレス決済は，セキュリティ上の不安から世界的に利用が少なくなってきている。

イ．自由競争がおこなわれている市場では，一般的に価格が下がると需要が増え，供給は減る。

ウ．日本銀行は，不景気の際には，一般的に金利を引き上げる。

エ．日本の貨幣《かへい》は，紙幣《しへい》も硬貨《こうか》もすべて日本銀行が発行している。

問７　次の文は，日本国憲法第12条の一部です。空欄（**G**）にあてはまる語句を**５字**で答えなさい。

> この憲法が国民に保障する自由及《およ》び権利は，国民の（　G　）によつ《っ》て，これを保持しなければならない。

まい、池袋で同じデパートを見て、幼《おさな》い頃からの記憶《きおく》がよみがえって懐かしくなったから。

エ　大津市にも同じデパートがあるのでそれとつい比較してしまい、池袋とは規模や品揃えが違いすぎて、本場のレベルの高さに言葉を失ってしまったから。

オ　大津市には現在デパートがないので、東大に入って力をつけて、大人になったらいつか大津市にデパートを建ててやるという大きな希望が生まれたから。

問九　本文中の「1」～「6」に当てはまる内容を次のア～カからそれぞれ選び、記号で答えなさい。

ア　ちゃんと厳密にやりたかったんだ。それに、美容院に行くと、内側と外側で長さを変えられてしまうだろう。全体を同時に伸ばしたらどうなるか、気にならないか?

イ　そりゃ訊きづらいでしょ

ウ　人間の髪は一ヶ月に一センチ伸びると言うだろう。その実験だ

エ　はじめて訊かれたな。みんな訊きづらいんだろうか

オ　どうして坊主《ぼうず》にしたの?

カ　全部剃らなくても、ある時点での長さを測っておいて、差を計算したらよくない?

問十　――線部7「わたしの描く相関図の外で暮らしている人たちも、それぞれの相関図の中で生きている」とありますが、どういうことですか。その説明として最も適切なものを次から選び、記号で答えなさい。

ア　世の中には、わたしの身の回りの人々とは直接関わりのない人たちがたくさんいて、彼《かれ》らもわたしの知らないさまざまな人間関係の中で生活しているということ。

イ　わたしが自分の頭で想像できる世界以外にもたくさんの人たちの生活があり、わたしとは異なる人それぞれの価値観の中で生計を立てているということ。

ウ　わたしと同じような生活水準以外の人たちもたくさんいて、派手な人ばかりではなく、地味な雰囲気の人、普段着でふらっと来るような人もいるということ。

エ　わたしが人間観察できる範囲にいない人たちも、わたし以外の誰かにそれぞれが観察され、興味関心を持ったり持たれたりしながら存在しているということ。

オ　わたしの生活圏《せいかつけん》の外で暮らしている人たちのほうがずっと多くて、わたしの知らない世界でみんなそれぞれの個性を生かして暮らしているということ。

問二 ――線部1「想定外の事件が起こる」とありますが、「わたし」が想定していなかったのはどのようなことですか。十五字以内で答えなさい。

問三 □ に入る言葉として最も適切なものを次から選び、記号で答えなさい。

ア 急激に面倒になる傾向があっただけかもしれない
イ 気持ちのいい相槌を打てばいいだけかもしれない
ウ 別の人間といると気が散るだけかもしれない
エ 人見知りで恥ずかしかっただけかもしれない
オ 話が合う相手がいなかっただけかもしれない

問四 ――線部2「気持ちが盛り上がるのがわかる」とありますが、どういうことですか。**当てはまらないもの**を次から**二つ**選び、記号を五十音順に答えなさい。

ア オープンキャンパスに行くなら大貫と一緒に行きたいという須田の気持ちが伝わってきて、うれしい気持ちがあふれてきたということ。
イ 自分が行きたいと意思表示さえすれば、あこがれの東大を二人で見学できて、東大志望の気持ちが強くなってがんばれそうだということ。
ウ 須田がオープンキャンパスに行くのは大貫次第だと言ったので、自分に親しみを持ってくれていると感じ、いい気分になったということ。
エ 男子に頼られるのははじめてだし、須田と一対一で東京まで行けば付き合うことになりそうで、今後の展開に期待を寄せているということ。
オ 自分の決定が相手の行動に影響《えいきょう》を与えるほど、相手が自分に心を寄せてくれたのが今までになく新鮮で、気分が高揚しているということ。

問五 ――線部3「気を抜いていたらしい」とありますが、これは「わたし」のどのような態度を表していますか。三十字以上四十字以内で答えなさい。

問六 ――線部4「侮っていた」とありますが、ここでの「侮る」に最も近い意味の言葉を次から選び、記号で答えなさい。

ア 軽視《けいし》　イ 冷淡《れいたん》　ウ 嘲笑《ちょうしょう》　エ 傲慢《ごうまん》　オ 侮辱《ぶじょく》

問七 ――線部5「同じ大津で育ってきたことを実感してしまう」とありますが、それはなぜですか。解答欄《らん》の「自分と同じように成瀬も」という書き出しに続けて、その理由を三十五字以上四十五字以内で答えなさい。

問八 ――線部6「わたしの胸にもこみあげるものがあって、うまく言葉が出てこない」とありますが、なぜだと考えられますか。その理由として最も適切なものを次から選び、記号で答えなさい。

ア あこがれの東大を見学したついでに池袋に行き、有名なデパートを目の前にして、やっと本物を見ることができたという感激で胸がいっぱいになったから。
イ 地元の大津市をはなれて上京し、心細くなっていたところに見慣れたデパートを目の当たりにして、故郷に帰ってきたような気持ちになりホッとしたから。
ウ 大津市民の生活に溶けこみ親しまれていたデパートが閉店してし

た。成瀬は意外そうな表情でベリーショートの髪に触れる。

「　2　」

「　3　」

反応を見るに、深刻な事情があるわけではないらしい。

「　4　」

意味がよくわからず黙っていると、成瀬が続けた。

「入学前の四月一日に全部剃《そ》ったから、三月一日の卒業式には三十五センチになっているのか、検証しようと思ったんだ」

わたしは思わず噴《ふ》き出した。小学生の頃、朝礼台に上る成瀬の肩《かた》まで伸びる直毛を見て、わたしもあんな髪だったらよかったのにと羨《うらや》んだのは一度や二度じゃない。

「　5　」

わたしだって縮毛矯正《きょうせい》したことで、地毛が伸びるスピードがわかった。

「　6　」

一瞬納得したが、同意するのは悔《くや》しくて「そうだね」と軽く答える。

「しかし短髪が想像以上に快適で、伸ばすのが面倒になってきている」

成瀬は頭頂部の髪をつまんで言った。

「せっかく剃ったんだから、最後までちゃんとやんなよ」

また憎まれ口を叩《たた》いてしまったが、成瀬は真顔で「大貫の言うとおりだな」とうなずいた。

「この前、せっかく来てくれたのにごめんね」

思い切って謝ったのに、成瀬は「何のことだ?」とはぐらかした。それ以上追及するのも野暮《やぼ》な気がして、何も言わないでおいた。

東大に着いた瞬間、成瀬は「また二学期に会おう」と言い残して雑踏《ざっとう》に消えていった。東大を目指しているのかどうかも定かでなかったが、尋ねたところで腑《ふ》に落ちる答えは返ってこないだろう。

スマホを見ると、須田から「これから理学部の説明会です」とメッセージが入っていた。わたしは「文学部の模擬講義《もぎこうぎ》に行ってみます」と返信し、キャンパスマップで文学部の位置を確認する。

一人になって改めてまわりを見ると、いろいろな人がいる。さっきは派手な人ばかり目に入っていたけれど、地味な雰囲気《ふんいき》の人もいるし、普段着でふらっと来たような人もいる。7わたしの描《えが》く相関図の外で暮《く》らしている人たちも、それぞれの相関図の中で生きている。これだけ多くの人がいる世界で、線がつながるなんて奇跡みたいな確率だ。

わたしは文学部に向けて歩を進めながら、二学期がはじまったら今日の出来事を悠子に話したいなと思った。

（宮島未奈《みやじまみな》『成瀬は天下を取りにいく』より）

＊1　湖風祭……滋賀《しが》県立膳所《ぜぜ》高等学校の文化祭。七月に行われる。
＊2　草津……滋賀県草津市。
＊3　コミュ障……コミュニケーションが苦手な人を表す言葉。
＊4　オープンキャンパス……学校が敷地を受験生のために開放して見学会などを実施するイベント。
＊5　化学班……化学部。膳所高校では部活動を班活動という。
＊6　赤門……東京大学本郷キャンパスにある門。

問一　〰〰線部a「ご多分に（　　）」、〰〰線部b「（　　）の見物」とありますが、（　）にそれぞれ**ひらがな三字**を入れて慣用句を完成させなさい。

成瀬は池袋行きの地下鉄に乗り込んだ。空いている座席に並んで腰を下ろす。

「花火大会ぐらい人がいたな」

成瀬の一言に、5同じ大津で育ってきたことを実感してしまう。

「どこで下りるの？」

「池袋《いけぶくろ》」

「何があるの？」

「行けばわかる」

訊《き》くだけ損だったなと思っているうちに池袋に着いた。

成瀬の目的がわかるまで、時間はかからなかった。改札《かいさつ》を出てすぐ「西武池袋本店」の文字が目に飛び込んできたのだ。見覚えのあるＳＥＩＢＵのロゴがそこかしこに散らばっている。大津市民が失った光景と再会し、マスクの上から目を押さえた。たしかに、草津市民である須田とはこの感覚を共有できないだろう。

「写真撮《と》ってくれるか」

そう言って成瀬はわたしにデジカメを持たせ、地下入口に立って真顔でピースサインをした。道行く人々が「なんやこいつ」という顔をしながら入っていくので、わたしは慌《あわ》ててシャッターボタンを押す。ここは東京だから「なんだこいつ」が正しいだろうかと思いながら、成瀬にデジカメを返した。

店に入ると、初めて来たはずなのに懐《なつ》かしさを覚えた。西武大津店とはテナントも品揃《しなぞろ》えも全然違うのに、館内の空気が西武なのだ。成瀬は目に涙《なみだ》を浮かべている。ずいぶん大げさだと笑いたくなるが、6わたしの胸にもこみあげるものがあって、うまく言葉が出てこない。

「地上に行って、外から見てみよう」

エスカレーターまでたどり着くにも人をよけて歩かなければならない。西武大津店がいつもガラガラだったことを思い出す。

店の外に出たら、自分が小さくなったような錯覚《さっかく》に陥《おちい》った。西武池袋本店は巨大で、わたしの考えるデパートの五軒《けん》分ぐらいはあった。西武大津店の一階の端で営業していた無印良品だけで一つのビルになっている。「池袋駅東口」と書かれた入口もあるが、どういう構造になっているのだろう。

また成瀬から写真を撮るよう頼まれ、わたしを道連れにしたのはカメラマンにするためだったのだと悟《さと》る。なんだか腹立たしくなり、「わたしの写真も撮ってよ」とスマホを渡した。成瀬の撮った写真はわたしの姿とＳＥＩＢＵのロゴがちゃんと収まっている以外、特筆すべき箇所《かしょ》はなかった。

「本店はすごいな。もはやデパートと言うより街《まち》だな」

成瀬は興味深そうにいろんな角度から写真を撮っている。

「わたしは将来、大津にデパートを建てようと思ってるんだ」

こんなふうに目標とも夢とも野望ともつかないことを気安く口に出せたらどんなに楽だろう。あの寂《さび》れた街にデパートを出店するのはさすがに無茶だと思うが、わたしが反論したところで成瀬が考えを改めるはずがない。

「今日はそのための視察？」

わたしが尋《たず》ねると、成瀬は「そうだ」と満足気に答えた。

東大に戻る地下鉄の中で、わたしは成瀬に「　1　」と尋ねし、別の学校とかぶっていてもおかしくない。視線をその人物の顔に移した瞬間、わたしは悲鳴を上げそうになった。向こうもわたしたちに気付いて手を上げる。

「おう、偶然《ぐうぜん》だな」

成瀬は通学に使っている黒いリュックを背負い、大津《おおつ》市のご当地キャラ「おおつ光ルくん」のトートバッグを提《さ》げていた。髪《かみ》はベリーショートと呼んで差し支えないほど伸びており、二度見されるほどではない。

「わぁ、成瀬さん」

須田はわたしほど驚いた様子はなく、「午前中はどこ行ってたの？」と話しかける。（中略）

成瀬が資料を出して説明しはじめそうになったので、「わたしたち、お昼ごはん食べに行くから」と遮《さえぎ》った。

「成瀬さんもよかったら一緒にどう？」

須田が余計なことを言う。彼にとっては遠き地で出会った貴重な同窓生なのかもしれないが、わたしにとっては極力関わりたくない相手である。成瀬だってわたしに対していいイメージはないだろう。当然断るだろうと思ったが、「そうだな」と言ってついてきた。

学生食堂はカフェテリア方式で、好きな主食やおかずをとって精算するタイプだった。わたしがごはんとささみチーズカツと冷奴《ひややっこ》をとったところ、成瀬も主菜にささみチーズカツをとっていた。同じ給食を九年間食べ続けると、昼に食べたいものが似てくるのだろうか。

テーブルにはわたしと須田が並んで座《すわ》り、成瀬はわたしの前に座った。

「成瀬さんはどうやって来たの？」

須田の問いに、成瀬は深夜バスで来たと話した。個室タイプの座席で、思ったより快適だったという。わたしも一応「ふーん」などと相槌を挟《はさ》んだが、この状況《じょうきょう》にイライラしてきて、途中から黙って食事に専念した。成瀬はさっき言っていたアイソトープがなんとかという講義についても説明をはじめ、須田がうなずきながら聞いている。

「わたし、午後は一人で回るね」

なんなら須田も成瀬のほうが理系同士で話が合うだろう。わたしが立ち上がると、須田は「じゃあ、後でね」とのんきに言う。目が合ったらまた動けなくなりそうなので、成瀬のほうは見ないようにした。

食器を返却口《へんきゃくぐち》に片付けて食堂を出る。午後は文学部を見に行くつもりだったが、なんだかすべてがどうでもよくなってきた。いったん東大を抜けようと門に向かって歩いていくと、後ろから「大貫」と呼ぶ声がした。

振《ふ》り返ると成瀬が一人で立っている。

「行きたいところがあるんだ。付いてきてくれないか」

「須田くんは？」

「大貫と行きたいと思ったんだ」

わたしの家での出来事を忘れたかのように堂々としている。あの後成瀬とは一言も話していない。熱にうなされて見た悪夢だったのだろうか。

「そんな怖《こわ》い顔をしなくていい。旅は道連れというだろう」

成瀬はわたしの腕《うで》に軽くタッチしてから歩き出した。門を出て少し歩き、地下鉄の入り口に入っていく。やっぱり戻《もど》ろうかと迷ったが、好奇心が勝った。

しょう」という緊急性《きんきゅうせい》の低い見出しが書かれている。

「なんで来たの？　わざわざ来ることないでしょ」

　思いのほかきつい声が出てしまった。成瀬は怯《ひる》むことなく「家が近いからな」と答える。

「それにわたしは保健委員なんだ。クラスメイトの健康を守る必要がある」

「ほっといてよ」

　わたしは思いっきり引き戸を閉めた。すりガラスの向こうで成瀬の影は数秒間立ち止まっていたが、やがて引き返していった。

　あの様子ではわたしが欠席している限り、毎日やって来るに違いない。わたしは熱を下げる方法をスマホで検索した。その最中に須田から「ゆっくり休んでね」と体調を気遣《きづか》うメッセージが届いたが、それどころではない。「ありがとう」の文字が入ったピカチュウのスタンプで無難に応じ、保冷剤《ほれいざい》を枕《まくら》に敷き詰《つ》めたり、熱を下げるツボを押したりと、目についた対処方法を可能な限り実践《じっせん》した。

　その甲斐《かい》あってか翌朝には熱が下がった。体温計の三十六度の表示にガッツポーズしたのは初めてだ。登校すると悠子が「大丈夫だった？」と気遣《きづか》ってくれて、悪いのはわたしなのにと申し訳なくなる。

「きのう、五組の子とお昼食べたんだけど、大人数で、あんまりしっくり来なかった感じで……。今日からまた、一緒に食べてもいい？」

　わたしは悠子の手を握《にぎ》り締《し》めたくなったが、そんなことをして気味悪がられたらいけない。

「いいの？」

　極力明るい調子言言うと、悠子はうなずいた。

　昼休み、わたしはこれまで黙《だま》っていた東大志望のことや、須田との関係について説明した。

「ごめんね。なんとなく恥《は》ずかしくて、言いづらくて」

「そういうこともあるよね」

　悠子は大学を出て公務員になりたいという目標を話してくれた。とりあえず東大に行くと決めただけのわたしより、しっかり将来のことを考えている。「悠子ならなれるよ」の言葉が素直に口から出てきた。

　オープンキャンパス当日、わたしと須田は朝の七時に京都駅で待ち合わせた。（中略）

　新幹線では隣の席を取ったものの、会話はせずに勉強していた。須田の存在は勉強の邪魔にならないのがいい。わたしは黙々と赤シートを滑《すべ》らせながら英語の文法問題を解いていった。

　赤門*6前では多くの高校生や保護者がスマホで写真を撮《と》っていて、さながらテーマパークのようだった。ＵＳＪに任天堂エリアがオープンしたとき、青空を背景にした同じ構図を飽きるほど見たのを思い出す。（中略）

　キャンパスでは高校生が思い思いに歩いていた。大津でいえばびわ湖大花火大会レベルの人出である。膳所《ぜぜ》駅から伸《の》びる閑散《かんさん》としたときめき坂を思ったら、急に故郷が恋《こい》しくなってきた。歩いている人たちも心なしか都会的に見えて、膳所高の制服を着てきたわたしたちが場違いに感じる。洗練された私服や、見たことのないデザインの制服など、普段はファッションに興味がないのに気になってしまう。

　ふと、わたしと同じセーラー服が目に入った。奇抜《きばつ》な制服ではない須田は小学生のごとく無邪気《むじゃき》に楽しみにしている様子だ。

その日の夜、友達とオープンキャンパスに行きたいと話すと、母は「友達できたの？」と驚いた様子だった。男子だと知られると厄介《やっかい》なことになりそうなので、草津に住んでいるとか化学班*5に入っているとか無難な紹介をした。

それ以来、須田とはLINE《ライン》でメッセージをやりとりするようになった。新たな味方ができたわたしは、自分でも気付かぬうちに3気を抜いていたらしい。いつものように悠子《ゆうこ》と昼ごはんを食べていると、思わぬアクションが飛んできた。

「かえでって、わたしのことどうでもいいと思ってるでしょ」

大変申し訳ないことに、悠子が渾身《こんしん》の一言を放った瞬間も、わたしはほかのグループを見て人間関係の動向を確認していたのだった。不意を突《つ》かれて「そんなことないよ」の打ち消しが出てこなかった。

「わたしに興味がないんだろうなって前から思ってたの。それは仕方ないことかもしれないけど、明らかにこっちに伝わっちゃうのはどうなの？」

冷静なトーンだったけれど、目が泳いでいて、相当な勇気を持って伝えてくれているのがわかる。わたしが島崎《しまざき》に対して同じことを思ったときには何も言えなかったというのに。

「しばらく迷ってたけど、明日から、別のところでお昼食べようと思う」

そこで初めてわたしは事の重大さに気付いた。

「ごめん、そんなつもりはなくて」

「無理しなくていいよ。須田くんと食べたら？」

慎重《しんちょう》に立ち位置を見極めていたつもりが、一からすべて否定された気分だ。わたしに見えている程度のことは悠子にも見えていたのだ。思わず「悠子はどうするの？」と問い返す。

「毎朝電車で一緒になる子が五組にいて、その子と食べようかなって思ってるの」

完敗だ。悠子には通学電車というもうひとつのコミュニティがある。家が近いことが友達作りに関して裏目に出るとは思わなかった。わたしは再び「ごめん」と言うしかない。

「いや、わたしもそこまで怒《おこ》ってるとかじゃないから。ちょっと気分を変えたくなったっていうか。たぶんかえでもそのほうがいいと思う」

急に悠子が大きく見えて、これまで悠子を4侮《あなど》っていたことを自覚してしまう。悠子がクラスの女子と結託《けったく》してわたしを攻撃《こうげき》してくる可能性もあったのだ。怒っていないと言われても、これからどんな顔をして付き合ったらいいのかわからない。

翌日わたしは熱を出した。ここで休んだらさらに立場を危うくするような気がしたが、コロナ以降、ちょっとした熱でも休むように言われている。ベッドの上でもなかなか眠れず、寝転んだままシステム英単語を開いても内容が頭に入らない。悠子からLINEのひとつでも来たら安心できるのに、スマホは沈黙《ちんもく》したままだった。

夕方、インターフォンの鳴る音がした。出なくていいだろうと一度は無視したところに、二度目のインターフォンが鳴る。もしかしたらわたしへのお見舞《みま》いではないかと淡《あわ》い期待を抱《いだ》いて戸を開けると、そこには成瀬《なるせ》が立っていた。

「プリントを届けに来たんだ」

成瀬が差し出したのは保健だよりだった。「朝食をしっかり摂《と》りま歩通学のわたしとはどう考えても経路が違《ちが》う。

「なんでわたしと？」

須田は少しだけ周りをうかがってから、「大貫さん、東大目指してるでしょ」と言った。

「どうして知ってるの？」

須田はリュックから『東大英語1』の緑の表紙を覗《のぞ》かせた。塾《じゅく》で使っているテキストで、わたしも同じものを持っている。

「鞄《かばん》に入ってるのがたまたま見えちゃって。僕も草津駅前校に通ってるんだ」

何も言えずに視線を落としていると、須田の方から口を開いた。

「まぁ、その、付き合うとかじゃなくて、情報交換《こうかん》できたらいいなと思って」

さっそくフラグをへし折られたが、それはそれで悪くない気がする。わたしたちを取り囲むもやもやが晴れて、須田がかけているメガネの黒いフレームがくっきり見えた気がした。

「わたし、これから家で勉強するんだけど、須田くんも来る？」

言ったそばからずいぶん大胆《だいたん》な提案をしてしまったと後悔するが、すでにそういう間柄《あいだがら》ではないことは確認できている。須田は「大貫さんがいいなら」と家まで付いてきた。

玄関《げんかん》の鍵《かぎ》を開けた瞬間《しゅんかん》、急激に面倒《めんどう》くさくなった。わたしの部屋はわたし一人のために最適化されていて、もうひとり迎《むか》え入れるようにはなっていない。中学に入ってからは女子ですら来たことがなかった。

ひとまず「わたしの部屋、散らかってるから」とダイニングテーブルに案内した。母と妹は六時頃《ごろ》まで帰ってこない。何も出さないのも悪いかと思い、グラスに麦茶を入れて出す。

「とりあえず、数学の宿題してみる？　大貫さんがどんなふうにやってるか知りたいし」

別の人間と勉強するのは気が散るかと思ったが、須田の気配は薄《うす》く、支障はなかった。一通り問題を解いた後、「ここが難しかった」とか、「ここは時短できる」など感想を言い合う。解答に至った思考の流れを細かく説明すると、須田は「わかる」とか「それはすごいね」などと気持ちのいい相槌《あいづち》を打ってくれた。これまで自分をコミュ障＊3だと思ってきたが、単に＊4□と思った。

「八月のオープンキャンパス、大貫さんは行く？」

東大のオープンキャンパスがあることはホームページを見て知っていたが、まだ一年生だし、わざわざ新幹線に乗って行くという発想がなかった。コロナが流行《はや》る前に家族でディズニーランドに行って以来、新幹線にも乗っていない。中学の修学旅行も本来は東京に行くはずだったのに、伊勢神宮とおかげ横丁の日帰り旅行でお茶を濁《にご》された。

「須田くんは行くの？」

「まだ決めてなくて。大貫さんが行くなら行こうかな」

そんなふうに言われるのははじめてで、2気持ちが盛り上がるのがわかる。

わたしはスマホで東大のオープンキャンパスについて改めて検索《けんさく》してみた。その日は塾の夏期講習があるが、オープンキャンパスのためなら休んでも構わないだろう。

「行ってみようかな」（中略）

「ここ二年はコロナで中止だったんだって。今年は開催《かいさい》でよかった」

を指摘《してき》してそれが解決されれば材料をまわすことができると判断することになったということ。

問六　――線部４「当時の状況からすれば無理もないことですが」とありますが、これはどういうことですか。最も適切なものを次から選び、記号で答えなさい。

ア　ＧＨＱからの指示や統制がある状況では、質を落とした三増酒、合成酒しかつくることができないことは納得《なっとく》できるということ。

イ　贅沢品《ぜいたくひん》である酒をつくることが制限されてしまっている状況なので、質を落としてでも酒をつくろうとするのは仕方がないということ。

ウ　戦後の食糧不足の状況下では、贅沢品である酒は飲めるだけでかまわないので、質の悪い三増酒がはやるのは理解できるということ。

エ　ひもじい思いをしている状況なので、酒で飢《う》えを満たしたいという思いから三増酒を求める人々が増えるのは仕方がないということ。

オ　欠減などの不利な点がある状況下での酒づくりであっても、酒づくりを絶やさないために三増酒をつくるのはやむをえないということ。

問七　――線部５「これは醬油も同じでした」とありますが、醬油のどのような点が日本酒と同じなのですか。二十字以上三十字以内で説明しなさい。

問八　――線部６「この醸造方法は、日本の醬油醸造業を救った」とありますが、これはどういうことですか。四十字以上五十字以内で説明しなさい。

問九　あなたが醸造業を営む場合、伝統的な日本のやり方と、近代的な設備で作るやり方のどちらを行いますか。本文をふまえ、理由とともに答えなさい。伝統的と近代的のどちらを選んでも試験の点数に差はつきません。

四　次の文章を読んであとの問いに答えなさい。

＊1湖風祭前後にカップルが激増するという話があるそうだが、ａご多分に（　　）一年三組にも甘い空気が漂《ただよ》ってきた。誰が誰に告白したというわさ話を小耳でキャッチして、相関図に反映させる。先輩や別のクラスの生徒と付き合う人もいて、人間関係は広がりを見せた。従来のグループから逸脱《いつだつ》する人もいれば、もとの線を保つ人もいる。入学当初から仲良くなりそうだったと感じるカップルもあれば、意外な組み合わせもあって、リアリティ番組のように楽しんでいた。

そんなｂ（　　）の見物を決め込んでいたわたしに、１想定外の事件が起こる。

「大貫《おおぬき》さん、一緒に帰らない？」

校門を出たところで声をかけられ振り向くと、同じクラスの須田直也《すだなおや》が立っていた。須田とは同じ大道具係で何度か会話を交わしたが、好意を持たれるような内容ではなかったはずだ。物腰《ものごし》が柔《やわ》らかく、わたしたちのような女子でもむやみに傷つけないタイプだと思っていたけれど、まさかわたしに向けて線を伸《の》ばしてくるとは思わなかった。

たしか須田は＊2草津《くさつ》駅近くのマンションに住んでいると言っていた。徒

問三　本文中の A ～ C に入れるのに最も適切な言葉を、三字以内でそれぞれ本文中からぬき出して答えなさい。

問四　本文中の D にはどのような内容の文が入ると考えられますか。最も適切なものを次から選び、記号で答えなさい。

ア　ゆるんだりしまったりする柔軟なたがの性質を、秩序や法律を柔軟《じゅうなん》に運用することが重要であるということにたとえているという内容。

イ　たががなくてもほかの材料がしっかりしていれば桶や樽ができあがることを、人間社会の協力や秩序にたとえているという内容。

ウ　桶や樽作りでたがは最後にしめることを、秩序や規律は人の生活文化の中で最後にできあがったことにたとえているという内容。

エ　たががはずれたりゆるんだりすると桶や樽がばらばらになってしまうことを、人間社会の規律や秩序にたとえているという内容。

オ　たがさえしっかりと作れば桶や樽ができあがることを、人というものは緊張感や気のゆるみで結果が大きく変わるものだという内容。

問五　――線部3「アメリカからみた日本の醸造発酵の世界というのは、ひとことでいうなら『クレイジー』だったようです」とありますが、これはどういうことですか。最も適切なものを次の中から選び、記号で答えなさい。

ア　効率よく大量生産することが当たり前と考えるアメリカ人にとってみれば、たとえ時間がかかって、無駄《むだ》が多く出たとしても、昔ながらの製法で非常に上質な酒や醤油を生み出す日本人の醸造技術は、考えられないほどの高い技術なので、そのままにしておくと、アメリカをおびやかすほど技術が進歩、発展して、将来、再び日本が敵国になると危険視されたということ。

イ　日本人にとってなんら気にならないことであっても、アメリカ人にとって日本の木桶や樽作りの方法は伝統的な醸造業と同じで、効率が悪く無駄が多く、悠長で、不潔であるという欠点ばかりが目立ち、それを続けていることは異常なことであって、戦後の日本を統治する際にはそういった産業には材料の支援や協力はできないという判断の原因になったということ。

ウ　日本人が行う物作りは、大量に速く製品を作るのが当たり前のアメリカ人の目には、遅《おそ》くて無駄が多くて不衛生で量も少なく、品質もそれほどよくないものに映ったため、もっと効率がよく大量生産できて安全で近代的な製造方法を教えることによって、それまで日本人にとって普通《ふつう》だった悠長で利益よりも伝統を重んじるという考え方自体を変えようとしたということ。

エ　アメリカ人からみると、なかなかできあがらないことや作っているうちに量が減っていってしまうこと、材料の半分近くがかすになってしまうことや、汚《きたな》いと感じてしまうことといった数多くの点で日本で昔から伝統的に行われてきた木桶を使った酒造りや醤油造りの方法は理解できないもので、こういった製品の製造に協力はできないと判断されたということ。

オ　木桶を使った日本の伝統的な醸造方法を行うと、普通であれば多くかすが出たり、欠減の割合が多かったり時開がかかったりする問題が解決されるため、アメリカ人は日本の醸造発酵の技術に驚《おどろ》き、唯一《ゆいいつ》の矢点である不潔であるという衛生面の解決が必要であること

　当時は、アルコールであればなんでもいい、という時代でした。三増酒《さんぞうしゅ》、合成酒といわれる粗悪《そあく》な酒をみんな喜んで飲みました。三増酒は戦時中に生まれたお酒で、米と米麴《こめこうじ》でつくったもろみに、水でうすめたアルコールやぶどう糖を足し、酸味料やうまみ調味料で味を整えたものです。もとのもろみの三倍の量になるので三増酒。こういうお酒がはやりました。

　4当時の状況からすれば無理もないことですが、日本酒本来のつくり方、味でなくてもいいという人が多かったため、いつしか本来の酒の味が忘れられていったのです。

　5これは醬油も同じでした。戦時中、食糧難《しょくりょうなん》を乗り切るために脱脂大豆《だっしだいず》を塩酸で分解し、これに甘味料《かんみりょう》やカラメル色素を加えた「アミノ酸醬油」が出回ります。また、南の国から入ってくるココヤシのかす（油をしぼった後のもの）で麴《こうじ》をつくり、これと醬油のしぼりかすを使って醬油をつくる「新式醬油」が登場します。いよいよ食糧《しょくりょう》がなくなってくると、塩水に醬油のしぼりかすで色をつけた「代用醬油」も出回りました。

　そして戦後も、激しい食糧不足は続きます。その時に、今も醬油を主力商品とする食品メーカー、キッコーマンの研究員が、醬油のもろみにアミノ酸液を加えて一緒《いっしょ》に発酵させる新式二号という製法を発明しました。6この醸造方法は、日本の醬油醸造業を救ったといわれる画期的な方法でした。五〇日間で完成し、味もそれなりに満足のいくものです。

　アミノ酸液を加えて速醸《そくじょう》するというと、現在だとイメージが良くないかもしれませんが、この発明が「日本の醸造業はクレイジーだ、とても原料大豆を支援《しえん》することはできない」といっていたGHQを動かし、醸造してつくる醬油業界に原料大豆をまわしてもらえることになったのでした。この技術のおかげで現在の醬油業界が生き残ることができた、といわれています。

　藤井製桶所の上芝雄史さんによると、こういった蔵元が抱《かか》えていた事情以外にも、当時、戦争で失った家を再建したい人が多く、木材が高騰《こうとう》したことも、木桶の減少に影響したといいます。

　木材の高騰と逆に、軍需《ぐんじゅ》産業がなくなったことで、鉄が余って安くなりました。こうして戦時中に軍艦《ぐんかん》をつくっていた会社が、次の活路としてホーロータンクをつくるようになったのです（ホーローは、鉄などの金属のまわりをガラスでコーティングしてつくられます）。このホーロータンクも戦後のいっとき多くつくられましたが、現在では一社しか製造するところが残っていません。

　生活の道具として使われてきた小さい木桶は、プラスチックが登場してから取って代わられ、生産量がガクンと減りました。

（竹内《たけうち》早希子《さきこ》『巨大おけを絶やすな！　日本の食文化を未来へつなぐ』より）

問一　――線部1「付加価値」とは何ですか。最も適切なものを次から選び、記号で答えなさい。

ア　その蔵で作った醬油にしかない独特な香りやしょっぱさ。
イ　近代的な設備で作ったのではなく木桶で作ったという製造方法。
ウ　木桶仕込みならではのクセや個性が均一に保たれること。
エ　自然食品店や、生活協同組合で醬油を売ってもらえること。
オ　醬油の味が均一ではなく個性にとぼしいということ。

問二　――線部2「手間」のここでの意味として最も適切なものを次から選び、記号で答えなさい。

ア　発見　　イ　技術　　ウ　進歩　　エ　移動　　オ　仲介《ちゅうかい》

さて、この頃の木桶の一生には、大きなサイクルがありました。江戸時代、数ある職業の中で、かせぎが良かったのは酒蔵でした。大桶づくりにはお金がかかりますが、まず、お金を持っている酒蔵が新桶を注文します。ここが木桶のサイクルのスタートです。

酒蔵が新しい桶でお酒を醸《かも》しているうちに、二〇年から三〇年たつと木桶からお酒がしみ出すようになってきます。

そうなったら、大桶を一度解体し、ばらした板を削《けず》って組み直し、次は醤油屋に引き取られます。醤油には塩分があるので、塩の効果で木桶は腐《くさ》りにくく、塩分が固まって隙間《すきま》をうめるためにもれづらくなり、技術の高い桶職人がつくった桶であれば、さらに一〇〇年近く使うことができます。

場合によっては醤油屋で使われた後に、味噌《みそ》屋に行くこともあります。もちろん、醤油屋から味噌屋に行かないパターンや、醤油屋が新しい桶をつくるパターンもあります。

木桶に逆風が吹《ふ》き始めたのは、時代が昭和に入ってからのことです。大桶を使うサイクルが狂《くる》い始めたのです。

まず、スタートの鍵《かぎ》をにぎる酒蔵が、新桶をつくらなくなりました。

第二次世界大戦中、そして戦後と、酒蔵は厳しい状況《じょうきょう》に置かれていました。食べるものがなくて餓《う》え死にする人がたくさんいた時代、米を発酵《はっこう》させてアルコールにするお酒が超《ちょう》ぜいたく品だったことは間違《まちが》いなく、つくる量を極端《きょくたん》に制限しなければなりませんでした。なんとか酒蔵を絶やさないために、数軒《すうけん》の酒蔵を合併《がっぺい》してほそぼそと製造を続けたところも少なくありません。

戦争が終わり、Ｇ《ジー》Ｈ《エーチ》Ｑ《キュー》（連合国最高司令官総司令部）の統治が始まりますが、3アメリカからみた日本の醸造発酵の世界というのは、ひとことでいうなら「クレイジー」だったようです。

たとえば醤油なら、原料を仕込んでから一年以上経《た》たなければ商品（醤油）ができないという悠長《ゆうちょう》さ。仕込んだ大豆や小麦のうち、四〇パーセントがしぼりかすになってしまう効率の悪さ。さらに、木桶は「不潔」であるとして、極力使わないように、と保健所が指導してまわりました。

そしてもっとも影響《えいきょう》が大きかったのは、酒づくりで起こる欠減《けつげん》の問題でした。

欠減というのは、酒を仕込んで完成するまでの間に蒸発して減ってしまう分のことです（樽で仕込むウイスキーやワインの世界ではこれを「天使の分け前（エンジェルズシェア）」と呼び、お酒がおいしくなるために天使にあげる分、ととらえます）。

「桶が酒を飲む」といわれるくらい、木桶は木の肌《はだ》で酒を吸います。また、樽と違って密閉されていないため、蒸発して減ってしまう分も加わって、ホーローやステンレスなどのタンクと比べて、欠減が大きくなります。つまり、木桶でつくると酒蔵が損をするというわけです。

不潔だのなんだのと言われたうえに損をするんじゃ、割に合わない……、酒蔵が一斉《いっせい》に木桶からホーロータンクに切りかえていきました。

当然、酒の味はがらっと変わります。

当時、消費者から「戦後の酒はうすっぺらい」「味がない」「カドがある」など、さまざまなクレームが寄せられたという記録が残っています。これは一〇年ほど続きましたが、やがて消費者も慣《な》れたのか、クレームも減っていきました。

ニークな近代化の道をたどりました。

近年、木桶の良さが見直されてきています。一九八〇年代から、こだわりの商品を置く自然食品店や、生活協同組合、会員制宅配の会社などで、蔵元ごとの個性を感じることができて、時間をかけて伝統的な製法でつくる木桶仕込《きおけじこ》み醤油を選んで買う消費者が増えてきたのです。

近代的な設備でつくられた醤油は、クセがなく、品質のブレもなく、均一にレベルが保たれる反面、個性にとぼしいという面があります。

「こんなふうに、木桶仕込みの醤油に1付加価値がつく時代が来るとわかっていたら、あのとき蔵や木桶をつぶすんじゃなかったなあ。一度壊《こわ》してしまったら、もう二度とつくれないもんなあ」

と後悔《こうかい》する蔵元もいます。

そもそも、なぜ木桶はこんなに減ってしまったのでしょうか？

藤井《ふじい》製桶所の上芝雄史《うえしばたけし》さんが持っている資料によると、明治、大正の頃《ころ》には輪竹《わだけ》（たがにするための竹）の業者の組合、樽《たる》の底をあつかう業者の組合、フタをあつかう業者の組合があり、さらに樽は樽でも酒樽《さかだる》と醤油樽をつくる業者の組合は別々に存在していました。また、木取り商《きどしょう》といって、桶専門の材木問屋さんもいました。

組合が別々にあることからわかるように、かつての桶づくりの仕事は完全に分業化されていました。また、それぞれ専門分野として作業を分担しなければならないほど、桶や樽関連の仕事が多かったことが想像できます。

桶の材料は、桶づくりを依頼《いらい》する造り酒屋や醤油屋が木取り商から買って桶師《おけし》にわたします。桶師は造り酒屋の敷地《しきち》に出入りして桶をつくります。桶師は出職《でしょく》といって道具を持って全国をわたり歩き、桶づくりの「2手間」だけでお金をかせぐしくみでした。

ご飯を入れる A や洗面桶など生活に使う小さな桶づくりは小仕事《こしごと》といい、こんこん屋、とんとん屋とも呼ばれる町の桶屋さんが担当しました。「 B から C まで」といわれるほど、桶は人が一生を通じてつきあう生活必需品《ひつじゅひん》でした。

明治時代の記録を見ると全戸数の一〇〇軒に一軒《けん》が桶屋だったことがわかり、これは二つか三つの町ごとに必ず一軒は桶屋があった、という計算になります（小泉和子《こいずみかずこ》編『桶と樽――脇役《わきやく》の日本史』法政大学出版局より）。

赤ちゃんが産湯《うぶゆ》をつかう産湯桶、毎日井戸から水をくむつるべ、水桶、たらい、おひつ、食べ物を入れて運ぶ岡持《おかも》ち、風呂桶《ふろおけ》（浴槽《よくそう》）、洗面器用の小桶、手桶、棺桶《かんおけ》、日常のさまざまな場面で桶が使われていましたから、これだけ桶屋があったのも当然かもしれません。

桶を締《し》めるたがについては、今でも使われている慣用句がたくさんあります。

箍《たが》がはずれる　緊張《きんちょう》がとけてハメをはずしてしまうこと。それまでの秩序《ちつじょ》がなくなること。

箍がゆるむ　秩序がなくなること。緊張がゆるんだり、年をとって鈍《にぶ》くなったりすること。

箍をしめる　ゆるんだ秩序や決まり、気持ちを引きしめること。

D

なんともいいセンスですね。

【国　語】（五〇分）〈満点：一五〇点〉

一　次の（1）～（8）に当てはめるのに最も適切な言葉をあとの語群から選び、それぞれ漢字に直して答えなさい。ただし、語群の言葉は一度ずつしか使いません。

・（ 1 ）だから助けてください。
・お（ 2 ）でもほめられたらうれしい。
・この墓には（ 3 ）した天才画家が眠《ねむ》っている。
・この企画《きかく》のメリットは（ 4 ）にいとまがない。
・必死の（ 5 ）で走る。
・（ 6 ）にとらわれない考え方。
・（ 7 ）を重ねた上での決断。
・誰《だれ》にも（ 8 ）することなく独学をつらぬいた。

【語群】
シジ　セジ　ソウセイ　ゴショウ
マイキョ　ジョウセキ　ギョウソウ　ジュッコウ

二　次の（1）～（10）に当てはめるのに最も適切な言葉をあとの語群から選び、それぞれ記号で答えなさい。ただし、記号は一度ずつしか使いません。

・（ 1 ）世の中になったものだ。
・（ 2 ）もまけてくれない。
・約束を（ 3 ）にされていら立つ。
・（ 4 ）なく意見を述べる。
・人の（ 5 ）ばかりしてきらわれてしまう。
・（ 6 ）を決めこむ。
・（ 7 ）な感想ばかりでつまらない。
・（ 8 ）な態度で人に接してはいけません。
　彼《かれ》の話は（ 9 ）だ。
・彼のおだやかな（ 10 ）がうかがえるエピソード。

【語群】
ア　忌憚《きたん》　イ　日和見《ひよりみ》　ウ　眉唾物《まゆつばもの》
エ　びた一文《いちもん》　オ　あらさがし　カ　反故《ほご》
キ　月並《つきな》み　ク　高飛車《たかびしゃ》　ケ　人となり
コ　世知辛《せちがら》い

三　次の文章を読んで、あとの問いに答えなさい。

現在、国内に残っている木桶《きおけ》は四五〇〇～四七〇〇本といわれていますが、そのうち一一〇〇本が小豆島《しょうどしま》に集中しています。昔ながらのつくり方の醤油蔵《しょうゆぐら》が多く残っている、ちょっとめずらしい地域です。

木桶が今日までこんなにたくさん残った理由は、

「木桶の価値を意識しながら近代化したから」

戦後、日本の醸造業《じょうぞうぎょう》が設備を近代化し、どんどん変わっていく中で、小豆島の蔵元《くらもと》は、木桶を捨てませんでした。大規模生産を目指した蔵元は、木桶をたくさん集めて工場にずらりと並べるという、ちょっとユ

MEMO

大切なことはメモしておこうネ！

2024年度

栄東中学校入試問題（１教科入試）

【算　数】（50分）　＜満点：150点＞

【注意】１．コンパス・分度器は使わずに答えてください。
　　　　２．円周率《りつ》は3.14とします。
　　　　３．比を答えるときには，もっとも簡単な整数の比で答えてください。

1　図は２つの正方形と１つの長方形をあわせた図形です。

小さい正方形の１辺の長さが10cm，影《かげ》のついた部分の面積が136cm²のとき，長方形ABCDの面積は［　　］cm²です。

空欄《らん》にあてはまる数を答えなさい。

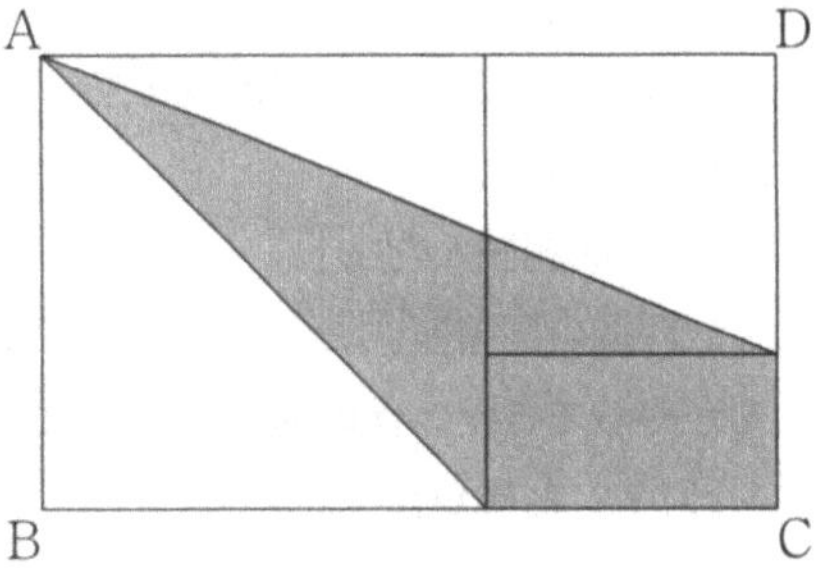

2　１に３をつぎつぎにかけていくと，

　　1，3，9，27，81，243，729，……

となります。この数の列を①と呼ぶことにします。

この①の中からいくつかの数を足し合わせて新しい数をつくります。その新しい数と①を合わせた数すべてを小さい順に並べると，

　　1，3，4，9，10，12，13，27，28，30，31，36，37，39，40，81，……

となります。この数の列を②と呼ぶことにします。

(1)　②の中で243は何番目の数ですか。

(2)　②の中ではじめて2024より大きくなる数は［ア］で，［イ］番目の数です。また，②の中で［ア］の１つ前にある数は［ウ］です。空欄《らん》にあてはまる数を答えなさい。

3　今日の数学の授業は各辺を３等分する作図法でした。先生が長い定規で書いた右の図のような大きな台形が黒板に残っています。

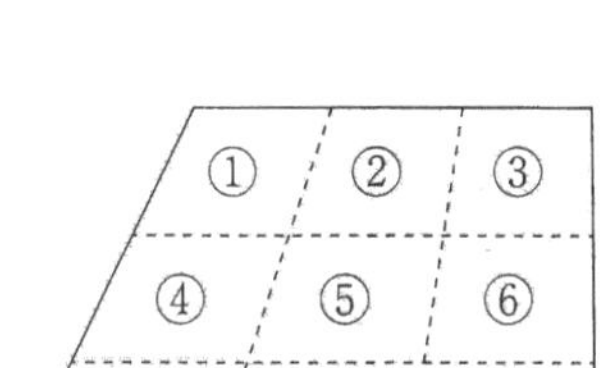

東さん　「これって面積何cm²なんだろう」
栄くん　「測ってみる？」
東さん　「こんな長い定規ないから」
栄くん　「ちょうど各辺を３等分してあるから，小さい台形９個をそれぞれ求めればいいよ」
東さん　「……待って！　１個だけで求められる！［A］の面積を求めてそれを［ア］倍するだけ」

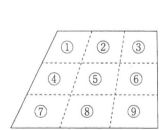

栄くん　「ええ，もう⑨の面積を求めちゃったよ」

東さん　「じゃあ，⑨の面積と [B] の面積を求めてその合計を [イ] 倍すれば求められるね」

栄くん　「え？　なんで求められるの？」

⑴ [A] にあてはまる台形として考えられるものすべてを①～⑨の番号で答え，[ア] にあてはまる数を答えなさい。また，その理由を説明しなさい。

⑵ [B] にあてはまる台形として考えられるものすべてを①～⑨の番号で答え，[イ] にあてはまる数を答えなさい。

⑶ 最後に栄くんがたずねた質問に対して，東さんになったつもりで理由を説明しなさい。

4　次の文章は結《ゆう》城《き》浩《ひろし》『数学ガール』の一部分です。これを読んで問いに答えなさい。また，本文には一部改変したところがあります。

高校二年の冬。

「この問題読んだ？」

放課後の図書室。お気に入りの席に着いて，計算を始めようとしていた僕《ぼく》のところに，ミルカさんがやってきた。僕の前に紙を一枚置き，立ったまま机に両手をつく。

「何？」と僕が言う。

「村木先生からの問題」と彼女が言う。

紙にはこう書いてあった。

> 問題
>
> $$0+1=(0+1)$$
>
> 1なら1通り
>
> $$\begin{aligned}0+1+2&=(0+(1+2))\\&=((0+1)+2)\end{aligned}$$
>
> 2なら2通り
>
> $$\begin{aligned}0+1+2+3&=(0+(1+(2+3)))\\&=(0+((1+2)+3))\\&=((0+1)+(2+3))\\&=((0+(1+2))+3)\\&=(((0+1)+2)+3)\end{aligned}$$
>
> 3なら5通り
>
> $$0+1+2+3+\cdots+n=?$$
>
> nなら何通りか

「何だか問題文が長いなあ。もっとストレートに書けばいいのに」僕は紙から顔を上げて言う。

「ふうん……。ストレートに書け。必要かつ十分な長さで書け。定式化して書け。用語を定義して書け。あいまいさを残さずに書け。威厳《いげん》を持ち，香気《こうき》を放ち，心打つほどの単純さを以《もっ》て書け。……と言うのね。」

「うん，その通り」と僕は言った。

「まあ，よしとしようよ。」

「ちょっと待った。ミルカさん，これ，いつもらった？」

「お昼休み。職員室に顔出したときにね。ちょっとフライングしたことになるか。確かに渡《わた》したよ。きみはここでゼロから考える。私はあちらで考える。それじゃ」

ミルカさんはひらひらと手を振《ふ》って，優雅《ゆうが》に窓際の席へ移動する。僕の目はミルカさんをずっと追っていく。窓の向こうには，葉が落ちたプラタナスが見え，さらにその向こうには冬の青空が広がっている。晴れているけれど，ずいぶん寒そうだ。

僕は高校二年生。ミルカさんは同級生だ。僕たちは数学教師の村木先生から，ときどき問題を出してもらう。先生は変わり者だけど，僕たちのことを気に入っている。

ミルカさんは数学が得意だ。僕も苦手じゃないけれど，彼女にはかなわない。僕が図書室で数式を展開して楽しんでいると，ミルカさんはちょっかいを掛《か》けにくる。シャープペンを取り上げ，僕のノートに勝手に書き込《こ》みながら，講義を始める。まあ，そんな時間が楽しくないわけでもないけれど……。

ミルカさんが熱心に話すのを聞くのは好きだし，目をつむって考えている彼女を眺《なが》めるのも悪くない。メタルフレームの眼鏡がよく似合う，すっきりした頬《ほお》のラインが……。

いや，そんなことより，問題に取り掛かろう。彼女は向こうで考えている。彼女のことだから，すぐに解いてしまうかもしれないな。

解くべき問題を整理しよう。

$0+1$，$0+1+2$，$0+1+2+3$，$\cdots$　という式があって，それに括弧《かっこ》が付いている。１なら１通り，２なら２通り，３なら５通り，と書かれているから，**括弧の付け方の場合の数**を求めることが問題だ。$0+1+2+3+\cdots+n$ という式に括弧を付ける場合の数を求めることが目標。

n は何を表しているか。$0+1+2+3+\cdots+n$ という式は０から始まっているから，加える数の個数は $n+1$ になる。n は，$0+1+2+3+\cdots+n$ という式に含《ふく》まれている《プラス（＋）の個数》を表すと考えてもいい。

括弧の付け方のルールはどうか。プラスの左と右に式―項《こう》と呼ぼう―が１個ずつある。つまり，$(0+1)$ や $(0+(1+2))$ のように２項の和（およびその組み合わせ）はOKだけれど，$(0+1+2)$ のように３項の和は考えないということだろう。

セオリー通り，まず**具体例**で考える。問題文では $n=1$，２，３の場合の例が書かれているから，$n=4$ の場合を作ってみよう。ええと，……げっ，意外と多いな。$\boxed{\text{ア}}$ 通りもあるのか。「４なら $\boxed{\text{ア}}$ 通り」ということか。

書いているうちに規則性が見えてきたぞ。０から４までの５個の数があるとき，その間には４個のプラスがある。考えてみれば，いま求めたいのは括弧の付け方の場合の数なのだから，実際に加える数には意味がない。つまり，

$$((0+1)+(2+(3+4)))$$

という式を考える代わりに，

$$((\mathrm{A}+\mathrm{A})+(\mathrm{A}+(\mathrm{A}+\mathrm{A})))$$

という式を考えてもよい。さらに，《括弧を付ける》ということの背後にある構造を見抜《ぬ》き，規則性を見出す必要がある。この式はプラスが4個あるから，プラスが3個以下の場合との関係を考えてみよう。つまり，

$$\underbrace{((A+A)+(A+(A+A)))}_{\text{プラスが4個}}$$

というパターンを，こんなふうにとらえる。

$$(\underbrace{(A+A)}_{\text{プラスが1個}}+\underbrace{(A+(A+A))}_{\text{プラスが2個}})$$

ふむ。見えてきたぞ。最後のプラス――つまり，一番最後に加えるプラスがどこにあるかに着目しよう。上の式の場合には，左から2番目が最後のプラスだ。式は，最後のプラスによって，左と右の式に大きく二分されている。プラスの位置を，左から順にずらしていけば，排他《はいた》的で網羅《もうら》的な分類，つまり類別《るいべつ》が出来る。プラスが4個の式は以下の4パターンに類別できるな。最後のプラスに○を付けると，次のようになる。

((A)⊕(A＋A＋A＋A))
((A＋A)⊕(A＋A＋A))
((A＋A＋A)⊕(A＋A))
((A＋A＋A＋A)⊕(A))

この類別だと，(A＋A＋A＋A) のように括弧付けが済んでいない3項以上の和を含んでしまう。でも，これは，プラスの個数がさらに少ない場合との関係を考えればいい。うん，これでやれそうだ。

プラスが4個のパターン，すなわち

(A＋A＋A＋A＋Aのパターン)

というのは，以下のパターンに類別できる。

(Aのパターン) のそれぞれに対して (A＋A＋A＋Aのパターン)
(A＋Aのパターン) のそれぞれに対して (A＋A＋Aのパターン)
(A＋A＋Aのパターン) のそれぞれに対して (A＋Aのパターン)
(A＋A＋A＋Aのパターン) のそれぞれに対して (Aのパターン)

(Aのパターン) は明らかに1通り。(A＋Aのパターン)，(A＋A＋Aのパターン)，(A＋A＋A＋Aのパターン) はそれぞれ問題文の中にあるから，計算してみると $\boxed{\text{ア}}$ が正しいことがわかるな。

「下校時間です」

司書の瑞谷《みずたに》先生がやってきて宣言した。先生は，いつもタイトなスカートを穿《は》き，サングラスと見まごうほど色の濃《こ》い眼鏡を掛けている。ふだんは奥の司書室にいて，定時になると音もなく図書室の真ん中にやってきて，下校時間を宣言するのが常だ。時計のような瑞谷女史。

おっと。そういえばミルカさんは？

見回しだけれど，彼女はどこにもいなかった。

(1) $\boxed{\text{ア}}$ にあてはまる数を答えなさい。

(2) 二重下線部について，「僕」が考えている排他的で網羅的に分類する（類別する）とはどのように分類することなのか，次のページの①から④のうちもっともふさわしいものを1つ選び，番号

で答えなさい。

①５つのＡを２組に分ける分け方で分類する。

②括弧の個数に注目して分類する。

③０から４の５つの数字の並べ方で分類する。

④５つのＡを何組に分けるかで分類する。

(3)　$n=5$，６，７，８ならそれぞれ何通りか答えなさい。

MEMO

大切なことはメモしておこうネ！

T.G

2024年度

栄東中学校入試問題（東大Ⅱ）

【算　数】（50分）　＜満点：150点＞

【注意】 1．コンパス・分度器は使わずに答えてください。
2．円周率《りつ》は3.14とします。
3．比を答えるときには，もっとも簡単な整数の比で答えてください。

[1] 次の □ にあてはまる数を答えなさい。

(1) ある動物園につるとかめとねこがいます。頭は全部で31個，足は全部で108本あり，かめはねこより3匹《ひき》多くいます。このとき，ねこは □ 匹います。

(2) 栄くんは冬休みに入る前の誕生日にクラスの人たちからマカロンをたくさんもらったので，冬休み中に毎日食べることにしました。1日に4個ずつ食べると3個あまります。1日に5個ずつ食べると1個だけ食べる日が1日できて，食べない日が2日できます。栄くんがもらったマカロンは □ 個でした。

(3) 0，2，4の3つの数字を使って，

2，4，20，22，24，40，42，44，200，……

と小さい順に数をつくっていくと，2024は □ 番目の数になります。

(4) 栄くんと東さんは同じ道を通って学校から駅まで歩きます。ある日，栄くんと東さんは同時に学校を出発して，いっしょに歩いて駅に向かいました。しかし，栄くんは学校を出発した1分30秒後に忘れ物に気付き，すぐに学校に向かって走って引き返しました。東さんはそのまま駅に向かいました。栄くんは忘れ物に気付いてから1分後に学校に到《とう》着して，そこから再び学校を出発するまでに2分かかり，走って駅に向かったところ，東さんと同時に駅に到着しました。栄くんと東さんが歩く速さはそれぞれ一定で，栄くんが走る速さも一定でした。東さんは学校を出発してから駅に到着するまでに □ 分 □ 秒かかりました。

(5) ある遊園地のチケット売り場には10時の開園時に毎日同じ人数の行列ができていて，つねに一定のペースで行列に人が加わります。普段は4つの窓口で開園して10時20分に行列がなくなります。今日は開園の準備に手間がかかり，10時10分に5つの窓口で開園したところ，10時30分に行列がなくなりました。もし10時10分に4つの窓口で開園していたとしたら，10時 □ 分に行列がなくなっていたと考えられます。

(6) 東さんは，栄くんの誕生日パーティのためにリビングを飾《かざ》り付けることにしました。次のページの図のように，ソファ側の壁《かべ》には天井から50cm，テレビ側の壁には天井から10cmのところにフックがあったので，ドア側の壁にもフックを取り付けて，飾りを下げるためのロープを張ろうと考えました。ロープの長さを最短にするために，ドア側の壁のフックを天井から [ア] cm，図のAの長さを [イ] mとする位置に取り付けます。

真上から見た図

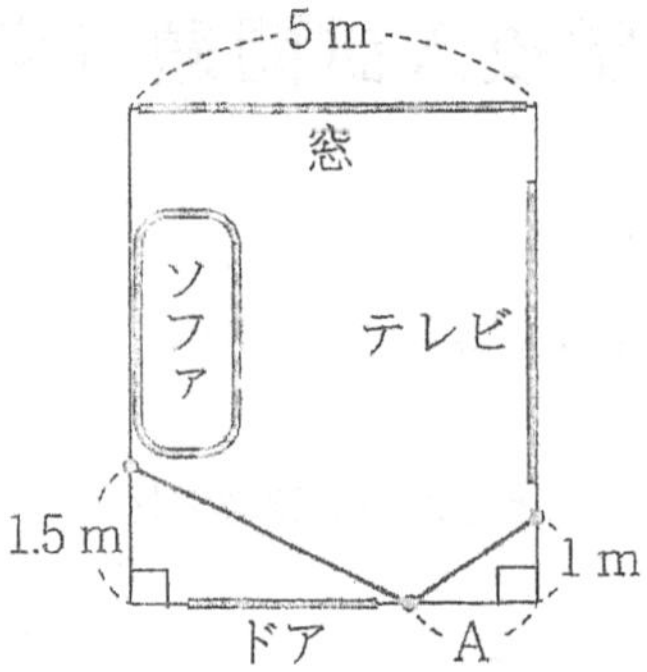

2 右の図の正方形ABCDにおいて，点E，点Fはそれぞれ辺AB，辺ADの真ん中の点です。図のように，点G，H，Ｉをとります。

⑴ EH：HDとEG：GCをそれぞれもっとも簡単な整数の比で答えなさい。

⑵ 三角形EGHの面積は正方形ABCDの面積の何倍になるか答えなさい。

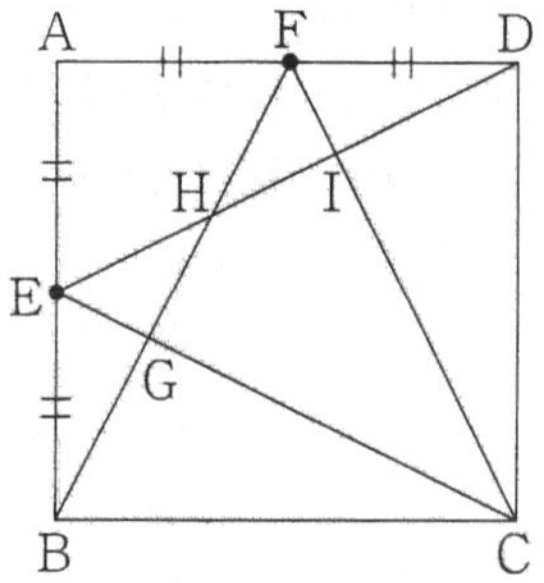

3 栄くんと東さんの会話を読んで問いに答えなさい。

東さん　「何やってるの？」

栄くん　「んー，ゲーム。左下のスタートから勇者を動かして，右上のボスまで行って倒す第２ステージが難しいんだよね」

東さん　「６回移動して？」

栄くん　「いや，一気に右か上に３マスまでは進める」

東さん　「じゃあ２回で行けるよね」

栄くん　「早けりゃいいってもんじゃない。アイテム拾ったりしたいから」

東さん　「じゃあ全マス通れば？」

栄くん　「左とか下には進めない」

東さん　「じゃあ……，進み方は [A] 通りか」

栄くん　「え？　数えたの？　どうやって？
第１ステージが何通りなのかは分かったけど」

東さん　「それってさ，スタートからアまでの行き方が [B] 通りで，スタートからイまでの行き方が [C] 通り。で，スタートからボスまでの行き方が [D] 通りでしょ」

栄くん　「あー，数を書きこんでいくとわかるやつだ」

東さん　「 [D] ＝１＋ [B] ＋ [C] 通りになってるんだよ」

第２ステージ

第１ステージ

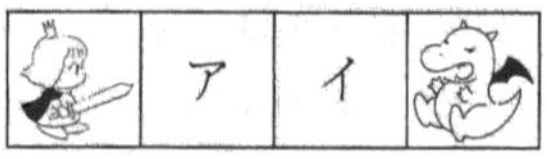

栄くん　「じゃあ第２ステージの，スタートからウ，エ，オまでの行き方は第１ステージと同じ考え方でいいよね。
スタートからカまでの行き方は
[E] 通りで，
スタートからキまでの行き方は
[F] 通り。
だんだん分かってきた」

オ			ボス
エ	キ		
ウ	カ		
スタート	B	C	D

東さん　「そうそう。その調子だよ」
栄くん　「それで [A] 通りってすぐに分かったのかー」

⑴ [B] ～ [F] にあてはまる数を答えなさい。

⑵ [A] にあてはまる数を答えなさい。

4 図のABCD－EFGHは１辺の長さが６㎝の立方体で，辺AEの真ん中に点M，辺CG上にCN：NG＝１：２となる点Nがあります。

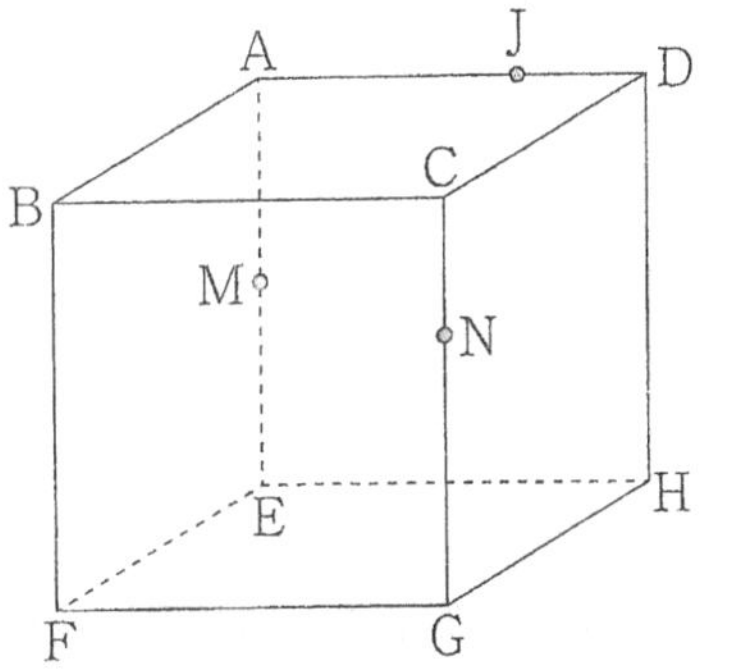

⑴ 点D，M，Nを通る平面でこの立方体を切断するとき，切り口の線を解答用紙の立方体に記入しなさい。ただし，解答用紙の図の辺BF，FGの途中にある点は辺の長さを６等分した点です。

⑵ ⑴で切断したとき，点Ｂを含む立体の体積を答えなさい。

⑶ CHとNDの交わる点をＩとします。CI：IHをもっとも簡単な整数の比で答えなさい。

⑷ AD上にAJ：JD＝２：１である点Ｊをとり，⑵の立体をさらに点C，H，Ｊを通る平面で切断したとき，点Ｂを含む立体の体積を求めなさい。
式だけでなく，言葉も使った説明を解答欄《らん》の《考え方を記す欄》に書きなさい。

【理　科】（40分）　＜満点：75点＞

1　磁石《じしゃく》と電気のつくる磁界について，あとの問いに答えなさい。

磁石の周りなど磁力がはたらく空間を「磁界」とよびます。磁界の中に方位磁針《じしん》を置くと磁力を受けて針《はり》が動き，磁界の向きと方位磁針のN極が指す向きは同じになります。そこで，磁石の周りにどのような向きの磁界ができるかを確かめる実験をしました。なお，以降《いこう》の問いでは地球による磁界の影響《えいきょう》は無視できます。

【実験】

Ⅰ　棒《ぼう》磁石を1本用意し，**図1**のようにⒶ～Ⓓの場所に方位磁針を置いた。なお，**図1**の点線は棒磁石の周りの磁力線のようすを表している。

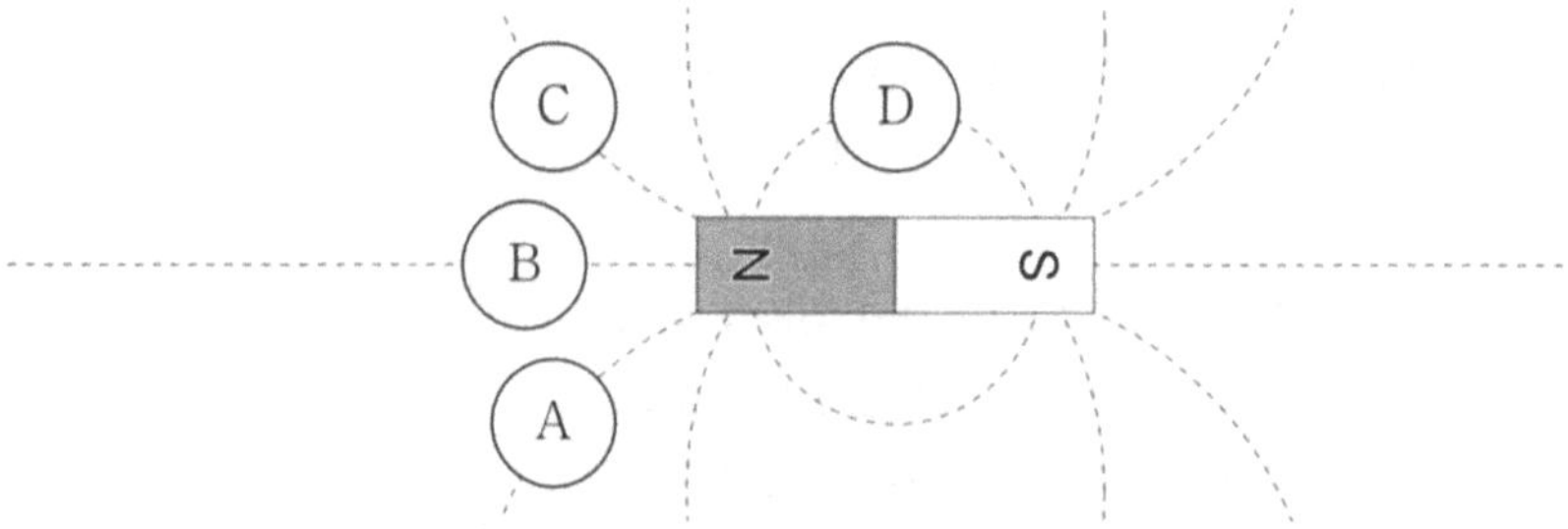

図1

Ⅱ　棒磁石を1本用意し，**図2**のように半分に割《わ》って間をあけて○の場所に方位磁針を置いた。

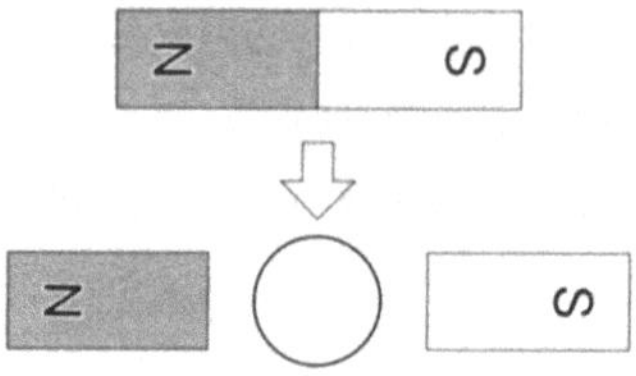

図2

Ⅲ　同じ種類の棒磁石を2本用意し，**図3**のようにそれぞれのS極とN極をくっつけて一直線にならぶようにし，○の場所に方位磁針を置いた。

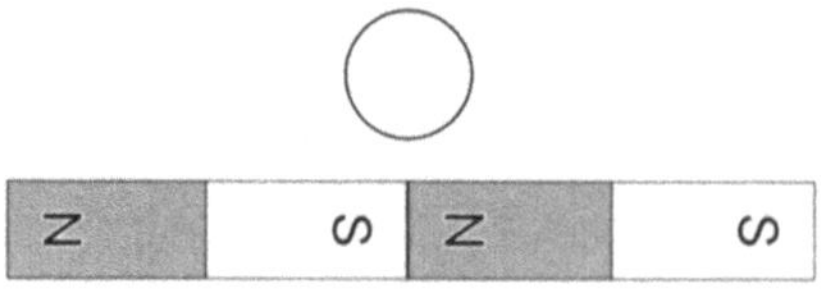

図3

なお，**図1**～**図3**で置いた方位磁針はそれぞれ次のページの**ア～ク**の向きのいずれかを指しました。以降の問いでは，方位磁針の黒くぬられている部分をN極とします。

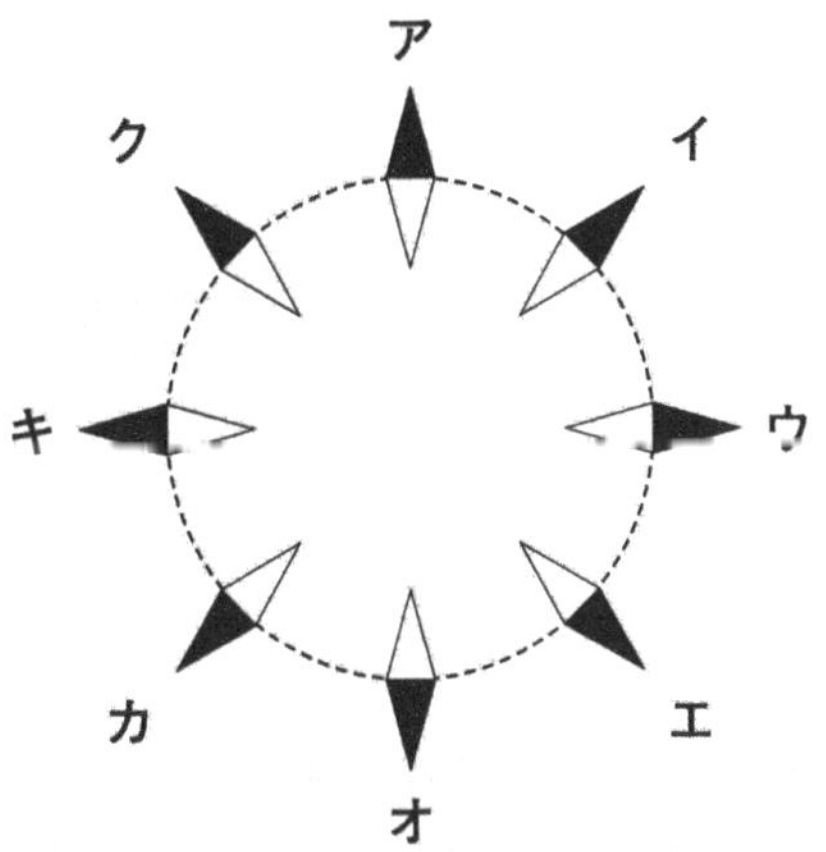

問１　**図１**のⒶ～Ⓓに置いた方位磁針の指す向きはどのようになりますか。上の**ア～ク**からそれぞれ１つ選び，記号で答えなさい。なお，同じ記号を複数回用いてもよい。

問２　**図２**の〇に置いた方位磁針の指す向きはどのようになりますか。上の**ア～ク**から１つ選び，記号で答えなさい。

問３　**図３**の〇に置いた方位磁針の指す向きはどのようになりますか。上の**ア～ク**から１つ選び，記号で答えなさい。

導線に電流を流すと，その周りに磁界ができます。導線が直線でない場合は，電流が流れる導線の周りにできる磁界を考えることで，全体としてどのような磁界ができるかわかります。そこで，導線の周りにどのような向きの磁界ができるかを確かめる実験をしました。

【実験】

Ⅳ　**図４**のように平らな厚紙にまっすぐ導線を通した。Ⓐ～Ⓓの場所に方位磁針を置き，導線に上向きの電流を流した。**図５**はその様子を上から見た図である。

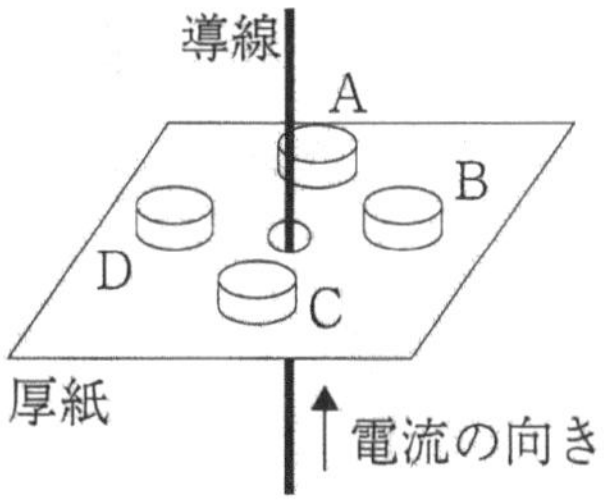

図４

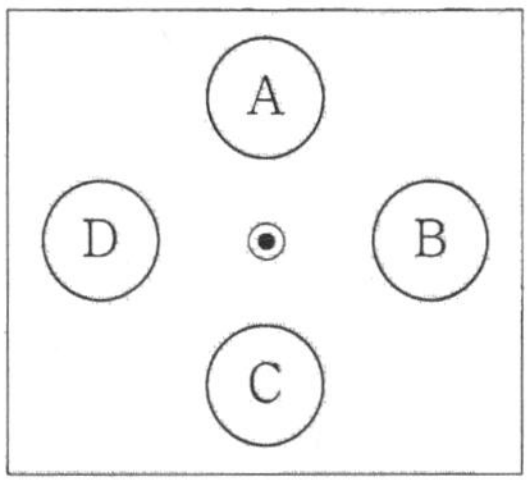

図５

Ⅴ　**図６**（次のページ）のように平らな厚紙に円形の導線を通した。Ⓐ～Ⓓの場所に方位磁針を置き，導線に矢印の向きの電流を流した。**図７**（次のページ）はその様子を上から見た図である。

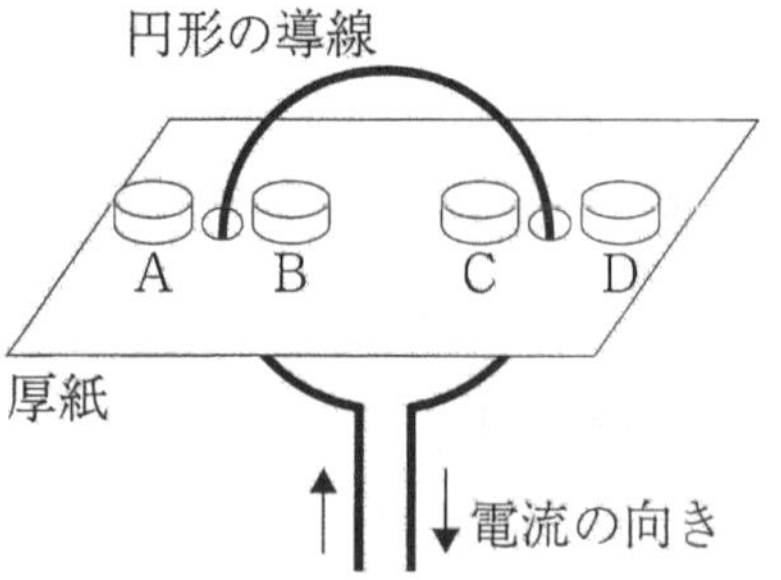

図６

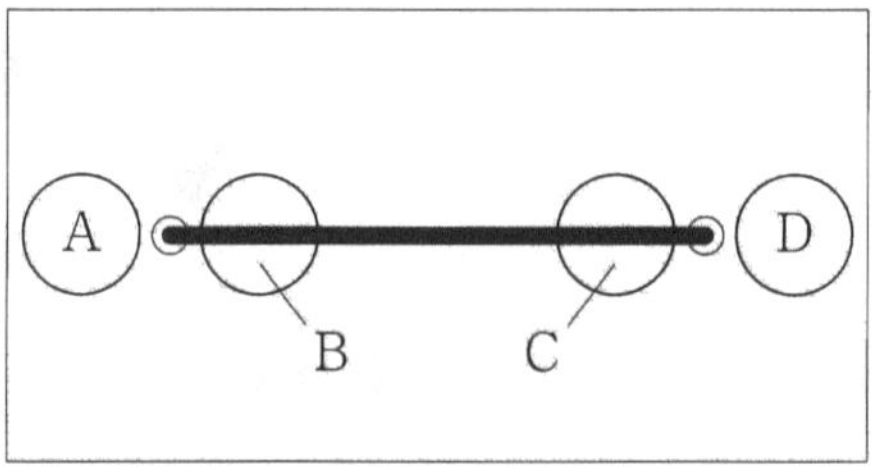

図７

Ⅵ　**図８**のように平らな厚紙にコイル状の導線を通した。その中央部に方位磁針を置き，導線に矢印の向きの電流を流した。**図９**はその様子を上から見た図である。

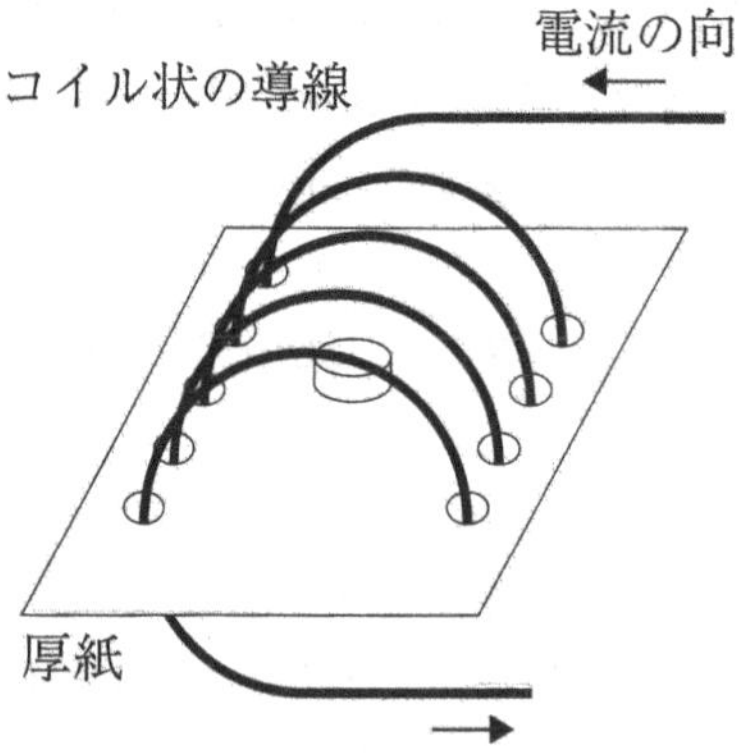

図８

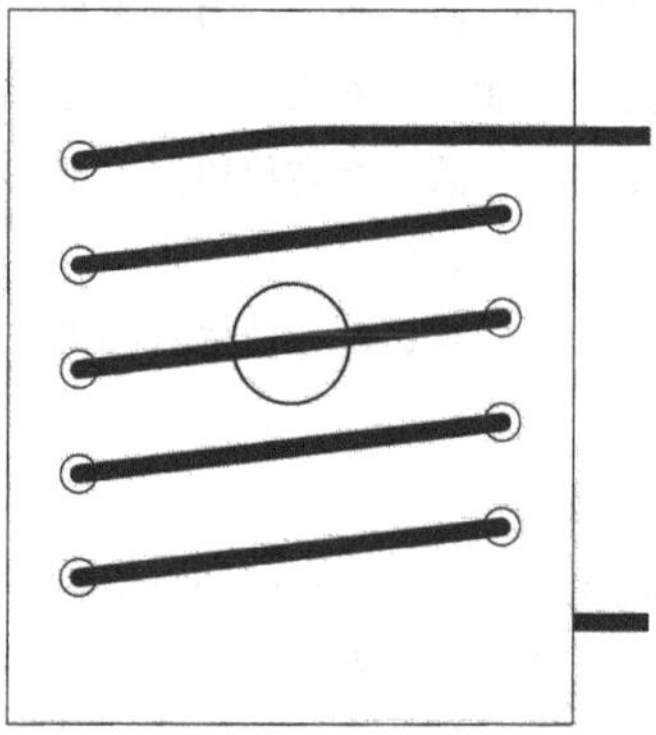

図９

なお，**図５**，**図７**，**図９**の方位磁針はそれぞれ下の**ア～ク**の向きのいずれかを指しました。

問４　**図５**のⒶ～Ⓓに置いた方位磁針の指す向きはどのようになりますか。右の**ア～ク**からそれぞれ１つ選び，記号で答えなさい。なお，同じ記号を複数回用いてもよい。

問５　**図７**のⒶ～Ⓓに置いた方位磁針の指す向きはどのようになりますか。右の**ア～ク**からそれぞれ１つ選び，記号で答えなさい。なお，同じ記号を複数回用いてもよい。

問６　**図９**の○に置いた方位磁針の指す向きはどのようになりますか。右の**ア～ク**から１つ選び，記号で答えなさい。

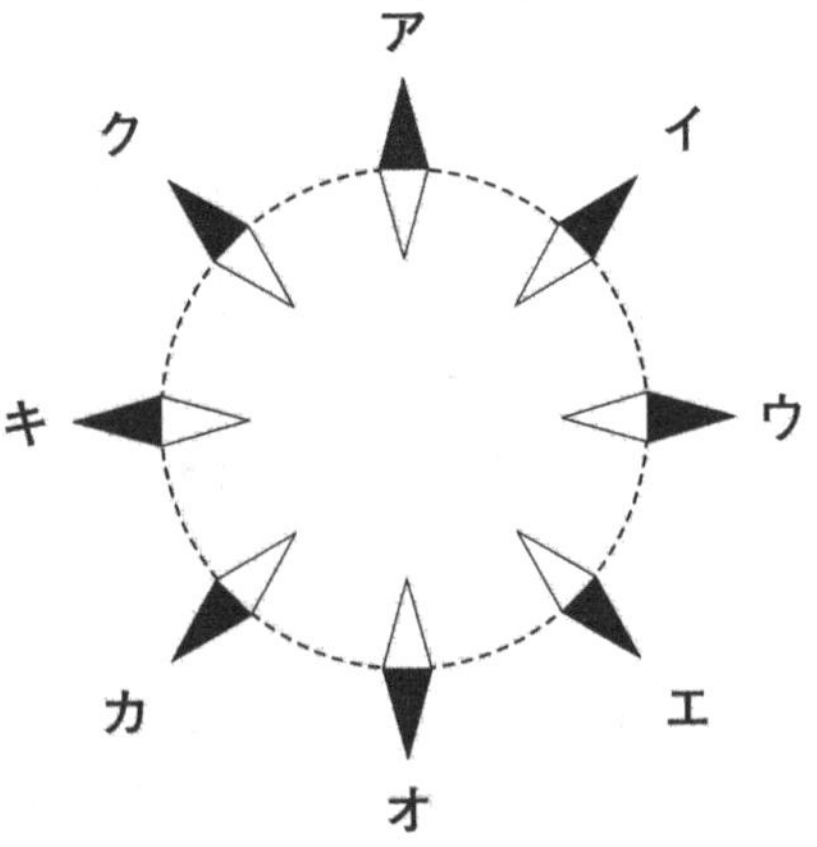

図10のように，平らな厚紙に筒《つつ》状の磁石を通します。筒状の磁石の色がぬってある手前側がＮ極で，ぬっていない奥側《おくがわ》がＳ極です。磁石の中心の位置に方位磁針を置きました。**図11**はその様子を上から見た図であり，◌は方位磁針の位置を表しています。（**図10**，**図11**は次のページにあります。）

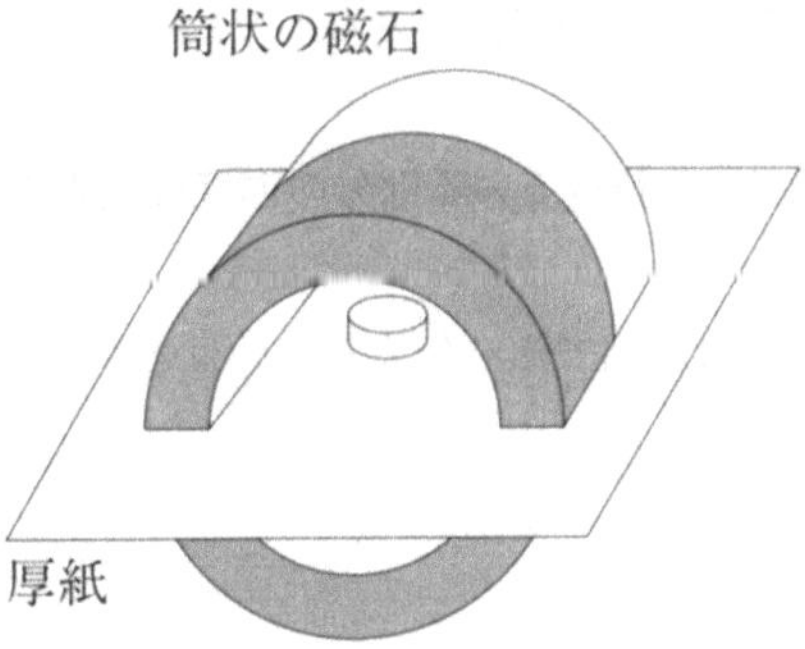

図 10

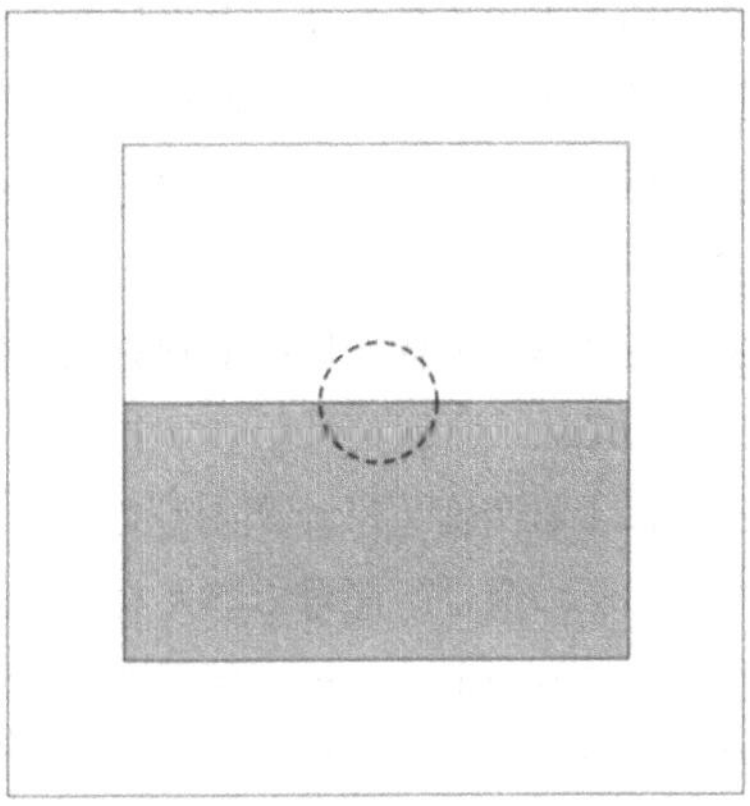

図 11

問７　**図11**の◌の部分にある方位磁針の指す向きはどのようになりますか。右の**ア～ク**から１つ選び，記号で答えなさい。

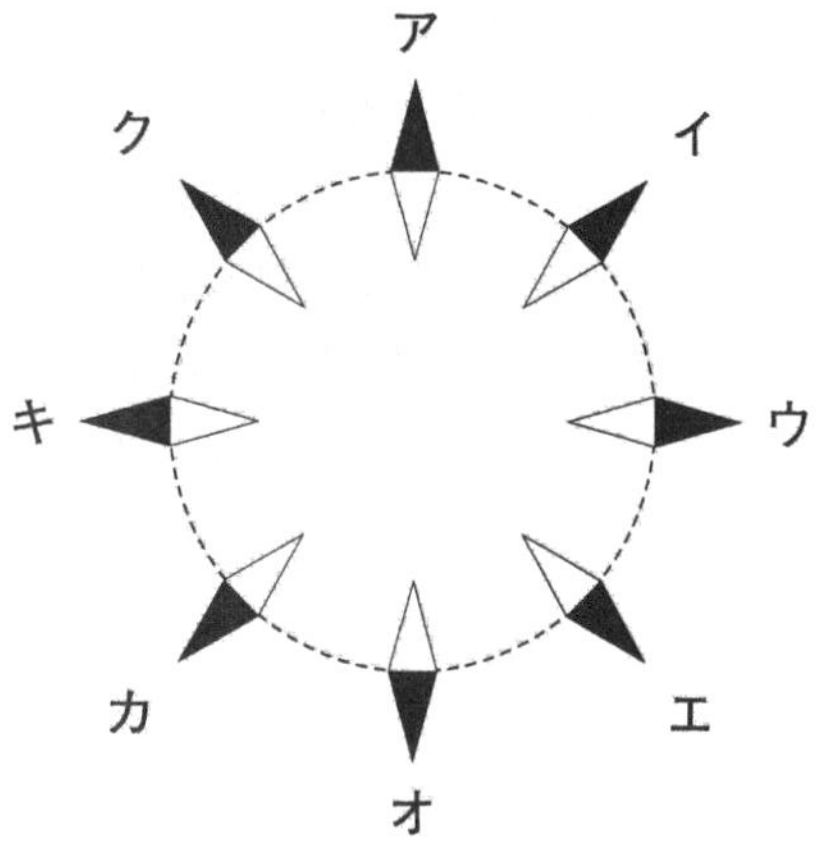

2　あとの問いに答えなさい。

問１　冬の寒い日の夜に，屋外で長時間放置したものを数秒さわったとき，最も冷たく感じるのはどれですか。次の**ア～エ**から１つ選び，記号で答えなさい。なお，ものの大きさはすべて同じであるとします。

ア　アルミニウムの棒《ぼう》　　**イ**　空気の入ったビニール袋《ぶくろ》

ウ　棒状の発泡《はっぽう》スチロール　　**エ**　ガラスの棒

問２　冬の寒い日の夜に校庭にある**図１**のような鉄棒について，**まちがっているもの**を次のページの**ア～エ**から１つ選び，記号で答えなさい。

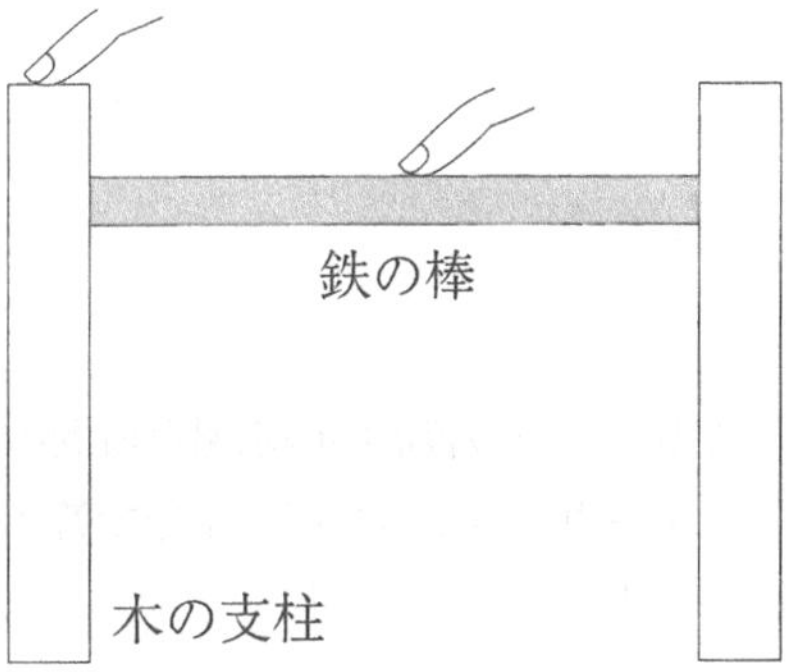

図１

ア　鉄の棒も木の支柱もずっと外にあるが，鉄の棒の方が温度はより低くなっている。

イ　鉄の棒も木の支柱も，さわったところは指の温度（体温）によって温度が上がる。

ウ　鉄の棒は木の支柱と比べて熱を伝えやすいので，指からの熱がさわっていない部分に伝わりやすい。

エ　木の支柱は鉄の棒と比べて熱を伝えにくいので，さわっている部分の温度は指の温度（体温）に近くなる。

問3　温度による密度《みつど》（1㎤あたりの重さ）の差が主な原因で熱を伝えるものはどれですか。次の**ア～オ**から1つ選び，記号で答えなさい。

ア　ホットプレート　　**イ**　携帯《けいたい》用カイロ　　**ウ**　電子レンジ

エ　エアコン　　**オ**　太陽光

図2のような実験装置《そうち》で水を加熱したところ，100gの水を0℃から100℃にするまでに12分かかりました。なお，この実験装置で出せる火力は一定で，水を加熱する以外の熱の移動は起こらないものとします。

問4　**図2**の装置で20℃の水200gを加熱すると，100℃になるまでに何分何秒かかりますか。

問5　20℃の水100gと60℃の水200gを混ぜると，水の温度は何℃になりますか。**小数第1位を四捨五入して整数で答えなさい。**

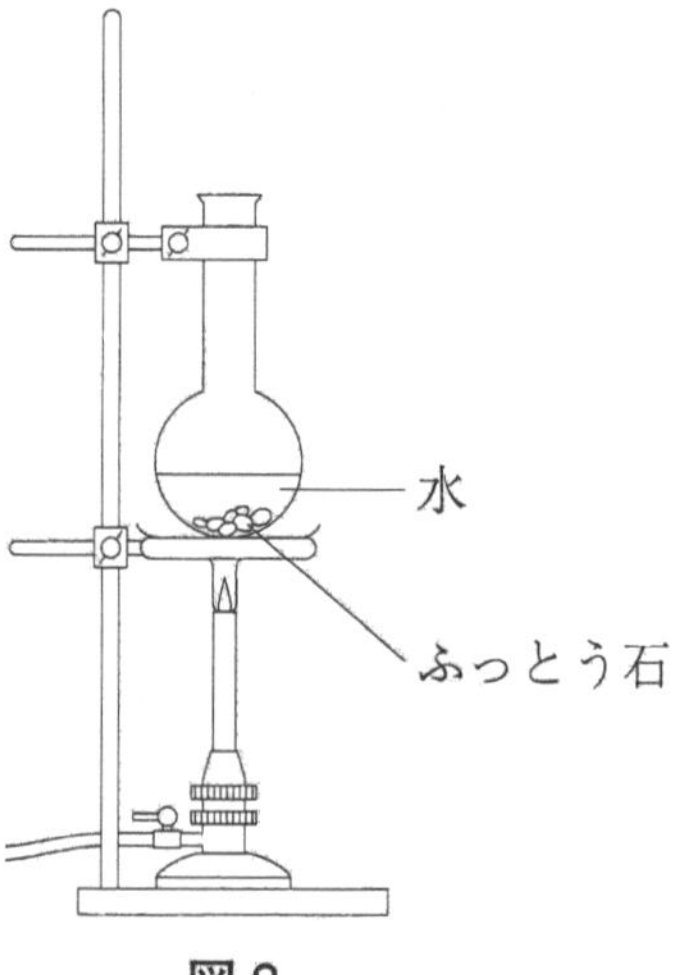

図2

図3のように，ビーカーに熱いお湯を，水そうに0℃の水と氷を入れ，2つの容器内の水温の変化をそれぞれ測定しました。

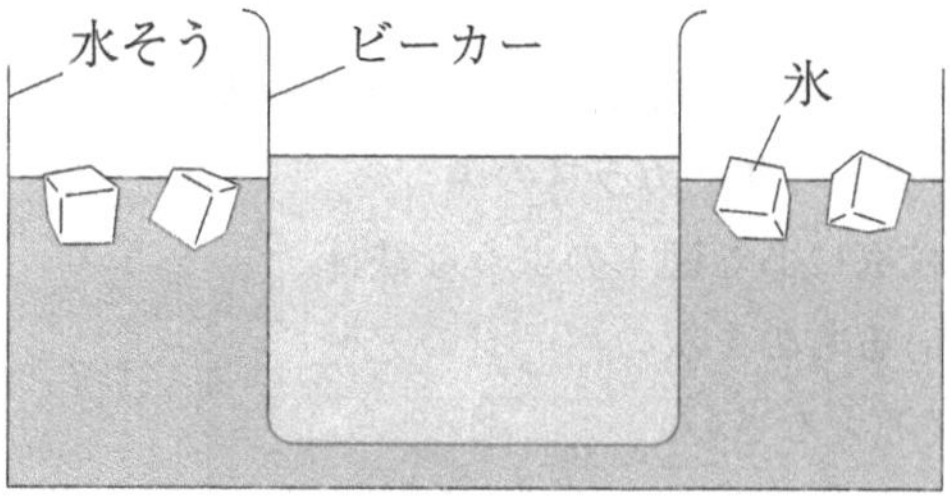

図3

問6　2つの容器内の水温と時間の関係をまとめたグラフとして，最も適当なものを次のページの**ア～カ**から1つ選び，記号で答えなさい。ただし，熱の移動は2つの容器間のみで起こるものとします。

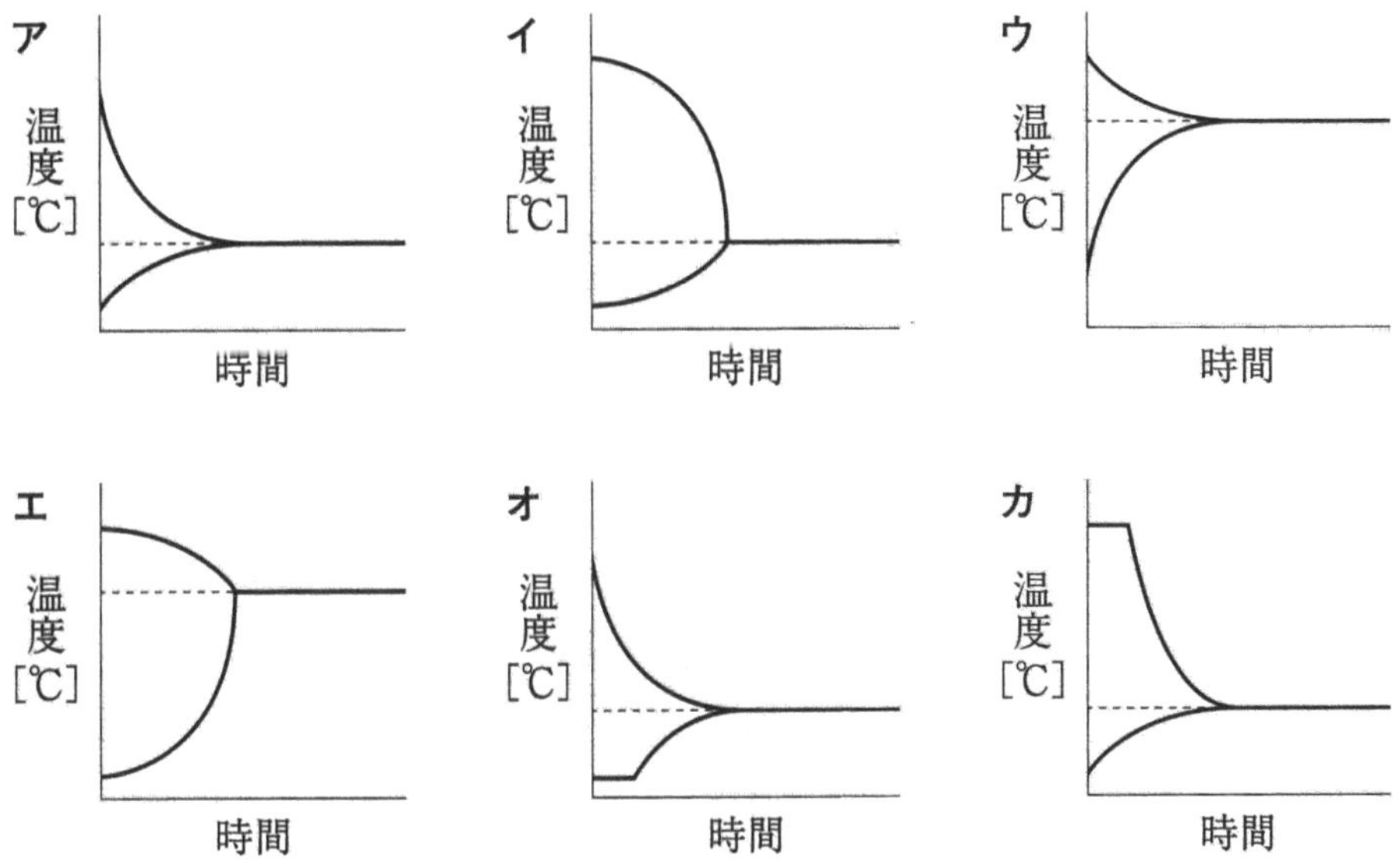

次の**図 4** に示す「ネッククーラー」という商品について書かれた文章を読み，あとの問いに答えなさい。

ネッククーラーは28℃以下で液体から固体に変化する素材を使用した，首元をひんやり冷やして快適にする商品です。約 1 時間使用可能で，何度でも繰《く》り返し使用できるため，地球にもお財布にも優《やさ》しく，軽量のため持ち運びにも便利です。

ネッククーラーに使用されている素材は，「気温が高いときは熱を吸収《きゅうしゅう》し固体から液体へと変化し，逆に気温が低いときは熱を放出し液体から固体へと自然凍結《とうけつ》する」というように，繰り返し熱を吸収・放出することができます。そのため，電力などのエネルギーがなくても利用できます。

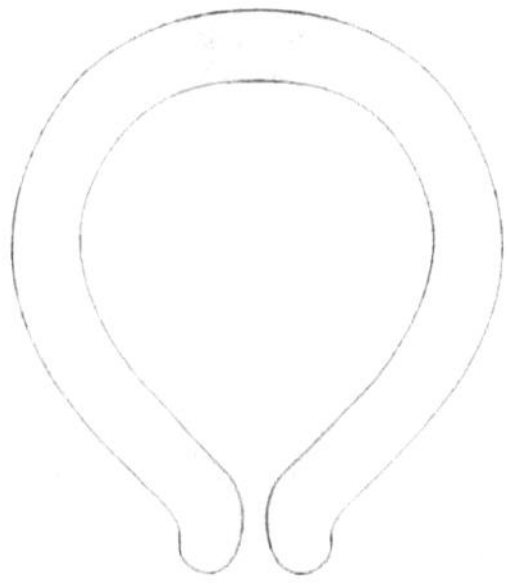

図 4

このネッククーラーに使用されている素材は融点《ゆうてん》が28℃で，28℃より涼《すず》しい場所に置いておくだけで，凝固《ぎょうこ》して使えるようになります。また，すぐに使いたいときは，冷蔵庫《れいぞうこ》や冷凍庫で冷やすことで使えるようになります。このネッククーラーを首につけた場合，熱を吸収し固体から液体へと変化するのにかかる時間は60分であり，その間は快適な温度である28℃を保ってくれます。

問 7　このネッククーラーを冷蔵庫から取り出してすぐに首につけました。すると，10分後に中の素材が変化し始めました。ネッククーラーを 1 時間20分使用したときの使用時間とネッククーラーの温度の関係をあらわすグラフを解答用紙にかきなさい。なお，グラフをかくときには定規を使わかくてかまいません。

また，ネッククーラーを冷蔵庫から出したときの温度は 4 ℃，ネッククーラーをつけている人の体温，気温はともに36℃とし，ネッククーラーの温度は 1 時間20分使用したときに初めて体温と同じ温度になったとします。

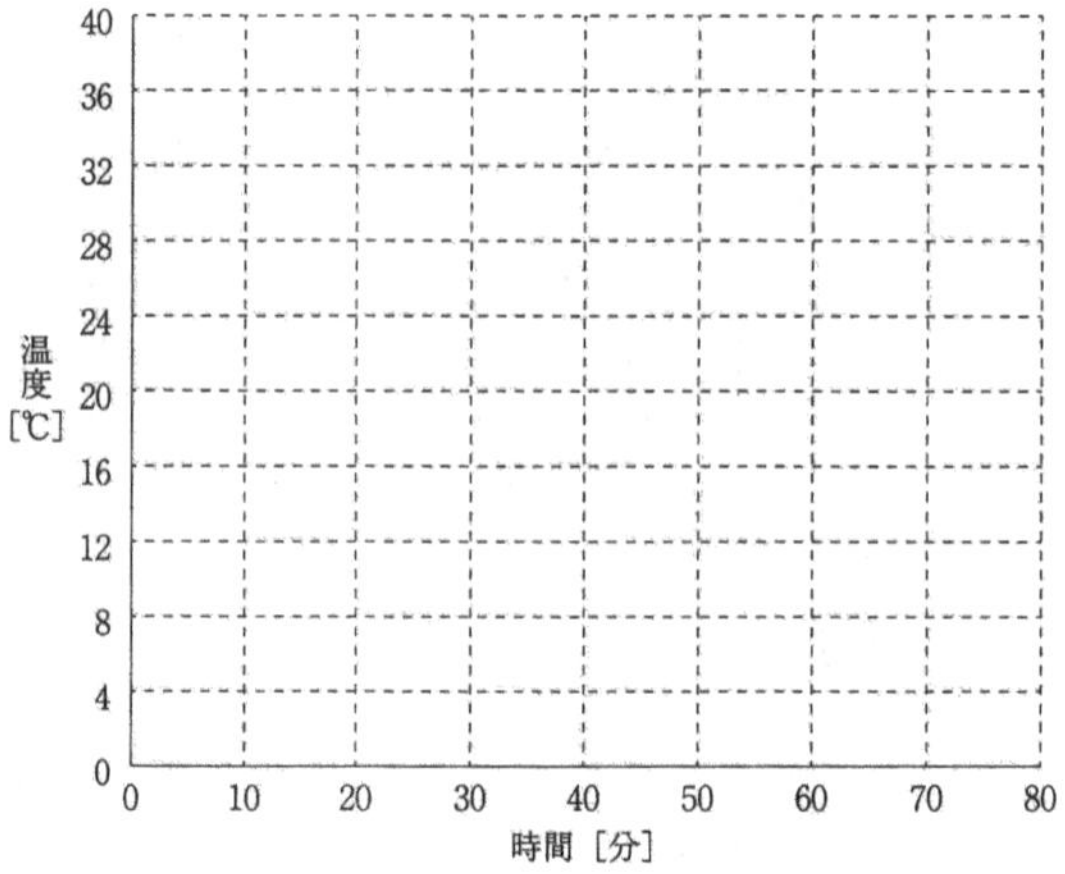

〔下書き用〕

3 以下は東《ひがし》さんが小学校の調理実習で作ったカレーのレシピの一部です。これを読み，あとの問いに答えなさい。

【材料】

ニンジン	…1本
タマネギ	…2個
ジャガイモ	…1個
豚肉《ぶたにく》	…200g
カレーのルー	…100g
サラダ油	…大さじ1
水	…700mL

【作り方】

1．①ニンジンは縦《たて》に半分に切り，3㎝くらいの乱切《らんぎ》りにする。

2．②タマネギは皮をむき，縦に半分に切り，芯《しん》を取り除《のぞ》いてくし切りにする。

3．③ジャガイモは芽を取り，半分に切ったものを4等分する。

4．鍋《なべ》にサラダ油をひろげて熱し，ニンジン，タマネギ，ジャガイモ，豚肉を入れ，タマネギがしんなりするまで炒《いた》める。

・
・
・

問1　下線部①について，ニンジンはセリ科の植物です。ニンジンと同じセリ科の植物を次の**ア**～**カ**から1つ選び，記号で答えなさい。

ア　セロリ　　**イ**　キャベツ　　**ウ**　カボチャ
エ　ナス　　**オ**　キュウリ　　**カ**　トウモロコシ

問２　下線部①について，ニンジンの特徴《とくちょう》として正しいものを次の**ア～ク**から１つ選び，記号で答えなさい。

	葉脈	形成層《けいせいそう》	根
ア	平行脈	ある	ひげ根
イ	平行脈	ない	ひげ根
ウ	平行脈	ある	主根・側根
エ	平行脈	ない	主根・側根
オ	網状脈《もうじょうみゃく》	ある	ひげ根
カ	網状脈	ない	ひげ根
キ	網状脈	ある	主根・側根
ク	網状脈	ない	主根・側根

問３　下線部②について，タマネギの生育の様子として正しいものを次の**ア～エ**から１つ選び，記号で答えなさい。

ア

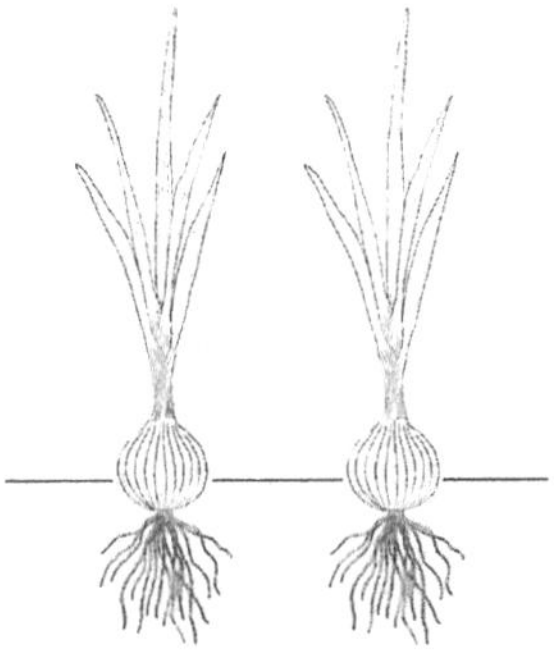

イ

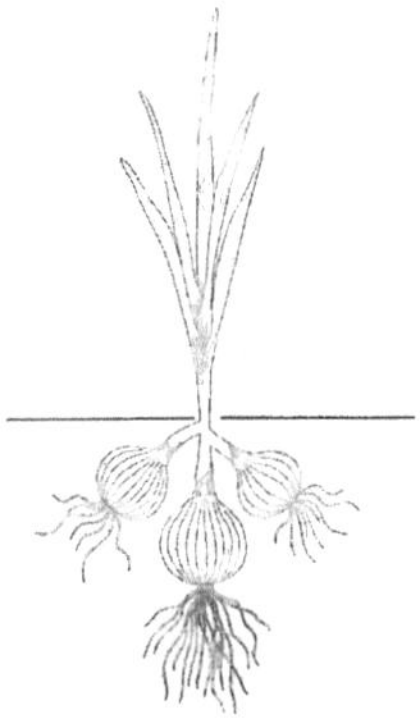

ウ

エ

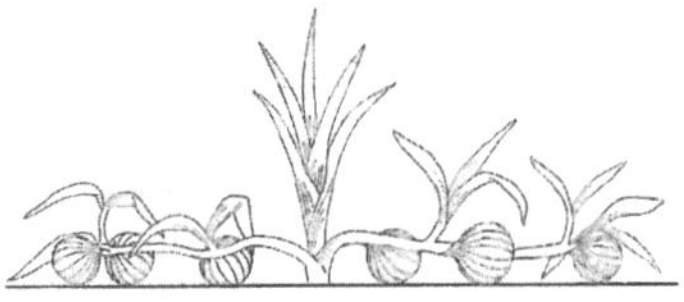

下線部③について，東さんはジャガイモの品種のひとつである男爵《だんしゃく》いもの収穫量《しゅうかくりょう》が，ある年（A年）で減少していることに気がつきました。同じ地域《ちいき》で収獲された他の品種についても調べたところ，**表**（次のページ）のように収穫量やジャガイモに含《ふく》まれるでんぷんの割合《わりあい》が減少していました。そこで，ジャガイモの収穫量が減少した理由を調べることにしました。なお，**表**でまとめたすべて

のジャガイモは，4月28日に植えています。

表

品種名	時期	出芽した日	1株《かぶ》あたりの収穫量［g］	ジャガイモに含まれるでんぷんの割合［%］
男爵いも	過去平均	5月25日	893	16.2
	A年	6月 2日	847	15.1
メークイン	過去平均	5月26日	980	16
	A年	6月 3日	889	13.4
ホッカイコガネ	過去平均	5月29日	1159	17.3
	A年	6月 6日	957	16.6
コナフブキ	過去平均	5月27日	1028	23.1
	A年	6月 2日	979	22.3

まず温度について着目し，5月上旬《じょうじゅん》から9月下旬までのA年と過去の平均気温を**図1**のようにまとめました。

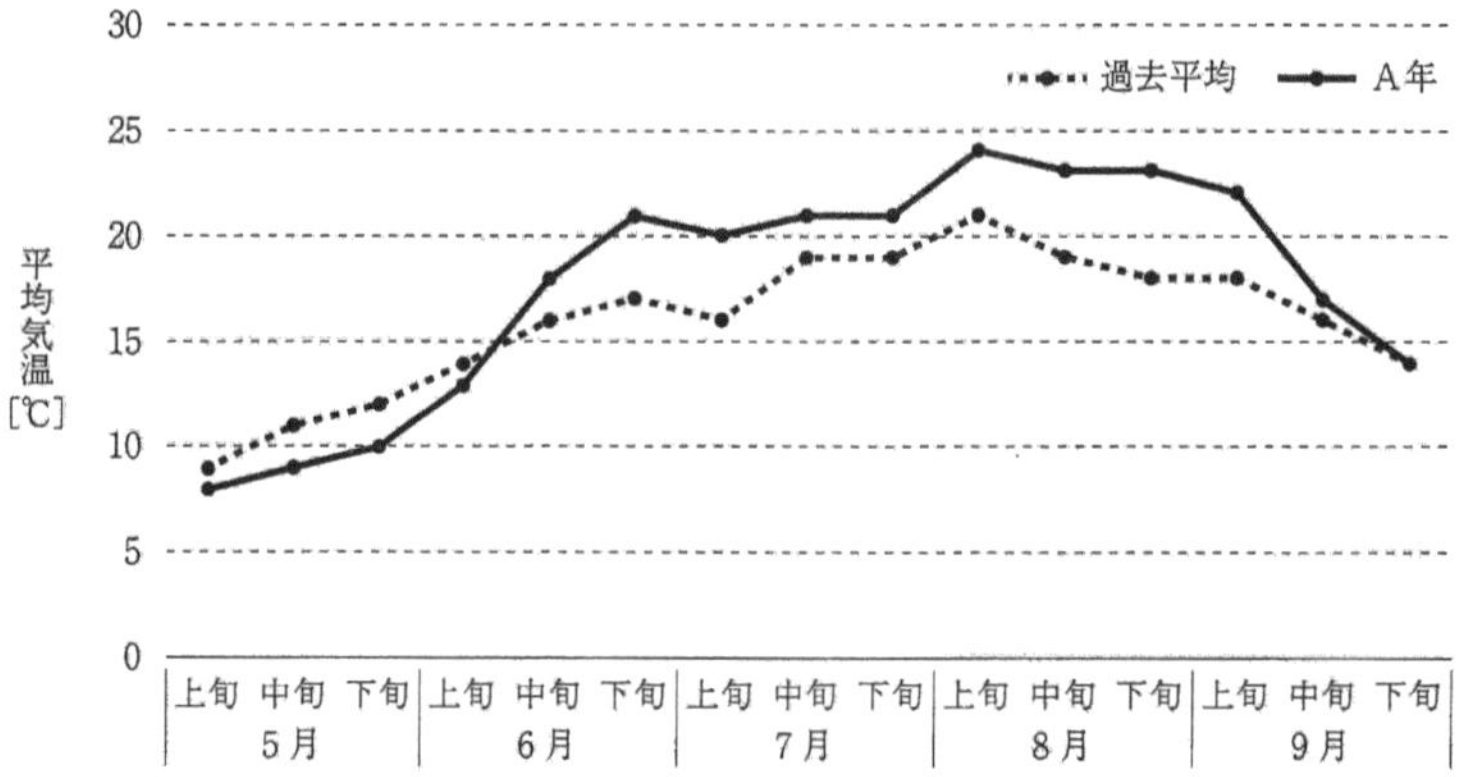

図1

また，7月についてA年と過去の平均地温を**図2**のようにまとめました。

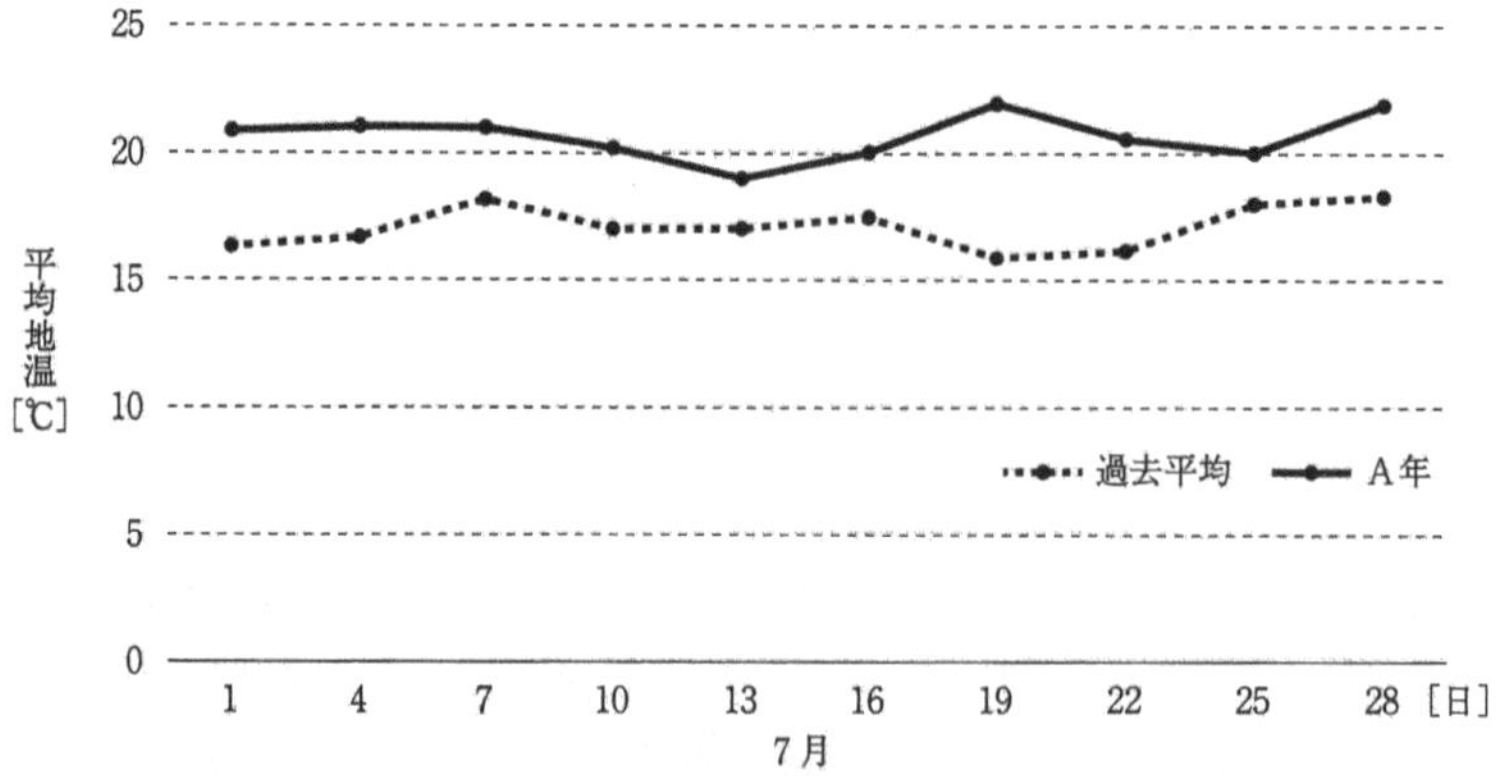

図2

問４　**表**，**図１**および**図２**から考えられることとして**下線部が明らかにまちがっているもの**を次の**ア～エ**から１つ選び，記号で答えなさい。

ア　Ａ年の出芽した日が過去平均よりも１週間程度遅《おそ》かった。これは，ジャガイモを植えてから出芽するまでのＡ年の平均気温が，過去平均よりも低かったからと考えられる。

イ　Ａ年のジャガイモに含まれるでんぷんの割合が過去平均よりも低くなった。これは，ジャガイモへのでんぷんの蓄積《ちくせき》が増加する７月の地温が，Ａ年では高かったからと考えられる。

ウ　Ａ年のジャガイモの収穫量が過去平均よりも少なかった。これは，ジャガイモの葉でデンプンがつくられる７月から８月の気温が，Ａ年では低かったからと考えられる。

エ　Ａ年は，**表**の４つの品種すべてで収穫量が少なかった。これは，４つの品種はある程度同じように気候の影響《えいきょう》を受けたからと考えられる。

次に降水量《こうすいりょう》に着目し，５月上旬から９月下旬までのＡ年の降水量と過去の平均降水量を調べ，**図３**のようにまとめました。

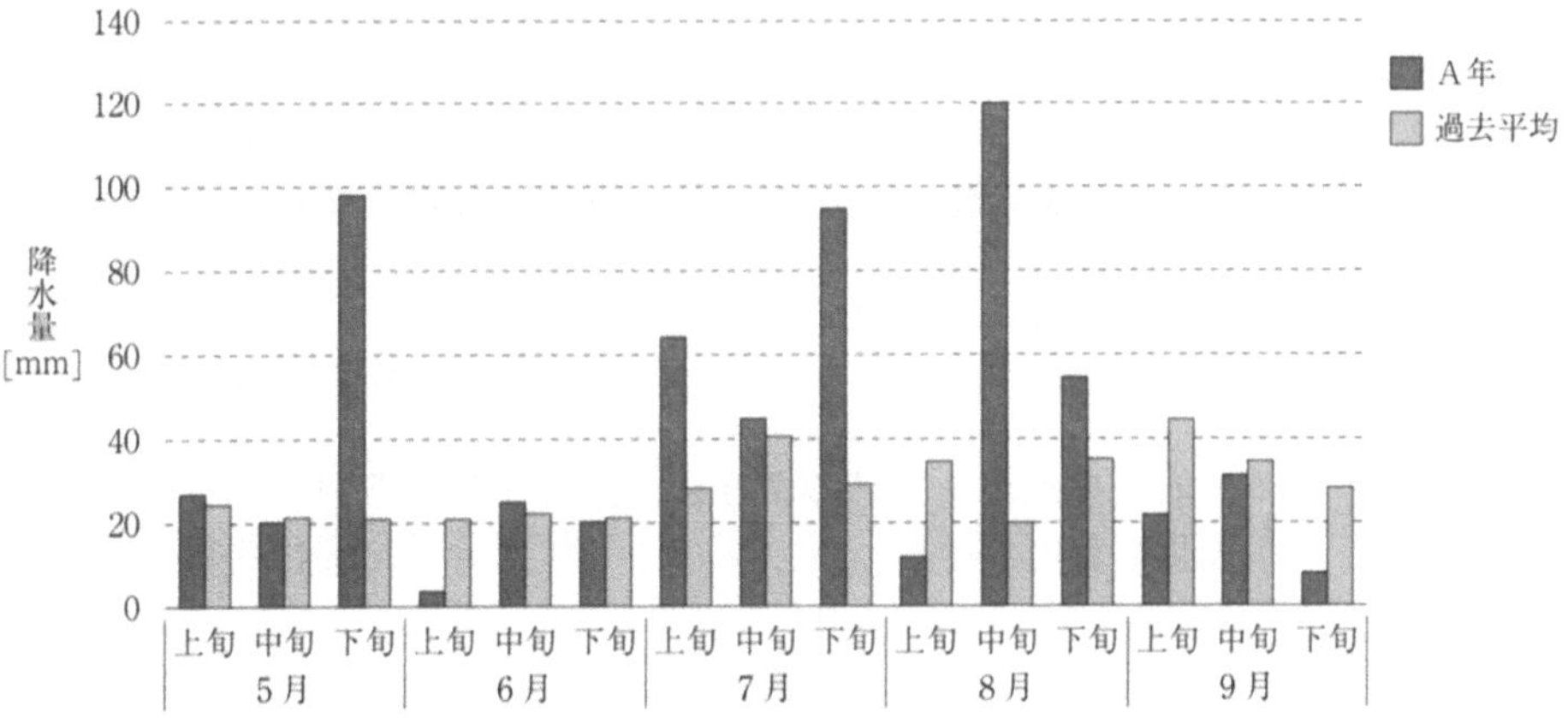

図３

問５　**図３**からＡ年の降水量は過去平均を大きく上回っていることがわかります。降水量の増加が男爵いもの収穫量に与《あた》える影響を調べるために，２つの温室Ｘ，Ｙで男爵いもを育てました。２つの温室の温度や水分の条件として最も正しいものを次のページの**ア～エ**から１つ選び，記号で答えなさい。

	温室	温度条件	水分条件
ア	X	Ａ年の５月下旬の気温を保つ	Ａ年の５月から９月のように水分量を変化させる
	Y	過去平均の７月下旬の気温を保つ	Ａ年の５月から９月のように水分量を変化させる
イ	X	Ａ年の５月下旬の気温を保つ	Ａ年の５月から９月のように水分量を変化させる
	Y	過去平均の５月下旬の気温を保つ	Ａ年の５月から９月のように水分量を変化させる
ウ	X	Ａ年の５月から９月のように気温を変化させる	Ａ年の５月から９月のように水分量を変化させる
	Y	過去平均の５月から９月のように気温を変化させる	過去平均の５月から９月のように水分量を変化させる
エ	X	Ａ年の５月から９月のように気温を変化させる	Ａ年の５月から９月のように水分量を変化させる
	Y	Ａ年の５月から９月のように気温を変化させる	過去平均の５月から９月のように水分量を変化させる

さらに，茎《くき》や葉の重量に着目し，男爵いもの茎と葉の７月から８月までのＡ年と過去平均の重量を調べ，**図４**のようにまとめました。

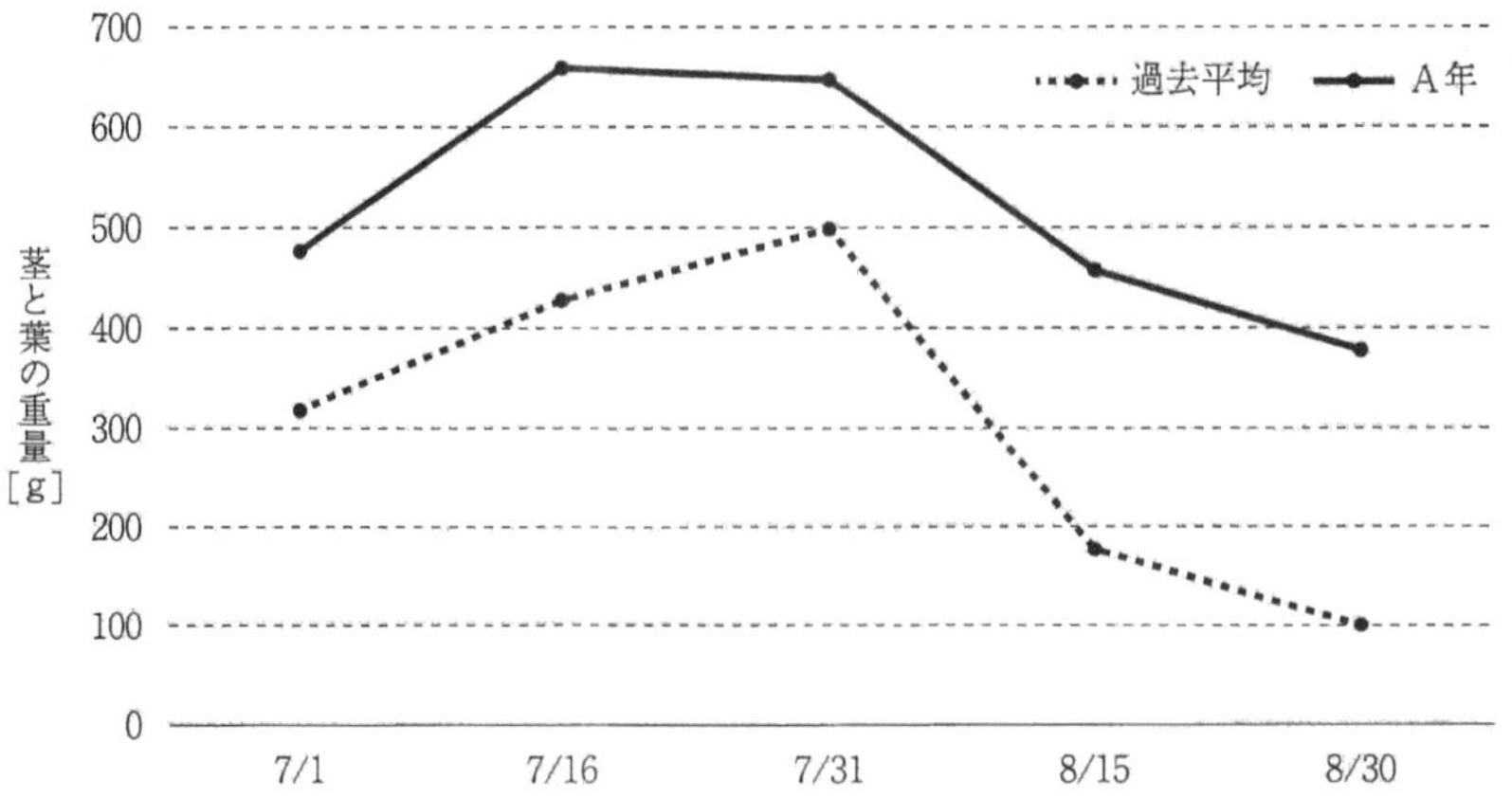

図４

問６　一般的《いっぱんてき》な植物の茎と葉の説明として正しいものを次の**ア～エ**から１つ選び，記号で答えなさい。

ア　茎には根から取り入れた水分が通る師管がある。

イ　緑色の茎と葉では光合成が行われている。

ウ　茎には道管と師管があるが，葉にはない。

エ　葉の表側の方が裏側《うらがわ》よりも蒸散《じょうさん》がさかんである。

問７　**表と図１～４**から，Ａ年でジャガイモの収穫量が減少した理由について考察をしました。以下の文章の（あ），（い）にあてはまる言葉の組み合わせとして正しいものを下の**ア～エ**から１つ選び，記号で答えなさい。なお，文章中にある「イモ」は，ジャガイモの収穫する部分を表しています。

Ａ年ではジャガイモを植えた時期の気温が過去平均よりも低く，出芽するまでの期間が過去平均よりも長くなった。よって，イモが大きくなる期間が過去平均よりも（　あ　）なったと考えられる。また，イモが大きくなる７月と８月の気温と地温が過去平均よりも高く，降水量が多かったため，過去平均よりも茎と葉が（　い　）。そのため，イモに十分な栄養が送られず，大きくなれなかったと考えられる。

	（あ）	（い）
ア	長く	成長した
イ	長く	成長しなかった
ウ	短く	成長した
エ	短く	成長しなかった

4　栄《さかえ》さんは，令和５年８月９日午後７時のニュースで，次のような天気に関することを視聴《しちょう》しました。あとの問いに答えなさい。

東北地方から山陰《さんいん》地方にかけての日本海側では，晴れて35℃以上の猛暑日《もうしょび》になるところが多数見られました。特に，北陸地方ではフェーン現象も発生して気温が大幅《おおはば》に上がり，新潟県三条市《さんじょうし》で39.8℃を観測しました。また，新潟市東区《ひがしく》と福井県坂井市《さかいし》では39.7℃の最高気温となり，ともに地点ごとの最高気温の記録を更新《こうしん》しました。

フェーン現象について興味をもった栄さんは，本やインターネットで調べて次のようにまとめました。

【調べてわかったこと】

1．フェーン現象の名前の由来は，ヨーロッパのアルプス山脈のふもとにあるフェーン村で，ここでは，地中海側から吹《ふ》く山越《やまご》えの南風により気温が上がり，雪が消えてしまう。

2．空気のかたまりは山脈にそって上昇《じょうしょう》し，途中《とちゅう》で雲が発生して雨が降《ふ》り，水分が少なくなる。そして，山脈を越えて空気のかたまりが下降《かこう》すると，温度が上昇して乾燥《かんそう》した風になって吹き降《お》りてくる。このような現象をフェーン現象という。

3．雲ができていない空気のかたまりの温度は，100m上昇するごとに１℃下がり，100m下降するごとに１℃上がる。雲ができている空気のかたまりの温度は100m上昇するごとに0.5℃下がる。

4．日本では，日本海側と太平洋側の間に，高い山々がそびえており，日本海側から太平洋側に向かって北西の強風が吹くとき，また，太平洋側から日本海側に向かって南寄りの強風が吹くときにフェーン現象が生じる。

空気１m³あたりに含《ふく》むことのできる最大の水蒸気量［g］を飽和水蒸気量《ほうわすいじょうきりょう》とよびます。飽和水蒸気量に対して実際に空気が含んでいる水蒸気の割合《わりあい》［%］を湿度《しつど》とよびます。飽和水蒸気量をこえる量の水蒸気は，水滴《すいてき》になります。さまざまな温度における飽和水蒸気量は**表**のとおりです。

表

温度［℃］	飽和水蒸気量［g］	温度［℃］	飽和水蒸気量［g］	温度［℃］	飽和水蒸気量［g］
0	4.8	14	12.1	28	27.2
2	5.6	16	13.6	30	30.4
4	6.4	18	15.4	32	33.8
6	7.3	20	17.3	34	37.6
8	8.3	22	19.4	36	41.7
10	9.4	24	21.8	38	46.2
12	10.7	26	24.4	40	51.2

温度30℃，湿度57％の空気のかたまりが，標高3000mの山を越えていくことを考えます。この空気のかたまりが標高０mの地点から山肌《やまはだ》にそって上昇すると，雲を生じて雨を降らせながら山頂《さんちょう》に達し，そこで雲が消えました。空気のかたまりの上昇および下降による温度変化は栄さんが調べた通りです。なお，飽和水蒸気量は標高によって変化しないものとします。

問１　この上昇した空気のかたまりから，雲が発生しはじめる標高は約何mですか。次の**ア**～**オ**から１つ選び，記号で答えなさい。

ア　800m　　**イ**　1000m　　**ウ**　1200m　　**エ**　1400m　　**オ**　1600m

問２　この空気のかたまりが山頂に達したとき，何℃になりますか。**整数で答えなさい。**

問３　この空気のかたまりが山頂を越えたあと，下降し標高０mの地点に達したとき温度は何℃になりますか。**整数で答えなさい**。また湿度は何％になりますか。**小数第１位を四捨五入して整数で答えなさい**。なお，下降する間，雲は発生していません。

問４　空気のかたまりが上昇するときの温度変化は，雲が発生し始めると小さくなります。この理由を簡単《かんたん》に説明しなさい。

【社　会】（40分）　＜満点：75点＞

1　次の各問いに答えなさい。

問１　都道府県の境界には，自然の地形が用いられているものが多くあります。次のⅠ・Ⅱの文が説明している，県境となっている河川や山の名称《めいしょう》を，解答欄《かいとうらん》にあうように**漢字**で答えなさい。

Ⅰ　一部が栃木県と群馬県の県境となっており，利根川との合流点付近には，増水時に流量を調整できる遊水地がある，長さが約108㎞の河川。

Ⅱ　岐阜県と長野県の県境に位置している，2014年の噴火《ふんか》では大きな被害《ひがい》をおよぼした山。

問２　各都道府県では，その都道府県のシンボルとなる動植物を定めています。次の表は，それぞれ各県のシンボルとなる動植物をまとめたものです。表中の**Ａ～Ｃ**にあてはまるものを，それぞれあとの**ア～エ**から１つずつ選び，記号で答えなさい。

	都道府県の花	都道府県の木	都道府県の魚
青森県	リンゴの花	**Ａ**	ひらめ
富山県	**Ｂ**	立山杉	ブリ・シロエビ・ホタルイカ
岐阜県	れんげ草	イチイ	**Ｃ**
愛媛県	みかんの花	まつ	マダイ

（全国知事会ウェブページをもとに作成（2023年９月１日閲覧《えつらん》））

Ａ：**ア**．イチョウ　**イ**．クスノキ　**ウ**．ヒバ　**エ**．ケヤキ
Ｂ：**ア**．バラ　**イ**．チューリップ　**ウ**．ウメ　**エ**．オリーブ
Ｃ：**ア**．マグロ　**イ**．ハマチ　**ウ**．ふぐ　**エ**．あゆ

問３　都道府県ごとの生産額や人口などを比べることで，地域の産業・人口の特徴《とくちょう》を知ることができます。このことについて，次の各問いに答えなさい。

⑴　次の図は，各都道府県の農業産出額のうち，もっとも金額が高い部門を示したものです。図中の**ア～エ**には，それぞれ「米」「果実」「畜産」「野菜」のいずれかがあてはまります。「畜産」と「野菜」にあてはまるものを，**ア～エ**からそれぞれ１つずつ選び，記号で答えなさい。

（2020年）

（矢野恒太記念会『データでみる県勢2023』より作成）

⑵　次のグラフは，日本の県ごとの製造品出荷額等の割合（2019年）を示しています。グラフの**ア～エ**には，それぞれ「神奈川県」「静岡県」「三重県」「広島県」のいずれかがあてはまります。「三重県」と「広島県」にあてはまるものを，**ア～エ**からそれぞれ１つずつ選び，記号で答えなさい。

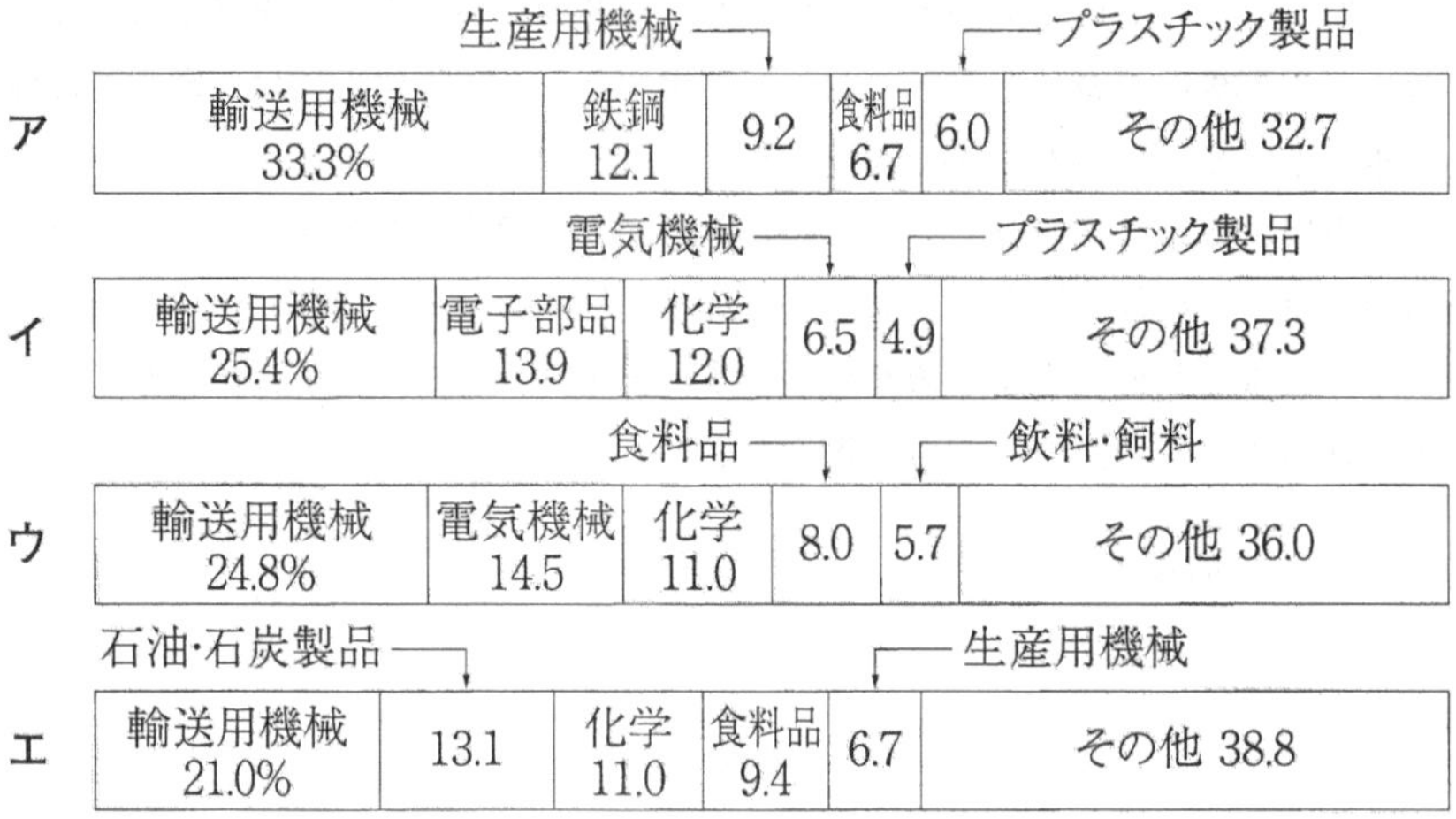

（矢野恒太記念会『データでみる県勢 2023』より作成）

⑶　次の図は，各都道府県の在留外国人のうち，もっとも人口が多い国籍《こくせき》を示したものです。図中の**ア～エ**には，それぞれ「韓国」「中国」「ブラジル」「ベトナム」のいずれかがあてはまります。「中国」と「ベトナム」にあてはまるものを，**ア～エ**からそれぞれ１つずつ選び，記号で答えなさい。

（2021 年末現在）

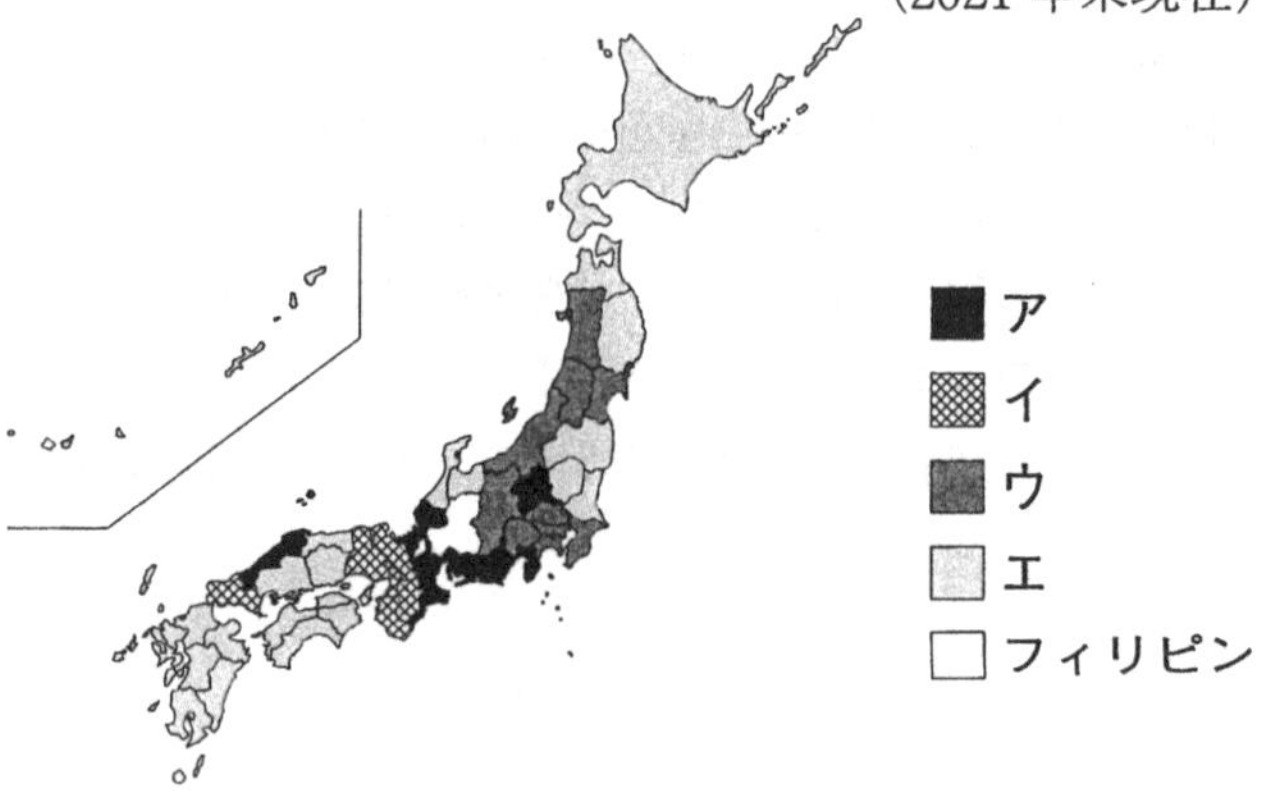

（矢野恒太記念会『データでみる県勢 2023』より作成）

問４　地域の特徴は，必ずしも都道府県ごとに明確なちがいが生じるわけではありません。例えば，自然環境《かんきょう》については，都道府県境とは関係なく少しずつ変化します。次のページのグラフは，距離《きょり》的に近い「八戸」「青森」「盛岡」「宮古」の雨温図です。**A～C**には，それぞれ「青森」「盛岡」「宮古」のいずれかがあてはまります。**A～C**と都市の組み合わせとして正しいものを，あとの**ア～カ**から１つ選び，記号で答えなさい。

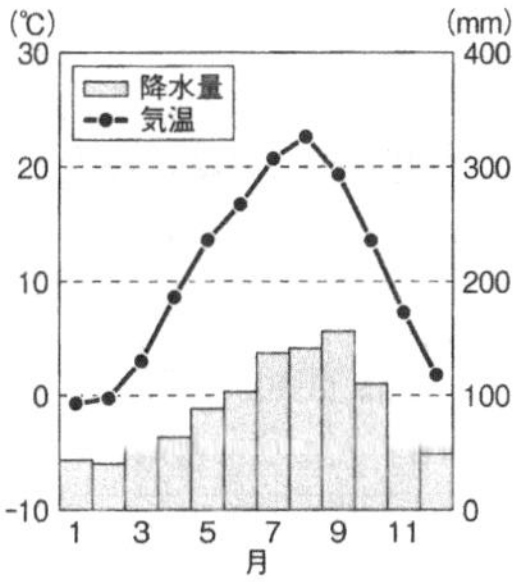

八戸

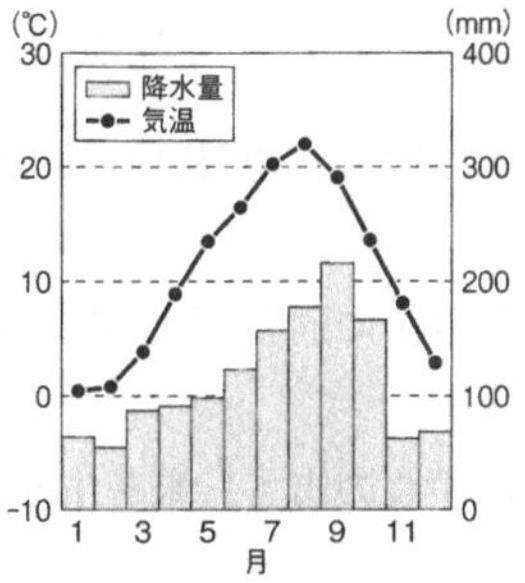

A

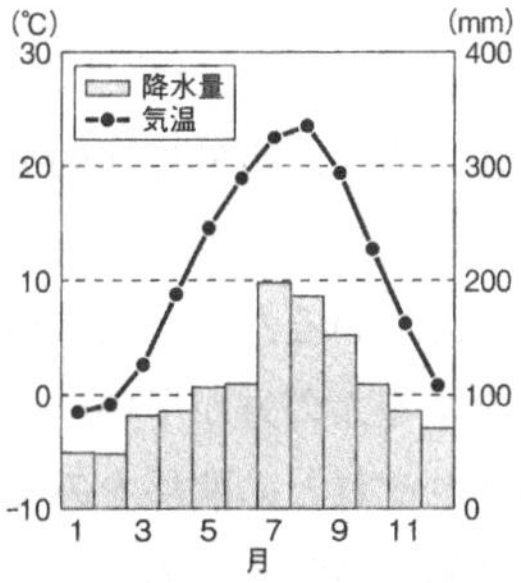

B

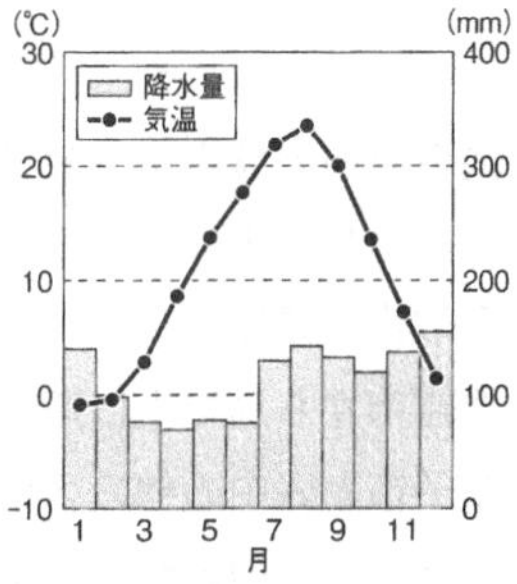

C

（国立天文台『理科年表 2023』および
気象庁ウェブページ（2023 年 9 月 1 日閲覧）より作成）

ア．A－青森　　B－盛岡　　C－宮古
イ．A－青森　　B－宮古　　C－盛岡
ウ．A－盛岡　　B－青森　　C－宮古
エ．A－盛岡　　B－宮古　　C－青森
オ．A－宮古　　B－青森　　C－盛岡
カ．A－宮古　　B－盛岡　　C－青森

問５　自然環境だけでなく人々の活動についても，必ずしも都道府県ごとにまとまっているわけではありません。次の図と次のページの表は，鳥取県と島根県の４つの市における，住んでいる市と通勤・通学する市の関係を示したものです。図や表から読み取れることや考えられることとしてもっともふさわしいものを，あとの**ア～エ**から１つ選び，記号で答えなさい。

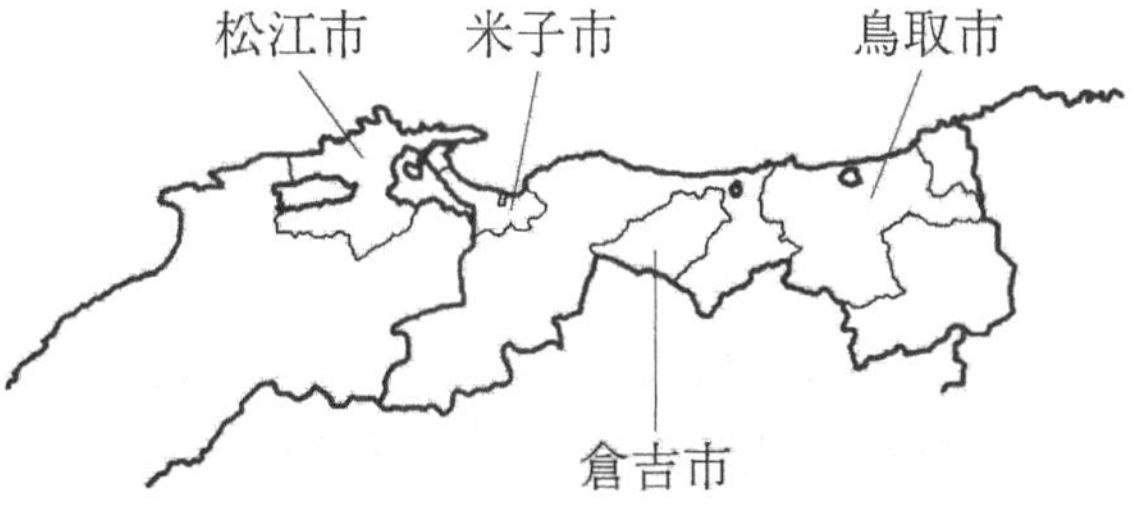

（人）

		通勤・通学先のある市			
		鳥取市	倉吉市	米子市	松江市
住んでいる市	鳥取市	101 648	1 330	244	81
	倉吉市	823	22 074	361	34
	米子市	271	415	68 579	1 953
	松江市	57	37	1 578	106 926

（2020 年 10 月 1 日現在）

（「令和 2 年国勢調査」（総務省）（2023 年 9 月 1 日閲覧）より作成）

ア．鳥取県内の倉吉市や米子市に住む人は，市外に通勤・通学する場合，鳥取県の県庁所在都市である鳥取市に向かう傾向《けいこう》が強い。

イ．鳥取市は県庁所在都市として栄えているため，鳥取市から倉吉市に通勤・通学する人よりも，倉吉市から鳥取市に通勤・通学する人の方が多い。

ウ．米子市と表中の他の３つの市それぞれとの関係をみると，いずれの市も，米子市から通勤・通学する人の方が，米子市に通勤・通学する人より多い。

エ．松江市に通勤・通学する人は，表中の鳥取県の３市のうち，松江市との距離が遠い市ほど人数が少なくなっていることがわかる。

問６　都道府県に近い権限をもつ自治体として政令指定都市がありますが，地域における役割などは，それぞれの都市によって異なります。次のグラフは，ある政令指定都市の人口増減率（2021年）と昼夜間人口比率※（2020年10月１日現在）を示したものです。グラフ中の**ア〜エ**には，それぞれ「新潟市」「さいたま市」「京都市」「福岡市」のいずれかがあてはまります。「京都市」と「福岡市」にあてはまるものを，**ア〜エ**からそれぞれ１つずつ選び，記号で答えなさい。

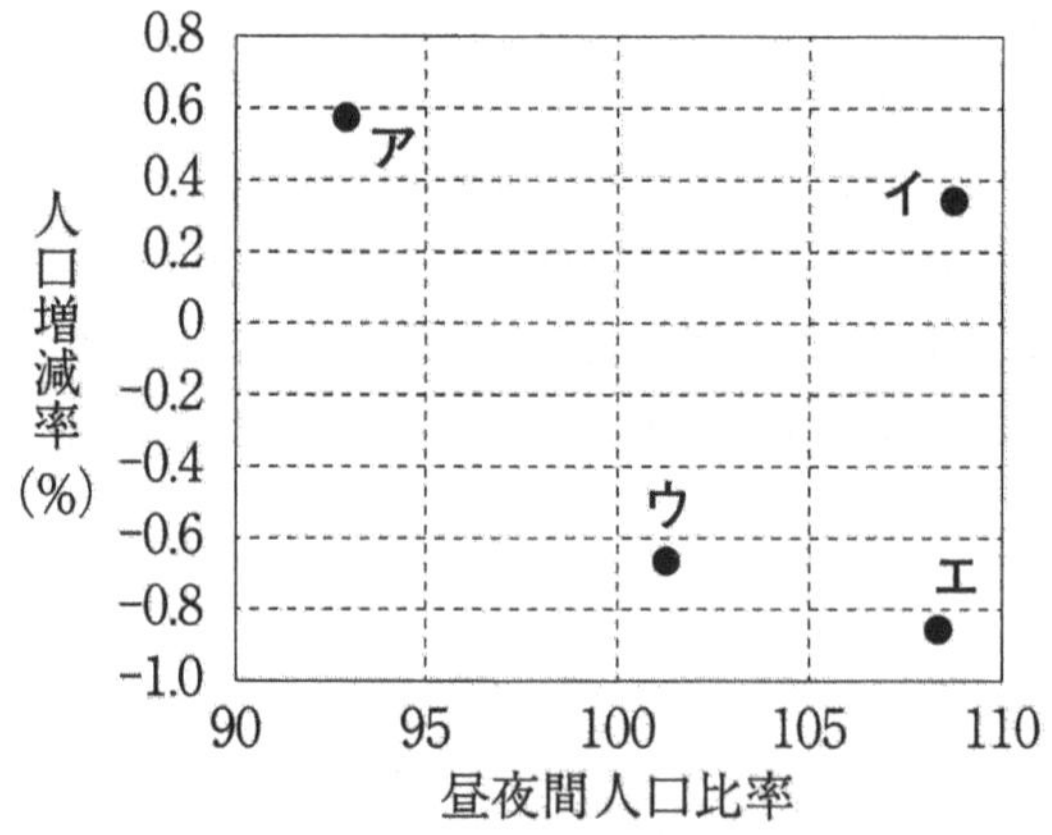

※夜間人口 100 人あたりの昼間人口の比率。

（矢野恒太記念会『データでみる県勢 2023』および「令和２年国勢調査」（総務省）（2023 年９月１日閲覧）より作成）

問７　各都道府県・都市で体験できるエンターテインメントにもちがいがあります。次の**あ〜う**の図は，それぞれあるアーティストが2023年におこなった音楽ライブの全国ツアー※1の開催《かいさい》地を示したものです。また，あとの表中の**A～C**は，それぞれおこなわれた音楽ライブや会場に関する説明です。**あ～う**と**A～C**の組み合わせとして正しいものを，あとの**ア～カ**から１つ選び，記号で答えなさい。

※１…おおむね同じ構成のライブを全国各地でおこなうこと。

あ　　　**い**　　　**う**

	音楽ライブや会場に関する説明
A	音楽ユニットによるアリーナツアー。アリーナは、スポーツ競技やイベントをおこなう大型施設で、１万人～２万人程度入ることができる。
B	アイドルグループによるドームツアー。ドーム型の野球場でおこなうもので、３万人～４万人程度入ることができる。
C	シンガーソングライターによるライブハウスをまわる弾《ひ》き語《がた》り※2ツアー。ライブハウスとは、会場によって差があるが、おおむね200人～3000人程度入ることができる小型のホールのこと。

※２…一人で歌唱や演奏をおこなうこと。

ア．あ－A　い－B　う－C　　**イ．あ－A　い－C　う－B**
ウ．あ－B　い－A　う－C　　**エ．あ－B　い－C　う－A**
オ．あ－C　い－A　う－B　　**カ．あ－C　い－B　う－A**

問８　都道府県は，生活において欠かせない枠組《わくぐ》みになっています。都道府県と日本の人口に関する次の文章を読み，あとの各問いに答えなさい。

都道府県による区分は日常生活において広く浸透《しんとう》しています。例えば，全国高等学校野球選手権大会（通称《つうしょう》　夏の高校野球）では，基本的に各都道府県で１校（北海道と東京都は２校）が代表として選ばれています。また，参議院議員選挙では，選挙区は基本的に都道府県単位（2023年現在，鳥取県と島根県，徳島県と高知県が合区）になっています。

このような都道府県単位の枠組みは，都道府県への愛着やまとまりをもたらす一方で，都道府県の間に存在するさまざまなちがいから，デメリットをもたらすこともあります。高校野球の例であれば， A ことが考えられます。また，参議院議員選挙の例であれば，一票の格差の是《ぜ》正《せい》に限界が生じています。このようなデメリットは日本の人口減少が進む中で目立つようになってきています。そのため，現在の都道府県の枠組み自体を変えようとする議論もあります。人口減少が進む日本社会において，どのように対応していくかは重要な問題となっています。

⑴　文章中の空欄 A にあてはまる内容を考えて，解答欄にあうように答えなさい。

⑵　文章中の下線部について，次の表は，日本全体と，いくつかの都県の将来の人口の移り変わりの推計値を示したものです。都道府県の枠組みについて，将来的にどのような課題が生じると考えられますか。この表から読み取れる内容をふまえて説明しなさい。

（千人）

	2025年	2030年	2035年	2040年	2045年
全国	122 544	119 125	115 216	110 919	106 421
東京都	13 846	13 883	13 852	13 759	13 607
愛知県	7 456	7 359	7 228	7 071	6 899
高知県	653	614	576	536	498
宮崎県	1 023	977	928	877	825

（「日本の地域別将来推計人口（平成30（2018）年推計）」（国立社会保障・人口問題研究所）（2023年9月1日閲覧）より作成）

問９　次のページの地形図を見て，あとの各問いに答えなさい。

⑴　地形図中のⅠ－Ⅱ間の断面図としてもっともふさわしいものを，次のア～エから１つ選び，記号で答えなさい。

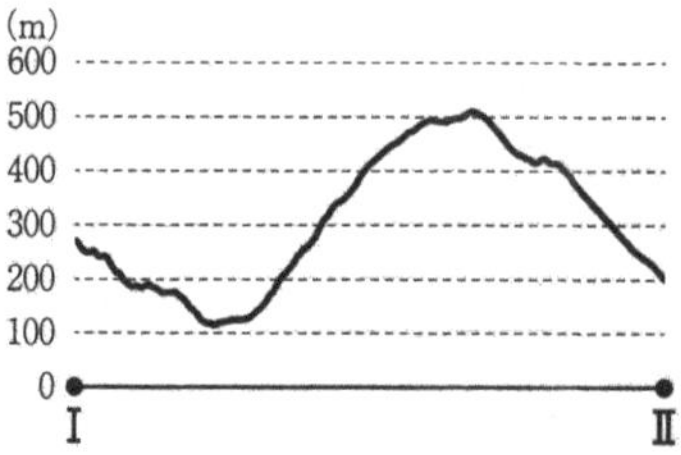

ア

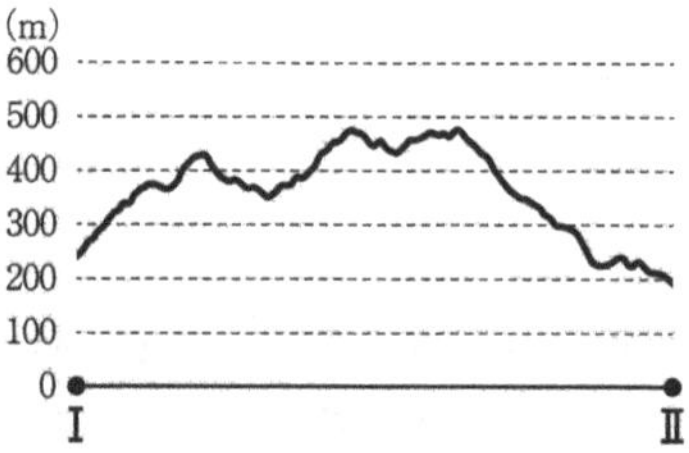

イ

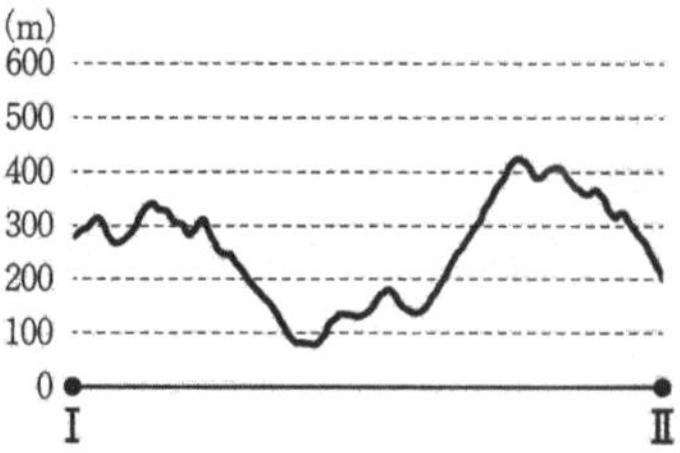

ウ

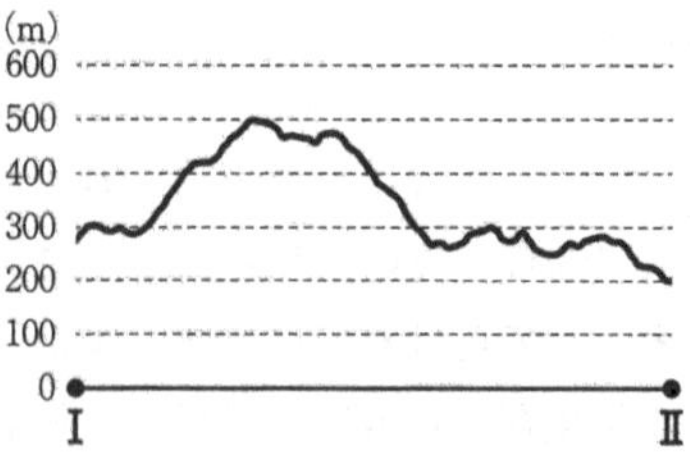

エ

（断面図は、国土地理院「地理院地図」を利用して作成）

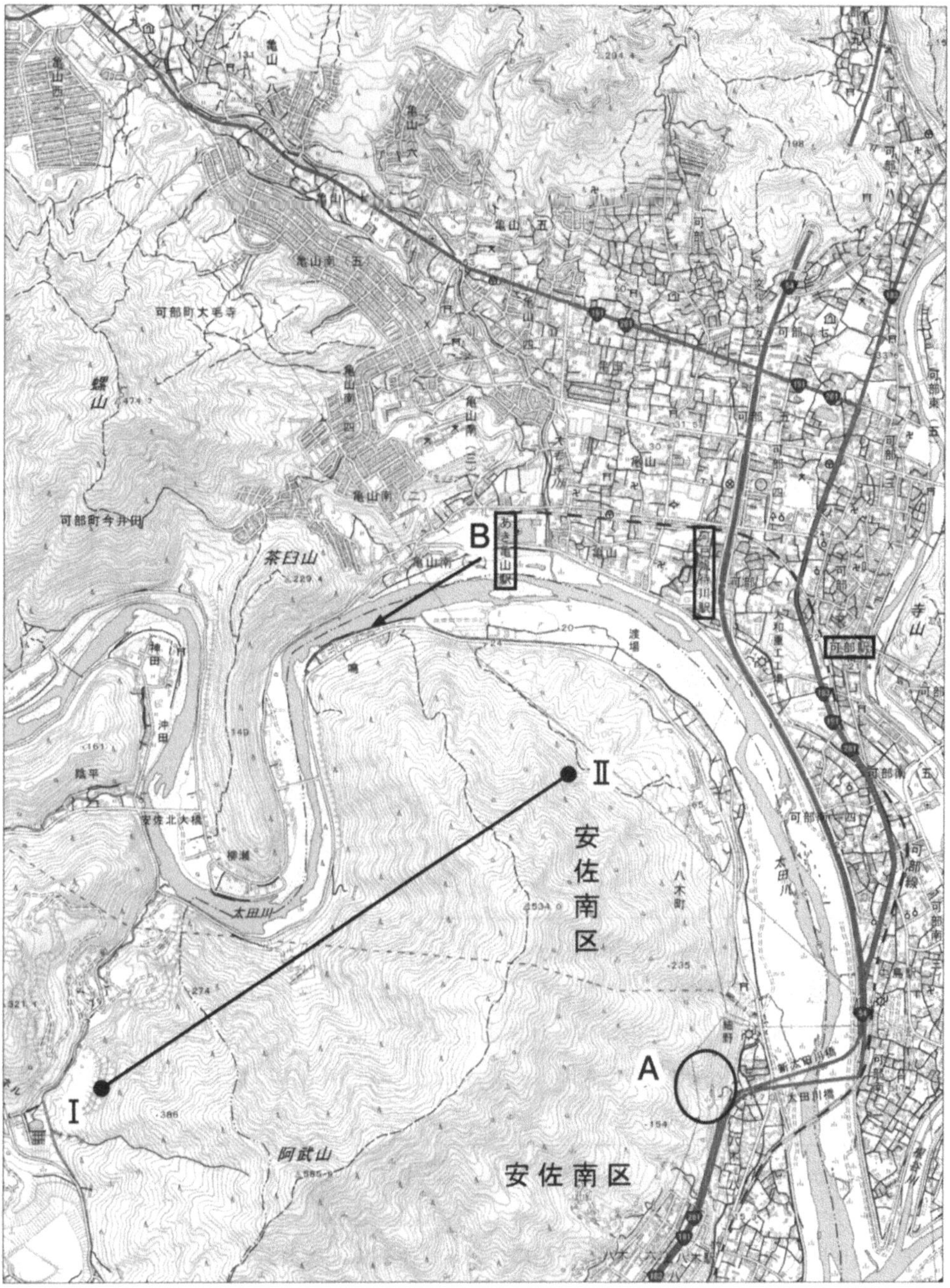

（国土地理院「地理院地図」より作成）

⑵　地形図中のＡの場所には，次のページの写真のような設備と同様のものがみられます。この設備の役割についての説明としてもっともふさわしいものを，次の**ア**～**エ**から１つ選び，記号で答えなさい。

ア．河川の流量が増えることを防ぐ役割。

イ．動物が集落におりてくることを防ぐ役割。

ウ．一度に大量の土砂が流れることを防ぐ役割。

エ．津波がさかのぼることを防ぐ役割。

⑶　次の写真は，地形図中の**B**の場所から矢印の方向を向いて撮影《さつえい》したものです。この写真に関するあとの文章について，文章中の空欄［あ］・［い］にあてはまる語句を，それぞれ**漢字**で答えなさい。

　写真をみると，太田川が作る谷が続いている様子が読み取れます。この地形は，河川の流れが急な日本ではよくみられるものです。このような河川では，河川が流れた先の河口付近で［あ］という地形が作られます。［あ］上は，平野が広がるため都市ができやすく，この写真の河川である太田川の場合も，［あ］の地形上には県庁所在都市である［い］市の中心部があります。

⑷　地形図から読み取れることや考えられることとして，もっともふさわしいものを，次の**ア**～**エ**から１つ選び，記号で答えなさい。

ア．地形図の東部を走る鉄道の線路沿いには老人ホームが複数あり，家族が訪れやすい場所に立地していると考えられる。

イ．「あき亀山駅」の北西側の山間部には古くからの集落がまばらに存在するだけになっており，鉄道の廃線が議論されていると考えられる。

ウ．「河戸帆待川駅」周辺から「可部駅」の北部にかけては，税務署や裁判所，警察署があり，この地域の中心部になっていると考えられる。

エ．「あき亀山駅」の東を南北に流れる大毛寺川沿いには畑が点在しており，河川から水が得やすいためだと考えられる。

2 次の各問いに答えなさい。

問１　縄文時代に関する文としてもっともふさわしいものを，次の**ア～エ**から１つ選び，記号で答えなさい。

ア．縄文時代の代表的な遺跡として，三内丸山遺跡や登呂遺跡がある。

イ．動物の骨や角でつくられた骨角器や，鉄器や青銅器などの金属器が用いられた。

ウ．石包丁やおのなどの打製石器が，石をみがいてつくられた。

エ．縄文時代の代表的な貝塚として，アメリカ人のモースによって発掘《はっくつ》された大森貝塚がある。

問２　平安時代に関する文として正しいものを，次の**ア～エ**から１つ選び，記号で答えなさい。

ア．桓武天皇は地方の政治をひきしめるために，中央の貴族を郡司として派遣《はけん》した。

イ．藤原氏は朝廷の重要な役職を独占《どくせん》して，道長とその弟の頼通のころにもっとも栄えた。

ウ．世の中に不安が広がり，阿弥陀仏を信仰《しんこう》する浄土教が広まった。

エ．唐の船がたびたび日本に来るようになると，阿倍仲麻呂の意見によって，遣唐使が停止された。

問３　平安時代におこった次の**ア～オ**のできごとを，年代の古い順にならべたとき，**２番目**と**４番目**にくるものを，それぞれ記号で答えなさい。

ア．白河上皇が院政を始めた。　**イ**．保元の乱がおこった。

ウ．藤原良房が摂政となった。　**エ**．平清盛が太政大臣となった。

オ．平将門の乱がおこった。

問４　鎌倉時代に関する文として正しいものを，次の**ア～エ**から１つ選び，記号で答えなさい。

ア．源頼朝は征夷大将軍に任命された後，全国に守護と地頭を置くことを朝廷に認めさせた。

イ．源氏の将軍が絶えると，北条氏は将軍をたすける管領として幕府の政治を動かした。

ウ．承久の乱の後，幕府は鎌倉に六波羅探題を置いて，朝廷の監視や西国の御家人の取りしまりにあたらせた。

エ．鎌倉の周囲につくられた切通《きりどお》しと鎌倉街道によって，鎌倉と地方とが結ばれた。

問５　室町時代の産業に関する文としてもっともふさわしいものを，次の**ア～エ**から１つ選び，記号で答えなさい。

ア．京都の西陣織など，各地で特産品がつくられた。

イ．京都では，土倉や問丸が高い利子で庶民《しょみん》に金を貸した。

ウ．鎌倉時代に西日本に広まった米と綿の二毛作が，全国に広まった。

エ．博多や堺などの門前町がつくられ，定期市が開かれた。

問６　安土桃山時代におこった次の**ア～オ**のできごとを，年代の古い順にならべたとき，**２番目**と**４番目**にくるものを，それぞれ記号で答えなさい。

ア．豊臣秀吉によって刀狩令が出された。

イ．長篠の戦いがおこった。

ウ．本能寺の変がおこった。

エ．文禄の役がおこった。

オ．北条氏の本拠地《ほんきょち》である小田原城が攻《せ》め落とされた。

問７　松平定信がおこなった政策として正しいものを，次のページの**ア～エ**から１つ選び，記号で答えなさい。

ア．大名に対して，米を納めさせる代わりに参勤交代をゆるめた。

イ．物価を引き下げるために，株仲間を解散させた。

ウ．ききんに備えて，村で米をたくわえさせた。

エ．公事方御定書をつくり，裁判の公正をはかった。

問８　江戸時代に関する文として正しいものを，次の**ア～エ**から１つ選び，記号で答えなさい。

ア．水野忠邦は，アヘン戦争がおこった後に，異国船打払令をゆるめた。

イ．大老の井伊直弼は，日米和親条約を結んで下田と函館（箱館）を開港した。

ウ．徳川慶喜は，王政復古の大号令を発表して，政権を朝廷に返した。

エ．鹿児島城下の生麦で，薩摩藩士がイギリス人を殺傷する事件がおこった。

問９　次の**ア～エ**がおこった場所を**東から順**にならべたとき，**２番目**と**４番目**にくるものを，それぞれ記号で答えなさい。

ア．アメリカのペリーが1853年に来航し，幕府に開国を求めた。

イ．戊辰戦争のはじまりとなる戦いがおこった。

ウ．ロシアのラクスマンが来航し，日本に対して通商を求めた。

エ．イギリス・フランス・オランダ・アメリカの艦隊《かんたい》が砲台《ほうだい》を占領した。

問10　明治時代におこった次の**ア～オ**のできごとを，年代の古い順にならべたとき，**２番目**と**４番目**にくるものを，それぞれ記号で答えなさい。

ア．第１回帝国議会が開かれた。

イ．日英同盟がはじめて成立した。

ウ．岩倉使節団が派遣された。

エ．板垣退助らが，民選（撰）議院設立建白書を政府に提出した。

オ．陸奥宗光が，領事裁判権の廃止に成功した。

問11　郵便制度を整えたことで「日本近代郵便の父」と呼ばれ，現在でも１円切手の肖像《しょうぞう》に採用されている人物の氏名を**漢字**で答えなさい。

問12　大正時代におこった次の**ア～オ**のできごとを，年代の古い順にならべたとき，**２番目**と**４番目**にくるものを，それぞれ記号で答えなさい。

ア．原敬内閣が成立した。

イ．尾崎行雄や犬養毅らにより，最初の護憲運動がおこった。

ウ．関東大震災がおこった。

エ．富山県の漁村から米騒動がおこった。

オ．中国に二十一か条の要求を出した。

問13　昭和時代におこった次の**ア～オ**のできごとを，年代の古い順にならべたとき，**２番目**と**４番目**にくるものを，それぞれ記号で答えなさい。

ア．日ソ共同宣言が出された。　　**イ**．沖縄が日本に返還《へんかん》された。

ウ．日本国憲法が施行された。　　**エ**．二・二六事件がおこった。

オ．日独伊三国同盟が成立した。

問14　日露戦争では，日本とロシアの両国ともに戦争を続けることが難しくなったため，1905年に講和条約が結ばれました。戦争を続けることが難しくなった理由を，日本とロシアのそれぞれの立場から，解答欄にあうように説明しなさい。

3 次の各問いに答えなさい。

問１　日本国憲法について，次の各問いに答えなさい。

⑴　次の日本国憲法の条文中の空欄にあてはまる語句を，**漢字**で答えなさい。

日本国憲法第40条

> 何人も，抑留《よくりゅう》又《また》は拘禁《こうきん》された後，（　　　）の裁判を受けたときは，法律の定めるところにより，国にその補償《ほしょう》を求めることができる。

⑵　日本国憲法が定める社会権にあてはまるものを，次の**ア～エ**から１つ選び，記号で答えなさい。

ア．国や地方公共団体の情報を求める権利

イ．奴隷的拘束《どれいてきこうそく》を受けず，苦役に服させられない権利

ウ．公務員を罷免《ひめん》する権利

エ．教育を受ける権利

問２　日本の国の財政や税制についての説明として正しいものを，次の**ア～エ**から１つ選び，記号で答えなさい。

ア．公債《こうさい》金は，国債を発行して借り入れたお金であり，国の歳入《さいにゅう》に含《ふく》まれる。

イ．消費税はその性質から，収入の少ない人ほど，収入に占《し》める税の割合が小さくなる。

ウ．所得税は直接税であるが，法人税は間接税である。

エ．近年の国の歳出では，国債費がもっとも大きな割合を占めている。

問３　次の**あ～う**は，基本的人権に関する文です。文と，その文と関連のある基本的人権の分類の組み合わせとしてもっともふさわしいものを，あとの**ア～カ**から１つ選び，記号で答えなさい。

あ．労働者は，使用者と対等の立場で給与面などの交渉《こうしょう》ができる。

い．1985年に，男女雇用機会均等法が制定された。

う．公害の被害にあった人が，国や都道府県に対して訴えをおこした。

ア．**あ**－平等権　　**い**－社会権　　**う**－請求権

イ．**あ**－平等権　　**い**－請求権　　**う**－社会権

ウ．**あ**－社会権　　**い**－平等権　　**う**－請求権

エ．**あ**－社会権　　**い**－請求権　　**う**－平等権

オ．**あ**－請求権　　**い**－平等権　　**う**－社会権

カ．**あ**－請求権　　**い**－社会権　　**う**－平等権

問４　日本の被《ひ》選挙権についての説明として正しいものを，次の**ア～エ**から１つ選び，記号で答えなさい。

ア．市町村長の被選挙権は，満30歳以上の男女のみに与《あた》えられる。

イ．都道府県知事の被選挙権は，満35歳以上の男女のみに与えられる。

ウ．衆議院議員の被選挙権は，満30歳以上の男女のみに与えられる。

エ．参議院議員の被選挙権は，満30歳以上の男女のみに与えられる。

問５　日本の国会についての説明として正しいものを，次の**ア～エ**から１つ選び，記号で答えなさい。

ア．国会は，最高裁判所長官を指名する。

イ．予算の審議は，必ず衆議院からおこなわれる。

ウ．緊急集会は，参議院議員の３年ごとの改選時に，衆議院議員を召集しておこなわれる。

エ．臨時会（臨時国会）は，次の年度の予算について話し合うために召集される。

問６　日本の裁判所についての説明としてもっともふさわしいものを，次の**ア**～**エ**から１つ選び，記号で答えなさい。

ア．最高裁判所だけが，法律や政令などが憲法に違反《いはん》していないかを判断する権限をもつ。

イ．最高裁判所は，裁判官の弾劾《だんがい》裁判をおこなう権限をもつ。

ウ．最高裁判所は，上告された刑事裁判について最終的な判断を下す終審裁判所である。

エ．最高裁判所の裁判官は，参議院議員選挙のときにおこなわれる国民審査によって，適正であるか審査される。

問７　次の**あ**・**い**は，日本銀行についての説明です。説明が正しい場合は「正しい」，誤っている場合は「誤り」としたときの組み合わせとして正しいものを，あとの**ア**～**エ**から１つ選び，記号で答えなさい。

あ．景気対策として，一般《いっぱん》的に，好景気のときは一般の銀行にお金を貸し出す時の利率を引き下げる。

い．個人や一般の企業とは取り引きをしない。

ア．**あ**－正しい　**い**－正しい　**イ**．**あ**－正しい　**い**－誤り

ウ．**あ**－誤り　**い**－正しい　**エ**．**あ**－誤り　**い**－誤り

次から一つ選び、記号で答えなさい。

ア　世世　イ　整整　ウ　正正　エ　生生　オ　清清

問六　――線部５「けれどきょうのクリームシチューの味は、いつもよりやけにあまく、そして温かく感じられた」とありますが、それはなぜですか。「高城」の心情をふまえて、四十字以上五十字以内でわかりやすく説明しなさい。

問七　――線部６「浅見との会話」とありますが、「高城」は以前幼なじみの「浅見」に、吹奏楽部についての悩《なや》みを相談したことがありました。その際にある助言を受けましたが、そのアドバイスの中身とはどのような内容であったと推測できますか。解答欄《かいとうらん》の「を伝えたほうがいいということ。」に続くように、その内容を二十字以上三十字以内で答えなさい。

問八　――線部７「新たな決意」とありますが、それはどのような思いを指しますか。五十字以上六十字以内で具体的に説明しなさい。

「これまでいいだせなかったけど、ほんとうはぼくも、もうちょっとしっかり練習をしたいなって思ってたんだ。いまのたのしいふんいきも好きなんだけど、もっとたくさん練習をして、いい演奏がしたいな、って。だから、ぼくはまだ、高城に部長を続けてほしいと思ってます」

　思いがけない三熊の言葉におれは驚いていた。まわりとぶつかるのは苦手だといっていたのに、反感を買うのがわかっていながら、おれを支持することを表明してくれるなんて。照れくさそうな顔でこちらを向いた三熊に、おれは心の中で感謝した。

　部員たちによる投票が始まった。数分後には部長でなくなっている可能性が高いのに、おれは不思議と落ちついていた。結果がどうなろうと、おれがすべきことは変わらない。

7新たな決意を胸に、おれは投票が終わるのを待った。

（「クリームシチュー」　如月《きさらぎ》かずさ『給食アンサンブル2』より）

問一 A ～ C に当てはまる最も適切な言葉を次から選び、それぞれ記号で答えなさい。ただし、記号は一度ずつしか使いません。

ア　おずおず　　イ　おろおろ　　ウ　いそいそ　　エ　じりじり

オ　はればれ

問二 ――線部1「虚をつかれたような」の意味として最も適切なものを次から選び、記号で答えなさい。

ア　だまされていたことにはたと気づかされて身がまえる様子。

イ　備えのないところを不意に攻《せ》められて驚きうろたえる様子。

ウ　真偽《しんぎ》のわからないものにふと出くわして疑いを深める様子。

エ　思ったとおりの事態がちょうど訪《おとず》れて気が張りつめる様子。

オ　相手に先に出しぬかれてしまってすっかり気落ちする様子。

問三 ――線部2「おれは失望が顔に表れないように努めた」とありますが、ここでの「高城」を説明したものとして最も適切なものを次から選び、記号で答えなさい。

ア　信任投票は先生からではなくどうせ牧田の差し金だろうと察して先生への不信を募《つの》らせたが、先生の真意を測りかねるところもあって、事態を冷静に受け止めて考えてみようとしている。

イ　今回の混乱を招いた責任は部長にあると決めつけて自分を非難してくる先生の態度には腹も立ったが、ここで先生を責めても仕方がないと思ったので、その心中を悟《さと》られまいとしている。

ウ　自分が部長でなくたってかまわないと先生が考えていることが分かって非常に心外であったが、それを気にする弱い自分を見せたくはなくて、あえて強気に振《ふ》る舞《ま》うようにしている。

エ　自分はもう部長を続けることはできないだろうとこの先のことを考えて落胆《らくたん》をしたが、まだ望みが絶たれたわけではないと自分に言い聞かせて、気持ちを入れ直そうとしている。

オ　理想を追い求めるより問題の解決のために妥協《だきょう》で済ませようとする先生の態度には釈然《しゃくぜん》としないものを感じたが、ここで先生を味方に引き入れようとして、冷静を装《よそお》うようにしている。

問四 ――線部3「翌朝、おれはトランペットを持たずに登校した」という表現は、「高城」の退部する意志をうかがわせますが、ここより前の本文中に、退部することが前提とされて表現されている一文があります。その一文を□で囲まれた部分から探し、初めの五字をぬき出しなさい。

問五 ――線部4「せいせい」を漢字に直したものとして適切なものを

教室にもどると、おれの席にはすでに給食が運んであった。量が減ったのはおれのせいだから、責任を取ってクリームシチューは遠慮《えんりょ》するつもりだったのに、その器もしっかりトレイに載《の》っていた。器に入っているクリームシチューの量は、普段《ふだん》の半分もなかった。

食事が始まったあと、おれはそのクリームシチューを食べながら、小学校時代のことを思いだしていた。いやがらせでほんのわずかしかよそってもらえなかったクリームシチューは、怒りで味がわからなかった。5けれどきょうのクリームシチューの味は、いつもよりやけにあまく、そして温かく感じられた。

給食の器から顔を上げると、となりの班の三熊と目が合った。すこしずつ、変えていこうよ。三熊の声が頭の中で響《ひび》いた。

おそらくおれが部長を続けることはできないだろう。それでも三熊と協力して、すこしずつ頑張ってみよう。あのときおれが感動したような素晴《すば》らしい演奏を、吹奏楽部のみんなといっしょにできるように。

はにかむ三熊にぎこちなく笑《え》みをかえして、おれは残りわずかなクリームシチューを大切に味わった。

放課後の音楽室には、ひさしぶりに吹奏楽部の部員が全員そろっていた。牧田たちもきているのは、吉野先生が提案した部長の信任投票がこれから行われるからだ。

「それじゃあ、いま配ったメモ用紙に、高城が部長を続けてもいいなら○を、そうじゃないなら×を書いてこの箱に入れてください。なまえは書かなくていいから。高城はなにかつけくわえたいことある？」

三熊に尋ねられて、首を横に振ろうとしたところで、おれは6浅見《あさみ》との会話を思いだした。もしも無駄《むだ》だったら、あとで文句のひとつもいってやろう。おれはそう決めると、思いきって口を開いた。

「おれは、小六のときに聴《き》いた高校の吹奏楽部のコンサートがきっかけで、吹奏楽をやりたいと思うようになった。そのとき聴いた演奏はほんとうに素晴らしくて、心の底から感動して、おれも中学に入ったら、吹奏楽部でこんな演奏がしたいって、ずっとそう考えていた」

いきなり話しはじめたおれに、部員たちはぽかんとしていた。こんなことを明かしても、やっぱり意味なんてないんじゃないか。そう疑いながらも、おれはさらに話を続けた。

「だけど、うちの吹奏楽部は練習熱心じゃなくて、去年のアンサンブルコンテストでも夏のコンクールでも、満足な演奏ができなくてくやしかった。だからなんとかしてみんなの意識を変えて、もっと真剣《しんけん》に練習に取り組めるように、この部を改革したかったんだ。そのせいでなごやかだった部活の空気を壊してしまって、迷惑《めいわく》をかけてすまなかった」

これまでおれは、部内に味方はひとりもいないと思っていた。けれど三熊は、おれとおなじ思いを抱《いだ》いてくれていた。もしほかにもそういうやつがいるのなら、そいつにはおれがどうして改革を進めようとしたのか、その理由をわかってもらいたかった。

話を終えたとき、部員の大半はまだ戸惑《とまど》ったままだった。おれが恥ずかしくなって顔を背《そむ》けると、三熊のうれしそうな声が聞こえた。

「そんな話、初耳だよ。もっと早く教えてくれたらよかったのに」

三熊のほうを見ないまま、おれは「すまん」と短くこたえた。すると三熊が「ぼくもちょっといいかな」と部員たちに向かって手を挙げて、緊張《きんちょう》気味に話しだした。

教室から顔を出してこちらの様子をうかがっていた大久保が、「わかった！」とこたえて保温食缶を取りにきた。大久保はおれをはげますように笑いかけて、保温食缶を運んでいく。

　おれが手を止めているあいだも、三熊はせっせと掃除を続けていた。そんな三熊の姿をながめているうちに、おれは無意識につぶやいていた。

「……どうしておれは、おまえみたいになれないんだろうな」

　三熊が驚いた顔でこっちを見た。おれも思いがけない自分の言葉にうろたえていた。

　けれどその言葉は、嘘偽《うそいつわ》りのないおれの本心なのかもしれない。おれが三熊のように親切でやさしく、協調性のある人間だったら、いまみたいに部長の責務を放りだして、吹奏楽部を去るようなことにはなっていなかった。きっと理想的な部長として仲間たちに慕《した》われ、目標に向かっていっしょに頑張ることができていた。

　木管パートの練習風景を見て、妙《みょう》に胸がざわついたのは、三熊のことがうらやましかったせいなのかもしれない。三熊のようにはなれないことがくやしかったのかもしれない。

　ひそかにうらやんでいたことが恥《は》ずかしくて、おれが廊下を見つめたままでいると、三熊が静かに口を開いた。

「ぼくだって、高城みたいにはなれないよ。ぼくには実力も、みんなを引っ張っていく力もないしさ。それに高城みたいに強くもないから、だれかとぶつかったりするのは苦手なんだ。だから高城の味方をしたくても、みんなに反発されるってわかってると、なかなか勇気が出せなくて、そのせいで高城につらい思いをさせちゃってごめん」

「おれの味方なんて無理にすることないだろ。おまえはおれの方針に反対なんだから」

　視線をそらしてこたえると、すぐに三熊が「そうじゃないよ！」といいかえしてきた。

「たしかに、高城はいっきに部の改革を進めようとするから、それには反対したけど、ぼくも吹奏楽部の空気を変えて、もうちょっと真面目に練習がしたいとは思ってたんだ。夏のコンクールの結果もくやしかったし、単純にもっといい演奏ができるようになりたいから。ほかのみんなの反応が心配で、高城に協力するどころか、邪魔ばっかりしちゃってたけど……」

「おまえが、おれとおなじ気持ちだったっていうのか？」

　耳を疑っているおれに、三能が [C] とうなずいてみせた。そしてまっすぐおれを見つめて言葉を続ける。

「すこしずつ、変えていこうよ。すぐには無理だと思うけど、これからはぼくもちゃんと協力するから」

　三熊の眼差しから、強い意志が伝わってくるのを感じた。今朝、小宮山に言葉をかけられたときのように、鼻で笑うことはできなかった。目頭《めがしら》が急に熱くなって、おれはゆがんだ顔を三熊に見られないようにうつむいた。

　三熊が「これでもう平気かな」といって立ちあがった。途中からほとんど三熊ひとりに掃除をさせてしまっていた。三熊のあとについて教室にもどる途中、おれはその大きな背中に、「三熊」と声をかけた。

「悪かった。ありがとう」

　三熊が目を丸くして振りかえり、おおらかな笑顔を見せた。

ういう態度ってないと思う！」と怒《おこ》った声が投げつけられた。声の主は大久保とおなじ打楽器パートの小宮山《こみやま》だった。いつもおとなしいやつだから、そんな声も出せるのかとすこし驚《おどろ》いた。

「大久保くんは、高城くんのことを心配してたんだから。それに、わたしも……」

おれはふん、と鼻で笑った。心配していたなんてどうせ口だけだ。信用できるわけがない。ほんとうはおれがいなくなって4せいせいしていたんじゃないのか？

大久保と小宮山はおれと話すのをあきらめて自分の席にもどった。まもなく三熊も教室に入ってきたが、おれが無視して教科書をにらんでいると、なにもいわずに自分の席に座《すわ》った。

午前の授業が終わり、おれは給食当番の仕事で給食を取りにいった。給食室で目についた保温食缶《しょっかん》を持ちあげ、大股で教室に帰る。

おれのいらだちは限界を越《こ》えそうになっていた。なんでもいいから思いきり殴《なぐ》りつけて壊《こわ》してしまいたい。そんな凶暴《きょうぼう》な衝動《しょうどう》をこらえながら保温食缶を運んでいると、となりのクラスの牧田の姿が目に入った。

牧田は給食の配膳《はいぜん》が始まるのを待ちながら、おなじ班のやつと笑顔で話していた。憎悪《ぞうお》をこめた眼差《まなざ》しで牧田をにらみつけながら、おれがとなりの教室の前を通りすぎた、そのときだった。廊下が急に滑《すべ》って、おれは前のめりに倒《たお》れてしまった。

廊下に落ちた保温食缶が耳障《みみざわ》りな音を立てた。落ちたはずみで蓋《ふた》がはずれ、中身のクリームシチューが大量に床《ゆか》に広がる。その惨状《さんじょう》を呆然《ぼうぜん》と見つめ、それから足もとに視線を移すと、だれかの落としたプリントがひらひらと揺《ゆ》れていた。

「くそっ！」

おれは悪態をついて保温食缶を殴りつけた。殴った拳《こぶし》がひどく痛んで顔をしかめる。けれど怒りはまったくおさまらなかった。もっと何度も殴りつけてやりたかった。

雑巾《ぞうきん》を手に駆《か》けつけたクラスメイトに、おれは「触《さわ》るな！」と声を荒《あら》げた。そしておびえて動きを止めた相手から雑巾を奪《うば》い取り、押《お》し殺した声で告げる。

「おれのミスだ。おれひとりで片づける」

廊下にこぼれたクリームシチューを、おれは乱暴にぬぐいはじめた。手伝いに出てきた連中が、ひとりまたひとりと教室に帰っていった。

ほかのクラスの給食当番が、大きくおれのまわりを避《さ》けて通りすぎていった。廊下にはいつくばって掃除《そうじ》を続けていると、おれはひどくみじめな気分になった。くそ、どうしてこんなことになるんだ。どいつもこいつもどうしておれの邪魔ばかりするんだ。おれの邪魔をするな！

おれは再び「くそっ！」と怒鳴《どな》って、力いっぱい廊下をこすった。そのときふいに現れたべつの手が、こぼれたクリームシチューを雑巾でぬぐいだした。はっとして顔を上げると、そこにいたのは三熊だった。

「手を出すなっていってるだろ」

「出すよ。ひとりじゃ時間かかっちゃうでしょ。それに、吹奏楽部の仲間なんだからさ」

気まずそうな笑顔でそういわれて、おれは言葉をなくしてしまった。おれがぽかんとその顔を見つめていると、三熊が教室のほうを振《ふ》りかえっていった。

「慎吾《しんご》、この保温食缶、教室に持っていって配りはじめてくれる？」

かってくれている。味方でいてくれている。そう考えていたのは、どうやら間違《まちが》いだったようだ。

　この状況《じょうきょう》で信任投票を拒絶《きょぜつ》することはできないだろう。そうなればおれは確実に部長を辞めることになる。吹奏楽部を変えることはできなくなる。

　おれは廊下から音楽室の中を見わたした。おれと目が合った一年の部員が、おびえたように視線をそらした。

　もっと早いうちに見切りをつけるべきだったのかもしれない。ここにはおれの味方なんてひとりもいない。そんな場所でおれひとりがいくら頑張ったところで、あのときおれが感動したような演奏をできるようになるわけがない。どうしていままでそれに気づかなかったんだろう。

「失礼します」

　おれは吉野先生に会釈《えしゃく》をして音楽室の中にもどった。そして乱暴に荷物をまとめて帰ろうとすると、そこで三熊がおれのことを止めた。

「高城、どこに行くのさ」

「部長はおまえがやればいいだろう」

　三熊の顔を見ずにそれだけ言葉をしぼりだすと、おれは大股《おおまた》で音楽室を出た。吉野先生が慌《あわ》ててなにかいったのが聞こえたけど、返事をせずに立ち去った。

　おれのことを追いかけてくるやつはひとりとしていなかった。


　まっすぐ家に帰ると、部活はどうしたのかと母さんにきかれそうだったので、おれは川原で時間をつぶすことにした。部活のない日や休日によく自主練をしている場所だ。


　朽《く》ちかけたベンチにケースを置いて、トランペットを取りだした。このトランペットは学校の備品ではなく、担当楽器が決まってすぐに、親に頼《たの》みこんで買ってもらったものだ。

　マウスピースに唇《くちびる》をあて、息を吹《ふ》きこむ。澄《す》んだ音色が夕空に溶《と》けていく。公民館の文化祭で演奏するはずだった曲。悪くない演奏ができているのに、おれの心は次第《しだい》に冷えていった。

　途中《とちゅう》で吹くのをやめて、おれはトランペットを見おろした。いくら思いどおりの音を出せても、心が満たされることはない。おれは単にトランペットを上手に吹きたいわけじゃない。おれひとりが満足に吹けても、おれが小学校のときに感動したような演奏はできないんだ。

　再びトランペットをかまえかけてやめた。川原を吹きぬける風は、秋というより冬のように冷たかった。おれはトランペットをケースにしまうと、その後は授業の予習をして部活が終わる時間を待った。


　3翌朝、おれはトランペットを持たずに登校した。怒《いか》りといらだちはおさまるどころか、時間がたつにつれてますます強く激しくなっていた。

　教室につくとすぐに、大久保《おおくぼ》が話しかけてきた。

「部長、昨日は、あのさ……」

　おれはじろりと大久保の顔をにらみつけた。大久保がはっとしたように言葉を止める。

　その反応に満足してカバンの中身を机に移しはじめると、すぐに「そいます。それとは逆に、人間は一見利己的に見えて利他的な行動をすることがあります。そのような例をわかりやすく紹介しなさい。

四　次の文章は、如月《きさらぎ》かずさ「クリームシチュー」の一節です。主人公の「高城《たかぎ》」は中学校で吹奏楽部《すいそうがくぶ》に所属し、部長として部活動を引っ張っていこうとしますが、その強引《ごういん》なやり方が部員に受け入れられずかえって部の雰囲気《ふんいき》を悪くしてしまいます。特に対立する「牧田《まきた》」は、「高城が部長をやめない限り吹奏楽部には戻《もど》らない」と言い放って姿を見せなくなり、それに続いて他の部員も欠席が目立ちはじめ、練習もままならない状態が続いていました。本文はその続きの部分です。これを読んで、あとの問いに答えなさい。

中間テストが終わっても、牧田たちが部活にもどってくる気配はなかった。

公民館の文化祭はもう来週末に迫《せま》っている。練習開始前の音楽室で、おれが[A]していると、顧問《こもん》の吉野《よしの》先生がひさびさに部活に顔を見せた。ところが音楽室の中には入ってこようとはせずに、廊下《ろうか》からおれのことを手招きしてくる。

おれが廊下に出ると、吉野先生は声をひそめて話しかけてきた。

「練習前に邪魔《じゃま》しちゃってごめんね。三熊《みくま》くんに教えてもらったんだけど、金管パートの牧田さんと、それから一年生の子も何人か、最近ずっと部活に出てきてないんだって?」

思ったとおり牧田たちの話だった。すぐに解決するつもりだったから、吉野先生にはまだ報告はしていなかった。それなのに余計なことをと、おれは胸の中で三熊を非難した。

「それでね、わたし、牧田さんたちに話を聞いてみたんだけど……」

「牧田はまだ、おれが部長を辞《や》めないかぎり部活にはもどらないといってるんですか?」

長々その話をしたくなくて尋《たず》ねると、吉野先生は1虚《きょ》をつかれたような顔でぎこちなくうなずいた。しかしすぐに明るい表情になって続ける。

「けどね、そのことについて牧田さんたちとよく話しあってね、部長の信任投票をすることにしたらどうかって提案してみたの。そうしたら、牧田さんたちもその条件ならまた部活にきてもいいっていってくれてね」

「信任投票?」

要はおれが部長を続けていいか、部員による投票で決めようということだ。吉野先生は「名案でしょう?」とでもいいたげな顔をしている。

おれはその顔を冷ややかに見つめかえした。

「信任投票をして、おれが部長を続けられると思ってるんですか?」

吉野先生が「えっ?」とつぶやいて笑顔《えがお》を消した。そして[B]と言葉を取り繕《つくろ》う。

「わたしは、高城くんは吹奏楽部のために頑張《がんば》ってくれてるから、みんなも高城くんを支持してくれると信じてるけど、もし、もしもね、投票の結果が残念なことになっちゃったら、そのときは副部長の三熊くんとかに部長を譲《ゆず》るしかないんじゃないかな。だって牧田さんたちがもどってきてくれないと、金管パートは練習もできないんでしょう?」

2おれは失望が顔に表れないように努めた。吉野先生はおれのことをわ

ア　動物が警戒音《けいかいおん》を発生させるといった利他的行動は集団の生存率を上げるための行為ととらえることができるが、集団の生存率があがることはそのまま自己の生存率が上がることにもつながるため利己的行動ととらえることもできるから。

イ　人間の場合「情けは人の為《ため》ならず」ということわざがある通り、利他的行動をすることはめぐりめぐって自分のためになるものであるから、利他的行動と利己的行動と境界線を明確にすることは困難だということができるから。

ウ　先陣《せんじん》を切って危険な場所に行くことは一見すると集団のための利他的行動に見えるが、他者からの圧力を受けて無理矢理危険な場所に行かされているのであって、自分の意志とは関係のない利他的でも利己的でもない行為だから。

エ　動物にみられる自己犠牲《ぎせい》を利他的行動と解釈《かいしゃく》してしまうと戦時中における自己犠牲が正当化されることにつながり、新たに戦争が起こった場合、利他的行動としての自己犠牲が横行してしまい結果として集団の利益を損なうから。

オ　自分にとっては利己的行動であったとしてもその行動で救われる人がいる可能性があり、利他的行動をとったつもりでも誰《だれ》の役に立たない独りよがりの可能性もあり、他者が何を求めているかはその時々に変化するものだから。

問三　本文中の[A]・[B]に入る言葉を本文中からそれぞれ三字でぬき出しなさい。

問四　チドリとカバキコマチグモの共通点は何ですか。本文中から二十字で探し、初めの五字をぬき出しなさい。

問五　――線部３「仲間か仲間でないか」とありますが、動物にとってその違いはどのような点において重要なのですか。最も適切なものを次から選び、記号で答えなさい。

ア　他者は自分の遺伝子を残すという行為にかかわりを持たない存在だが、仲間は遺伝子を残す協力をしてくれる必要不可欠な存在であり、仲間の協力により遺伝子を残しやすいという点。

イ　他者は自分のなわばりを侵略《しんりゃく》し、子孫をさらってしまう存在だが、仲間はそれを防いでくれる存在で多ければ多いほどなわばりを守ることが容易になり、遺伝子を残しやすいという点。

ウ　他者とは血縁関係のないものであり、自分にとって害をなす存在だが、血縁関係のある仲間はお互《たが》いに利他的な行動をとる存在であり、協力関係により遺伝子を伝えやすいという点。

エ　他者は自分とは生活圏が離れており、共同体意識を持つことが難しい存在だが、仲間は同一の生活圏で過ごす存在のため共同体意識が高くなり、その結果遺伝子を残しやすいという点。

オ　他者は自分の仲間を奴隷にするなど、利己的行動をとる存在だが、仲間は対等な関係性を構築することによってお互いを助け合う存在で、複数で遺伝子保存を行うことで残しやすいという点。

問六　――線部４「これを逆手にとって利用するものもいます」とありますが、どういうことですか。五十字以上七十字以内で説明しなさい。

問七　サムライアリとヒトの共通点は何ですか。本文中から二十二字で探し、初めの五字をぬき出しなさい。

問八　本文中では動物の利他的に見えて利己的な行動の例が紹介されて

す。こうした状況《じょうきょう》では自分たちの卵は産まれず数を増やすことはできません。そのため成虫が死ぬとクロヤマアリの数は徐々《じょじょ》に減っていってしまいます。クロヤマアリの数がある程度以上減ってしまうと、しまいにはサムライアリの世話をするクロヤマアリの数が足りなくなってしまいます。

するとサムライアリはさらなる暴挙に打って出ます。なんと他のクロヤマアリの巣を集団で襲《おそ》い、蛹《さなぎ》をさらってしまうのです。略奪《りゃくだつ》されたクロヤマアリの蛹は成虫になると奴隷アリとなり、サムライアリの餌《えさ》を運んだり幼虫の世話をしたり、奴隷として働くようになります。そもそもサムライアリは口の構造から、目の前の食べ物を自分で食べることができません。サムライアリが生きるためには、別種の動物の世話を受けて食べさせてもらう必要があるのです。サムライアリの野蛮《やばん》に見える行為は、自身とその子孫が生き続けるために必要不可欠な行為なのです。

サムライアリの社会は野蛮と思われるかもしれません。しかし、文明を持っていたヒトの社会でも同様なことが行われてきました。ヒトの場合、仲間か仲間でないかはアリと同様、共同体に属しているか、そうでないかによって決まります。ヒトの社会でも古くから奴隷は存在し、戦いに負けて奴隷になったものや経済的要因で売られた奴隷は牛・馬と同じように扱《あつか》われてきました。奴隷は共同体に属していない「ヒト」という動物だからです。たとえば、ローマ時代には奴隷である剣闘士《けんとうし》が決闘《けっとう》する様子を、闘牛《とうぎゅう》を見るがごとくローマ市民は娯楽《ごらく》として楽しんでいました。また、ポンペイの遺跡《いせき》には、多くの女性奴隷が性的搾取《さくしゅ》をされた様子が残っています。

近代においても、産業革命後の西欧《せいおう》列強の植民地政策による大規模なプランテーションでは、多数のアフリカ人が奴隷としてアジアやアメリカ新大陸に連れてこられて過酷《かこく》な労働に従事させられました。宗教的な対立を原因としたイスラム国家による白人奴隷、あるいは逆のケースなど、ほとんどの民族や宗教間の戦いのなかで奴隷が発生していたのです。これらはいずれも仲間と認識しないものに対しては冷酷《れいこく》に搾取するという行為で、サムライアリと大差ありません。それでも、人間社会では技術的発展によって飢《う》えが少なくなり、文化が発達したことによって倫理観《りんりかん》が生まれ、徐々に奴隷制は廃止《はいし》されました。現代では、古代ローマや中世にくらべて利他的行動へのコンセンサスが広がっているのは事実でしょう。このようにヒトや動物は利他的行動をし、一方では利己的行動をする存在です。人間の行動や社会は複雑で様々な要因が影響《えいきょう》しますが、時折、我々の行動の底辺にはそのような進化の名残を感じざるをえないように思われます。

（鈴木正彦《すずきまさひこ》・末光隆志《すえみつたかし》『「利他」の生物学』より）

問一 ――線部1「利他的行動」とありますが、その具体例として**ふさわしくないもの**を一つ選び、記号で答えなさい。

ア お腹が空いている人にパンを与《あた》える。

イ 地域のボランティア活動に参加する。

ウ 優先席でお年寄りに席を譲《ゆず》る。

エ 災害発生時に真っ先に逃げる。

オ 道に迷っている人を案内する。

問二 ――線部2「利他的行動は自己のためではなく、本当に他の個体のために行っている行為なのでしょうか」とありますが、筆者がそのような疑問を持つのはなぜですか。最も適切なものを次から選び、記号で答えなさい。

た血縁者《けつえんしゃ》間の利他的行動については生物の本質にも関わっています。というのは、進化のなかで生き残ったものは、子孫を後代に残すことができたものだからです。そして子孫を作れなかったものは絶滅《ぜつめつ》してしまいました。魚類のように大量の卵を放出したり、哺乳類のように子供を大事に保護して育てたり、それぞれの戦略は異なりますが、ともかく子孫が繁栄《はんえい》した種が現在まで生き延びてきたのです。

（中略）

それでは次に、［B］行動について見てみましょう。ヒトに限らず、同じ動物が利己的な行動を取ったり、利他的な行動を取ったりすることがありますが、その違《ちが》いはどこから生じるのでしょうか。生物学の見地からすると、その根幹は端的《たんてき》にいって「3仲間か仲間でないか」です。仲間かそうでないかは、生物にとって重要な問題です。仲間は自己の遺伝子を将来にわたって保ち、増やし続けるのに必要である場合が多いのですが、仲間でないものはそのイベントに関与《かんよ》しません。それどころか、仲間でない他者が自己に対して不利益な行動をしてくるときは敵になります。ヒトを含《ふく》む動物は攻撃性《こうげきせい》や暴力性を持っています。攻撃性は「なわばり」と深い関係があります。厳しい生存競争のなかで自分たちの生活圏《せいかつけん》を確保することは非常に大切です。そこで、生活圏を守るために様々ななわばり行動が生まれました。犬や猫《ねこ》が排尿《はいにょう》によってマーキングするのもその一例です。多くの動物は自己のなわばりのなかに侵入《しんにゅう》してくるものがいると排撃《はいげき》する行動をします。

ハダカデバネズミは、彼《かれ》らの「共同トイレ」で体に匂《にお》いづけをしています。なぜかというと、そうした行為は仲間であるマーカーとして匂いを使っているからです。そうすれば、別の集団に属するハダカデバネズミが入ってきたら匂いが違うのですぐ分かります。彼らは侵入者だと分かると集団で殺してしまいます。同種でも血縁関係が異なるグループに対しては、このような利己的行動を取ります。

アリの社会では、仲間であるか、そうでないかは体表面にあるワックス層の炭化水素の組成（非揮発性フェロモン）によって判断されています。この炭化水素化合物は非揮発性で、アリは触角《しょっかく》や足の裏にある感覚器で相手の表面を触《さわ》って成分比率を認識します。そうやって同じ組成をしている個体かどうかを見分けているのです。同じ組成を持つ個体は仲間と認識して自分たちの巣に受け入れます。しかし、異なる組成を持つ個体に対しては攻撃して、巣には侵入させません。異種のアリはもちろんのこと、同じ種であっても巣が違えば組成が異なるので攻撃します。

4これを逆手にとって利用するものもいます。サムライアリは他種のアリを捕《つか》まえて奴隷《どれい》にする習性を持っています。サムライアリの女王アリはクロヤマアリの巣に単身乗り込《こ》んでクロヤマアリの女王を殺し、そのあとクロヤマアリの女王アリの体表面にあるワックス成分を自分の身体に擦《す》りつけます。そうすると、残ったクロヤマアリのワーカー（働きアリ）は侵入したサムライアリの女王アリを自分たちの女王だと錯覚《さっかく》してしまうのです。このようにしてクロヤマアリを欺《あざむ》いたサムライアリの女王は、クロヤマアリの社会をまんまと乗っ取り、支配してしまいます。

騙《だま》されたクロヤマアリのワーカーは、サムライアリの女王アリが産んだ卵から産まれた幼虫を自分たちの分身（分身といっても働きアリは全て雌《めす》なので妹に相当）と思い、かいがいしく育てるようになります。サムライアリの分身はこうして大量に増えていきます。しかし、クロヤマアリはどうでしょうか。実際にはクロヤマアリの女王はもういないので利他的行動のほうが、利己的行動よりも集団としてのメリットが大きいという説があります。災害が起こったときに人々が利己的に我先に逃《に》げ出すのではなく、利他的に助け合う行動のほうが多く助かることが分かっているからです。逃げ道を見つけたときに、ひとりだけ逃げるのではなく、逃げ道があることを皆《みんな》に知らせて逃げるほうが助かる人間が多く、集団としてのメリットが大きい。また、逃げる途中《とちゅう》、さらなる困難にぶつかったときに、今度は別の人間が逃げ道を見つけたりするので、助かる確率が高くなります。結局、こうした助け合いが集団を利することになります。

集団内での助け合いは動物にも見られます。シジュウカラガンやミーアキャットのように、鳥類や哺乳類《ほにゅうるい》の世界では自分が属する集団を守るために見張り役を行う個体が存在します。この個体は外敵が近くに来たことを察するとけたたましい警告音を出して仲間に危険を知らせます。その個体は目立つ行為をするので外敵の餌食《えじき》になりやすく、このような行為はその個体自身にとってはデメリットといえるでしょう。それにもかかわらず、こうした利他的行動には集団全体でみると、逃げる準備ができ生存率が高くなるというメリットがあるように思えます。

しかし、これには別の見方もあります。最初に敵を発見した個体にしてみれば、黙《だま》って飛び立つと群れから離《はな》れるリスクが大きいので、危険を少なくするため、警告音を発して他の仲間と同時に飛び立つほうを選ぶのだという考え方です。そのため、警告音を発する行為は、純粋《じゅんすい》な利己的行為であり、他個体に対する「操作」だという説もあります。

南極のコウテイペンギンはアザラシが天敵で、ペンギンたちは水際でアザラシがいるかどうかを判断してから、海に飛びこみ魚をとります。ただ、最初に飛びこむペンギン（ファーストペンギンと呼ばれる）はアザラシが隠《かく》れていたら餌食となってしまいます。それで皆、最初に飛びこむことを躊躇《ちゅうちょ》しますが、飛びこまないことには獲物《えもの》がとれません。そのような状態で最初に飛びこむファーストペンギンは一見すると、利他的行動をしているように見えますが、実際は利己的行動の結果、起こった可能性もあります。というのは、このとき仲間を押《お》してわざと水中に落とし、アザラシがいるかどうかを探る個体がいるようなのです。利他的行動、利己的行動といっても、それは外部から眺《なが》めた評価であって、実際は明確に区別するのは難しいということです。

生物はそもそも、生まれつき利己的なのか、それとも利他的なのか。これは難しい問題です。まず最初に[A]行動についてみてみましょう。[A]行動のなかで最たるものは母親の子供に対する愛情でしょう。この感情に基づく行動は人間に限らず多くの生物で見られ、親が子供を命懸《が》けで保護する行動を取ることがよく知られています。酔《よ》っぱらった人の「千鳥足」という歩き方の比喩《ひゆ》で知られるチドリという鳥は、捕食者《ほしょくしゃ》が近づいてくると地上の巣のなかにいる子供を守るために一見奇妙《きみょう》な行動を取ります。どういう行動かというと、親は敵が来ると巣から離れ、わざと傷ついたふりをするのです。この行動は捕食者の注意を我が身に振《ふ》り向かせ、子供のいる巣に捕食者の眼がいかないようにすることが目的です。そして、捕食者が巣から離れて間近に迫《せま》ってくると、とっさに羽ばたいて逃げるのです。

さらに極端《きょくたん》な例ですが、カバキコマチグモというクモは母親が自分の内臓や体を食料として子供に食べさせてしまうことがあります。これらの行為は遺伝子にプログラムされている利他的行動といえます。こうし

【国語】（五〇分）〈満点：一五〇点〉

一　次の（1）～（8）に当てはめるのに最も適切な言葉をあとの語群から選び、それぞれ漢字に直して答えなさい。ただし、語群の言葉は一度ずつしか使いません。

・（　1　）の別れになるとはまったく思わなかった。
・学校の設立に（　2　）する。
・スマートフォンは文明の（　3　）といえる。
・逆転され、（　4　）をかけられる。
・（　5　）をつくして天命を待つ。
・算数の計算問題が（　6　）だ。
・レポートを書くときは（　7　）を明記しましょう。
・ごみが落ちていると（　8　）がそこなわれる。

【語群】
リキ　　フエテ　　ジンジ　　ハッパ　　サンカク
ケイカン　　コンジョウ　　シュッテン

二　次の（1）～（10）に当てはめるのに最も適切な言葉をあとの語群から選び、それぞれ記号で答えなさい。ただし、記号は一度ずつしか使いません。

・厳しい練習に（　1　）。
・かつて最新と言われた機械も今では（　2　）だ。
・（　3　）ような豪快《ごうかい》なプレーだ。
・受験が終わり（　4　）。
・自分の気持ちを（　5　）に納める。
・（　6　）な質問で相手を怒《おこ》らせた。
・（　7　）が冷めるまでおとなしくする。
・彼《かれ》は急に（　8　）がよくなった。
・新居では室内のデザインに（　9　）をこらす。
・そんな態度では（　10　）もなく断られるだろう。

【語群】
ア　意匠《いしょう》　　イ　胸三寸　　ウ　ほとぼり
エ　無用の長物　　オ　たがゆるむ　　カ　にべ
キ　羽振《はぶ》り　　ク　ぶしつけ　　ケ　胸がすく
コ　音を上げる

三　次の文章を読んであとの問いに答えなさい。

人間は同胞《どうほう》を助ける気持ちが強くあります。目の前で、お年寄りや小さい子供が道でつまずいたりすると、おもわず「危ない」と助ける行為《こうい》はほとんどの人に見られるのではないでしょうか。特に自分にメリットが還《かえ》ってくるのを期待するわけでもなく、とっさに取る行為といえるでしょう。このような行為は1利他的行動といわれます。このような利他的行動は生物が誕生し進化するなかで、どのようにして生じたのでしょうか。そして、2利他的行動は自己のためではなく、本当に他の個体のために行っている行為なのでしょうか。

東大特待Ｉ

2024年度

解　答　と　解　説

《2024年度の配点は解答欄に掲載してあります。》

＜算数解答＞《学校からの正答の発表はありません。》

1　(1)　2：3　　(2)　39個　　(3)　62.8cm^2　　(4)　24分　　(5)　13分30秒　　(6)　$\frac{2}{7}$倍

2　(1)　解説参照　　(2)　1：4

3　(1)　1：2　　(2)　4：3　　(3)　$\frac{5}{12}$倍

4　(1)　ア　10　　イ　7　　(2)　ウ　12　　エ　220　　(3)　22

○推定配点○

1　各10点×6　　他　各9点×10　　計150点

＜算数解説＞

1　（消去算，数の性質，割合と比，平面図形，図形や点の移動，仕事算，速さの三公式と比，単位の換算）

重要　(1)　混ぜ合わせる2種類のオーロラソースのそれぞれの量…A，Bとする。ケチャップの量についての式…A×$\frac{1}{4}$＋B×$\frac{1}{2}$＝(A＋B)×$\frac{2}{5}$より，A×(0.4－0.25)＝A×0.15がB×(0.5－0.4)＝B×0.1に等しい　　したがって，A：Bは0.1：0.15＝2：3

やや難　(2)　ケーキ・カヌレ・クッキーの値段…5，3，1とする　　それぞれが売れた個数…㋘・㋕・㋗とする　　売り上げの式…5×㋘＋3×㋕＋㋗＝262　－A　　個数の多少…㋕，㋘，㋗の順に多い　㋕と㋗の式…㋕＝㋗×2－1　－B　　AとB…5×㋘＋3×(㋗×2－1)＋㋗＝262　　5×㋘＋㋗×(6＋1)＝5×㋘＋7×㋗＝262＋3＝265　　7×㋗＝265－5×㋘＝5×(53－㋘)－C　　(㋗，㋘，㋕)…Cより，(5，46，9)(10，39，19)(15，32，29)(20，25，39)　　したがって，個数の多少が㋕，㋘，㋗の順になるとき，カヌレは39個

重要　(3)　正7角形の1つの外角…$\frac{360}{7}$(度)　　したがって，求める面積は(7×7＋6×6＋5×5＋4×4＋3×3＋2×2＋1×1)×3.14÷360×$\frac{360}{7}$＝20×3.14＝62.8(cm^2)

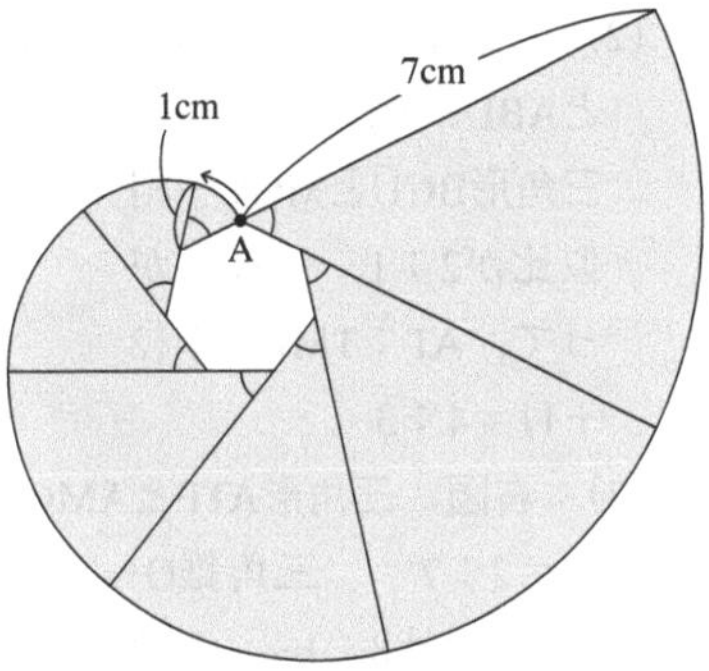

(4)　作業量…120とする　　栄くん・東さん・中さん…それぞれ1分の作業量を㋚・㋪・㋤で表す　　㋚＋㋪＝120÷30＝4　　㋪＋㋤＝120÷40＝3　　㋚＋㋪×2＋㋤＝4＋3＝7　㋪×25＋(㋚＋㋪×2＋㋤)×10＝㋪×25＋7×10＝120　㋪＝(120－70)÷25＝2　　したがって，求める時間は120÷(7－2)＝24(分)

(5)　東さんが歩く速さと栄くんが歩く速さの比…グラフより，4：(2＋4)＝2：3　　東さんが歩く速さと栄くんが走る速さの比…2：(3×2)＝1：3　　東さんが駅まで歩いた時間…③　　東さんが学校を出てから栄くんが駅に着くまでの時間…③＋2＝①＋2

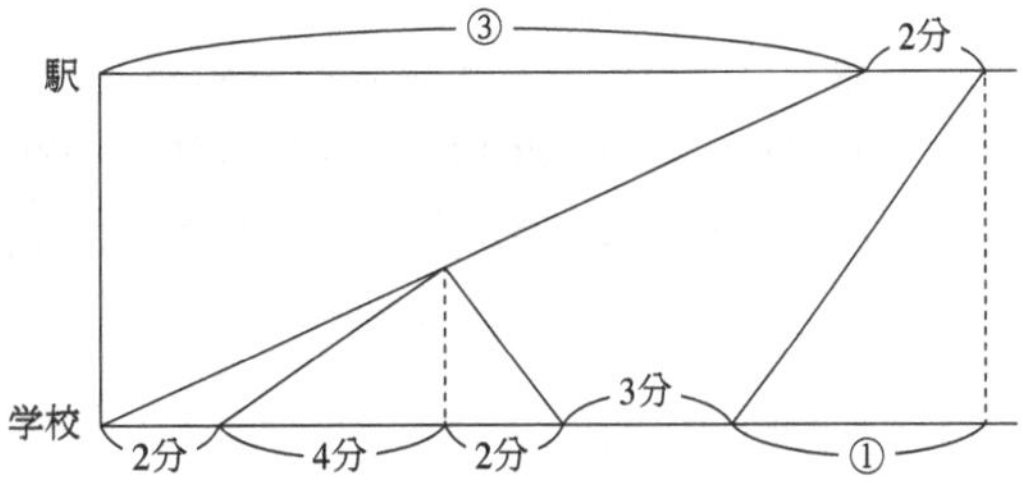

×2＋4＋3＝①＋11　③－①＝②…11－2＝9(分)　したがって，東さんの時間は9÷2×3＝13.5(分)　すなわち13分30秒

(6)　平行四辺形AECFと正方形ABCDの面積比…1：2　平行四辺形KLMNとAECFの面積比…4：(2＋4＋1)＝4：7　したがって，求める割合は4÷(7×2)＝$\frac{2}{7}$(倍)

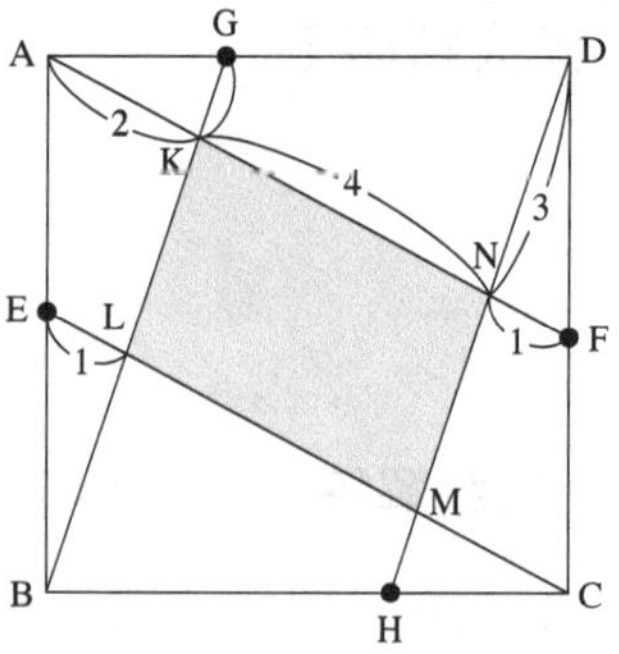

重要 ② (平面図形，相似，図形や点の移動，割合と比)

(1)　解答の図…図1

(2)　図2　三角形ABGとAOⒷ…相似比1：5　したがって，BG：GCは1：(5－1)＝1：4

図1

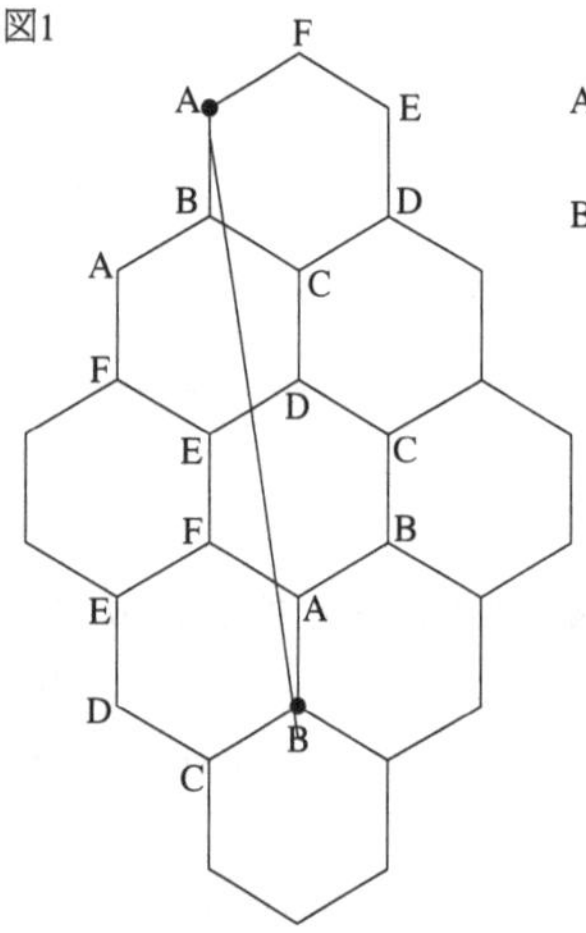

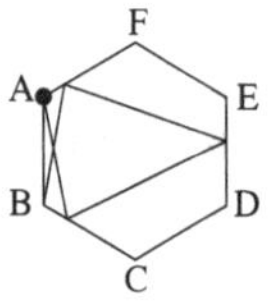

図2

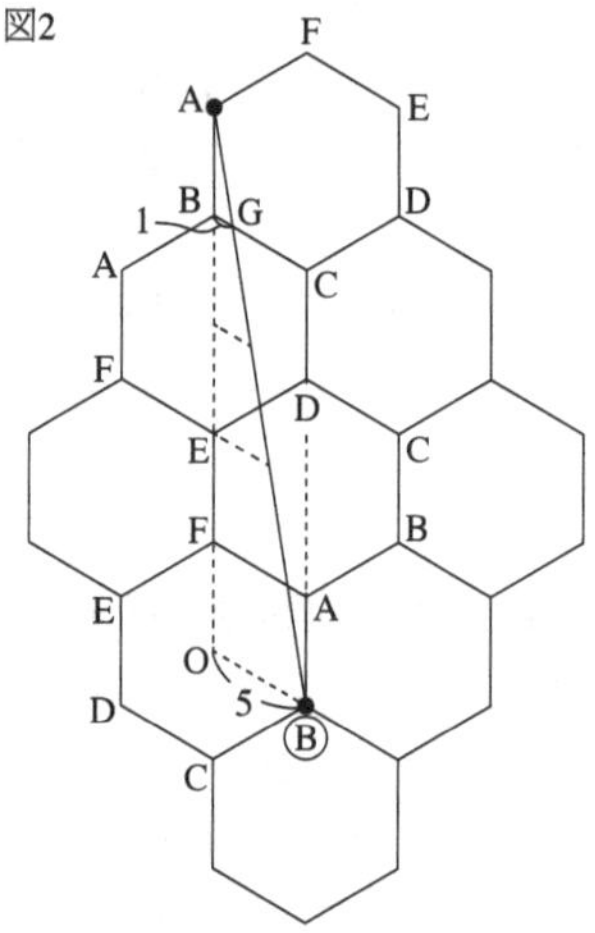

③ (平面図形，相似，立体図形，割合と比)

重要 (1)　右図　三角錐A－QPOとA－LND…相似比が2：1　直角三角形AQOとDSO…相似比が2：1　したがって，DS：SEは1：(3－1)＝1：2

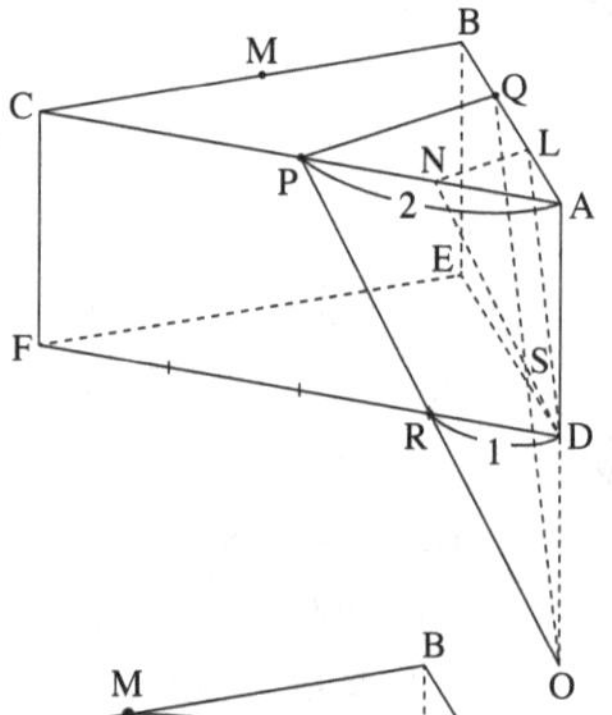

(2)　右図　三角形AQPとABU…相似比が2：3　三角形BCUとMCV…相似比が2：1　したがって，AT：TMは4：(2＋1)＝4：3

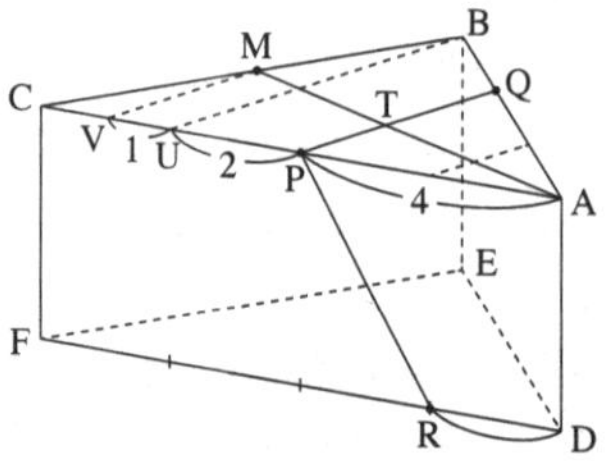

やや難 (3)　右図　三角形ATPとAMC…面積比は(4×1)：(7×2)＝2：7　三角錐O－ATPとO－DWR…相似比2：1，体積比8：1　三角形ATPの面積…2，AO…24とする　三角錐台ATP－DWRの体積…2×24÷3÷8×(8－1)＝14　三角柱MCA－XFDの体積…7×24÷2＝84　立体MCPT－XFRWの体積…84－14＝70　したがって，求める割合は70÷(84×2)＝$\frac{5}{12}$(倍)

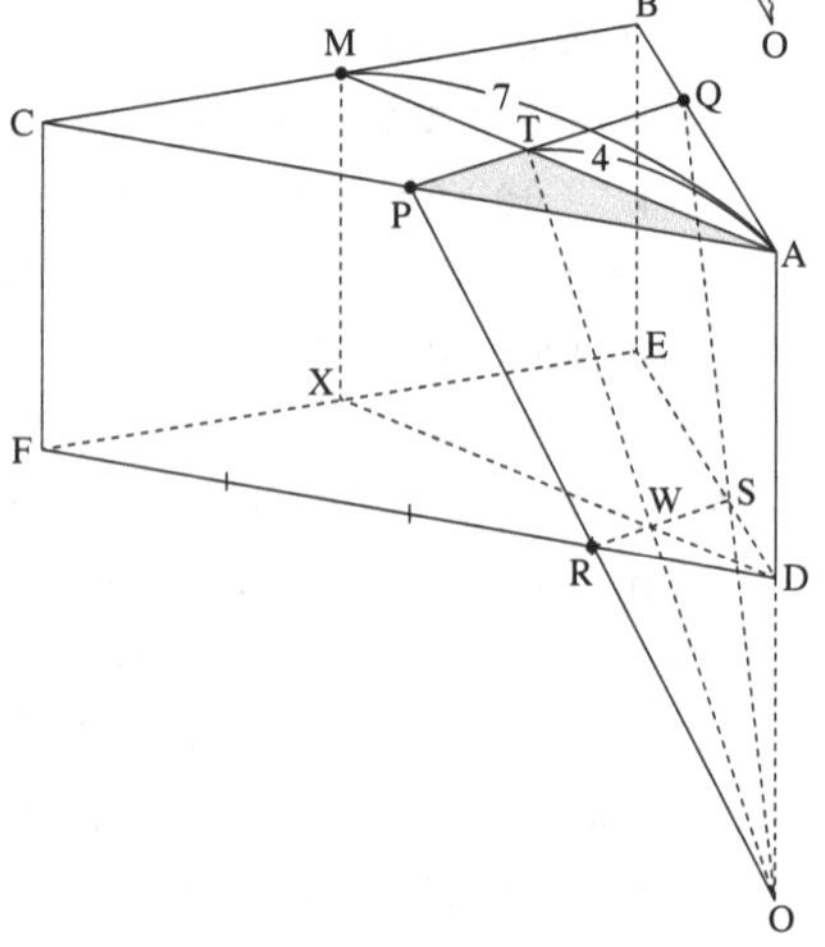

4 (数列，平面図形，数の性質)

基本 (1) 1＋2＋3＋～＋10＝(1＋10)×10÷2＝55 したがって，ア＝10 ＜1＋2＋3＋4＋5の場合＞ 3枚の正三角形を重ねたとき，同じ位置にある3つの数の和…イ＝1×2＋5＝7

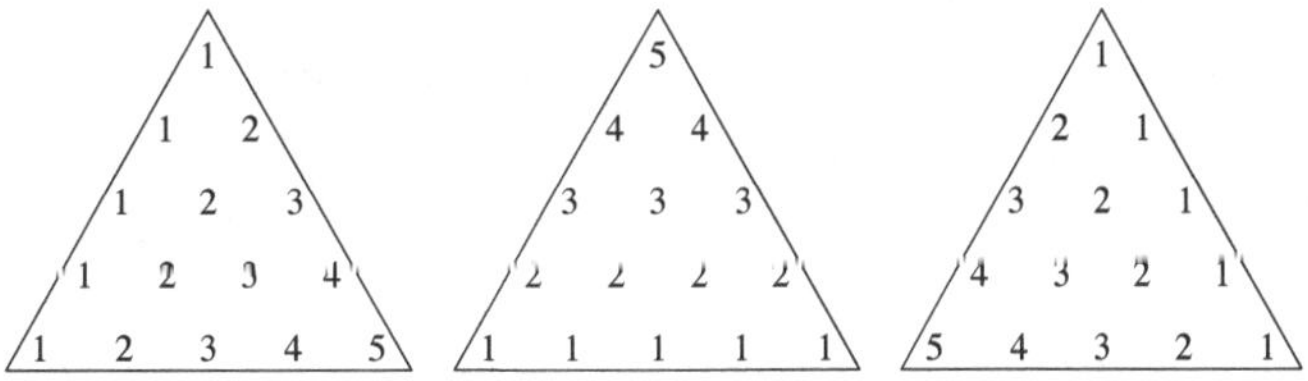

重要 (2) ウ＝1×2＋10＝12 エ＝12×55÷3＝220

やや難 (3) 1から10までの和…55 3枚の正三角形を重ねたとき，同じ位置にある3つの数の和…1×2＋10＝12 正三角形の数の和…12×55÷3＝220 1から□までの和…(1＋□)×□÷2 3枚の正三角形を重ねたとき，同じ位置にある3つの数の和…1×2＋□＝2＋□ 正三角形の数の和…(2＋□)×(1＋□)×□÷2÷3＝2024より，□×(□＋1)×(□＋2)＝2024×6＝12144＝22×23×24 したがって，求める数は22(バージョン…別の場合で同様に考えるということ)

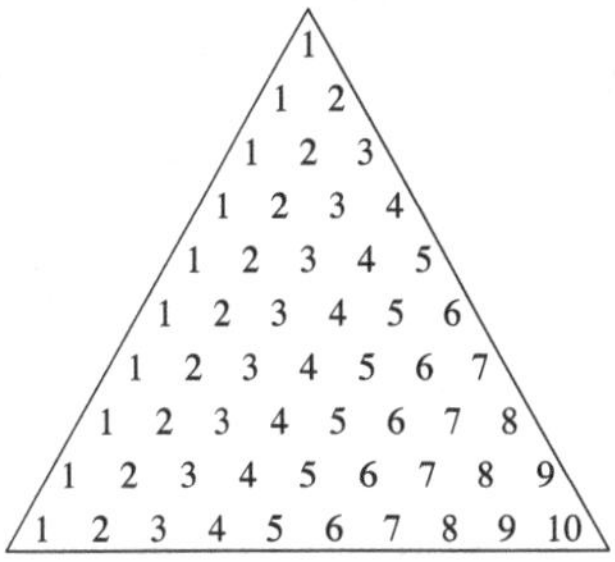

★ワンポイントアドバイス★

簡単に解ける問題が少ないが，解きやすい問題から解いていかないと時間がなくなる。1(2)「ケーキ・カヌレ・クッキー」の問題は，的確に計算ができるかがポイントであり，3(3)「体積比」も簡単ではない。

＜理科解答＞《学校からの正答の発表はありません。》

1 問1 (引く力) 2(kg) (体重計A) 52(kg) 問2 10(kg) 問3 40(kg)
問4 (引く力) 40(kg) (体重計A) 10(kg) 問5 (図4) 50(kg) (図5) 100(kg)
問6 400(kg) 問7 300(kg)

2 問1 ア 問2 イ 問3 ウ 問4 63.2 問5 ③ 24.8 (ミョウバン) 117(g)
問6 60(%) 問7 オ

3 問1 オ 問2 イ 問3 ウ 問4 35(g) 問5 キ 問6 エ 問7 ウ，エ

4 問1 ウ 問2 エ 問3 エ 問4 (1) ア (2) キ

○推定配点○

各3点×25(1問1・問4・問5，2問5，3問7，4問4各完答) 計75点

＜理科解説＞

1 (力のはたらき―滑車)

基本 問1 5kgの荷物aをのせた体重計Bが3kgを示しているので，荷物aは5−3＝2(kg)の力で上向きに引かれていることがわかる。よって，東くんがロープを引く力は2kgである。体重計Aと体重計Bで，50kgの東くんと5kgの荷物aの重さを支えていると考えることができる。体重計Bが3kgを示しているので，体重計Aは(50＋5)−3＝52(kg)を示す。

問2　体重計Aと体重計Bで東くんと荷物bの重さを支えていると考えられるので，荷物bの重さは(57＋3)－50＝10(kg)

問3　東くんは，定滑車を通して荷物bに引かれていると考えることができるので，体重計Aの示す値は50－10＝40(kg)

重要　問4　体重計Bが10kg示しているとき，荷物cは上向きに90－10＝80(kg)で引かれている。荷物cは動滑車を通して2本のロープで上向きに支えられていると考えることができ，ロープ1本が上向きに引く力の大きさは80(kg)÷2＝40(kg)となり，東くんがロープを引く力の大きさも40kgとわかる。東くんはロープから40kgの力で上向きに引かれていると考えることができるので，体重計aの示す値は50－40＝10(kg)

重要　問5　図4でも図5でも，東くんがロープを下向きに引くときの力の大きさは最大で体重と同じ50kgとなる。図4のように定滑車を用いた場合，力の向きだけが変わるので，持ち上げることができる荷物の重さは最大で50kgである。図5のように動滑車を用いた場合，動滑車を通して2本のロープで荷物を持ち上げることになり，東くんが引く力はロープ1本分にあたるので，持ち上げることができる荷物の重さは最大で50(kg)×2＝100(kg)となる。

問6　図6のように，定滑車1つと動滑車3つを組み合わせたとき，東くんがロープを引く力を①とすると，下図Ⅰのように，荷物を引く力の大きさは⑧となる。東くんがロープを引く力の大きさの最大は50kgなので，荷物の最大の重さは50(kg)×8＝400(kg)となる。

問7　図7のように，定滑車3つと動滑車3つを組み合わせたとき，東くんがロープを引く力を①とすると，下図Ⅱのように，荷物を引く力の大きさは⑥となる。東くんがロープを引く力の大きさの最大は50kgなので，荷物の最大の重さは50(kg)×6＝300(kg)となる。

図Ⅰ

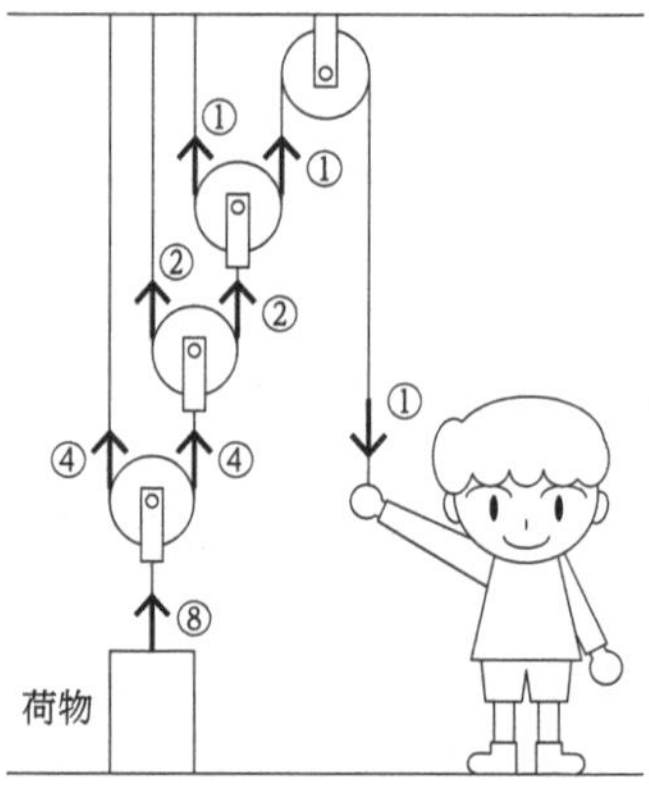

図Ⅱ

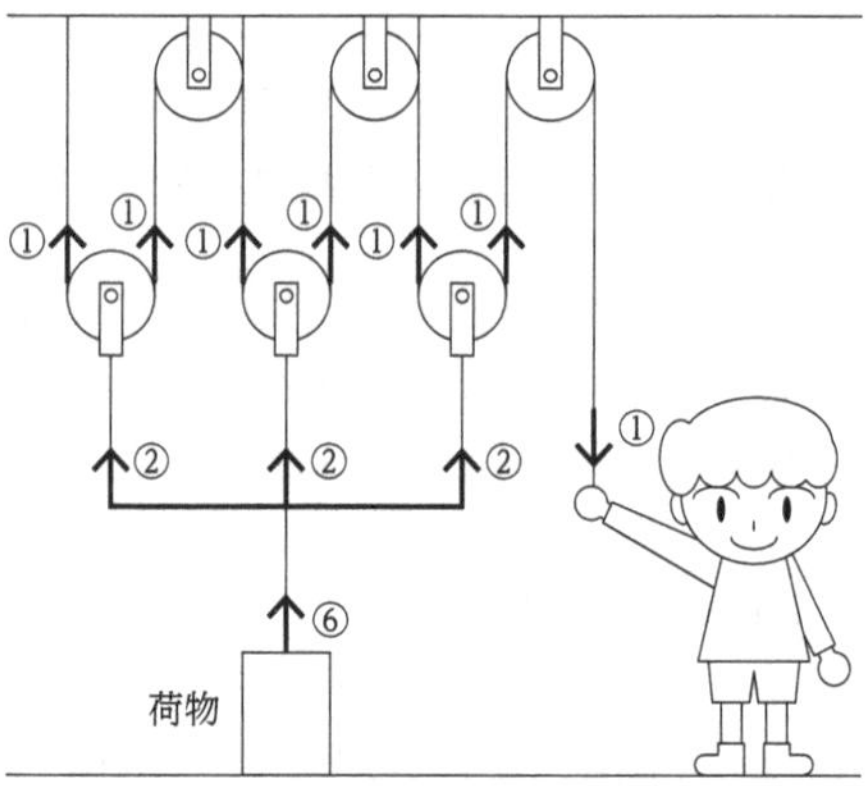

2　(もののとけ方―いろいろな物質の水へのとけ方)

基本　問1　塩化ナトリウムの結晶は立方体のような形をしている。

基本　問2　ガスバーナーで塩化ナトリウムの水溶液を一気に加熱すると，水が蒸発して塩化ナトリウムの白い粉末が残る。

問3　同じ温度の水にとける物質の最大量は水の重さに比例する。40℃の水250gにとけた塩化ナトリウムは100－9.5＝90.5(g)なので，40℃の水100gには90.5(g)×$\frac{100(g)}{250(g)}$＝36.2(g)までとけることがわかる。

問4　表より，20℃の水100gに硝酸カリウムは31.4gまでとけるので，20℃の水250gに硝酸カリウムは31.4(g)×$\frac{250(g)}{100(g)}$＝78.5(g)までとける。よって，40℃の水250gに硝酸カリウムは78.5＋79.5＝158(g)とけていたことがわかる。したがって，40℃の水100gに硝酸カリウムは158(g)×$\frac{100(g)}{250(g)}$

=63.2(g)までとけることがわかる。

やや難 問5 表より，20℃の水100gにミョウバンは5.9gまでとけるので，20℃の水400gにミョウバンは5.9(g)×$\frac{400(g)}{100(g)}$=23.6(g)までとける。また，60℃の水400gにミョウバンをとかしてろ過したろ液を20℃まで冷やしたときのとけ残りの重さは，ろ紙の重さが1.2gなので，76.8−1.2=75.6(g)である。これらのことから，60℃の水400gにとけていたミョウバンは23.6+75.6=99.2(g)である。よって，60℃の水100gにミョウバンは99.2(g)×$\frac{100(g)}{400(g)}$=24.8(g)までとけることがわかる。最初に60℃の水400gにミョウバンを加えたときのとけ残りは，ろ紙の重さが1.2gだから，19−1.2=17.8(g)である。60℃の水400gにとけたミョウバンは99.2gだから，最初に加えたミョウバンの重さは17.8+99.2=117(g)とわかる。

やや難 問6 60℃の水200gに，塩化ナトリウムは36.8(g)×$\frac{200(g)}{100(g)}$=73.6(g)まで，硝酸カリウムは108.9(g)×$\frac{200(g)}{100(g)}$=217.8(g)までとける。また，溶液の重さが384gのとき，つまり，Xを384−200=184(g)加えるととけ残りが生じ始めたことがわかる。硝酸カリウムよりも塩化ナトリウムのほうがとける量が少ないので，とけ残りは塩化ナトリウムであることがわかる。これらのことから，加えたX184g中，塩化ナトリウムが73.6gとわかり，硝酸カリウムは184−73.6=110.4(g)であることがわかる。よって，X中の硝酸カリウムの純度は，$\frac{110.4(g)}{184(g)}$×100=60(%)である。

やや難 問7 混合粉末Y500gには，硝酸カリウムが500(g)×$\frac{7}{7+3}$=350(g)，塩化ナトリウムが500−350=150(g)ふくまれている。また，水300gにとける物質の量は，水100gにとける量の3倍なので，20℃，60℃の水300gにとける塩化ナトリウム，硝酸カリウムの重さは下の表のようになる。純度の高い硝酸カリウムにするには，ふくまれる塩化ナトリウムの量をできるだけ少なくすればよい。そのためには，塩化ナトリウムをできるだけ多く水にとかせればよいので，はじめに60℃の水300gにY500gをとかせばよい。次に，上の表から，塩化ナトリウムは水の温度が変わってもとける量は変わらないが，硝酸カリウムは温度が低くなるととける量が少なくなることがわかる。よって，とけ残りをろ過した後の液体を冷やすことで，塩化ナトリウムのとけ残りはほとんど生じないが，硝酸カリウムのとけ残りは多く生じさせることができることがわかる。これらのことから，純度の高い硝酸カリウムをとり出すには，オの方法が最もよいといえる。

	20℃の水300g	60℃の水300g
塩化ナトリウム(g)	107.4	110.4
硝酸カリウム(g)	94.2	326.7

3 (人体—糖尿病について)

基本 問1 食物にふくまれる炭水化物が，消化管を通る間にだ液・すい液・腸液によってブドウ糖にまで分解される。ブドウ糖は小腸にあるじゅう毛と呼ばれるつくりから吸収される。

重要 問2 ア…二酸化炭素は肺で血液中から出されるので，血管aには二酸化炭素を最も多くふくむ血液が流れる。よって誤り。　イ…酸素は肺で血液中にとり入れられるので，血管bには酸素を最も多くふくむ血液が流れる。よって正しい。　ウ…食物が消化された養分は小腸で血液中にとり入れられるので，血管dを流れる血液に食後に養分が多くふくまれる。よって誤り。　エ・オ…二酸化炭素以外の不要物はじん臓で血液中からこし出されるので，血管eを流れる血液が二酸化炭素以外の不要物が最も少ない。よってエ・オともに誤り。

問3 説明文より，健康な人の尿にはブドウ糖はふくまれず，じん臓で尿がつくられる際には，じん臓に流れこむ血液の中から，不要物と一緒に水やブドウ糖もこしとられることがわかる。このことから，血液からこしとられてつくられる原尿にはふくまれるが，尿にはふくまれないウがブドウ糖を表しているとわかる。

問4　表2より，尿1L中にふくまれるブドウ糖が25gとわかるので，1日に体外に出す尿1.4L中には，$25(\mathrm{g})\times\dfrac{1.4(\mathrm{L})}{1(\mathrm{L})}=35(\mathrm{g})$のブドウ糖がふくまれる。

問5　イヌリンは再吸収されずすべて体外に出されることから，原尿中のイヌリンはすべて尿となることがわかる。このことより，原尿中のイヌリンの重さと尿中のイヌリンの重さは等しいことになるが，水が再吸収されるので，表2において，1Lあたりの重さは異なっている。原尿と尿で，1Lにふくまれるイヌリンの割合は，尿では，血液と原尿に対して$1.29(\mathrm{g})\div0.01(\mathrm{g})=129$(倍)になっていることから，尿1L中に含まれている25gのブドウ糖に対する，血液と原尿1L中のブドウ糖の重さは$25(\mathrm{g})\div129=0.193\cdots$より約0.19gとなる。よって，血液と原尿1L中のブドウ糖1.8gのうちの0.19gが尿として出されたと考えることができ，尿にブドウ糖がふくまれなくなるのは，$1.8-0.19=1.61(\mathrm{g})$より，血糖濃度が血液1Lあたり1.6gまで減少すると，尿にブドウ糖がふくまれなくなると考えられる。

問6　インスリンは，食後に上がった血糖濃度を下げるはたらきをもつことから，血糖濃度が上がった後にインスリン濃度が上がることがわかる。また，糖尿病患者はインスリンの量が減るとあることから，インスリン濃度は低いことがわかる。これらのことより，グラフA，Bにおいて，先に上昇しているアとウは血糖濃度を表していることがわかり，糖尿病患者のインスリン濃度は，あまり上昇していないエであることがわかる。

問7　インスリンのはたらきは血糖濃度を下げることなので，インスリンがまったく効かない場合は，血液中の糖の量を少なくする治療が適していると考えられる。このことから，適した治療薬は，血液中から細胞へブドウ糖のとりこみをうながす薬(ウ)，血液中へブドウ糖が放出されないように肝臓に貯蔵をうながす薬(エ)である。

4　(気象─いろいろな低気圧)

重要　問1　北緯5～30度の熱帯地域の海上で発生し，暖気だけでできた低気圧を熱帯低気圧，北緯30～60度の温帯地域で発生し，暖気と寒気の境目にできる低気圧を温帯低気圧という。熱帯低気圧は海水から供給される水蒸気によって発達し，中心付近の風速が約17.2m/秒以上になると台風と呼ばれる。温帯低気圧は寒気と暖気の境目に前線ができる。なお，緯度0度の赤道付近は高圧帯となっていて低気圧はできにくい。

問2　台風の風は，中心に向かって反時計回りにふきこんでいるため，北上する台風の進行方向と風向が同じになる東側で風が強くなる傾向にある。

問3　台風の周辺の風は反時計回りにふいているので，台風がa→b→cと進むとき，A地点での風向は，北東→北→北西と反時計回りに変化し，B地点での風向は，南東→南→南西と時計回りに変化する。

基本　問4　(1)　温帯低気圧の中心から，南西方向に寒冷前線，南東方向に温暖前線がのび，寒冷前線の記号は，温暖前線の記号はで表す。　(2)　寒冷前線付近では，寒気が暖気の下にもぐり込むように進み，前線面の傾きは急で積乱雲が発達する。温暖前線付近では，暖気が寒気の上にはい上がるように進み，前線面の傾きはゆるやかで乱層雲が発達する。

★ワンポイントアドバイス★

文章で与えられた情報をもとに，思考力を要する問題の出題が多いので，あまり入試問題としてはなじみのないような問題もふくめて，さまざまな思考力を必要とする問題に取り組んでいこう。

＜社会解答＞《学校からの正答の発表はありません。》

1 問1 (1) Ⅰ 相模(湾) Ⅱ 鬼怒(川) (2) イ 問2 (1) (米) イ (畜産) ア (2) (静岡県) ウ (愛媛県) ア (3) ウ (4) Ⅰ ウ Ⅱ エ 問3 (1) (静岡県) ウ (熊本県) ア (2) (山形県) ウ (福岡県) イ (3) (埼玉県) エ (長野県) ア (4) Ⅰ 観光客が出すゴミにより，景観や衛生面が悪化する。 Ⅱ 混雑状況をリアルタイムでわかるようにしたり，観光地への入場を時間帯別の予約制にしたりする。 問4 (1) イ (2) イ (3) (西洋なし) ア (もも) ウ (4) イ・エ

2 問1 2番目 イ 4番目 オ 問2 渋沢栄一 問3 (1) 新田開発による耕地面積の拡大や，農具や肥料の発明・改良による生産力の高まりで，米の供給量が増加したため。 (2) 幕府の収入の大半は年貢米であったが，生活に必要なものを入手するには貨幣が必要であったため，米価を上げることで年貢米をより高く換金しようとしたから。 問4 イ 問5 エ 問6 2番目 ウ 4番目 ア 問7 a 大井川 b 箱根 問8 井伊直弼 問9 浄土教 問10 藤原元命 問11 古い順で4番目 オ 東から順で3番目 イ 問12 (1) 2番目 エ 4番目 ア (2) 秋田(県) 問13 ウ

3 問1 ア 問2 イ 問3 エ 問4 ウ 問5 イ，カ 問6 イ 問7 不断の努力

○推定配点○

1 問1 各1点×3 他 各2点×14(問2(1)・(2)，問3(1)～(3)，問4(3)・(4)各完答)

2 各2点×15(問1，問6，問7，問11，問12(1)各完答) 3 各2点×7(問5完答) 計75点

＜社会解説＞

1 (日本の地理－日本の各地の生活の様子，産業に関する問題)

基本 問1 (1) Ⅰ 相模湾は神奈川県の三浦半島から西で，静岡県の伊豆半島の東にあるなだらかな砂浜海岸の南の湾。 Ⅱ 鬼怒川は栃木県北西部の日光の東にある鬼怒沼から流れ出し，栃木県内
重要 を南流し，茨城県で利根川に合流する河川。 (2) 一番標高が高いアが甲府市。ソメイヨシノの開花日が一番早いウが宮崎市。残りの中でエは1月の日降水量が他の都市よりもかなり多いので日本海側の福井市と判断できる。最後に残るイが銚子市。

問2 (1) 1960年の産出額が一番多いイが米。伸び幅が一番大きいウが野菜。アとエでは産出額が大きいアが畜産，エが果実となる。日本の農業は1970年頃までは米中心であったが，米の消費が減ったこと，国から生産調整を求められたことなどで，農業は多様化している。畜産は1960年よりは産出額がかなり増えているが，畜産物の単価が他と比べるとかなり高いことも考慮の必要が
重要 ある。 (2) うなぎは比較的温暖なところで養殖されるのでエがこの中では最も寒冷な青森県とわかり，逆に一番多いイが鹿児島県とわかる。養殖がさかんなところは地形でいえばリアス海岸などの複雑な海岸の場所は波が穏やかで適しており，そこからアが愛媛県とわかる。ウは静岡
やや難 県。海面養殖よりは，普通に漁に出て魚を獲る漁業が静岡県ではメイン。 (3) 三大工業地帯の中で，中京は輸送用機械を中心に機械工業の比率が高いうになる。逆に日本の工業地帯の中では機械工業が小さいいが阪神で，残るあが京浜になる。工業の事業所や従業者で見ると，おが事業所数のわりに従業者数がかなり多いので，大規模な工場が多いことがわかり，自動車の組み立

てなどの工場が多い中京とわかる。逆に**か**は**お**と比べると従業者数が少ないので，小規模の町工場が多い京浜工業地帯の東京都とわかり，残る**え**が阪神工業地帯の大阪府とわかる。 (4) Ⅰが水力発電で，Ⅱは地熱発電。水力発電の大規模な発電所が多い県がウ。地熱発電所が多い場所は北海道，東北地方，九州地方で，エ。アは太陽光発電，イは風力発電になる。

重要 問3 (1) 県庁所在地以外の都市の方が人口が多い県は限られていて，ウが静岡県で浜松市，静岡市，富士市の順。エは福島県で，いわき市，郡山市，福島市の順。アは熊本県で，熊本市，八代

やや難 市，天草市の順。イは岡山県で，岡山市，倉敷市，津山市の順。 (2) 資料のそれぞれの項目の数字が意味することを考える。医療費が多いところは高齢化が進んでいる。乗用車が多いところは公共交通機関が不便なところ。昼夜間人口比率が100に近いところは近隣の県へ，県からの移動が少ないところで，逆に数値が小さいところは近隣の県へ昼間は出ていく人が多いところ。昼夜間人口比率が一番低いエが千葉県とまずわかる。1人当たりの医療費が一番高いアが高齢化が進んでいる島根県と判断でき，イとウでは乗用車が少ないイが福岡県，乗用車が多いウが山梨県と判断できる。 (3) 宿泊旅行者が一番少なく，外国人宿泊者数も一番少ないエは観光名所が少ない埼玉県。日帰り旅行者数が少ないウは沖縄県。アとイでは外国人宿泊者数が多い一方

やや難 で，日帰り旅行者数が多いイが京都府で残るアが長野県になる。 (4) Ⅰ オーバーツーリズムで交通面以外で地域住民にとって困るものでは，観光客が多いことで，飲食店などでの混雑や，観光客が出すゴミの問題がある。特に観光客のごみのポイ捨ては問題となる。また，観光客の交通法規の違反やマナー違反で道路の安全や住宅地での騒音問題なども増えている。 Ⅱ 観光地への入場者数を制限する方法としては，その地域へ入るルートが限られていれば，交通機関を制限し指定の観光バスやタクシー以外の乗り入れを禁止する方法や，入場者の予約制をとり，時間帯を分散させる方法などもある。前者は山などで既に採用されており，後者はコロナ禍の時に，博物館や美術館などで採用されていた。

基本 問4 (1) アは東側ではなく西側。ウは老人ホームではなく博物館。エは南向きでなく北向き。 (2) 25000分の1の地形図は等高線の細いのが10m毎，太いのが50m毎にある。Xからすぐのところでまず300m弱のピークがあり，その後，310mほどのピークを越えて，Yの前で450mのピークがある。 (3) 西洋なしとおうとうはどちらも山形県の収穫量が多い。おうとうは山形県につ

基本 いで北海道が多くイになり，西洋なしはアになる。ウはもも，エはぶどう。 (4) イは栃木県，エは新潟県の伝統的工芸品。アは岩手県，ウは秋田県，オは福島県のもの。

2 (日本の歴史－2024年から100年周期にさかのぼる歴史のさまざまな問題)

基本 問1 エ 鎌倉時代→イ 江戸時代→ア 日本の軽工業が発達するのは日清戦争前後→オ 1914年～1918年が第一次世界大戦の時期で大戦景気はこの頃→ウ 女性が参政権を得るのは1945年。

問2 Aはいわみ，Bはいしぼうちょう，Cはしょくさんこうぎょう，Dはにもうさく，Eはりょうがえしょう，Fはかぶなかま，Gはちくほう，Hはといやせいかない。太字のものを並べ替えると，しぶさわえいいち渋沢栄一となる。

重要 問3 (1) 18世紀の徳川吉宗の時代に米価が下落した原因を設問のA～Cの文章を参考にして説明する問題。Aから需要と供給の関係で供給が多いと価格が下がるということ，B，Cから耕地が拡大したことと農業技術が改良されたことから米の生産量が増えたことが考えられるので，米の

やや難 生産が増えて供給量が増えて価格が下落したと考えればよい。 (2) 米価が上がるように吉宗が試みた理由を，設問の文章から説明する問題。Dでは貨幣経済が浸透していたこと，Eからは幕府の収入は年貢米がほとんどであったことがわかるので，幕府にとっていろいろなものを購入するのには貨幣が必要であり，幕府の収入の大半は年貢米であり，その年貢米を売って現金化して得られた貨幣でいろいろなものを買わねばならないので，使える貨幣を増やすには米価を上げ

る必要があったということを考えればよい。

問4　アは日本町がつくられたのは東南アジア。ウはコシャマインではなくシャクシャイン。エはペリーが来航したのは1853年，1854年で，異国船打払令が緩められるのは1842年のアヘン戦争の後。

問5　埼玉の秩父の銅が献上されて，和同開珎になっている。アは神奈川県，イは東京都，ウは群馬県。

問6　イ　1912年→ウ　1915年→エ　1919年→ア　1931年→オ　1937年の順。

問7　「箱根八里は馬でも越すが，越すに越されぬ大井川」というのは江戸時代の東海道の交通の難所を指していわれたもの。箱根の峠は急坂で関所もあったが，馬でも越えることはできるが，大井川は橋がないので，越えるには川越え人足という人の手を借りて，越えなければならなかった。人足に肩車してもらって越えるか，数人の人足が担ぐ輿の上に乗せてもらって越える。そのため，水量が多く流れが速いときは越えることはできなかった。

やや難　問8　設問の図の4に当てはまるのは，征夷大将軍にはなったことがなく，強硬な姿勢をとる外国への対応を迫られたことがあり，在職中に亡くなり，臨時の最高職についたことがあるという条件に合う人物。江戸時代で考えると，開国しアメリカとの間で日米修好通商条約を締結することを迫られた幕府の大老で在職中に殺害された，井伊直弼を考えればよい。

問9　平安時代の9世紀，10世紀の頃に，釈迦が死んでから一定の期間を過ぎると仏教のありがたい教えが廃れて末法の世になると信じられて，来世で救われることを阿弥陀如来に祈る浄土教(浄土信仰)がさかんになる。平安時代に開かれた寺院の多くはこのため阿弥陀如来をまつってある。

やや難　問10　988年に尾張の国司の藤原元命(ふじわらのもとなが)の悪政について，郡司や農民たちが31箇条に渡って挙げて，朝廷に藤原元命をやめさせることを求めた書状が「尾張国郡司百姓等解文」というもの。藤原元命は翌989年に解任されている。

問11　年代順に並べると，イ　1156年→ア　1185年→ウ　1600年→オ　1863年→エ　1869年。東から順に並べるとエ　北海道→ウ　岐阜県→イ　京都府→ア　山口県→オ　鹿児島県となる。

重要　問12　(1)　イ　1401年→エ　1607年～→オ　1876年→ア　1909年→ウ　1919年の順。　(2)　Aが山形県，Bが福島県，Cが青森県，Dが宮城県，Eが岩手県。これ以外の東北地方の県が秋田県。

基本　問13　墾田永年私財法は聖武天皇が743年に出したもの。同じ年に東大寺大仏造立の詔もある。アは菅原道真が遣唐使廃止を建議した際のもの。イは805年に藤原緒継が出したもの。エは1086年に白河上皇が院政を始めたことを指すもの。

3　(政治－政治分野に関するさまざまな問題)

重要　問1　イは裁判所の違憲立法審査は，基本的に既に存在する法律を運用したり，その法律に照らした裁判を違憲と判断するもので，法律を違憲と判断することはやらない。ウは法律案の審議は衆参どちらから始めてもよい。エは緊急時には国会の承認が事後になることもある。

基本　問2　アは大選挙区制は一つの選挙区から2人以上を選出するもので，小選挙区制は一つの選挙区から1人を選ぶもの。一般に，小選挙区制の方が死票は多くなりがちである。ウは参議院議員選挙で44％台を記録したことがある。エは衆議院の比例代表制は政党名のみの投票。参議院の比例代表が政党名もしくは候補者名での投票。

問3　消費税は同じ額の税を払うとすれば，その税が所得に占める比率は所得が少ない人ほど大きくなり，税負担が重いものになる。アは住民税は国税でなく地方税。イは法人税は地方税でなく国税。所得税は会社員などの給与所得を得ている人については，所得額がほぼ正確に把握されるが，自営業主の場合には，本人の申告がないと把握できない部分が大きいので不公平ではある。

重要　問4　アは国際連盟はアメリカのウィルソン大統領の提案で設立されたが，アメリカは議会の反対を受け国際連盟には加盟していない。イは国際連盟は平和を乱す国への武力制裁の手段はなかった。エは国際連合の信託統治理事会は，その対象となる国や地域がなくなり，現在は活動をしていない。

基本 問5　AとCが4，Bは6，Dは25で，EとFは30。

問6　アは，キャッシュレス決済は日本ではまださほど浸透はしていないが，世界的に見ればかなり広がっている。ウは逆で，不景気時には金利を引き下げる。エは紙幣は日本銀行が発行しているが，硬貨は財務省造幣局が発行している。ちなみに紙幣の印刷は日銀には印刷所がないので財務省造幣局の印刷所で刷られている。

基本 問7　現在の日本国憲法は，大日本帝国憲法とは異なり，国民が定めたものという位置づけであり，この憲法で保障されるものを国民も自覚を持って享受すべきということで，不断の努力で保持するように求められている。

★ワンポイントアドバイス★

地理の統計問題で扱われているものは知識として知っている受験生はほとんどいないであろうものが多く，いかに自分の知っていることと照らし合わせて考えていくかが問題。そのものを知らなくても周辺知識を駆使し考えよう。

＜国語解答＞《学校からの正答の発表はありません。》

一　1　後生　2　世辞　3　早世　4　枚挙　5　形相　6　定石　7　熟考　8　師事

二　1　コ　2　エ　3　カ　4　ア　5　オ　6　イ　7　キ　8　ク　9　ウ　10　ケ

三　問一　ア　問二　イ　問三　A　おひつ　B　産湯［産湯桶］　C　棺桶　問四　エ　問五　エ　問六　ウ　問七　（例）　粗悪な代用品が多く出回り，本来の味が忘れられていった点。　問八　（例）　速醸できることでGHQが考えを変えたため大豆が手に入り，醤油づくりが途絶えなくてすんだということ。　問九　伝統的　（例）　蔵元の話のように，蔵や木桶を壊してしまったら二度とつくれないし，近代的な設備はいつでも取り入れられるので，味を守るためにも伝統的な製法を最優先にして行う。

四　問一　a　もれず　b　たかみ　問二　（例）　男子に交際を申し込まれること。問三　オ　問四　イ・エ　問五　（例）　須田との交流に気をとられて，悠子に気を遣っていないことが悠子に伝わるような態度。　問六　ア　問七　（例）　（自分と同じように成瀬も）東大キャンパスの人出を見て，大津のびわ湖大花火大会と同じぐらいだと思っていたから。　問八　ウ　問九　オ→エ→イ→ウ→カ→ア　問十　ア

○推定配点○

一・二　各2点×18　三　問二　3点　問三　各2点×3　問七・問八　各8点×2
問九　12点　他　各5点×4　四　問一・問六　各3点×3　問二　7点
問五・問七　各8点×2　他　各5点×5(問四・問九完答)　計150点

<国語解説>

一 (漢字の書き取り)

1の「後生(ゴショウ)だから」は「お願いだから」という意味。2の「お世辞(セジ)」は相手を喜ばせるためのほめ言葉。3の「早世(ソウセイ)」は若くして亡くなること。4の「枚挙(マイキョ)にいとまがない」は数えられないほどたくさんあること。5の「形相(ギョウソウ)」は激しい感情の現れた顔つき。6の「定石(ジョウセキ)」は確立された基本的な戦略や手法のこと。7の「熟考(ジュッコウ)」は十分に考えること。8の「師事(シジ)」はある人を先生として，その教えを受けること。

二 (ことばの意味)

1は暮らしにくいという意味のコ，2は極めてわずかなお金を意味するエ，3はなかったものとするという意味のカ，4は遠慮の意味のア，5は欠点などを探したてる意味のオ，6は有利なほうにつこうと形勢をうかがう意味のイ，7はありふれていて平凡なことという意味のキ，8は相手に高圧的な態度をとる意味のク，9は信用できない意味のウ，10は生まれつきの性質という意味のケがそれぞれ当てはまる。

三 (記録文－要旨・大意・細部の読み取り，空欄補充，ことばの意味，記述力)

問一　「木桶仕込みの醤油に　　線部1がつく時代が来る」とは，「蔵元ごとの個性を感じることができて……伝統的な製法でつくる木桶仕込み醤油を選んで買う消費者が増えてきた」ということから，1は「蔵元ごとの個性」のことなのでアが適切。この内容をふまえていない他の選択肢は不適切。

基本　問二　――線部2は，全国をわたり歩いて「桶づくり」をすることなので，桶をつくるためのイが適切。

問三　「赤ちゃんが……」で始まる段落内容から，「ご飯を入れる」Aは「おひつ」，BとCは「一生を通じてつきあう」ことなので，Bは生まれたときに入る「産湯」または「産湯桶」，Cは亡くなった人が入る「棺桶」がそれぞれ入る。

問四　D前の「慣用句」では，たががはずれたりゆるんだりすると桶がばらばらになることを，秩序や決まりにたとえているのでエが適切。たががはずれると桶がばらばらになることをふまえていない他の選択肢は不適切。

重要　問五　――線部3の説明として直後の段落で，「原料を仕込んでから一年以上経たなければ商品……ができない」こと，「四〇パーセントがしぼりかすになってしまう効率の悪さ」，「木桶は『不潔』である」ことから，極力使わないように，と指導があったことを述べているのでエが適切。アの「危険視された」，「木桶や樽作りの方法」を説明しているイ，ウの「近代的な製造方法を教える」，オの「醸造方法」と「衛生面」の説明はいずれも不適切。

問六　――線部4の「当時」はこの後で述べているように「戦後も，激しい食糧不足」の状況であったころのことで，「アルコールであればなんでもいい，という時代で……三増酒……といわれる粗悪な酒をみんな喜んで飲」んでいたのも「無理もない」ということなのでウが適切。エの「酒で飢えを満たしたい」とは述べていないので不適切。酒を飲む消費者側の説明ではない他の選択肢も不適切。

問七　――線部5は，三増酒といった粗悪な代用品がはやり，本来の味が忘れられていった「酒」と同じだった，ということなので，5前の「酒」の状況をふまえて，指定字数以内で具体的に説明する。

重要　問八　――線部6の説明として直後の段落で，「速醸する」という発明が「GHQを動かし，……原料大豆をまわしてもらえることにな」り，「この技術のおかげで現在の醤油業界が生き残ることができた」ことを述べているので，これらの内容を指定字数以内でまとめる。

やや難　問九　解答例では，本文の蔵元の話などを理由に伝統的な日本のやり方を選んでいるが，近代的を選んだ場合，本文で述べているように，品質が均一に保たれるということのほかに，木桶が製造されなくなっても生産できるなどの理由が考えられる。どちらの場合も具体的な理由を明確に述べることが重要だ。

四　(小説－心情・情景・段落構成・細部の読み取り，空欄補充，ことばの意味，慣用句，記述力)

基本　問一　～～～線部aの「ご多分にもれず」は，多くの人の場合と同様に例外ではない，という意味。bの「たかみ(高み)の見物」は，直接関係のない立場でなりゆきを興味本位でながめること。

問二　――線部1は「湖風祭前後にカップルが激増するという話」を，自分とは関係ないこととして楽しんでいた「わたし」にとっての「想定外の事件」のことで，直後で須田が「わたし」に声をかけ，「相関図」の線を「わたしに向けて……伸ばしてくるとは思わなかった」という「わたし」の心情が描かれているので，「男子に交際を申し込まれること」といった内容で具体的に説明する。

問三　□には，須田が「気持ちのいい相槌を打ってくれた」ことで，自分は「コミュ障」ではないかもしれない，ということを表す内容が入るのでオが適切。直前の描写をふまえていない他の選択肢は不適切。

問四　――線部2は，須田に「『大貫さんが行くなら行こうかな』」と言われたことに対するものなので，「東大志望の気持ち」を説明しているイ，「今後の展開に期待」とあるエは当てはまらない。

問五　――線部3後で，「『わたしに興味がないんだろうなって……明らかにこっちに伝わっちゃうのはどうなの？』」と悠子が話していること，「須田とはLINEでメッセージをやりとりするようになった」ことをふまえ，悠子に対する3のような態度を具体的に説明する。

問六　――線部4は，相手を軽く見て見下すことなのでアの意味が近い。イは関心や興味，思いやりがないこと。ウは軽べつの気持をこめて笑うこと。エは偉そうにすること。オは相手の名誉などを傷つけること。

重要　問七　――線部5のように思った，直前の成瀬の一言と同様のことを，「キャンパスでは……」で始まる段落で，東大の「キャンパスでは……大津でいえばびわ湖大花火大会レベルの人出である」と思ったことが描かれているので，このことを5の理由として指定字数以内でまとめる。

重要　問八　――線部6前で，「『西武池袋本店』」を見て「大津市民が失った光景と再会し，」「店に入ると，初めて来たはずなのに懐かしさを覚えた」という「わたし」の心情が描かれているのでウが適切。これらの描写をふまえていない他の選択肢は不適切。

問九　1～6までの描写を整理すると，1＝成瀬に髪のことをたずねているオ→2＝成瀬が髪に触れながら「わたし」の質問の感想を話しているエ→3＝エに対する「わたし」の反応であるイ→4＝坊主にした理由としてウと具体的な説明→5＝成瀬の説明に対する「わたし」の提案であるカ→6＝カに対する説明をしているア，という展開になっている。

やや難　問十　――線部7前で，「改めてまわりを見ると，いろいろな人がいる……派手な人ばかり目に入っていたけれど，地味な雰囲気の人もいるし，普段着でふらっと来たような人もいる」という「わたし」の心情が描かれているのでアが適切。イの「それぞれの価値観の中で生計を立てている」，ウの「生活水準」，「観察」を説明しているエ，オの「わたしの生活圏の外」はいずれも不適切。

★ワンポイントアドバイス★

小説では，場面ごとの主人公の心情の変化をていねいに読み取っていこう。

1教科入試

2024年度

解　答　と　解　説

《2024年度の配点は解答欄に掲載してあります。》

＜算数解答＞《学校からの正答の発表はありません。》

1　372cm^2　　2　(1)　32番目　　(2)　ア　2187　　イ　128番目　　ウ　1093

3　(1)　A　④・⑤・⑥　　ア　9倍(理由：解説参照)　　(2)　B　①・②・③　　イ　4.5倍

(3)　解説参照

4　(1)　14　　(2)　①　　(3)　(n＝5)　42通り　　(n＝6)　132通り　　(n＝7)　429通り

(n＝8)　1430通り

○推定配点○

4　各10点×6　　他　各9点×10(3(1)A，(1)ア，(2)B各完答)　　計150点

＜算数解説＞

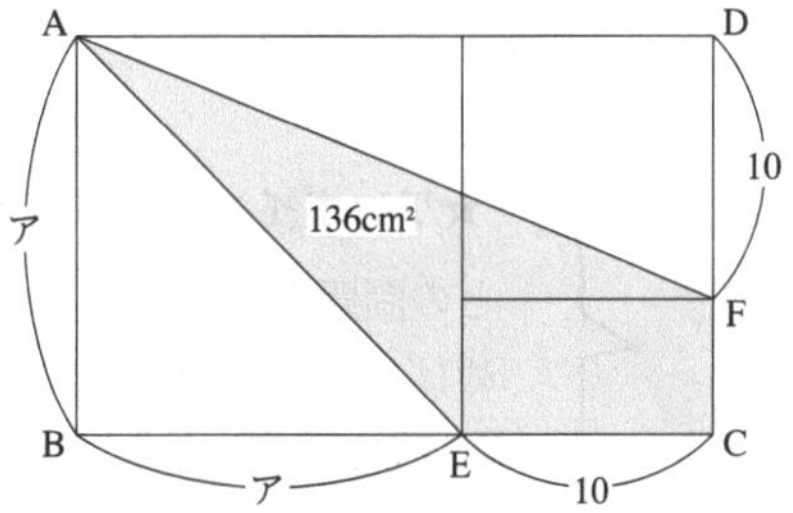

やや難　1　**(平面図形，割合と比)**

長方形ABCDの面積…ア×ア＋ア×10＝ア×ア÷2＋ア×5＋10×5＋136　　ア×ア÷2＋ア×5＝186

したがって，求める面積は186×2＝372(cm^2)

重要　2　**(数列，場合の数)**

数列①…1，3，9，27，81，243，429，……

数列②…1，3，4，9，10，12，13，27，28，30，31，36，37，39，40，81，……

(1)　数列①の243までの数…6個　　数列①の81までの数の2つの数の和…5×4÷2＝10(個)　　数列①の81までの数の3つの数の和…10個　　数列①の81までの数の4つの数の和…5個　　数列①の81までの数の5つの数の和…1個　　したがって，243は6＋10×2＋5＋1＝32(番目)

(2)　ア…729×3＝2187　　イ　数列①の2187までの数…8個　　数列①の729までの数の2つの数の和…7×6÷2＝21(個)　　数列①の729までの数の3つの数の和…7×6×5÷6＝35(個)　　数列①の729までの数の4つの数の和…35個　　数列①の729までの数の5つの数の和…21個　　数列①の729までの数の6つの数の和…7個　　数列①の729までの数の7つの数の和…1個　　したがって，2187は8＋(21＋35)×2＋7＋1＝128(番目)　　ウ…1＋3＋9＋27＋81＋243＋729＝(729×3－1)÷(3－1)＝1093

重要　3　**(平面図形，割合と比)**

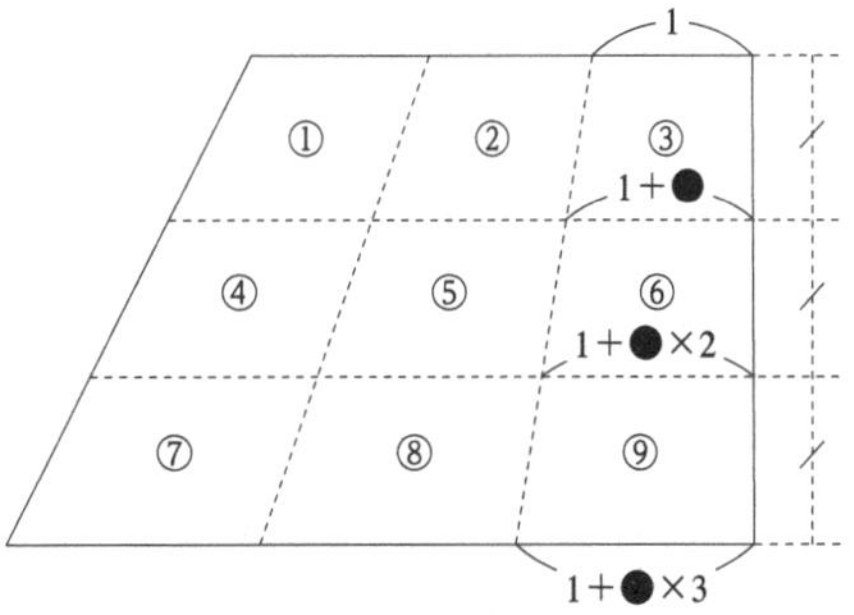

(1)　理由：解答例　台形⑥の「上底＋下底」…右図より，1＋●＋1＋●×2＝2＋●×3　　台形③の「上底＋下底」と台形⑨の「上底＋下底」の和…(2＋●×3)×2　　したがって，Aにあてはまる台形は④・⑤・⑥，アは3×3＝9(倍)

(2)　Bにあてはまる台形…(1)より，①・②・③　イ…台形⑨の面積と台形③の面積の和は台形⑥

の面積の2倍であり，イは$3\times3\div2=4.5$(倍)

(3)　理由：解答例　台形⑨の面積と台形③の面積の和は台形⑥の面積の2倍であり，全体の面積は中段の1つの台形の面積の9倍だから，台形⑨の面積と台形①か②か③の面積の和を$3\times3\div2=4.5$(倍)すればよいから。

4 (規則性，論理，場合の数)

$n=1$のとき…$2=1+1\to1$通り

$n=2$のとき…$3=1+2=2+1\to1\times2=2$(通り)

$n=3$のとき…$4=1+3=2+2=3+1\to2\times2+1=5$(通り)

重要 (1)　$n=4$のとき…$5=1+4=2+3=3+2=4+1\to5\times2+2\times2=14$(通り)

(2)　右の4つの式について…(　)の個数はどれも同じであり，5つの数の並べ方は小さい順であり，どれも2つの組に分けているので最もふさわしいのは①「5つのAを2組に分ける分け方」

((A)⊕(A＋A＋A＋A))
((A＋A)⊕(A＋A＋A))
((A＋A＋A)⊕(A＋A))
((A＋A＋A＋A)⊕(A))

やや難 (3)　$n=5$のとき…$6=1+5=2+4=3+3=4+2=5+1\to(14+5+2)\times2=42$(通り)　$n=6$のとき…$7=1+6=2+5=3+4=4+3=5+2=6+1\to(42+14+5\times2)\times2=132$(通り)　$n=7$のとき…$8=1+7=2+6=3+5=4+4=5+3=6+2=7+1\to(132+42+2\times14)\times2+5\times5=429$(通り)　$n=8$のとき…$9=1+8=2+7=3+6=4+5=5+4=6+3=7+2=8+1\to(429+132+2\times42+5\times14)\times2=1430$(通り)

★ワンポイントアドバイス★

どの問題も難しいといってしまえばそれまでになるが，腹に力を入れて問をよく読めばヒントが見えてくる。4「2組に分ける方法」は問題文自体の表現にまどわされずに，「規則性」にしたがって(1)・(2)は得点しよう。

東大Ⅱ

2024年度

解　答　と　解　説

《2024年度の配点は解答欄に掲載してあります。》

＜算数解答＞《学校からの正答の発表はありません。》

1　(1)　10匹　(2)　71個　(3)　32番目　(4)　13分30秒　(5)　10時40分
(6)　ア　26cm　イ　2m

2　(1)　EH：HD＝1：2　EG：GC＝1：4　(2)　$\frac{1}{30}$倍

3　(1)　B　1　C　2　D　4　E　2　F　5　(2)　A　106

4　(1)　解説参照　(2)　90cm^3　(3)　1：3　(4)　$\frac{600}{7}\left[85\frac{5}{7}\right]cm^3$

○推定配点○

3(1)　各6点×5　他　各8点×15　計150点

＜算数解説＞

重要　1　（鶴亀算，和差算，差集め算，規則性，速さの三公式と比，単位の換算，割合と比，ニュートン算，消去算，平面図形，相似）

(1)　カメとネコの数の和…(108－2×31)÷(4－2)＝23(匹)　したがって，ネコは(23－3)÷2＝10(匹)

(2)　④～④④④④＋3　5個ずつ食べる日…左表より，(4×3＋3－1)÷(5－4)＝14(日)
⑤～⑤①××　したがって，マカロンは5×14＋1＝71(個)

(3)

①	②	③	④	⑤	⑥	⑦	⑧	⑨
2	4	20	22	24	40	42	44	200

2000…3×3×3＝27(番目)　24…5番目
したがって，2024は27＋5＝32(番目)

(4)　東さんが歩く速さと栄くんが走る速さの比…1：1.5＝2：3　最初に2人が学校を出てから栄くんが2度目に学校を出るまでの時間…1.5＋1＋2＝4.5(分)　したがって，求める時間は4.5×3＝13.5(分)すなわち13分30秒

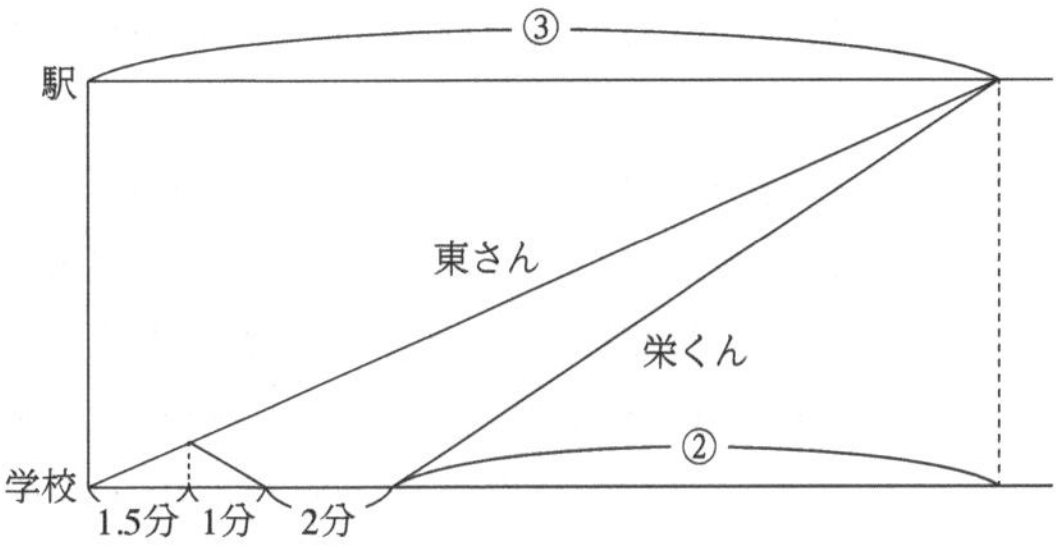

(5)　10時の行列の人数…□人　1分で行列が増える人数…△人　1分で1つの窓口を通る人数…1　20分で4つの窓口を通る人数…□＋△×20＝1×4×20＝80　－ア　10時10分から10時30分まで20分で5つの窓口を通る人数…□＋△×30＝1×5×20＝100　－イ　イ－ア…△×10＝100－80＝20より，△＝20÷10＝2　10時10分の行列の人数…80－2×(20－10)＝60　したがって，求める時刻は10時10分から60÷(1×4－2)＝30(分後)の10時40分

(6)　三角形アイウとエオウ…相似比は1.5：1＝3：2　Aの長さ[イ]…5÷(3＋2)×2＝2(m)　三角形カキクとケコク…相似比は5：2　天井からの長さ[ア]…10＋(50−10)÷5×2＝26(cm)

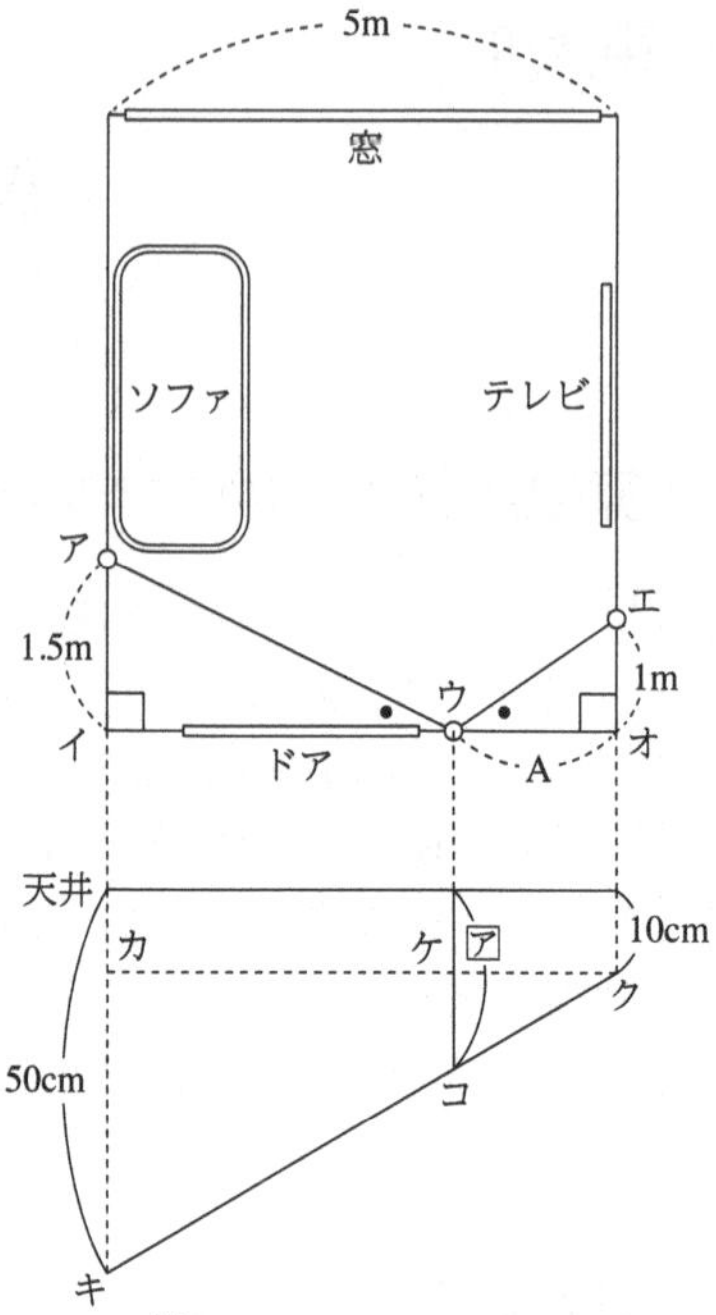

[2]　（平面図形，相似，割合と比）

重要　(1)　図1　三角形HEKとHDF…相似比は1：2　EH：HD…1：2　三角形EGKとCGB…相似比は1：4　EG：GC…1：4

やや難　(2)　図2　FH：HK…(1)より，2：1　KG：GB…①：④　1：①…2＋1＝3＝①＋④＝⑤より，5：3

図3　三角形EBHとABFの面積比…{1×(8＋12)}：{2×(10＋8＋12)}＝20：60＝1：3　三角形EGHとABFの面積比…{1÷(8＋12)×8}：3＝0.4：3＝2：15

したがって，求める割合は $2÷(15×4)=\frac{1}{30}$(倍)

図1

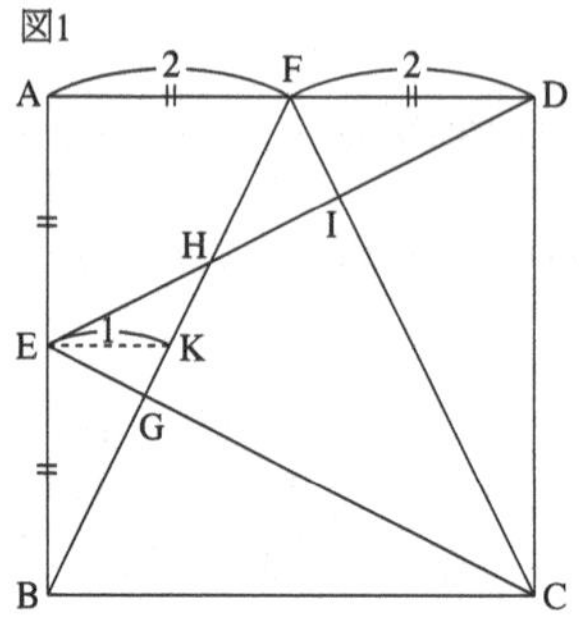

図2

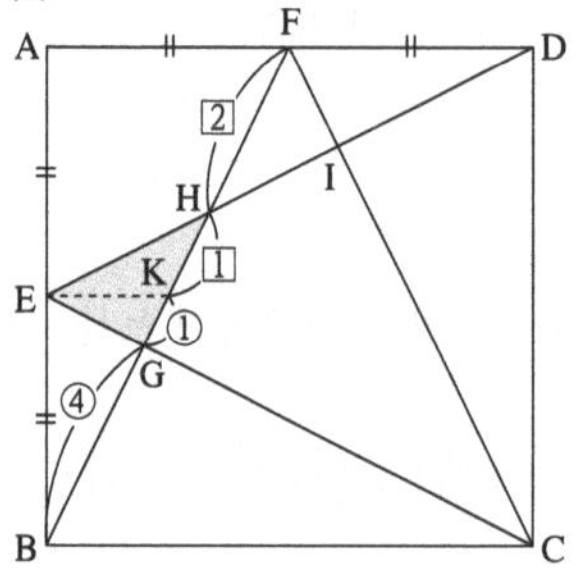

図3

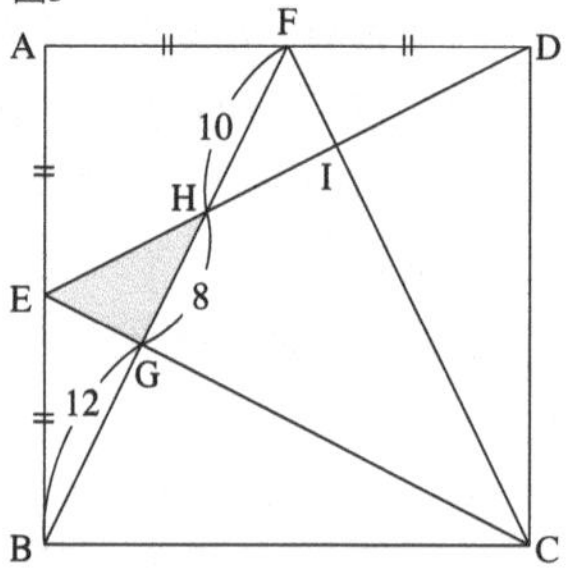

[3]　（平面図形，規則性，場合の数）

勇者の動かし方…右か上へ1マスか2マスか3マス進める

重要　(1)　スタートからアまでの進み方

[B]…1通り　スタートからイまでの進み方

[C]…1×2か2×1で2通り　スタートからオまでの進み方

[D]…1＋1＋2＝4(通り)すなわち3＝1×3，1＋2，2＋1，3×1　スタートからカまでの進み方

[E]…1＋1＝2(通り)　スタートからキまでの進み方

[F]…2×2＋1＝5(通り)　スタート→ウ→エ→キ・スタート→エ→キ・スタート→ウ→カ→キ・スタート→B→カ→キ・スタート→B→キ

第1ステージ　　第2ステージ

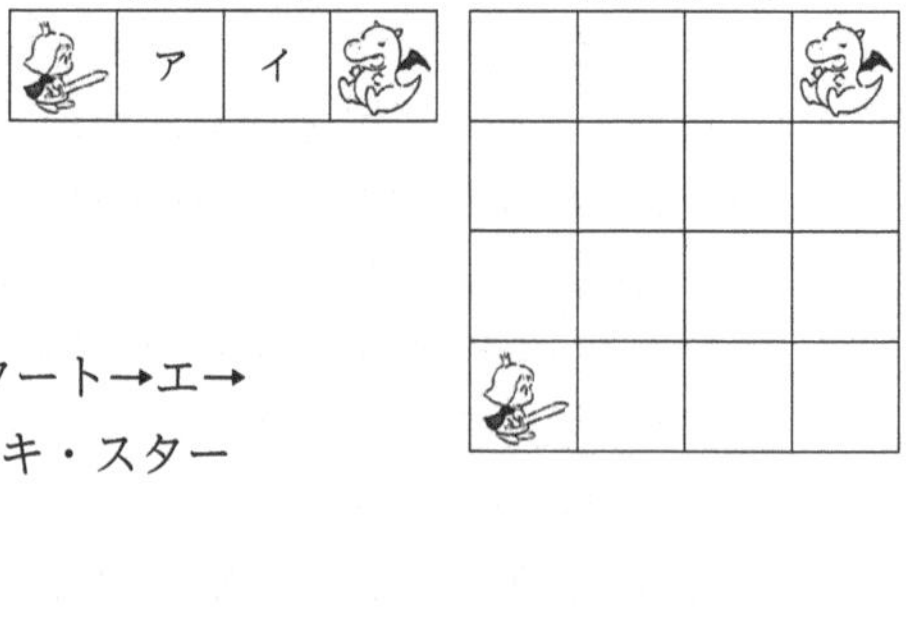

やや難　(2)　スタートからボスまでの進み方

[A]…下図より，(16＋4×4＋8×2＋1＋2×2)×2＝53×2＝106(通り)

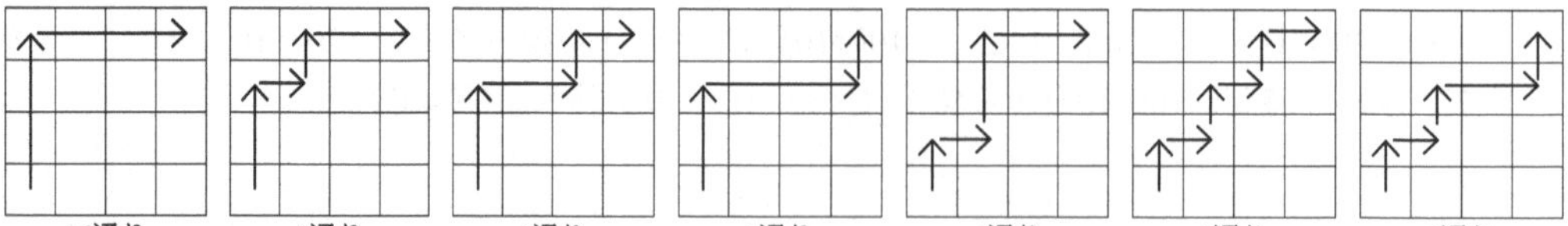

16通り　4通り　4通り　8通り　4通り　1通り　2通り

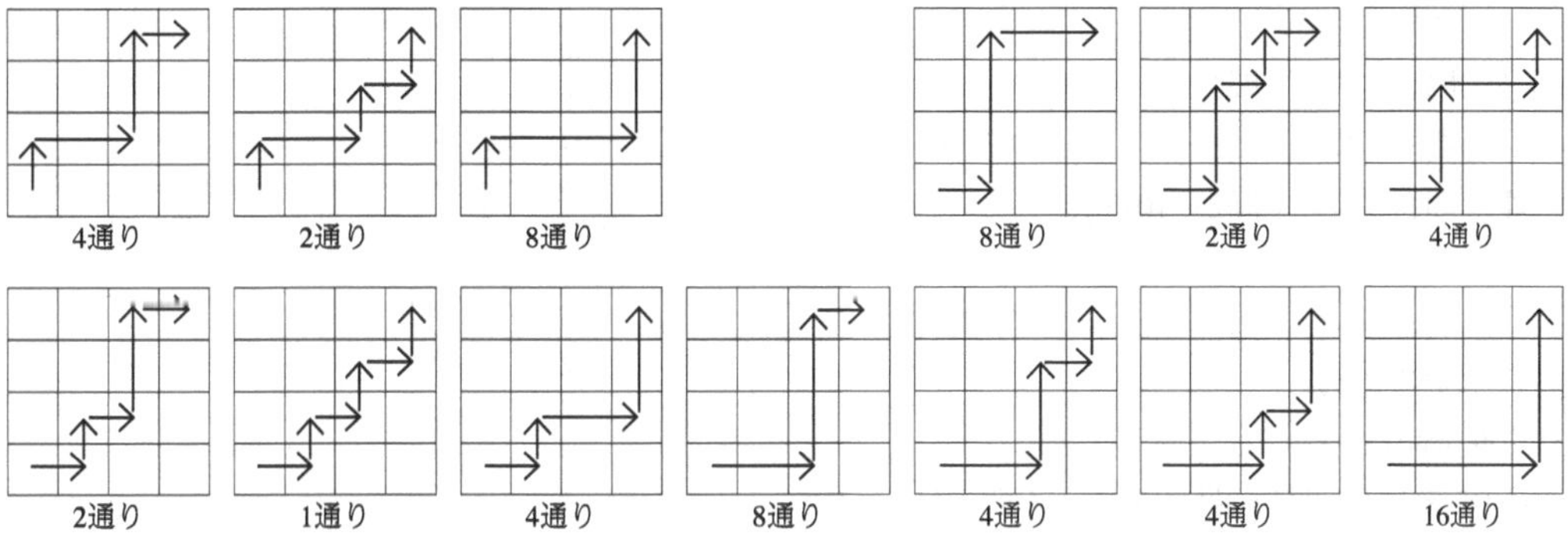

④ **(平面図形，相似，立体図形，割合と比)**

重要 (1)　切り口の図形…平行な面に切り口の線が平行に現れるので，右図のようになる

(2)　立体ABCD－MQPDの体積…$6\times6\times6\div2=108(cm^3)$　三角錐M－QPNの体積…$1\times6\div2\times6\div2=9(cm^3)$　したがって，求める体積は$108-9\times2=90(cm^3)$

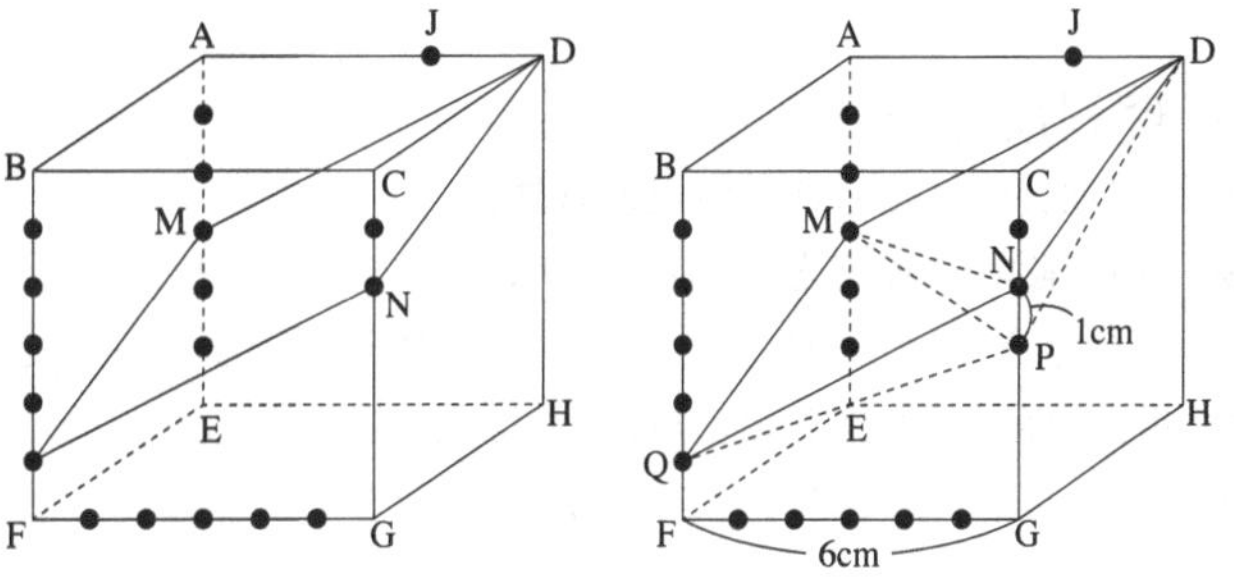

(3)　三角形CNIとHDI…相似比は2：6＝1：3

やや難 (4)　三角錐D－JCHの体積…$2\times6\div2\times6\div3=12(cm^3)$　JH：KH…右図より，$\{(2+5)\times2\}：\{(2+5)\times2-2\}=14：12=7：6$　CH：JH…(3)より，4：3　三角形JCHとKIHの面積比…$(7\times4)：(6\times3)=14：9$　したがって，求める体積は$90-12\div14\times(14-9)=\frac{600}{7}(cm^3)$

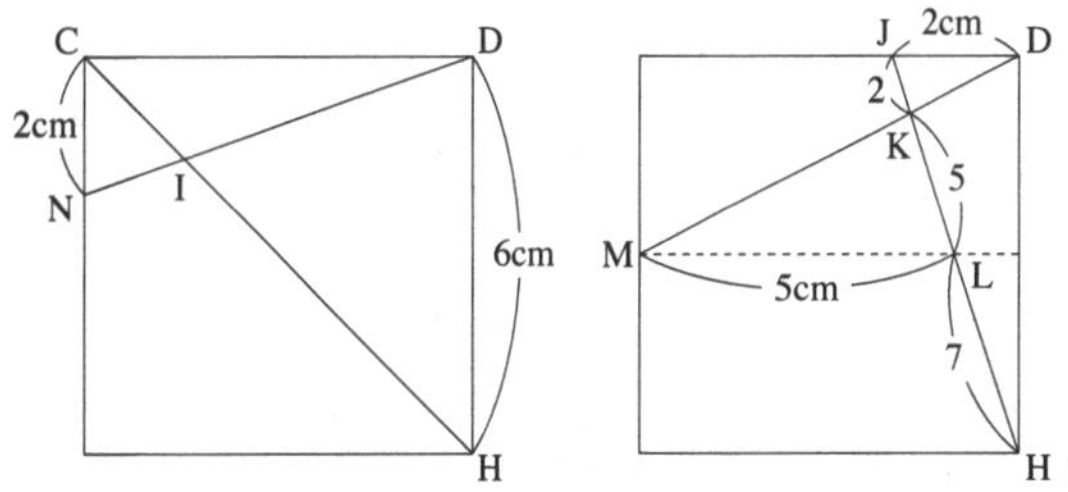

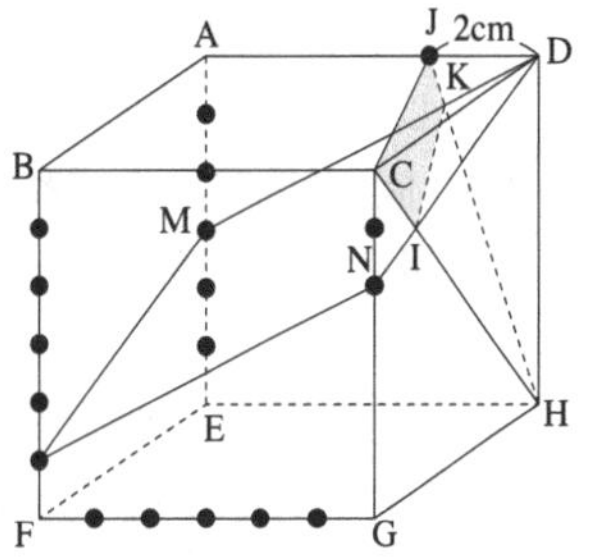

★ワンポイントアドバイス★

比較的，難しい問題は②(2)「三角形EGHと正方形の面積の割合」，③(2)「スタートからボスまでの行き方」，④(4)「切断してできる立体の体積」であるが，自分にとって解きやすい問題を優先して解くことがポイントである。

＜理科解答＞《学校からの正答の発表はありません。》

① 問1　A　カ　B　キ　C　ク　D　ウ　問2　キ　問3　ウ　問4　A　キ　B　ア　C　ウ　D　オ　問5　A　オ　B　ア　C　ア　D　オ　問6　オ　問7　ア

② 問1　ア　問2　ア　問3　エ　問4　19(分)12(秒)　問5　47(℃)　問6　オ

問7　右図

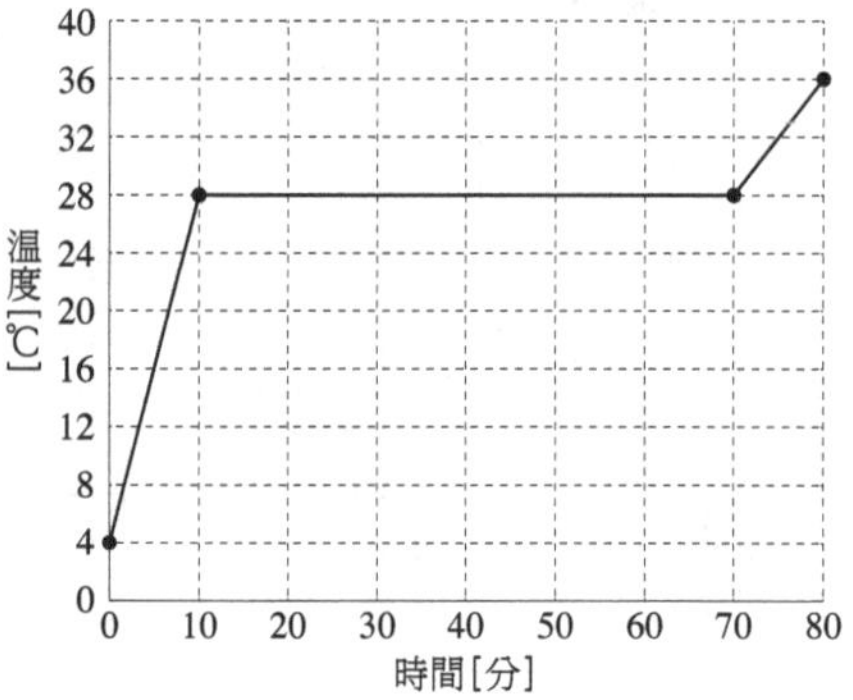

3　問1　ア　　問2　キ　　問3　ア　　問4　ウ
問5　エ　　問6　イ　　問7　ウ

4　問1　イ　　問2　10(℃)
問3　（温度）　40(℃)　　（湿度）　18(%)
問4　（例）　水蒸気が水に変化するとき，熱を放出するため。

○推定配点○

各3点×25（1問1・問4・問5，4問3各完答）

計75点

＜理科解説＞

1　（電流のはたらき―電流と磁界）

重要　問1　磁界の向きと方位磁針のN極の向きが同じになり，磁石の同じ極どうしは引き合い，異なる極どうしは反発し合うことから，棒磁石のまわりにできる磁界の向きは，図Ⅰのようになる。

基本　問2　棒磁石を図Ⅱのように2つに割ると，割った部分に図Ⅱのように新たにN極とS極ができる。

基本　問3　棒磁石を図Ⅲのように S極とN極をくっつけて一直線にすると，くっつけた部分の磁極はなくなり，図Ⅲのように1つの棒磁石となる。

図Ⅰ

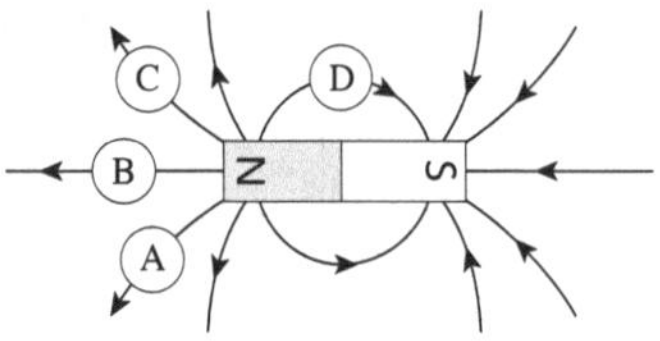

図Ⅱ

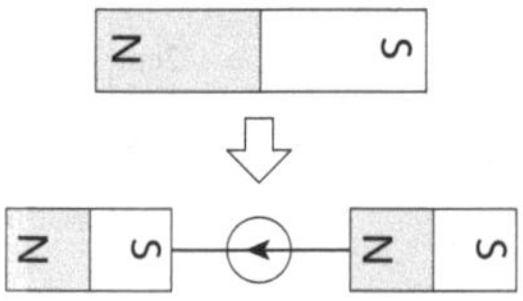

図Ⅲ

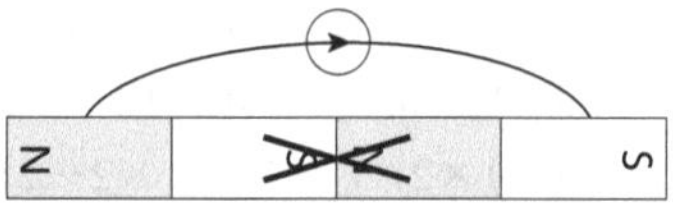

重要　問4　導線に電流を流すと，図Ⅳのように，右ねじの先を電流の向きとしたとき，ねじをしめる回転の向きに磁界が生じる。そのため，導線のまわりには，上から見たときに図Ⅴのような磁界が生じる。

問5　問4と同じように考えることができるので，導線のまわりには，上から見たときに図Ⅵのような磁界が生じる。

図Ⅳ

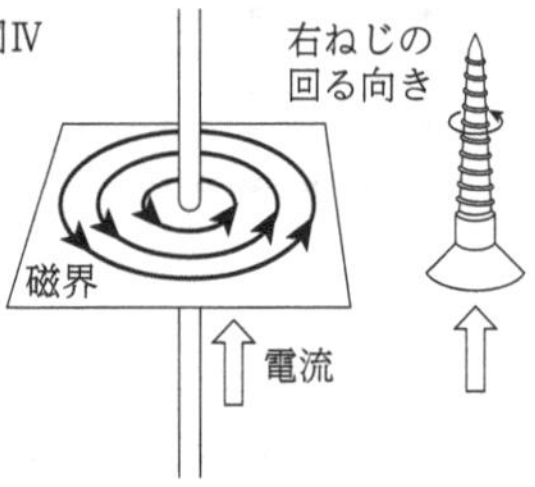

図Ⅴ

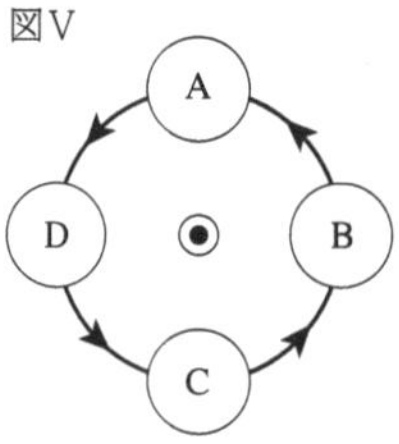

図Ⅵ

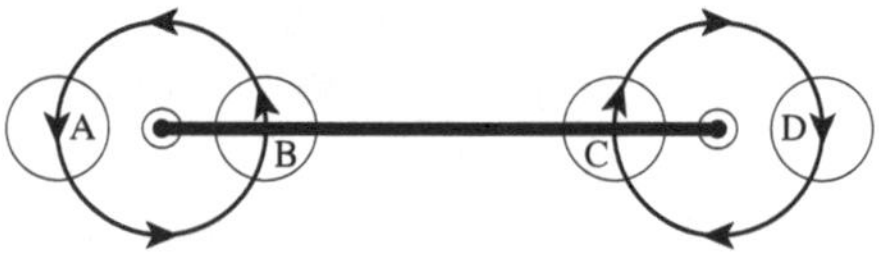

問6　導線を流れる電流によって図Ⅶのように磁界ができるため，コイルの内部には，上から見たときに図Ⅷのような磁界ができる。

図Ⅶ

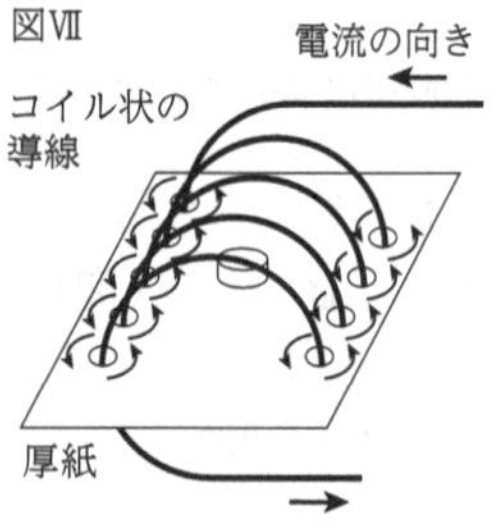

図Ⅷ

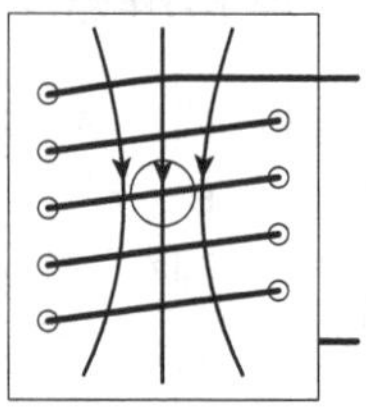

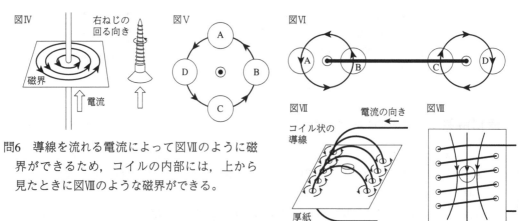

問7　筒状の磁石の内部では，磁石のN極からS極に向かうように図Ⅸのような磁界ができている。

図Ⅸ

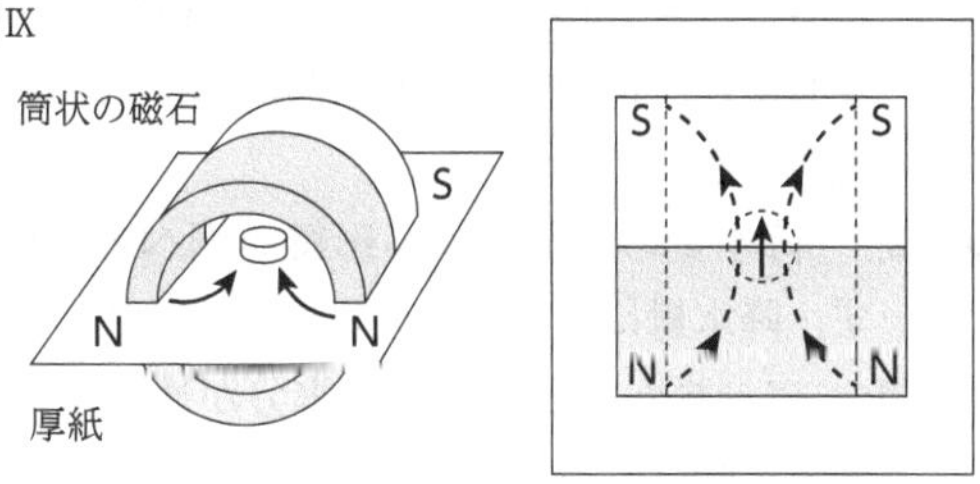

2　(熱の伝わり方—いろいろな物質の水の伝わり方)

問1　ビニールや発泡スチロールなどのプラスチックやガラスは熱を伝えにくく，アルミニウムなどの金属は熱を伝えやすい。長時間放置しているため，ア～エはいずれも同じ温度になっているが，アルミニウムは熱を伝えやすいため，手と棒の間で熱が最も移動しやすく，冷たく感じる。

問2　鉄と木では，熱の伝わり方にちがいはあるが，時間が経過すると周囲の温度と同じ温度になる。よって，アが誤り。

問3　エアコンは，空気を圧縮して密度が大きくなると温度が上がったり，膨張して密度が小さくなると温度が下がったりする性質を利用している。　ア…ホットプレートでは伝導を利用して熱を伝えている。　イ…携帯用カイロは，ふくまれている鉄が空気中の酸素と結びつくときに発生する熱を利用している。　ウ…電子レンジでは，物体中の水の分子を電子レンジからの電磁波で振動させることで熱を発生させている。　オ…太陽光では放射によって熱が伝わっている。

やや難　問4　同じ熱を加えるとき，同じ時間での上昇温度と水の重さは比例し，同じ重さに水での上昇温度と加熱時間は比例する。100gの水を100℃上昇させるのに12分かかるので，200gの水を100－20＝80(℃)上昇させるのにかかる時間は12(分)$\times\frac{200(\mathrm{g})}{100(\mathrm{g})}\times\frac{80(℃)}{100(℃)}=\frac{96}{5}$(分)＝$19\frac{1}{5}$(分)＝19(分)12(秒)

やや難　問5　20℃の水100gと60℃の水200gを混ぜたとき，20℃の水が得た熱の量と60℃の水が失った熱の量は等しくなる。また，移動する熱の量が等しいとき，水の重さと水の温度変化は反比例する。これらのことから，20℃の水の上昇温度は(60－20)(℃)$\times\frac{2}{1+2}$＝26.66…より，27℃となるので，混ぜた後の水の温度は20＋27＝47(℃)

重要　問6　氷に熱を加えて水にするとき，氷がすべて水になるまでは温度は0℃のまま変化せず，すべてが水になってから温度が上昇し始める。このことから，時間が経過してもしばらくの間，低温側の温度の変化がないオが適当なグラフであることがわかる。

問7　ネッククーラーの初めの温度は4℃なので，0分のときの温度は4℃とわかる。物質が固体から液体に変化している間は温度は変化しないので，素材が変化し始めた10分後から60分間は28℃のまま一定となる。このことから，10分後から70分後は28℃で一定とわかる。そして，1時間20分＝80分後に体温と同じ温度36℃になったとわかる。よって，グラフは(0分，4℃)，(10分，28℃)，(70分，28℃)，(80分，36℃)を通る。

3　(植物—ジャガイモの成長と気候)

基本　問1　キャベツはアブラナ科，カボチャとキュウリはウリ科，ナスはナス科，トウモロコシはイネ科の植物である。

重要　問2　ニンジンは双子葉類の植物で，葉脈は網状脈，根は主根と側根からなる。また，茎の横断面で維管束は輪状に並んでおり，道管の集まり(木部)と師管の集まり(師部)の間には形成層がある。

問3　タマネギの食べる部分は茎の一部で，1個1個のタマネギから根と葉がのびる。

問4　ア…図1より，出芽まで(5月～6月上旬)の平均気温はA年のほうが低いことがわかる。よって正しい。　イ…図2より，7月の平均地温は，A年は高かったことがわかる。よって正しい。　ウ…図

1から，7月～8月の平均気温は，A年は高かったことがわかる。よって，誤り。　エ…表から，出芽した日，1株あたりの収穫量，ふくまれるデンプンの割合の傾向は，4品種で同じような傾向が見られる。よって正しい。

重要　問5　降水量の増加による影響を調べる対照実験を行うので，温室Xと温室Yで温度の条件は変えず，降水量にあたる水分量を，A年のときの変化と過去平均の変化にして実験する。

基本　問6　ア…根からとり入れた水分が通るのは道管である。よって誤り。　イ…光合成は細胞内の葉緑体と呼ばれる緑色のつくりで行われていて，茎にも葉にもある。よって正しい。　ウ…葉にも道管や師管はあり，道管と師管の集まった部分である維管束は葉の葉脈にあたる。よって誤り。エ…蒸散は，葉の裏側のほうがさかんである。よって誤り。

問7　出芽までの期間が長かったことから，イモが大きくなる期間が短くなったことがわかる。また，図4から，例年よりもA年のほうが茎と葉の重量が重く成長したことがわかる。

4　(気象―フェーン現象)

重要　問1　表より，30℃の飽和水蒸気量は30.4g/cm^3なので，気温30℃，湿度57％の空気1m^3にふくまれる水蒸気の量は$30.4(g/m^3) \times 0.57 = 17.328(g/m^3)$である。表から20℃の飽和水蒸気量が17.3$g/m^3$なので，空気が上昇して温度が20℃になると水蒸気が水滴に変化して雲ができることがわかる。雲ができていない空気のかたまりは100m上昇するごとに1℃下がるので，30－20＝10(℃)下がるのには1000m上昇する必要があることから，雲が発生し始める標高は約1000mであると考えられる。

問2　問1から，雲ができてから山頂まで，空気のかたまりは3000－1000＝2000(m)上昇する。雲ができている空気のかたまりは100m上昇するごとに0.5℃下がるので，2000m上昇すると$0.5(℃) \times \frac{2000(m)}{100(m)} = 10(℃)$下がる。よって，山頂での空気のかたまりの温度は20－10＝10(℃)である。

問3　山頂では雲ができているので湿度は100％である。問2より，山頂での空気のかたまりの温度は10℃なので，空気1m^3中の水蒸気の量は飽和水蒸気量の9.4g/m^3である。山頂から標高0mまで下降するとき，雲はできていないので100m下降するごとに1℃上がるため，標高0mでの空気のかたまりの温度は$10(℃) + 1(℃) \times \frac{3000(m)}{100(m)} = 40(℃)$となる。また，40℃の飽和水蒸気量は51.2$g/m^3$なので，湿度は$\frac{9.4(g/m^3)}{51.2(g/m^3)} \times 100 = 18.35\cdots$より，18％である。

やや難　問4　水蒸気は水滴に変化するとき熱を放出し，その熱によって空気があたためられるため，水蒸気のままのときに比べて温度変化が小さくなる。

★ワンポイントアドバイス★

実験や観察などが題材になり，条件や結果をしっかりと読み取って解答していく問題が多いので，読解力・思考力を養うことをつねに心がけて学習を進めよう。

＜社会解答＞《学校からの正答の発表はありません。》

1　問1　Ⅰ　渡良瀬(川)　Ⅱ　御嶽(山)　問2　A　ウ　B　イ　C　エ
問3　(1)　(畜産)　ウ　(野菜)　エ　(2)　(三重県)　イ　(広島県)　ア
(3)　(中国)　ウ　(ベトナム)　エ　問4　カ　問5　ウ　問6　(京都市)　エ
(福岡市)　イ　問7　カ　問8　(1)　学校数の違いにより，代表になるまでの試合数に差が出る(こと)　(2)　大都市圏と地方の人口の差が大きくなっていくことから，インフラの整備や行政サービスなどに格差が生じると考えられる。　問9　(1)　ウ　(2)　ウ
(3)　あ　三角州　い　広島　(4)　ウ

2 問1 エ　問2 ウ　問3 2番目 オ　4番目 イ　問4 エ　問5 ア
問6 2番目 ウ　4番目 オ　問7 ウ　問8 ア　問9 2番目 ア　4番目 エ
問10 2番目 エ　4番目 オ　問11 前島密　問12 2番目 オ　4番目 ア
問13 2番目 オ　4番目 ア　問14 (日本では,)資金や兵器・弾薬が足りなくなったため。 (ロシアでは,)皇帝の政治に反対する革命運動がおきたため。

3 問1 (1) 無罪 (2) エ　問2 ア　問3 ウ　問4 エ　問5 イ　問6 ウ
問7 ウ

○推定配点○

1 問1，問2 各1点×3(問2完答)　他 各2点×14(問3，問6各完答)

2 各2点×14(問3・問6・問9・問10・問12～問14各完答)　3 各2点×8　計75点

＜社会解説＞

1 (日本の地理－日本の各地の生活の様子，産業に関する問題)

基本 問1 Ⅰ 渡良瀬川の遊水池は，足尾鉱毒事件の後に設けられたもので，渡良瀬川を流れてくる鉱毒を利根川に流さないために設けられた。 Ⅱ 御嶽山は独立峰で飛騨山脈の南にある。

問2 A 青森県の木は津軽ヒバで有名なヒバ。 B 富山県の花は砺波平野で球根の栽培が有名なチューリップ。 C 岐阜県は内陸県なので川の魚のあゆを選べばよい。

やや難 問3 (1) 畜産が盛んな場所は，気候や土壌の問題で，他の農業をやるのにはあまり向かない場所が中心でウ。野菜栽培が盛んな場所は，野菜栽培で経営が成り立つところ。温暖な土地で言えば高知県などの促成栽培が盛んなところを考えてほしい。また近郊農業が盛んな大都市圏に隣接するところとして関東地方の千葉県，埼玉県，群馬県，茨城県，神奈川県や愛知県，奈良県などがある。アは米，イは果実。 (2) 4つの県の製造品出荷額のグラフの識別問題だが，4県の特徴が割と似たものなのが厄介。三重県はイで，中京工業地帯の西側のあたりで，伊勢湾に面した地域を中心に工業が盛ん。鈴鹿の自動車工業はわかってほしい。また四日市ぜんそくとの兼ね合いで石油化学関連の工場も多いと考えてほしい。広島県はアで，瀬戸内工業地域の中で，広島は自動車工業が盛んであり，またかつては造船で有名だったところなので，船の材料の鉄鋼をつくる工業もある。ウが静岡県でエが神奈川県。 (3) 在留外国人は出身国ごとに，ある程度，日本にいる理由などで特徴がある。ブラジルやペルーといった南米の国々から来ている人の多くは，日本の自動車や機械の組み立て工場で働くために来ている。そのため住んでいる場所がその工業の盛んな地域に偏ってくる。ブラジルの人が多いのはア。中国やベトナム，フィリピンといったアジアの国々の人では，中国の人が最も多く集まっているのは首都圏で，これは中国の企業の駐在員として日本にいる人や，日本に留学している人が多くそれ以外の地域では東南アジアの人々同様の場合もあり，東南アジアの国々の人は，日本で職業に関する知識や技術を身につけるためにという目的もしくは日本が外国人に門戸を開いている職業に就くためという人が多く，現状では日本の事情としては過疎地の労働力不足が深刻な地域での受け入れが増えている。ベトナムからの人が多いのはエで中国からの人が多いのはウ。また韓国系の人の場合，かつての植民地時代に日本に来たまま定住している人やその二世，三世もいて，特に大阪府やその周辺に多い。韓国系が多いのはイ。

問4 Cは冬の降水量が多いので日本海側の特徴がみられる青森市。AとBではAの方がやや気温が高く，梅雨の降水量も多いので太平洋側の海に近い宮古市で，Bは内陸になる盛岡市。

重要 問5 アは，倉吉市からは鳥取市への通勤通学の方が多いが，米子市は近くの松江市に行く方が多い。イは鳥取市から倉吉市へ行く人の方が倉吉市から鳥取市へ行く人よりも多い。エは倉吉市から松江市へ行く人の方が，鳥取市から松江市に行く人よりも少ない。イとエは母集団の違いから生じることだと思われる。

問6　京都市と福岡市は，どちらも地域の中では企業や学校が集中している場所なので，近隣の市町村から通勤通学で来る人の方が，市から出ていく人よりも多く，交通の便も良いので昼夜間人口比率が100を大きく超えてくる。一方で，京都市よりも比較的近い奈良県や大阪府の方が地価が安いところもあり，また京都市は文化財などの関係で新規にマンションなどの建設を行いにくい場所で，人口は減少傾向にあると考えられるのでイが福岡市でエが京都市と判断できる。アはさいたま市でウが新潟市になる。

重要　問7　AとBはどちらも大都市にあるが，ドーム式の野球場は，プロ野球球団の本拠地があるところと考えればよいので，Bがいで，Aがうと判断できる。残るCはあになる。

やや難　問8　(1)　高校野球の場合，参加する学校の数によって試合の数がかなり変わってくる。代表校が決まるまでにすごく時間がかかる県もあれば，早くに決まる県もあり，この差はその地域にある高校の数で生じる。　(2)　人口が減少すると，その地域の町の機能が失われてくる。例えば人口が減少すると地域にあるスーパーマーケットや個人経営の店などは客が少なくなり経営がなりたたなくなり，その結果廃業してしまうということもある。そうなると，近隣に日常的な買い物を行える店がない地域ができてしまう。あるいは，公共交通機関が利用客減になることで採算が取れなくなり，交通機関の路線の廃止という問題もおこってくる。また，行政的な面で言えば，人口が減少したら，その地域の税収は減り，行政で使える資金も減ってくる。一方で，高齢化が進行していれば，さらに社会保障関連の支出を増やさざるを得ない状態になったりもする。そうなってくると，行政サービスで今は行えていることが，将来的には行えなくなってくるものも出てくる。

問9　(1)　ⅠからⅡまでの断面図を考えると，まずおよその形ではアとウのどちらかかなと判断してほしい。25000分の1の地形図なので等高線の主曲線(細い線)が10mごと，計曲線(太い線)が50mごとになる。Ⅰの右に274mのピークがあり，Ⅰはそこよりは低い。ここからいったん少し上がった後，100mほどのところまで下り，そこから再び上がるが，Ⅱの下の安佐南区という字の左に534mのピークがあり，Ⅱにいたるルートでは400mを少し超えたあたりが最高点となり200mのあたりまで下る。アは500m辺りまで上がっているので上がりすぎである。　(2)　砂防ダムで，川の水と一緒に運ばれてくる土砂をある程度せき止めて下流にまで行かないようにするもの。(3)　河川が山間から平地に出るところで形成されるのが扇状地で，河口付近にできるのは三角州。扇状地は粒子が荒い土砂で，水を得るためにはやや深く掘らないと得られない。一方，三角州は粘土のような粒子の細かい土砂の堆積で，扇状地と比べると水はけは悪くなる。広島市は太田川の三角州に発達した市として有名。　(4)　アは図の線路沿いには病院はあるが，老人ホームはみあたらない。イは「あき亀山駅」の北西には集合住宅が並んでおり，比較的新しく開発されて住宅が増えているところと思われる。エは大毛寺川沿いの地域は住宅地がほとんど。

2　(日本の歴史－古代から昭和までのさまざまな問題)

基本　問1　アは登呂遺跡は弥生時代のもの。イは縄文時代にはまだ金属器は使われていない。ウは打製石器は石を打ちかいて作ったもので旧石器時代のもの。縄文時代には磨製石器になってくる。また石包丁は稲の穂首を刈り取るのに使われたものとされ弥生時代のものになる。

問2　アは郡司は地方の有力者が就いた職で，中央から派遣したのは国司。イは藤原道長と頼通は兄弟でなく親子。エは阿倍仲麻呂は平安時代ではなく奈良時代の人物。遣唐使廃止を進言したのは菅原道真。また，日本から唐へは遣唐使がたびたび派遣されたが，唐から日本に来たのはほとんどいない。

重要 問3　ウ　858年→オ　935年→ア　1086年→イ　1156年→エ　1167年の順。

基本 問4　アは源頼朝が全国に守護と地頭を置くのは1185年で，将軍になる前。イは管領ではなく執権。ウは鎌倉ではなく京都に六波羅探題を置いた。六波羅は京都の清水寺のあたりの地名。

問5　イは問丸ではなく酒屋。ウは綿でなく麦。エは博多や堺は門前町ではなく港町。

重要 問6　イ　1575年→ウ　1582年→ア　1588年→オ　1590年→エ　1592年の順。

問7　ウが寛政の改革の際に行われた囲い米の制。アは享保の改革の上米の制。イは天保の改革。エは徳川吉宗の享保の改革の中のこと。

重要 問8　イは日米和親条約を結んだ際にはまだ井伊直弼は大老になっていない。ウは徳川慶喜が政権を天皇に返したのは大政奉還。エは生麦は横浜市にある地名。

問9　東から順にウ　北海道の根室→ア　神奈川県の浦賀→イ　京都府の鳥羽伏見→エ　山口県の下関。

問10　ウ　1871年→エ　1874年→ア　1890年→オ　1894年→イ　1902年の順。

問11　前島密は旧越後高田藩の出身。1871年に郵便事業を創業。

重要 問12　イ　1912年→オ　1915年→エ　1918年→ア　1918年→ウ　1923年の順。エの米騒動が起こった後に原敬内閣が成立する。米騒動の原因となった米価の高騰はロシア革命への干渉戦争のシベリア出兵をやるという噂で米屋が米の売り惜しみや買い占めを行ったため。そのため米騒動が起こった後に実際のシベリア出兵が行われた。

問13　エ　1936年→オ　1940年→ウ　1947年→ア　1956年→イ　1972年の順。

やや難 問14　日露戦争は日本にとっては総力戦であり，国の力をすべて出し切ってしまったもの。戦争を続けるにも戦費の調達が難しくなり，武器弾薬も底をついていた。一方のロシアでは1905年の1月に，「血の日曜日事件」と呼ばれる事件が起こり，さらに6月には黒海の海軍艦隊で水兵の暴動がおこり，皇帝の独裁状態に対しての反発が強まり，皇帝側が議会の開設と憲法制定を約束せざるを得なくなる。これを第一次ロシア革命と呼ぶ。この状況でロシアは戦争を続けるのが困難になり停戦をもとめるようになる。

3　**（政治－政治分野に関するさまざまな問題）**

問1　(1)　犯罪を犯した嫌疑で抑留または拘禁を受けていた場合，裁判で無罪となったならば，国に補償を求めることができるというもの。この補償は裁判にかかった費用と，無罪であるのに嫌疑をかけ拘束したことへの賠償の両方がある。裁判の際に弁護士を雇った経費や裁判所に出頭した際の交通費などと，拘束されていた日数×1000円～12500円を求められる。　(2)　社会権は人間らしく生きる権利とされ，生存権，教育を受ける権利，勤労権などが該当する。アが知る権利，イは身体の自由の自由権，ウは参政権。

重要 問2　イは，同じ金額の消費税を払うとすれば収入の少ない人ほど収入額に占める消費税の割合が高くなり，税の負担が重くなる。収入の多い人の方が一般に消費も多く，その人が支払う消費税の総額は大きくなるが，生活必需品など低所得者でも消費するものの消費で言えば高所得者も低所得者でもあまり差はなく支払うものなので，同じように比べれば，高所得者の方が負担は軽く低所得者ほど重くなっている。ウは法人税も直接税。エは一般会計の歳出の中で一番比率が高いのは社会保障関係費で，ほぼ3分の1ほどになっている。

問3　**あ**は社会権の中の勤労兼，**い**は平等権，**う**は請求権。民事訴訟の裁判を起こす権利は請求権。

基本 問4　アは満30歳以上ではなく満25歳以上。イは満35歳以上ではなく満30歳以上。ウは満30歳以上ではなく満25歳以上。被選挙権の年齢は都道府県知事と参議院議員のみが満30歳以上で，その他は満25歳以上と覚えればよい。

問5　アは最高裁長官の指名は内閣の権限。ウは参議院の緊急集会は衆議院が解散している際に，国に緊急の必要があれば参議院だけで審議を行うもの。エは次年度の予算審議は1月からの通常国会で行う。

問6　アは違憲立法審査権は裁判所全体が持つもので下級裁判所にもあるが，最終的な判断は最高裁が下す。イは裁判官の弾劾裁判は国会で行う。エは最高裁判所裁判官の国民審査は参議院議員選挙ではなく衆議院議員の選挙の際に行われる。

重要　問7　**あ**は好景気の時は一般に，利率は高くなる。利率を下げると金融機関からの貸し出しが増えることにつながり，金融機関から借り入れてでも活動を行うように企業や個人が活発に動くことは景気が良くなることにつながる。景気の変動は緩やかな波のような動きであり，好景気の頂点に達するとその後は下るだけになるので，政府や日銀は景気が頂点に到達する前の状態を長引かせるように動く。この場合に金利で言えば引き上げることで，景気にブレーキをかけることができる。

★ワンポイントアドバイス★

知識の有無ではなく，知っていることを使って考えることが求められている問題が増えている。問題の答えそのものは知らなくても，考えれば答えがわかる問題もあるので，知っていることとつなげて考えることが大事。

＜国語解答＞《学校からの正答の発表はありません。》

一　1　今生　2　参画　3　利器　4　発破　5　人事　6　不得手　7　出典　8　景観

二　1　コ　2　エ　3　ケ　4　オ　5　イ　6　ク　7　ウ　8　キ　9　ア　10　カ

三　問一　エ　問二　ア　問三　A　利他的　B　利己的　問四　親が子供を
問五　ア　問六　(例)　炭化水素の組成によって仲間かどうかを識別するアリの習性を利用して，違う種でありながら同種になりすまして社会を乗っ取るアリがいるということ。
問七　仲間と認識　問八　(例)　電車に座っている時，窓からの光がまぶしくて日よけを下げたことで，他の乗客も日射しを避けることができたというのは，一見利己的に見えて利他的な行動だと思う。

四　問一　A　エ　B　イ　C　ア　問二　イ　問三　ウ　問四　公民館の文
問五　オ　問六　(例)　自分を仲間として認めてくれている三熊やクラスメイトたちの思いやりがうれしくて，ありがたく思えたから。　問七　(例)　自分がなぜ吹奏楽をやりたいと思うようになったか，そのきっかけ(を伝えたほうがいいということ。)
問八　(例)　自分が部長でなくなっても，仲間と思いを一つにして練習に励み，満足できる演奏を目指してもう一度この部で頑張ろうという思い。

○推定配点○

一・二　各2点×18　三　問二　各3点×2　問六・問八　各12点×2　他　各5点×5
四　問一・問二　各3点×4　問六・問七　各10点×2　問八　12点　他　各5点×3
計150点

＜国語解説＞

一　（漢字の書き取り）

1の「今生(コンジョウ)の別れ」はこの世で最後の別れ，すなわち死別を指す表現。2の「参画(サンカク)」は計画に加わること。3の「文明の利器(リキ)」は物質的文化の発達によりもたらされた，便利な機械や器具のこと。4の「発破(ハッパ)をかけられる」は強い言葉で激励されたり，気合いを入れたりすること。5の「人事(ジンジ)をつくして天命を待つ」は人間ができる限りの努力をしたら，あとは運命にまかせること。6の「不得手(フエテ)」は得意でないこと。7の「出典(シュッテン)」は引用した語句などの出所である書物のこと。8の「景観(ケイカン)」は景色やながめの印象。

二　（ことばの意味）

1は苦しさにたえられず弱音をはく意味のコ，2は役に立たないものという意味のエ，3は気持ちがすっきりする意味のケ，4は緊張がゆるむ意味のオ，5は胸の中という意味のイ，6は礼を欠く意味のク，7はしばらく残っている世間などの関心という意味のウ，8は権力やお金などを意味するキ，9は工夫をこらす意味のア，10は愛想や思いやりという意味のカがそれぞれ当てはまる。

三　（論説文－要旨・大意・細部の読み取り，空欄補充，記述力）

基本　問一　――線部1は「自分にメリットが還ってくるのを期待するわけでもなく，とっさに取る行為」のことなので，自分のことだけを考える行動であるエはふさわしくない。

問二　――線部2の疑問に対して「集団内での……」から続く2段落で，「鳥類や哺乳類の世界では……見張り役の個体が存在し……警告音を出して仲間に危険を知らせ」るという「利他的行動には集団全体でみると……生存率が高くなるというメリットがあるように思え」るが，「黙って飛び立」って「群れから離れるリスク」より「警告音を発して他の仲間と同時に飛び立つほうを選ぶ」ため「警告音を発する行為は，純粋な利己的行為であ」ることを述べているのでアが適切。これらの内容をふまえていない他の選択肢は不適切。

問三　AとBは「利己的」「利他的」のいずれかが入り，Aの行動の具体例として挙げている「チドリ」「カバキコマチグモ」の行動を「利他的行動」と述べているのでAには「利他的」，Bの行動の具体例として挙げている「ハダカデバネズミ」の行動を「利己的行動」と述べているので，Bには「利己的」が入る。

問四　チドリとカバキコマチグモは「親が子供を命懸けで保護する行動を取ること」の例として挙げているので，このことが共通点になる。

問五　――線部3が重要である説明として3直後で，「仲間は自己の遺伝子を……保ち，増やし続けるのに必要である場合が多い」が，「仲間でないものはそのイベントに関与し」ないことを述べているのでアが適切。この内容をふまえていない他の選択肢は不適切。

重要　問六　――線部4の「これ」は直前の段落の，炭化水素の組成によって仲間かどうかを認識するアリの習性のことで，4のある段落で，サムライアリはこの習性を利用して，他種であるクロヤマアリになりすましてクロヤマアリの社会を乗っ取ることを述べているので，これらの内容を指定字数以内でまとめる。

重要　問七　サムライアリとヒトについて「サムライアリの社会は……」から続く2段落で，ヒトの社会でも共同体に属していない奴隷は古くから存在し，民族や宗教間の戦いのなかで奴隷が発生していたことは「仲間と認識しないものに対しては冷酷に搾取する」という行為で，サムライアリと大差ないことを述べているので，このことが共通点になる。

やや難　問八　解答例では，個人的な体験をもと述べているが，他にも，災害などの被災地や自然環境保護のために，企業が売り上げの一部を寄付する，という例も考えられる。日常生活のさまざまなシーンをふり返って，具体的な行動を説明することが重要だ。

四 （小説－心情・情景・細部の読み取り，空欄補充，ことばの意味，漢字の書き取り，記述力）

問一　Aはいらだたしい気持ちがつのって落ち着かなくなるさまを表すエ，Bはうろたえるさまを表すイ，Cはためらいながらするさまを表すアがそれぞれ当てはまる。

基本　問二　――線部1は，想定外のことにとまどい，うろたえるという意味なのでイが適切。

問三　――線部2は，信任投票で残念な結果になったときは部長を譲るしかないんじゃないかな，と吉野先生が話したことで，先生は味方だと思っていたのは間違いだったと気づいたが，それを見せないように強気に振る舞っている様子なのでウが適切。先生のことを説明していないエは不適切。他も先生の説明がいずれも不適切。

問四　□部分の「公民館の文化祭で演奏するはずだった曲。」の一文は，今はもう演奏できない状況，すなわち，退部することが前提とされていることを表している。

問五　「清清する」は，気分が晴れやかにさっぱりするさまを表す。

問六　――線部5前で，こぼしたクリームシチューを「『……吹奏楽の仲間なんだからさ』」と言って一緒にかたづけてくれて，吹奏楽部を変えることに「『これからはぼくもちゃんと協力するから』」と話す三熊や，高城を「はげますように笑いかけ」る大久保の様子が描かれていることをふまえ，三熊やクラスメイトの思いやりに，うれしくありがたく思っている高城の心情を簡潔に説明する。

重要　問七　――線部6を思いだした高城は，吹奏楽をやりたいと思うようになったきっかけを話しているので，6直後の高城のセリフをふまえて，浅見のアドバイスを設問の指示に従って指定字数以内でまとめる。

やや難　問八　――線部7前の「結果がどうなろうと，おれがすべきことは変わらない」という心情には，自分が部長でなくなっても，自分と同じ気持ちの三熊や仲間たちと練習に取り組み，満足な演奏を目指してこの部で頑張ろうという思いがこめられているので，7前の心情や「『だけど，うちの……』」で始まる高城のセリフもふまえて，高城の「新たな決意」を具体的に説明する。

★ワンポイントアドバイス★

論説文では，キーワードとなる言葉に対する筆者の見解をしっかりと読み取っていこう。

2023年度

★★★★★★★★★★★★★★★★★★★★★★★★

入　試　問　題

2023年度

栄東中学校入試問題（東大特待Ⅰ）

【算　数】（50分）　＜満点：150点＞

【注意】 1．コンパス・定規・分度器は使わずに答えてください。
2．円周率《りつ》は3.14とします。
3．比を答えるときには，もっとも簡単な整数の比で答えてください。

1　次の □ にあてはまる数を答えなさい。

(1) 教室に新入生を迎《むか》えるための飾《かざ》り付けを，栄くん１人では70分，栄くんと東さんの２人では30分で仕上げられます。栄くんが１人で □ 分 □ 秒飾り付けをしたところで，東さんが手伝って２人で飾り付けをしたところ，合計56分で仕上がりました。

(2) 右の四角形ABCDはADとBCが平行で，AD：BC＝５：６である台形です。点ＥはBCの真ん中の点，FEはABと平行，BGは台形ABCDの面積を２等分しているとき，FH：ＨＥをもっとも簡単な整数の比で表すと □：□ です。

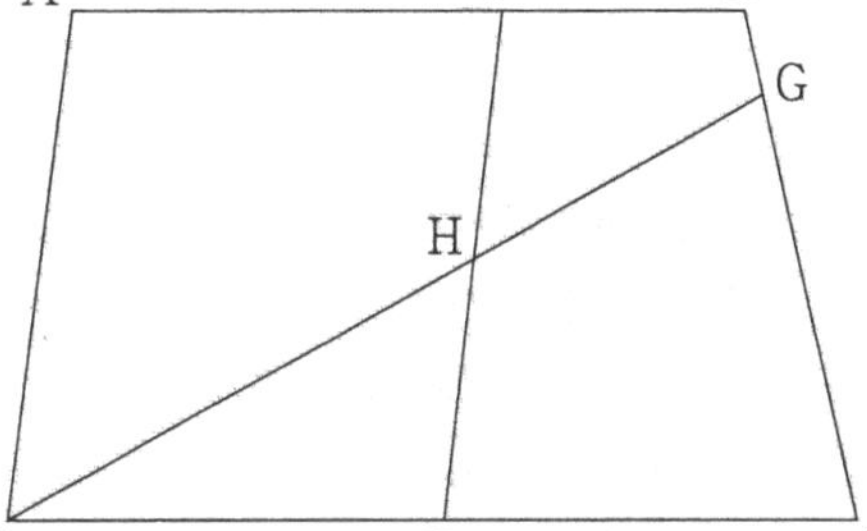

(3) 栄くんと東さんは同じ道を通って学校から駅に向かいます。東さんが学校を出発した２分後に栄くんが学校を出発して歩いて駅に向かいました。栄くんは学校を出て４分後に東さんに追いつきましたが，忘れ物をしたことに気付き，すぐに学校に向かって走って引き返しました。栄くんが学校に着いてから再び学校を出発するまでに３分かかり，走って駅に向かったところ，栄くんと東さんは同時に駅に到《とう》着しました。栄くんと東さんが歩く速さは一定で，栄くんが走る速さは栄くんが歩く速さの２倍で一定でした。東さんは学校を出てから駅に到着するまでに □ 分 □ 秒かかりました。

(4) ある遊園地のチケット売り場には開園時に毎日同じ人数の行列ができていて，つねに一定の割合で行列に人が加わります。普段は４つの窓口で開園して20分後に行列がなくなります。今日は開園の準備に手間がかかり，3つの窓口で開園したところ，30分後になっても行列は開園時の半分になっただけでした。そこで窓口を２つ増やしたところ，その □ 分後に行列がなくなりました。

(5) 食塩水の入ったビーカーA，Ｂ，Ｃがあって，中に入っている食塩水の濃度はそれぞれ２％，４％，10％で，ＣはＢよりも食塩水が60ｇ多く入っています。３つのビーカーの中の食塩水をすべて混ぜたところ，5％の食塩水が560ｇできました。Aのビーカーには □ ｇの食塩水が入っていました。

(6) 2023のように各位の数の和が７になる４桁《けた》の整数のうち，2023未満のものは □ 個あります。

2 図のような正六角形があります。辺の途《と》中にある黒い点はそれぞれの辺を３等分する点で，正六角形の面積は54cm^2です。

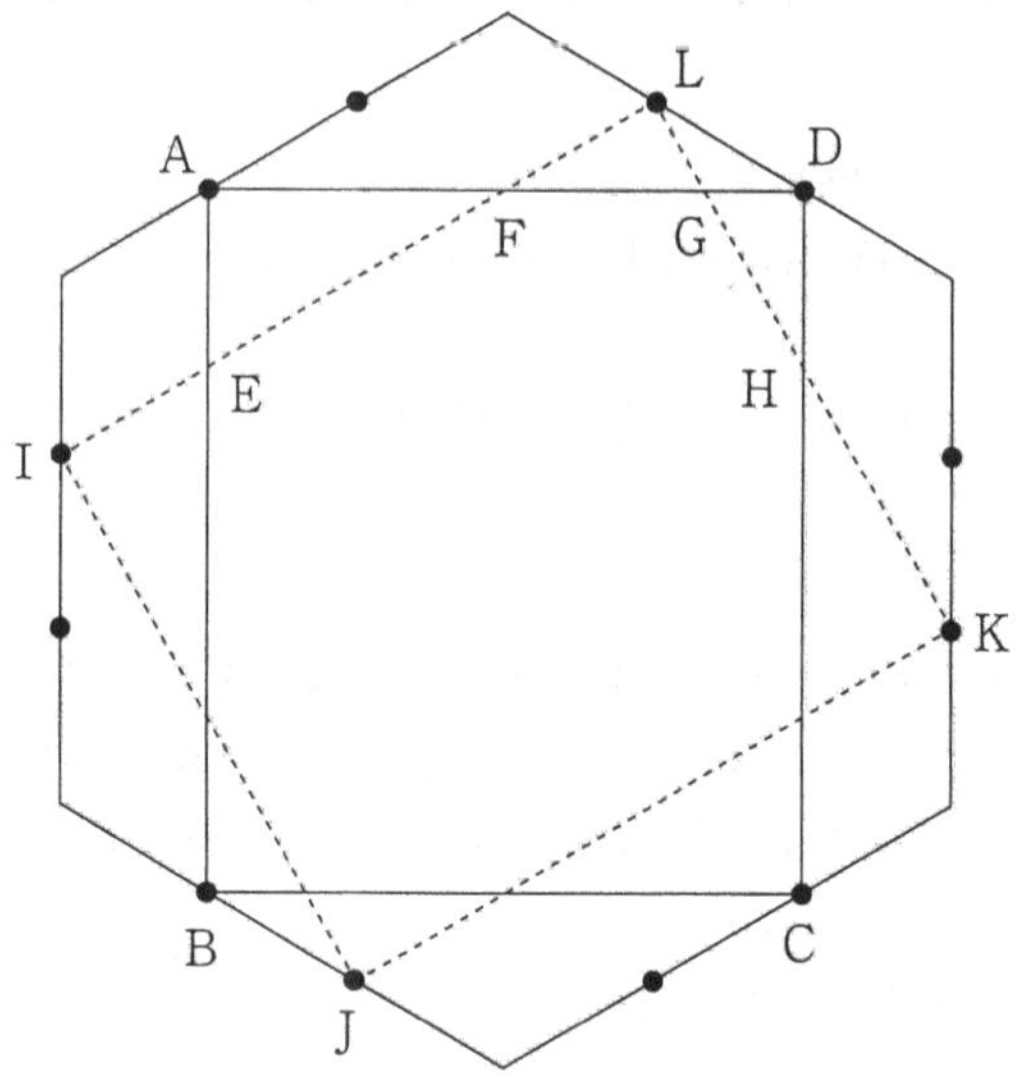

⑴ 四角形ABCDの面積を求めなさい。
《解答欄《らん》の考え方を記す欄に考え方も書きなさい》
⑵ 三角形AEFの面積を求めなさい。
⑶ 三角形DGHの面積を求めなさい。
⑷ 四角形ABCDと四角形IJKLの２つの四角形が重なる部分の図形の面積を求めなさい。

3 ある数A以下でもっとも大きい整数を［A］と表すことにします。

たとえば，$\left[\frac{1}{2}\right]=0$，$\left[\frac{3}{2}\right]=1$，［２］＝２などのようになります。

⑴ $\left[\frac{7}{17}\right]+\left[\frac{14}{17}\right]+\left[\frac{21}{17}\right]+\cdots+\left[\frac{119}{17}\right]$ の値はいくつですか。

⑵ $\left[\frac{126}{17}\right]+\left[\frac{133}{17}\right]+\left[\frac{140}{17}\right]+\cdots+\left[\frac{238}{17}\right]$ の値はいくつですか。

⑶ $\left[\frac{7}{17}\right]+\left[\frac{14}{17}\right]+\left[\frac{21}{17}\right]+\cdots+\left[\frac{2023}{17}\right]$ の値はいくつですか。

《解答欄の考え方を記す欄に考え方も書きなさい》

4 地面から高さ４ｍの位置にある電球で，地面に置かれた立方体Ａを照らします。次のページの図１はその様子を真上から見た図です。図の１マスを１ｍとします。
⑴ 立方体Ａの影《かげ》を解答欄の図に書き込み，その面積を求めなさい。
次に，次のページの図２のように，太線の位置に高さ２ｍの壁《かべ》をつくります。
⑵ Ｂの位置に長さ２ｍの棒を地面に垂直に立てるとき，壁にうつる棒の影の高さを求めなさい。
⑶ 壁にうつる立方体Ａの影を解答欄の図に書き込み，壁にうつった影の面積を求めなさい。

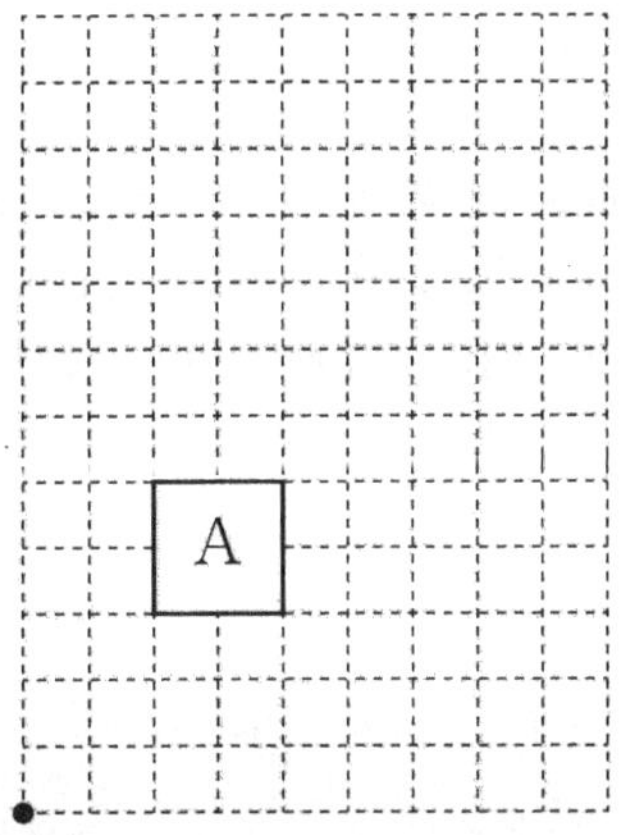

図１

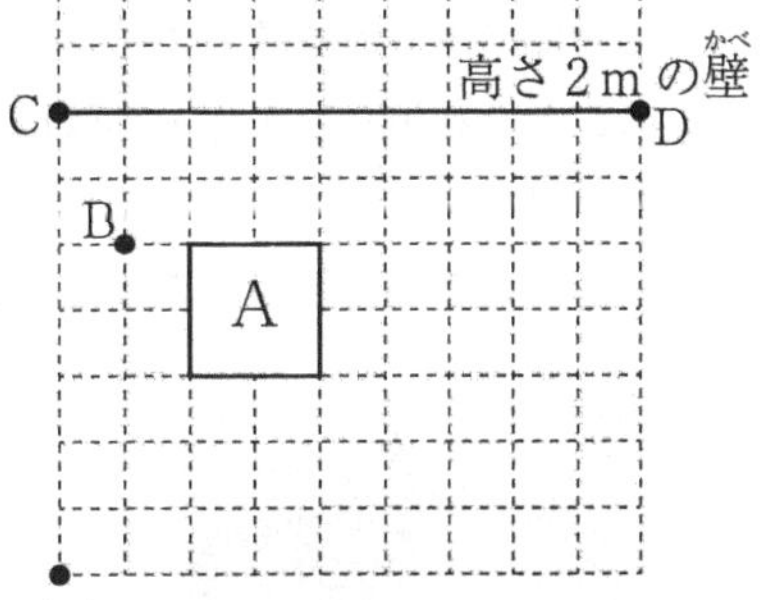

図２

【理　科】（40分）　＜満点：75点＞

1　変形しない物体を１点で支えて静止（動きが止まり傾《かたむ》きはじめない）させると，支えている点（支点）はその物体の重心の位置，または，**図１**，**図２**のように，その重心の真上か真下の位置になります。このことを利用した工作・実験について，あとの問いに答えなさい。なお，このあとでてくる「竹ぐし」は重さと太さを無視《むし》できる変形しない棒《ぼう》と考え，「おもり」の重さはとりつけた点の一点に集中し，大きさを無視できるものとします。

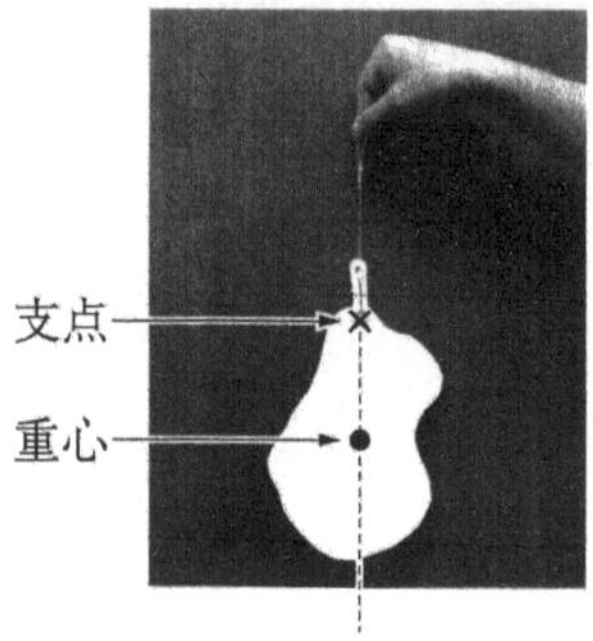

図１

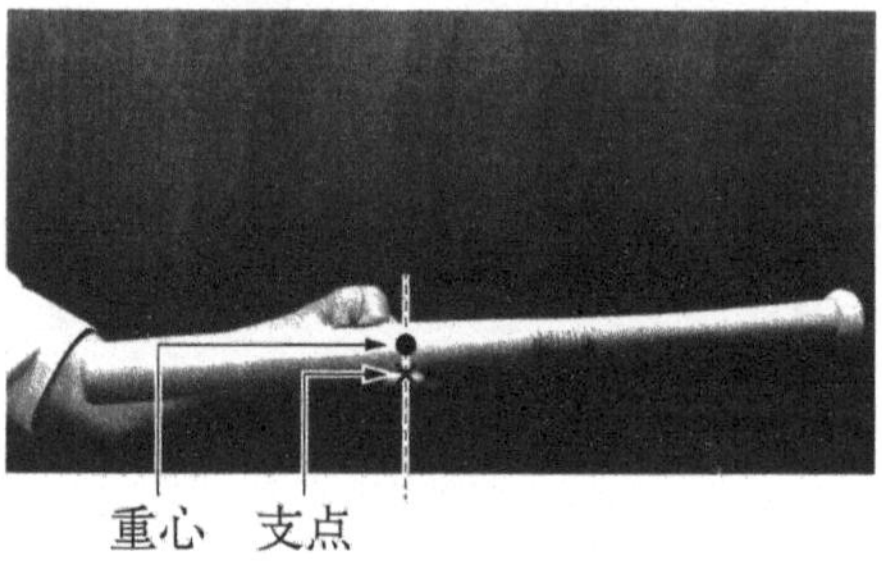

図２

まず，**図３**のように18cmの竹ぐし１本を用意して，左端《ひだりはし》に８ｇ，右端に16ｇのおもりをとりつけた物体をつくりました。

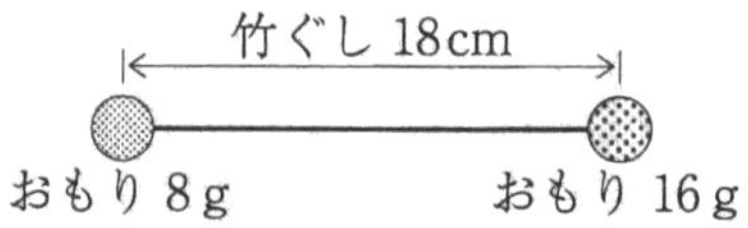

図３

問１　**図３**の物体を竹ぐし上の１点で支えて，竹ぐしを水平な状態で静止させるためには竹ぐしの左端から何cmのところを支えればよいか答えなさい。

次に，**図４**のように直角に折れ曲がったＬ字型の棒を用意して，頂点《ちょうてん》と端を点Ａ，Ｂ，Ｃとし，点Ｂと点Ｃにそれぞれ８ｇのおもりをとりつけて物体をつくりました。Ｌ字型の棒は重さと太さを無視でき，変形しないものとします。

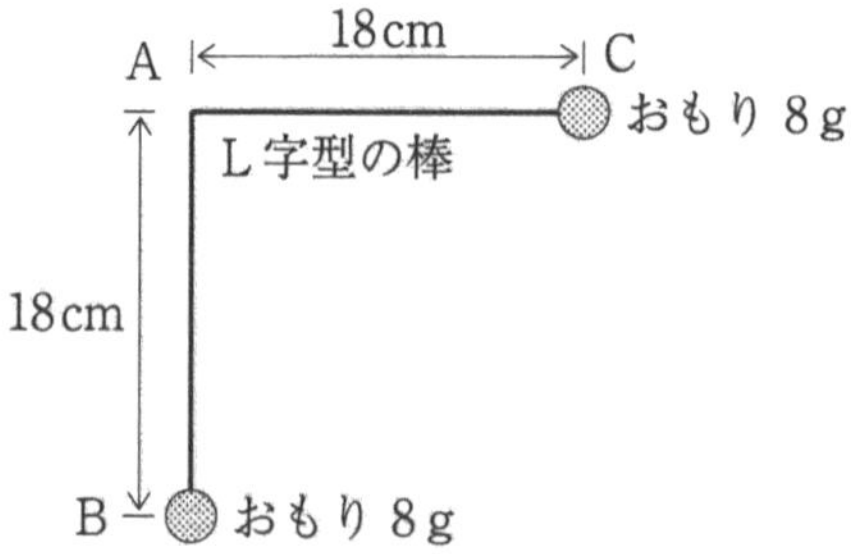

図４

問２　**図４**の物体のAC上の１点を糸でつり，ACを水平な状態で静止させるためには，Aから右へ何cmのところに糸をとりつければよいか答えなさい。

次に，**図５**のように三角定規を用意して，頂点を点A，B，Cとし，点A，B，Cにそれぞれ８ｇのおもりをとりつけて物体をつくりました。三角定規は直角二等辺三角形で重さと厚さを無視でき，変形しないものとします。

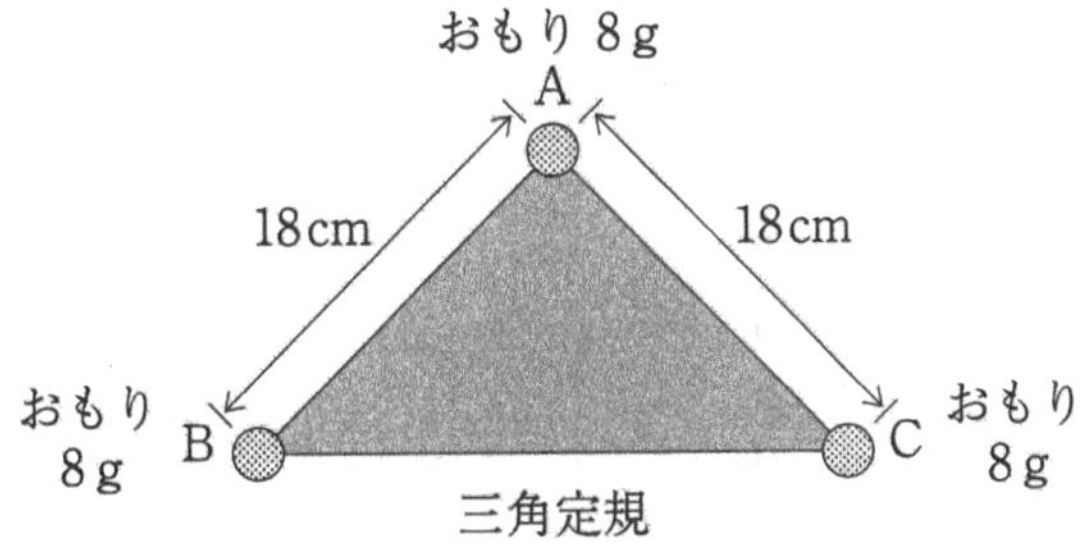

図５

問３　**図５**の物体の辺AC上の１点を糸でつり，辺BCを水平面に対して垂直《すいちょく》な状態で静止させるためには，Aから何cmのところに糸をとりつければよいか答えなさい。

次に，**図６**のようにつまようじと竹ぐし２本におもりを３つとりつけて，左右対称《たいしょう》でない「やじろべえ」をつくりました。竹ぐしの端をそれぞれ点A，B，Cとし，点Aには８ｇ，AB上には16ｇ，AC上には重さがわからないおもりがとりつけてあります。また，点Aにはつまようじを1.5cmに切断したものをとりつけてあります。なお，２本の竹ぐしは点Aで角度が120°になるように接しており，竹ぐしとつまようじは60°の角度になっています。つまようじも，竹ぐしと同様に，重さと太さを無視できる変形しない棒とし，その上端《じょうたん》は点Aと接しており，下端《かたん》を点Oとします。

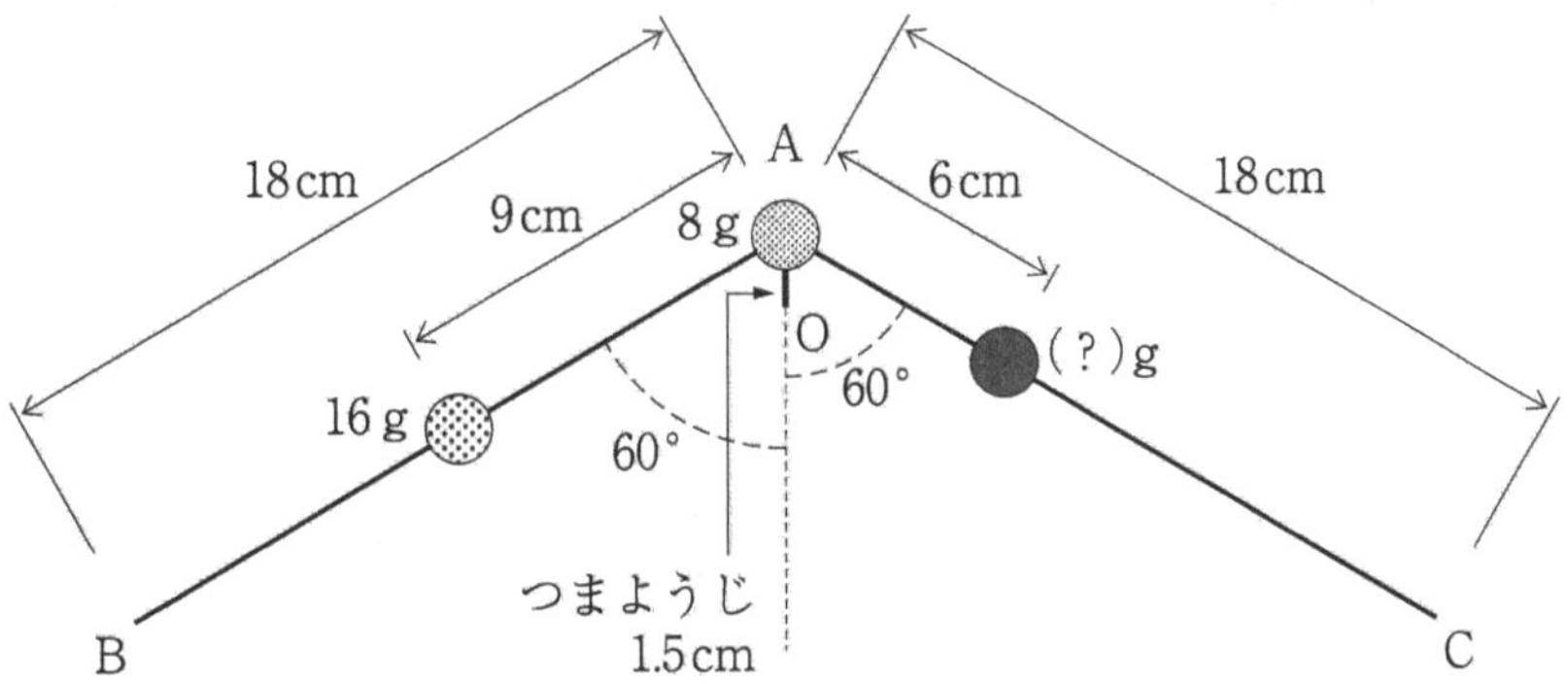

図６

問４　**図６**のやじろべえの点Oをペンのふたの先端で支えると，次のページの**図７**のようにABが水平面に対し垂直となり，静止しました。AC上にある重さがわからないおもりの重さは何ｇか答えなさい。

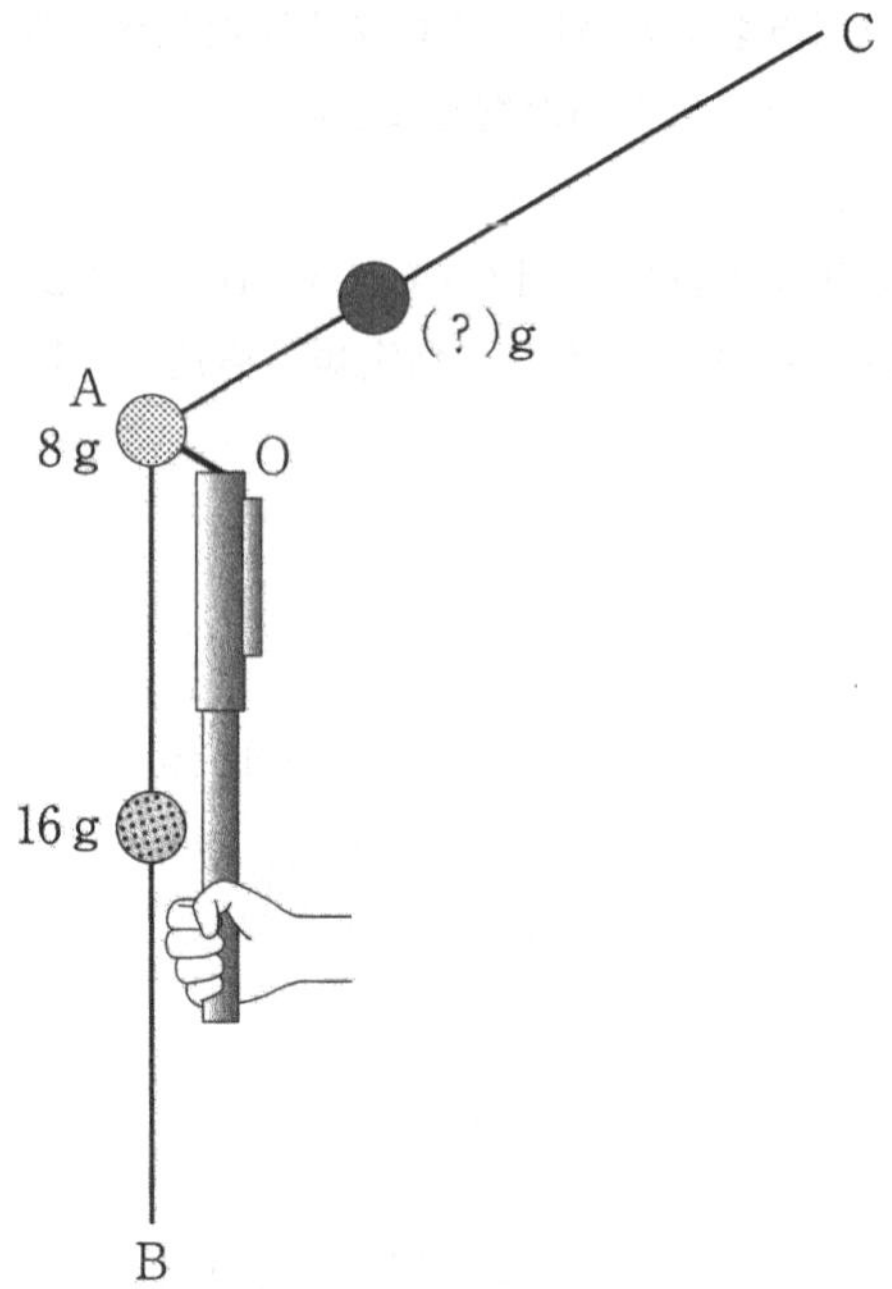

図7

次に，やじろべえに対して**図6**の状態から，以下の操作①，②，③をそれぞれ行う場合について考えます。

操作①：やじろべえのつまようじを2.5㎝のものに交換《こうかん》し，再び点Oをペンのふたの先端で支える。

操作②：やじろべえのAC上のおもりの重さまたは位置を変更《へんこう》し，再び点Oをペンのふたの先端で支える。

操作③：**図8**のように，やじろべえのつまようじを4.5㎝のものに交換し，AC上のおもりの重さと位置を変更することで，「左右対称」なやじろべえにし，再び点Oをペンのふたの先端で支える。

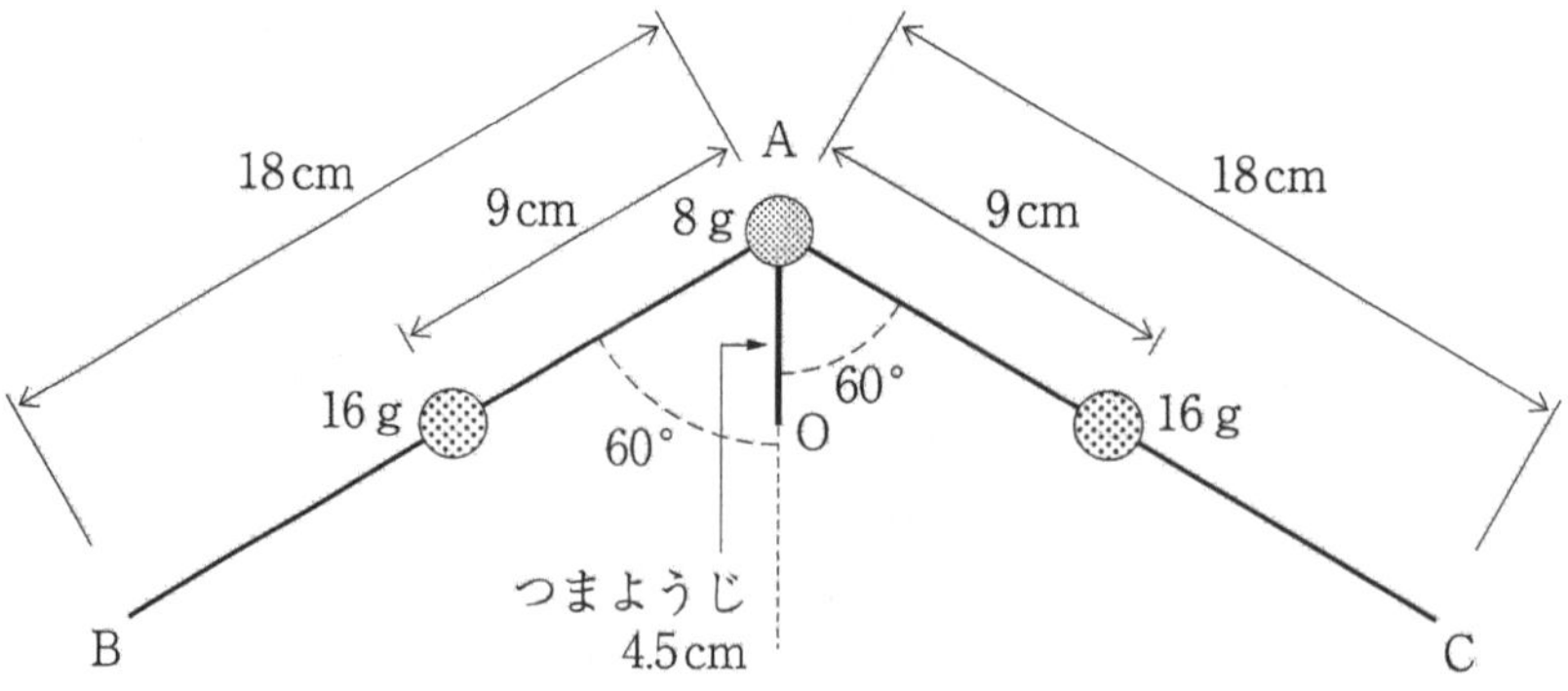

図8

問5　操作①の場合，つまようじの傾きは**図7**の状態に比べてどうなりますか。次のページの**ア**～**エ**から1つ選び，記号で答えなさい。

ア　つまようじは，点Oを中心に時計回りに少し傾くが，水平面に対し垂直になる前に静止する。

イ　つまようじは，点Oを中心に反時計回りに少し傾くが，水平になる前に静止する。

ウ　つまようじは，点Oを中心に時計回りに傾き，水平面に対し垂直になり静止する。

エ　つまようじは，点Oを中心に反時計回りに傾き，水平になり静止する。

問6　操作②の場合，つまようじの傾きが水平面に対し垂直になり，静止しました。この操作②における，AC上のおもりの変更について記述した以下の文章の（あ）および（い）に適する値を答えなさい。

「重さを（　あ　）gのものに交換する」，または，「位置をACにそってAから（　い　）cmのところに変更する」ことで，つまようじの傾きは水平面に対し垂直になり静止した。

図7および操作①，②の場合，やじろべえは，点Oをペンのふたの先端で支えているとき，静止した状態から少し傾いてしまっても，ゆらゆらしますが倒《たお》れることはありませんでした。一方，操作③の場合，やじろべえは，つまようじが水平面に対し垂直になるようにペンのふたの先端で支えようとするとき，ほんの少し傾いただけでも倒れて転落してしまいました。

問7　改良点を考察した以下の文章について，（う）には，｛　｝中の選択肢《せんたくし》**a**，**b**から適当な文を1つ選び，記号で答えなさい。また，（え）および（お）には適する値をそれぞれ答えなさい。

やじろべえが，少し傾いても倒れないようにするためには，（　う　）しておく必要がある。よって，**図8**のやじろべえがこの条件を満たすには，「つまようじの長さを（　え　）cmよりも短くする」，もしくは，「AB，AC上の2つのおもりを竹ぐしにそって左右対称にそれぞAから（　お　）cmの位置よりも遠ざける」という改良を加えればよい。

｛**a**　支点Oの位置よりも重心の位置を低く
　b　重心の位置よりも支点Oの位置を低く

2　水はさまざまなものを溶《と》かすことができ，ものが水に溶けてできた液体のことを水溶液《すいようえき》といいます。これについて，あとの問いに答えなさい。

問1　水溶液の1つとして知られている塩酸は水に何が溶けたものですか。次の**ア**～**カ**から1つ選び，記号で答えなさい。

ア　塩化ナトリウム　　**イ**　二酸化炭素　　**ウ**　硫化《りゅうか》水素

エ　塩化水素　　**オ**　アンモニア　　**カ**　硝酸《しょうさん》カリウム

塩酸とマグネシウムを反応させると，水素が発生します。**表**は，いろいろなこさの塩酸50mLが入った4つのフラスコにそれぞれ1.2gのマグネシウムを入れて，発生した水素の体積を記録したものです。なお，水とマグネシウムは反応せず，発生した水素は水に溶けないものとします。

表

塩酸のこさ［%］	3	6	9	12
発生した水素の体積［L］	0.48	0.96	1.12	1.12

問2　1.2gのマグネシウムと塩酸50mLがどちらも余らずちょうど反応するときの塩酸のこさは何%ですか。

問3　反応させるマグネシウムの量を2.4 g にすると，こさ10%の塩酸50mLとの反応で発生する水素は何Lになりますか。次の**ア**～**カ**から1つ選び，記号で答えなさい。

ア　0.8L　　**イ**　1.12L　　**ウ**　1.28L　　**エ**　1.6L　　**オ**　2.08L　　**カ**　2.24L

問4　マグネシウム1.2 g と反応させる塩酸の体積を25mLにします。このとき発生した水素の体積［L］と塩酸のこさ［%］の関係をグラフにすると，どのような形になりますか。最も近いものを次の**ア**～**カ**から1つ選び，記号で答えなさい。

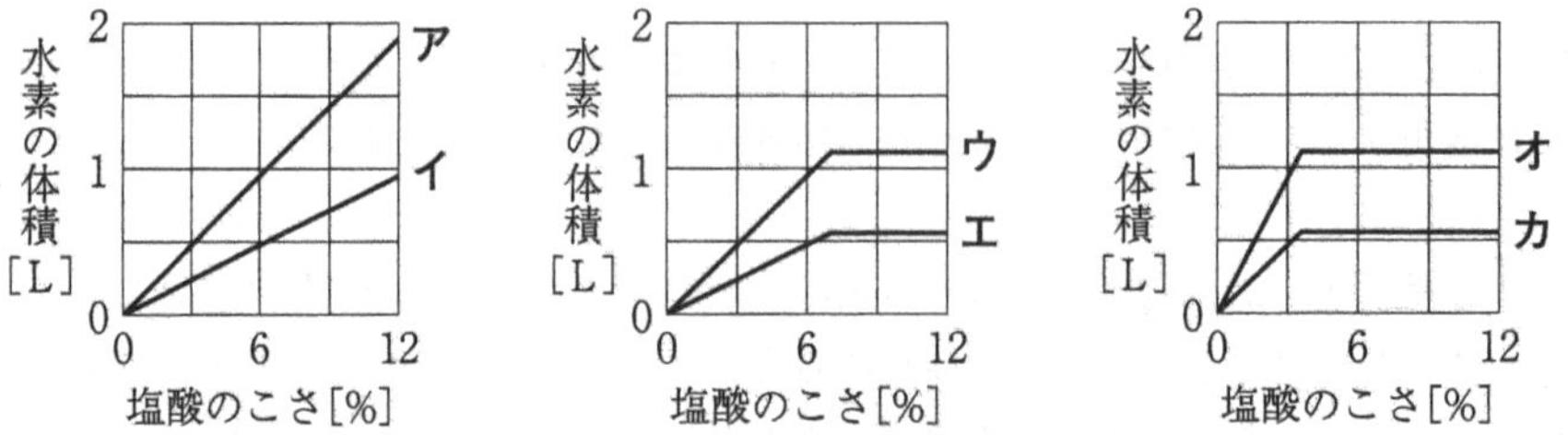

問5　反応させるマグネシウムの量を1.5 g にすると，こさ10%の塩酸50mLとの反応で発生する水素は何Lになりますか。次の**ア**～**カ**から1つ選び，記号で答えなさい。

ア　1 L　　**イ**　1.12L　　**ウ**　1.24L　　**エ**　1.4L　　**オ**　1.6L　　**カ**　2.24L

問6　100 g の水に溶けるものの重さの限度量を溶解度といいます。塩化マグネシウムの溶解度は20℃で54 g です。20℃でこさ10%の塩化マグネシウム水溶液100 g には，さらに何 g の塩化マグネシウムが溶けますか。**小数第一位を四捨五入して整数**で答えなさい。

マグネシウムは，室温で放置すると一部が酸化されてさびてしまいます。さびたマグネシウムは塩酸と反応すると水素を発生せずに溶けます。この性質を利用して，マグネシウムがどのくらい酸化されているかを調べました。

問7　一部が酸化したマグネシウム1.5 g とこさ12%の塩酸50mLを反応させたところ，すべてのマグネシウムが反応し水素は1.12L発生しました。マグネシウムの純度《じゅんど》は何%になるか答えなさい。なお，ここでの純度とは一部が酸化したマグネシウム1.5 g に対する酸化していないマグネシウムの重さの割合《わりあい》［%］とします。

3　次の文章を読み，あとの問いに答えなさい。

①タンポポは日本では身近な植物であり，春に②花から③種子を作るようすが見られます。種類も多く，関西から九州北部にはカンサイタンポポ，関東地方にはカントウタンポポと，地域《ちいき》や環境《かんきょう》によってさまざまな種類が見られます。また，もともと日本に分布しておらず，ヨーロッパから入ってきたセイヨウタンポポも今では日本各地に分布しています。さらにもともと日本に分布していた種類のタンポポと，もともと日本に分布していなかった種類のタンポポが合わさって新たにできた，雑種タンポポも日本中で見られるようになりました。これらのタンポポは性質が少しずつ異《こと》なります。

問1　下線部①について，発芽したタンポポのようすを正しく示した図を次のページの**ア**～**カ**から1つ選び，記号で答えなさい。

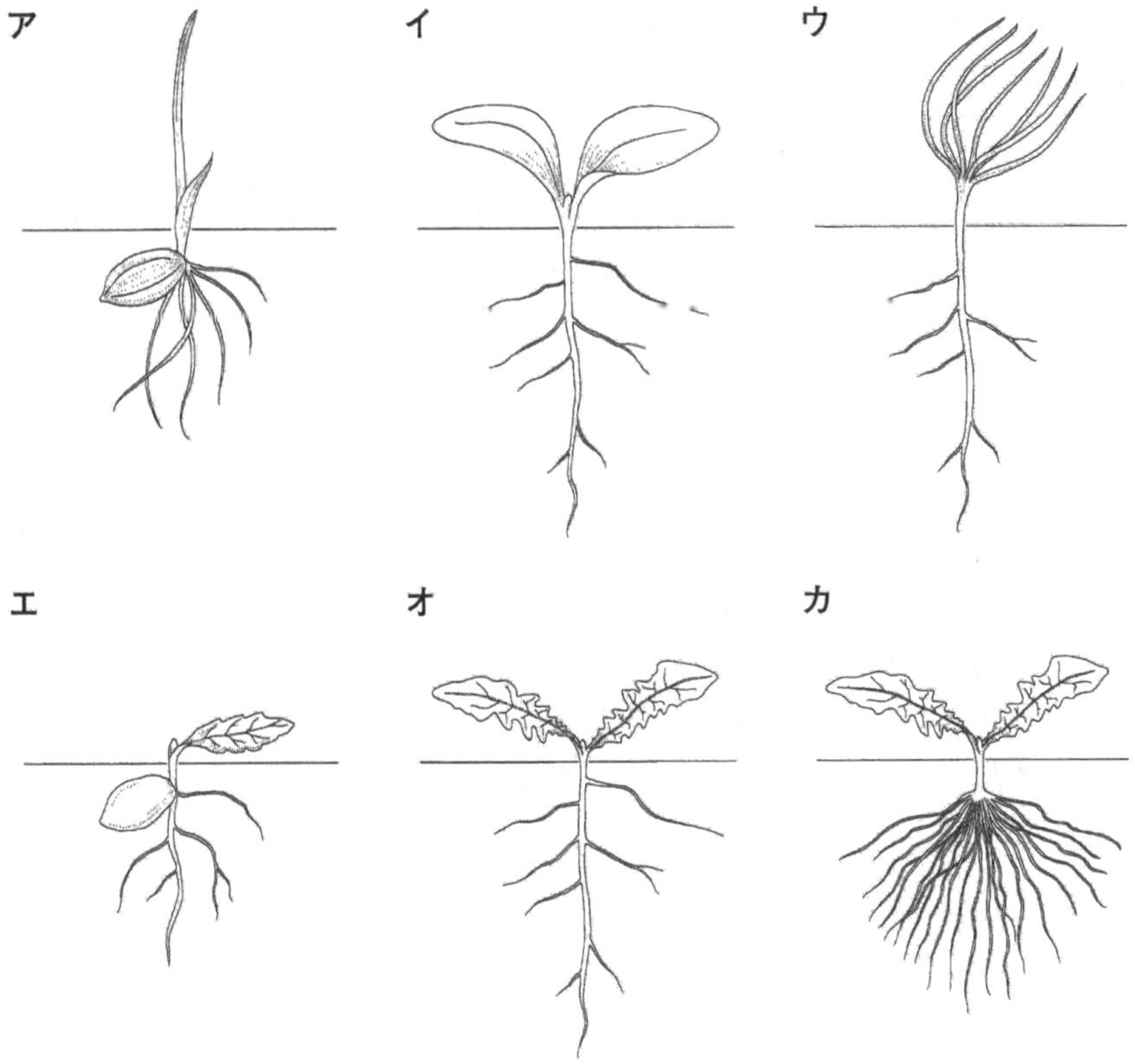

問２　下線部②について，次の文章はタンポポの花の構造に関するものです。文章の（あ），（い）にあてはまる言葉の組み合わせを次の**ア**～**カ**から１つ選び，記号で答えなさい。

　タンポポは花弁の形状から（　あ　）類に分類される。花弁より内側には５本のおしべと１本のめしべがあり，めしべの根もとには胚珠《はいしゅ》が（　い　）ある。

	（あ）	（い）
ア	合弁花	１つ
イ	合弁花	２つ
ウ	合弁花	多数
エ	離弁《りべん》花	１つ
オ	離弁花	２つ
カ	離弁花	多数

問３　下線部③について，タンポポの種子は風にのって移動します。下の（例）のように，植物名と種子の主な移動方法の組み合わせとして最も適当なものを次の**ア**～**カ**から**すべて**選び，記号で答えなさい。

（例）　タンポポ・風

ア　イネ・風　　　**イ**　マツ・風　　　**ウ**　イチョウ・風

エ　サクラ・虫　　**オ**　アサガオ・虫　　**カ**　オナモミ・動物

カントウタンポポ・セイヨウタンポポ・雑種タンポポの３種類のタンポポを用いて，【実験１】，【実験２】，【実験３】を行いました。

【実験１】

１つの丸い容器（シャーレ）に同じ種類のタンポポの種子を50個ずつ広げる。様々な温度に保たれた部屋を準備し，各部屋にシャーレを１つずつ設置する。１つのシャーレにある50個の種子のうち，発芽した割合《わりあい》を**図１**にまとめた。

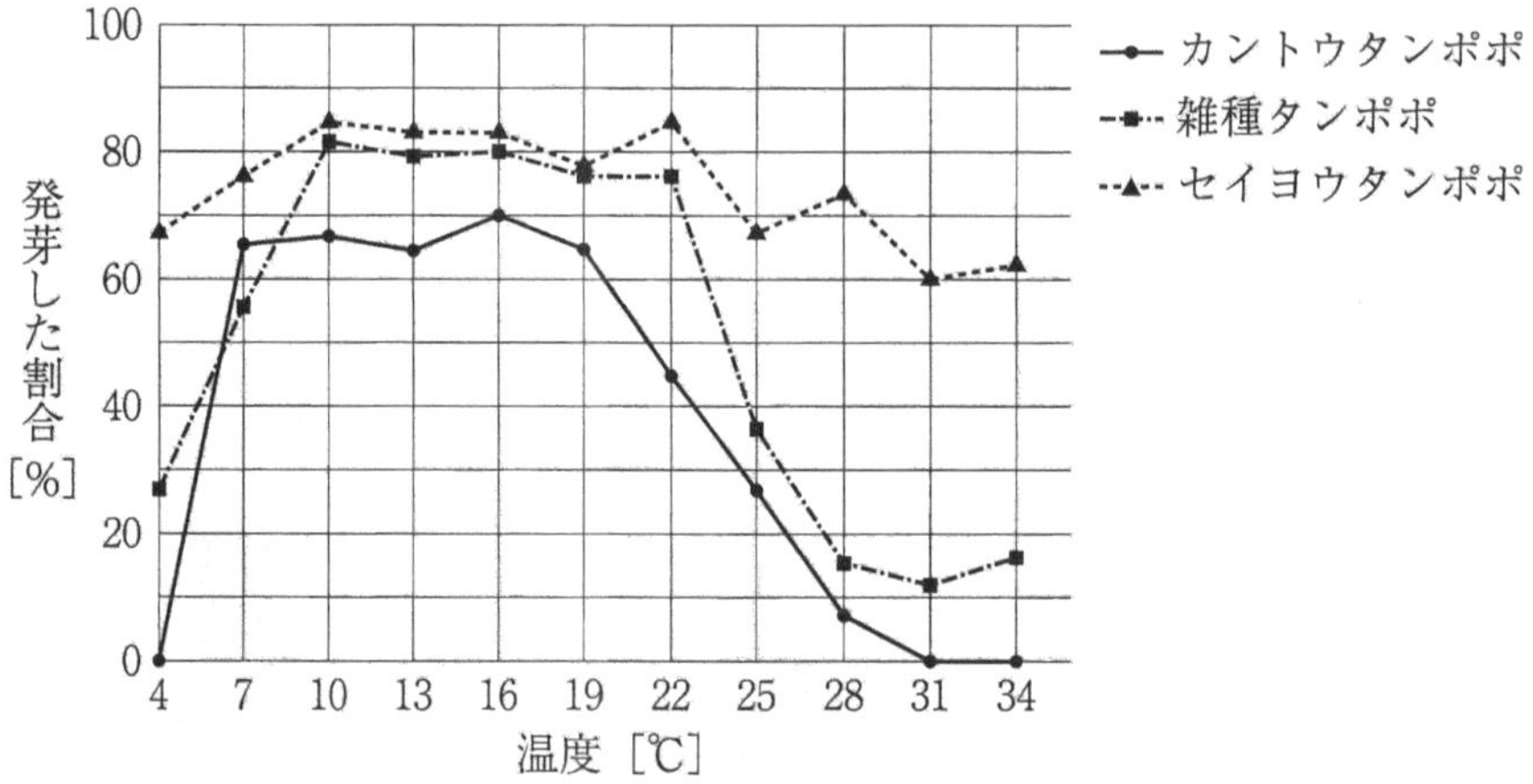

図１

（保谷彰彦『わたしのタンポポ研究』より）

カントウタンポポは温度が36℃ 以上の場合でも発芽した割合は０％だった。またカントウタンポポのうち，４℃，22℃，25℃，28℃，31℃ で発芽しなかったものを16℃ に置くと，種子の大部分が発芽した。雑種タンポポでも，４℃，25℃ 以上で発芽しなかったものを16℃ に置くと，種子の大部分が発芽した。

問４　【実験１】について，１つのシャーレに種子を１個ではなく50個広げるのはなぜでしょうか。その理由として最も適当なものを次の**ア**～**エ**から１つ選び，記号で答えなさい。

ア　種子同士の影響《えいきょう》を確認《かくにん》するため。

イ　シャーレ内の位置による，光の当たり方や温度の影響を確認するため。

ウ　ちがう種類の種子がまぎれないようにするため。

エ　種子の１つ１つの性質の差が，実験結果に大きな影響をあたえないようにするため。

問５　【実験１】の結果から考察できる内容として最も適当なものを次の**ア**～**オ**から**２つ**選び，記号で答えなさい。

ア　カントウタンポポの発芽を調節する要因の一つに温度が含《ふく》まれる。

イ　31℃ 以上では，カントウタンポポは暑さで発芽する能力を失うが，セイヨウタンポポと雑種タンポポは発芽する能力を失わない。

ウ　31℃ 以上では，カントウタンポポと雑種タンポポは暑さで発芽する能力を失うが，セイヨウタンポポは発芽する能力を失わない。

エ　カントウタンポポと雑種タンポポの種子は低温になっても発芽が抑《おさ》えられるだけで，発芽する能力は失っていない。

オ　温度に関する性質から，雑種タンポポは葉や花がセイヨウタンポポよりもカントウタンポポに似た形状のタンポポである。

【実験２】

16℃で発芽した種子を６℃，16℃，24℃，31℃，36℃にそれぞれ保たれた部屋で育て，各温度で生き残った芽生えの割合を**図２**にまとめた。

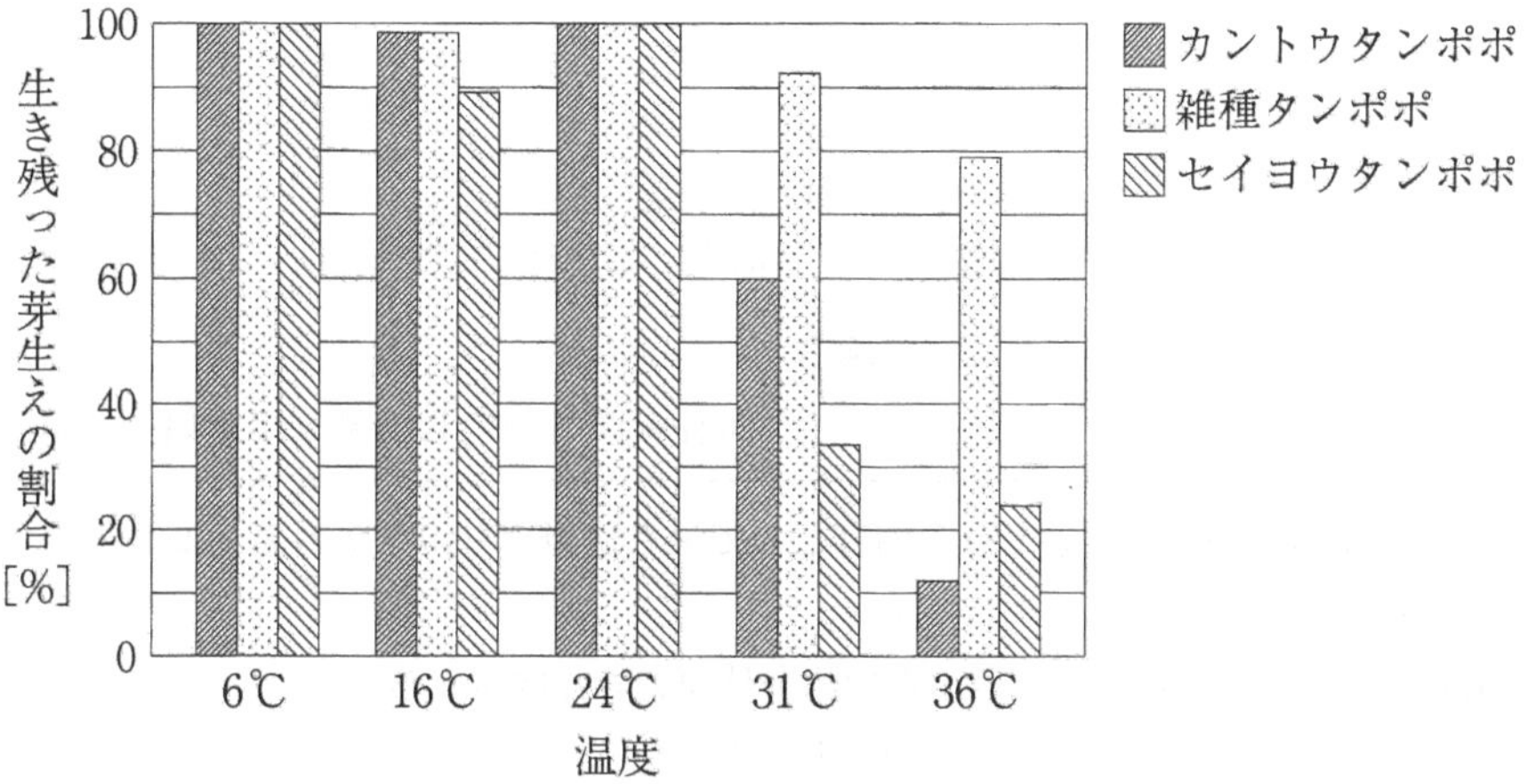

図２

（保谷彰彦『わたしのタンポポ研究』より）

問６　【実験１】,【実験２】の結果から考察できる内容として最も適当なものを次の**ア**～**オ**から**２つ**選び，記号で答えなさい。

ア　31℃に保った部屋で発芽から生育までさせようとした場合，すべての種子のうち，発芽して枯《か》れるものの割合を３種類のタンポポで比べると，最も高いのはセイヨウタンポポである。

イ　36℃に保った部屋で発芽から生育までさせようとした場合，すべての種子のうち，発芽して枯れるものの割合を３種類のタンポポで比べると，最も高いのはカントウタンポポである。

ウ　31℃に保った部屋で発芽から生育までさせようとした場合，すべての種子のうち，セイヨウタンポポは30％以上が生き残ることができる。

エ　雑種タンポポは，温度に影響されることなく，発芽・生育することができる。

オ　16℃で発芽したもののうち，31℃で最も生育しやすいのは，３種類のタンポポのうち，雑種タンポポである。

【実験３】

子葉の次の葉（本葉）が出たばかりの同じ重さのタンポポを３つ用意し，しめった土，ややしめった土，かわいた土の３種類の上でそれぞれ約２か月育てる。このとき，すべてのタンポポが枯れることなく成長した。成長したタンポポを乾燥《かんそう》させ，はかった重さを乾燥重量として次のページの**図３**にまとめた。なお，**図３**は葉とくきの乾燥重量が重いほどグラフは上に，根の乾燥重量が重いほどグラフは下にのびる。

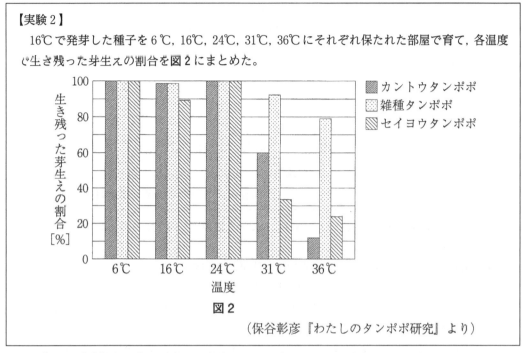

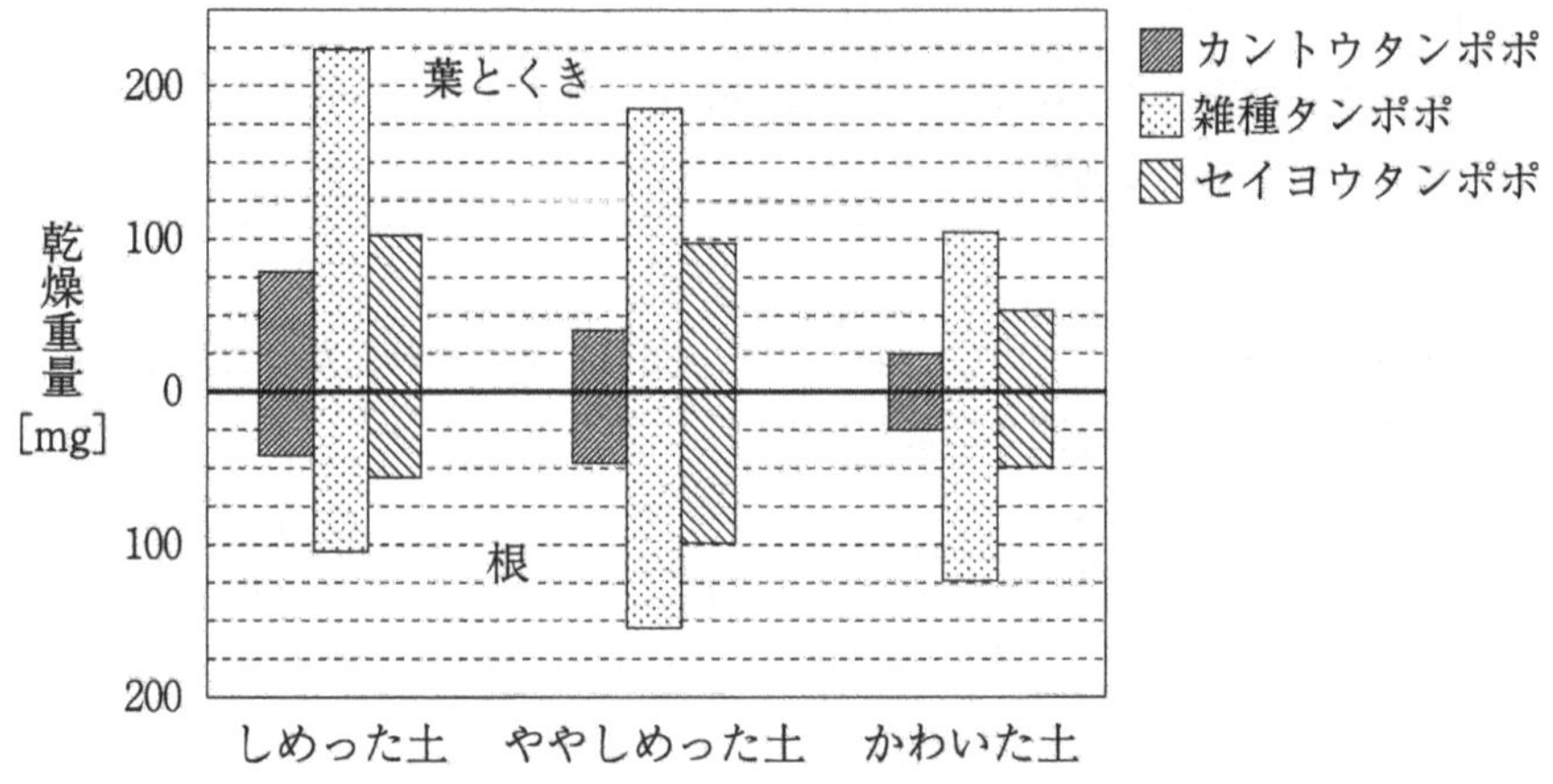

図3

（保谷彰彦『わたしのタンポポ研究』より）

問7　【実験3】の結果から考察できる内容として最も適当なものを次の**ア**～**エ**から1つ選び，記号で答えなさい。

ア　水分が多いほど，どのタンポポも植物全体が大きく成長する。

イ　カントウタンポポはかわいた土では生育できない。

ウ　水分が少ない環境において，雑種タンポポは光合成よりも水を吸収《きゅうしゅう》することを優先するように成長する。

エ　かわいた土で生育した雑種タンポポは，葉の重さよりも根の重さのほうが軽い。

4　次の文章を読み，あとの問いに答えなさい。

内閣府《ないかくふ》のホームページによると，今後30年以内に日本への被害《ひがい》が大きい南海トラフ地震《じしん》と首都直下地震が発生する確率は，それぞれ70%と高い数字で予想されています。そのことに危機感《ききかん》を覚えた栄東君は，地震について調べて以下のようにまとめました。

＜調べたこと＞

地震は，海溝型地震《かいこうがたじしん》と活断層型地震《かつだんそうがたじしん》の２つに分類できる。

海溝型地震　：海底を形作る海洋プレートと，大陸を形作る大陸プレートとの間で発生する地震である。海洋プレートと大陸プレートがぶつかると，（　①　）プレートが（　②　）プレートの下に潜《もぐ》り込んでいく。これに伴《ともな》って(②) プレートの先端《せんたん》が徐々《じょじょ》に引き込まれていき，両プレートの間にひずみが蓄積《ちくせき》する。(②) プレートがひずみに耐《た》えられなくなると，引きずりこまれていた部分が元に戻《もど》ろうとする。この時に放出される巨大《きょだい》なエネルギーによって起こる地震が「海溝型地震」である。この地震による災害として，（　③　）などがある。

活断層型地震：プレート内の活断層で発生する地震である。地下深くの岩盤《がんばん》には，たくさんの割《わ》れ目があるが，通常はかみ合っている。しかし，プレート移動によって大きな力が加わることで，かみ合っている部分が壊《こわ》れて上下や水平方向にずれが生じることがある。この時の衝撃《しょうげき》がゆれとして地面に伝わったものが「活断層型地震」である。この地震による災害では，（　④　）などがある。

また，地震により発生する波には最初の小さいゆれ（初期微動《しょきびどう》）を引き起こすＰ波と，それに続く大きいゆれ（主要動）を引き起こすＳ波がある。

問１　次の(1)，(2)について答えなさい。

(1)　(①)～(④)にあてはまる言葉の組み合わせとして最も適当なものを次の**ア**～**エ**から１つ選び，記号で答えなさい。

	(①)	(②)	(③)	(④)
ア	大陸	海洋	東日本大震災《ひがしにほんだいしんさい》	阪神淡路大震災《はんしんあわじだいしんさい》
イ	大陸	海洋	阪神淡路大震災	東日本大震災
ウ	海洋	大陸	東日本大震災	阪神淡路大震災
エ	海洋	大陸	阪神淡路大震災	東日本大震災

(2)　下線部について正しく説明した文として最も適当なものを次の**ア**～**エ**から１つ選び，記号で答えなさい。

ア　Ｐ波は横波，Ｓ波は縦波《たてなみ》である。　　**イ**　Ｐ波もＳ波も横波である。

ウ　Ｐ波は縦波，Ｓ波は横波である。　　**エ**　Ｐ波もＳ波も縦波である。

栄東君が地震について学んでいた最中に地震が起きました。その地震はA・B・Cの３地点で次のように観測されました。なお，地盤はほぼ均一であり，地震波の到達《とうたつ》にかかる時間と震源《しんげん》からの距離《きょり》は比例の関係にあるものとします。また，地点Aは震源からの距離が320kmであることがわかっています。

地点Ａ：11時00分22秒から40秒間初期微動が続いた。

地点Ｂ：11時00分８秒に主要動が始まった。

地点Ｃ：11時00分12秒から30秒間初期微動が続いた。

問２　次の(1)，(2)について計算して答えなさい。

(1)　地点Ｃの震源からの距離は何kmですか。

(2)　この地震によるＰ波の伝わる速さは秒速何kmですか。

問３　次の(1)，(2)について計算して答えなさい。

(1)　この地震発生時刻《じこく》は10時59分何秒ですか。

(2)　地点Ｂの震源からの距離は何kmですか。

問４　緊急《きんきゅう》地震速報とは，全国各地に設置されている地震計等を用いて地震の発生直後に，各地へのＳ波の到達時刻や震度を予測して通知する予報・警報《けいほう》のことです。地震計等がＰ波を検知し，規模《きぼ》や震度を自動計算して大きいゆれであるＳ波が伝わる前に危険が迫《せま》っていることを知らせる仕組みです。

今回の地震において，震源から56km離れた場所にある地震計がＰ波を検知しました。それから５秒後に地点Ｂに緊急地震速報が届《とど》いたとすると，緊急地震速報が届いてから何秒後に大きいゆれがきますか。

【社　会】（40分）　＜満点：75点＞

1 次の各問いに答えなさい。

問１　日本の自然環境《かんきょう》について，次の各問いに答えなさい。

(1) 次のⅠ・Ⅱの文が説明している湾と諸島の名称《めいしょう》を，解答欄《かいとうらん》にあうようにそれぞれ**漢字**で答えなさい。

Ⅰ　福井県南西部から京都府北部に位置しており，リアス海岸が発達している湾。

Ⅱ　海岸地形に恵《めぐ》まれ，世界ジオパークに認定されている，島根県に属している諸島。

(2) 次の**グラフA**は，日本のある都市における１月の降水量と平均気温を，**グラフB**は，７月の降水量と平均気温を示したものです。２つのグラフ中の**ア**～**エ**には，それぞれ「秋田市」「松本市」「浜松市」「鳥取市」のいずれかが共通してあてはまります。「松本市」と「鳥取市」にあてはまるものを，それぞれ**ア**～**エ**から１つずつ選び，記号で答えなさい。

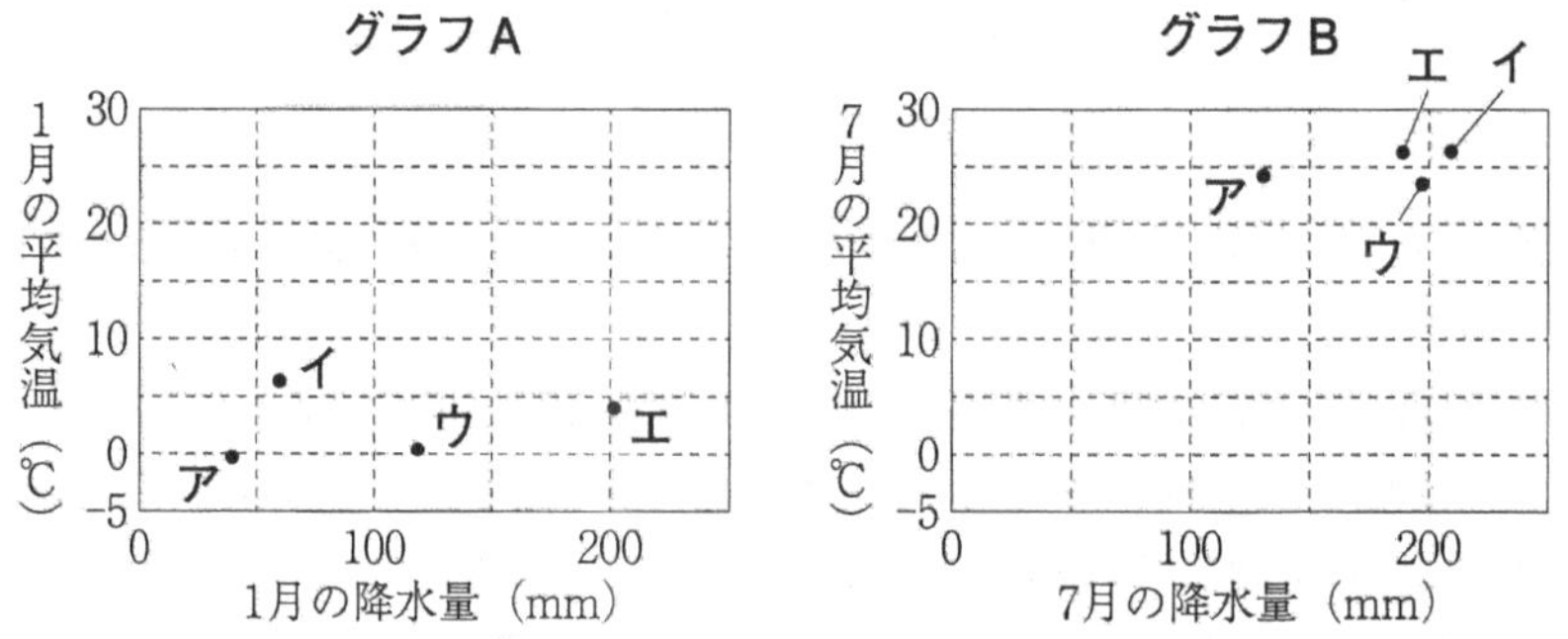

（国立天文台『理科年表 2022』より作成）

(3) 次の表は，日本の地方ごとの人口密度（2020年10月１日現在）・面積（2020年10月１日現在）・活火山数（2022年３月25日現在）を示したものです。表中の**ア**～**エ**には，それぞれ「東北地方」「中国地方」「四国地方」「九州・沖縄地方」のいずれかがあてはまります。「東北地方」と「中国地方」にあてはまるものを，それぞれ**ア**～**エ**から１つずつ選び，記号で答えなさい。

	人口密度（人 /km^2）	面積（km^2）	活火山数
ア	320.0	44 514	19
イ	227.3	31 921	2
ウ	196.6	18 803	0
エ	128.6	66 948	18

（矢野恒太記念会『日本国勢図会 2022/23』より作成）

問２　日本の産業について，次の各問いに答えなさい。

(1) 次のページの表は，日本の主な果実の収穫《しゅうかく》量上位３位までの県を示したものです。表中の**ア**～**エ**には，それぞれ「うめ」「みかん」「スダチ」「レモン」のいずれかがあてはまります。「みかん」と「スダチ」にあてはまるものを，それぞれ**ア**～**エ**から１つずつ選び，記号で答えなさい。

（スダチ・レモンは 2018 年産、その他は 2020 年産）

	ア	イ	ウ	エ
1位	和歌山	和歌山	広　島	徳　島
2位	静　岡	群　馬	愛　媛	佐　賀
3位	愛　媛	福　井	和歌山	高　知

（矢野恒太記念会『データでみる県勢 2022』より作成）

(2)　次の表は，日本の農産物の輸出量・輸入量・国内生産量（2018年度）を示したものです。表中の**ア**～**エ**には，それぞれ「果実」「小麦」「米」「野菜」のいずれかがあてはまります。「野菜」にあてはまるものを，**ア**～**エ**から1つ選び，記号で答えなさい。

（単位　千 t）

	輸出量	輸入量	国内生産量
ア	115	787	8 208
イ	64	4 661	2 833
ウ	11	3 310	11 306
エ	0	5 638	765

（矢野恒太記念会『数字でみる日本の 100 年（改訂第 7 版）』より作成）

(3)　次の表は，日本の漁港別水揚《みずあ》げ量と魚種別収獲《しゅうかく》量のそれぞれ上位 4 位の移り変わりを示したものです。表中の空欄 A ～ C には，それぞれ「釧路」「銚子」「焼津」のいずれかがあてはまります。A ～ C と漁港の組み合わせとして正しいものを，あとの**ア**～**カ**から1つ選び，記号で答えなさい。

【漁港別水揚げ量】

	1980	2000	2017
1位	A	C	B
2位	八戸	八戸	C
3位	B	B	A
4位	石巻	A	境

【魚種別収獲量】

	1980	2000	2018
1位	いわし類	いわし類	いわし類
2位	たら類	かつお類	さば類
3位	さば類	たら類	かつお類
4位	まぐろ類	さば類	たら類

（矢野恒太記念会『数字でみる日本の100年（改訂第7版）』より作成）

ア．A－釧路　B－銚子　C－焼津
イ．A－釧路　B－焼津　C－銚子
ウ．A－銚子　B－釧路　C－焼津
エ．A－銚子　B－焼津　C－釧路
オ．A－焼津　B－釧路　C－銚子
カ．A－焼津　B－銚子　C－釧路

(4)　次の表は，日本のさまざまな工業における事業所数と製造品出荷額等（単位　億円）の移り変わりを示したものです。表中の**ア**～**エ**には，それぞれ「化学工業※」「機械工業」「金属工業」「繊《せん》維《い》工業」のいずれかがあてはまります。「金属工業」にあてはまるものを，**ア**～**エ**から1つ選び，記号で答えなさい。

		1990	2000	2010	2019
ア	事業所数	154 935	133 770	102 665	82 991
	製造品出荷額等	1 409 261	1 389 882	1 295 546	1 475 429
イ	事業所数	129 944	80 278	44 447	28 401
	製造品出荷額等	129 081	68 364	39 296	38 740
ウ	事業所数	103 742	88 821	70 258	57 936
	製造品出荷額等	452 854	337 687	396 463	438 552
エ	事業所数	6 030	5 943	5 421	5 339
	製造品出荷額等	235 510	237 994	262 478	293 105

※石油製品・石炭製品はふくまない。

（矢野恒太記念会『日本国勢図会 2022/23』より作成）

(5)　次のページの表は，ある県の部門別二酸化炭素排出《はいしゅつ》量（2018年度，推計値）を示したものです。表中の**ア**～**エ**には，それぞれ「青森県」「神奈川県」「高知県」「大分県」のいずれかがあてはまります。「青森県」と「大分県」にあてはまるものを，それぞれ**ア**～**エ**から1つずつ選び，記号で答えなさい。

（単位　千 t -CO_2）

	産業部門	家庭部門	運輸部門
ア	26 109	10 686	9 439
イ	20 696	1 203	2 587
ウ	4 807	3 130	2 853
エ	2 221	842	1 470

（矢野恒太記念会『データでみる県勢 2022』より作成）

(6)　次の表は，ある道県の発電方式別発電電力量（2020年度，電気事業者のみ）を示したものです。表中の**ア**～**エ**には，それぞれ「北海道」「青森県」「長野県」「鹿児島県」のいずれかがあてはまります。「北海道」と「長野県」にあてはまるものを，それぞれ**ア**～**エ**から１つずつ選び，記号で答えなさい。

（単位　百万 kWh）

	水力	火力	風力	地熱
ア	7 363	91	—	—
イ	4 930	23 256	1 194	100
ウ	558	1 091	346	334
エ	468	2 967	1 449	—

（矢野恒太記念会『データでみる県勢 2022』より作成）

問３　日本の都市や人口について，次の各問いに答えなさい。

(1)　次の表は，ある県の人口性比※1（2020年10月１日現在）・自然増減率※2（2020年）・在留ブラジル人数（2020年末現在）を示したものです。表中の**ア**～**エ**には，それぞれ「福島県」「群馬県」「愛知県」「奈良県」のいずれかがあてはまります。「群馬県」と「奈良県」にあてはまるものを，それぞれ**ア**～**エ**から１つずつ選び，記号で答えなさい。

	人口性比	自然増減率 （人口千あたり 人）	在留ブラジル人数 （人）
ア	99.4	-2.0	60 181
イ	97.9	-6.2	13 279
ウ	97.2	-7.3	192
エ	89.0	-5.2	349

※１…女性 100 人に対する男性の数。

※２…出生率から死亡率を引いたもの。

（矢野恒太記念会『データでみる県勢 2022』より作成）

(2) 次のグラフは，ある都県の面積にしめる過疎《かそ》と過密の割合を示したものです。A～Cのグラフは，それぞれ「群馬県」「埼玉県」「東京都」のいずれかを示しています。グラフと都県の組み合わせとして正しいものを，あとのア～カから1つ選び，記号で答えなさい。

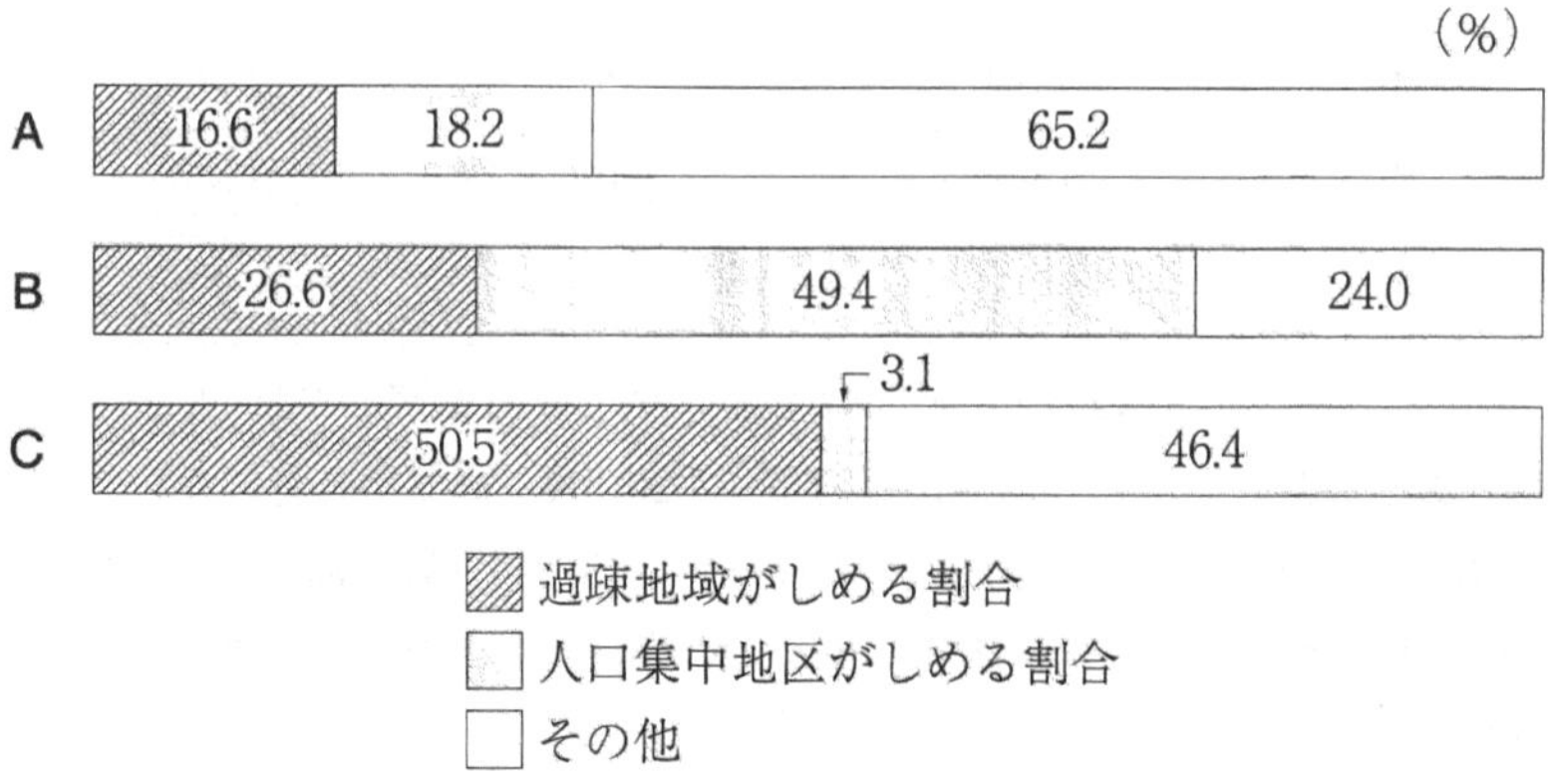

（矢野恒太記念会『データでみる県勢 2022』より作成）

ア．A－群馬県　B－埼玉県　C－東京都
イ．A－群馬県　B－東京都　C－埼玉県
ウ．A－埼玉県　B－東京都　C－群馬県
エ．A－埼玉県　B－群馬県　C－東京都
オ．A－東京都　B－埼玉県　C－群馬県
カ．A－東京都　B－群馬県　C－埼玉県

(3) 人口減少が進む日本において，近年，「関係人口」が地域再生の議論の際に注目されています。「関係人口」とは，直接と間接とにかかわらず，日常生活圏《けん》や通勤・通学圏以外の特定の地域と，多様にかかわりを持つ人口のことで，「関係人口」の存在が地域の活性化につながると期待されています。

「関係人口」は，日常的に生活をする定住人口や，観光のように短期的に地域を訪れる交流人口，また単なる帰省とは区別して使用されています。この「関係人口」について，次の各問いに答えなさい。

Ⅰ 「関係人口」としてかかかる人々の具体的な活動例を，1つ考えて答えなさい。

Ⅱ なぜ，地域の活性化のために「関係人口」が注目されているのか，地域住民がかかえる課題をふまえつつ，その理由を考えて答えなさい。

問4 次のページの図は，国土地理院発行の2万5千分の1の地形図「開聞岳」の一部を示したものです。図を見て，あとの各問いに答えなさい。

(1) 図から読み取れることとして正しいものを，次のア～エから1つ選び，記号で答えなさい。

ア．「開聞駅」の南東側には，博物館がみられる。
イ．「開聞駅」の北側には，高等学校や郵便局がみられる。
ウ．「開聞岳」の斜面《しゃめん》には，広葉樹林や針葉樹林がみられる。
エ．図中の鉄道を「東開聞駅」から「入野駅」に向かうと国道が常に進行方向右側に見える。

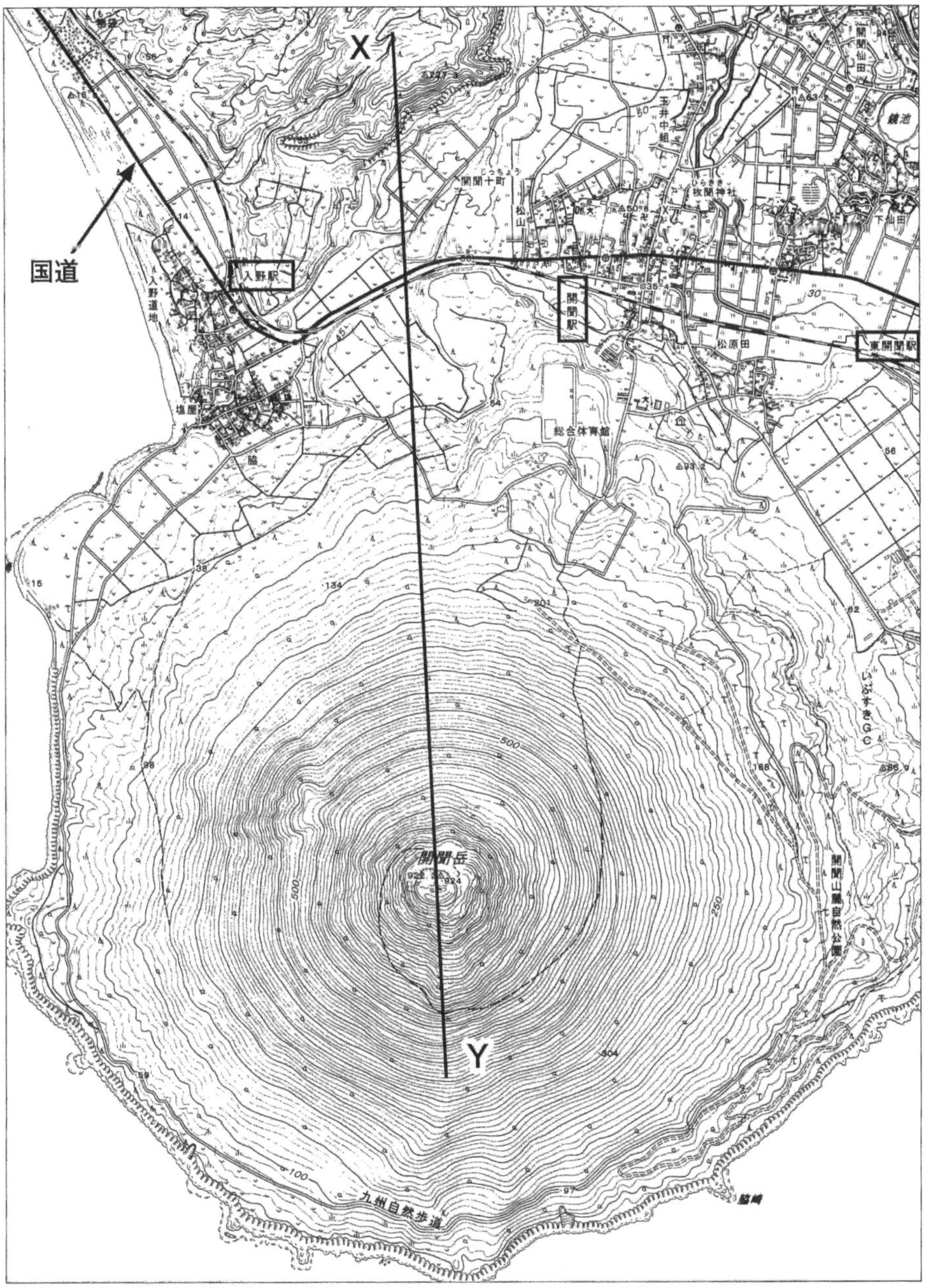

※作問の都合上、実際の地形図よりも縮小し、一部改変しています。

⑵ 図中のX－Y間の断面図としてもっともふさわしいものを，次のア～エから１つ選び，記号で答えなさい。

ア

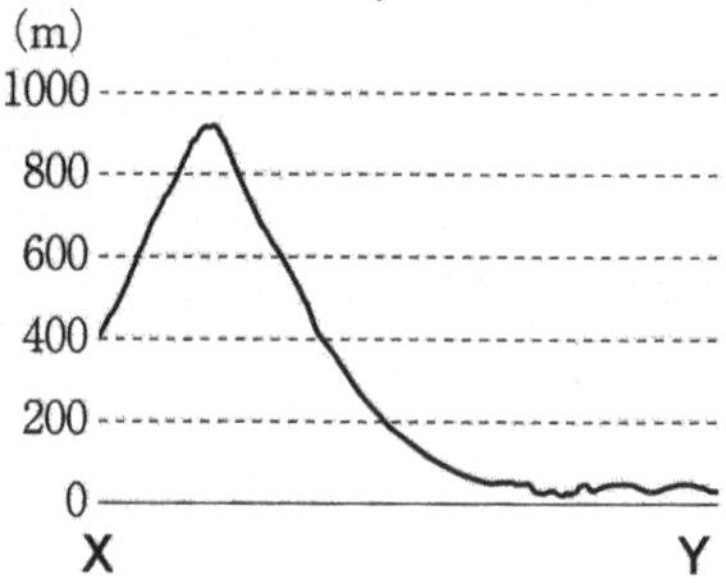

イ

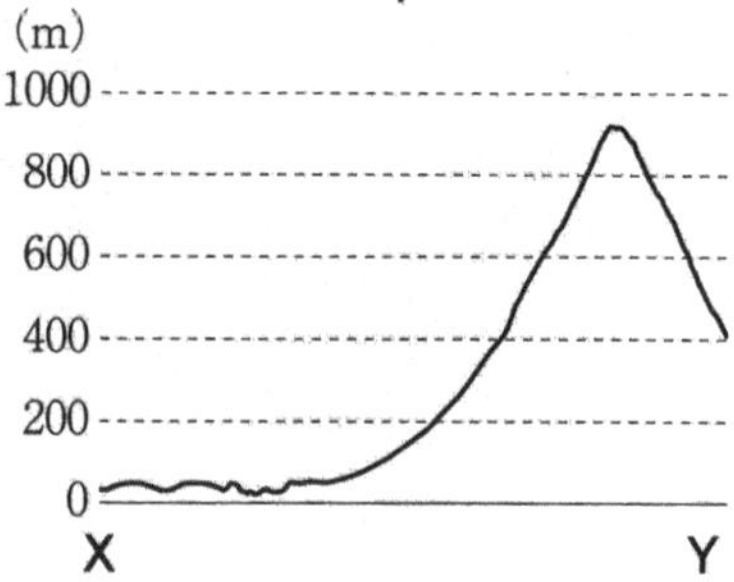

ウ

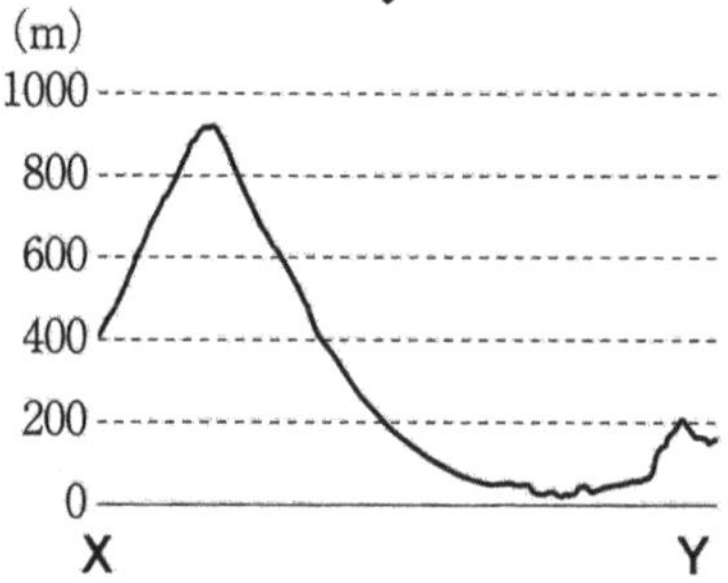

エ

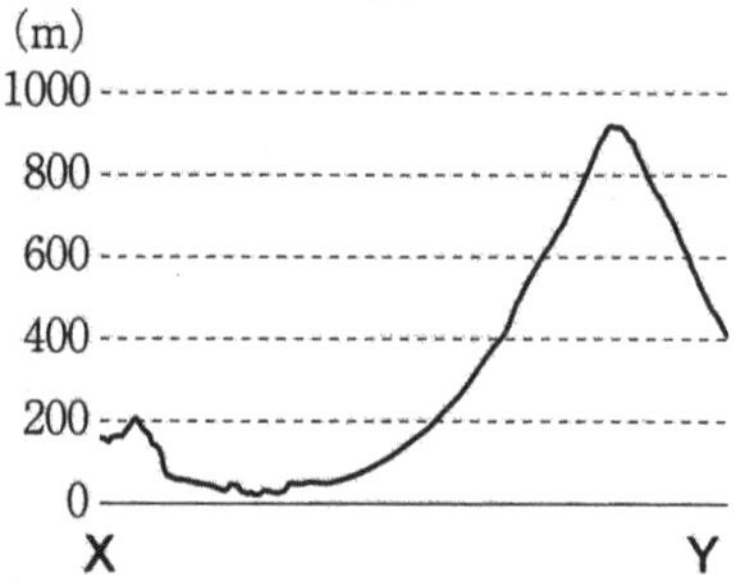

（国土地理院「地理院地図」より作成）

2 次の年表は，今年（2023年）から100年ずつさかのぼっていって，それぞれの年におこったできごとをまとめたものです。この年表を見て，あとの各問いに答えなさい。

西暦《せいれき》	できごと
1923年	関東大震災がおこる……………………………………………… ①
1823年	シーボルトが長崎に来航する…………………………………… ②
1723年	足高《たしだか》の制が定められる………………………………………… ③
1623年	イギリスが平戸の商館を閉鎖《へいさ》する……………………………… ④
1523年	寧波《ニンポー》の乱がおこる…………………………………………………… ⑤
1423年	足利義量《よしかず》が征夷大将軍に就任する……………………………… ⑥
1323年	日野俊基《としもと》が蔵人頭《くろうどのとう》に任命される………………………………… ⑦

1223年	道元が宋《そう》へ渡《わた》る…………………………………………	⑧
1123年	崇徳《すとく》天皇が即位《そくい》する………………………………………	⑨
1023年	北宋で世界最古の紙幣《しへい》とされる交子《こうし》が発行される…………	⑩
923年	元号が延喜から延長に改められる……………………………	⑪
823年	大宰府が直営する公営田《くえいでん》が設置される…………………………	⑫
723年	三世一身の法が制定される…………………………………	⑬
623年	法隆寺金堂釈迦三尊像《しゃかさんぞんぞう》が完成する……………………………	⑭

問１　年表中の①に関して，次の**ア**～**オ**は，関東地方で大きな地震があったと記録されている年におこったできごとです。**ア**～**オ**を年代の古い順にならべたとき，**2番目**と**4番目**にくるものを，それぞれ記号で答えなさい。

ア．日本人の海外渡航《とこう》が禁止された。

イ．柳条湖事件がおこった。

ウ．豊臣秀吉が全国を統一した。

エ．はじめて武家諸法度が出された。

オ．全国水平社が結成された。

問２　年表中の②に関して，来日した外国人について説明した文として正しいものを，次の**ア**～**エ**から１つ選び，記号で答えなさい。

ア．鑑真は唐から来日した後に，僧が守るべききまりを整え，唐招提寺を開いた。

イ．種子島に来航したイエズス会の宣教師フランシスコ＝ザビエルは，キリスト教を日本に伝えた。

ウ．モースが大森貝塚を発見したことにより，日本の弥生時代の研究がはじまった。

エ．ペリーは浦賀に来航して通商を求め，翌年幕府に日米修好通商条約を結ばせた。

問３　年表中の③に関して，次の**Ａ**～**Ｅ**の文を参考にして，足高の制が江戸幕府にもたらす利点を，**人事**と**財政**のそれぞれの面から説明しなさい。

Ａ　足高の制とは，役職に必要な石高が不足している家臣に対して，その役職に就いている間だけ，不足している分の石高を足して補う制度である。

Ｂ　江戸幕府は，家臣たちへの給料として，石高に応じた広さの土地や石高に応じた量の米を支給していた。

C　江戸幕府は，家臣を石高に応じた役職に任命していた。そのため，重要な役職に就くには，高い石高が必要であった。

D　足高の制が定められる以前も，役職に必要な石高が不足している家臣に対して石高を引き上げて対応することはあったが，役職を辞めた後も石高は引き上げられたままであった。

E　足高の制が定められたころは，米以外の物価が高かったため，幕府の財政は厳しい状況であった。

問４　年表中の④に関して，日本と外国との関係について説明した文として正しいものを，次の**ア**～**エ**から１つ選び，記号で答えなさい。

ア．ポルトガル船の来航が禁止された後，オランダは長崎で貿易をおこなう唯一《ゆいいつ》の国となった。

イ．ロシアは，日本が下関条約で獲得《かくとく》した遼東半島の返還《へんかん》を，イタリア・ドイツとともに求めてきた。

ウ．フランスの技術を取り入れて，綿糸を生産する官営の富岡製糸場がつくられた。

エ．君主の権力が強いドイツ（プロイセン）の憲法を手本に，大日本帝国憲法が作成された。

問５　年表中の⑤について，寧波の乱は，日明貿易の主導権をめぐっておこった争いです。これに関して，貿易について説明した文として正しいものを，次の**ア**～**エ**から１つ選び，記号で答えなさい。

ア．日明貿易は，日本が明に朝貢する形式でおこなわれたため，立場が低い日本側の利益は少なかった。

イ．江戸時代の開国後におこなわれた貿易では，大量生産されたイギリスの安い生糸が輸入されたため，国内の養蚕業がおとろえた。

ウ．第一次世界大戦中は，戦争中のヨーロッパにかわって綿織物などをアジアへ輸出したため，日本の輸出額は増えた。

エ．世界恐慌の影響《えいきょう》で，主な輸出品であった自動車のアメリカへの輸出が減ったため，日本の輸出額は減った。

問６　年表中の⑥に関して，征夷大将軍に就任したことがある人物について説明した文として正しいものを，次の**ア**～**エ**から１つ選び，記号で答えなさい。

ア．坂上田村麻呂は，桓武天皇から征夷大将軍に任命され，東北地方の蝦夷と戦った。

イ．源頼朝は，征夷大将軍に任命された後に，朝廷から全国に守護と地頭を置くことを認められた。

ウ．足利尊氏は，鎌倉幕府が滅《ほろ》んだ後に，後醍醐天皇から征夷大将軍に任命された。

エ．徳川家康は，豊臣氏を滅ぼした後に，征夷大将軍に任命された。

問７　年表中の⑦に関して，蔵人頭は，天皇に関する重要なことがらをあつかう役職です。次の**ア**～**オ**は，さまざまな役職について説明した文です。**ア**～**オ**を年代の古い順にならべたとき，**２番目**と**４番目**にくるものを，それぞれ記号で答えなさい。

ア．将軍をたすける役職として，はじめて執権が置かれた。

イ．将軍をたすける役職として，はじめて管領が置かれた。

ウ．天皇をたすける役職として，はじめて関白が置かれた。

エ．朝廷の監視《かんし》などの目的で，京都にはじめて京都所司代が置かれた。

オ．朝廷の監視などの目的で，京都にはじめて六波羅探題が置かれた。

問8　年表中の⑧に関して，道元のように中国へ渡った人物を下の図のように場合分けしたとき，図中の［4］にあてはまる人物を**漢字**で答えなさい。

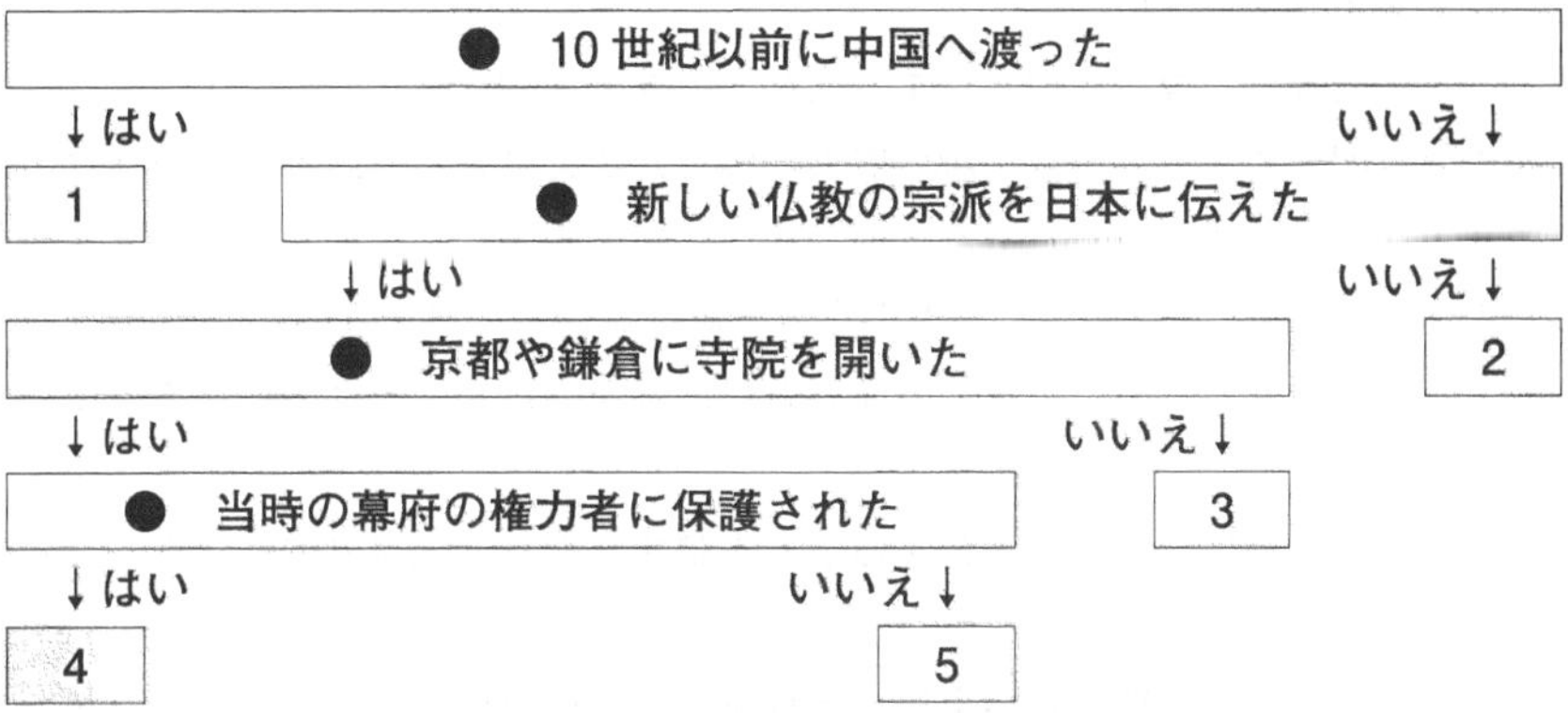

問9　年表中の⑨に関して，崇徳天皇がのちに関わる保元の乱について説明した文として正しいものを，次の**ア〜エ**から1つ選び，記号で答えなさい。

ア．亡くなった天皇の子と弟が，あとつぎをめぐって争い，亡くなった天皇の弟が勝った戦い。

イ．上皇と天皇が，源氏や平氏を動員して争い，天皇方が勝った戦い。

ウ．平氏と源氏が争い，勝った平氏が政治の実権をにぎった戦い。

エ．上皇が率いる朝廷が，幕府を倒《たお》そうと兵をあげたが敗れた戦い。

問10　年表中の⑩に関して，次の**A〜G**は，それぞれ日本の紙幣に描《えが》かれたことがある，または描かれることが決定している人物や作品について説明した文です。各文中の［　］にあてはまる語句や人名をひらがなで答えて，〔　〕で指定された順番の文字をそれぞれ抜《ぬ》き出してならべかえると，日本の紙幣に描かれたことがある人物の名前になります。ならべかえてできる人名を**漢字4字**で答えなさい。なお，［　］にあてはまる語句や人名においては，「っ」「ゃ」「ゅ」「ょ」などの小文字も1文字として数えること。

A．［　］が描いた『富嶽三十六景』は，多色刷《ず》りの浮世絵である錦絵の代表的作品である。〔8文字中の**2文字目**〕

B．伊藤博文は，長州藩士だったときに［　］塾で吉田松陰に学び，明治時代には初代内閣総理大臣に就任するなど活躍《かつやく》した。〔6文字中の**5文字目**〕

C．板垣退助は，西郷隆盛らとともに，武力を用いてでも朝鮮を開国させようとする［　］を主張したが，岩倉具視や大久保利通らの反対により却下《きゃっか》されたため政府を去った。〔6文字中の**1文字目**〕

D．［　］は，札幌農学校を卒業後，英語で『武士道』を著《あらわ》すなど活躍し，国際連盟の初代事務局次長を務めた。〔7文字中の**5文字目**〕

E．岩倉使節団に同行してアメリカに留学した［　］は，帰国後に女子英学塾を創設して女子教育に力を注いだ。〔5文字中の**4文字目**〕

F．［　］は，破傷風《はしょうふう》の血清療法《けっせいりょうほう》やペスト菌《きん》を発見するとともに，伝染病研究所を設立して日本の医学の発展に貢献《こうけん》した。〔10文字中の**1文字目**〕

G．［　］は，『たけくらべ』『にごりえ』などの作品を発表し，24歳の若さで亡くなった。〔7文字中の**7文字目**〕

問11　年表中の⑪に関して，次の**ア**～**オ**は，かつて日本で用いられた元号です。元号がふくまれる歴史上のできごとを参考にして，**ア**～**オ**を年代の古い順にならべたとき，**2番目**と**4番目**にくるものを，それぞれ記号で答えなさい。

ア．文永　　**イ**．安政　　**ウ**．永仁　　**エ**．文禄　　**オ**．天明

問12　年表中の⑫に関して，公営田は，税の収人が減ったことによる財政不足をおぎなうために設置された田です。次の**ア**～**オ**は，それぞれ土地や税について説明した文です。**ア**～**オ**を年代の古い順にならべたとき，**2番目**と**4番目**にくるものを，それぞれ記号で答えなさい。

ア．国の収入を安定させるために，土地の所有者に地券を発行し，土地の価格を基準として現金で税を納めさせた。

イ．年貢を確保するために，田畑を売買することを禁止したり，米以外の作物をつくることを制限したりした。

ウ．地主から国が強制的に土地を買い上げ，土地を持っていない小作人に安く売り渡した。

エ．検地帳に記録した農民に年貢を納めることを義務付け，全国の土地を石高で表すように定めた。

オ．税を集めることは国司に任せられたため，国司の中には不正をはたらいて農民たちから訴《うった》えられる者もいた。

問13　年表中の⑬に関して，三世一身の法は，口分田不足に対応するために出された法令です。口分田は，戸籍《こせき》に記録された年齢《ねんれい》や性別などに応じて，与《あた》えられる面積が決まりました。次の**【戸籍】**に記録されている人たちに与えられる口分田の面積の合計を，**【注意事項】**を参考にして，解答欄にあうように**算用数字**で答えなさい。

【戸籍】

男	五十五歳《さい》	女	五十一歳	男	三十一歳	女	二十九歳
女	二十五歳	男	二十二歳	女	十六歳	男	八歳
女	七歳	女	四歳	男	二歳		

【注意事項】

・口分田は，6歳以上の男女に与えられた。
・男には，2段《たん》の広さの口分田が与えられた。
・女には，男の3分の2である1段120歩《ぶ》の広さの口分田が与えられた。
・当時の土地の広さを表す単位は，「1町《ちょう》＝10段」，「1段＝360歩」であった。
・単位がくり上がる場合は，必ずくり上げる。
　（例）12段480歩→1町3段120歩
・実際は，身分によって与えられる口分田の広さは変わったが，今回の問題では，それは考えなくてよい。

問14　年表中の⑭に関して，日本の寺院について説明した文として正しいものを，あとの**ア**～**エ**から1つ選び，記号で答えなさい。

ア．東大寺は，奈良時代に創建された寺院で，南大門やそこに置かれている金剛力士像は創建当時につくられたものである。

イ．石山本願寺は，日蓮宗の総本山として各地の一向一揆を指導し，その跡地《あとち》に大阪（大坂）城が築かれた。

ウ．延暦寺は，真言宗を伝えた最澄によって創建され，織田信長によって焼打ちされた。

エ．慈照寺は，足利義政が京都の東山に建てた別荘《べっそう》がのちに寺院になったもので，銀閣や書院造で有名な東求堂がある。

3　次の各問いに答えなさい。

問１　日本国憲法に規定されている天皇の任命権や国事行為に関する説明としてもっともふさわしいものを，次の**ア**～**エ**から１つ選び，記号で答えなさい。

ア．天皇の国事行為は国会の助言と承認が必要となる。

イ．国会の指名にもとづいて最高裁判所長官を任命する。

ウ．憲法改正，法律，政令，条約を公布する。

エ．国会の指名にもとづいて国務大臣を任命する。

問２　三権分立に関する説明として正しいものを，次の**ア**～**エ**から１つ選び，記号で答えなさい。

ア．ロックは『法の精神』を著し，三権分立を主張した。

イ．日本において，国会は弾劾裁判所を設置し，国務大臣をやめさせることができる。

ウ．日本において，内閣は衆参両議院の解散の決定をすることができる。

エ．日本において，裁判所は内閣の命令や規則に対して違憲審査をおこなうことができる。

問３　国と地方のしくみに関して説明した次の**A**・**B**の文について，正しい場合を○，あやまっている場合を×とした場合の組み合わせとして正しいものを，あとの**ア**～**エ**から１つ選び，記号で答えなさい。

A．「平成の大合併」とは，総務省などが中心となりおこなわれ，中央集権を一層推進するために市町村の合併がすすめられたことを指す。

B．自主財源とは，地方公共団体が自主的に調達できる財源を指し，地方交付税交付金がこれにあたる。

ア．**A**－○　**B**－○　**イ**．**A**－○　**B**－×

ウ．**A**－×　**B**－○　**エ**．**A**－×　**B**－×

問４　条約に関する説明として正しいものを，次の**ア**～**エ**から１つ選び，記号で答えなさい。

ア．包括的核実験禁止条約は，1996年に国連総会で採択《さいたく》され，発効した。

イ．核兵器禁止条約は，2017年に国連総会で採択されたが，日本はこの条約に参加していない。

ウ．子どもの権利条約は，1989年に国連総会で採択され，子どもを13歳未満と定め，大人と同じように人権を認めた。

エ．日本は，1985年に女子差別撤廃条約を批准《ひじゅん》し，同じ年に男女共同参画社会基本法が制定された。

問５　日本の社会保障に関する説明として正しいものを，次の**ア**～**エ**から１つ選び，記号で答えなさい。

ア．介護保険は，市町村によって運営されている。そのため，市町村によってサービスの内容に格差が生じることが問題となっている。

イ．年金の財源は，受給する人が働いているときに積み立ててきた保険料のみでささえられている。

ウ．公的扶助は，地域社会の人々の健康の保持，増進をはかったり，病気に対する予防策を講じたりする。

エ．社会保障関係費は，消費税が増税されたこともあり，国の１年の支出のうち大きな割合をしめていない。

問６　日本の政府の景気対策に関する次の文の空欄（**C**）・（**D**）にあてはまる語句の組み合わせとして正しいものを，あとの**ア**～**エ**から１つ選び，記号で答えなさい。

> 一般的に，不景気やデフレ（デフレーション）のときは，政府は公共事業など財政支出を（　**C**　），（　**D**　）税をおこなう。

	（　C　）	（　D　）
ア	増やし	増
イ	増やし	減
ウ	減らし	増
エ	減らし	減

問７　第二次世界大戦後の国際情勢に関する説明として正しいものを，次の**ア**～**エ**から１つ選び，記号で答えなさい。

ア．アメリカを中心とする西側諸国と，ソ連を中心とする東側諸国の冷戦とよばれる対立は，ヤルタ会談で終結が宣言された。

イ．キューバ危機では，キューバにミサイル基地を建設しようとしたアメリカと，これを阻《そ》止《し》しようとしたソ連との対立が激しくなったが，話し合いで解決された。

ウ．冷戦が終わったあとも，世界各地で民族紛争や地域紛争がおこっており，このような紛争には，必ずPKOが派遣されて解決をしてきた。

エ．1960年にアフリカで多くの国が独立をしたことから，この年は「アフリカの年」とよばれている。

問８　次の日本国憲法第15条の条文中の空欄にあてはまる語句を**漢字**で答えなさい。ただし，２つの空欄（**E**）には同じ語句があてはまる。

> すべて公務員は，全体の（　**E**　）であつ《っ》て，一部の（　**E**　）ではない。

れないから。

オ　お別れにほしいものはないかと西に訊ねた宇田川に対し、女子にけっこう人気があるのに女心が分からないことが、腹立たしくなったから。

問七　——線部4「千尋の心配」とありますが、どういうことですか。最も適切なものを次から選び、記号で答えなさい。

ア　西の欲しいものが分からないからといって、宇田川がやたらにお金をかけてプレゼントを買ってしまうのではないかということ。

イ　西の好きな花を思い出せず、おわびの気持ちで花屋にある花を宇田川が全部買い占めてしまうのではないかということ。

ウ　大事なのは西を思う宇田川の気持ちなのに、西の言葉に振り回されて、昔の写真や動画を確認する手間をかけてしまうこと。

エ　いろいろな花を買えば西がほしい花もその中にあるだろうと考えて、花を大量に買った挙げ句、ほとんど処分してしまうこと。

オ　昔の写真や動画を確認しても、幼なじみに花を渡しているところなんかどこにもないと宇田川が気づくかもしれないということ。

問八　本文中の［D］に当てはめるのに最も適切な言葉を、本文中から十三字でぬき出して答えなさい。

問九　——線部5「聞き返す宇田川は、動揺を隠し切れずにいる」とありますが、なぜ動揺しているのですか。最も適切なものを次から選び、記号で答えなさい。

ア　四万七千六百円という大金をはたいて花を買おうと決心したのに、当てずっぽうで花を買っても花のほとんどは西の好みではないだろうから花が無駄になると、冷静に指摘されたから。

イ　花屋にある花を全種類買いそろえれば西が欲しい花も混じっていると思い、我ながらいいアイディアだと思っていたのに、そんな花束では相手はよろこばないだろうと言われたから。

ウ　西が欲しい花を買うことしか頭になくて、花がかわいそうかどうかまでは考えもしなかったので、花屋さんに「花がかわいそう」と言われて初めて自分勝手だったことに気づいたから。

エ　全財産を使い果たすような高価な花束を西に贈ったら、中学生にはぜいたくすぎるプレゼントになってしまい、よろこびよりもむしろ迷惑になるかもしれないと初めて想像できたから。

オ　西が欲しい花をあげたいと一生懸命考え、自分の全財産をかけてもいいとまで思いつめたのに、その最高の花束をプロの花屋さんに「そんな花束」と言われてしまい低評価だったから。

問十　——線部6「ヒマワリだったら三本がちょうどいいわ。三本になさいな」とありますが、李多がそのように薦《すす》めた意図を明らかにしながら、ここでの李多の考えを五十字以上七十字以内で答えなさい。

慣用句になるよう答えなさい。

問二　本文中の［Ａ］～［Ｃ］に当てはめるのに最も適切な言葉を次から選び、それぞれ記号で答えなさい。

ア　額　イ　顎　ウ　頬　エ　首　オ　肩　カ　腕
キ　膝《ひざ》　ク　踵《きびす》　ケ　足

問三　――線部1「紀久子の言葉を李多はあっさり否定する」とありますが、なぜ李多は否定したのですか。最も適切なものを次から選び、記号で答えなさい。

ア　熱心に花を見ながら、大切な記憶を思い出そうと必死になっていると思ったから。
イ　たった三日間、花屋に来ただけでは、花が好きかどうか分からないと考えたから。
ウ　花のむこうに立っていた知人を、花の隙間からこっそり見ていたのに気づいたから。
エ　花が好きなら買うはずなのに、いつも見るだけで帰って行く姿が印象的だったから。
オ　花を贈る相手を思い浮かべながら、いろいろな花を見つめているように感じたから。

問四　――線部2「一昨日は私で、昨日は光代さんだったんだから、今日はキクちゃんだね」とありますが、これは何をすることを指していますか。十字以上十五字以内で答えなさい。

問五　次のア～クは、本文中の「1」～「8」に入る会話の内容です。正しい順序に並び替《か》え、記号で答えなさい。

ア　戸部ボクシングジムに通っている？
イ　な、なんでって言われましても
ウ　なにかしら
エ　宇田川くんかどうかはわからないけど、ウチの店にきた坊主頭の男の子が、戸部ボクシンダジムのＴシャツを着ていたわ
オ　なんでそれを知りたいの？
カ　そうです。でもどうしてそれを？
キ　ウチのクラスに宇田川という男子がいまして、坊主頭というくらいしか特徴がないのですが
ク　間違いなく宇田川です。ジムでも学校でも坊主頭は俺だけだって言ってましたんで。アイツ、いや、彼はあなたの店でなんの花を買おうとしていましたか

問六　――線部3「それが不満であるかのような口ぶりだった」とありますが、なぜ不満なのですか。適切なものを次から二つ選び、**五十音順**に記号で答えなさい。

ア　自分の方が大柄で肩幅が広く、がっちりした体格なのに、背が低く細身の宇田川の方が女子に人気があるのが納得がいかず面白くないから。
イ　花屋にいる宇田川を勝手に写真に撮ってグループＬＩＮＥに流すことが、他人の私生活をのぞき見しているようで良くないと思ったから。
ウ　女子にけっこう人気がある宇田川は、異性として気になる存在だったので、ライバルが多いことに気がつき焦《あせ》ってしまったから。
エ　西の友達として、西と宇田川がうまくいくことを願っているので、宇田川が女子に人気があると、他の女子に水を差されるかもし

「これをください」宇田川が指差したのは〈マティスのひまわり〉だった。「はじめて見たときから、彼女にぴったりな花だと思っていたんです」

「私もこのひまわり、好きです」紀久子はすぐさま同意した。「いいと思います」

八重咲きのヒマワリでたくさんの花弁が重なり、たてがみに見える。他のと比べると色が濃いうえに大輪で、荒々《あらあら》しくも逞《たくま》しい、それでいて美しくて眩《まぶ》しいヒマワリだった。

「ありがとうございます」

「何本にします?」

「三本っ」作業台のむこうから李多が言った。「6ヒマワリだったら三本がちょうどいいわ。三本になさいな」

はたして〈マティスのひまわり〉を西がよろこんでくれたのか、そもそも宇田川はきちんと渡すことができたのか、花屋としては知る由《よし》もない。

だが数日後、花の配達でラヴィアンローズを走らせていたときだ。

「紀久子さぁぁん」

交差点で信号待ちをしていると、千尋の呼ぶ声が聞こえてきた。斜向《はす》かいの歩道で、おなじユニフォームを着た子達十人ほどといっしょに信号待ちをしていた。

「先日はありがとうございましたぁぁ」

脱《ぬ》いだ帽子を振る千尋を見て、紀久子は寺山修司《てらやましゅうじ》の短歌を思いだした。

〈列車にて遠く見ている向日葵《ひまわり》は少年のふる帽子のごとし〉

列車ではなく電気三輪自動車だし、少年ではなく少女だ。短歌の帽子は麦わら帽子で、野球帽ではあるまい。それにヒマワリが帽子を振る少年みたいに見えたというのと、まるで逆だった。

千尋が〈向日葵〉に見えた。

そして三本は。

トルコギキョウやグラジオラスなどは、花の色で花言葉がちがうが、ヒマワリは本数でちがった。九百九十九本は何度生まれ変わってもきみを愛する、百八本は結婚しよう、九十九本は永遠の愛、十一本は最愛、七本はひそかな愛、一本だけだと一目惚《ひとめぼ》れという具合にである。

愛の告白だった。

（山本幸久《やまもとゆきひさ》『花屋さんが言うことには』より）

＊1 花卉市場……観賞用の草花を売り買いする場所。

＊2 グループLINE……特定のグループ内でメールや通話ができるサービス。

＊3 ラヴィアンローズ……花を配達するための一人乗りの三輪自動車に付けた愛称《あいしょう》。

＊4 バッテリー……投手（ピッチャー）と捕手（キャッチャー）の組み合わせを示す野球用語。

問一 〰〰線部a「（　）知れている」、〰〰線部b「途方に（　）」とありますが、（　）にそれぞれひらがな三字を入れて、aは「たいしたことはない」、bは「どうしてよいか分からなくて困った」という

「わかった」

花屋としてできる範囲ではある。千尋を安心させるために、紀久子はにっこり微笑《ほほえ》んだ。

「この店にある花をぜんぶ一本ずつください」

三日後の土曜、西が引っ越しをするはずの日の午後一時過ぎ、勢い込んで川原崎花店に入ってくるなり、宇田川はそう言った。

「どういうこと？」

床《ゆか》に落ちた花びらや葉を箒《ほうき》で集めていた紀久子は、その手を止めた。光代さんは休みで、芳賀《はが》は三階でランチを食べている。売場にはあと李多しかおらず、彼女は作業台で、〈花天使〉経由で注文のブーケをつくっている最中だった。

「親に頼んで、昔の写真や動画を見て確認したんですけど、幼なじみに花を渡しているところなんかどこにもなくて、それであの、いろんな花を買えば、そのうちのどれかは当たっているかもしれないと思って」

胡蝶蘭ではなかったにせよ、4千尋の心配は的中したわけだ。

「ぜんぶ一本ずつにしたって、けっこうな値段になるわよ。それでもいいの？」

「かまいません。自分の全財産《ざいさん》持ってきました」

「いくら？」

「四万七千六百円です」

あの子に花を売ったら、その同額の特別手当をだしてあげてもいいわ。

三日前、李多にそう言われたのを紀久子は思いだす。いや、駄目《だめ》だ。ここは千尋との約束どおり、なんとかして、［ D ］を売るべきだろう。

でもどうやって？

「そんな花束をもらっても、相手はよろこぶとは思えないけどな。花もかわいそうよ」

ブーケをつくりながら李多が言った。注意はしているものの、その口調はのどかで優《やさ》しくもあった。自分がいないときに、宇田川がきたらと思い、スタッフ三人には、千尋から聞いた話は伝えてあった。

「な、なんでですか」

5聞き返す宇田川は、動揺《どうよう》を隠し切れずにいる。

「きみ、戸部ボクシングジムの練習生よね」

「そ、そうですが」

「ボクシングだって、どれだけ乱打しても相手に効かなくちゃ意味がないでしょ。それよりも自分がこれだと決めた一撃を打つべきよね。つまりどの花がいいか、きみ自身が決めるべきじゃない？」

「だけどその花が西の欲しい花じゃなかったらどうするんです？」

幼なじみではなく西とはっきり名前を言った。だが宇田川本人は気づいてないらしい。

「相手が欲しいという気持ちよりも、きみがあげたいという気持ちのほうが勝《まさ》ればいいの。そうすればもらう相手もよろこばすことができるわ」

宇田川は虚《きょ》を衝《つ》かれた顔つきになる。そして店内を見回してから表にでて、店頭に並ぶ花の前に立つ。売行きが好調で、今日もヒマワリだらけだ。紀久子は彼のあとを追う。

で、保育園の頃《ころ》からずっといっしょの幼なじみでして」

「西さんって、野球以外にもピアノをやってる?」

「やってます」千尋がハッとした表情になる。「宇田川は西についてあなたに話したんですか」

「幼なじみが引っ越しをするから、花をあげなくちゃいけないって。でも名前はださなかったよ。どんな花がいいか訊ねたら、幼なじみなのにわからないのかって言われたんでしょ」さらに紀久子は宇田川が三日連続で川原崎花店を訪れ、今朝《けさ》は自分が応対したことと、そのときの会話の内容も手短かに話した。「彼がウチの店で花を買おうとしていたのを、どうしてあなたは知っているの?」

「クラスで仲いい友達数人とのグループLINEに一昨日、〈宇出川見っけ〉ってアイツが花屋の前にいる写真が送られてきたんです」千尋はスマホをだして写真を見せてくれたうえに、「宇田川は女子にけっこう人気なんですよ」と付け足すように言った。3それが不満であるかのような口ぶりだった。

「西の話では、お別れに欲《ほ》しいものはないかって宇田川に言われて、それぐらい自分で決めろよとカチンときて、黙《だま》ったままでいたらしいんです。宇田川は莫迦《ばか》で空気が読めないんで、しつこく訊ねてきた。だから適当に花と答えると、どんな花がいいのだとさらに訊いてくるものだから、幼なじみなのにわからないのかと言い返してしまったとかで」

「なにそれ?」

「私も西から話を聞いたとき、そう言いました。いつもそうなんです、あのふたり。西ったらめちゃくちゃ成績がいいクセして、そういうところは宇田川とおなじくらい莫迦なんです。莫迦同士お似合いなんだから、最後くらいは素直になればいいのに」

恋愛と呼ぶにはあまりに拙《つたな》い話に、紀久子は自分の頬《ほお》が緩《ゆる》んでいくのに気づいた。でも千尋は真剣だ。宇田川も西も、彼女とおなじくらい真剣にちがいない。そう考えると笑うのは失礼だと、紀久子は表情を引き締《し》めた。

「でも莫迦で素直じゃないけど単純なんで、宇田川からどんな花をもらっても、西はよろこぶはずなんです。そこがまた問題で」

「どうして?」

「宇田川はいっぺん悩《なや》みだすと、なかなか結論がだせずにヘマをしてかすんですよ。切羽詰《せっぱつ》まると尚更《なおさら》です。ボクシングの試合でも、ここぞというときに大振りのパンチをだして、相手のパンチをまともに食らって負けちゃうヤツなんです。それが本人にすれば会心の一撃《いちげき》のつもりってとこが、じつに間抜《まぬ》けで。今回もやりかねません。たとえばお店でいちばん高い花はなんですか」

「胡蝶蘭《こちょうらん》かな」

「西が好きな花が思いだせず、そもそもないのだから思いだしようがないんですが、だったら花屋でいちばん高い花を渡せば文句あるまいと胡蝶蘭を買いかねません」

「そんな莫迦な」

「莫迦だからするんです。どんな花でもいいからって、別れ際に胡蝶蘭を手渡されたら引きますよね」

それはそうだ。

「ですからお願いです。そんな真似《まね》だけはさせないで、ごくふつうであたりまえの花を売ってもらえませんか」

をさん付けで呼ぶひとなど、鯨沼では馬淵《まぶち》先生ただひとりである。しかしその声は馬淵先生よりもずっと若々しかった。

「紀久子さぁん、待ってくださぁい」

ドアがないから当然ドアミラーもなく、うしろを確認する術《すべ》がない。紀久子は車を路肩に停《と》めて振りむくと、野球のユニフォームを身にまとった子が、猛《もう》ダッシュで走ってくるのが見えた。

「す、すみません」

追いついてから野球帽《ぼう》をとったその顔は、あきらかに女の子だった。しかも紀久子は彼女に見覚えがあった。

「あなた、馬淵先生のお孫さんじゃない？」

「はい。鯨沼中学二年三組で、キラキラヶ丘サンシャインズの四番キャッチャー、馬淵千尋《ちひろ》です」

えらく丁寧《ていねい》な自己紹介だ。

馬淵先生の自宅へ花材を配達にいった際、紀久子は千尋と何度か会っていた。馬淵先生に生け花を習い、教室の手伝いをしているのだが、細身で小柄《こがら》な祖母とちがい、大柄で肩幅《かたはば》が広く、がっちりした体格だった。はじめて見たときはジャージ姿《すがた》だったので、高校生くらいの男子だと思ったほどである。

馬淵先生の母親の名前が平仮名でいち、先生が十に重ねるで十重《とえ》、ひとり娘は百の花で百花《ももか》、孫娘が千尋だと、先生本人から聞いている。ひとり娘の百花が十年ほど前に離婚《りこん》し、子どもを連れて出戻ってきたこともだ。孫の千尋が、地元の少女野球チームに所属している話も聞いた覚えがあった。それだけおしゃべりというか、自分の話をするのが好きなのだ。

「じつはお訊きしたいことがあって」

「　1　」

「　2　」

「　3　」

「　4　」

「　5　」

「　6　」

「　7　」

「　8　」

聞き返されるのが意外だったらしい。戸惑《とまど》いと焦《あせ》りが入り混じった彼女の表情を見て、紀久子の心が動く。坊主頭の彼に抱いたのとおなじく、少しでも力になってあげたいと思った。

「よかったら詳《くわ》しく話を聞かせてちょうだい」配達はすでにおえており、あとは店へ帰るだけだったのだ。「事と次第では協力してあげる。花屋としてできる範囲《はんい》でよければだけどね」

紀久子の申し出は、さらに意外だったようだ。千尋は少しためらいながら、「お願《ねが》いします」と言った。

「この先にある細道を左に入って少しいくと、小さいけど、雰囲気《ふんいき》のいい公園があります。そこで話を聞いてください」

「一年のときからバッテリー*4を組んでいたピッチャーの西《にし》って子が、今度の土曜に引っ越しちゃうんです」公園に着いて、木陰《こかげ》のベンチに横並《なら》びに腰《こし》かけるや否《いな》や、千尋は話しはじめた。西はおなじ中学で同学年だが、クラスはべつだという。「西と宇田川《うだがわ》は道を挟《はさ》んだむかい同士の家少年は［Ａ］を落とす。眉間の皺は消え、目の鋭さも失われ、すっかりｂ途方に（　）その表情を見て、紀久子は少しでも力になってあげたいという心持ちになった。

「なにか手がかりはないんですか。たとえば昔、その友達にあげた花か、あるいはもらった花はありません？」

「どうだろ」少年は［Ｂ］を捻《ひね》った。「そもそも花をあげたりもらったりした覚えはとくに。あ、でも」

「なんです？」

「小学校んとき、あいつのピアノ発表会にいったんです。そんとき花束を渡《わた》したような。でもなんの花だったかはさっぱり」

「何年生のとき？」

「けっこう昔《むかし》です。四年か五年」

「あなたはいま中学生？」

「中二です」

ならばほんの三、四年前だ。しかしこの歳《とし》の子にすれば〈けっこう昔〉にちがいない。

「当時の写真とかビデオは残っていない？」

「たぶん親が持っているかと」

「ピアノの発表会に限らず、あなたと友達がいっしょのところを撮ったものの中に、写っている可能性があるんじゃない？　そういうのを見ているうちに思いだすこともあるかもしれないし」

「やってみます。ありがとうございます」

［Ｃ］を返して走り去る少年を見送ってから、紀久子は店内に入る。

李多はガーベラとバラがメインの束売りはすでにつくりおえ、いまは光代さんとともに、丸い箱の器のボックスに取りかかっていた。箱は紙製なので、水が染《し》みでないようにセロハンを敷《し》いてから、吸水性のスポンジを置いて花を活けていく。花はユリとトルコギキョウがメインだ。ユリは八重《やえ》咲きで花びらが赤紫《あかむらさき》と白のサマンサという品種で、トルコギキョウは花びらが白のを用いていた。これも二千円の商品だ。

「ナイスアドバイス」ボックスに花を詰めながら李多が言った。

「だけど花は売れませんでした」

「幼なじみが好きな花がわかれば、買いにくるかもしれないわ」

「どうですかね。自分で言っといてなんですけど、いまのでわかるとは正直思えません」

「それでもキクちゃんが力になろうとしたことは、彼《かれ》には伝わったはずよ。ウチみたいな小さな店は、そういうのが大切だからさ。これからもなるべくお客さんには話しかけてみて」

「わかりました」

（中略）

「おはなのくるまだっ」「ほんとだ」「あれはバラのはなだよ」「ステキィ」

「かわいいっ」

＊3ラヴィアンローズで信号待ちをしていると、目の前の横断歩道を保育園の園児達が、列をなして渡っていく。手を振《ふ》ってくるので、紀久子も手を振り返す。（中略）

「おはなのくるまさんバイバァイ」「バイバァイ」

子ども達が通り過ぎたところで信号が青になった。車を走らせてしばらくいくと、背後から「紀久子さぁん」と呼ぶのが聞こえた。下の名前少年がいま視線をむけているヒマワリは、〈ゴッホのひまわり〉だ。ゴッホとはもちろん、画家のフィンセント・ファン・ゴッホである。ただし〈ゴッホのひまわり〉を見て、ゴッホがヒマワリを描《えが》いたのかと言えばそうではない。逆なのだ。ゴッホの描いたヒマワリに似せて、種苗《しゅびょう》メーカーが新たに品種改良したヒマワリだという。おなじメーカーでは〈モネのひまわり〉、〈ゴーギャンのひまわり〉、〈マティスのひまわり〉といった画家の描いたヒマワリをモチーフにした品種をつくっているのだと光代さんに教わった。それぞれのひまわりのカードには、名前と値段、そして彼らの描いたヒマワリの絵を貼《は》り付けてある。李多に頼まれ、紀久子が自宅のパソコンで検索《けんさく》して見つけだし、プリンターでプリントアウトしてきたものだ。絵と実物の花を見比べると、そっくりなのがよくわかる。

　少年の視線は、ゴッホからモネ、ゴーギャン、マティス、そしてまたゴッホに戻った。怒《おこ》っているようにさえ見えるほど真剣《しんけん》な表情だ。しかし花のむこうにだれかがいるかどうかまでは、さすがにわからない。

　店の中から光代さんが自分を見ているのに気づいた。李多と並んで、作業台で花束をつくる彼女《かのじょ》は、顎《あご》で少年を指す。早く話しかけろと催促《さいそく》しているのだ。

　わかりましたよ。やればいいんでしょ、やれば。

　紀久子は覚悟《かくご》を決めた。しかしいざとなると、相手が子どもでも緊張《きんちょう》する。息を整えてから「あの」と声をかけた。

「はい？」ふりむきざまに射貫《いぬ》くような鋭《するど》い目をむけられ、紀久子は少なからずビビってしまう。

「ここにいたら邪魔《じゃま》ですか」

声変わりの途中だからか、少年の声は少し掠《かす》れていた。

「とんでもない。そんなことありませんよ」ビビった自分を隠《かく》すため、紀久子は軽く咳払《せきばら》いをした。「買う花を決めかねているのであれば、いっしょに選んでさしあげようかと」

　少年からは返事がない。真一文字に口を閉じているばかりか、眉間《みけん》に皺《しわ》を寄せて気難しい顔になる。

「あ、でもいいんですよ。ひとりでじっくり考えてくださっても、いっこうにかまいません。なにかあれば、おっしゃってくださいね」

「友達が引っ越《こ》すんです」その言葉を絞《しぼ》りだすように少年は言った。

「いつ？」すかさず紀久子は聞き返す。

「今度の土曜です。それであの、そいつに花をあげなくちゃならなくて」

「友達って学校の？」

「そうです」

「あげなくちゃいけないってどういうこと？」

「お別れになにかくれと言われて、なにかじゃわからないからなにがいいか言えって言ったら、花がいいって」

「どんな花？」

「って俺《おれ》も訊《き》きました。そしたら幼《おさな》なじみなのにわからないのかって言われてしまって」

　そこで紀久子ははたと気づいた。少年が花のむこうに見ていたのは、その幼なじみにちがいない。そしてさらに質問を重ねた。

「思い当たる花はあるんですか」

「それがまったく。いくら考えても思いだせなくて」

中学生と思《おぼ》しき少年ひとりの来店自体珍《めずら》しく、そのうえいまどき珍しい坊主《ぼうず》頭なので覚えていたのだ。それだけではない。光代さんがなにを勧《すす》めても、気のない返事をするだけなのに、店の端《はし》から端まであらゆる花をじっくり見ていた。結局は十五分近く店内をうろついた末、なにも買わずに去ってしまった。

「気づいた？」

店に戻った紀久子《きくこ》の手を握《にぎ》り、売場の奥《おく》まで引っ張っていくと、光代さんはそう訊《たず》ねてきた。

「坊主頭の子ですよね」

「そう。でね。いまさっき李多さんに聞いたら、一昨日もきてたんですって」

「そうだったんですか」

紀久子は李多のほうに目をむける。彼女は作業台で花束をつくりはじめていたのだ。ガーベラとバラをメインに、赤い実をつけたヒペリカムと小さな白い花を咲《さ》かせたフロックスを組み合わせて二千円の束売りである。準備した花の量からして、二十束前後はできそうだ。

「花が好きなんですかね」

「それはないよ」[1]紀久子の言葉を、李多はあっさり否定《ひてい》する。「熱心に花を見ていた。でも花のむこうにだれかがいたわ。あの子はそういう目だったもの」

花のむこうにだれかがいた？

わけがわからない。どういう意味か、紀久子が訊ねようとしたときだ。

「きますよ、あの子」光代さんが言った。声をひそめながらも、目が活《い》き活きと輝いている。どうやら面白《おもしろ》がっているらしい。「どうします？」

「[2]一昨日は私で、昨日は光代さんだったんだから、今日はキクちゃんだね」

「それはそうだ」光代さんが同意する。「がんばって」

「私になにをしろと」

「あの子に花を売ったら、その同額の特別手当をだしてあげてもいいわ」

花束をつくる手を休めずに李多が言った。

「きたわよ」

光代さんが小声で囁《ささや》く。少年は店の前に立ち、溢《あふ》れんばかりのヒマワリをじっと見つめている。中学生と思しき少年が買う花の額なんてa（　　）知れている。

でもイッチョ、やったるか。

いきなり声をかけるのはどうかと思い、少し距離《きょり》を取って、少年の様子を窺《うかが》う。

紀久子より背が低く細身だが、華奢《きゃしゃ》ではなかった。それどころか腕《うで》や脚《あし》、両肩にもしっかりと筋肉が付いている。そのときになって黒地のTシャツの背中に白抜きで、『TOBE BOXING《ボクシング》 GYM《ジム》』と英語が綴《つづ》られていることに紀久子は気づいた。戸部《とべ》ボクシングジムにちがいない。鯨沼《くじらぬま》商店街の真ん中あたりのネイルサロンと、おなじビルの三階にあった。じつを言えば上京して六年三ヶ月、そんなところにボクシングジムがあるとは、まったく知らなかった。このひと月半、花の配達で何度か前を通っているうちに気づいたのだ。

問六　本文中の Ⅱ に当てはめるのに最も適切な言葉を、本文中から一語でぬき出して答えなさい。

問七　――線部５「肥料を与えることと農薬を使うことは、切り離せない関係にある」とありますが、それはなぜですか。最も適切なものを次から選び、記号で答えなさい。

ア　肥料を使うことによって土壌から作物へ多量の窒素が吸収されると、病気や害虫を引きつけやすくなってしまうので農薬が必要になるから。

イ　有機栽培に限ったことではなく、作物の栽培には肥料が必要になるし、農薬の散布もしなければならないのが農業の普通《ふつう》の姿であるから。

ウ　有機認証を取得するために必要とされる資材の中に、使わなくてはならない肥料の種類や量と同時に、使わなくてはならない農薬も指定されているから。

エ　化学肥料を使うと土壌には質の低い窒素が多くなってしまい、作物は病気や害虫に弱くなるので農薬を使わずに栽培することはできないから。

オ　有機栽培では合成農薬を使えないので、病気や害虫に強い作物を育てるために、作物が土壌から十分な窒素を吸収できるような肥料が必要となるから。

問八　あなたが農業を営む場合、有機栽培と慣行栽培のどちらを行いますか。本文をふまえ、理由とともに答えなさい。有機栽培と慣行栽培のどちらを選んでも試験の点数に差はつきません。

四　次の文章を読んで、あとの問いに答えなさい。字数指定のある問いは、句読点などの記号もすべて字数にふくみます。

関東では昨日、梅雨《つゆ》が明けたばかりで、今日は朝から雲ひとつない快晴だった。陽射《ひざ》しは強いものの、うだるような暑さではない。それでも駅前に辿《たど》り着いたときには、じっとり汗《あせ》をかいていた。肩《かた》で息をしながら、スマホを取りだしてかまえたが、ちょうどバスが目の前を通り過ぎていくところだった。しばらく待って、ようやく川原崎《かわらざき》花店が見えた。

真っ黄色だった。

これでもかというくらい、店頭にヒマワリを並べているからだ。大小さまざま多種多様なヒマワリを、李多《りた》が世田谷《せたがや》にある[*1]花卉市場《かきしじょう》で仕入れてきたのである。ちょうどいい具合に、陽の光を浴びて、店自体が輝《かがや》いているようだ。駅をでてきたひとの目を引くこと請《う》け合いだ。それを狙《ねら》って李多と光代《みつよ》さんで陳列《ちんれつ》したのだろう。

川原崎花店は三階建てのビルの一階で路面店だが、間口がとても狭《せま》い。しかも大型スーパーとパチンコ店のあいだというより隙間《すきま》にあるようなものだった。だからこそ少しでも目立つよう工夫をしなければならない。幸いにして花屋には花がいくらでもある。これを使わない手はないというわけだ。

撮《と》った写真を川原崎花店スタッフの[*2]グループLINEに送ってから、ロータリーに沿って店に戻《もど》る。その途中《とちゅう》、Tシャツに七分丈《ちぶたけ》のパンツというでたちの少年が視界《しかい》に入った。そばにバス停もなければ、タクシー乗り場もない場所で突《つ》っ立っている。その横を通り過ぎるとき、相手に気づかれないよう横目でその顔を確認した。

やっぱりそうだ、昨日、店にきた子だ。

なる」とありますが、これはどういうことですか。最も適切なものを次から選び、記号で答えなさい。

ア　「有機」の意味が広いので、どういうものが有機栽培された農作物かを消費者が理解しにくくなってしまい、農家がいくら有機栽培をしてもその判断は消費者に任されているということ。

イ　有機栽培の作物と聞くだけで質のよいものであるという印象を受けてしまい、多くの人々が「有機」という言葉に依存してしまうので、そうならない栽培法が多く生み出されるということ。

ウ　「有機」の幅広い考え方に対応するために、農家ごとに有機栽培とはどういうものかを研究し、よりよい作物を生産しようと多くの有機栽培の方法が実験的にあみ出されているということ。

エ　「有機」の考え方が一つではないため、農家が有機栽培をする際に作物の栽培の仕方はそれぞれの農家ごとに違《ちが》う方法で行われ、結果として有機栽培のやり方が多く生じるということ。

オ　「有機」の理念が広いので、実際の有機栽培の方法は農家次第《しだい》になり、その結果無数の栽培方法が存在することになって結局農家は消費者受けするやり方に依存するしかないということ。

問三　本文中の［Ａ］、［Ｂ］に当てはめるのに最も適切な言葉を、それぞれ**漢字一字**で答えなさい。

問四　――線部２「使用できる資材」を認証基準に用いたことで、『有機』という言葉が持っていた多くの理念が有機ＪＡＳ栽培では付属的な位置づけとなり、本来の『有機』と乖離するケースもでてくる」とありますが、これはどういうことですか。最も適切なものを次から選び、記号で答えなさい。

ア　「有機」には多様な意味があるので農林水産省が「使用できる資材」を決めて有機ＪＡＳ栽培の認証という制度を設けても、本来、多種多様なはずの有機栽培をしっかりと行っているとは言えず、そういった制度自体が意味を持たなくなる場合もあるということ。

イ　「使用できる資材」を守って栽培すれば有機ＪＡＳ栽培の農作物であると認められるため、それが主となり、それ以外の点で「有機」の理念を満たす栽培を実行することがおろそかになってしまい、本来の有機栽培というものから遠くなる場合もあるということ。

ウ　有機栽培の証明とも言える有機ＪＡＳ栽培の認証を得るには「使用できる資材」を守った栽培に加え、それに付属した細かい基準も満たす必要があるため、栽培する側にとっては大きな負担になり、有機栽培から離れていく農家が多くなる可能性があるということ。

エ　「使用できる資材」を守って栽培すれば有機ＪＡＳ栽培であると認められ、有機栽培であることの証明になるはずであるのに、「有機」の意味は広いという考えがあるため、いくら「使用できる資材」を守っても、世間からは有機栽培と認められない場合もあるということ。

オ　多様な意味を持つ「有機」の理念の中で「使用できる資材」は一部の付属的な部分に過ぎないのに、有機ＪＡＳ栽培ではそれを基準にしたため、農家は簡単に有機栽培を名乗ることができるようになり、消費者が有機作物から離れていく可能性もあるということ。

問五　――線部３「ボルドー液」、４「ＢＴ剤」とありますが、本来の有機栽培においては、これらの使用にはどのような問題がありますか。「という問題。」に続くように二十五字以内で答えなさい。

機栽培農家も多く、このような農家からは硝酸態窒素の低い野菜が供給される。しかし、問題は、市場に窒素過多条件で育てられた野菜が混じることで、有機野菜に対する消費者の信頼低下につながることである。現在の日本の有機栽培の一つの問題は、地力の向上を目指す有機栽培と、窒素過多の状態になった有機栽培が混在していることにある。

有機認証は、有機農産物を市場で拡大するために一定の効果をあげてきた。序章で述べたように、欧州《おうしゅう》や北米などでは消費者の食品安全や環境汚染《おせん》に対する関心の高まりから、有機農産物の消費が毎年増加傾向《けいこう》にあり、市場で大きな一画を占《し》めるまで成長している。日本では、２００６（平成18）年に有機農業推進法が制定され、有機農業を拡大しようとする社会的機運はあるが、有機ＪＡＳを取得した耕地面積は全体の０・２％程度にとどまり、２００６年からほとんど増加が見られない。

有機肥料の多投入は、化学肥料の投入による病害虫の発生増加という慣行栽培と同じ問題を引き起こす。5肥料を与えることと農薬を使うことは、切《き》り離《はな》せない関係にある。有機物由来の窒素でも、吸収量が多くなると、作物体の窒素成分が高くなり、病気や害虫を引きつけやすくなる。作物の窒素吸収量が多くなると、合成農薬を使えない有機栽培では、病害虫防除の作業が過大となり、経済的被害《ひがい》も拡大しやすくなる。雨が少ない乾燥《かんそう》気候では病害虫の発生も少なく、有機栽培も広がりやすいが、日本のような高温・多湿《たしつ》の気候条件は、病気や害虫、雑草が発生しやすく、有機栽培の難易度は上がる。日本で有機栽培が広がらないのは、合成農薬を使用せずに病害虫を防除する技術的困難さという、栽培上の問題も大きいと思われる。

（杉山修一《すぎやましゅういち》『ここまでわかった自然栽培―農薬と肥料を使わなくても育つしくみ』より）

＊1　慣行栽培……ここでは有機栽培ではない作物の栽培。
＊2　化学肥料……化学的処理によって工業的に生産される肥料。
＊3　合成農薬……農薬のうち有効成分が化学合成されたもの。
＊4　ほ場……耕作する農地。
＊5　有機ＪＡＳ栽培……有機ＪＡＳマークの表示を許可されるような栽培。有機ＪＡＳマークは、輸入、国産を問わず一定の基準を満たす有機農産物、畜産物、加工食品以外は「有機」と表示できない規則。農産物の場合、種まきの二年以上前から禁止農薬や化学肥料を使わずに栽培し、登録認定《にんてい》機関が検査し認定した事業者のみが表示できる。
＊6　乖離……そむき離れること。はなればなれになること。
＊7　粗飼料……濃厚飼料に対する言葉で、牧草や乾牧草、わらなどの飼料。家畜に満腹感を与え、便通をよくする効果がある。
＊8　濃厚飼料……粗飼料に対する言葉で、近代的な畜産に用いられる、特にタンパク質が多い飼料。
＊9　完熟堆肥……堆肥の中でも分解、発酵《はっこう》が充分《じゅうぶん》に行われたもの。
＊10　厩肥……家畜などの糞尿とからなどを混ぜて腐《くさ》らせた肥料。

問一　本文中の［Ｉ］に当てはめるのに最も適切な言葉を、本文中の［Ｉ］より前から十字以上十五字以内でぬき出して答えなさい。

問二　――線部1「『有機』の理念が幅広いため、その理念を実現する栽培法は個人の考え方に依存する部分が大きくなり、栽培法が多様に製品化したものである。しかし、生物由来の農薬でも、天敵昆虫《こんちゅう》も殺す。

農薬に関しては、化学合成由来かどうか以外に、特定の有害生物にのみ作用する選択性《せんたくせい》は、「有機」の理念の一つである生物多様性を実現する重要な要素である。

有機栽培では、化学肥料の代わりに有機肥料を用いる。慣行栽培が確立する以前の農業は、窒素《ちっそ》不足による低生産が大きな問題となっていた。ヨーロッパで発達した有機農業は、窒素不足を補うために畜産《ちくさん》と連《れん》携《けい》することで、家畜糞尿《かちくふんにょう》由来の堆肥《たいひ》を有機肥料として利用してきた。現在でも、農畜複合《のうちく》は、有機栽培の理念の一つである「　Ⅱ　」を達成するための重要な方法となっている。

現在の日本の畜産業は、鶏《にわとり》や豚《ぶた》などの大規模飼育や、和牛の舎飼いが中心となっている。したがって、家畜の飼養は、放牧や牧草な＊7粗飼料《そしりょう》給《きゅう》与《よ》が基本ではなく、トウモロコシなどの輸入＊8濃厚《のうこう》飼料の給与が中心となる。また、北海道などでも、かつての放牧中心から濃厚飼料の比重を高めた乳牛の多頭飼育が広まっている。濃厚飼料中心の多頭飼育は、窒素を多く含んだ糞尿が大量に出てくるので、その処理が大きな問題となる。

畜産系の有機肥料は、もとをたどると、化学肥料を利用した慣行栽培牧草や輸入トウモロコシに由来する飼料で育てられた家畜糞尿から作られている。つまり、有機肥料の投入という形であっても、有機栽培は、化学肥料由来の窒素を土壌に投入している状態に支えられている。そのため、過去の有機栽培に比べ、現在の有機栽培では、慣行栽培に匹敵《ひってき》する高収量を達成できるようになった。一見、旧来の有機栽培がかかえていた低い生産性の問題が解決されたかに見えるが、有機質肥料の投入は別の問題を生じさせた。

現在の家畜の飼養形態と組み合わされた有機栽培は、糞尿処理のための循環が前面に出やすく、土壌に糞尿由来の窒素が過剰《かじょう》に供給されやすくなる。農畜複合による循環型農業は、有機栽培の一つの方向であるが、窒素の過剰投与《とうよ》は、良質の完熟堆肥＊9投入を通じて地力の向上を目指す有機栽培の本来の姿に反する。

有機質由来の窒素が化学肥料由来の窒素よりも安全ということはなく、作物にとってはどちらも同じである。問題は、由来よりむしろ投入する量にある。有機認証においては、利用した資材の種類だけが評価され、資材の投入量には制限が課されていない。農地に負荷がかかるほど大量の糞尿由来の有機肥料を投入しても、有機認証では問題にされないのだ。家畜由来の未熟な＊10厩肥《きゅうひ》の大量投入は、農地を窒素過多の状態にし、環境や健康に悪影響を引き起こす。

有機物に含まれる窒素は、微生物《びせいぶつ》の活動を通じてアンモニウムなどの無機窒素に分解され、作物に吸収される。温度の低い春先などは微生物の活動が低く、有機物の分解が遅《おく》れ、肥料としての効果が出にくいので、適切な量を超《こ》えて与えられがちになる。そうすると温度が高くなる夏には逆に分解が進み過ぎ、畑が窒素過多になる。このような畑で育った有機栽培野菜は、窒素を過剰に吸収して、慣行栽培野菜より硝酸《しょうさん》態窒素含《がん》有量《ゆうりょう》が高くなり、かえって食品の安全性に問題を生じる場合も出てくる。

有機肥料を適切に投与することは、供給量を簡単に計算できる化学肥料の投与より難しく、過剰投与になりやすい。もちろん、植物由来の堆肥や家畜糞尿由来の完熟堆肥を投入し、着実に土作りを行なっている有業生産に由来する環境《かんきょう》への負荷《ふか》をできる限り低減した栽培管理方法を採用したほ場*4において生産」する農業とあり、［Ｉ］以上の意味が含まれてる。国際有機農業運動連盟（ＩＦＯＡＭ）による有機農業の定義には、「土壌・自然生態系・人々の健康を持続させる農業生産システムである。……（中略）……伝統と革新と科学を結びつけ、自然循環と共生してその恵《めぐ》みを分かち合い、そして、関係するすべての生物と人間の間に公正な関係を築くとともに生命と生活の質を高める」とあり、「有機」の理念はさらに広がる。

「有機」の理念すべてを、現実の栽培の中で実現することは簡単ではない。さらに、1「有機」の理念が幅広いため、その理念を実現する栽培法は個人の考え方に依存《いぞん》する部分が大きくなり、栽培法が多様になる。栽培法の多様化は、有機農産物市場での混乱を招く。理念のすべてを追求する先進的な有機栽培農家から、農薬の使用量を減じただけの減農薬栽培農家、中には、農産物の付加価値を上げるための名前だけの有機栽培農家も現れる。［Ａ］貨が［Ｂ］貨を駆逐《くちく》するように、不適切な方法で作られた有機農産物の市場への流入は「有機」農産物の価値を失わせ、消費者の信頼《しんらい》を失うのは必然である。有機農産物の価値を守るための認証《にんしょう》制度は、有機栽培を普及《ふきゅう》、定着させるための必然的プロセスであった。有機認証には、「有機栽培」とそれ以外の栽培を区別する明確で具体的な境界が必要とされる。有機認証に際して世界的に使われた基準は、「使用できる資材」である。欧米《おうべい》の基準に倣《なら》い、日本の農林水産省も「使用できる資材」を有機農産物の基準に採用した。

「使用できる資材」が明確になったことで、有機農産物の信用が確保され、市場での信頼を通じて消費者に受け入れられる基礎《きそ》ができた。しかし、2「使用できる資材」を認証基準に用いたことで、「有機」という言葉が持っていた多くの理念が有機*5ＪＡＳ栽培では付属的な位置づけとなり、本来の「有機」と*6乖離《かいり》するケースもでてくる。本書では、「使用できる資材」を基準に認証された有機栽培を、「有機ＪＡＳ栽培」と表現している。

有機栽培で使用が認められている資材に、3ボルドー液がある。ボルドー液は、硫酸銅《りゅうさんどう》と消石灰《しょうせっかい》を混合した、病原菌《びょうげんきん》を殺傷する能力が高い殺《さっ》菌剤《きんざい》である。現在でも、リンゴの有機栽培には、病気の防除のためにボルドー液が欠かせない。しかし、硫酸銅は劇物指定を受けている生物毒性が強い物質で、人体にも有害で、土壌に蓄積《ちくせき》すると環境にも悪影響《あくえいきょう》を与《あた》える。一見、「有機」の理念と反するが、硫酸銅は合成物ではなく、自然の鉱物に由来する天然物であるという理由から、有機ＪＡＳで使用が認められている。しかし、ボルドー液でも合成殺菌剤でも、農地に散布したときの生物群集に与える影響は同じである。

「有機」の一つの理念に、生物多様性がある。農地には、作物に害を与える病原菌や害虫、それらを抑《おさ》える天敵、そして作物生産には害も益も与えない中立な生物が多数棲《す》んでいる。合成農薬に限らず、ボルドー液の農地での散布は、有害か有益かにかかわらず、すべての生物を殺傷する。種類を問わず、生物に作用する農薬の非選択的殺傷性は、必然的に農地の生物多様性を損《そこ》なう。

天敵の存在は無農薬で害虫を防除するためには不可欠であるが、非選択的殺傷性を持つ農薬の散布は天敵も同時に殺傷し、病害虫を抑える農地生態系の力を弱体化させる。有機ＪＡＳで認められている殺虫性の生物農薬に4ＢＴ剤がある。細菌《さいきん》のバチルス菌が作る殺虫性タンパク質を

【国語】〈五〇分〉〈満点：一五〇点〉

一　次の（1）～（8）に当てはまる最も適切な言葉をあとの語群から選び、それぞれ漢字に直して答えなさい。ただし、語群の言葉は一度ずつしか使いません。

・各国の代表が（　1　）に会する。
・（　2　）な知識で対応するのは失礼だ。
・（　3　）物を交番に届ける。
・（　4　）用にのしを付けてもらう。
・悲しい知らせを聞き（　5　）にたえない。
・マラソン大会で（　6　）を制して先頭に立つ。
・小学生には（　7　）な腕《うで》時計をしている。
・（　8　）と続く歴史。

【語群】
シンモツ　　レンメン　　ショウシン　　イチドウ
フソウオウ　　シュウトク　　ナマハンカ　　キセン

二　次の（1）～（10）に当てはまる最も適切な言葉をあとの語群から選び、それぞれ記号で答えなさい。ただし、記号は一度ずつしか使いません。

・事件の真相を（　1　）にする。
・夕立が（　2　）降ってやんだ。
・彼《かれ》の頼《たの》みなら協力するのに（　3　）ではない。
・泣きつかれて（　4　）のようになる。
・けんかの（　5　）を食う。
・観客席は興奮の（　6　）となった。
・妹を泣かせただなんてとんだ（　7　）だ。
・兄は（　8　）なので家でしかいばれない。
・五点も差がつき（　9　）が悪い。
・（　10　）なく車が通る。

【語群】
ア　ぬれぎぬ　　イ　そばづえ　　ウ　るつぼ
エ　ひとしきり　　オ　旗色　　カ　つまびらか
キ　内弁慶《うちべんけい》　　ク　間断　　ケ　やぶさか
コ　ぬけがら

三　次の文章を読んで、あとの問いに答えなさい。字数指定のある問いは、句読点などの記号もすべて字数にふくみます。

有機栽培《さいばい》は科学的に合成された肥料と農薬を使用しないという基本的立場をとり、その点では慣行栽培[*1]に対立する栽培法である。一方、「有機」という言葉は、生態系、循環《じゅんかん》、持続可能性、生物多様性、共生などの多様なキーワードを含《ふく》む非常に幅広《はばひろ》い概念《がいねん》であり、化学肥料[*2]と合成農薬[*3]の不使用という立場だけでは、「有機」の全体像をカバーできない。

農林水産省の有機農業の定義は、「農業の自然循環機能の維持《いじ》増進を図《はか》るため、化学的に合成された肥料及《およ》び農薬の使用を避《さ》けることを基本として、土壌《どじょう》の性質に由来する農地の生産力を発揮させるとともに、農

MEMO

大切なことはメモしておこうネ！

2023年度

栄東中学校入試問題（1教科入試）

【算　数】（50分）　<満点：150点>

【注意】 1. コンパス・定規・分度器は使わずに答えてください。

2. 円周率《りつ》は3.14とします。

3. 比を答えるときには，もっとも簡単な整数の比で答えてください。

1 次の問いに答えなさい。

(1) 図1のように，矢印がかかれたコインと，同じ大きさの固定されたコインがあります。いま，矢印がかかれたコインを，固定されたコインのまわりに接しながらすべらないように回転させます。

回転させているコインが図2のアの位置に来たとき，矢印はどの方向を向いていますか。解答欄《らん》の図に矢印を書き込みなさい。

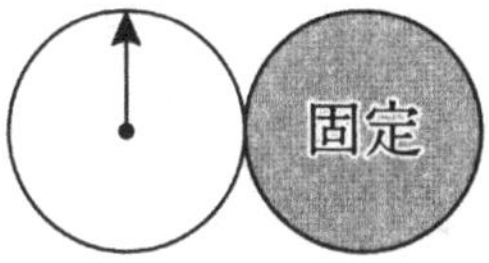

図1

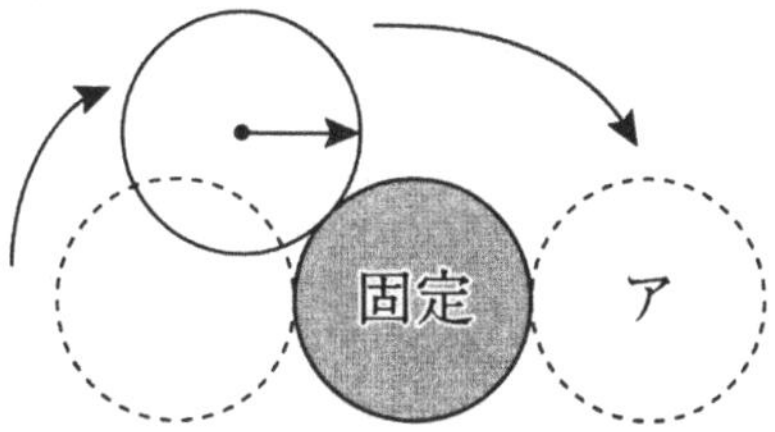

図2

(2) 図3のように，矢印がかかれたコインと，同じ大きさの固定された2枚のコインがあります。いま，矢印がかかれたコインを，固定された2枚のコインのまわりに接しながらすべらないように回転させます。

矢印がかかれたコインが元の位置にはじめてもどったときに，矢印はどの方向を向いていますか。解答欄の図に矢印を書き込みなさい。

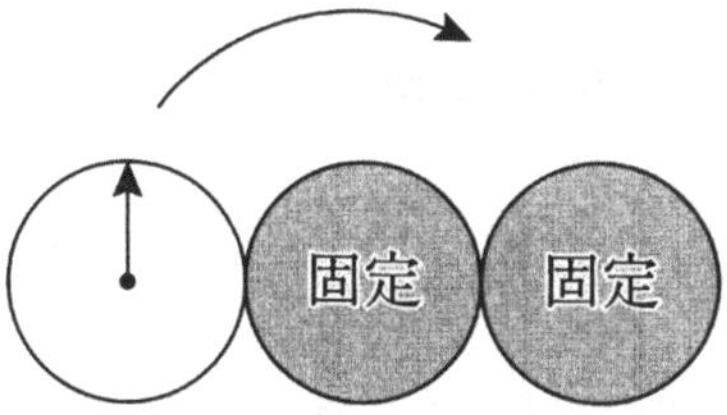

図3

2 次の問いに答えなさい。

(1) 図1の二等辺三角形を12個並べて，図2の図形をつくりました。図2の図形の面積は，1辺の長さが1cmの正三角形何個分ですか。　（図1，図2は次のページにあります。）

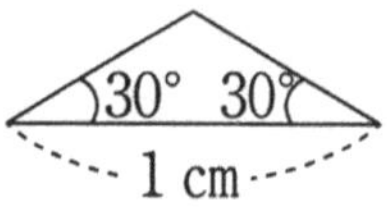

図１

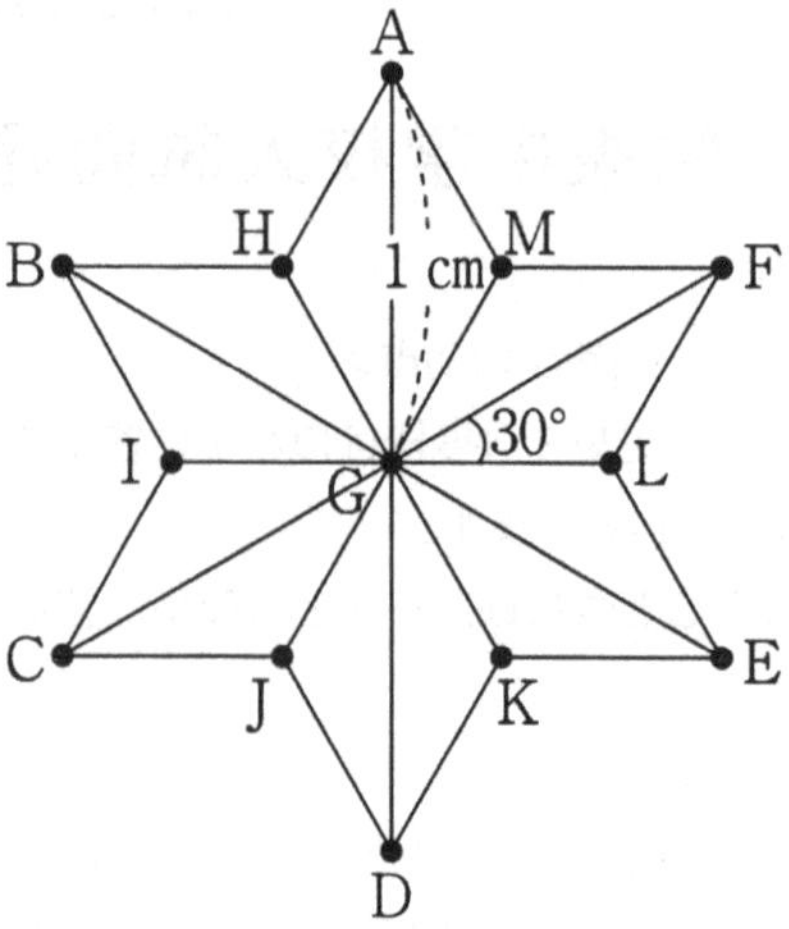

図２

(2)　図２の点をそのまま使い，半径１cmの円と直線を加えて図３の図形をつくりました。図３の影《かげ》のついた部分の面積は，１辺の長さが１cmの正三角形何個分ですか。

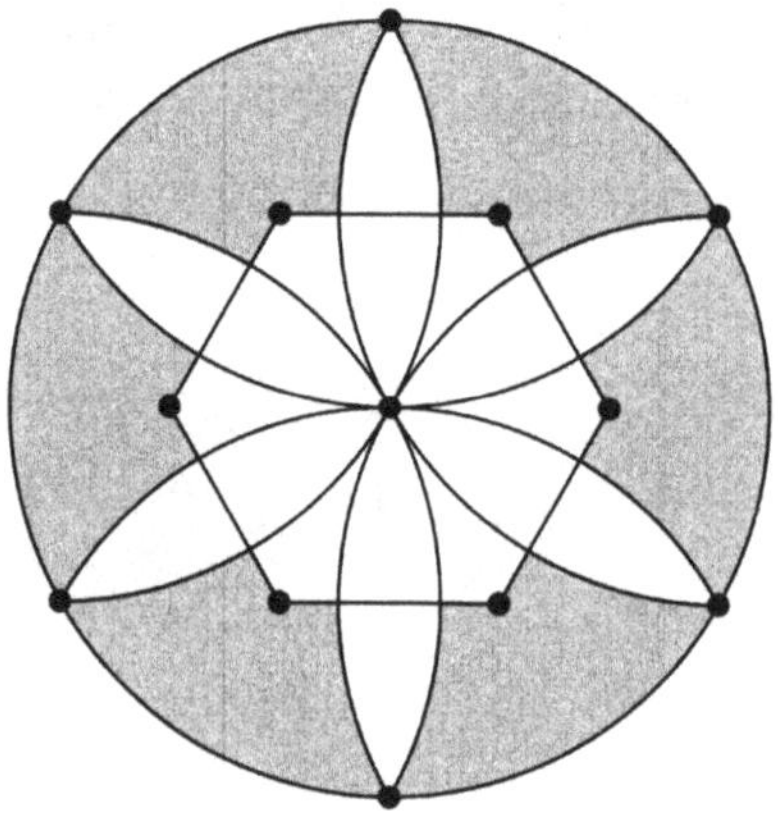

図３

3　次の会話を読んで問いに答えなさい。

栄くん　「ねえ，東さん。平方数について大発見したよ！」

東さん　「平方数って同じ整数を２つかけてできる１，４，９，16とかの数だよね」

栄くん　「そう，5×５の25とか，6×６の36とか」

東さん　「その平方数がどうしたの？」

栄くん　「どんな平方数も３で割った余りは０か１になるんだよ」

東さん　「え？　そうなの？」

栄くん　「１×１から順に56×56まで試したから絶対にそうだよ！」

東さん　「そんなにたくさん試したの？　でも，待って栄くん。まだこのあとに余りが２になる数が出てくるかもしれないよ。そう思ったから栄くんはそんなにたくさん試したんだよね？」

栄くん　「うん，実はそうなんだ。なんでこうなるかはわからないんだよ」

東さん　「わかった。いっしょに考えよう。とりあえず平方数を，正方形の形にコインを並べたときに使うコインの枚数ってことにするよ」

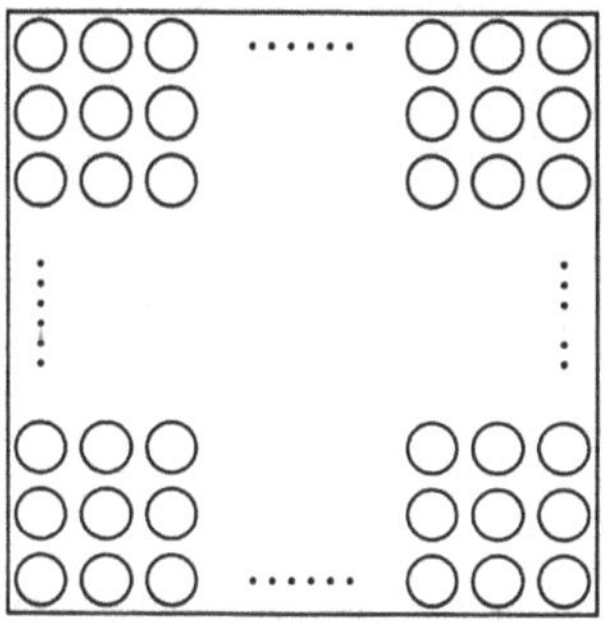

東さん　「1辺に並べるコインの枚数が3の倍数だったらコイン全部の枚数も当然3の倍数だよね」

栄くん　「うん。でも，1辺に並べるコインの枚数が3で割って1余るときと3で割って2余るときって難しいよね？」

東さん　「それも図をかいてみたらわかるかな」

栄くん　「あー！　東さん！」

東さん　「え？　なに？」

栄くん　「部活が始まる時間になっちゃった！　終わってから教えてもらってもいい？」

東さん　「えー？　なにそれ？　さっき始めたばかりなのに。仕方ないなあ。じゃあ手紙に説明を書いて栄くんの机に置いておくよ」

栄くん　「ありがとう！」

東さんになったつもりで栄くんへの手紙を書きなさい。

4　1から9の中から異なる4つの数字を出題者が選んでつくった4桁《けた》の整数を解答者が当てるゲームがあります。解答者は4桁の整数を言い，それに対して出題者は下のルールでヒントを出し，解答者が何回目までで正解を当てるかを競います。

ルール

正解の4桁の整数と比べて，位と数字がともに一致《ち》している場合は○，位は異なるが，他の位に一致する数字がある場合は△と答える。

たとえば，出題者がつくった整数が1357で，解答者が7154と言った場合，5が十の位で一致しているので○，7と1は使っている位が異なるので△となり，この場合，出題者は○1つ△2つと答える。

このゲームを解答者が栄くん，出題者が東さんで始めました。次の会話を読んで問いに答えなさい。

東さん　「4桁の整数を決めたから言っていいよ」

栄くん　「じゃあ，1234」

東さん　「んー，その中の1つだけ使われてるけど位が違《ちが》うから，△1つ」

栄くん　「5678」

東さん　「1つは位も合ってて，1つは位が違うから，○1つ△1つ」

栄くん　「ということは ア はどこかの位に使われてるってことだ。じゃあ，4569」

東さん　「○2つ△1つ」

栄くん　「9476」

東さん　「△3つ」

栄くん　「おー！　これで4桁の整数は イ 通りにしぼりこめた！」

東さん　「え？　もうそんなに少なくなったの？　なんで？」

栄くん　「じゃあ，説明するね！」

ア ， イ の空欄《らん》にあてはまる数を答えなさい。また，栄くんになったつもりで説明し，正解と考えられる4桁の整数をすべて答えなさい。

2023年度

栄東中学校入試問題（東大Ⅱ）

【算　数】（50分）　＜満点：150点＞

【注意】 1. コンパス・分度器は使わずに答えてください。

2. 円周率《りつ》は3.14とします。

3. 比を答えるときには，もっとも簡単な整数の比で答えてください。

1　次の □ にあてはまる数を答えなさい。

(1)　Aを整数とします。Aに１を加えると７で割り切れ，Aに４を加えると17で割り切れます。2023より大きい整数の中で，もっとも小さいAは □ です。

(2)　栄くんのクラスは文化祭で謎《なぞ》解きカフェを運営し，参加者にはクリア時間に応じてチョコが１個入った袋《ふくろ》と２個入った袋と４個入った袋を配りました。終了後に余った数を確認したところ，袋の数は56袋，その中に入ったチョコは合計134個ありました。また，２個入った袋は４個入った袋より２袋多く余りました。チョコが２個入った袋は □ 袋余りました。

(3)　正六角形ABCDEFで，GはAFの真ん中の点，AH：HBが１：２のとき，GI：ICをもっとも簡単な整数の比で表すと □：□ です。

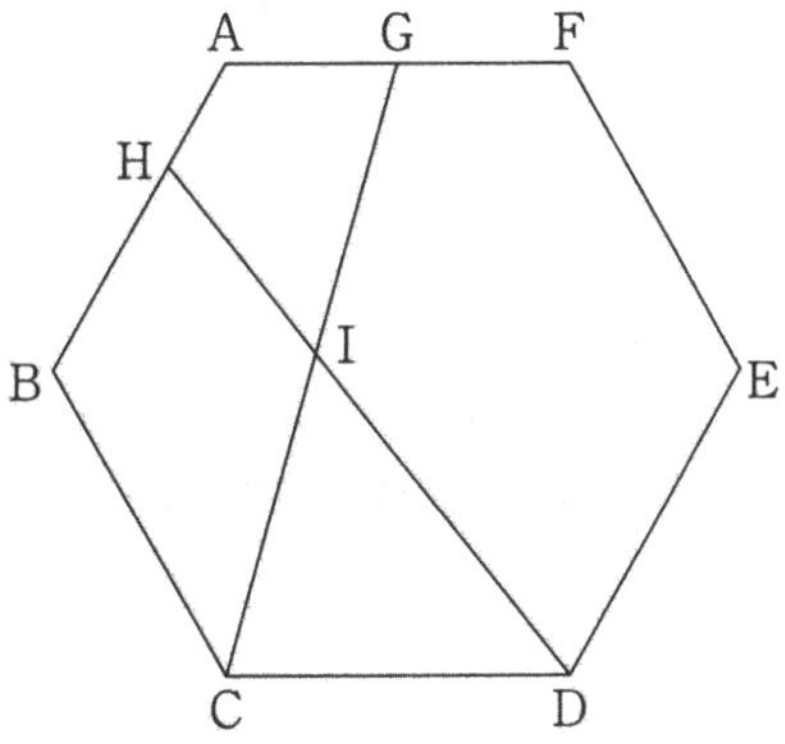

(4)　ある規則にしたがって並んだ分数の列があります。

$$\frac{1}{2},\ \frac{2}{1},\ \frac{1}{4},\ \frac{2}{3},\ \frac{3}{2},\ \frac{4}{1},\ \frac{1}{6},\ \frac{2}{5},\ \frac{3}{4},\ \frac{4}{3},\ \frac{5}{2},\ \frac{6}{1},\ \frac{1}{8},\ \cdots\cdots$$

この分数の列で，$\frac{20}{23}$ は □ 番目の数です。

(5)　栄くんと東さんは同じ道を通って学校から駅まで歩きます。ある日，東さんが学校を出発した２分後に栄くんが学校を出発しました。栄くんは午後５時50分に東さんを追いこし，午後５時55分に駅に到《とう》着しましたが，忘れ物に気付いたためすぐに引き返したところ，午後５時56分に東さんに出会いました。栄くんと東さんが歩く速さは一定でした。栄くんが学校を出発したのは午後５時 □ 分です。

(6)　次のページの図のマス目のどの行にもどの列にも石が１個あるように４個の石を置いていきます。＊印のマス目のうち少なくとも１つに石があるような置き方は全部で □ 通りあります。ただし，4個の石は区別できないものとします。

	1列	2列	3列	4列
1行	*			*
2行				
3行				
4行	*			*

2　1，2，3，4，5，6の数字が書かれたカードがそれぞれ2枚ずつ，合計12枚あります。これらのカードを並べて4桁《けた》の整数をつくります。

(1)　千の位が1で，百の位が1であるような整数は全部で何個つくれますか。

(2)　千の位が1で，百の位が2であるような整数は全部で何個つくれますか。

(3)　4桁の整数は全部で何個つくれますか。

《解答欄《らん》の考え方を記す欄に考え方も書きなさい》

3　図1のような面積が6㎠の正六角形があります。

(1)　この正六角形の6つの頂点のうち3点を結んで三角形をつくります。つくることのできる三角形の面積をすべて答えなさい。

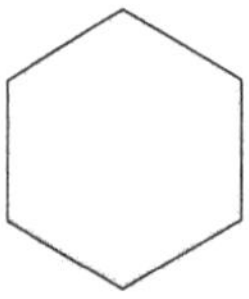

図1

(2)　図1の正六角形を図2のように4つ並べます。

3点A，B，Cを結んでできる三角形の面積を求めなさい。

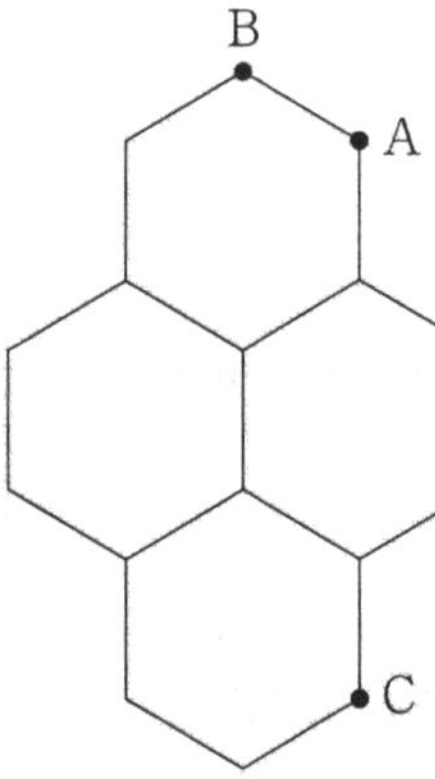

図2

(3)　図1の正六角形を次のページの図3のように7つ並べます。3点P，Q，Rを結んでできる三角形の面積を求めなさい。

《解答欄の考え方を記す欄に考え方も書きなさい》

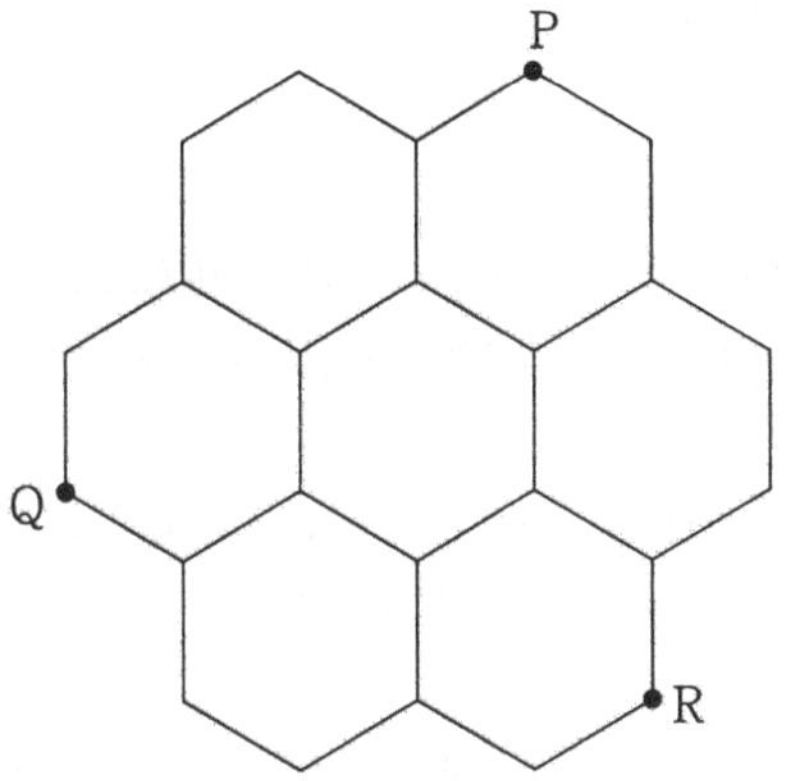

図３

4 立方体ABCDEFGHのBFのちょうど真ん中の点をＩ，AGを３等分する点のうち点Ａに近い点をＰ，点Ｇに近い方をＱ，IQを延長して正方形CGHDと交わる点をＲとします。

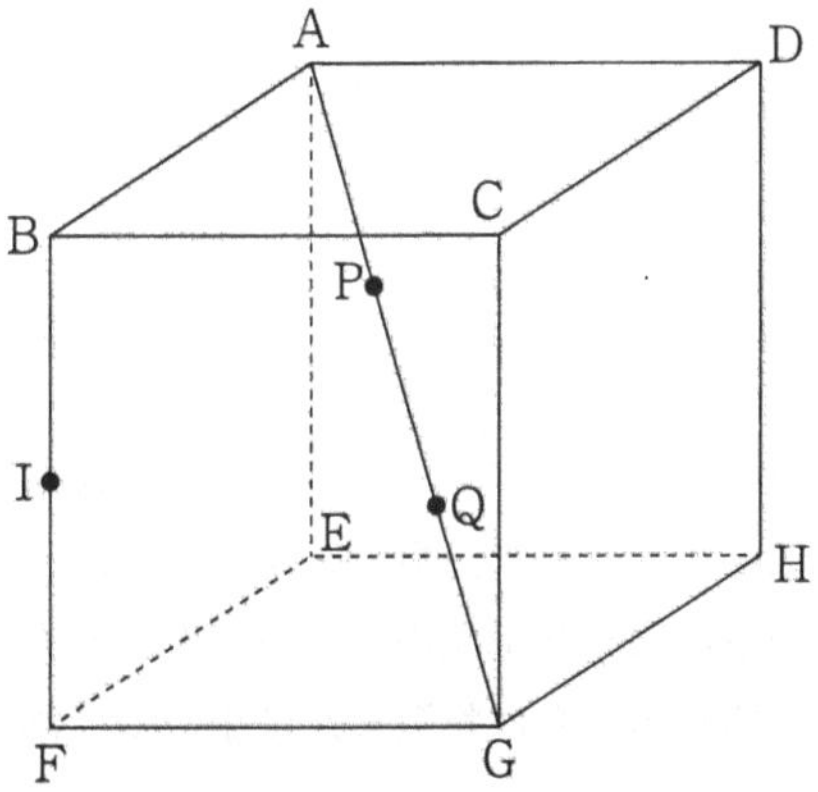

(1) 点Ａ，Ｉ，Ｑを通る平面でこの立方体を切断したとき，切り口の図形の形は次のア～エのうちどれか，記号で答えなさい。

ア．二等辺三角形

イ．直角三角形

ウ．正方形

エ．ひし形

(2) IQ：QRをもっとも簡単な整数の比で答えなさい。

(3) Ｃ，Ｐ，Ｑ，Ｒを頂点とする立体の体積は元の立方体の体積の何倍ですか。

《解答欄の考え方を記す欄に考え方も書きなさい》

【理　科】（40分）　＜満点：75点＞

1　次の文を読み，あとの問いに答えなさい。

太さが一定の電熱線をいろいろな長さに切ったものを用意し，これに電池と電流計をつないで回路を作ります。以下の回路で使われている電池の電圧（電流を流すはたらき）の大きさはすべて同じであるとします。

図1のように，2㎝の電熱線，電池，電流計を用いて回路を作りました。**図1**の電流計に流れる電流の大きさを「1」とします。この回路を基準としていろいろな回路に流れる電流の大きさやはたらきについて考えます。

図2のように，2㎝の電熱線2つ，電池，電流計を用いて回路を作りました。

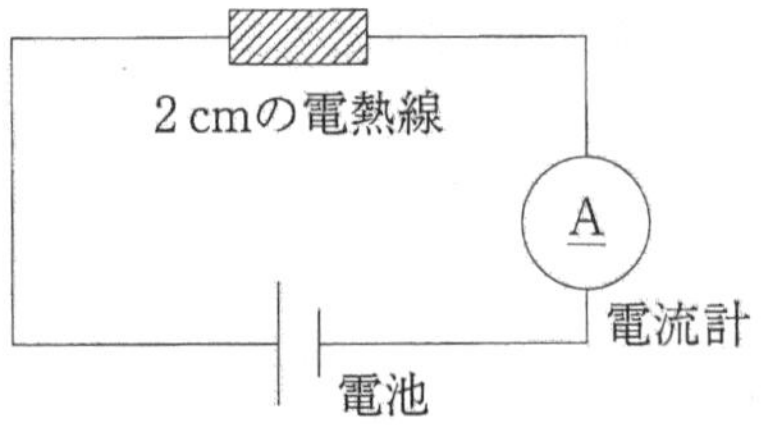

図1

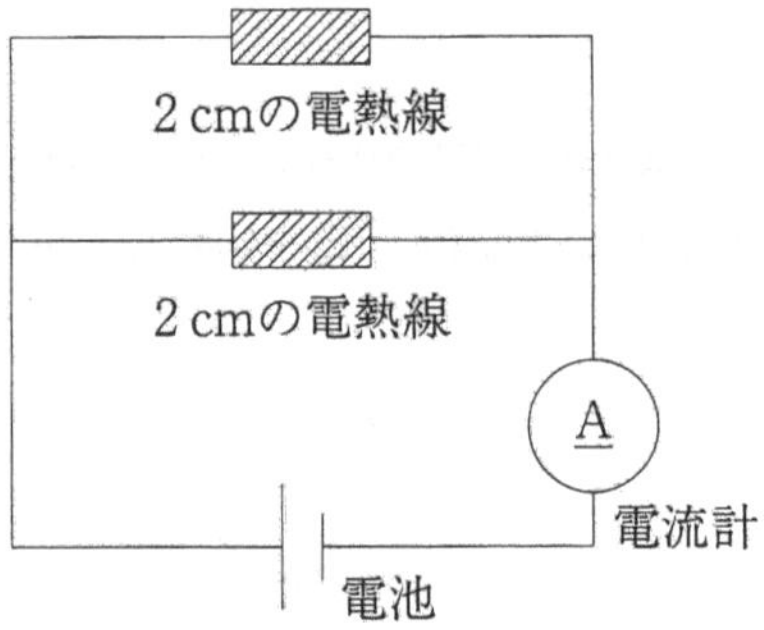

図2

問1　**図2**の電流計に流れる電流の大きさはいくらですか。答えが割り切れる場合は整数または小数で，割り切れない場合は最もかんたんな分数で答えなさい。

問2　次の文章は，電熱線の長さと流れる電流の大きさに関するものです。文中の（あ）に入る数字を答えなさい。答えが割り切れる場合は整数または小数で，割り切れない場合は最もかんたんな分数で答えなさい。

電熱線を長くすると，電気抵抗《ていこう》（電流の流れにくさ）が大きくなります。**図3**－①のように，6㎝の電熱線を電池につないだときに流れる電流の大きさは，2㎝の電熱線3つを直列につないだ**図3**－②の回路と同じになります。そのため，**図3**－①の電流計に流れる電流の大きさは（　あ　）になります。

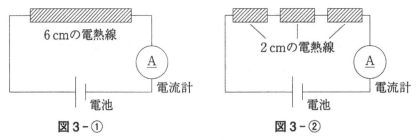

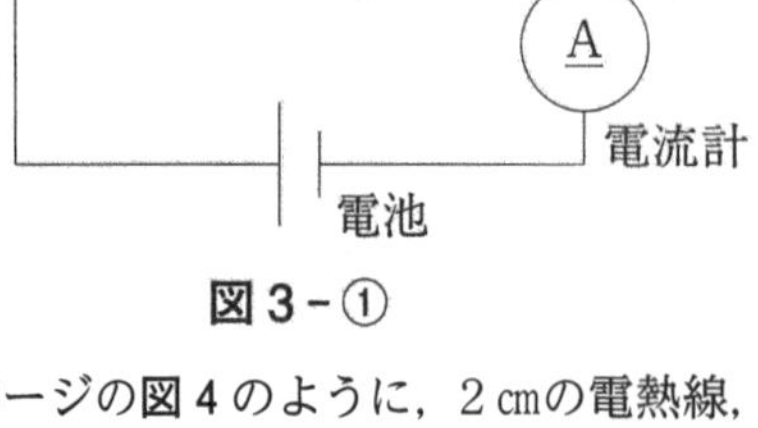

図3－①

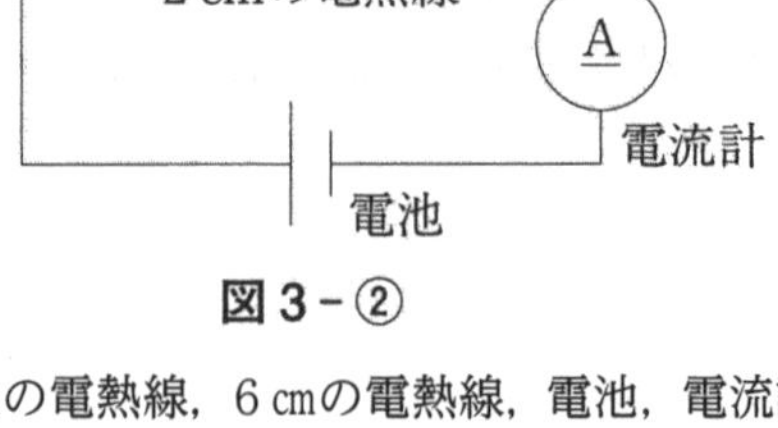

図3－②

次のページの**図4**のように，2㎝の電熱線，4㎝の電熱線，6㎝の電熱線，電池，電流計を用いて回路を作りました。

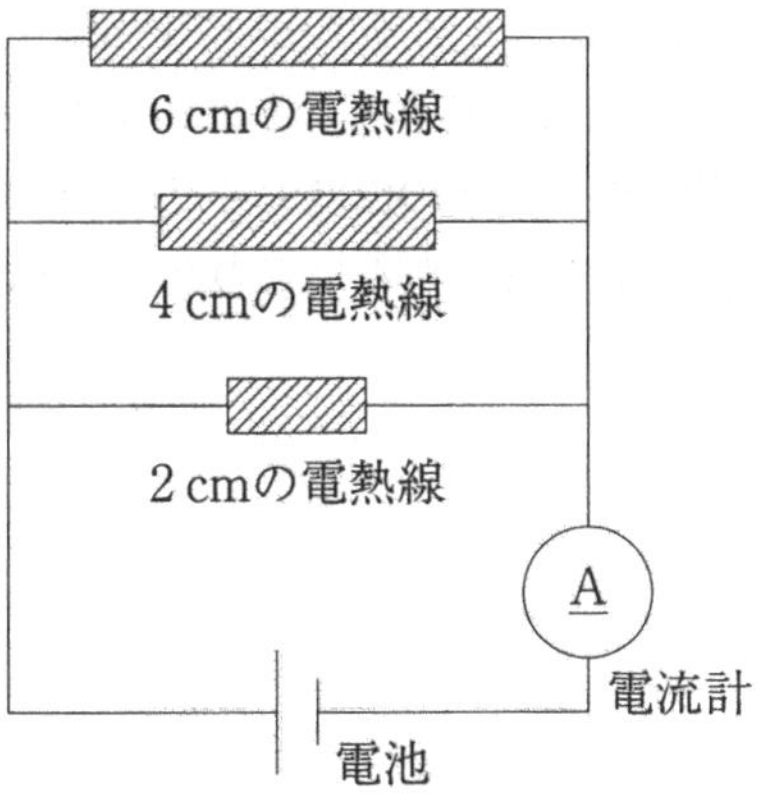

図4

問3　**図4**の電流計に流れる電流の大きさはいくらですか。答えが割り切れる場合は整数または小数で，割り切れない場合は最もかんたんな分数で答えなさい。

次に，電熱線の発熱量について考えます。2 cmの電熱線，4 cmの電熱線，電池を用いて，**図5**と**図6**のような回路を作りました。

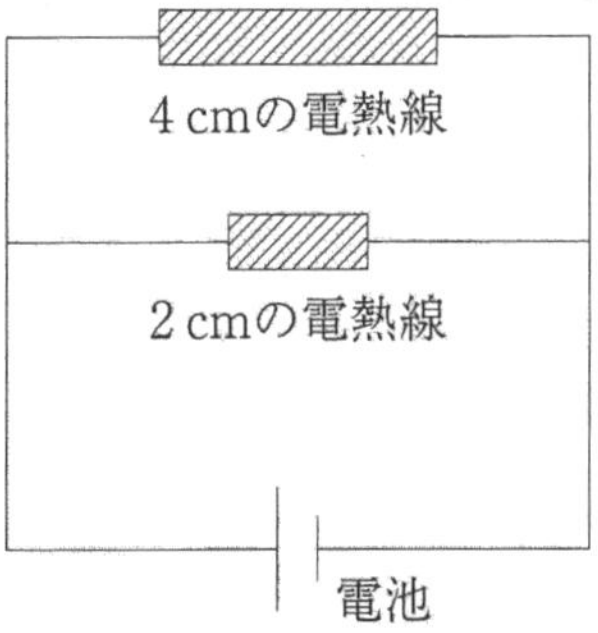

図5

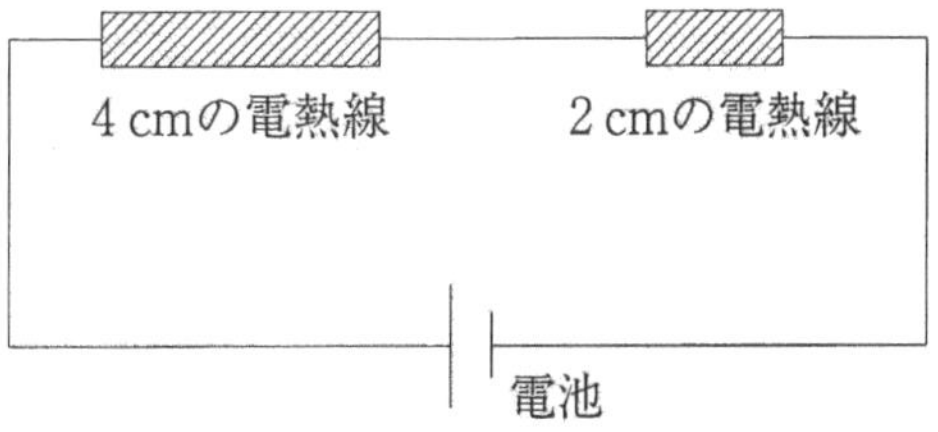

図6

問4　次の文中の（い），（う）に入る数字の組み合わせとして正しいものを下の**ア**～**エ**から1つ選び，記号で答えなさい。ただし，電熱線の発熱量は注目する電熱線の電流と電圧それぞれの大きさに比例します。

図5では，2つの電熱線それぞれにかかる電圧の大きさは同じですが，流れる電流の大きさがちがいます。そのため4 cmの電熱線は2 cmの電熱線に比べて（　い　）倍発熱します。**図6**では，2つの電熱線それぞれに流れる電流の大きさは同じですが，かかる電圧の大きさがちがいます。そのため，4 cmの電熱線は2 cmの電熱線に比べて（　う　）倍発熱します。

	（い）	（う）
ア	2	2
イ	2	0.5
ウ	0.5	2
エ	0.5	0.5

図7のように，2㎝の電熱線，電池，スイッチを用いて回路を作り，2㎝の電熱線を100 gの水の中に入れました。**図8**は，スイッチを入れてからの時間と水の温度上昇《じょうしょう》を示しています。なお，以下の問いでは水中の電熱線から出た熱は，水の温度上昇だけに使われるものとし，水に入っていない電熱線から出た熱は水の温度上昇には使われないものとします。

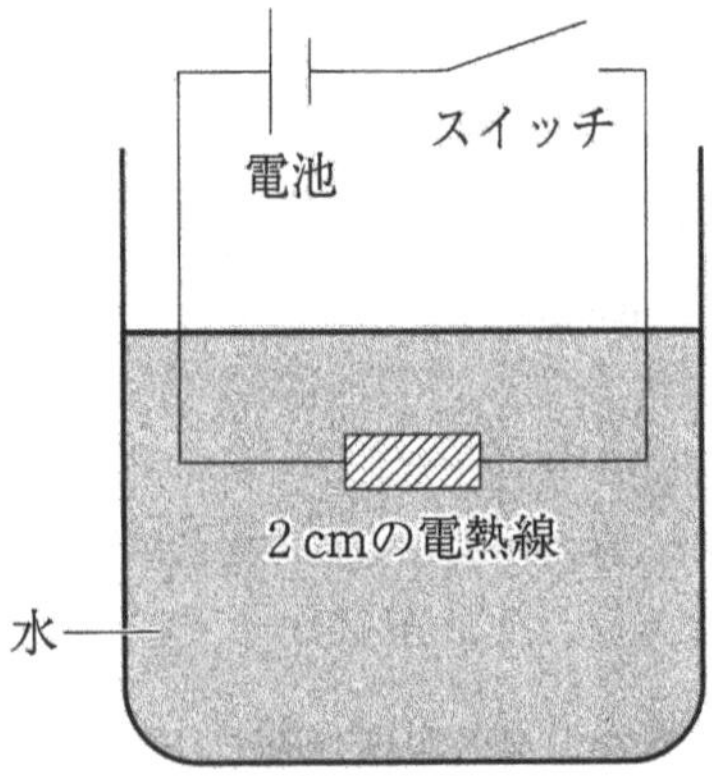

図7

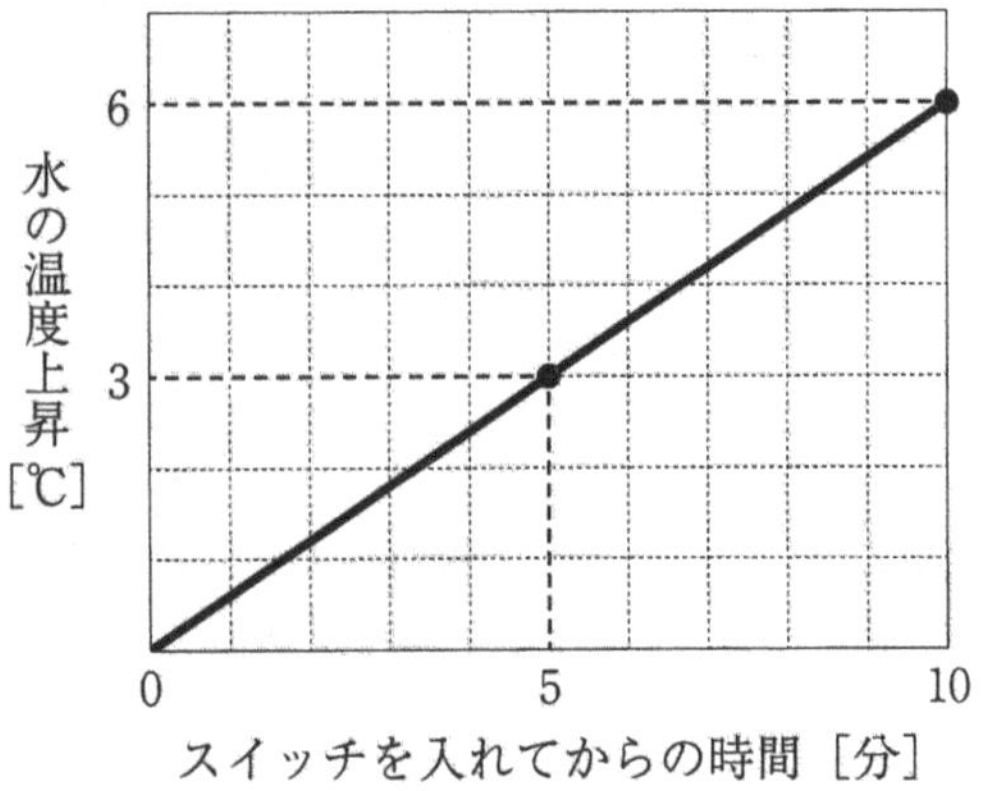

図8

図9のように，4㎝の電熱線2つ，電池，スイッチを用いて回路を作り，4㎝の電熱線1つを100 gの水の中に入れました。

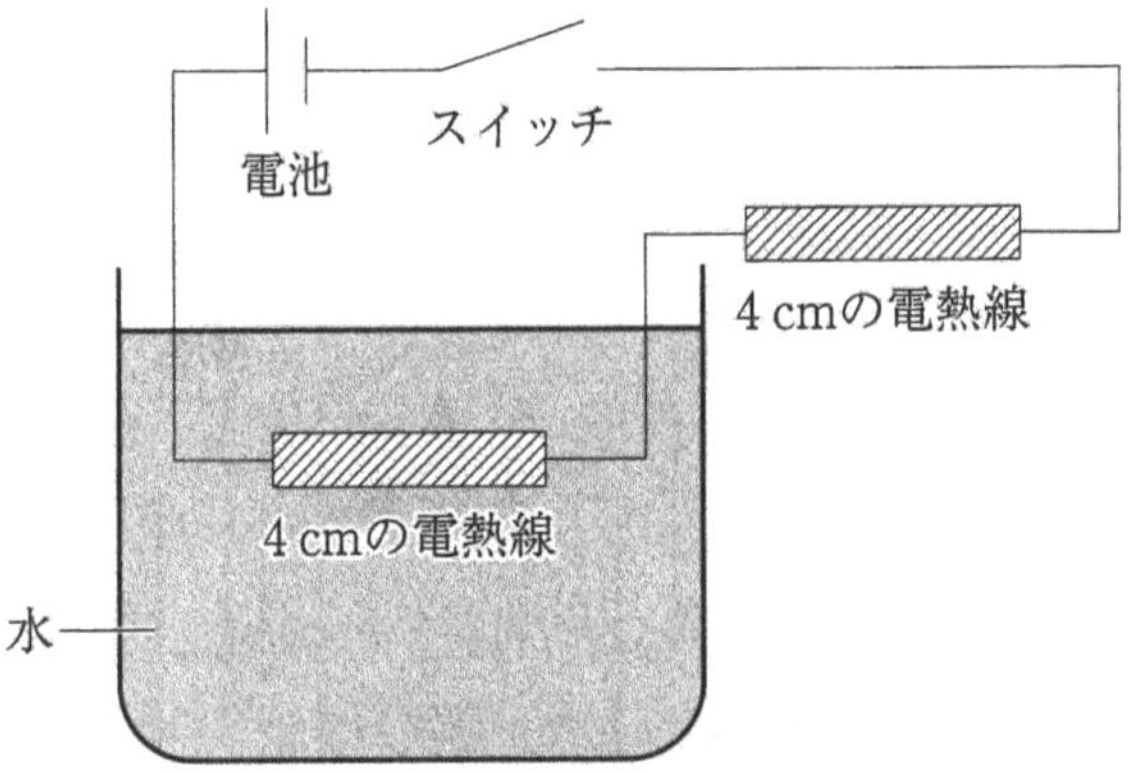

図9

問5　**図9**の場合，スイッチを入れてから80分間で，水の温度は何℃上昇しますか。

次のページの**図10**のように，4㎝の電熱線2つ，6㎝の電熱線，電池，スイッチを用いて回路を作り，4㎝の電熱線2つを100 gの水の中に入れました。

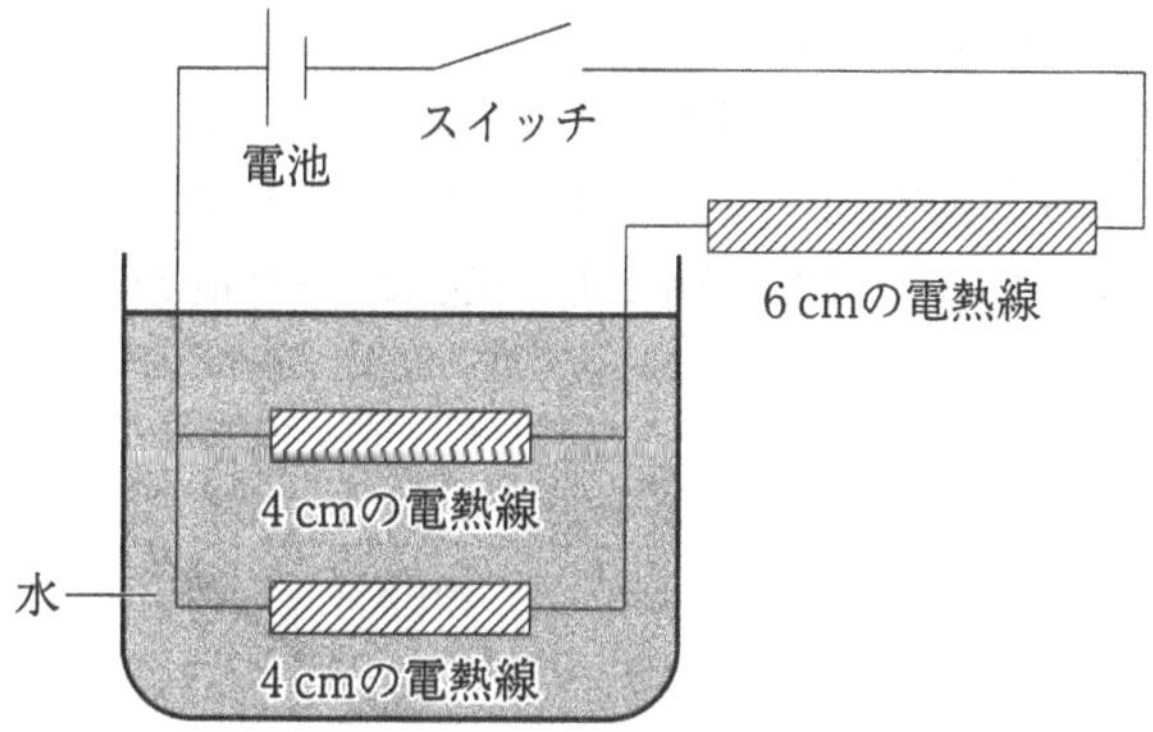

図 10

問 6　**図10**の場合，スイッチを入れてから80分間で，水の温度は何℃ 上昇しますか。

図11－①のように，並列《へいれつ》につないだ 2 つの電熱線が，A，B，C，Dの部分に分かれるように，導線をつなぎました。この場合，電熱線のA，B，C，Dの部分に流れる電流の大きさやかかる電圧の大きさは，**図11－②**のようにA，B，C，Dに切って作った回路と同じになります。

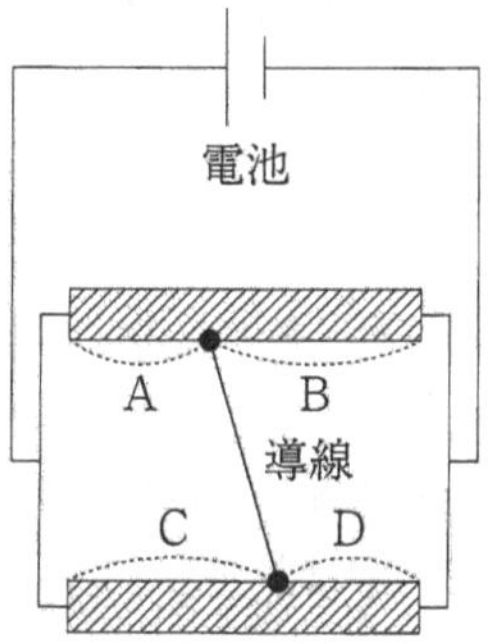

図 11－①

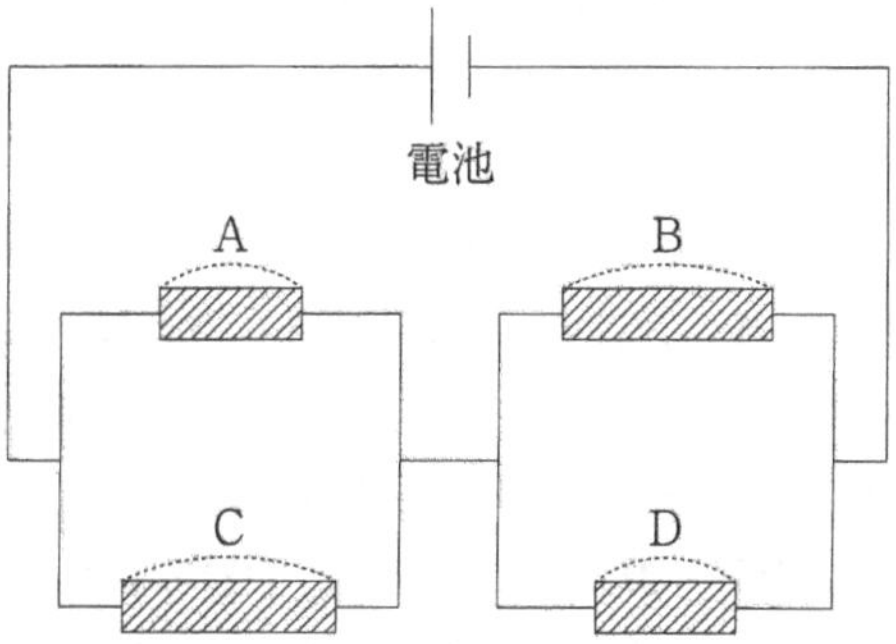

図 11－②

図12のように，10cmの電熱線 2 つ，電池，スイッチを用いて回路を作り，10cmの電熱線 2 つを100 g の水の中に入れました。

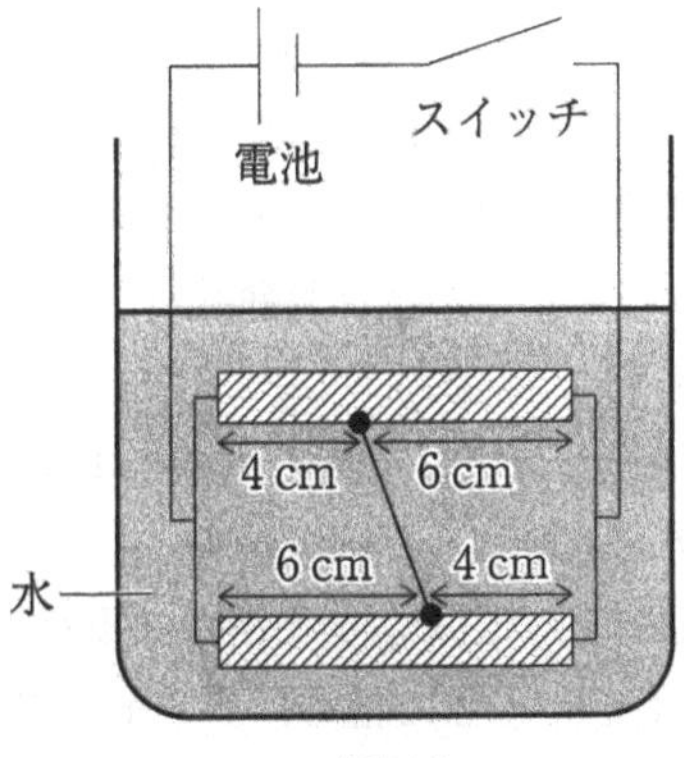

図 12

問 7　**図12**の場合，スイッチを入れてから80分間で，水の温度は何℃ 上昇しますか。

2 次の文を読み，あとの問いに答えなさい。

硝酸《しょうさん》カリウム，ミョウバン，硫酸銅《りゅうさんどう》，塩化ナトリウム，アンモニアについて，水100 g に対して溶《と》かすことのできる限度量と水の温度の関係を調べ，表にまとめました。なお，アンモニアを溶かすことのできる限度量は 1 気圧での気体の体積とし，温度による体積変化は無視できるものとします。

表

	20［℃］	40［℃］	60［℃］	80［℃］
硝酸カリウム［g］	31.6	61.3	106	167
ミョウバン［g］	5.9	11.7	24.8	71
硫酸銅［g］	20.2	28.7	39.9	56
塩化ナトリウム［g］	35.8	36.3	37.1	38
アンモニア［L］	34.1	23.6	15.9	10.5

問 1　80℃の水100 g に硝酸カリウムを溶かせるだけ溶かし，40℃まで冷やしました。溶けきれなくなって出てくる固体は何 g ですか。次の**ア**～**カ**から 1 つ選び，記号で答えなさい。なお，水は蒸発《じょうはつ》しないものとします。

ア　21.7 g　　**イ**　39.6 g　　**ウ**　44.7 g　　**エ**　50.7 g　　**オ**　105.7 g　　**カ**　135.4 g

問 2　60℃の水250 g にミョウバンを溶かせるだけ溶かし，20℃まで冷やしました。溶けきれなくなって出てくる固体は何 g ですか。最も近いものを次の**ア**～**カ**から 1 つ選び，記号で答えなさい。なお，水は蒸発しないものとします。

ア　15.1 g　　**イ**　18.9 g　　**ウ**　38.1 g　　**エ**　47.3 g　　**オ**　65.1 g　　**カ**　162.8 g

問 3　80℃の水150 g に硫酸銅を50 g 溶かし，20℃まで冷やすと，固体が溶けきれなくなって出てきました。最初の水溶液《すいようえき》の濃度《のうど》と，固体が出てきた20℃の水溶液の濃度の差はいくらですか。最も近いものを次の**ア**～**カ**から 1 つ選び，記号で答えなさい。なお，水は蒸発しないものとします。

ア　8.2%　　**イ**　11.9%　　**ウ**　13.1%　　**エ**　16.8%　　**オ**　19.1%　　**カ**　25%

問 4　60℃の水200 g に塩化ナトリウムを溶かせるだけ溶かしました。この水溶液の温度を保ったまま塩化ナトリウムをちょうど30 g 取り出すためには，水を何 g 蒸発させればよいですか。最も近いものを次の**ア**～**カ**から 1 つ選び，記号で答えなさい。

ア　30 g　　**イ**　38.2 g　　**ウ**　40.4 g　　**エ**　80.9 g　　**オ**　86.9 g　　**カ**　119.1 g

問 5　40℃の水150 g にアンモニアを 5 L 溶かしたアンモニア水を用意しました。ここへさらにアンモニアを溶かす場合，一番多くのアンモニアを溶かすことができるのはどれですか。次の**ア**～**カ**から 1 つ選び，記号で答えなさい。なお水は蒸発せず，水溶液中のアンモニアは気体として空気中へ抜《ぬ》け出さないものとします。

ア　アンモニア水を20℃ まで冷やし，アンモニアを溶かせるだけ溶かす。

イ　温度を変えずにアンモニアを溶かせるだけ溶かす。

ウ　アンモニア水を60℃ まで温め，アンモニアを溶かせるだけ溶かす。

エ　水を200 g 加えアンモニア水を60℃ まで温め，アンモニアを溶かせるだけ溶かす。

オ　アンモニア水を80℃ まで温め，アンモニアを溶かせるだけ溶かす。

カ　水を250 g 加えアンモニア水を80℃まで温め，アンモニアを溶かせるだけ溶かす。

問６　硝酸カリウムを溶かせるだけ溶かした80℃の水溶液150ｇをつくり，20℃まで冷やしました。溶けきれなくなって出てくる固体は何ｇですか。最も近いものを次の**ア**～**カ**から１つ選び，記号で答えなさい。なお，水は蒸発しないものとします。

ア　33.8ｇ　　**イ**　50.7ｇ　　**ウ**　76.1ｇ　　**エ**　90.3ｇ　　**オ**　135.4ｇ　　**カ**　203.1ｇ

問７　栄東くんは固体のミョウバン100ｇと塩化ナトリウム100ｇをあやまって混《ま》ぜてしまいました。この固体200ｇから次の①～④の操作《そうさ》でミョウバンだけを最も多く取り出す方法と，塩化ナトリウムだけを最も多く取り出す方法の正しい組み合わせを下の**ア**～**シ**から１つ選び，記号で答えなさい。なお，２種類以上のものを同じ水の中に溶かしても，溶かすことのできる限度量は変わらないものとします。

①　固体200ｇを80℃の水150ｇに入れてよくかき混ぜ，溶け残りをろ過する。
②　固体200ｇを60℃の水150ｇに入れてよくかき混ぜ，溶け残りをろ過する。
③　固体200ｇを80℃の水300ｇに入れてよくかき混ぜて20℃まで冷やし，溶け残りをろ過する。
④　固体200ｇを80℃の水300ｇに入れてよくかき混ぜて40℃まで冷やし，溶け残りをろ過する。

	ア	**イ**	**ウ**	**エ**	**オ**	**カ**
ミョウバンだけを最も多く取り出す方法	①	①	①	②	②	②
塩化ナトリウムだけを最も多く取り出す方法	②	③	④	①	③	④

	キ	**ク**	**ケ**	**コ**	**サ**	**シ**
ミョウバンだけを最も多く取り出す方法	③	③	③	④	④	④
塩化ナトリウムだけを最も多く取り出す方法	①	②	④	①	②	③

3　次の文を読み，あとの問いに答えなさい。

栄東くんは，２種類の植物Ａ・Ｂの光合成のはたらきを調べるため，植物Ａ・Ｂの葉の二酸化炭素吸収《きゅうしゅう》量を，いろいろな光の強さ（単位はキロルクス）で測定した。その結果をまとめると植物Ａは**図１**，植物Ｂは**図２**のようになった。植物Ａでは100キロルクスと50キロルクス，植物Ｂでは50キロルクスと10キロルクスの結果はそれぞれ同じになった。また，植物Ａは２キロルクス，植物Ｂは１キロルクスより弱い光では，二酸化炭素を放出していることがわかった。暗い場所での，葉の二酸化炭素放出量をまとめると，植物Ａは次のページの**図３**，植物Ｂは次のページの**図４**のようになった。なお，実験に用いた植物の葉の面積は同じであり，実験室内の二酸化炭素濃度《のうど》と温度は，光合成をするうえで適当な条件に保っていた。また，植物Ａ・Ｂの呼吸《こきゅう》の量は，光の強さによらずそれぞれ一定であるものとする。

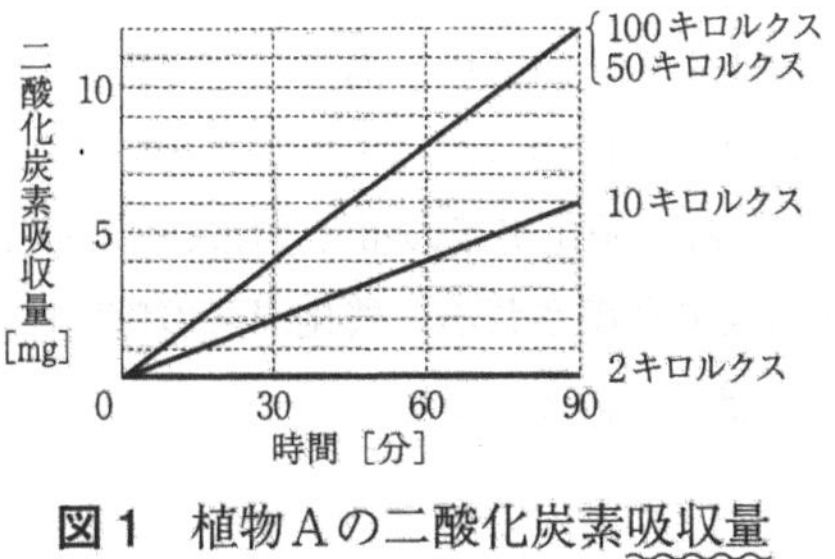

図１　植物Ａの二酸化炭素吸収量

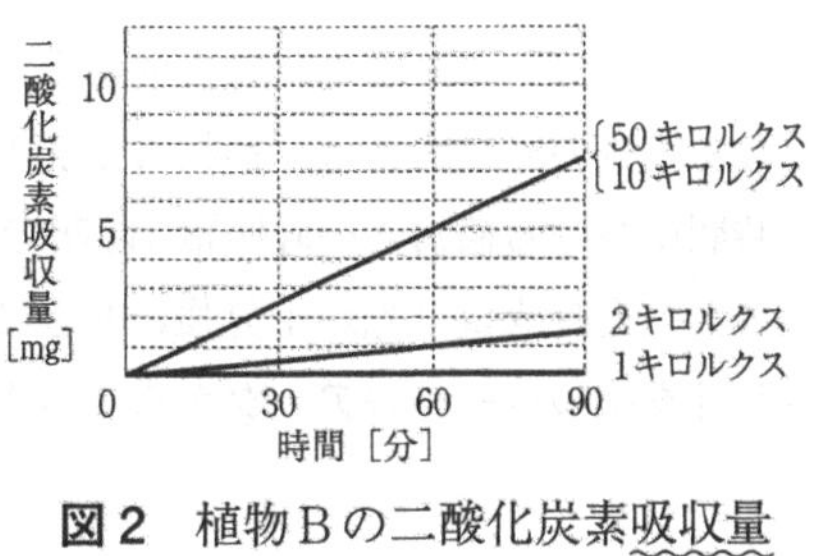

図２　植物Ｂの二酸化炭素吸収量

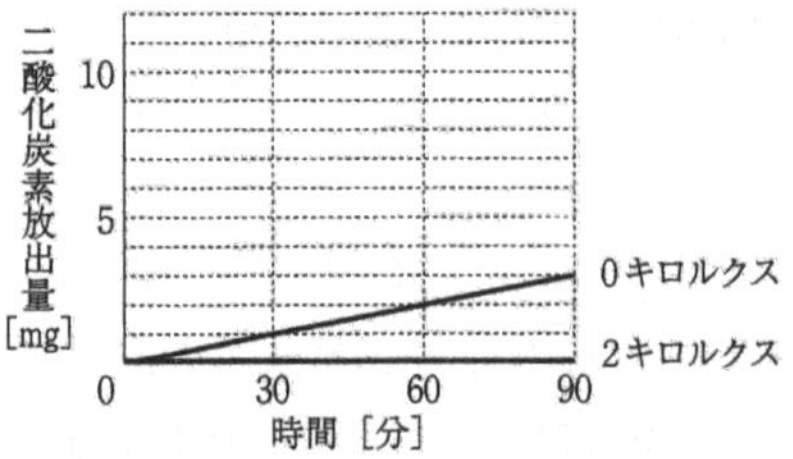

図3　植物Aの二酸化炭素放出量

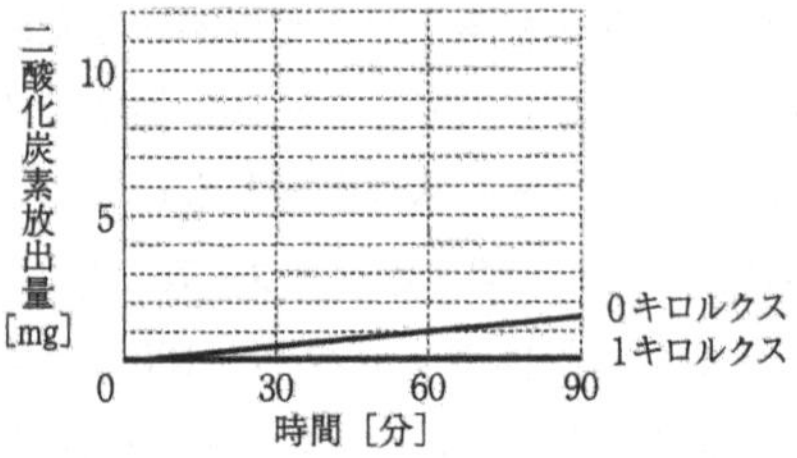

図4　植物Bの二酸化炭素放出量

問1　植物のはたらきにより気孔《きこう》から入る空気と出る空気に含《ふく》まれる量が一般的《いっぱんてき》に変化する気体として正しいものを，次の**ア**～**エ**から**すべて**選び，記号で答えなさい。

ア　酸素

イ　ちっ素

ウ　水蒸気《すいじょうき》

エ　水素

問2　光をあてた植物の葉に，ある色の紙をはりつけて上からテープでおおっておいたところ，紙の色が変化しました。はりつけたものとして正しいものを次の**ア**～**エ**から１つ選び，記号で答えなさい。

ア　赤色のリトマス紙

イ　赤色の塩化コバルト紙

ウ　青色のリトマス紙

エ　青色の塩化コバルト紙

問3　一般的な植物の葉の構造について，正しいものを次の**ア**～**エ**から１つ選び，記号で答えなさい。

ア　葉の表側には，光合成を活発に行う柵状《さくじょう》組織があり，気孔が多く分布している。

イ　葉の表側には，すき間の多い海綿状《かいめんじょう》組織があり，気孔が多く分布している。

ウ　葉の裏側《うらがわ》には，光合成を活発に行う柵状組織があり，気孔が多く分布している。

エ　葉の裏側には，すき間の多い海綿状組織があり，気孔が多く分布している。

問4　**図1**～**図4**の結果からわかることについて，正しいものを次の**ア**～**エ**から１つ選び，記号で答えなさい。

ア　植物Aは２キロルクスの明るさでは光合成をしていない。

イ　植物Bは植物Aより明るいところで成長しやすい。

ウ　植物Aと植物Bでは，二酸化炭素の吸収も放出も見かけ上みられなくなる光の強さはAの方が強い。

エ　光を強くしていったとき，光合成による二酸化炭素の吸収量がある一定の値より大きくならなくなるときの光の強さは，植物Aが50キロルクス，植物Bが10キロルクスである。

問5　１時間における植物Aの呼吸量（呼吸で放出する二酸化炭素の量），および１時間における植物Aの最大の光合成量（光が十分強いときに光合成で利用される二酸化炭素の量）として正しい組み合わせを次のページの**ア**～**ク**から１つ選び，記号で答えなさい。

	1時間における 植物Aの呼吸量［mg］	1時間における 植物Aの最大の光合成量［mg］
ア	2	4
イ	2	6
ウ	2	8
エ	2	10
オ	3	6
カ	3	9
キ	3	12
ク	3	15

問6　栄東くんは，光の強さが100キロルクスのときに植物Aがさらに効率よく光合成するための方法について考えました。植物Aの最大の光合成量がすぐに大きくなるものとして最も適当なものを次の**ア**～**オ**から1つ選び，記号で答えなさい。

ア　空気中の酸素濃度を濃《こ》くする。

イ　空気中の二酸化炭素濃度を濃くする。

ウ　あてる光を同じ強さの緑色光に変える。

エ　肥料をあたえる。

オ　葉にワセリンをぬる。

栄東くんは，葉の呼吸によって放出される二酸化炭素を，石灰水《せっけんすい》を用いて確認《かくにん》しようとしました。光の強さが1キロルクスの実験室で，**図5**のようにとうめいなビニール袋《ぶくろ》に採取したばかりの植物Bの葉を重ならないように入れて一定量の空気とともに密閉《みっぺい》し，しばらく待ちました。その後，ビニール袋内の気体を押《お》し出して石灰水に通しましたが，石灰水の色は変化しませんでした。

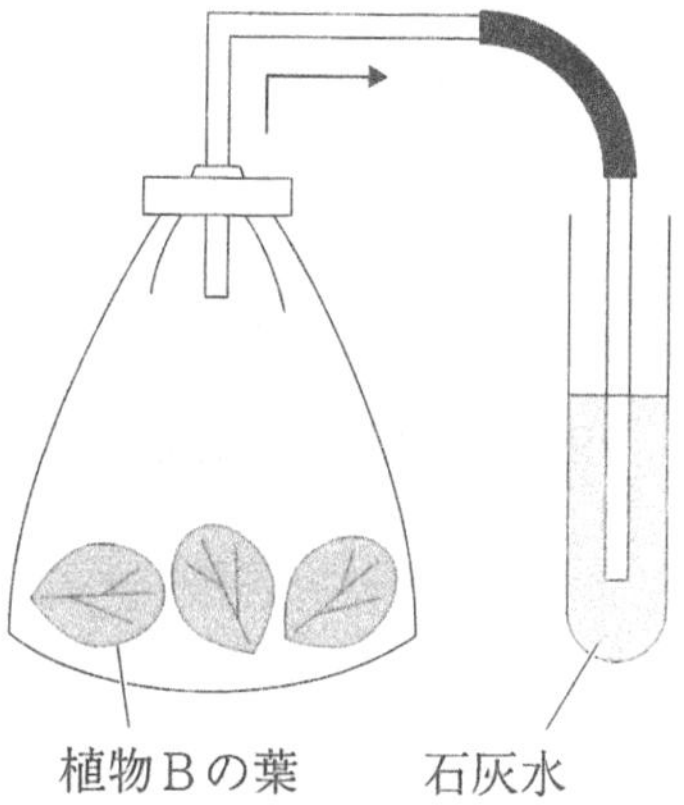

図5

問7　石灰水の色が変化すると考えられる実験を次の**ア**～**カ**から**3つ**選び，記号で答えなさい。

ア　葉の量を半分にして実験を行う。

イ　葉の量を倍にして実験を行う。

ウ　葉の代わりに，同じ重さの採取したばかりの花のつぼみを入れて実験を行う。

エ　葉の代わりに，同じ重さのしめらせた種子を入れて実験を行う。

オ　実験室を1キロルクスより明るくして実験を行う。

カ　実験室を1キロルクスより暗くして実験を行う。

4　次の文を読み，あとの問いに答えなさい。

日本の河川は長さが短く，上流から下流への傾斜《けいしゃ》が急であり，中流域《ちゅうりゅういき》の流れが速いことが特徴《とくちょう》です。次のページの**図1**は，河川Aのある中流域のようすを示しています。

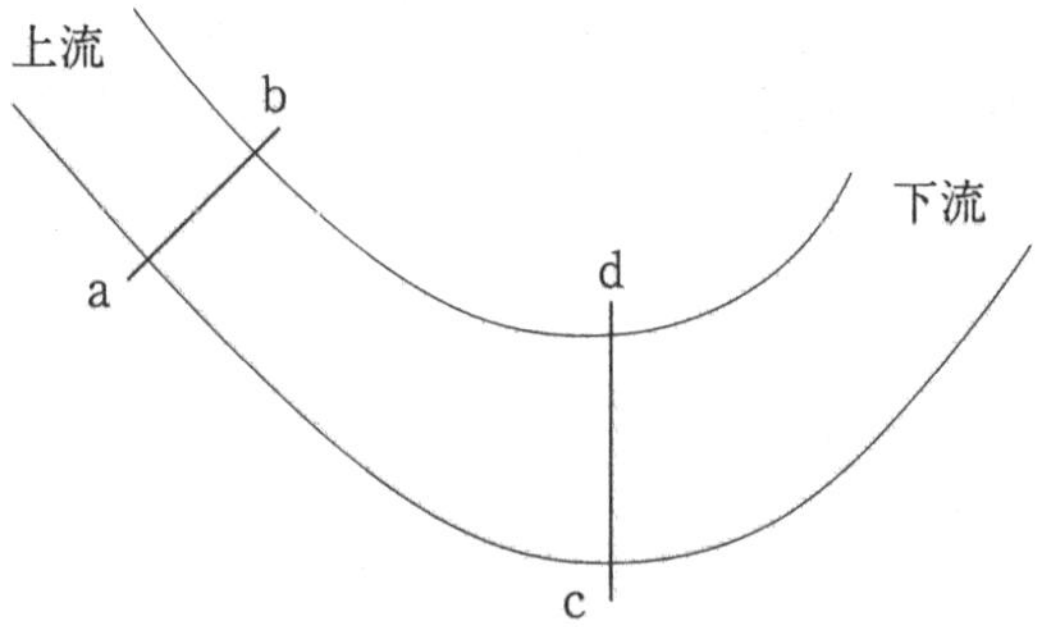

図 1

問 1　次の(1)，(2)の問いに答えなさい。

(1)　**図 1** のａ－ｂの断面の深さと川底の石の大きさのようすを模式的《もしきてき》に示したものとして，最も適当なものを次の**ア**～**エ**から 1 つ選び，記号で答えなさい。

ア

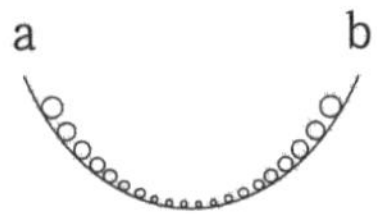

イ

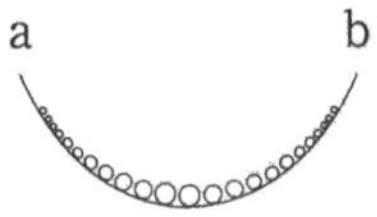

ウ

エ

(2)　**図 1** のｃ－ｄの断面の深さと川底の石の大きさのようすを模式的に示したものとして，最も適当なものを次の**ア**～**エ**から 1 つ選び，記号で答えなさい。また，川底が選んだ模式図になる理由をｃ側の水流の速さ，深さ，川底に堆積《たいせき》している石の大きさにふれて答えなさい。

ア

イ

ウ

エ

図 2 は河川Ａの上流から河口までの海面からの高さを縦軸《たてじく》に，河口からの距離《きょり》を横軸におおよそのようすをグラフに示したものです。

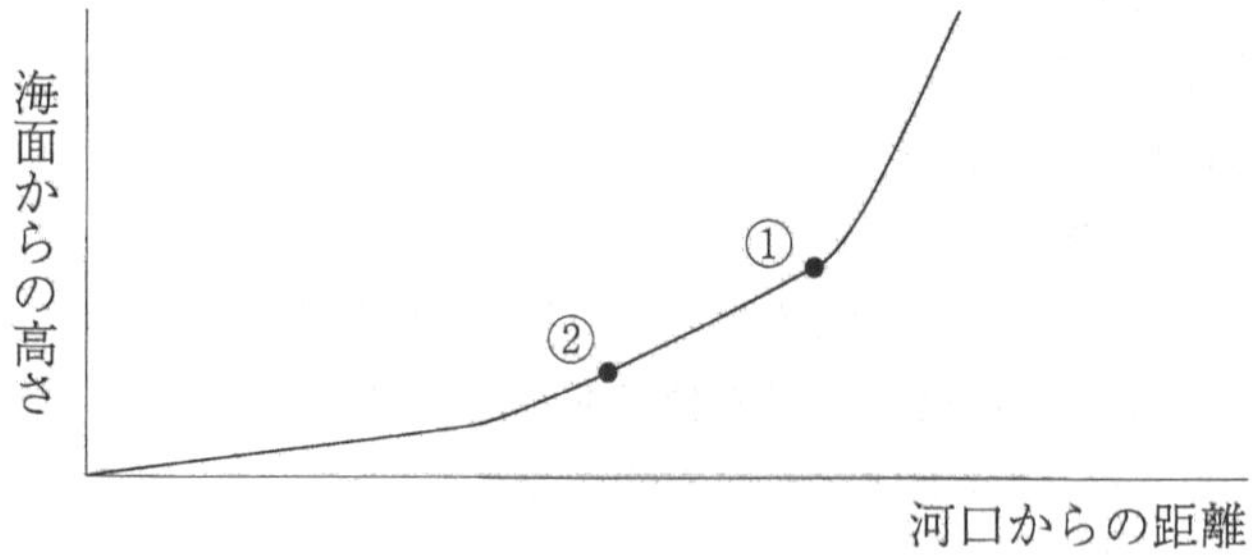

図 2

問 2　**図 2** の①，②の地点でみられる特徴として最も適当なものを次の**ア**～**オ**からそれぞれ 1 つ選び，記号で答えなさい。

ア　三角州ができやすい　　**イ**　Ｖ字谷ができやすい　　**ウ**　扇状地《せんじょうち》ができやすい

エ　河岸段丘《だんきゅう》ができやすい　　**オ**　ほぼ堆積作用だけが起こる

問３　次の⑴，⑵の問いに答えなさい。

⑴　河川Ａの河口付近に堆積した土砂《どしゃ》のようすを正しく示したものを次の**ア**～**エ**から１つ選び，記号で答えなさい。

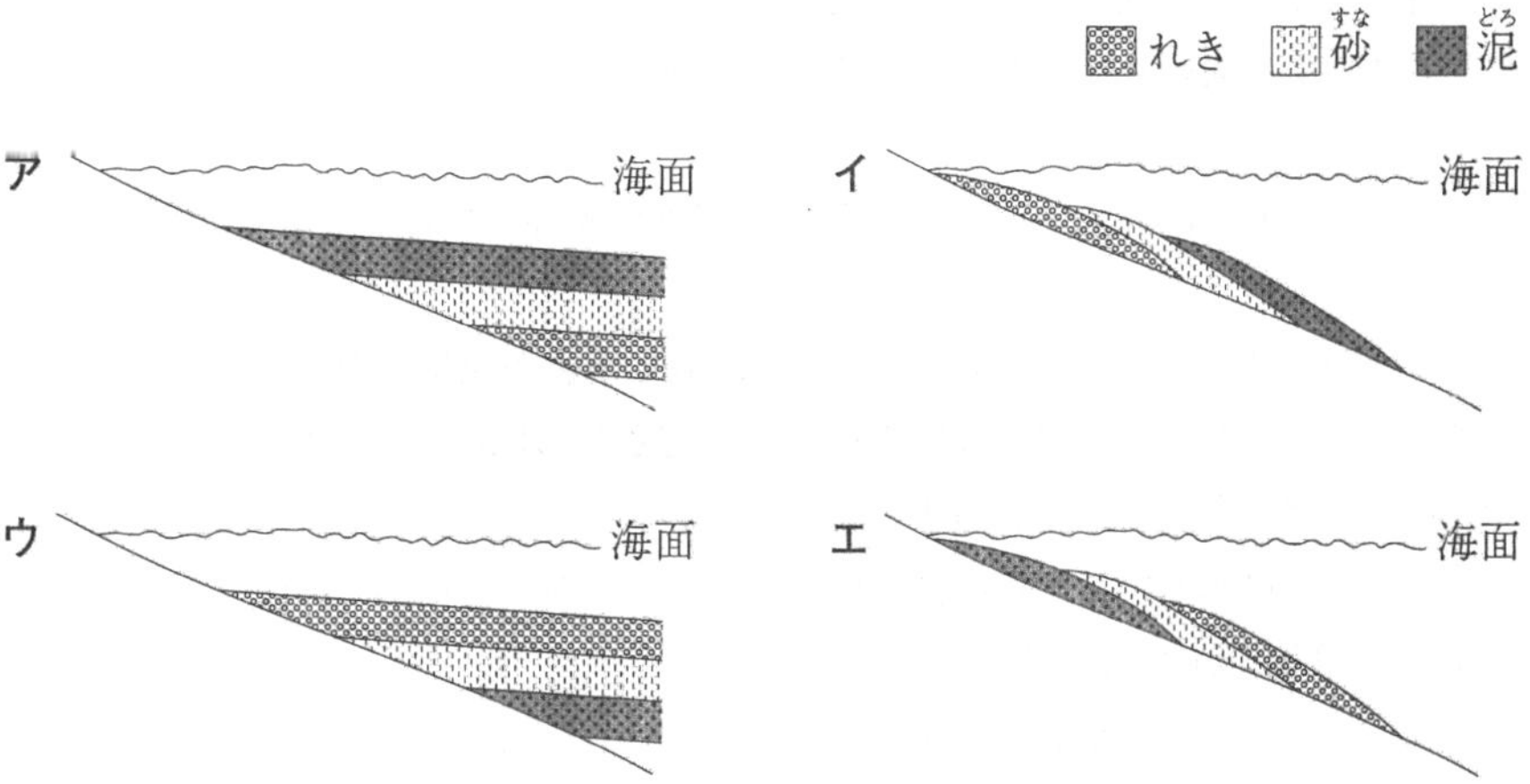

⑵　あるとき，大きな地震《じしん》が起こり河口付近が隆起《りゅうき》しました。その後，海底に堆積する土砂のようすの変化として正しいものを次の**ア**～**ウ**から１つ選び，記号で答えなさい。

ア　堆積していた小さな粒《つぶ》の上に大きな粒が堆積するようになる。

イ　堆積していた大きな粒の上に小さな粒が堆積するようになる。

ウ　堆積する粒の大きさに変化は見られない。

問４　河口付近ではなく，さらに深い海の底では生物の死がいなどが堆積して岩石をつくることがあります。その１つであるチャートの特徴を次の**ア**～**キ**から**すべて**選び，記号で答えなさい。

ア　サンゴなどの死がいが堆積してできたものである。

イ　ホウサン虫などの死がいが堆積してできたものである。

ウ　フズリナの化石を含《ふく》む場合が多い。

エ　堅《かた》くて緑色や赤色などのものがある。

オ　うすい塩酸をかけると，二酸化炭素が発生する。

カ　二酸化ケイ素が主な成分である。

キ　炭酸カルシウムが主な成分である。

【社　会】（40分）　＜満点：75点＞

1　次の各問いに答えなさい。

問1　日本の自然について，次の各問いに答えなさい。

(1)　次のⅠ・Ⅱの文が説明している山や河川の名称《めいしょう》を，解答欄《かいとうらん》にあうようにそれぞれ**漢字**で答えなさい。

Ⅰ　北海道にある洞爺湖の南に位置し，標高が約730mある，2000年に噴火《ふんか》で周辺に被害《ひがい》をもたらした火山。

Ⅱ　福島盆地から仙台平野へと流れ，2019年に流域で水害が発生した河川。

(2)　防災対策に用いるために，自然災害の被害が想定される区域や，避難《ひなん》場所・避難経路などの情報を表示した地図の名称を，**カタカナ**で答えなさい。

(3)　次のグラフは，日本のいくつかの都市の1月と7月の平均降水量を示したものです。横軸《よこじく》は1月の平均降水量を，縦軸は7月の平均降水量を示しています。グラフ中の**ア**～**エ**には，それぞれ「金沢市」「静岡市」「高松市」「那覇市」のいずれかがあてはまります。「金沢市」と「高松市」にあてはまるものを，グラフ中の**ア**～**エ**からそれぞれ1つずつ選び，記号で答えなさい。

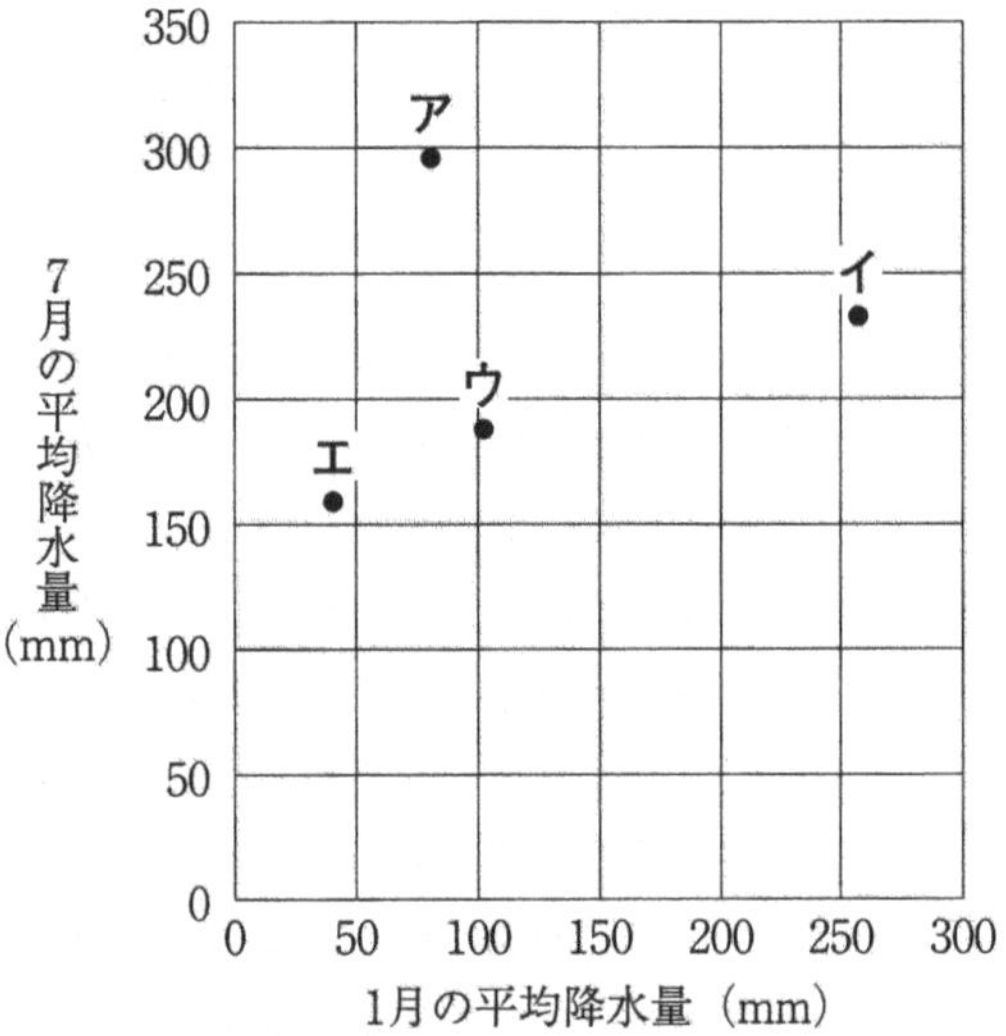

（国立天文台『理科年表2022』より作成）

問2　日本の産業・貿易について，次の各問いに答えなさい。

(1)　次の表は，日本の農産物の収穫《しゅうかく》量上位5位までの県を示したものです。表中の空欄 **あ** ～ **う** にあてはまる県の組み合わせとして正しいものを，あとの**ア**～**ク**から1つ選び，記号で答えなさい。

（2020年産）

	もも	くり	かき	日本なし
1位	山　梨	**う**	**い**	千　葉
2位	**あ**	熊　本	奈　良	長　野
3位	長　野	愛　媛	福　岡	**う**
4位	山　形	岐　阜	岐　阜	**あ**
5位	**い**	長　野	愛　知	栃　木

（矢野恒太記念会『データでみる県勢2022』より作成）

ア．あ－青森　い－和歌山　う－鳥取　イ．あ－青森　い－和歌山　う－茨城
ウ．あ－青森　い－岡山　う－鳥取　エ．あ－青森　い－岡山　う－茨城
オ．あ－福島　い－和歌山　う－鳥取　カ．あ－福島　い－和歌山　う－茨城
キ．あ－福島　い－岡山　う－鳥取　ク．あ－福島　い－岡山　う－茨城

(2)　次の表は，関東と近畿のおもな消費地域※1において1月と7月に卸売《おろしう》り※2されたピーマンについて，それぞれ卸売数量上位3県を示したものです。表中の空欄 え ・ お にあてはまる県の組み合わせとして正しいものを，あとのア～シから1つ選び，記号で答えなさい。

（2019年）

	関東		近畿	
	1月	7月	1月	7月
1位	宮　崎	お	宮　崎	大　分
2位	え	岩　手	鹿児島	兵　庫
3位	お	福　島	え	宮　崎

※1…関東は、水戸市・宇都宮市・前橋市・さいたま市・戸田市・千葉市・松戸市・東京都・横浜市・川崎市・平塚市・甲府市・長野市・松本市・静岡市・浜松市。
近畿は、大津市・京都市・大阪府・神戸市・奈良市・和歌山市。
※2…生産者などから買った品物をスーパーなどの小売業者に販売《はんばい》すること。

（「青果物卸売市場調査」（農林水産省）（2022年9月1日閲覧《えつらん》）より作成）

ア．え－沖縄　お－高知　イ．え－沖縄　お－茨城
ウ．え－沖縄　お－和歌山　エ．え－高知　お－沖縄
オ．え－高知　お－茨城　カ．え－高知　お－和歌山
キ．え－茨城　お－沖縄　ク．え－茨城　お－高知
ケ．え－茨城　お－和歌山　コ．え－和歌山　お－沖縄
サ．え－和歌山　お－高知　シ．え－和歌山　お－茨城

(3)　次の表は，ある道県の全就業者にしめる「農業」「林業」「漁業」に就業する人の割合をそれぞれ示したものです。表中のア～エには，それぞれ「北海道」「秋田県」「長野県」「沖縄県」のいずれかがあてはまります。「秋田県」と「沖縄県」にあてはまるものを，表中のア～エからそれぞれ1つずつ選び，記号で答えなさい。

（単位　%）（2020年）

	農業	林業	漁業
ア	8.09	0.25	0.02
イ	3.60	0.03	0.40
ウ	8.04	0.48	0.12
エ	5.22	0.27	1.16

（「令和2年国勢調査」（総務省）（2022年9月1日閲覧）より作成）

(4) 次のグラフは，日本の県ごとの製造品出荷額等の割合を示したものです。グラフの**ア**～**エ**には，それぞれ「長野県」「群馬県」「兵庫県」「福岡県」のいずれかがあてはまります。「長野県」と「群馬県」にあてはまるものを，グラフの**ア**～**エ**からそれぞれ１つずつ選び，記号で答えなさい。

（2019年）

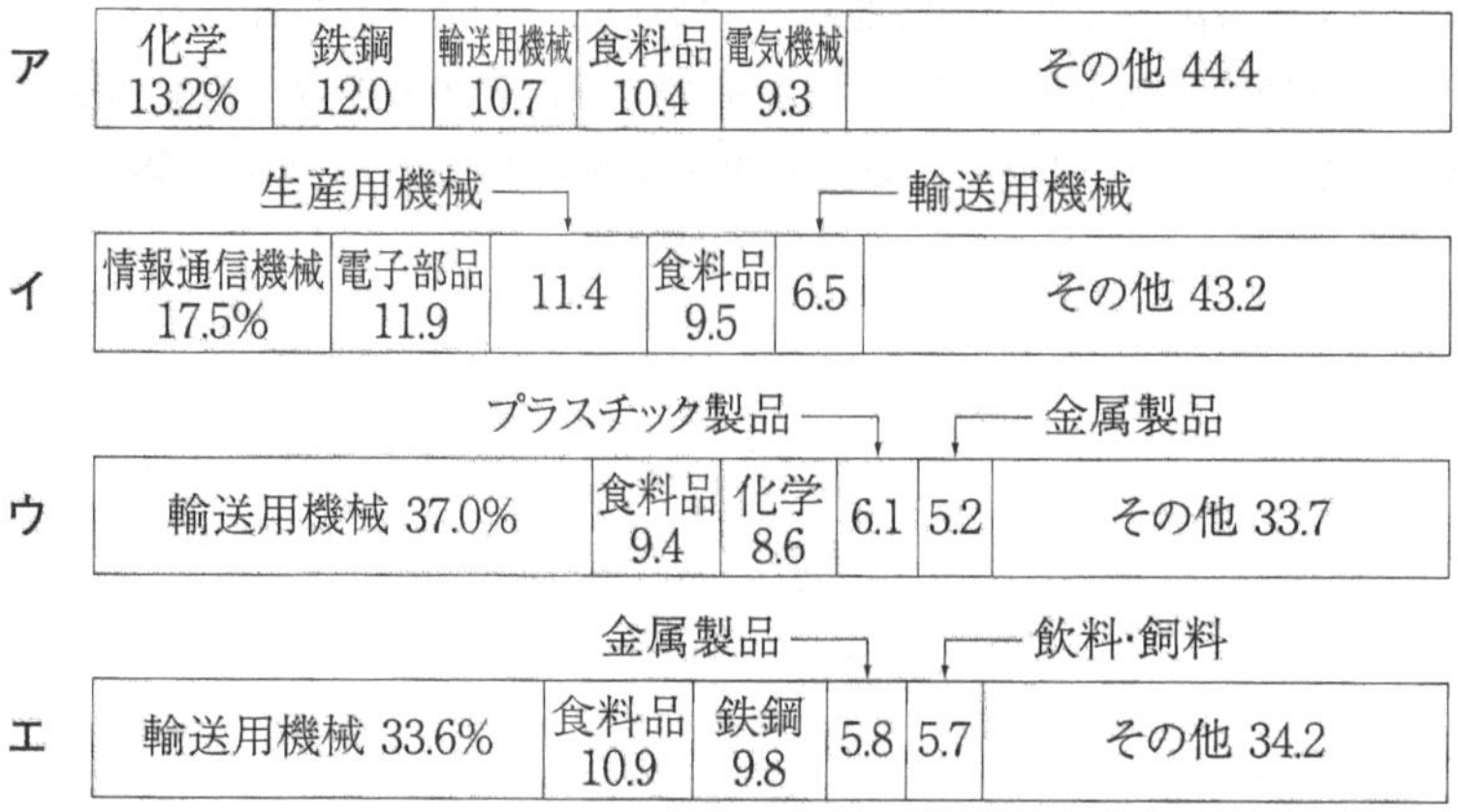

（矢野恒太記念会『データでみる県勢2022』より作成）

(5) 次の表は，日本のある港における輸入額上位５位の国・地域とその割合を示したものです。表中の**ア**～**エ**には，それぞれ「関西国際空港」「大阪港」「千葉港」「三河港」のいずれかがあてはまります。「関西国際空港」と「千葉港」にあてはまるものを，あとの各港のおもな輸入品の表も参考にしたうえで，表中の**ア**～**エ**からそれぞれ１つずつ選び，記号で答えなさい。

（単位　%）（2020年）

ア	中国 54.3　ベトナム 6.2　韓国 5.5　タイ 5.2　アメリカ 4.5
イ	アラブ首長国連邦 20.5　サウジアラビア 12.2　カタール 9.6　オーストラリア 9.4　アメリカ 7.4
ウ	中国 26.1　アメリカ 15.0　台湾 11.4　ドイツ 7.4　スイス 4.8
エ	ドイツ 27.0　イタリア 7.2　アメリカ 6.1　スペイン 5.5　オーストリア 5.2

（「財務省貿易統計」（税関ホームページ https://www.customs.go.jp/toukei/srch/index.htm?M=25&P）（2022年９月１日閲覧）より作成）

（参考）各港のおもな輸入品　（2020年）

港	おもな輸入品
関西国際空港	医薬品、通信機、集積回路、科学光学機器、コンピュータ
大阪港	衣類、肉類、家庭用電気機器、音響《おんきょう》・映像機器、金属製品
千葉港	石油、液化ガス、自動車、鉄鋼
三河港	自動車、鉄鋼

（矢野恒太記念会『日本国勢図会2022/23』より作成）

問３　日本の都市や人口について，次の各問いに答えなさい。

⑴　次の表は，日本の市町村の人口・面積・人口密度の移り変わりを示したものです。表から読み取れることや考えられることとしてもっともふさわしいものを，あとの**ア**～**エ**から１つ選び，記号で答えなさい。

（各年 10 月 1 日現在）

		1995 年	2000 年	2005 年	2010 年	2015 年	2020 年
人口（千人）	市部	98 009	99 865	110 264	116 157	116 137	115 758
	町村部	27 561	27 061	17 504	11 901	10 958	10 388
面積（km^2）	市部	105 092	105 999	181 792	216 209	216 974	217 100
	町村部	271 458	270 782	195 026	161 655	160 913	160 792
人口密度（人/km^2）	市部	933	943	607	537	535	533
	町村部	103	102	92	76	70	67

（矢野恒太記念会『日本国勢図会 2022/23』より作成）

ア．1995年から2020年にかけて，市部と町村部の人口の差は年々小さくなっている。

イ．1995年から2020年にかけて，市部の人口密度は高くなっており，市部に人口が集まってきていると考えられる。

ウ．2000年から2010年にかけて，町村部の面積が減少していることから，この期間に多くの町村が合併《がっぺい》したと考えられる。

エ．2000年から2020年のうち，市部の人口がもっとも多くなったのは2020年である。

⑵　1960年代から1970年代ごろを中心に，大都市の郊外《こうがい》に新しく大規模に作られた住宅地域の名称を，**カタカナ**で答えなさい。

⑶　次の表は，ある都道府県の小学校※の数の移り変わりを示したものです。表中の**ア**～**エ**には，それぞれ「北海道」「岩手県」「東京都」「福岡県」のいずれかがあてはまります。「福岡県」にあてはまるものを，表中の**ア**～**エ**から１つ選び，記号で答えなさい。

（単位　校）

	1960 年度	1980 年度	2000 年度	2020 年度
ア	1 026	1 430	1 439	1 328
イ	2 277	1 826	1 527	994
ウ	574	512	470	303
エ	660	747	784	725

※分校はふくまない。

（「学校基本調査（昭和 35 年度・昭和 55 年度・平成 12 年度・令和２年度）」（文部科学省）（2022 年９月１日閲覧）より作成）

⑷　日本では，人口減少が進んでおり，さまざまな公共施設《しせつ》の利用者が減っています。今後人口減少が進んでいく中で，小学校や図書館などの公共施設を統合し，施設を減らす動きがみられることが予想されます。このような動きの良い点・悪い点をそれぞれ考え，解答欄にあうように答えなさい。

問４　次の地形図は，国土地理院発行の２万５千分の１の地形図「気仙沼」の一部を示したものです。地形図をみて，あとの各問いに答えなさい。

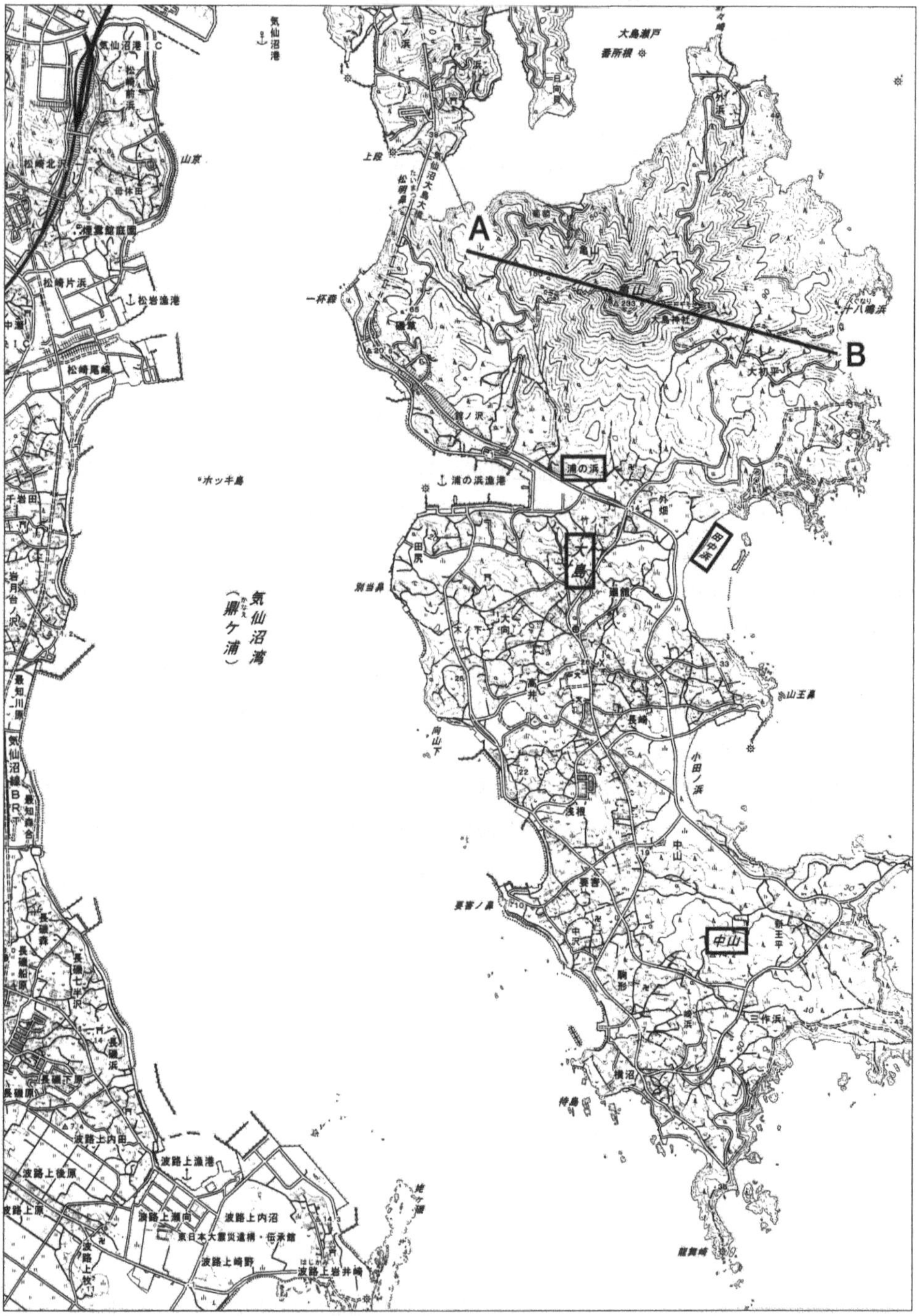

※作問の都合上、実際の地形図よりも縮小し、一部改変しています。

(1)　次の文章は，この地形図から読み取れる内容や考えられる内容をまとめたものです。下線部ア～エのうち，正しいものを１つ選び，記号で答えなさい。

> 地形図を見ると，気仙沼湾《わん》に面するようにア貿易港が多く作られていることがわかります。これは地形図中の一帯にリアス海岸と呼ばれる地形が形成されているためです。また，このような地形のため，湾の中はイ波が荒くなりやすくなっています。地形図上の沿岸部では一般的にウカキやわかめの養殖《ようしょく》が盛んであり，地形図中の大島でも生産されています。一方で，この地形はその形状から，地震の際に生じるエ高潮の被害が大きくなりやすい特徴もあり，地形図の南西部には震災《しんさい》遺構がみられます。

(2)　地形図中のＡ－Ｂ間の断面図としてもっともふさわしいものを，次のア～エから１つ選び，記号で答えなさい。

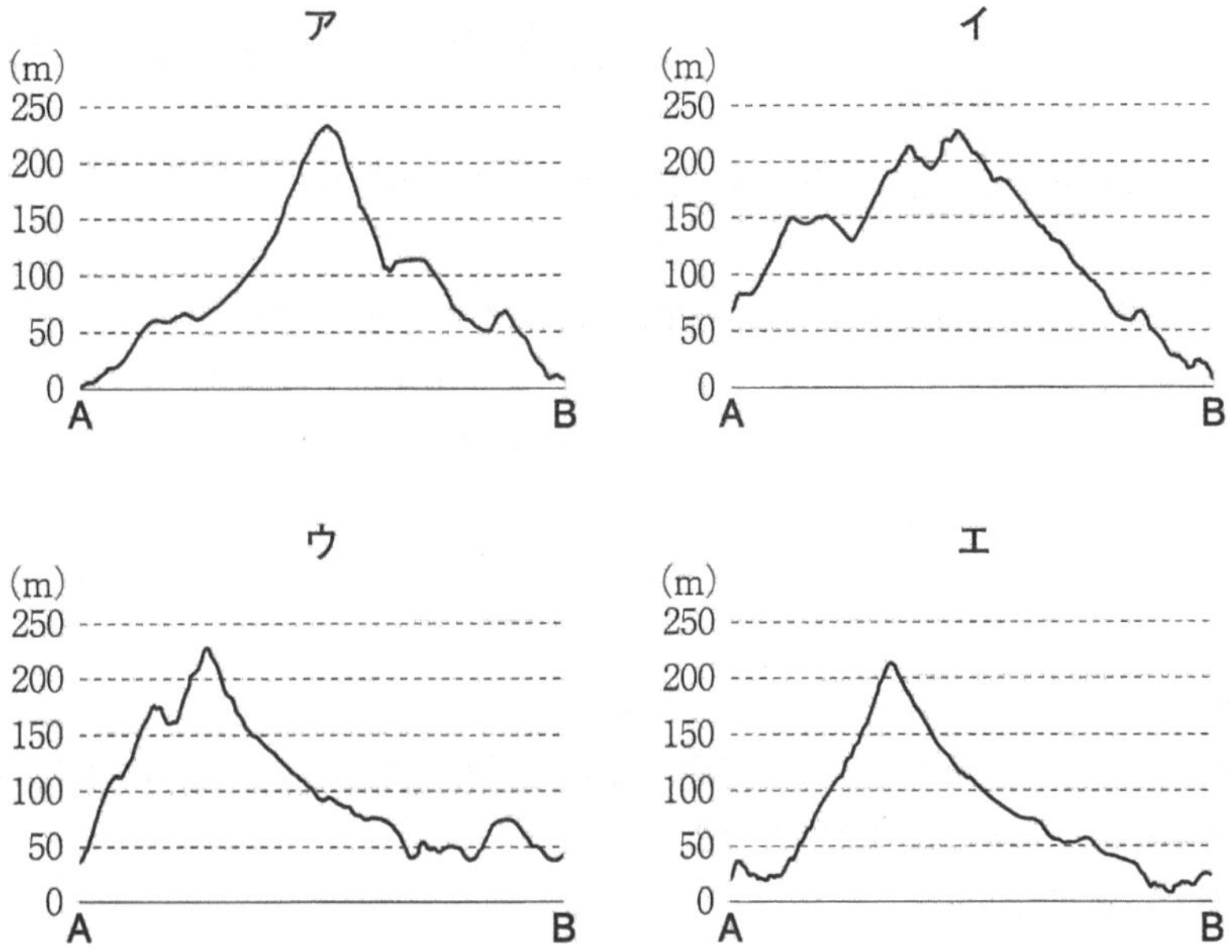

（断面図は、国土地理院「地理院地図」を利用して作成）

(3)　前のページの地形図の中央にある大島について，地形図から読み取れる内容や考えられる内容として，もっともふさわしいものを，次のア～エから１つ選び，記号で答えなさい。

ア．大島へは船でしか渡《わた》ることができないため，暴風雨などの際には，島が孤立《こりつ》する恐《おそ》れがある。

イ．島の中央付近に学校が集まっているが高校はないため，高校に進学すると島の外まで通学しなければならない。

ウ．田中浜から浦の浜にかけての地域は，標高が50m以上の地点があるため，浸水《しんすい》の被害が発生しても島の南北が分断される恐れはない。

エ．島の南部には中山という山があり，傾斜《けいしゃ》のある地域が広がっているため，果樹園が分布している。

2 次の各問いに答えなさい。

問1　645年に，ある人物が中大兄皇子と中臣鎌足らに暗殺されたことで，その人物の父も自害して一族が滅亡《めつぼう》した。この暗殺されたある人物の氏名を**漢字**で答えなさい。

問2　飛鳥時代におこった次の**ア～オ**のできごとを，年代の古い順にならべたとき，**2番目**と**4番目**にくるものを，それぞれ記号で答えなさい。

ア．壬申の乱がおこった。

イ．都が藤原京に移された。

ウ．大宝律令が完成した。

エ．白村江の戦いがおこった。

オ．犬上御田鍬が唐に送られた。

問3　奈良時代に関する文として正しいものを，次の**ア～エ**から1つ選び，記号で答えなさい。

ア．朝廷は墾田永年私財法を定め，これによって貴族や寺社の私有地が減っていった。

イ．ききんが続き，伝染病が流行したため，天武天皇は国ごとに国分寺と国分尼寺を建てるように命じた。

ウ．阿倍仲麻呂が唐に渡《わた》ったが，帰国する船が難破《なんぱ》して日本に帰ることができず，唐で亡くなった。

エ．『古事記』や『日本書紀』などの歴史書が，かな文字を用いてつくられた。

問4　平安時代に関する文として正しいものを，次の**ア～エ**から1つ選び，記号で答えなさい。

ア．東北地方では，奥州藤原氏が平泉を中心に約100年間にわたって栄えた。

イ．平治の乱で勝利した平清盛は，政治の実権をにぎって征夷大将軍となり，平氏一族も朝廷の重要な役職を独占《どくせん》した。

ウ．白河天皇は，上皇となって院政をおこなったが，藤原氏の台頭によって急速に力を失った。

エ．平将門が，瀬戸内海の海賊《かいぞく》を率いて反乱をおこした。

問5　鎌倉時代におこった次の**ア～オ**のできごとを，年代の古い順にならべたとき，**2番目**と**4番目**にくるものを，それぞれ記号で答えなさい。

ア．北条泰時が御成敗式目を定めた。

イ．京都に六波羅探題が置かれた。

ウ．幕府が永仁の徳政令を出した。

エ．文永の役がおこった。

オ．源実朝が暗殺された。

問6　室町時代におこった次の**ア～オ**のできごとを，年代の古い順にならべたとき，**2番目**と**4番目**にくるものを，それぞれ記号で答えなさい。

ア．応仁の乱が始まった。

イ．加賀の一向一揆がおこった。

ウ．足利義満が南北朝を合一した。

エ．ポルトガル人が種子島に漂着《ひょうちゃく》して鉄砲《てっぽう》を伝えた。

オ．正長の土一揆がおこった。

問7　次のページの**ア～エ**がおこった場所を東から順にならべたとき，**2番目**と**4番目**にくるものを，それぞれ記号で答えなさい。

ア．安土城が築かれた。

イ．桶狭間の戦いがおこった。

ウ．北条氏が豊臣秀吉に滅《ほろ》ぼされた。

エ．豊臣氏が徳川家康に滅ぼされた。

問８　江戸時代の産業に関する文として正しいものを，次の**ア**～**エ**から１つ選び，記号で答えなさい。

ア．開墾《かいこん》に適した千歯こきや，脱穀《だっこく》を早めた備中ぐわなどの新しい農具が使われるようになった。

イ．問屋が百姓《ひゃくしょう》に原料や道具などを貸して品物をつくらせ，それを引き取るという工場制手工業がおこなわれるようになった。

ウ．江戸ではおもに金が，大阪（大坂）ではおもに銀が貨幣《かへい》に使われたため，都市では貨幣《かへい》を交《こう》換《かん》する両替商が生まれた。

エ．有力な商工業者は，株仲間という同業者の組合をつくり，貴族や寺社に税を納める代わりに営業を独占できる特権をあたえられた。

問９　幕末に活躍《かつやく》した人物に関する文として正しいものを，次の**ア**～**エ**から１つ選び，記号で答えなさい。

ア．吉田松陰は，萩《はぎ》の松下村塾で高杉晋作や伊藤博文などの人材を育てた。

イ．幕臣の岩倉具視は，戊辰戦争の最中に西郷隆盛と会見し，江戸城の明け渡しを決めた。

ウ．薩摩藩の木戸孝允は，西郷隆盛とともに薩長同盟を結び，朝廷から幕府を倒《たお》す命令をとりつけた。

エ．肥前藩の下級武士だった坂本龍馬は，藩をぬけて薩長同盟のなかだちをした。

問10　明治時代におこった次の**ア**～**オ**のできごとを，年代の古い順にならべたとき，**２番目**と**４番目**にくるものを，それぞれ記号で答えなさい。

ア．西南戦争がおこった。

イ．版籍奉還がおこなわれた。

ウ．大日本帝国憲法が発布された。

エ．韓国併合がおこなわれた。

オ．伊藤博文が初代の内閣総理大臣となった。

問11　明治時代の日本の産業に関する文として正しいものを，次の**ア**～**エ**から１つ選び，記号で答えなさい。

ア．製糸業が発展し，生糸の輸出量が世界一となった。

イ．福沢諭吉が日本初の銀行のほか，製紙・紡績《ぼうせき》・鉄道など多くの会社を創立した。

ウ．産業が発展する一方，水俣病などの公害問題が発生するようになった。

エ．重工業の分野では，日露戦争後に官営の八幡製鉄所が生産を始めた。

問12　大正時代におこったできごととして正しいものを，次の**ア**～**エ**から１つ選び，記号で答えなさい。

ア．米騒動をきっかけに原敬内閣が倒れ，寺内正毅内閣が成立した。

イ．第一次世界大戦が始まると，日本は三国同盟を口実にドイツに宣戦した。

ウ．差別に苦しんできた人々が，京都で全国水平社を結成した。

エ．社会主義者や社会主義運動を保護するために，治安維持法が定められた。

問13　昭和時代におこった次の**ア～オ**のできごとを，年代の古い順にならべたとき，**2番目**と**4番目**にくるものを，それぞれ記号で答えなさい。

ア．日本が国際連盟を脱退《だったい》した。

イ．太平洋戦争が始まった。

ウ．日中戦争が始まった。

エ．世界恐慌が始まった。

オ．柳条湖事件がおこった。

問14　五・一五事件や二・二六事件は，日本の政治にどのような影響《えいきょう》をあたえたか説明しなさい。なお，次の**2つの語句を必ず使用すること。**

【語句】　政党　　軍部

3　日本の政治や経済に関する，次の各問いに答えなさい。

問１　日本国憲法について，次の各問いに答えなさい。

(1)　次の日本国憲法の条文中の空欄にあてはまる語句を，**漢字**で答えなさい。

日本国憲法第98条１項《こう》

> この憲法は，国の（　　　）であつ《っ》て，その条規に反する法律，命令，詔勅《しょうちょく》及び国務に関するその他の行為の全部又《また》は一部は，その効力を有しない。

(2)　憲法改正についての説明として正しいものを，次の**ア～エ**から１つ選び，記号で答えなさい。

ア．憲法の改正案は，必ず衆議院に先に提出される。

イ．憲法の改正案が国会に提出された場合，各議院において総議員の過半数の賛成で発議される。

ウ．憲法改正について，国民投票で有効投票総数の３分の２以上の賛成がなければ，国民の承認を経たことにならない。

エ．日本国憲法が制定されて以降，憲法が改正されたことはない。

問２　基本的人権についての説明として正しいものを，次の**ア～エ**から１つ選び，記号で答えなさい。

ア．国民の選挙権や被選挙権は，自由権にふくまれる。

イ．教育を受ける権利は，社会権にふくまれる。

ウ．新しい人権の一つである知る権利は，憲法に規定されていないため，その人権を守るための法律は制定されていない。

エ．基本的人権とは，人間が生まれながらにして持っている権利であり，いかなる場合でも制限を受けることはない。

問３　国会についての説明として正しいものを，次の**ア～エ**から１つ選び，記号で答えなさい。

ア．衆議院と参議院の本会議は，それぞれの総議員の過半数の出席がなければ，議事を開き議決することができない。

イ．特別会（特別国会）は，内閣が必要と認めたときか，衆参いずれかの議院の総議員の４分の１以上の要求があるときに開かれる。

ウ．内閣や国会議員から提出された法律案が可決された場合，国会が国民に公布する。

エ．予算の議決について，衆参両院の議決が異なった場合には，両院協議会が必ず開かれる。

問4　内閣についての説明として正しいものを，次の**ア**～**エ**から１つ選び，記号で答えなさい。

ア．内閣を組織する国務大臣は，国会議員ではなくても選ばれることがある。

イ．内閣不信任決議案が衆議院で可決された場合は，内閣は10日以内に必ず総辞職しなければならない。

ウ．内閣は，憲法や法律の規定を実施《じっし》するための条例を定めることができる。

エ．閣議による意思決定は，参加した閣僚《かくりょう》の過半数の賛成でおこなわれる。

問5　裁判所についての説明として正しいものを，次の**ア**～**エ**から１つ選び，記号で答えなさい。

ア．下級裁判所である高等裁判所や地方裁判所は，それぞれ都道府県ごとに１か所以上設置されている。

イ．最高裁判所は「憲法の番人」と呼ばれており，すべての裁判の第三審をおこなう。

ウ．裁判は「疑わしきは罰《ばっ》せず」の原則をもちいており，自白だけで有罪と決めることはできない。

エ．刑事《けいじ》裁判は，被害者や検察官が被疑者を起訴《きそ》することにより始まる。

問6　財政に関する説明として正しいものを，次の**ア**～**エ**から１つ選び，記号で答えなさい。

ア．税金のうち，直接税は国に納められ，間接税は地方公共団体に納められる。

イ．政府は，累進課税制度や社会保障制度によって，国内の所得の格差を縮めようとする。

ウ．財政収入の不足を補うために発行された国債《こくさい》は，公債金として歳入にあてられ，すべて公共事業をおこなうためにつかわれる。

エ．地方交付税交付金とは，国が使い道を指定して，地方公共団体に交付する補助金である。

問7　地方公共団体に関する説明として正しいものを，次の**ア**～**エ**から１つ選び，記号で答えなさい。

ア．都道府県知事と市（区）町村長の任期は，６年である。

イ．都道府県知事と市（区）町村長の被選挙権は，満25歳以上である。

ウ．地方議会議員の任期は，６年である。

エ．地方議会議員の被選挙権は，満25歳以上である。

感じていたゴッホの世界観の表現なのだろう。

ウ　『糸杉と星の見える道』はゴーギャンが嫌ったロマン主義的なタッチで描かれている。これはゴッホとゴーギャンが芸術について激しく対立していた日々を表現しようとしたからである。

エ　『糸杉と星の見える道』には感情を強くゆさぶるロマン主義的な雰囲気《ふんいき》がある。それはゴーギャンとまた一緒に生活したいというゴッホの強い願望が投影されているからなのかもしれない。

オ　『糸杉と星の見える道』に描かれているのはゴッホとゴーギャンが暮らしたプロヴァンスの風景である。それをロマン主義的に描き出したところにゴッホの楽天的な性格がにじみ出ている。

問六　――線部5「こういうカタチの友情もありだなって思うのよ」とありますが、この時の伯母さんの説明として最も適切なものを次から選び、記号で答えなさい。

ア　友人を強く求める姪《めい》の気持ちには共感するが、遠く離《はな》れても相手を思う気持ちがあればそこに友情が成立するのだという考えを姪は理解できないだろうとも思い、かすかなむなしさも感じている。

イ　おしゃべりしたりふざけたりする相手に親近感を抱くのは当然だが、ゴッホとゴーギャンのようにぶつかり合いながらも幸福に暮らす関係も友情だと言えるのではないかと姪を説得しようとしている。

ウ　会おうと思えば会えたのにその機会を自ら手放してしまったゴッホはさびしかったのではないかと推測する姪に対して、まだ若いから仕方がないと思いつつもたしなめなければならないと思っている。

エ　友情はときに対等ではなく、一方の思いが強すぎることもあるが、それを自覚して相手のことを思い自分から連絡を取らないようにすることも深い友情だと言えるのではないかと気づき、納得している。

オ　会って楽しい時間を過ごす関係の友人はもちろん大切だが、いっしょにいなくても相手のことを思うだけで幸せになれるような関係の友人が心の中にいることも大切なのではないかと姪に伝えたいと思っている。

問七　――線部6「でもな」とありますが、このときの「わたし」の心情を四十字以上六十字以内で答えなさい。

問八　〰〰線部「自分で自分のことをもてあます。もてあまして、とんでもないことをしてしまう」とありますが、自分で自分のことをもてあまして、とんでもないことをしてしまった経験を解答欄《らん》に収まるように書きなさい。

問二　――線部1「結婚式はパリの区役所でおこなう」とありますが、「友人」がこのように考えたのはなぜですか。二十字以上三十字以内で答えなさい。

問三　――線部2「伯母さんが、ゴッホの絵のなかに見たのは悲しみだったんでしょ?」とありますが、この「悲しみ」をくわしく言い表している部分を**ここより前**の本文中から二十一字で探し、最初の五字をぬき出して答えなさい。

問四　――線部3「ゴッホとゴーギャンは実生活とは別の次元で親密になれたのかもしれないわよ」とありますが、伯母さんは「ゴッホとゴーギャン」の関係をどのように考えていますか。その説明として最も適切なものを次から選び、記号で答えなさい。

ア　ゴッホとゴーギャンはお互いを最も重要な友人だと思っていたのではないか。

イ　ゴッホとゴーギャンは激しくぶつかり合ったからこそ理解しあえたのではないか。

ウ　ゴッホとゴーギャンは手紙を出し合うことで救われたのではないか。

エ　ゴッホとゴーギャンは芸術家として認め合う関係になれたのではないか。

オ　ゴッホとゴーギャンはお互いをすぐれた批評家だと思っていたのではないか。

問五　――線部4「『糸杉と星の見える道』という絵」について次の（1）・（2）の問いに答えなさい。

（1）『糸杉と星の見える道』という絵の構図として最も適切なものを次から選び、記号で答えなさい。

ア

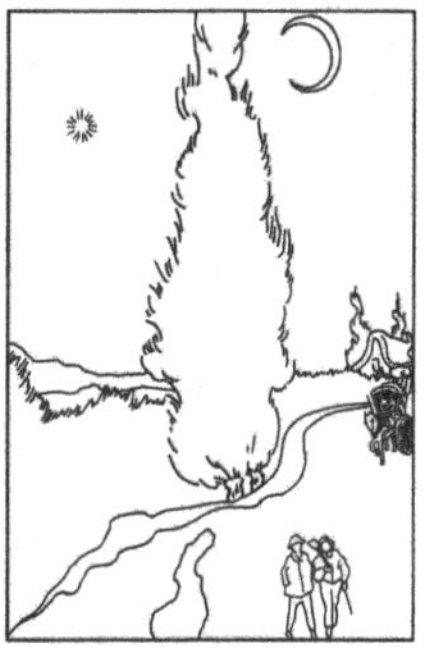

イ

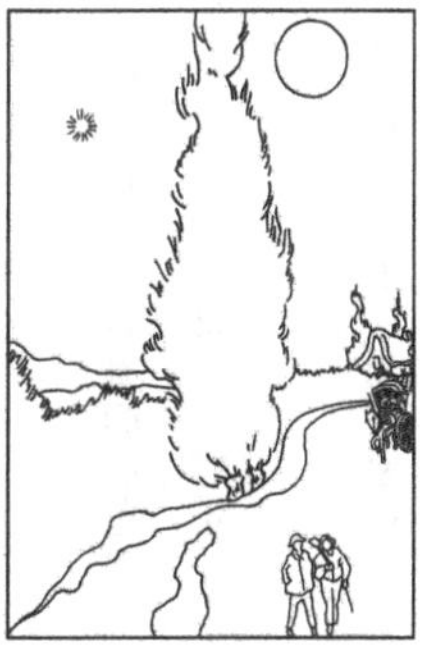

ウ

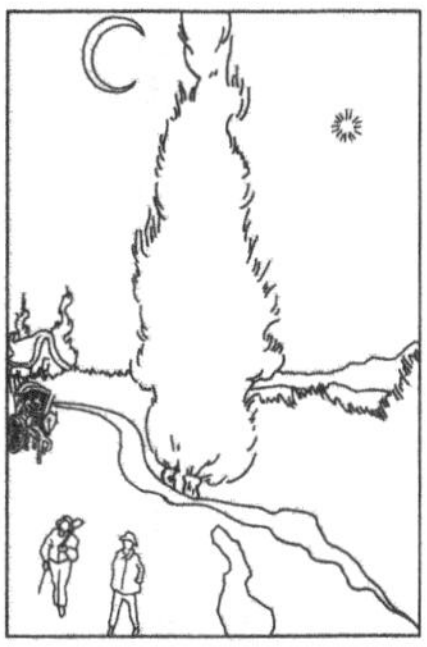

エ

オ

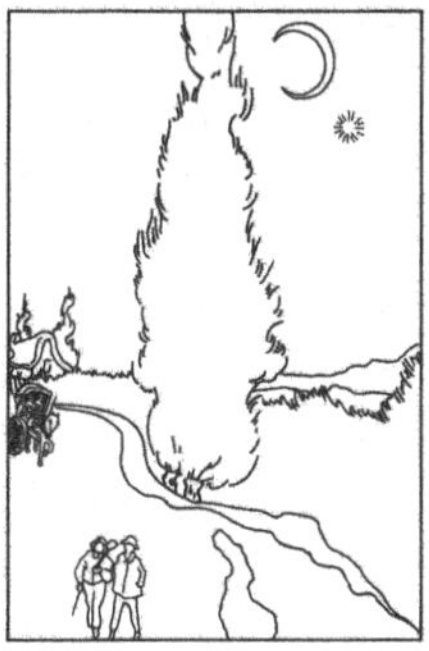

（2）伯母さんはこの絵についてどのように考えていますか。その説明として最も適切なものを次から選び、記号で答えなさい。

ア　『糸杉と星の見える道』にはそこはかとない幸福感がただよっている。それはもしかしたらゴッホがゴーギャンと暮《く》らした日々をそこに重ねようと思ったからなのかもしれない。

イ　『糸杉と星の見える道』はゴッホの心に浮かんだ幻想《げんそう》的な光景を描き出したものである。これがゴーギャンとの共同生活に幸せをからかな。そしてそのことを自分でも知っていて、さらに知る必要はないと思ったからかな」

　わかるような気が、すこしだけする。

　おでこをつつかれた。

「5こういうカタチの友情もありだなって思うのよ」

「ふたりは別れたあと、会うことはなかったんでしょ？」

「なかった。あったのは手紙のやりとりだけ」

「会おうと思えば会えたのに？」

「会えたでしょうね」

「そういうの、さみしくない？　たとえ仲たがいしても、会って、話して、笑えばいいじゃん。喧嘩腰でもいいよ。友だちって、そういうものでしょ」

「そうね。そうできたらよかったのにね」

「わたしは、わたしが落ち込んでいるときに、黙《だま》ってとなりにすわって、フライトポテトを差しだしてくれる友だちがいいな」

「フライトポテト？」

「あんパンでもいい」

　伯母さんは笑った。

「覚えておくわね。ねえ、いつかいっしょに『星月夜』を見にいかない？」

「なにそれ」

「わたしがいちばん好きなゴッホの絵。まだ実物を見たことがないの。ニューヨーク近代美術館にあるから、いっしょに行こう」

「どんな絵？」

「小高いところから夜の村を眺めた絵。糸杉があって、星が渦巻いている。なんていうのかな、子どものころ、わたしの目に世界はこんなふうに見えていたなということを思い出させてくれる絵。さみしくて、あまくて、そっと息をしたくなるような、そんな絵」

「見たい」

「宿泊《しゅくはく》費と食事代はもつから、飛行機代は自分で用意してね」

「えええっ、伯母さんが誘《さそ》ったんだから、伯母さんがだしてよ。飛行機代なんか、子どもにだせるわけないじゃん」

「だいじょうぶ。絵はいつまでも、待っていてくれるから」

　なにがだいじょうぶだ。なにが待っていてくれるだ。

　6でもな。

　絵を見てふるえるほど感動することがあるというなら。

「からだがふるえたっていう、えっと、『オーヴェルの教会』はどこにあるの？」

「それはいま、パリのオルセー美術館にあるわよ」

（森埜《もりの》こみち『すこしずつの親友』より）

＊1　ライスシャワー……結婚式で、参列者が新郎《しんろう》新婦に米をまいて祝福する風習。

＊2　気鋭……気力にあふれ、意気ごみが盛んであるようす。

問一　本文中の［A］～［C］に当てはまる言葉として最も適切なものを次から選び、それぞれ記号で答えなさい。ただし、記号は一度ずつしか使いません。

ア　ざわざわ　　イ　じわじわ　　ウ　ひりひり　　エ　ぶらぶら

オ　ゆらゆら

作品もそこに展示された。それをゴーギャンは見にいっていて、ゴッホに宛《あ》てた手紙に、こう書いている。《展示されていた多くの画家のなかで、ぼくが目を瞠《みは》ったのはきみの作品だった》って。どんな批評《ひひょう》家のことばよりも、ゴッホにとって、うれしいことばだったと思う。ゴーギャンをもっとも重要な友人と思っていたからというのもあるけれど、それだけじゃなく、ふたりとも全身全霊《ぜんしんぜんれい》を絵にかけていたからよ。ふたりが絵について語り始めると、喧嘩腰《けんかごし》のようになったらしいの。顔を見るのもいやになるくらい、激《はげ》しくやりあったの。絵に関しては、けっして譲《ゆず》りあうことはなかった。そんな相手から、ぼくはきみの作品に目を瞠った、という手紙が届いたのよ。このことばを読んだなら、ゴッホはどれだけうれしかっただろう、救われただろうと思う。ところがね、この手紙は、当時ゴッホが療養《りょうよう》していた施設《しせつ》の事務室に未読のままで放置されていたというから、ひどい話よね」

「じゃあゴッホは、その手紙を読んでいないの？」

「そこのところは、よくわからなかった。療養所をでるときに手紙を渡《わた》されたのかもしれないし、そうはならなかったのかもしれない」

　伯母さんは小さなため息をついた。

「ゴッホの手紙も、すべてがゴーギャンに届いたわけではなかった。ゴッホが亡《な》くなった部屋に、ゴーギャン宛《あて》の手紙が残されていたのよ。なぜか、だすのがためらわれたのね」

「どんな手紙？」

「最近描《か》いた絵について知らせる手紙」

「どうしてだせなかったの？」

「わからないけど、手紙のなかに気になる箇所《かしょ》があるの。4『糸杉《いとすぎ》と星の見える道』という絵について、こんなふうに書いているのよ。《とてもロマン主義的ともいえるけれど、またじつにプロヴァンスらしいともいえるじゃないか》と」

　なんで、そのことばが気になるんだろう。さっぱりわからない。

「『糸杉と星の見える道』という絵は、キャンバスの真ん中に糸杉があり、糸杉の左右に三日月と星を対比させるように描《か》いているの。糸杉の下には白く明るい道があって、手前を男のひとがふたり、のんびりと肩《かた》を寄せあうようにして歩いている。その後ろには馬車が一台走り、さらにその後ろには明かりの灯《とも》った宿屋がある。全体になんともいえない幸福感があるの。わたしには、どうしても手前の男性ふたりがゴッホとゴーギャンに見えてしまう。だって、ふたりはアルルの夜の町をいっしょに歩いたのだもの。糸杉の左右にある三日月と星も、ゴッホとゴーギャンを投影《とうえい》したものかもしれないと思ってしまう。これはわたしの想像よ。《とてもロマン主義的ともいえるけれど、またじつにプロヴァンスらしいともいえるじゃないか》というのは、こういう意味なんじゃないかな。《ねえきみ、きみは感情をゆさぶるロマン主義の絵を嫌《きら》ったよね。この絵は、きみが嫌ったロマン主義的ともいえるけれど、それよりほら、じつにプロヴァンスらしいじゃないか。ぼくたちが過ごしたアルルらしいじゃないか。ぼくらの共同生活は失敗に終わってしまったけれど、わるいことばかりじゃなかった。そうは思わないかい？》。そんなふうにゴッホがゴーギャンに呼びかけているように思うの。でも、ゴッホはこの手紙をだすことをしなかった」

「どうして？」

「どうしてかなあ。たぶん、ゴッホのほうがより強く相手を求めていたに彼《かれ》の唯一《ゆいいつ》の友人だった。しかしゴッホはわたしにだけ心を打ち明けた》。

複雑な関係が透《す》けて見えてくる。ゴッホにとってゴーギャンはもっとも重要な友人だったけれど、本心を打ち明けることはできなかった。なぜか。ゴーギャンにとってゴッホはさほど重要な友人ではなかったからだ。

ゴッホとゴーギャンは一時《いっとき》、フランス・プロヴァンス地方のアルルで共同生活を送っていたが、ゴッホに嫌気《いやけ》がさしたゴーギャンはアルルを去ろうとする。そして、そのことを知ったゴッホはおかしな行動をとるようになり、とうとう耳切り事件を起こして、精神病患者《かんじゃ》として病院に収容される。ゴーギャンとの別れは、ゴッホにとってそれほどまでに耐《た》えがたい痛みであり、自傷《じしょう》せずにはいられなかったのだろう。

ゴッホが哀《あわ》れだった。なぜそこまでゴーギャンに執着《しゅうちゃく》してしまったのだろう。

事件のあと、ゴッホとゴーギャンは手紙のやりとりはするけれど、二度と会うことはなかった。

＊＊＊

なんだか悲しい。抱いていたクッションにため息をついた。

「ゴッホはゴーギャンと親友になりたかったの?」

「ええ、たぶん。自分のことをだれよりも理解してほしいと願い、自分も相手のことをだれよりも理解したいと願ったと思うわよ」

「でもふたりは、そうはなれなかった」

「そうね。いっしょに食事をして、おしゃべりをして、楽しい時間を過ごす、そんな関係にはなれなかった」

「[2]伯母さんが、ゴッホの絵のなかに見たのは悲しみだったんでしょ?」

「そう」

「ゴーギャンがいなくなってしまった悲しみ?」

「それが大きいと思う。そのあとに自分の身に起きたことや、子どものころから抱《かか》えてきた悲しみも含《ふく》まれていたかも」

「いやじゃなかった?」

からだがふるえるほどの悲しみを見るというのがどういうことか、想像がつかないけれど、わたしはいやだな。

「いやじゃなかった。いやなどころか、この絵に出会えてよかったと思った」

信じられない。

「どうして?」

「どうしてだろう。ふれることができたと思ったからかな。ゴッホというひとに」

ふうん。

「でも伯母さん、ゴッホの人生、つらいよね。いちばん理解してほしかったひとに背を向けられたわけでしょ」

「そうね。つらい人生だったと思う。でもね、[3]ゴッホとゴーギャンは実生活とは別の次元で親密になれたのかもしれないわよ」

「どういうこと?」

「ふたりが送りあった手紙を見ると、そうかもしれないって思うのよ。『オーヴェルの教会』を描《か》くすこしまえから、ゴッホの作品は認められ始めるの。＊2気鋭《きえい》の画家たちの作品を集めた展覧会《てんらんかい》が催《もよお》されて、ゴッホの

1結婚式はパリの区役所でおこなうから来てほしいといわれて、飛んでいった。

　友人に、なぜ区役所でやることにしたのとたずねたら、お金がかからないからだと笑ったけれど、理由はそれだけではなかったと思う。挙式のための区役所の部屋は、天井《てんじょう》も壁《かべ》も絵画で埋《う》めつくされて、まるで教会の礼拝《れいはい》堂のなかにいるようだった。フランス国旗の三色がストライプになったたすきを掛《か》けた区長さんが式を執《と》りおこなってくれて、差しだされた結婚証明書にふたりが署名《しょめい》をする。それをみんなが見守るの。区役所の前で記念写真を撮《と》り、＊1ライスシャワーもする。簡素《かんそ》ではあるけれど素敵《すてき》な式だった。

　式に参列するために行ったのだけれど、せっかくだからと一日余分に休暇《きゅうか》をとり、つぎの日、街のなかを歩いた。なんの計画も立てずに、ただ［B］と。疲《つか》れたらカフェで珈琲《コーヒー》を飲んで、道行くひとを眺《なが》めているのもいいかなというくらいの気持ちで。

　コンコルド広場のあたりだったと思う。古い建物があり、それが美術館だとわかったから入ってみた。驚《おどろ》いた。ルノワールやマネ、ドガ、ゴーギャンといった巨匠《きょしょう》たちの作品が、くすんだ壁に無造作に掛かっていたから。

　ときどきは立ち止まって絵を眺めながら、ゆっくりと館内を歩いた。ある絵の前で足が止まった。からだのなかを［C］としたふるえが走り、やまない。絵を見てそんなことになったのは後にも先にもあのときだけで、いったいどうしたんだろうと、じっとふるえがおさまるのを待った。

　それは、ゴッホの『オーヴェルの教会』という作品で、小ぶりの教会が重量感たっぷりに描《えが》かれたものだった。空には群青《ぐんじょう》の、あのゴッホ特有の渦巻《うずま》きがあり、教会の窓に明かりはなくて、なかはがらんとし、色《しき》彩《さい》はうつくしくて……。でもどんなにあの絵の要素を説明しても、魅力《みりょく》は伝わらないだろう。わたしのからだがふるえたのは、その絵がなにかを強く語りかけてきたからで、それはなにかといえば、どっしりとした、静かな、悲しみのようなものだったと思う。

　美術館をでたあと、友人に電話をして、『オーヴェルの教会』の絵について、なにか知っていることはないかときいてみた。きのう結婚式をあげたふたりは、新婚旅行に行ったわけではなく、いつもどおりの生活に戻《もど》っていることを知っていたから。

　友人は、近くのカフェで待っているようにとわたしにいって、ゴッホに関する本を持ってきてくれた。

「あげる」

「いいの？」

「飛行機のなかで読んだらいいわよ。わたしはもういいから」

　その本をありがたくもらい、カフェで、ホテルで読みふけった。

　いくつか、わかったことがある。『オーヴェルの教会』は、ゴッホがある事件を起こした一年半後に描《えが》かれた作品だった。ある事件とは自分の耳を切り落とすというショッキングなもので、なぜそんなことをしたかといえば、友人のゴーギャンがゴッホのもとを去ることに決めたからだった。

　自身も画家であり、ゴッホの十五歳《さい》年下の友人でもあるベルナールは、本のなかでこんなふうに語っていた。《わたしは、ゴーギャンのつぎ

イ　近年のアメリカ環境倫理学では自然の再生活動を通して、人間が自然をどのように破壊してきたかを知ることができ、原生自然が世界的になくなってしまった理由を知ることができるという主張もなされるようになった。

ウ　近年のアメリカ環境倫理学では自然と人間を分けて考えたうえで、人間の手が加えられなくとも自然が自律的に復元していくことを認め、人間が自然に介入しない態度をとるべきだという主張もなされるようになってきた。

エ　近年のアメリカ環境倫理学では原生自然主義の考え方を捨て、人間が自然を徹底的に管理することで生物多様性や自然の復元可能性を探っていくべきだという主張もなされるようになってきた。

オ　近年のアメリカ環境倫理学では従来の自然と人間を二分する考え方とは違い、人間の介入《かいにゅう》を認めて多様な生物のいる自然を作り上げたり、失われた自然を復元する取り組みの意義を認めたりする主張がなされるようになってきた。

四　次の文章を読んであとの問いに答えなさい。字数指定のある問いは、句読点などの記号もすべて字数にふくみます。

「伯母《おば》さんは、どうしてひとりで旅をするの？　なにかあったとき、こまるじゃん。それにつまんなくない？」

わたしはやっぱり友だちといっしょの旅がいいな。

「おしゃべりができないのは、つまらないかもね。でもね、そのぶん気楽よ。好きなときに起きて、好きなときに食べて、好きなように歩いて」

「さみしくはならない？」

「めったには」

「たまにはあるんだ」

「あると思うけれど、あんまり自覚してないなあ」

「伯母さんは、友だちが必要じゃないの？」

「必要よ。旅先で会ったひとに特別な親しみを感じたり、感じたいと思うのは、わたしが友だちを必要としているからだと思うもの。でも、たぶん、あなたほどじゃない。あなたの気持ちはわかるつもりよ。わたしもあなたの年ごろのときはそうだった。切実に友だちを必要とした。友だちとおしゃべりしたり、いっしょにふざけたりすることが、なにより楽しくて、なにより自分に必要だった。あのころ、どうしてあんなにひとを求めたんだろうって、ふしぎに思うもの。もしあなたが、［A］するような気持ちで孤独《こどく》を感じたり、友だちを求めているとしたら、それはあなたが若いということよ」

ひとりでいることがさみしくなくなる。そんなことがあるんだろうか。

「人間って、やっかいだなあと思うのよ」

伯母さんは空になったティーカップに目をやった。

「自分で自分のことをもてあます。もてあまして、とんでもないことをしてしまう。なんでそんなことをと思うことをやってしまう。でも、だからこそ愛《いと》しいのかも。わたしね、ふしぎな体験をしたことがあるの。聞いてくれる？」

「うん、いいよ」脇《わき》に置いておいたクッションをもう一度胸に抱《だ》いた。

＊　＊　＊

フランスに長く留学していた友人が学生結婚《けっこん》をすることになったの。

界的に見れば独特なものであり、手つかずの自然が少なくなっている現状において、アメリカ以外の地域における原生自然との関わり方を探っていく方が自然を保護するには有効であるから。

ウ　世界的に原牛自然はごくわずかしかないという現状において、原生自然を追い求める自然保護のあり方よりも、人間が管理して自然の美しい状態を保つC型の自然保護を一律に世界の各地域に適用していく方が、自然破壊を食い止めるには有効であるから。

エ　原生自然が世界的にごくわずかしかないという現状において、そのわずかな原牛自然を守るよりも、失われた原生自然を人間の手で復元しようとする「自然再生」を地域ごとにさぐっていく方が、人間と共存した自然が持続可能なものになるためには有効であるから。

オ　アメリカの環境倫理学における原生自然を保護する方法を一律に適用することでかえってそのような自然が失われており、原生自然が世界的に少なくなっている現状において、地域ごとに取り組んでいる自然との関わり方をさぐる方が自然保護には有効であるから。

問七　――線部6「自然再生は忌避感をもって受け止められました」とありますが、それはなぜですか。最も適切なものを次から選び、記号で答えなさい。

ア　従来のアメリカの自然観にしたがえば、破壊された自然に対してはその破壊された部分だけを直すことが正しい保護のあり方だから。

イ　従来のアメリカの自然観にしたがえば、一度失われてしまった原生自然は現在の人間の技術では復元できないと考えられるから。

ウ　従来のアメリカの自然観にしたがえば、自然再生は原生自然が減少しているという事実をおおい隠す手段に過ぎないと捉えられるから。

エ　従来のアメリカの自然観にしたがえば、自然再生のような人間の手で自然を作るという発想自体が間違ったものであると言えるから。

オ　従来のアメリカの自然観にしたがえば、人間の手で自然を復元するという行為には規模的に限界があることを認めざるを得ないから。

問八　本文中の ① ～ ⑤ にはP型かC型のどちらかが入ります。その組み合わせとして最も適切なものを次から選び、記号で答えなさい。

ア	① P型	② P型	③ P型	④ C型	⑤ P型
イ	① P型	② C型	③ C型	④ P型	⑤ C型
ウ	① P型	② C型	③ P型	④ C型	⑤ C型
エ	① C型	② P型	③ C型	④ P型	⑤ C型
オ	① C型	② C型	③ P型	④ C型	⑤ P型

問九　――線部7「近年ではアメリカでも、自然再生による自然保護を高く評価する論調が出てきました」とありますが、これについて説明したものとして最も適切なものを次から選び、記号で答えなさい。

ア　近年のアメリカ環境倫理学では再生された自然とかかわることによって、再生される前の手つかずの自然に対する理解が深まり、結果的にアメリカの理想とする従来の自然保護をよりよいものにするという主張もなされるようになった。

た」とありますが、「そうする」とはどういうことですか。最も適切なものを次から選び、記号で答えなさい。

ア　人間にとって役に立たない自然は価値がないという考え方を否定するために、自然そのものがもっている価値と自然を守る理由を探求してきたということ。

イ　人間が美しくないと思う自然は価値がないという考え方を否定するために、自然そのものがもっている美しさと自然を守る理由を探求してきたということ。

ウ　自然自体に価値があるという考え方や、人間の役に立つから価値があるという考え方などの多様な解釈を認め、自然を守る理由を探求してきたということ。

エ　自然は人間の役に立つから価値があるという考え方と、自然そのものに価値があるという考え方に分かれて自然を守る理由を探求してきたということ。

オ　自然を人間の役に立つものにしようという考え方と、自然は人間だけのものではないという考え方に分かれて自然を守る理由を探求してきたということ。

問三　――線部2「別のタイプの『自然破壊』」とありますが、それを説明したものとして最も適切なものを次から選び、記号で答えなさい。

ア　都市開発のために山や森を切り開くことで起きるものではなく、地方で田んぼや畑を作ることで起きてしまう自然破壊。

イ　手つかずの自然に手を加えて起きるものではなく、すでに管理されている自然にさらに手を加えて起きてしまう自然破壊。

ウ　荒廃した里山を放置することで起きるものではなく、里山の美しさを再生しようとして別の場所で起きてしまう自然破壊。

エ　海や川の生き物を乱獲することで起きるものではなく、無計画に生き物を保護し増やすことで起きてしまう自然破壊。

オ　むやみに自然を利用することで起きるものではなく、管理してきた山林や田畑が放置されることで起きてしまう自然破壊。

問四　――線部3「それが『保存』と『保全』なのです」とありますが、「保存」と「保全」の区別について説明した次の文の [i] と [ii] に入る言葉を漢字二字でそれぞれ答えなさい。ただし [i] は最も適切な言葉を本文中からぬき出し、[ii] は自分で考えて答えなさい。

環境倫理学においては自然を守る [i] によって「保存」と「保全」を区別してきたが、保全生態学においては、自然を守る [ii] によって「保存」と「保全」を区別してきた。

問五　――線部4「アメリカの環境倫理学は長い間、P型に固執してきました」とありますが、それはなぜですか。二十字以上三十字以内で説明しなさい。

問六　――線部5「鬼頭は『ローカルな環境倫理』を個々の地域から立ち上げることを提唱します」とありますが、それはなぜですか。最も適切なものを次から選び、記号で答えなさい。

ア　原生自然は世界的に少なくなっているためP型の自然保護を一律に適用するには無理があるが、すでに手のつけられた自然と人間が上手《うま》く共存している地域は存在するので、そのような方法を地域ごとにさぐっていく方が自然を維持するには有効であるから。

イ　アメリカの環境倫理学における原生自然に対する保護の仕方は世

るでしょう。

アメリカ的な自然観、つまり原生自然をすばらしいと考える発想は、「自然再生」の捉《と》え方にも影《かげ》を落としています。「自然再生(restoration)」とは、その場所に過去に存在したが失われてしまった自然を、人間の手で復元しようという取り組みのことです。吉田正人は、これを第三の自然保護とみなし、P型、C型と同格のR型と位置づけています。

しかし、もっぱら ① を自然保護と捉えるアメリカの従来の環境倫理学からすると、人間が一から自然をつくるというのはインチキだということになります。自然再生を批判する論文の題名に「ビッグ・ライ(大嘘《おおうそ》)」とか「フェイキング・ネイチャー（自然の偽造《ぎぞう》)」という過激な言葉が使われるほど、6自然再生は*3忌避感《きひかん》をもって受け止められました。

他方で、日本ではこの種の批判をあまり見かけません。里山保全などの ② の自然保護が違和感《いわかん》なく受け入れられている風土においては、自然再生もそれはどおかしな話としては感じられないのでしょう。その意味では、自然再生（R型）は ③ よりも ④ に近い、あるいはR型は ⑤ の延長にある、と考えることができると思います。

7近年ではアメリカでも、自然再生による自然保護を高く評価する論調が出てきました。エマ・マリスは、原生自然（ウィルダネス）を幻想《げんそう》として退け、生物多様性の豊かな世界を人間の手で実現すべきだと主張しています。マリスによれば、世界を人間の「庭」（「多自然型ガーデン」）として作り上げることこそが自然保護なのです。

また、環境倫理学者では、アンドリュー・ライトが自然再生事業を好意的に評価しています。その理由は、第一に、再生された自然は、自然が自律的に復元していくことの支援《しえん》になりうるからです。人が植えた樹《き》でも、その後は勝手に成長し、虫がつき、鳥が来るということです。

第二の理由は、再生された自然にかかわることによって、再生されていない（もともとの）自然に対しても、配慮《はいりょ》しようという気持ちが強まるというものです。

第三の理由は、再生活動を通して、人間が自然に与《あた》えた損傷について知る機会を得られるという、教育的効果があるというものです。

これらの理由で、ライトは自然再生事業の意義を認めています。彼がこのような考えを持ちえたのは、原生自然こそが価値ある自然だという考えから抜《ぬ》け出していたからです。このように、アメリカの環境倫理学でも原生自然主義は過去のものになりつつあります。

（吉永明弘《よしながあきひろ》『はじめて学ぶ環境倫理』より）

*1 環境倫理学……環境問題を解決するために自然と人間の関係を道徳的観点から考えようとする学問。

*2 第三世界……欧米に対して、アジア・アフリカ・中南米などの発展途上国。

*3 忌避感……嫌って避《さ》けようとする感情。

問一 A ～ C に当てはめるのに最も適切なものを次から選び、それぞれ記号で答えなさい。ただし、記号は一度ずつしか使いません。

ア たとえば　イ あるいは　ウ しかし　エ つまり

オ たしかに

問二 ――線部1「アメリカの環境倫理学ではそうする傾向がありまし

疎化《そか》などによって山林や田畑が管理されずに放棄《ほうき》され、荒《あ》れ果《は》てることを指します。この場合、人が手を入れなくなったことが問題で、このような自然は「保全」（人間が手を入れながら守る）がなされるべきだということになります。

一般《いっぱん》に、いったん人が手を加えたものに関しては、手を加え続けて維《い》持《じ》するのが正解だとされています。たとえば、家屋をきれいに維持するために、「できるだけ家にいないようにする」というのは間違《まちが》いで、これを実行すると家はほこりだらけになります。正解は「掃除《そうじ》をしながら住む」ことです。これと同じように、人が手を入れてつくりあげた里山は、末永く手入れを続けないといけないのです。

このように自然破壊に二つのタイプがあるので、それと対応する形で、自然保護にも二つのタイプがあります（自然破壊の種類としては、外来種や化学物質による破壊と、地球温暖化による破壊という、あと二つのタイプが設定されていますが、ここでは省略します）。[3]それが「保存」と「保全」なのです。生態学者の吉田正人《よしだまさひと》は、英語の頭文字《かしらもじ》をとって、それぞれを「P型」の自然保護、「C型」の自然保護と呼んでいます。

今では、自然保護に「P型」と「C型」の両方があることが半ば常識になっていますが、[4]アメリカの環境倫理学は長い間、P型に固執《こしつ》してきました。それだけでなく、P型の自然保護をグローバルに普及《ふきゅう》させようとして、第三世界＊2などに混乱を招いてきました。このことを指摘《してき》したのが環境倫理学者の鬼頭秀一《きとうしゅういち》です。

鬼頭によれば、アメリカの環境倫理学の背景には「人の手のついていない自然こそがすばらしい」という自然観があるといいます。歴史の授業で習うように、現在のアメリカ合衆国を建国した人々は、ヨーロッパからアメリカ大陸の東海岸にわたった人々とその子孫です。その後、彼《かれ》らはアメリカ大陸を西に向かって進んでいき、西海岸に到達します。その過程で、大陸中西部でものすごい景色に出会います。それは見わたす限りの大自然でした。現在では先住民がすでに住んでいたともいわれていますが、そのときには人の手のついていない自然と受け止められたようです。この「人の手のついていない自然（原生自然、ウィルダネス）」を人の手から守ろう、というのが、アメリカの自然保護の最初の目標でした。ここでの「人間と自然を切り分ける」発想が、その後長きにわたって自然保護の世界を牽引《けんいん》することになります。

このようにまとめた上で、鬼頭は、「人の手のついていない自然（原生自然）」を人の手から守るというP型の自然保護を、すでに自然の中に人が住んでいる地域に一律に適用することに疑問を呈します。ひどい場合には、先住民を含《ふく》めた地元の人々の権利を侵害《しんがい》することになるからです。実際に保護地域として設定された地域から追い出された人々や、それまで利用していた地元の自然の利用を禁じられた人々もいます。

さらに言えば、世界的には「人の手のついていない自然」はごくわずかしかなく、大半の自然はすでに人が手をつけている。しかしそのことによって自然が荒廃したわけでもなく、むしろ人と自然とが共存しているところが多い。だとすると、環境倫理は、すでに人の手が入った自然を持続可能なものにしている地域の文化や倫理を軸《じく》にしてつくられなければならないのではないか。このように考えて、[5]鬼頭は「ローカルな環境倫理」を個々の地域から立ち上げることを提唱します。これは地域ごとに、その地域にふさわしいC型の環境倫理をつくりあげることといえか。一つは「道具的価値」というものです。これは、自然は人間にとって役に立つから守るべきなのだ、という答えです。ここには人間の道具としての自然を守るという考え方があります。

　もう一つは「内在的価値」というものです。これは、自然はそれ自体がすばらしいものだから守るべきなのだ、人間にとって役に立つかどうかとは無関係に守るべきなのだ、という考え方です。

　みなさんは、なぜ自然を守るのか、と聞かれたときにどう答えるでしょうか。ここで、先に示した二つの陣営《じんえい》（人間のためvs自然自体のため）に分かれて議論することも可能ですし、[1]アメリカの環境倫理学ではそうする傾向《けいこう》がありました。

　[A]、こういう二分法についてはこんな疑問もわくでしょう。自然を守る理由をもっとたくさん挙げることができるのに、どうしてこの二つに絞《しぼ》らなければならないのか。特定の場所の自然が問題になっているときには特にそうでしょう。

　[B]、「ここの自然は美しいから守るべき」という理由は、その場所の自然を美的に楽しむ人間本位の理由でもありますが、かといって道具としての価値とは言い切れず、むしろその場所の自然自体のすばらしさを重視しているように思えます。

　[C]「この森には神様が宿っているから開発してはいけない」という場合はどうでしょうか。こういう文化的・宗教的な理由は、「道具的」でしょうか、「内在的」でしょうか。文化や宗教も人間のための道具だ、と割り切る人には「道具的」といえるかもしれません。しかし多くの場合、文化や宗教は道具を超《こ》えたものと理解されているように思います。

　このように考えていくと、先の二分法にとらわれず、多様な理由をすべて尊重しながら議論していくほうが、よりよい結論を生み出すように思われます。実際に、近年の環境倫理学では、自然を守る理由はたくさんあることが認められるとともに、自然を守るのは自然のためでもあるし、人間のためでもある、という考え方に意見が集約されてきています。

　これに関連して、環境倫理学における「保存（preservation）」と「保全（conservation）」の区別について紹介《しょうかい》します。どちらも「守る」という点では同じですが、守る理由が異なります。環境倫理学では「保存」は「自然のために守る」、「保全」は「人間のために守る」という意味で使われてきました。しかし先にふれたように、最近では、この区別はあまり重視されなくなりました。

　少しややこしいのですが、自然を守ることを学問的使命にしている保全生態学の分野では、「保存」は「人間が手をつけないで守ること」とされ、「保全」は「人間が手を入れながら守ること」とされています。これは今でも通用している区分で、また重要な区分でもあります。以下で詳《くわ》しく見ていくことにします。

　みなさんは「自然破壊《はかい》」といったら何をイメージしますか。たぶん「開発」や「乱獲《らんかく》」などが自然破壊のイメージだと思います。そこから「自然保護」というのは開発や乱獲といった人間の行いから自然を守る、ということになるでしょう。この場合、自然を「保存」（人間が手をつけないで守る）すべきということになります。

　加えて近年では、[2]別のタイプの「自然破壊」に注目が集まっています。それは、里山の荒廃《こうはい》という形の自然破壊です。「里山」とは、人が手を入れて管理してきた山林や田畑のことを指します。里山の荒廃とは、過《か》

【国　語】（五〇分）〈満点：一五〇点〉

一　次の（1）～（8）に当てはめるのに最も適切な言葉をあとの語群から選び、それぞれ漢字に直して答えなさい。ただし、語群の言葉は一度ずつしか使いません。

・ひそかに悪事を（　1　）する。
・（　2　）のマンションに住む。
・農業に（　3　）する。
・資本主義（　4　）。
・物語が（　5　）をむかえる。
・まだ幼いのに、とても（　6　）な少年だ。
・彼《かれ》は芸術に（　7　）を持っている。
・彼女《かのじょ》のファッションはとても（　8　）されている。

【語群】
タイセイ　リハツ　ジュウジ　イッカゲン
ダイダンエン　チンタイ　カクサク　センレン

二　次の（1）～（10）に当てはめるのに最も適切な言葉をあとの語群から選び、それぞれ記号で答えなさい。ただし記号は一度ずつしか使いません。

・新たな試みがうまくいかず、今までの努力が（　1　）に帰す。
・部長は（　2　）を押《お》すようなやり方で、自分の提案を通した。
・（　3　）堂々と行われた強盗《ごうとう》事件の犯人が捕《つか》まった。
・服装に彼の性格が（　4　）に表れている。
・科学技術の発展による恩恵《おんけい》を（　5　）する。
・事故に巻《ま》き込《こ》まれ（　6　）に尽《つ》くしがたい恐怖《きょうふ》を味わった。
・（　7　）の思いで卒業証書を受け取った。
・課長は部下の提案を（　8　）に断った。
・グループ内での二人の人気は（　9　）している。
・作文で彼に（　10　）する者はいない。

【語群】
ア　万感《ばんかん》　イ　伯仲《はくちゅう》　ウ　言下　エ　白昼　オ　享受《きょうじゅ》
カ　横車　キ　水泡《すいほう》　ク　比肩《ひけん》　ケ　筆舌《ひつぜつ》　コ　如実《にょじつ》

三　次の文章を読んで、あとの問いに答えなさい。字数指定のある問いは、句読点などの記号もすべて字数にふくみます。

アメリカの＊1環境倫理学《かんきょうりんりがく》では、長らく「自然の価値論」という議論が行われてきました。それは「自然にはどのような価値があるか」を問うものですが、なぜこのような議論をしなければならなかったのでしょうか。それは、自然を守ろうという主張に対して、「なぜ自然を守らなければならないのか」という疑問が呈《てい》されるからです。その疑問に対して「自然には○○の価値があるから守らなければならないのだ」と答えるときの、○○にあたるものは何なのか、を検討するのが環境倫理学の課題だったのです。簡単に言えば、自然を守る理由を探究してきたわけです。

では、アメリカの環境倫理学はどのような答えを用意したのでしょう

東大特待Ⅰ

2023年度

解　答　と　解　説

《2023年度の配点は解答欄に掲載してあります。》

＜算数解答＞

1　(1)　45分30秒　(2)　28：33　(3)　16分30秒　(4)　6分後　(5)　260g
(6)　30個

2　(1)　$32cm^2$　(2)　$2cm^2$　(3)　$\frac{2}{3}cm^2$　(4)　$26\frac{2}{3}cm^2$

3　(1)　55　(2)　174　(3)　17119

4　(1)　図：解説参照　$27m^2$　(2)　1.2m　(3)　図：解説参照　$4.8m^2$

○推定配点○

1　各9点×6　他　各8点×12　計150点

＜算数解説＞

重要　1　**（割合と比，仕事算，つるかめ算，単位の換算，平面図形，速さの三公式と比，ニュートン算，消去算，場合の数）**

(1)　全体の作業量…70，30の公倍数210とする。栄くん1分の作業量…210÷70＝3　2人でする1分の作業量…210÷30＝7　東さん1分の作業量…7－3＝4　したがって，栄くん1人で作業した時間は(7×56－210)÷4＝182÷4＝45.5(分)　すなわち45分30秒

(2)　台形ABCDの高さ…12とする(12以外の数値でも解ける)。台形ABCDの面積…(5＋6)×12÷2＝66　三角形GBCの面積…6×□÷2＝3×□＝66÷2＝33　三角形GBCの高さ□…33÷3＝11　DJの長さ…三角形DGJとCGBの相似比1：11より6÷11＝$\frac{6}{11}$(cm)　したがって，FH：HEは$\left(2+\frac{6}{11}\right)$：3＝28：33

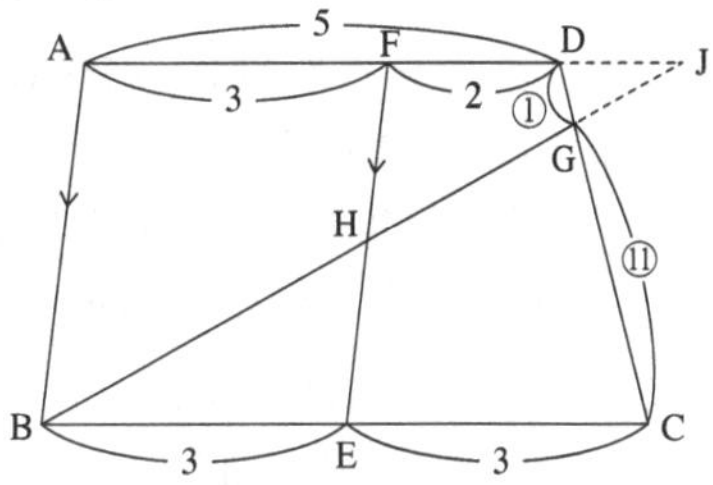

(3)　東さんと栄くんが歩く速さの比…4：6＝2：3　東さんが歩く速さと栄くんが走る速さの比…2：6＝1：3　栄くんが再度，学校を出る時刻…2＋4＋4÷2＋3＝11(分後)　したがって，東さんが駅に着く時間は11÷2×3＝16.5(分)　すなわち16分30秒

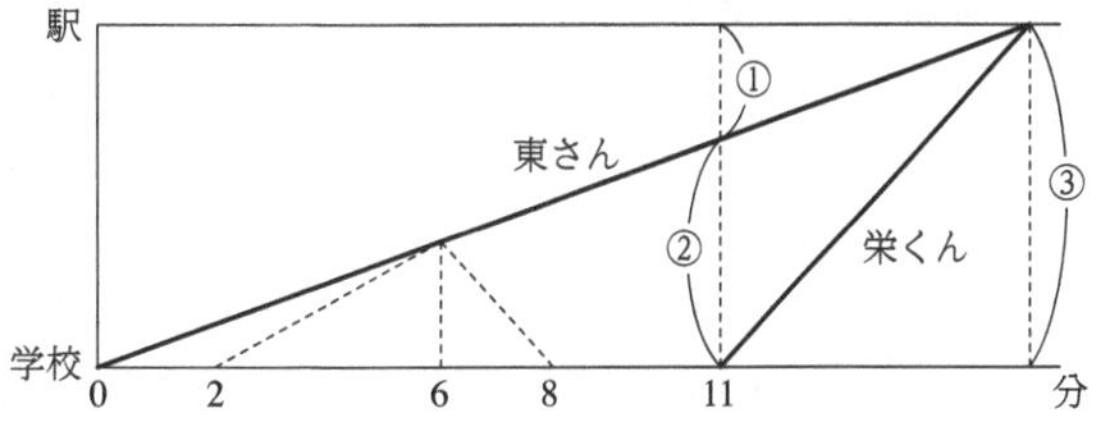

(4)　開園時の行列の人数…□，1分で行列に加わる人数…△　1つの窓口で1分に通過する人数…1とする。20分後…□＋△×20＝1×4×20＝80―ア　30×2＝60(分後)…□＋△×60＝1×3×60＝180―イ　△…イ－アより，(180－80)÷(60－20)＝2.5　□…アより，80－2.5×20＝30　したがって，求める時刻は30÷2÷{1×(3＋2)－2.5}＝15÷2.5＝6(分後)

(5)　ア×3…右図より，イ×4＋300―①
ア＋イ×2…560－60＝500
ア×2＋イ×4…500×2＝1000
イ×4…1000－ア×2―②　したがって，①と②より，アは(1000＋300)÷(3＋2)＝260(g)

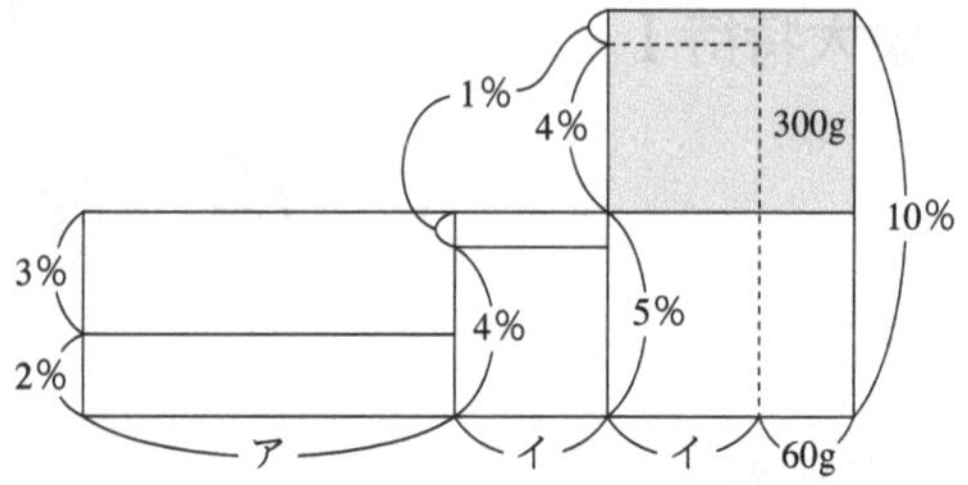

(6)　1006…並べ方は3通り
1015，1024…並べ方は3×2×2＝12(通り)
1033…並べ方は3通り　1114…並べ方は3通り　1123…並べ方は6通り
1222…並べ方は1通り　2000以上2022以下になる並べ方…2005，2014の2通り　したがって，求める個数は3×3＋12＋1＋6＋2＝30(個)

重要 [2]　**(平面図形，相似，割合と比)**

(1)　二等辺三角形MNP…右図より，54÷6＝9(cm^2)　二等辺三角形MAD…三角形MADとMNPの相似比は2：3，面積比が4：9より，4cm^2　等脚台形NRBA…正三角形QRNとQBAの相似比は3：4，面積比が9：16より，9÷9×(16－9)＝7(cm^2)　したがって，長方形ABCDは54－(4＋7)×2＝32(cm^2)

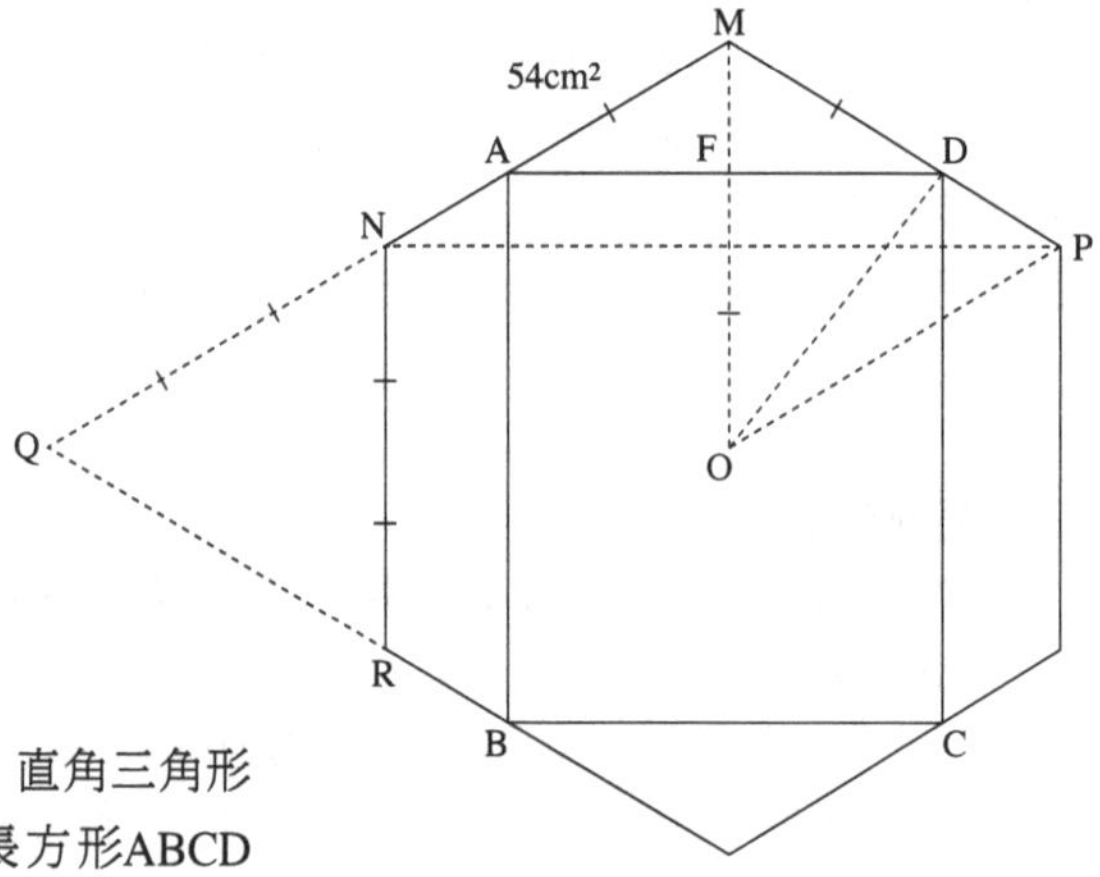

【別解】　三角形MOD…9÷3×2＝6(cm^2)　直角三角形FOD…6÷3×2＝4(cm^2)　したがって，長方形ABCDは4×8＝32(cm^2)

(2)　直角三角形AEF…右図において，(1)より，7÷7×2＝2(cm^2)

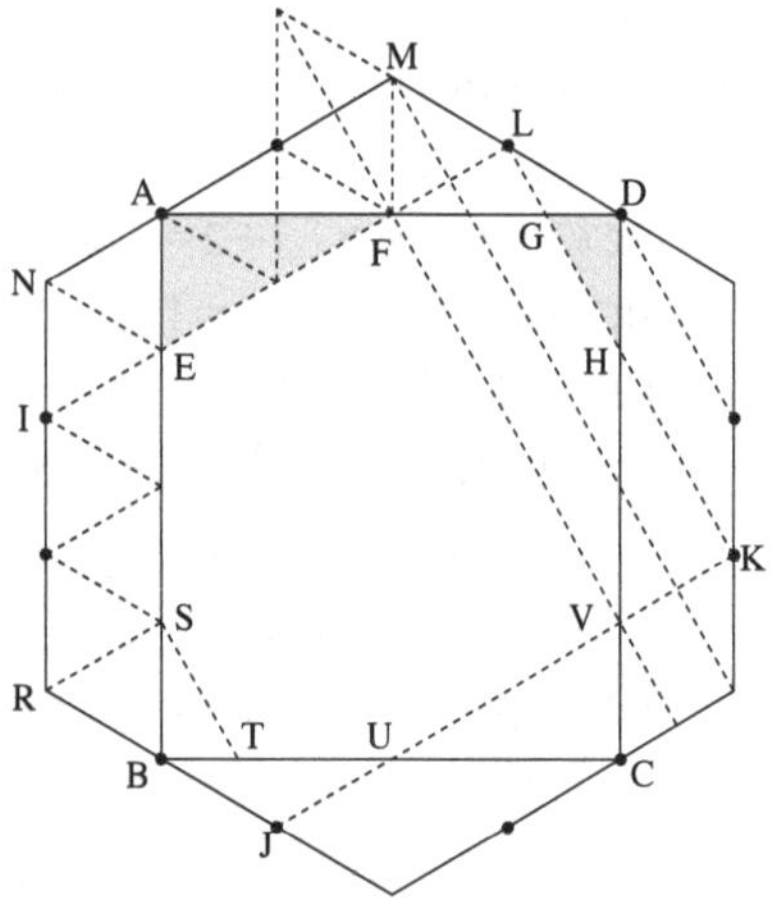

(3)　直角三角形DGH…右図において，直角三角形LGFと合同であり，$\frac{2}{3}$cm^2

(4)　八角形ESTUVHGF…(1)～(3)より，$32-\left(2+\frac{2}{3}\right)\times 2=26\frac{2}{3}$(cm^2)

[3]　**(演算記号，数の性質，規則性)**

重要 (1)　0＋0＋1＋1＋2＋2＋2＋3＋3＋4＋4＋4＋5＋5＋6＋6＋7＝(1＋3＋5＋6)×2＋(2＋4)×3＋7＝30＋18＋7＝55

(2)　7＋7＋8＋8＋9＋9＋9＋10＋10＋11＋11＋11＋12＋12＋13＋13＋14＝(7＋8＋10＋12＋13)×2＋(9＋11)×3＋14＝100＋60＋14＝174

やや難 (3)　(1)・(2)より，7までの和，14までの和と続いていく数列の和は174－55＝119ずつ増え，2023÷17＝119まで続く。　□…右表より，⑰～119の和は55＋119×16＝1959　したがって，0～119までの和は(55＋1959)×17÷2＝1007×17＝17119

①～7…55
②～14…174
⋮
⑰～119…□

4 (平面図形，相似，立体図形，割合と比)

重要 (1) 図ア…立方体Aの辺PQの影の線はRS したがって，立方体Aの影の図は図イのようになる。 面積…7×6－{2×2＋(5×2＋3×4)÷2}＝42－15＝27(m²)

(2) 直角三角形LXSとYZS…図アより，相似比は10：3 したがって，影の高さYZは4÷10×3＝1.2(m)

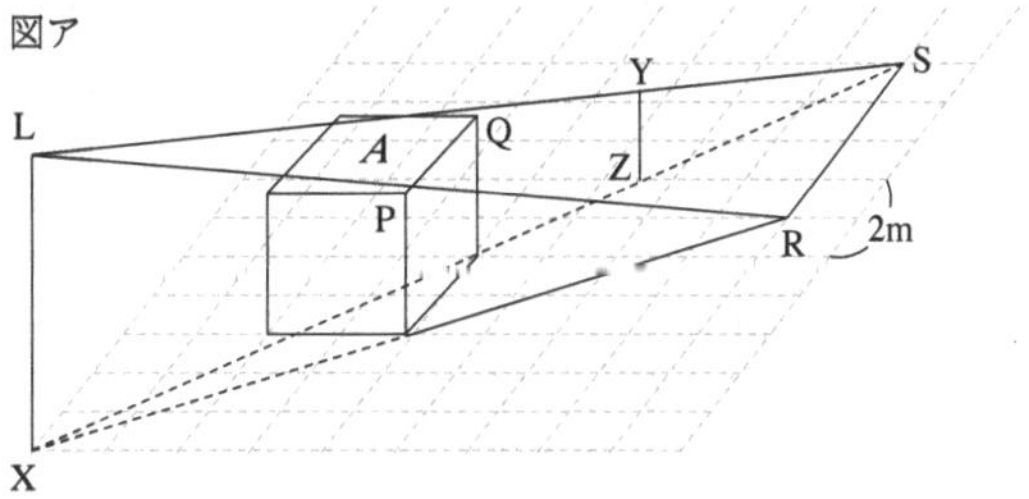

図ア

やや難 (3) 図ウ…直角三角形アイウとアエオの相似比は5：2 オエの長さ…2÷5×2＝0.8(m) 図ウ…三角形LカアとLキエの相似比は5：7 エキの長さ…2÷5×7＝2.8(m) キクの長さ…6－(0.8＋2.8)＝2.4(m) したがって，壁に映る立方体Aの影の図は図エのようになる。 面積…1.2×(2.8＋6－0.8)÷2＝4.8(m²)

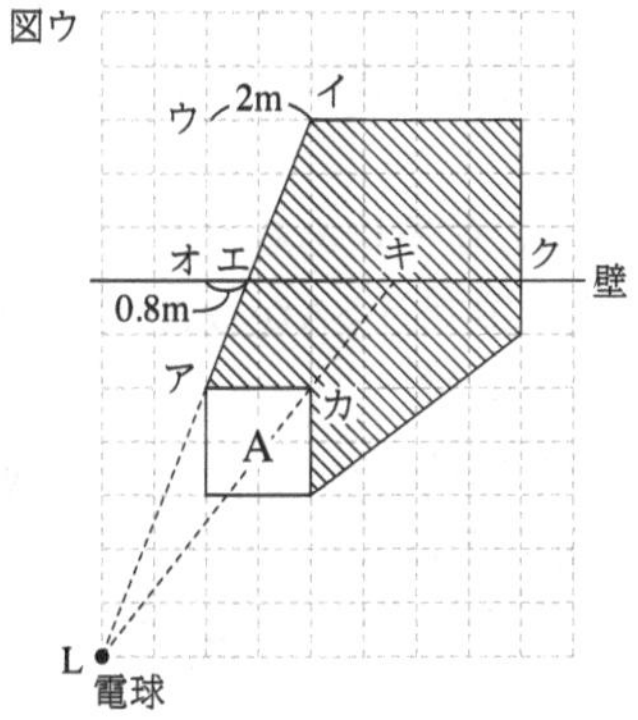

図ウ

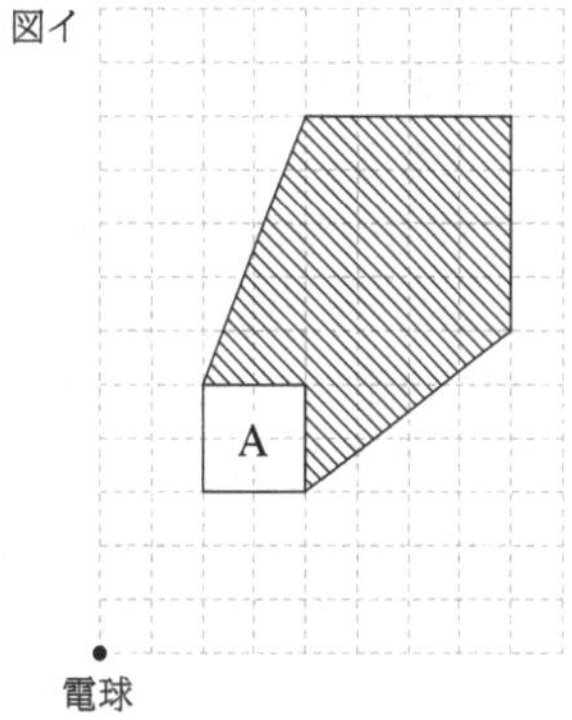

図イ

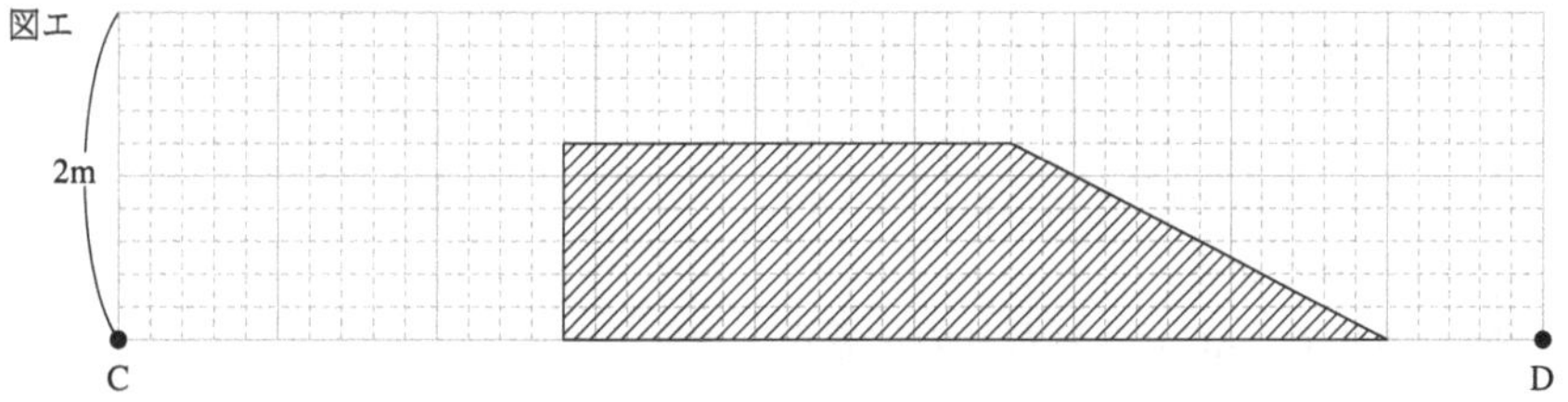

図エ

★ワンポイントアドバイス★

簡単に解ける問題が少ないが，解きやすい問題から解いていかないと時間がなくなり，失敗する。1(6)「各位の数の和が7になる4ケタの整数」は簡単そうでミスしやすく，3も同様であり，4(3)「壁に映る影」も簡単ではない。

＜理科解答＞

1 問1 12(cm) 問2 9(cm) 問3 12(cm) 問4 8(g) 問5 イ
問6 あ 24(g) い 18(cm) 問7 う a え 3.6(cm) お 11.25(cm)

2 問1 エ 問2 7(%) 問3 エ 問4 イ 問5 エ 問6 39(g) 問7 80(%)

3 問1 イ 問2 ア 問3 イ，カ 問4 エ 問5 ア，エ 問6 ア，オ
問7 ウ

4 問1 (1) ウ (2) ウ 問2 (1) 240(km) (2) (秒速)8(km)
問3 (1) (10時59分)42(秒) (2) 104(km) 問4 14(秒後)

○推定配点○

1 各3点×7(問6・問7各完答)　2 各3点×7　3 各3点×7(問3・問5・問6各完答)

4 各3点×4(問1～問3各完答)　計75点

＜理科解説＞

1 (てこ・てんびん―てこのつり合い)

基本 問1 竹ぐしがつり合うとき，左右のおもりについて「支点からの距離×おもりの重さ」は等しくなる。おもりの重さの比が左：右＝8(g)：16(g)＝1：2となるので，支点からの距離は，左側：右側＝2：1となる。よって，支点の位置は，竹ぐしの左端から18(cm)×$\frac{2}{2+1}$＝12(cm)のところとなる。

重要 問2 Bの位置にあるおもりは，Aの位置にあると考えることができる。2つのおもりの重さは等しいので，支点の位置はACの真ん中であるAから右へ18(cm)÷2＝9(cm)のところとなる。

問3 図Ⅰのように辺BCが水平面に対して垂直になるとき，支点の左側には点Aにあるおもりによる8gの力，支点の右側には点Bと点Cにあるおもりによる8(g)×2＝16(g)の力がはたらく。支点の左側と右側で力の大きさの比が1：2なので，図Ⅰの㋐の長さと㋑の長さの比は㋐：㋑＝2：1となる。よって，糸をとりつける位置は，Aから18(cm)×$\frac{2}{2+1}$＝12(cm)のところとなる。

図Ⅰ

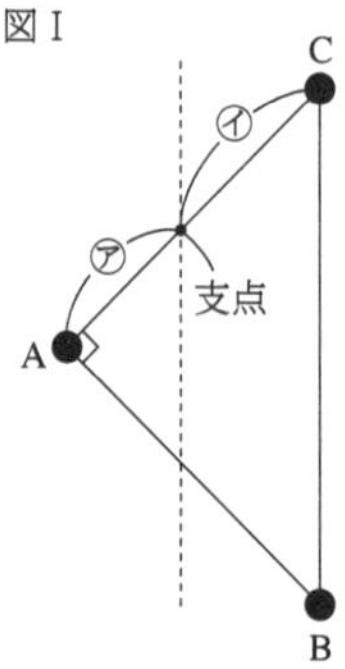

図Ⅱ

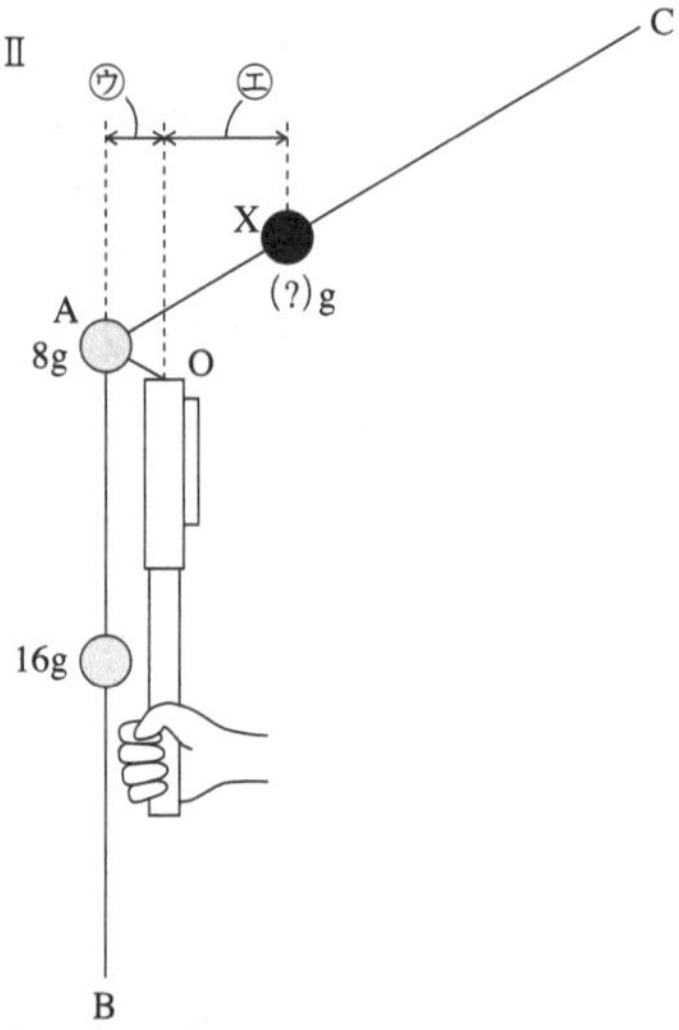

やや難 問4 図Ⅱで，AC上のおもりの位置をXとすると，OA＝1.5cm，AX＝6cm，角XAO＝60°なので，㋒の長さと㋓の長さの比は1.5(cm)：(6－1.5)(cm)＝1：3となる。左側のおもりの重さの合計は8＋16＝24(g)なので，AC上のおもりの重さ(？)gは24(g)×1＝？(g)×3より，？＝8(g)

やや難 問5 図Ⅲのように，ABが水平面に垂直なとき，㋔の長さと㋕の長さの比は2.5(cm)：(6－2.5)(cm)＝5：7となる。このとき，「やじろべえ」の左を下げようとするはたらきの大きさは(8＋16)(g)×5＝120，右を下げようとするはたらきの大きさは8(g)×7＝56となるので，「やじろべえ」は反時計回りに傾こうとする。また，図Ⅳ，Ⅴのように，つまようじが水平なとき，AX，AO，AYの間の角はそれぞれ60度なので，てこのつり合いを考えるとき，Xの位置の8gのおもりはAから水平な方向に右へ3cmのX'の位置に，Yの位置の16gのおもりはAから水平な方向に右へ4.5cmのY'の位置に，それぞれつるされていると考えることができる。Oの位置を支点と考えると，OA＝2.5cm，OX'＝3－2.5＝0.5(cm)，OY'＝4.5－2.5＝2(cm)となるので，左を下げようとするはたらきの大きさは8(g)×2.5(cm)＝20，右を下げようとするはたらきの大きさは8(g)×0.5(cm)＋16(g)×2(cm)＝52となるので，「やじろべえ」は時計回りに傾こうとする。これらのことから，図7の状態からつまようじを2.5cmのものに変えると，図Ⅲと図Ⅳの間の位置でつまようじが静止すると考えられる。

図Ⅲ

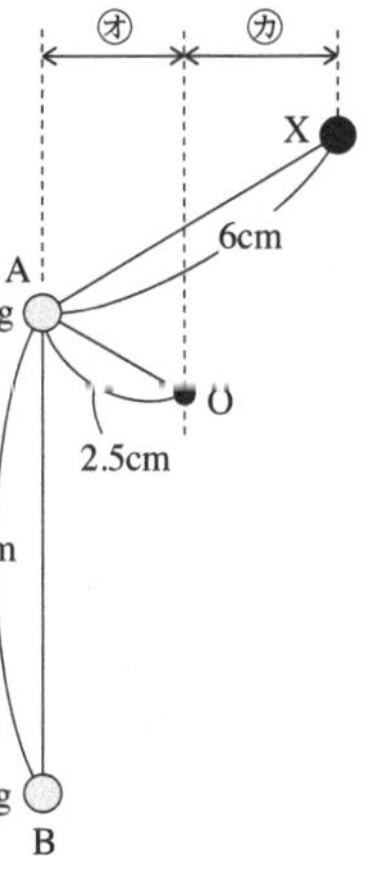

図Ⅳ

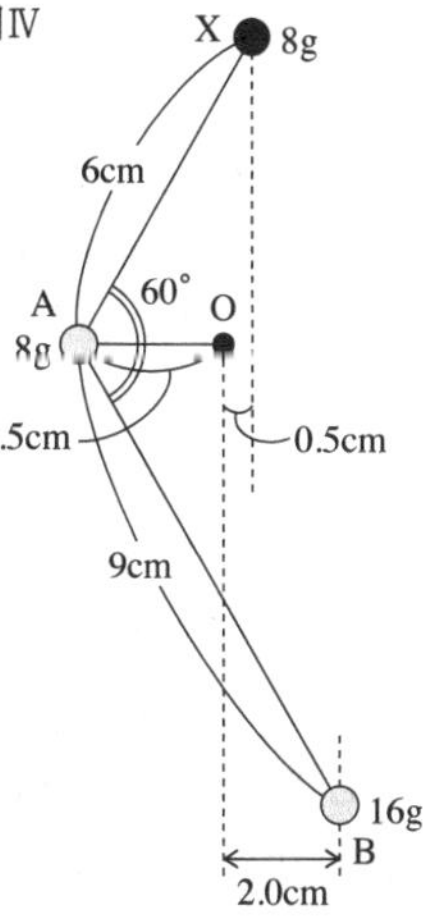

図Ⅴ

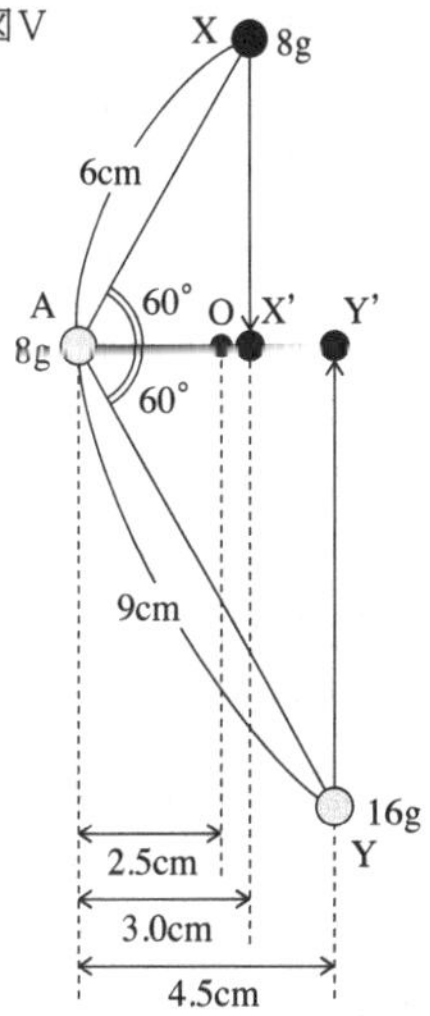

やや難 問6　つまようじが水平面に対して垂直になることから，Aの位置のおもりについては無視でき，AB上のおもりが左を下げようとするはたらきと，AC上のおもりが右を下げようとするはたらきについて考えればよい。AB上のおもりが左を下げようとするはたらきの大きさは16(g)×9(cm)＝144なので，AC上のおもりが右を下げようとするはたらきの大きさが144となればよい。よって，おもりを交換するとき，おもりの重さは144÷6(cm)＝24(g)となり，8gのおもりのまま位置を変更するとき，おもりの位置はAから144÷8(g)＝18(cm)となる。

やや難 問7　やじろべえの重心の位置が支点Oよりも下にある操作①や操作②で，やじろべえが少し傾いても倒れることがなかったことから，重心の位置は支点Oよりも低くするとやじろべえは安定しやすくなることがわかる。図Ⅵで，Yの位置のおもりとXの位置のおもりの2つを1つのものと考えると，その重心の位置はG_1の位置にある。G_1はAの真下の位置にあり，角YAG_1＝角XAG_1＝60°なので，AG_1の長さは，AYやAXの半分となる。また，Aの位置のおもりは8gなので，Aにはたらく力の大きさとG_1にはたらく力の大きさが8(g)：32(g)＝1：4となるので，3つのおもりを1つのものと考えたときの重心の位置G_2は，AG_1を4：1に分ける点となる。おもりの位置を変えないとき，AY＝AX＝9cmなので，AG_1＝9(cm)÷2＝4.5(cm)となり，AG_2＝4.5(cm)×$\frac{4}{4+1}$＝3.6(cm)となる。よって，つまようじの長さは3.6cmよりも短くすればよいことになる。おもりの位置を変えるとき，AG_2＝4.5cmなので，AG_1＝4.5(cm)×$\frac{5}{4}$＝5.625(cm)となり，AY＝AX＝5.625(cm)×2＝11.25(cm)となる。

図Ⅵ

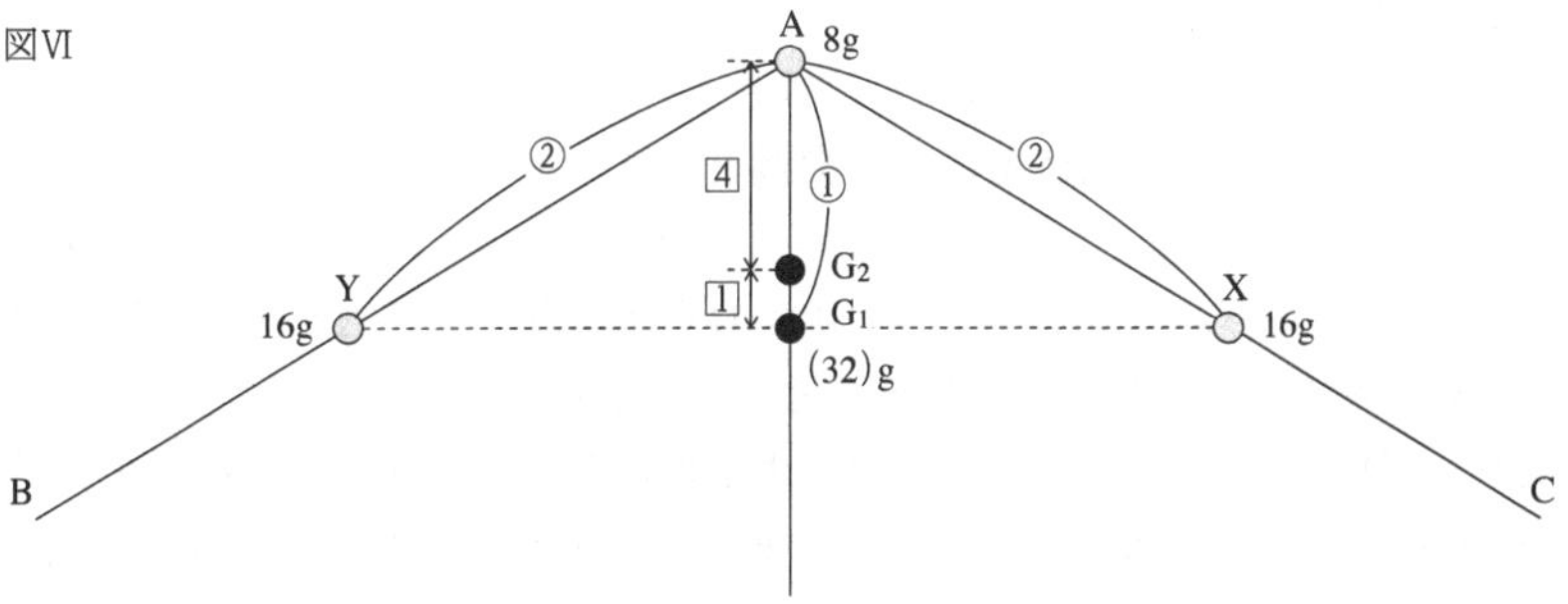

[2] (水溶液―水溶液と物質の反応)

基本 問1　塩酸は気体の塩化水素の水溶液である。

基本 問2　塩酸のこさが3%のとき，水素が0.48L発生することから，水素が1.12L発生するときの塩酸のこさをx%とすると，3(%)：0.48(L)＝x(%)：1.12(L)　x＝7(%)

やや難 問3　問2より，7%の塩酸50mLとマグネシウム1.2gがちょうど反応することから，マグネシウム2.4gとちょうど反応するのは，塩酸が50mLの場合，こさが14%のときとなる。このことから，10%の塩酸50mLとマグネシウム2.4gを反応させると，塩酸がすべて反応してマグネシウムが残ることがわかる。塩酸が50mLの場合，こさ3%のときに水素が0.48L発生することから，こさ10%のときに発生する水素をxLとすると，3(%)：0.48(L)＝10(%)：x(L)　　x＝1.6(L)

問4　反応するマグネシウムは1.2gで変わらないので，発生する水素は1.12Lまでとなる。また，マグネシウムとちょうど反応するのに必要な塩酸中の塩化水素の量は変わらず，塩酸の体積が半分になったので，こさは2倍である必要がある。よって，マグネシウム1.2gとちょうど反応する25mLの塩酸のこさは7(%)×2＝14(%)である。

問5　問2より，7%の塩酸50mLとマグネシウム1.2gがちょうど反応することから，マグネシウム1.5gとちょうど反応するのは，塩酸が50mLの場合，こさが7(%)×$\frac{1.5(g)}{1.2(g)}$＝8.75(%)のときとなる。よって，こさ10%の塩酸50mLとマグネシウム1.5gを反応させると，マグネシウム1.5gはすべて反応し，水素が1.12(L)×$\frac{1.5(g)}{1.2(g)}$＝1.4(L)発生する。

問6　10%の塩化マグネシウム水溶液100gにとけている塩化マグネシウムは100(g)×0.1＝10(g)，塩化マグネシウムをとかしている水は100－10＝90(g)である。20℃の水100gに塩化マグネシウムは54gまでとけるので，20℃の水90gには54(g)×$\frac{90(g)}{100(g)}$＝48.6(g)までとける。よって，20℃でこさ10%の塩化マグネシウム水溶液100gには，あと48.6－10＝38.6より，39gの塩化マグネシウムをとかすことができる。

問7　一部が酸化したマグネシウム1.5gがすべて反応して水素が1.12L発生したことから，塩酸と反応したマグネシウムは1.2gであることがわかる。よって，一部が酸化したマグネシウム1.5g中には純粋なマグネシウムが1.2gふくまれていることから，純度は1.2(g)÷1.5(g)×100＝80(%)

[3] (植物―タンポポ)

基本 問1　タンポポは双子葉類に分類される植物なので，発芽時は，2枚の子葉と主根と側根からなる根となる。また，本葉とちがって子葉には切れこみはない。

基本 問2　タンポポは花びらのように見える1つ1つが1個の花で，花びらのもとがくっついている合弁花に分類される。また，めしべの根もとの子房の中には，胚珠が1つある。

基本 問3　イネやイチョウで風によって運ばれるのは花粉である。サクラやアサガオで虫によって運ばれるのは花粉である。

問4　同じ種類の植物の種子であっても性質には若干の個体差があることも考えられるため，1個ではなく複数個で実験を行い，個体差による影響を小さくする。

やや難 問5　イ・ウ　実験結果において，「31℃で発芽しなかったものを16℃に置くと，種子の大部分が発芽した」とあることから，カントウタンポポは31℃で発芽する能力を失ってはいないことがわかる。　オ　実験1からは形状について知ることはできない。

やや難 問6　ア　実験1より，31℃では，カントウタンポポはほとんど発芽せず，雑種タンポポは約10%が発芽し，セイヨウタンポポは約60%が発芽することがわかる。また，実験2より，31℃では，雑種タンポポは約10%が枯れ，セイヨウタンポポは約70%が枯れることがわかる。これらのことから，3種類のタンポポのうちで，発芽して枯れるものの割合が最も大きくなるのはセイヨウタンポポであると考えられる。よって正しい。

イ　実験1より，36℃では，カントウタンポポはほとんど発芽せず，雑種タンポポは約15％が発芽し，セイヨウタンポポは約60％が発芽することがわかる。また，実験2より，36℃では，雑種タンポポは約20％が枯れ，セイヨウタンポポは約80％が枯れることがわかる。これらのことから，3種類のタンポポのうちで，発芽して枯れるものの割合が最も大きくなるのはセイヨウタンポポであると考えられる。よって誤り。

ウ　実験1より，セイヨウタンポポは31℃で約60％発芽し，実験2より，31℃では発芽した種子のうち約30％が生き残ることから，発芽して生き残るものの割合は0.6×0.3＝0.18より，約18％であると考えられる。よって誤り。

エ　雑種タンポポは，実験1より，発芽で温度の影響を受け，実験2より，生育に温度の影響を受けることがわかる。よって誤り。

オ　実験2から，16℃で発芽した種子のうち，もっとも生育しやすいのは生き残った芽生えの割合が約90％の雑種タンポポであることがわかる。よって正しい。

問7　ア　根は，ややしめった土でどのタンポポも成長することがわかる。よって誤り。

イ　すべてのタンポポで，どの環境下でも成長している。よって誤り。

ウ　しめった土とかわいた土を比べると，雑種タンポポは，かわいた土では，葉とくきはあまり成長せず，根のほうは成長していることから，水分が少ない環境においては，光合成よりも水を吸収することを優先するように成長していると考えることができる。よって正しい。

エ　図3より，かわいた土で生育した雑種タンポポは，葉とくきを合わせた重さが約100gであるのに対して，根の重さが120gであることから，根の重さのほうが葉だけの重さよりも重いと考えられる。よって誤り。

4　**(流水・地層・岩石―地震)**

基本　問1　(1)　日本列島付近では，海洋プレートが大陸プレートの下にもぐりこむように動いている。このプレートの動きによって引き起こされる地震を海溝型地震といい，代表的なものに東日本大震災のきっかけとなった東北地方太平洋沖地震がある。一方，プレート内部の活断層で発生する地震を活断層型地震といい，代表的なものに阪神淡路大震災のきっかけとなった兵庫県南部地震がある。　(2)　P波は進行方向と同じ向きに前後にゆれながら伝わる縦波，S波は進行方向と直角にゆれながら伝わる横波である。

重要　問2　(1)　初期微動継続時間と震源からの距離は比例するので，地点Cの震源からの距離を$x$kmとすると，320(km)：40(秒)＝x(km)：30(秒)　x＝240(km)　(2)　地点Aと地点Cの距離の差は320－240＝80(km)，初期微動が始まる時刻の差は22－12＝10(秒)なので，P波の伝わる速さは80(km)÷10(秒)＝8(km/秒)

重要　問3　(1)　震源から地点Aまでの距離は320km，P波の伝わる速さは8km/秒なので，震源から地点AまでP波が伝わるのにかかる時間は320(km)÷8(km/秒)＝40(秒)である。よって，地震の発生時刻は，地点Aで初期微動が始まった11時00分22秒の40秒前の10時59分42秒である。　(2)　地点Aでの初期微動継続時間が40秒間であることから，地点AにS波は11時01分02秒に伝わったことがわかる。このことから，S波は震源から地点Aまでの320kmを80秒かけて進んだことがわかり，その速さは320(km)÷80(秒)＝4(km/秒)であることがわかる。地点Bでは主要動が11時00分08秒に始まっていることから，S波は震源から26秒かけて進んできたことがわかる。よって，地点Bの震源からの距離は4(km/秒)×26(秒)＝104(km)である。

やや難　問4　P波の速さは8km/秒なので，震源から56km離れた場所にある地震計がP波を検知するのは，地震発生の56(km)÷8(km/秒)＝7(秒)後である。地点Bに緊急地震速報が届くのは，地震発生の7＋

5＝12(秒)後であり，地点BにS波が伝わるのは地震発生の26秒後だから，地点Bでは緊急地震速報が届いてから26－12＝14(秒)後に主要動がはじまる。

★ワンポイントアドバイス★

実験や観察の条件設定や説明文だけでなく，選択肢の文などでも複雑で読解力が求められるものも見られるので，すばやく正確に読解，思考できる力を養うことを意識した学習を重ねよう。

＜社会解答＞

1　問1　(1)　Ⅰ　若狭(湾)　Ⅱ　隠岐(諸島)　(2)　(松本市)　ア　(鳥取市)　エ
(3)　(東北地方)　エ　(中国地方)　イ　問2　(1)　(みかん)　ア　(スダチ)　エ
(2)　ウ　(3)　ア　(4)　ウ　(5)　(青森県)　ウ　(大分県)　イ
(6)　(北海道)　イ　(長野県)　ア　問3　(1)　(群馬県)　イ　(奈良県)　エ
(2)　ウ　(3)　Ⅰ　地域のイベントを住民とともに企画，運営する。など　Ⅱ　住民の高齢化によって地域の担い手となる人口が減少し，住民や自治体だけでは，地域の活力を維持，向上させていくことが難しいから。など　問4　(1)　ウ　(2)　エ

2　問1　(2番目)　エ　(4番目)　オ　問2　ア　問3　(人事面)　能力が高いが石高の低い家臣を，重要な役職に任命しやすくなる。　(財政面)　給料の引き上げが役職に就いている間だけで済むので，支出を減らすことができる。　問4　エ　問5　ウ　問6　ア
問7　(2番目)　ア　(4番目)　イ　問8　栄西　問9　イ　問10　夏目漱石
問11　(2番目)　ウ　(4番目)　オ　問12　(2番目)　エ　(4番目)　ア
問13　1町4段240歩　問14　エ

3　問1　ウ　問2　エ　問3　エ　問4　イ　問5　ア　問6　イ　問7　エ
問8　奉仕者

○推定配点○

1　問3(3)Ⅱ　3点　問4　各1点×2　他　各2点×12(各完答)
2　各2点×15(問1・問7・問11・問12各完答)　3　各2点×8　計75点

＜社会解説＞

1　(日本の地理―各地の地誌，産業に関する問題)

問1　(1)　Ⅰ　若狭湾は福井県の越前岬から西で，京都府の丹後半島にある経ヶ岬の東にあるリアス海岸の湾。　Ⅱ　隠岐諸島は島根県の松江の北の海にある島々。　(2)　松本市がア。1月の気温が一番低く，降水量も少ない中央高地の内陸性の気候の特色。鳥取市はエ。1月の降水量が多く，気温は同じ日本海側の秋田市などよりも南にあるので1月も7月も高くなる。イが浜松市，ウが秋田市になる。　(3)　中国地方には活火山は島根県の三瓶山と山口県の阿武火山群の2か所しかなく，四国には活火山はない。また，中国地方には政令指定都市が広島市と岡山市の2か所あるが四国にはなく，人口は四国の方がはるかに少ないので，人口密度も小さいからイが中国地方で，四国地方はウになる。活火山が多く，人口密度も高いアが九州地方。九州には政令指定都市が3か所ある。同様に活火山が多く人口密度が一番低いエが東北地方になる。

重要

問2　(1)　アがみかん，エがスダチになる。いずれもトップはその生産で有名なところ。他も同様
でイがうめ，ウがレモンになる。　(2)　ウが野菜。国内生産量も多いが，旬の季節以外には輸
入しているものも多いので輸入量が多い。アが米で，国内生産量が多いが輸入もしている。イは
輸入量が多いが輸出もある果実。エはほとんど輸入に依存し輸出がないので小麦となる。
(3)　ア　日本の水揚げ量が多い港は北の方から次第に南下してきている。釧路は北洋漁業がさ
かんなのでたらの水揚げもある。南下してきて上位に挙がったのがかつお類。　(4)　ウが金属。
事業所数が少ないのは企業の数が絶対的に少ないのもあるが，比較的規模の大きな工場が多いこ
ともある。金属や化学の工場は比較的規模の大きな工場が多く，製造品出荷額も大きいものが多
く，エが化学工業になる。アは機械工業で日本の工業の主力であり事業所数も多いが製造品出荷
額等も非常に大きくなっている。それに対して繊維工業がイで，事業所数が少なくなってきてい
やや難　るのもあるが，他の工業製品と比べると繊維関係は製造品出荷額も小さい。　(5)　大分県がイ，
青森県がウになる。全ての部門で一番排出量が多いアは神奈川県，同様に一番小さいエが高知
県。大分県は九州の中では比較的工業は発達しているので産業部門の排出量は多い。青森県は公
共交通機関がかなり縮小されているのと冬の暖房が多いので家庭部門や運輸部門の排出量は多く
なる。　(6)　北海道がイ，長野県がアになる。ほとんど水力発電のアが長野県。長野県の火力
はバイオマス発電のもの。北海道は水力もあるが火力発電所が中心で地熱発電もある。ウが鹿児
島県で，鹿児島県にも地熱発電所はある。青森県はエ。
重要　問3　(1)　群馬県がイ，奈良県がエ。ア，イに多い在留ブラジル人数は，主に自動車や機械の組み
立て工業が盛んなところへの出稼ぎでブラジル人が来ているために多い。その数と自然増減率か
らアの方は愛知県で，イが群馬県と判断できる。残りのウ，エについては自然増減率からウが福
島県，エが奈良県と判断できる。　(2)　ウ　人口集中地区が占める比率が高いBが東京都にな
やや難　る。逆に過疎地域の占める比率が高いCが群馬県で残りのAが埼玉県になる。　(3)　Ⅰ　「関係
人口」がどのようなものなのかをまずは設問の文章から正確に読み取る必要がある。関係人口
は，その地域に住んでいる人でもなく，そこへ通勤通学で通う人でもなく，その地域にかかわる
人の数である。その地域の事柄に外部から関わる人を考える。　Ⅱ　地域の人間だけだと，人口
が先細りになり高齢化も進んでいくと，その地域の活性化のために何かをできる人が少なくなっ
たり，必要なスキルを持っている人がいなかったりする。そのため，さまざまな形で，その地域
と関わってくれる関係人口の存在が，その地域の存続のためには非常に重要なものとなってく
る。
問4　(1)　ウ　アは開聞駅の南東にあるのは小中学校と老人ホーム。イは開聞駅の北に郵便局はあ
るが，学校は小中学校。エは入野駅の近くで国道と鉄道が交差し，国道が鉄道の左側になってい
基本　る。　(2)　エ　25000分の1の地形図は等高線が10m間隔で引かれている。Yの近くの開聞岳山頂
が924mになっているので，Xの位置よりもかなり高いことに注意。その時点でア，ウは誤り。X
のところが比較的高いところからYに向かって下がり，そのあと再びY近くの山頂に向かって高
くなっているのでイはあり得ない。

2　（日本の歴史―2023年から100年周期にさかのぼる歴史の様々な問題）

問1　ウ　1590年→エ　1615年→ア　1635年→オ　1922年→イ　1931年の順。
重要　問2　ア　イはザビエルが来航したのは鹿児島。ウは貝塚の時代は縄文時代。エはペリーが再来し
て結んだのは日米和親条約。
やや難　問3　足高の制は徳川吉宗の享保の改革の際に行われたもの。能力のある下級の武士を一時的に高
い地位につけて，その期間だけはその職に見合う俸禄を出すというもので，人事面では人員の登
用に関してはかなり柔軟性のあるものといえる。また財政面では一時的に高い俸禄を受ける人が

増えることもあるが，そのまま高い地位につけておくのではないので，長期間でみれば人件費の節約にもなる。

問4　エ　アは江戸時代に長崎で貿易を行っていたのはオランダだけではなく中国もあった。イはいわゆる三国干渉を行ってきたのはイタリアではなくフランス。ウは富岡製糸場は絹糸の生産をしていたので綿糸ではない。

基本 問5　ウ　アは環濠貿易は日本が明の皇帝に朝貢に行くことで，明の王朝から多くの褒美の品が出され，それを売りさばけば莫大な利益が得られるというもので，朝貢の際に持っていく品々よりも返礼のものの方がはるかに多いので利益は上がる。イは幕末の開国の後の日本では，欧米の国々が生糸や蚕卵紙，絹などを大量に買っていくことで，日本の中では品不足になっていた。エは世界恐慌の頃の日本のアメリカへの輸出品の主力は生糸や絹織物。

問6　ア　イは源頼朝が征夷大将軍となったのは1192年で，守護地頭を全国に置いたのは1185年で逆。ウは足利尊氏は後醍醐天皇と対立し，南北朝に分かれ，足利尊氏を将軍にしたのは北朝の天皇。エは徳川家康が征夷大将軍になるのは1603年で豊臣氏が滅亡するのは1615年の大坂夏の陣なので逆。

重要 問7　ウ　関白が最初に置かれたのは平安時代の887年→ア　執権は鎌倉時代に政所と侍所の別当を兼ねるものとして1203年に北条時政がついたのが最初→オ　六波羅探題は鎌倉時代の承久の乱の後1221年に設置→イ　管領は室町幕府のもので当初は執事と呼ばれていた→エ　京都所司代が置かれるのは江戸時代。

問8　10世紀以後に中国にわたり，新しい仏教の宗派を日本に伝え，京都や鎌倉にその寺院が開かれ，その宗派が鎌倉幕府や室町幕府に保護されたのが臨済宗で，臨済宗を伝えたのは栄西。鎌倉幕府や室町幕府は鎌倉時代に広がった新しい仏教の中でも臨済宗を特に保護し，五山十刹という寺院の格付けが作られた。

問9　イ　アは壬申の乱，ウは平治の乱，エは承久の乱。

基本 問10　Aはかつしかほくさい，Bはしょうかそん，Cはせいかんろん，Dはにとべいなぞう，Eはつだうめこ，Fはきたざとしばさぶろう，Gはひぐちいちよう。それぞれの指定の文字を組み合わせてできるのが夏目漱石。

基本 問11　それぞれの元号のついた歴史上の出来事を思い出せばよい。ア　文永は鎌倉時代の1264年から74年→ウ　永仁は鎌倉時代の1293年から98年→エ　文禄は安土桃山時代の1592年から95年→オ　天明は江戸時代の1781年から88年→イ　安政は江戸時代の1854年から59年。

問12　オ　国司の不正が記録に残っているもので有名なのが平安時代の10世紀に尾張の国司藤原元命を訴えたもの→エ　太閤検地は1582年→イ　田畑永代売買禁止令は江戸時代の1643年→ア　地租改正は明治時代の1873年→ウ　農地改革は太平洋戦争後の1946年から。

やや難 問13　6歳以上の男女が口分田を与えられた。したがって該当しないのは四歳の女と二歳の男のみ。2段を与えられる男は4人，1段120歩を与えられる女は5人。8段と5段600歩になる。1段が360歩なので，女の土地の合計は6段と240歩になる。10段が1町なので，男女を合わせると1町4段240歩となる。

問14　エ　アは東大寺は創建は奈良時代だが南大門や金剛力士像は鎌倉時代のもの。イは石山本願寺は一向宗の総本山で，一向宗は鎌倉時代の浄土真宗。ウは延暦寺は真言宗ではなく天台宗。

3　**(政治－政治分野に関するさまざまな問題)**

問1　ウ　アは天皇の国事行為に助言と承認を与えるのは内閣。イは最高裁長官を指名するのは国会ではなく内閣。エは国務大臣は内閣総理大臣が任命する。

問2　エ　アは『法の精神』はモンテスキューの著作。イは弾劾裁判所は裁判官を裁判するために国会に設置するもの。ウは解散があるのは衆議院のみで参議院にはない。

重要 問3　エ　Aの平成の大合併で推し進めたのは中央集権化ではなくむしろ地方分権化。Bの地方自治体の自主財源は地方税や使用料など。地方交付税交付金は地方自治体間の自主財源の有無による格差を是正するために国が支給するもの。

重要 問4　イ　アの包括的核実験禁止条約は発効していない。ウの子どもの権利条約で子どもとされるのは18歳未満。エは男女共同参画社会基本法ではなく，男女雇用機会均等法。

問5　ア　イは年金は受給する人が納めたものだけではなく，その時代の現役世代が納めたものも含む。ウの内容は公的扶助ではなく公衆衛生。公的扶助は生活保護などで，経済的に弱い立場の人々の生活を支えるために公的に資金を与えるもの。エの社会保障関係費は，ここ数年の国家予算の一般歳出の中では3分の1ほどで最も高い比率になっている。

やや難 問6　イ　不景気時には，経済の活動を活発化するために，国が積極的に公共事業をおこすことで経済の活性化を図る。1929年の世界恐慌の後のアメリカで行われたニューディール政策がまさにこのパターン。消費を拡大させないと経済の活性化は難しいので，個人消費を増やすには個人の資金量を増やすことが必要なので減税が必要になる。デフレは市場において商品量よりも通貨量が減り，貨幣価値が上がることで物価が下落する現象。一見物価が下がるとありがたいようだが，消費が大きく後退しているための物価下落なので，収入の不安が伴うことで皆が消費を控えてしまい，結果としてさらに物価が下落していき，収入も減るという形の悪循環をうみがち。

問7　エ　アはいわゆる冷戦が始まったのが1945年2月のヤルタ会談で，冷戦が終結したのは1989年のマルタ島会談。イはキューバ危機でキューバにミサイル基地をつくろうとしていたソ連に対して抗議したのがアメリカ。ウは冷戦後に国連のPKOの派遣は増えているが，全ての紛争に派遣されているわけではない。

重要 問8　公務員は全体の奉仕者で一部の奉仕者ではないというのが憲法に定める公務員の在り方。一部の地域や一部の人々にとっての利益を優遇するのは公務員のあるべき姿ではなく，公務員にそれを求めるのもナンセンス。

★ワンポイントアドバイス★

歴史の並べ替え問題は，正確に年号を把握していないと間違えるものもあるので要注意。因果関係での流れの把握も重要だが，細かく年号をおさえておくことも重要。

＜国語解答＞

一　1　一堂　2　生半可　3　拾得　4　進物　5　傷心　6　機先　7　不相応　8　連綿

二　1　カ　2　エ　3　ケ　4　コ　5　イ　6　ウ　7　ア　8　キ　9　オ　10　ク

三　問一　化学肥料と合成農薬の不使用　問二　エ　問三　A　悪　B　良　問四　イ
問五　害虫も天敵も選ばず殺して農地の生物多様性を壊す　問六　循環　問七　ア
問八　［有機栽培］　労力としては大変そうですが，自分が生産者となるなら，消費者により安全なものを届けたいし，それ以上に生物の多様性を守りたいからです。今は人間同士でも多様性を重視します。人間の中だけに多様性があるのではなく，人をふくめた生物の多様性を考えるべきだと思います。

四　問一　a　たかが　　b　くれた　　問二　A　オ　　B　エ　　C　ク　　問三　オ
問四　坊主頭の子の応対をすること。　問五　ウ→キ→ア→カ→エ→ク→オ→イ
問六　エ，オ　　問七　ア　　問八　ごくふつうであたりまえの花
問九　イ　　問十　ヒマワリ三本の花言葉が「愛の告白」だと知っていたので，花をあげる時に宇田川の好意が西に伝わって，二人がうまくいけばいいなと考えている。

◯推定配点◯
一・二　各2点×18　　三　問三　各3点×2　　問五　10点　　問八　15点　　他　各4点×5
四　問一・問六　各3点×4　　問四　5点　　問五　6点　　問十　12点　　他　各4点×7
計150点

<国語解説>

一　(漢字の書き取り)

1 「一堂に会する」は，人々が同じ場所に集まるということ。「一同」ではないので気をつける。 2 「半」は全5画の漢字。1・2画目の向きに注意する。 3 「得」は全11画の漢字。「日」の下は横棒2本である。 4 「進物」とは，人に差し上げる品物のことだ。 5 「傷」は全13画の漢字。「日」の下に横棒1本が入る。 6 「機先を制する」とは，相手が行動を起こすより先に行動して，その計画，気勢をくじくという意味の言葉である。 7 「不相応」とは，あるものとつりあいがとれていないこと。ふさわしくないことという意味の言葉である。7の場合は，小学生にはふさわしくない高級な腕時計をしていることを言っている。 8 「連綿」とは，切れ間なく延々と続くさまを言う言葉だ。「綿」は全14画の漢字。13画目ははねる。

二　(ことばの意味)

やや難　1 「真相を明らかにする」という意味にするので，細かいところまで明らかであるさまという意味の「つまびらか」を入れる。 2 しばらくの間，いっとき降ったということなので「ひとしきり」である。 3 喜んで協力する，努力はおしまないという意味になる。「やぶさか」はほとんどの場合「やぶさかではない」という形をとり，物惜しみしない，喜んで協力するという意味になる。 4 「泣きつかれて」は依存されたではなく「泣き疲れた」と考え，中身がなくなったような空虚な思いになるということで「ぬけがら」を入れる。 5 とばっちりを受けたという状況だ。「とばっちりを受ける」ということを「そばづえ」という。 6 「るつぼ」とは物質を溶かすための耐火性容器であるが，転じて興奮・熱狂した状態を言い表す言葉だ。 7 していないことをしたと誤解されることを「ぬれぎぬ(を着る・着せる)」という。 8 家ではいばっているのに，外では意気地がないという意味を表す言葉は「内弁慶」だ。 9 「旗色」は，戦いの形勢のことを意味する。「旗色が悪い」で，戦いや試合の形勢が悪くて，負けそうであることのたとえを表す。 10 切れ間がない，途切れることがないことを「間断ない」と言い表す。

三　(論説文―細部の読み取り，空欄補充，記述力)

基本　問一　有機栽培の基本的立場は「科学的に合成された肥料と農薬を使用しない」ことで，この点では慣行栽培に対立する立場ということになるが，「有機」という言葉は，単に「化学肥料と合成農薬の不使用」というだけでは「有機」の全体像はカバーできないと，冒頭の段落で述べている。農林水産省の定義でも同じように，「化学肥料と合成農薬の不使用」以上の意味合が含まれているということになる。

問二　――線部1直後からの説明が着目点になる。問一でも考えたように，同じ「有機」といっても，単に農薬などを使わない栽培から，もっと広い意味合で「有機」をとらえている栽培法など

さまざまな方法が生まれるので有機栽培のやり方も色々生まれるとうことになるのでエである。

やや難 問三 「悪貨が良貨を駆逐する」という慣用的表現は，もともとは，経済に関する法則に由来のある言葉で，悪いものほど世の中に広がり，良いものは消えてしまうことを意味している。

問四 ——線部2を含む段落の冒頭に「『使用できる資材』が明確になったことで，有機農産物の信用が確保され～信頼を通じて消費者に受け入れられる」とある。つまり，使ってはいけない資材さえ使わなければ，他の何を使っても有機農産物と認められて信頼されるという状況になるということだ。その状況は，本来もっと幅広い意味の「有機」から離れることになってしまうということなのでイである。

問五 ボルドー液やBT剤は，「使用が認められている資材」の例として挙げられている。しかし，人体にも土壌にも悪影響を与える物だ。「『有機』の一つの理念～」で始まる段落で示しているように，「生物多様性」を理念の一つに挙げている。しかし，ボルドー液やBT剤は，「害虫も天敵も選ばず殺してしまうので生物多様性が失われるという問題が起きるのだ。

やや難 問六 Ⅱ直前に，ヨーロッパ由来の，家畜糞尿由来の堆肥を有機肥料として利用してきた農畜複合のシステムが有機栽培の理念の一つという説明である。化学肥料を利用した飼料で育てられた家畜糞尿では，窒素過剰になってしまうことになり，本来，良質の完熟堆肥によって地力の向上をはかる本来の有機栽培とは異なる結果になってしまうのだ。本来の完熟堆肥を得るには「循環」が達成されなければならないということになる。

重要 問七 ——線部5直前の記述に着目する。有機肥料の多投入は，化学肥料の投入と同じような病害虫の発生増加が起こるということだ。病害虫が増加すれば，農薬を使うことになるということを「切り離せない」と表現しているのだからアを選択する。

問八 選択するものに点数の差はつかないというただし書きがあるので，選択自体は自分の思うところを○で囲むことになるが，この文章をふまえるとなると慣行栽培を行いたい理由がなかなかうまくまとめられないかもしれない。

四 **(物語—論理展開・段落構成，心情・情景，細部の読み取り，空欄補充，慣用句，ことばの意味，記述力)**

基本 問一 a たいしたことはないということを「『たかが』知れている」という。 b 困ってしまってどうしてよいかわからない状態を「途方に『くれる』」という。

基本 問二 A がっかりしてしまっているのだから「肩」を落とすである。 B 「どうだろう」と，すぐには思いつかないので考えてしまう状況だから「首」をひねるだ。 C ヒントを得て急いで帰りたくなっているのだから「踵」を返して走り去ったのだ。

問三 エとオで迷うところだが，——線部1直後の李多の発言から考えると，花が好きと言うより，花のむこうの誰かを見ているように感じたというのだ。この感覚から「花が好きなんですね」という言葉を即座に否定したのだからオである。

問四 李多さんと光代は丸坊主の子が店に来て結局何も買わずに帰ることをすでに体験している。「～李多さんに聞いたら一昨日もきていたんですって」と——線部2の内容から考えて，今日は「丸坊主の子の応対をする」のはキクちゃんだと言っているのだ。「幼なじみが引っ越しするから～」で始まる段落に「今朝は自分が応対した」というところから「応対」という言葉が出てくる。

重要 問五 「じつはお訊きしたいことがあって」は千尋の言葉だ。訊きたいことがあると言われたら「なにかしら」と応じなければ会話にならないのだから最初はウで，これが紀久子の言葉になる。なにかしらと対応してくれたのだから，訊きたいことの内容に入っていくことになるので，宇田川のことが出てくるキだ。宇田川のことを訊いたが，この段階では坊主頭であるということだけしか伝えていない。しかし，紀久子が「戸部ボクシングジムに通っている？」と，自分の情報以上のことを言ったので，肯定した上でどうしてそれを知っているのかと問い返すのだからア→カという流れだ。どうして知っているのかと問われたので，名前は確かではないが，丸坊主という特徴を持つ子が来たと答えたのだからエが続く。紀久子の答えでそれが宇田川だと確信したのだからクになる。クの中には「なんの花を買おうとしていたか」という質問が入っていたので，オのなぜそれを知りたいのかと問い返すと「なんでって言われましても」と聞き返されることが意外につながる選択肢イで終わる。

問六　ウのように，自分も宇田川に関心を持っていてしつこく聞いていると読み取ってはいけない。「私も西から～」で始まる話から，千尋は二人が仲良くなることを応援している立場であることを押えよう。二人がぐずぐずしている様子がもどかしくてたまらないという心情だ。したがって，他の女子が宇田川に接近することを警戒する気持ちが不満となるのでエだ。また，ここでは花を選べない宇田川にやきもきしているのだから，女子に人気があるような人ならそのくらいのことがわからないのかという不満の気持ちである。五十音順なので，エオと表記する。

重要　問七　宇田川がいよいよ花を買うとき店にある花全部一本ずつという展開になるので，イを選択してしまいそうだが，千尋は，「～たとえばお店でいちばん高い花はなんですか」と聞いていることに着目する。この段階では，まさか全種類とは思わず，金額が高い花を買うのではないかと思っていたのだからアを選択する。

基本　問八　直前にある「ここは千尋との約束通り」に着目する。いちばん高い花を買うようなことを言い出すかもしれないという会話をした後，「ごくふつうで当たりまえの花」を売って欲しいと頼まれ，紀久子は「わかった」と了承しているのだから，これが約束である。

問九　高額になってもかまわないと思って全財産を持ってきているのだから金額に驚くわけではない。イとオにしぼられると思われる。花が決まらなければ全種類渡せばいいというのは自分ではいいアイディアだと思ったのだ。しかし，その花束が最高の花束だと思っているわけではなく，なんとか気に入る花があることを願う苦肉の策なのだからオは誤りだ。動揺したのは，「よろこばない」という評価に対してなのだからイである。

問十　まず，意図を考えると，最終文にある。ヒマワリ三本は愛の告白という花言葉だということを知っているので勧めたのである。宇田川が毎日のように花屋に通い，よろこばれる花束を必死に考えている姿を見ていたので，口には出せない西への好意が，花束を渡すときに伝わってほしいと思うようになっているのである。ふたりがうまくいけばいいという応援の気持ちである。

★ワンポイントアドバイス★

漢字やことばの意味が難度が高い。また，記述をふくめた読解問題も設問数も多くスピード力も要求される。

1教科入試

2023年度

解　答　と　解　説

《2023年度の配点は解答欄に掲載してあります。》

＜算数解答＞

1 (1) 解説参照　(2) 解説参照
2 (1) 4個分　(2) 4個分
3 解説参照
4 ア 9　イ 2（説明） 解説参照　（4ケタの整数） 4968，4689

○推定配点○

各15点×10　計150点

＜算数解説＞

重要 1 **（平面図形，図形や点の移動，割合と比）**

(1) 図ア…コインの位置が180度回転するとコイン自体は360度回転する。したがって，矢印は下図のように描ける。

図ア

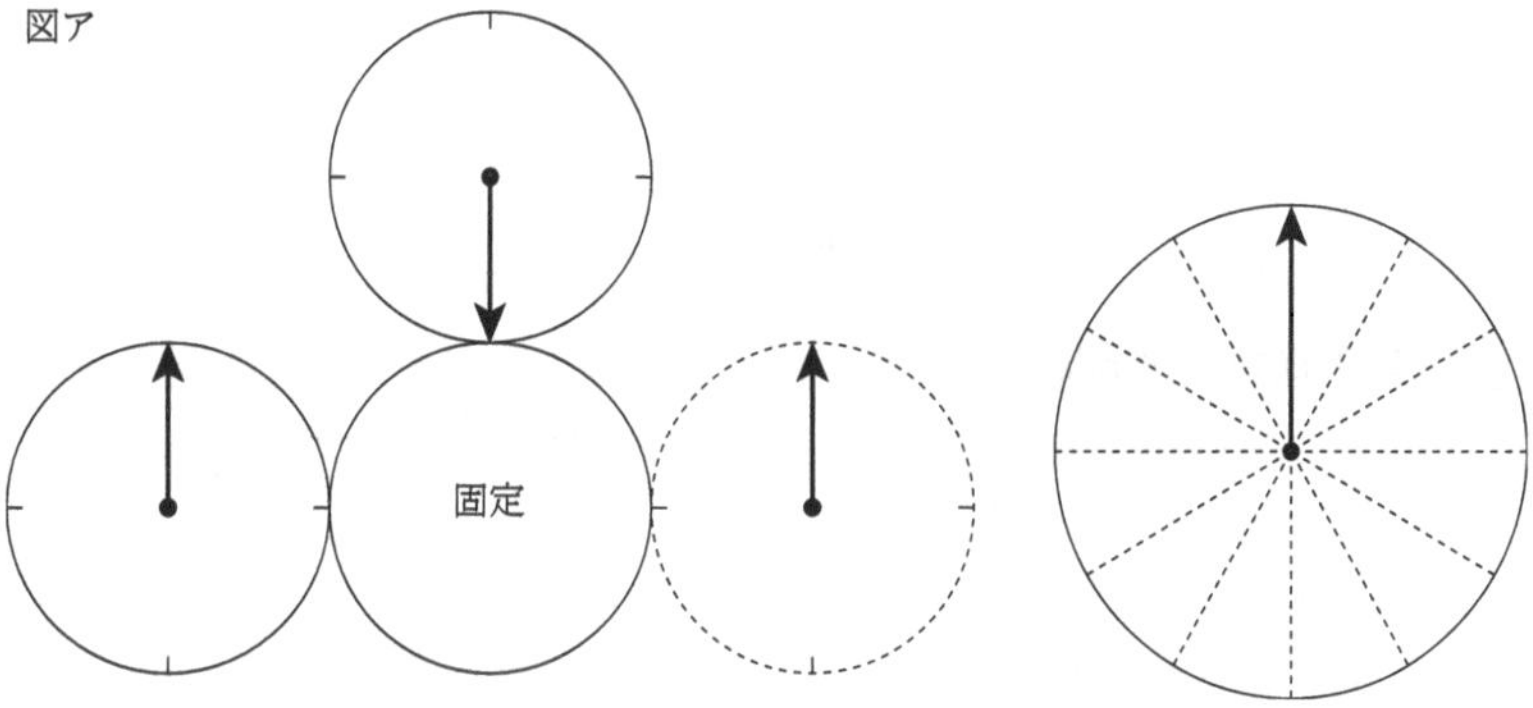

(2) 図イ…コインの位置が120度回転するとコイン自体は240度回転する。コインの位置が240度回転するとコイン自体は480度＝1回転＋120度回転する。したがって，コインが初めの位置にもどったときの矢印は，下図のように描ける。

図イ

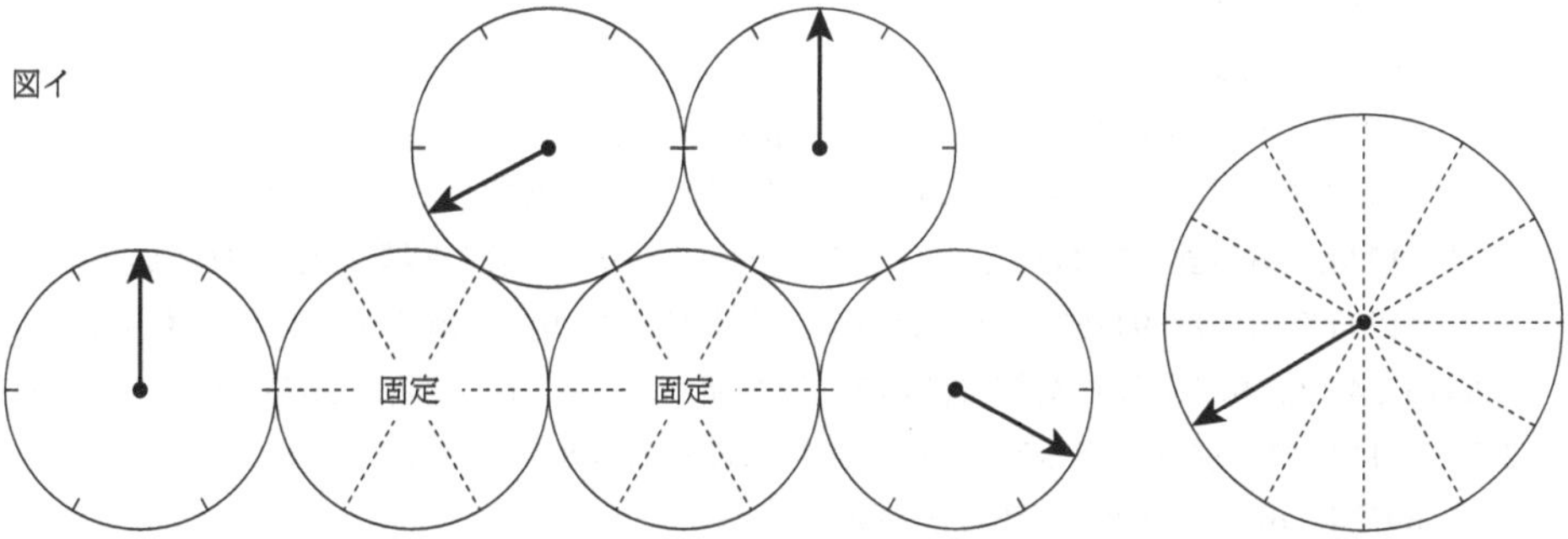

重要 ② (平面図形，割合と比)

(1) 図1・2…2×6÷3＝4(個分)

(2) 図のように点O，A，B，C，D，Eをおく。図4より，計算する。正三角形OAB…1個　たこ形OCDE…正三角形OABの面積の$\frac{1}{3}$　したがって，求める面積は正三角形$\left(1-\frac{1}{3}\right)\times6=4$(個分)

図1

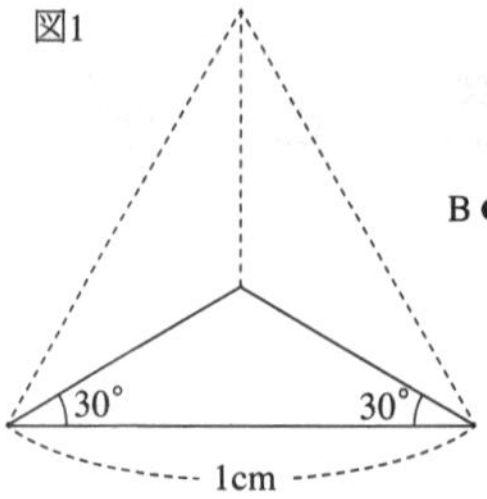

図2

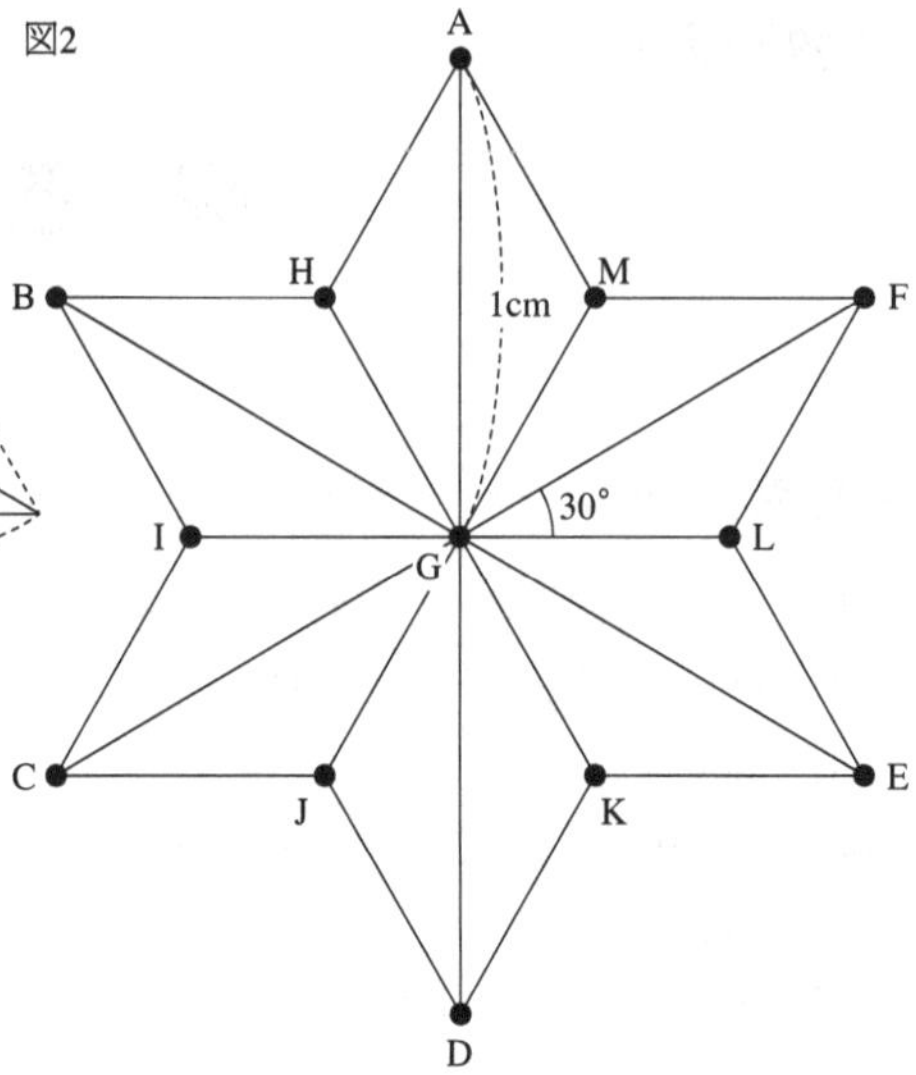

図3

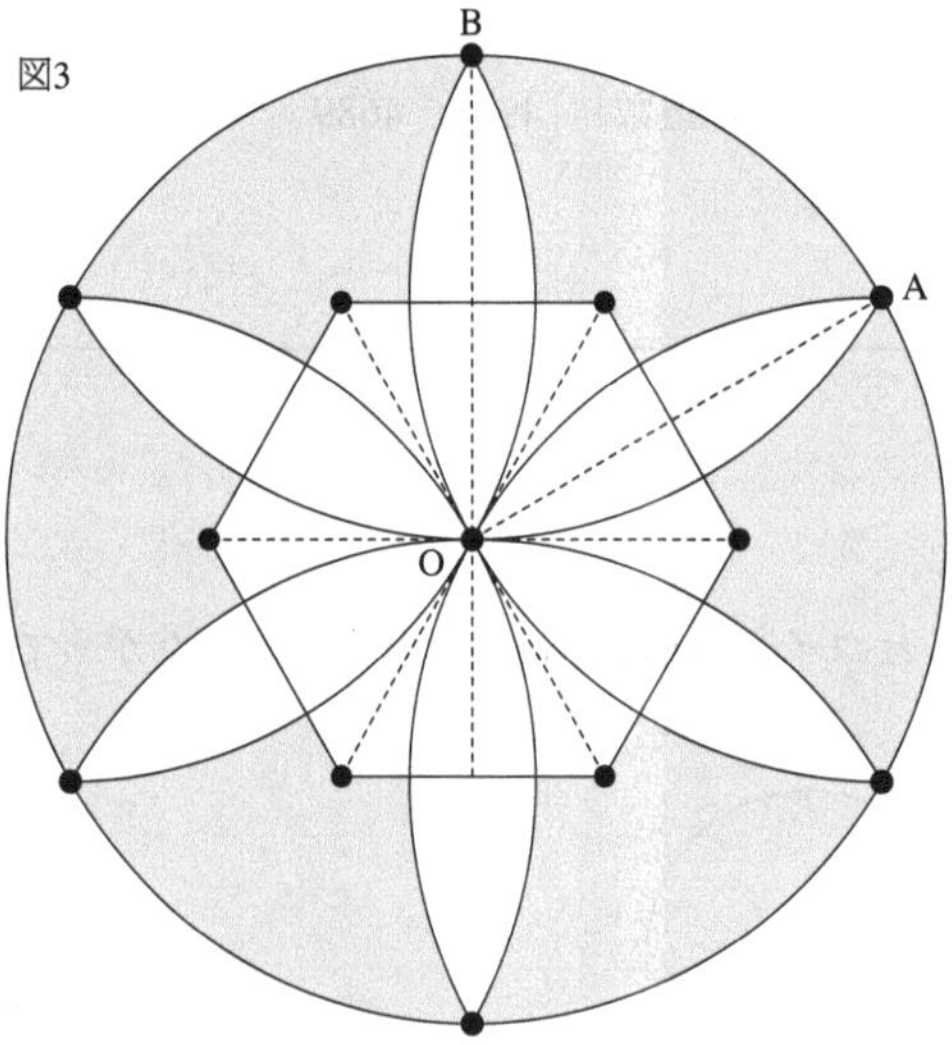

図4

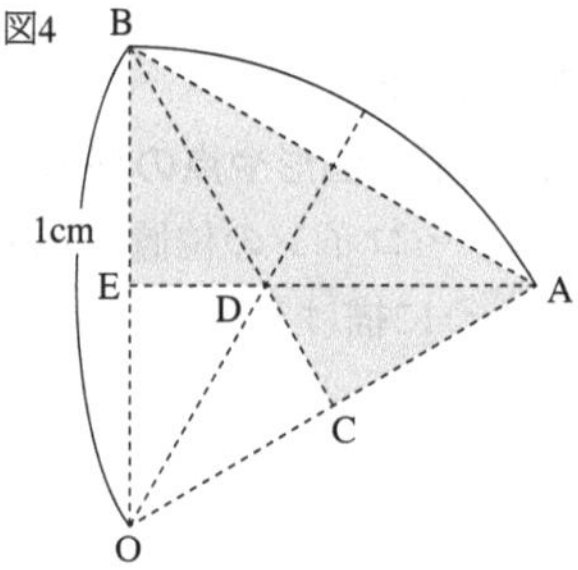

重要 ③ (数の性質，平面図形)

説明…図1より，全体の正方形の1辺のコインの枚数が「3の倍数＋1」の場合，「全体のコインの枚数÷3」の余りは1×1＝1(枚)になり，図2より，全体の正方形の1辺のコインの枚数が「3の倍数＋2」の場合，「全体のコインの枚数÷3」の余りの部分は2×2＝4(枚)になるので，この場合の余りも4÷3＝1余り1枚になる。

図1

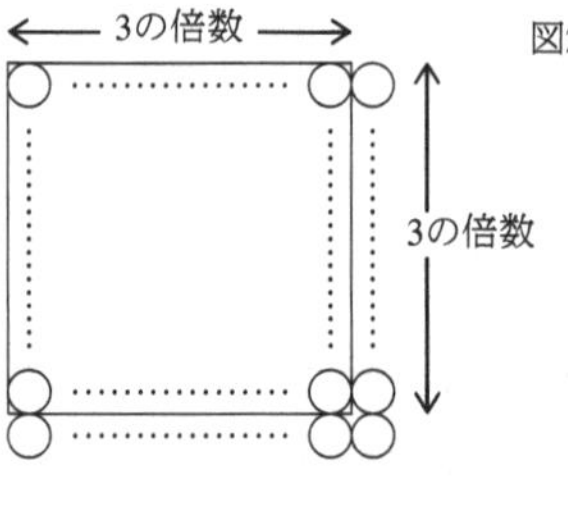

図2

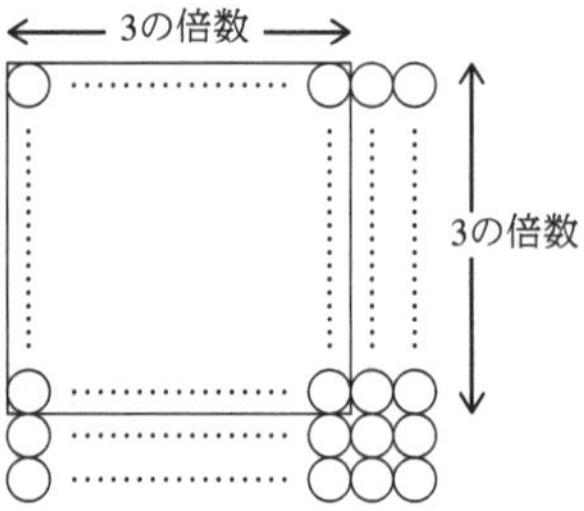

やや難 ④ (論理，場合の数)

4ケタの整数の各位の数字について，正解の整数と位も数字も同じ場合…○

4ケタの整数の各位の数字について，正解の整数と位は異なるが同じ数字がある場合…△

ア…1234，5678まででで△2つ，○1つであるから，9も正解の整数に使われている。

イ…1234で△1つ，9476で△3つであり，アより，4，9は正解の整数に使われている。

9476で4，6，9が正解の整数に使われて7が使われていない場合，5678で○1つ，△1つ，4569で○2つ，△1つであるから，5も7も正解の整数に使われず8が使われている。

4□69で4，6が○，9が△の場合→4968

4□69で4，9が○，6が△の場合→4689

4□69で4が△，6，9が○の場合，8469になり，条件に合わない(5678で○1つ，△1つにならない)。したがって，イは2通り　9476で△3つであり，4，7，9が正解の整数に使われて6が使われていない場合，5678で○1つ，△1つ，4569で○2つ，△1つであるから，正解の整数には5が使われている。

4579の場合，9476で7が○になり条件に合わない。4597，4759，4795，4957の場合，5678で○がなく条件に合わない。4975の場合，4569で○2つという条件に合わない。以下についても，同様に条件に合う場合がない。

★ワンポイントアドバイス★

[1]「コインの位置とコイン自体の回転数」は，矢印の位置を利用し，図を描いて回転数を確かめないとまちがいやすい。[4]「4ケタの整数」は問題文のポイントをよく確認して，早合点しないように注意する必要がある。

東大Ⅱ

2023年度

解　答　と　解　説

《2023年度の配点は解答欄に掲載してあります。》

＜算数解答＞

[1]　(1)　2036　　(2)　21袋　　(3)　9：10　　(4)　440番目　　(5)　(午後5時)46分
　(6)　20通り

[2]　(1)　25個　　(2)　34個　　(3)　1170個

[3]　(1)　$1cm^2$・$2cm^2$・$3cm^2$　　(2)　$4cm^2$　　(3)　$21cm^2$

[4]　(1)　エ　　(2)　2：1　　(3)　$\frac{1}{36}$倍

○推定配点○

各10点×15([3](1)完答)　　計150点

＜算数解説＞

重要　[1]　**(数の性質，規則性，つるかめ算，平面図形，相似，割合と比，速さの三公式と比，場合の数)**

(1)　「17の倍数－4」の数…13，30，～　「7の倍数－1」の数…　6，13，～　2023…17×7×17より，17，7の公倍数　したがって，求める数は13＋2023＝2036

(2)　2個入りの袋2袋を除去した数…56－2＝54(袋)，134－2×2＝130(個)　2個と4個の平均…3個　4個入りの袋の袋数の2倍の数…(130－1×54)÷(3－1)＝38(袋)　したがって，2個入りの袋は38÷2＋2＝21(袋)

(3)　右図のように点J，Kをおく。三角形KHAとDHJ…右図より，相似比は2：(4＋6)＝1：5　KAの長さ…6×2÷5＝2.4　したがって，三角形KIGとDICにおいてGI：ICは(2.4＋3)：6＝5.4：6＝9：10

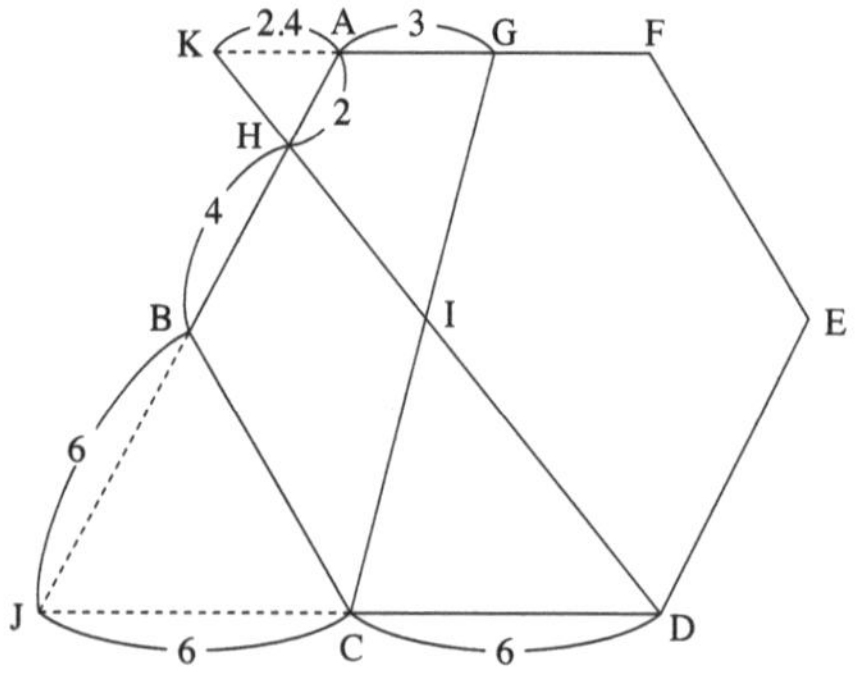

(4)　分子＋分母の数が3のとき…分数が2個　分子＋分母の数が5のとき…分数が4個　分子＋分母の数が7のとき…分数が6個　分子＋分母の数が20＋23＝43のとき…42個　2個＋4個＋～＋42個…(2＋42)×42÷2÷2＝22×21＝462(個)　したがって，$\frac{20}{23}$は462－22＝440(番目)

(5)　栄くんと東さんの速さの比…右図より，(56－50)：(55－1)＝3：2　等しい距離を進む栄くんと東さんの時間の比…2：3　したがって，栄くんの出発時刻は50－2÷(3－2)×2＝46(分)

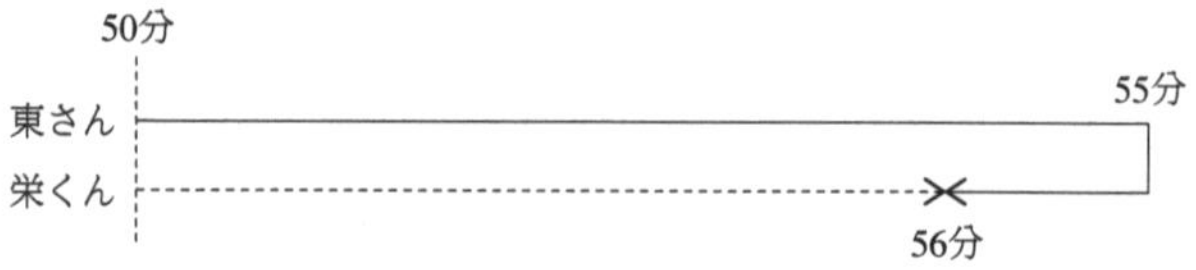

(6)　どの行・どの列にも重複しないように4個の石を配置する置き方…4×3×2×1＝24（通り）　どの4すみにも4個の石を配置しない置き方…右図の4通り　したがって，石の置き方は24－4＝20（通り）

*	○		*
			○
○			
*		○	*

*	○		*
○			
			○
*		○	*

*		○	*
○			
			○
*	○		*

*		○	*
			○
○			
*	○		*

2　**（場合の数）**

重要　(1)　$\boxed{1}\boxed{1}$□□
同じ数を2つ並べる場合…5個
異なる数を2つ並べる場合…5×4＝20（個）
したがって，全部で5＋20＝25（個）

(2)　$\boxed{1}\boxed{2}$□□
同じ数を2つ並べる場合…4個
異なる数を2つ並べる場合…6×5＝30（個）　したがって，全部で4＋30＝34（個）

やや難　(3)　異なる数を4枚並べる場合…6×5×4×3＝360（個）
同じ数を2枚・異なる数を2枚並べる場合…6×5×4×6＝720（個）
同じ数を2枚・別の同じ数を2枚並べる場合…6×5÷2×6＝90（個）　したがって，全部で360＋720＋90＝1170（個）

重要　**3**　**（平面図形，相似，割合と比）**

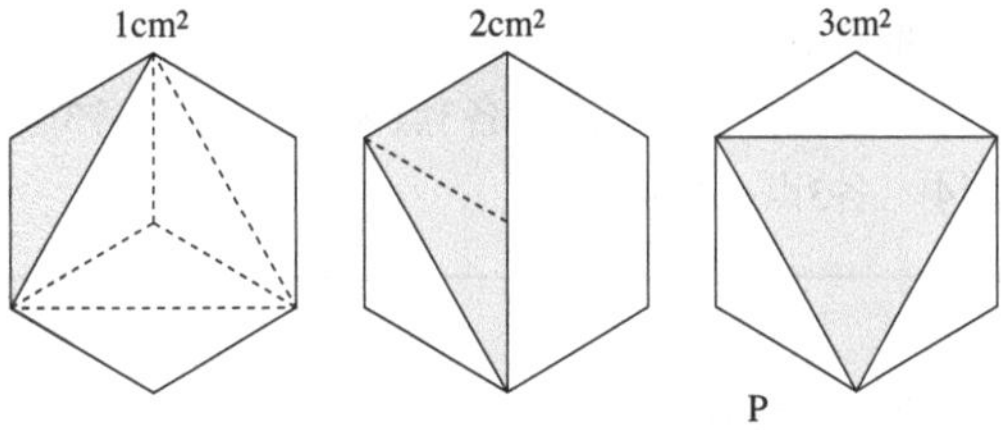

(1)　右図より，1cm²・2cm²・3cm²

(2)　図2のように点Oをおく。平行四辺形ABOC…図2より，6＋6÷3＝8（cm²）　したがって，三角形ABCは8÷2＝4（cm²）

(3)　図3のように点A，B，Cをおく。六角形AQBRCP…図3より，6×（4＋0.5×3）＝33（cm²）　三角形AQP…(2)より，4cm²　したがって，正三角形PQRは33－4×3＝21（cm²）

図2

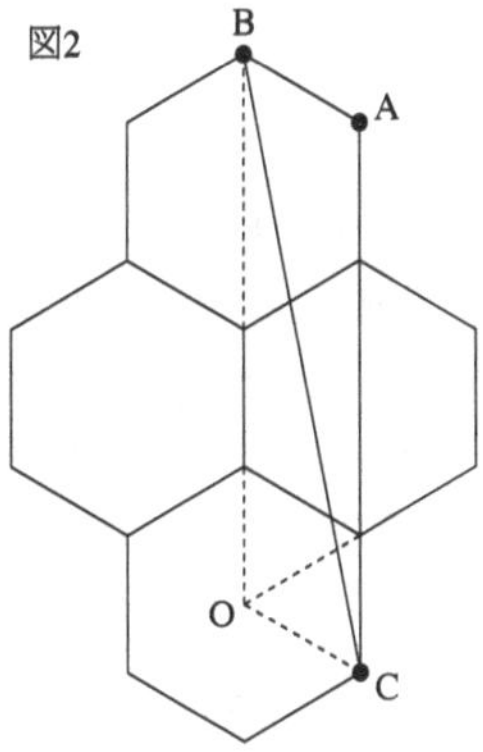

図3

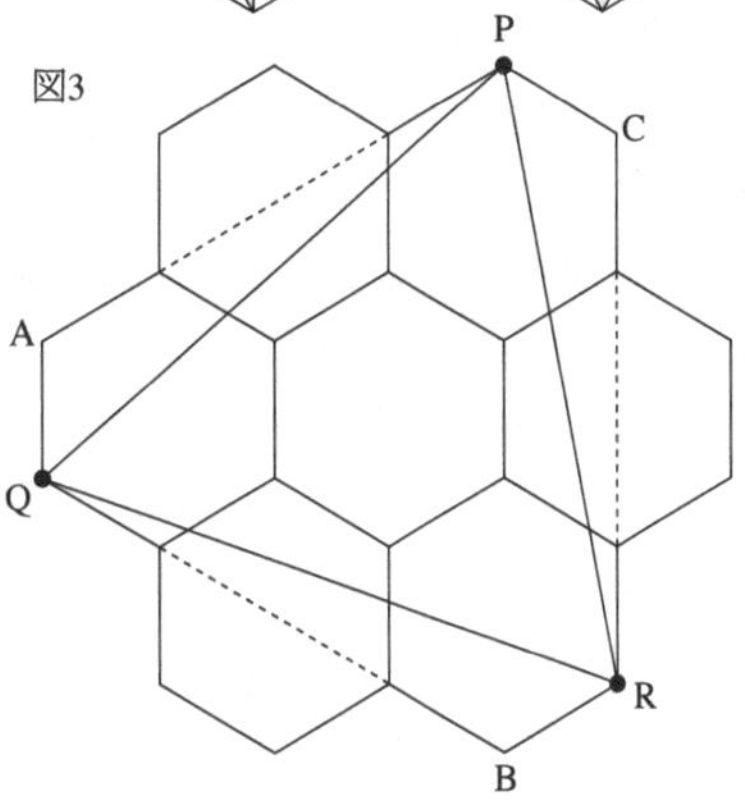

4　**（平面図形，相似，立体図形，割合と比）**

重要　(1)　図のように点Sをおく。切り口の図形…右図より，四角形AIGSは4辺の長さが等しく対角線の長さが異なるので，エ「ひし形」

(2)　IQ：QR…三角形AIQとGRQの相似比より2：1

やや難　(3)　三角すいA－CGS…立方体の体積の$\frac{1}{2}\times\frac{1}{3}=\frac{1}{6}$　したがって，三角すいR－PQCは立方体の体積の$\frac{1}{6}\times\frac{1}{3}\times\frac{1}{2}=\frac{1}{36}$

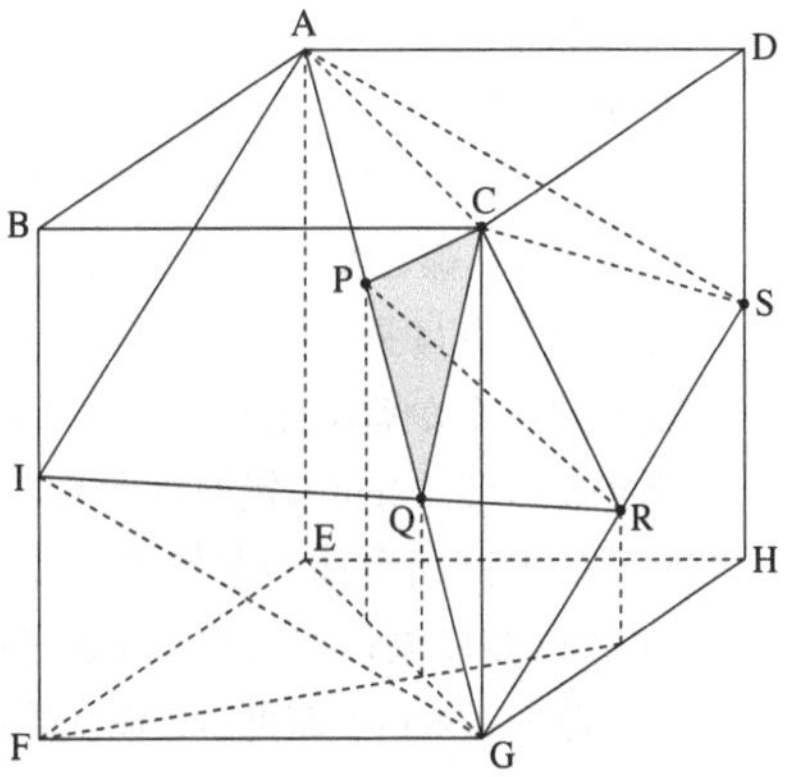

★ワンポイントアドバイス★

いわゆる難問はないが，簡単な問題もない。[1](5)「栄くんと東さんが学校から駅まで歩く」問題は，線分図で考えたほうが考えやすく，[2]「4ケタの数」，[3]「六角形と面積」，[4]「立方体」(1)・(2)についてもそれほど難しくはない。

<理科解答>

[1] 問1 2　問2 $\frac{1}{3}$　問3 $\frac{11}{6}$　問4 ウ　問5 6(℃)　問6 3(℃)
問7 20(℃)

[2] 問1 オ　問2 エ　問3 ア　問4 エ　問5 エ　問6 ウ　問7 キ

[3] 問1 ア，ウ　問2 エ　問3 エ　問4 ウ　問5 エ　問6 イ
問7 ウ，エ，カ

[4] 問1 (1) イ　(2) イ　理由 (例) 流れが速くなるため浸食され深くなり，小さな石は運ばれるので大きな石が堆積する。　問2 ① ウ　② エ
問3 (1) イ　(2) ア　問4 イ，エ，カ

〇推定配点〇

[1] 各3点×7　[2] 各3点×7　[3] 各3点×7(問1，問7各完答)
[4] 各3点×4(各完答)　計75点

<理科解説>

[1] (回路と電流ー電熱線と回路，発熱)

基本 問1　図2で，2つの2cmの電熱線にはそれぞれ電池1つ分の電圧が加わるので，それぞれに「1」の電流が流れる。よって，電流計には「1」+「1」=「2」の電流が流れる。

重要 問2　電熱線を直列につなぐと，電池の個数が変わらないとき，回路に流れる電流の大きさは電熱線の個数に反比例する。よって，電流は「1」×$\frac{1}{3}$=「$\frac{1}{3}$」

重要 問3　並列につながれた6cmの電熱線，4cmの電熱線，2cmの電熱線のそれぞれには，電池1つ分の電圧が加わる。また，電熱線に流れる電流の大きさは電熱線の長さに反比例するので，6cmの電熱線には「$\frac{1}{3}$」，4cmの電熱線には「$\frac{1}{2}$」，2cmの電熱線には「1」の電流が流れる。よって，電流計の示す値は「$\frac{1}{3}$」+「$\frac{1}{2}$」+「1」=「$\frac{11}{6}$」

問4　図5で，4cmの電熱線と2cmの電熱線にかかる電圧の大きさは等しいので，それぞれの電熱線に流れる電流の大きさは長さに反比例する。よって，4cmの電熱線に流れる電流の大きさは，2cmの電熱線に流れる電流の大きさの0.5倍になる。電圧の大きさが等しいとき，発熱する量は電流に比例するので，4cmの電熱線からの発熱は，2cmの電熱線からの発熱の0.5倍になる。図6で，4cmの電熱線と2cmの電熱線に流れる電流の大きさは等しいので，それぞれの電熱線にかかる電圧の大きさは長さに比例する。よって，4cmの電熱線にかかる電圧の大きさは，2cmの電熱線の電熱線にかかる電圧の大きさの2倍になる。電流の大きさが等しいとき，発熱する量は電圧に比例するので，4cmの電熱線からの発熱は，2cmのの電熱線からの発熱の2倍になる。

問5　図9の回路全体の電熱線の長さは4(cm)×2=8(cm)で，図7の電熱線の長さ2cmの4倍なので，図9の回路に流れる電流の大きさは，図7の回路に流れる電流の大きさの$\frac{1}{4}$倍となる。また，図9の回路では4cmの電熱線2本が直列につながれているので，水に入れた4cmの電熱線にかかる電圧

は電池の電圧の半分であることがわかる。これらのことから，同じ時間での電熱線からの発熱の量は，図9の回路は図7の回路の$\frac{1}{4}\times\frac{1}{2}=\frac{1}{8}$となる。よって，図9の場合，80分間での水の上昇温度は$6(℃)\times\frac{80(分)}{10(分)}\times\frac{1}{8}=6(℃)$となる。

やや難 問6　4cmの電熱線2本を並列につないだものは，半分の長さの2cmの電熱線1本と考えることができるので，図10の回路は，2cmの電熱線と6cmの電熱線の直列回路と考えることができる。図7の回路で，2cmの電熱線にかかる電圧を$\boxed{1}$，流れる電流を①とすると，図10の回路の4cmの電熱線2本が並列につながれた部分にかかる電圧は$\boxed{1}\times\frac{2}{2+6}=\boxed{\frac{1}{4}}$，流れる電流は$①\times\frac{2}{2+6}=\textcircled{\frac{1}{4}}$となる。図7の回路で，5分間の水の温度上昇が3℃なので，図10の回路で，80分間の水の温度上昇は$3(℃)\times\frac{80(分)}{5(分)}\times\frac{1}{4}\times\frac{1}{4}=3(℃)$

やや難 問7　図12の回路は，右の図のようにみなすことができる。右の図で，AとCの部分，BとDの部分は電熱線の組み合わせとつなぎ方が同じなので，それぞれに同じ大きさの電圧がかかり，電池の電圧を$\boxed{1}$とすると，A～Dのそれぞれの電熱線にかかる電圧は$\boxed{\frac{1}{2}}$となる。図7の回路で，2cmの電熱線にかかる電圧を$\boxed{1}$，流れる電流を①とすると，右の図のAとDの電熱線に流れる電流は，図7の回路の2cmの電熱線に比べて，かかる電圧が$\frac{1}{2}$，長さが2倍なので，$①\times\frac{1}{2}\times\frac{1}{2}=\textcircled{\frac{1}{4}}$となり，BとCの電熱線に流れる電流は，図7の回路の2cmの電熱線に比べて，かかる電圧が$\frac{1}{2}$，長さが3倍なので，$①\times\frac{1}{2}\times\frac{1}{3}=\textcircled{\frac{1}{6}}$となる。よって，回路全体を流れる電流は$\textcircled{\frac{1}{4}}+\textcircled{\frac{1}{6}}=\textcircled{\frac{5}{12}}$となり，図7の回路で，5分間の水の温度上昇が3℃なので，図12の回路で，80分間の水の温度上昇は$3(℃)\times\frac{80(分)}{5(分)}\times1\times\frac{5}{12}=20(℃)$

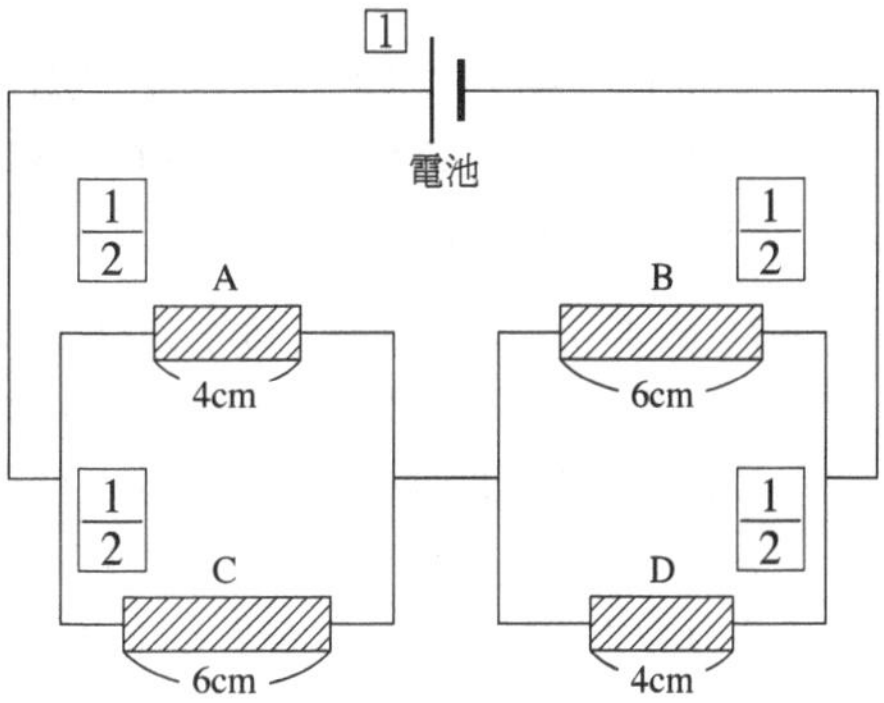

2　（もののとけ方―いろいろな物質の水へのとけ方）

基本 問1　硝酸カリウムは，80℃の水100gに167g，40℃の水100gに61.3gまでとけるので，80℃の水100gに硝酸カリウムをとかせるだけとかし，40℃まで冷やすと，167－61.3＝105.7(g)の固体がとけきれずに出てくる。

重要 問2　ミョウバンは，60℃の水100gに24.8g，20℃の水100gに5.9gまでとけ，同じ温度の水にとける物質の重さは水の重さに比例するので，60℃の水250gにミョウバンをとかせるだけとかし，20℃まで冷やすと，$(24.8-5.9)\mathrm{g}\times\frac{250(\mathrm{g})}{100(\mathrm{g})}=47.25(\mathrm{g})$の固体がとけきれずに出てくる。

やや難 問3　80℃の水150gに硫酸銅を50gとかしてできた水溶液の濃度は50(g)÷(50＋150)(g)×100＝25(%)である。80℃の水150gに硫酸銅を50gとかしてできた水溶液を20℃まで冷やすと固体が出てきたことから，20℃の硫酸銅水溶液には，硫酸銅が限度までとけていることがわかる。水の重さにかかわらず，同じ温度では限界まで物質がとけた水溶液の濃度は等しいので，20℃まで冷やした水溶液の濃度は20.2(g)÷(20.2＋100)(g)×100＝16.80…より，約16.8%。よって，濃度の差は25－16.8＝8.2(%)

やや難 問4　60℃の水200gに塩化ナトリウムをとかせるだけとかしたものから30gの塩化ナトリウムをとり出すために蒸発させる水の重さは，30gまでとかせる60℃の水の重さと等しい。60℃の水100gに塩化ナトリウムは37.1gまでとけるので，xgの水に30gまで塩化ナトリウムがとけるとすると，

100(g)：37.1(g)＝x(g)：30(g)　x＝80.86…より，約80.9g。

問5　表より，アンモニアは水の温度が低いほど多くとけるので，水の量を変えない場合は温度を下げるとより多くとかすことができる。よって，イ，ウ，オでは不適。ア…20℃の水150gにアンモニアは$34.1(g)\times\frac{150(g)}{100(g)}=51.15(g)$までとかせる。エ…60℃の水150＋200＝350(g)にアンモニアは$15.9(g)\times\frac{350(g)}{100(g)}=55.65(g)$までとかせる。カ…80℃の水150＋250＝400(g)にアンモニアは$10.5(g)\times\frac{400(g)}{100(g)}=42(g)$までとかせる。これらのことから，いちばん多くのアンモニアをとかすことができるのは，エの場合であることがわかる。

やや難　問6　80℃の水100gに硝酸カリウムをとかせるだけとかすと，100＋167＝267(g)の水溶液ができるので，硝酸カリウムをとかせるだけとかした80℃の水溶液150g中の水の重さは$150(g)\times\frac{100(g)}{267(g)}=56.17\cdots$より，約56.2gである。水100gのとき，80℃の水にとかせるだけ硝酸カリウムをとかして20℃まで冷やすと167－31.6＝135.4(g)の固体が出てくるので，水56.2gのときは$135.4(g)\times\frac{56.2(g)}{100(g)}=76.09\cdots$より，約76.1gの固体が出てくる。

問7　表より，ミョウバンは水の温度によるとける量の変化が大きく，塩化ナトリウムは水の温度によるとける量の変化がほとんどないことかがわかる。よって，ミョウバンだけを多くとり出すには，水の温度変化を大きくすればよく，③の方法が最も多くのミョウバンをとり出すことができる。また，塩化ナトリウムだけをとり出すには，ミョウバンは水にとけたままにして，塩化ナトリウムだけとけ残りが生じるようにすればよいので，より多くのミョウバンがとける80℃の水に固体をとかせば，80℃の水150gにミョウバンは$71(g)\times\frac{150(g)}{100(g)}=106.5(g)$までとけるので，100gのミョウバンはすべてとけ，塩化ナトリウムのとけ残りだけをとり出すことができるため，①の方法が最も適している。

3　（植物―植物の光合成と呼吸）

基本　問1　植物は光合成にともなって，気孔で二酸化炭素をとり入れて酸素を出し，呼吸にともなって，気孔で酸素をとり入れて二酸化炭素を出している。また，蒸散で気孔から水蒸気を出している。

問2　光をあてた植物の葉では，光合成がさかんに行われるため気孔からは酸素が出される。しかし，酸素には，リトマス紙や塩化コバルト紙の色を変える性質はない。植物に光があたると，蒸散もさかんになるため，植物の葉の気孔からは水蒸気が多く出ていく。そのため，水によって，青色の塩化コバルト紙が赤色に変化する。よって，はりつけたのは青色の塩化コバルト紙である。

基本　問3　葉の表側には柵状組織，裏側には海綿状組織が多くあり，気孔は葉の裏側に多い。

重要　問4　植物は呼吸をつねに行い，光があたると光合成を行う。そのため，図1～図4では，二酸化炭素の吸収量が0より大きいときは呼吸より光合成をさかんに行い，二酸化炭素の吸収量と放出量が0のときは呼吸と光合成のはたらきが同程度，二酸化炭素の放出量が0より大きいときは光合成よりも呼吸をさかんに行っていることを示している。また，光合成がさかんであるほど植物は成長しやすくなる。

ア　植物Aは2キロルクスの明るさでは，二酸化炭素吸収量と二酸化炭素放出量がともに0であることから，光合成と呼吸のはたらきが同程度であるといえる。よって誤り。

イ　50キロルクスでの二酸化炭素吸収量は植物Aのほうが大きいことから，植物Bよりも植物Aのほうが明るいところで成長しやすいといえる。よって誤り。

ウ　二酸化炭素の吸収と放出が見かけ上見られなくなる(0mgになる)のは，植物Aは2キロルクス，植物Bは1キロルクスである。よって正しい。

エ　二酸化炭素の吸収量は，植物Aでは50キロルクスと100キロルクスで，植物Bでは10キロルクスと50キロルクスで，それぞれ同じ変化になっているが，それ以外の明るさのときの結果がないため，さかいとなる光の強さはこの結果だけからは判断できない。よって誤り。

やや難 問5　1時間における植物Aの呼吸量は，図3で，60分における光の強さが0キロルクスのときの二酸化炭素放出量に等しいので，2mgである。図1で，60分における光の強さが50，100キロルクスのときの二酸化炭素吸収量が8mg，呼吸による二酸化炭素放出量が2mgであることから，1時間における植物Aの最大の光合成量は，8＋2＝10(mg)

問6　光合成では二酸化炭素と水が使われるため，光合成量を大きくするには植物が利用できる二酸化炭素量を多くすればよい。　ア　酸素は光合成で放出されるものであるため，多くしても影響はすぐに出ない。　ウ　光合成は葉の緑色の部分で行われるが，緑色に見えるのは緑色の光を反射しているからで，光合成では緑色以外の光を利用している。そのため，緑色光に変えると光合成は行われなくなる。　エ　肥料は光合成に直接影響しない。　オ　葉にワセリンをぬると，気孔をふさぐことになり，二酸化炭素を吸収できなくなって光合成できなくなる。

問7　図2と図4から，光の強さが1キロルクスでは，植物Bの葉では光合成と呼吸のはたらきが同程度なので二酸化炭素の放出量は0になる。そのため，葉の量を変えても二酸化炭素は放出されない。二酸化炭素を放出させるには光合成をしないようにするか，光合成のはたらきが弱くなればよいので，ウやエのように葉以外のものを用いて実験するか，カのように光を弱くすればよい。

4　**(流水・地層・岩石―流水のはたらき)**

基本 問1　(1)　川がまっすぐ流れているところでは，中央に近いほど流れが速くなるため，中央付近では川底がけずられて深くなり，流水によって小さな石が流されて大きな石が残る。　(2)　川が曲がって流れているところでは，外側に近い部分で流れが速くなるため，外側に近い部分では川底がけずられて深くなり，流水によって小さな石が流されて大きな石が残る。

重要 問2　図2のように，横軸が河口からの距離，縦軸が海面からの高さを表しているグラフでは，グラフの傾きが大きいほど川の傾斜は大きくなる。よって，①は山間部から平野部に変わって流れがゆるやかに変化するところで，扇状地ができやすくなる。また，②は傾斜に変化が見られないことから，川の流れは一定であると考えられ，流水による川底をけずる作用によって河岸段丘ができやすくなると考えられる。

基本 問3　(1)　川の流れによって運ばれた土砂は，粒が大きいものほど速くしずんでいくため，河口に近いところでは粒の最も大きなれきが多く堆積し，河口から離れるにつれて，次に粒の大きな砂も堆積していき，河口から大きく離れたところでは最も粒の小さな泥だけが堆積する。　(2)　河口付近で隆起が起こると，海の深さが浅くなっていくので，それまで堆積していたものよりも粒の大きなものが堆積するようになる。

基本 問4　チャートは二酸化ケイ素を主成分とする岩石で，主にホウサン虫の死がいなどが堆積してできる。また，チャートは非常にかたい岩石で，うすい塩酸をかけても気体は発生しない。ア，ウ，オ，キはいずれも石灰岩の特徴である。

★ワンポイントアドバイス★

基本的な知識をもとに，与えられた条件をしっかりと理解して解答していく必要のある問題が多いので，正しい理解をした上で，いろいろな条件が与えられた問題に数多くとり組んで慣れていこう。

＜社会解答＞

[1] 問1 (1) Ⅰ 有珠(山) Ⅱ 阿武隈(川) (2) ハザードマップ
(3) (金沢市) イ (高松市) エ 問2 (1) カ (2) オ
(3) (秋田県) ウ (沖縄県) イ (4) (長野県) イ (群馬県) ウ
(5) (関西国際空港) ウ (千葉港) イ 問3 (1) ウ (2) ニュータウン
(3) エ (4) (良い点) 人件費や施設の維持費などの財政負担を減らすことができる。
(悪い点) 地域によって，公共サービスが受けにくくなるおそれがある。 問4 (1) ウ
(2) イ (3) イ

[2] 問1 蘇我入鹿 問2 (2番目) エ (4番目) イ 問3 ウ 問4 ア
問5 (2番目) イ (4番目) エ 問6 (2番目) オ (4番目) イ
問7 (2番目) イ (4番目) エ 問8 ウ 問9 ア 問10 (2番目) ア
(4番目) ウ 問11 ア 問12 ウ 問13 (2番目) オ (4番目) ウ
問14 政党内閣の時代が終わり，軍部が政治上の発言力を強め，政治を動かすようになった。

[3] 問1 (1) 最高法規 (2) エ 問2 イ 問3 エ 問4 ア 問5 ウ
問6 イ 問7 エ

○推定配点○
[1] 各2点×15(各完答) [2] 問14 3点 他 各2点×13(各完答)
[3] 各2点×8 計75点

＜社会解説＞

[1] **(日本の地理ー日本の各地の地誌，産業に関する問題)**

基本 問1 (1) Ⅰ 有珠山は北海道の内浦湾の北にあり，洞爺湖の南にある。過去何回も噴火をしている。そのそばには昭和新山もある。 Ⅱ 阿武隈川は東北地方の太平洋側，福島盆地から北上し仙台湾の南の海に出る。 (2) ハザードマップは地形図の上に過去の自然災害の有った場所や，今後，災害が発生した場合に危険が想定される場所や避難場所などを明示したもの。 (3) グラフの性格をよく見ることが重要。横軸が1月の降水量で縦軸が7月の降水量になるので，日本海側の冬の降雪量が多い金沢は一番右よりのイになり，瀬戸内で降水量が年間を通して少ない高松は一番左で下にあるエになる。7月の降水量は静岡市の方がまだ梅雨の時期で，その頃には梅雨が明けている那覇市よりも多いのでアが静岡市，ウが那覇市になる。

重要

問2 (1) カ 果実類の生産が多い県のランキング問題。ももの2位で日本なしの4位の**あ**が福島県でももの5位でかきの1位の**い**が和歌山県。くりの1位で日本なしの3位の**う**は鳥取県ではなく茨城県。 (2) オ 市場と生産地の距離を考えればよい。いわゆる促成栽培の盛んなところとして高知県や宮崎県はまずは思いついてほしいところ。1月のピーマンの関東への供給地としては高知県は遠いが茨城県は近い。また夏場であれば首都圏にとっての近郊農業の場所として茨城県が出てくる。 (3) 長野県は漁業の従事者が少ないア，イは農業の従事者が少ないので沖縄県，ウはアに次いで農業の比率が高く，漁業の比率が低いので秋田県，エが北海道になる。 (4) 長野県は現在ではかつての精密機械工業が電子関連のものに変化してきているのでイ，群馬県は関東地方北部で自動車やそのほかの機械工業が盛んなところでウ。兵庫県は阪神工業地帯の西部にあり，金属や化学工業もあるのでア，福岡県はかつての北九州工業地帯は八幡製鉄所に代表されるような鉄鋼業が中心で，その鉄鋼業が衰退すると他のものがほとんどなかったので地位が低下し

重要

ている。現在の福岡県はアジア向けの自動車の組み立て工業が盛んになっているのでエになる。
(5) 各港の輸入品目とその輸入先の組み合わせの問題。関西国際空港の品目は比較的小型軽量で高価なものというのはわかるが，その輸入先がウになる。千葉港は京葉工業地域があり，京葉工業地域は金属や化学工業が盛んな場所なのでその輸入先として西アジアやオーストラリア，アメリカなどが中心なのでイになる。大阪港は比較的雑多な物資が輸入されている港なのでその輸入先も様々なところでありア，三河港は自動車や鉄鋼の輸入が多いのでエになる。

問3 (1) ウ アは市部と町村部の人口の差は開いているので誤り。イは2000年以後，市部の人口密度は下がってきているので誤り。エは市部の人口が最大なのは2010年なので誤り。 (2) 高度経済成長の中で大都市への人口集中が進み，大都市の住宅不足が起こり，大都市の郊外に家族所帯向けの住宅がつくられるようになって出来た町がニュータウン。東京の多摩や大阪の千里が有名。 (3) エ アは東京都，イは北海道，ウは岩手県。 やや難 (4) 市町村の合併が進み，様々な公共施設の統廃合が行われているが，小さな市町村にも全て公共施設を設置するとその維持の費用や人件費がその市町村の財政を圧迫したり，あるいは施設が老朽化してもその修繕が出来ずに安全性などの面でも不安が生じてくるが，近隣の市町村で施設を統廃合すればその維持費や人件費などは分担することも可能になり，その施設そのものに使える費用も高くなるというメリットがある。一方で，各市町村にあったような施設を統廃合した場合に，使用する住民からすると自分の居住地域からは遠い場所にしかないということが生じたり，また公共サービスなどでは自分が受けられるものが減り，サービスの低下を招くことになる。

問4 (1) ウ アは貿易港ではなく漁港，イはリアス海岸の湾の中では一般に波は穏やか，エは高潮ではなく津波。 (2) イ AB間の最高所は亀山の233mで，Aは標高50mより高い場所にあり，Bは海岸付近なので0m近くになる。 (3) イ アは大島の北で本土と橋がつながっているので誤り。ウは田中浜と浦の浜の間の最高所が14mなので誤り。エは中山の斜面は針葉樹林と荒れ地なので果樹畑ではない。

2 (日本の歴史―古代から昭和までの様々な問題)

基本 問1 645年の大化の改新で，中大兄皇子は中臣鎌足とともに，専横を極めていた蘇我氏を排除するために蘇我入鹿を殺害し，蘇我蝦夷を自殺に追い込んだ。

問2 オ 630年→エ 663年→ア 672年→イ 694年→ウ 701年の順。

重要 問3 ウ アは墾田永年私財法が出されたことで，公地公民制が崩れ，私有地が認められ，貴族や寺社の私有地が増えこれがのちの荘園となる。イは国分寺，国分尼寺を造立させたのは聖武天皇。エは『古事記』は漢字を音で充てて日本語で書かれており，『日本書紀』は漢文で書かれている。

問4 ア イは平清盛は平治の乱のあと太政大臣になるが征夷大将軍にはなっていない。ウは藤原氏は頼通の代で力は衰えていき，そのあと一時的に天皇中心の政治が戻った後，1086年から白河上皇が院政を行う。エは瀬戸内海の海賊を率いて反乱を起こしたのは平将門ではなく藤原純友。

問5 オ 1219年→イ 1221年→ア 1232年→エ 1274年→ウ 1297年の順。

問6 ウ 1392年→オ 1428年→ア 1467年→イ 1488年→エ 1543年の順。

重要 問7 ウ 小田原は神奈川県→イ 桶狭間は愛知県の名古屋の近く→ア 安土は滋賀県の琵琶湖の東側→エ 豊臣氏が滅ぼされたのは大阪。

重要 問8 ウ アは千歯こきと備中ぐわの説明が逆。イは問屋制家内工業の説明で，工場制手工業は一か所に人を集めてそこで物を作るようになったかたち。エは株仲間ではなく座。

問9 ア イは岩倉具視ではなく勝海舟。岩倉具視は公家。ウは木戸孝允は薩摩藩ではなく長州藩。エは坂本龍馬は肥前藩ではなく土佐藩の出身。

問10　イ　1869年→ア　1877年→オ　1885年→ウ　1889年→エ　1910年の順。

問11　ア　イは福澤諭吉ではなく渋沢栄一。ウは水俣病が問題となるのは昭和の時代，明治時代に問題となった公害が足尾鉱毒事件。エは八幡製鉄所が出来たのが1901年で日露戦争より前。

問12　ウ　アは原敬と寺内正毅が逆。イは日本が第一次世界大戦に参戦した口実は三国同盟ではなく日英同盟。エは治安維持法は社会主義や社会運動を保護するのではなく取り締まるためのもの。

問13　エ　1929年→オ　1931→ア　1933年→ウ　1937年→イ　1941年の順。

やや難　問14　1932年の五・一五事件で政党政治が終わり，軍部が政治へ介入するようになり，さらに1936年の二・二六事件で財閥とつながりの強い軍の上層部が実権を握り政治を掌握するようになる。

3　（政治―政治分野に関する様々な問題）

基本　問1　(1)　日本国憲法は日本の中のすべての法規に先立つものなので，最高法規とされる。

(2)　エ　アは憲法改正に関しては衆参が対等なので，どちらから審議を始めても可。イは総議員の過半数ではなく総議員の3分の2以上。ウは有効投票総数の3分の2以上ではなく，有効投票総数の過半数。

重要　問2　イ　社会権は人間らしく生きる権利で教育を受ける権利と生存権，勤労権などが含まれる。アは自由権ではなく参政権。ウは新しい人権は現在の憲法が制定されてから権利として確立されたものなので，法律は存在する。エは基本的人権でも公共の福祉に反しない限り保障されるというかたちで，公共の福祉という制限はある。

問3　エ　アは国会の定足数はそれぞれの院の総議員数の3分の1以上。イの説明は特別会ではなく臨時会。ウは法律案が可決された後に国民に公布するのは天皇。

問4　ア　イは内閣不信任案が可決された場合には10日以内に総辞職をするか衆議院を解散させるという選択肢もある。ウは内閣が定めるのは条例ではなく政令。エは閣議は内閣が国会に対して連帯して政治の責任を負わなければならないので，全会一致が原則。

問5　ウ　アは高等裁判所は全国に8，地方裁判所は北海道のみ4で，他の都府県は1の計50ある。イは最高裁判所が第三審を行うのは刑事裁判と，民事裁判で第一審が地方裁判所の場合。エは刑事裁判では被疑者を起訴するのは検察官のみ。

問6　イ　アは直接税のなかにも地方税はあり，間接税の中にも国税はある。ウは公債は財源の不足を補うために発行するもので，用途は公共事業以外にもある。エは地方交付税交付金の使途は特に制限はない。

問7　エ　アは任期が6年なのは参議院議員のみ。イは都道府県知事と参議院議員の被選挙権は満30歳以上で，その他は満25歳以上。ウは地方議会の議員の任期は4年。

★ワンポイントアドバイス★

正誤問題は丁寧に選択肢を見ていくことが大事。何か似たものと混同して間違える人が多いので，逆にその選択肢の内容と似たものを思い出して比べてみるのも一つの方法。なんとなく誤りというのではなく，正確に把握すること。

<国語解答>

一 1 画策　2 賃貸　3 従事　4 体制　5 大団円　6 利発　7 一家言　8 洗練

二 1 キ　2 カ　3 エ　4 コ　5 オ　6 ケ　7 ア　8 ウ　9 イ　10 ク

三 問一 A ウ　B ア　C イ　問二 エ　問三 オ　問四 i 理由　ii 方法[手段]　問五 原生自然を重視する自然観が建国時よりアメリカにはあったから。
問六 ア　問七 エ　問八 ウ　問九 オ

四 問一 A ウ　B エ　C ア　問二 簡素ではあるが素敵な結婚式ができると思ったから。　問三 どっしりと　問四 エ　問五 (1) ア　(2) ア　問六 オ
問七 飛行機代は簡単に出せないが，伯母さんがふるえるほど感動したというのなら『オーヴェルの教会』を見てみたいと思う気持ち。　問八 私は五才の頃から水泳を習っています。昨年，大会に出場し，毎年のように競っているライバルに負けました。くやしさの方が強く，家に帰っても銀メダルは見たくありませんでした。が，母が，私の努力の結果だと言って飾ろうとした時「何の努力もしない人に言われたくない」と暴言をはいてしまいました。

○推定配点○

一・二 各2点×18　三 問一 各3点×3　問五 10点　他 各4点×8
四 問二 6点　問七 10点　問八 15点　他 各4点×8　計150点

<国語解説>

一 **(漢字の書き取り)**

1 「策」は全12画の漢字。「東」ではないので注意する。　2 「賃貸」とは，家賃を支払って住む家のこと。「賃」は全13画の漢字。6画目は4画目より短く書く。　3 「従」は全10画の漢字。4・5画目は内側に向ける。　4 「制」は全8画の漢字。6画目は上まで出す。　5 「大団円」とは，演劇や小説などの最後の場面で，すべてがめでたく収まる結末のことだ。　6 「発」は全9画の漢字。書き順を確認すべき漢字である。　7 「一家言」とは，その人独特の意見や主張。また，ひとかどの見識のある意見という意味の言葉である。「イッカゴン」と読まないようにする。　8 「洗練」とは，文章や人格などを練りきたえ，上品なものにすることという意味の言葉だが，問題のように，ファッションなどにも使う。

二 **(ことばの意味)**

やや難 1 水の泡になるということなので「水泡に帰す」ということになる。　2 強引に自分のやり方，意見を通すということなので「横車を押す」になる。　3 真っ昼間に堂々と犯罪を行ったということになるので「白昼堂々」である。　4 ある事柄が，ある事実を少しのずれもなく物語っている様子を「如実に表す」と表現する。　5 科学技術の恩恵により便利で快適な生活を送るのような意味になる文だ。「享受」が，受けること，わが物として味わい楽しむことなどを表す語だ。
6 言葉ではとうてい表現しきれないほどの，ものすごいありさまのことを「筆舌に尽くしがたい」という。　7 心にわき起こるさまざまの思いを抱いて卒業証書を受け取ったということになる。「万感の思い」である。　8 間をおかずに断ったということになるので，言葉の終わるか終わらないかに，すぐ，言いおわった直という意味の「言下」を入れる「ゲンカ」と読む。　9 二人の人気はどちらが上か判断できないほど接近しているという意味の文だ。力がつりあっていて優劣のつけ

がたいことを「伯仲している」という。 10 肩を並べる者はいないということで「比肩」が入る。

三 (論説文―細部の読み取り，接続語の問題，指示語の問題，空欄補充，記述力)

重要 問一 A 前部分は，人間のため，自然自体のためという二分法で議論することが可能であり，アメリカではその傾向があったという内容で，後部分では，このような二分法で起きる疑問が述べられているので「しかし」である。 B 前部分は特定の場所の自然が問題になっているときは特に二分法での議論になるという内容で，後部分は「ここの自然は～」と具体的な例を挙げているので「たとえば」が入る。 C 一文目の文末が「～場合はどうでしょうか」だ。Bで始まる段落が一つ目の例で，Cで始まる段落では二つ目の例として考えるということなので「あるいは」である。

基本 問二 アメリカでは「そうする」が指し示す内容ということだ。「では，アメリカ～」で始まる段落に一つ目の「道具的価値」という説明があり，「もう一つは～」で始まる段落に「内在的価値」の説明がある。この二分法を説明しているのはエである。

問三 ——線部2直後の文の冒頭が「それは,～」という文で説明を始めている。里山の荒廃という形の自然破壊とまとめられている自然破壊だ。里山とは，人が手を入れて管理してきた山林や田畑ということだが，その手入れが放棄されたことによる自然破壊ということだ。管理してきた山林や田畑の放置と説明しているオが適切だ。

やや難 問四 i 「これに関連して～」で始まる段落が着目点である。「守る『理由』が異なる」と説明を始めているので，iは「理由」である。 ii 環境倫理学での区分では，「人の手のついていない自然を守る」という点でいくつかの疑問が出てしまう。近年では別のタイプの自然破壊も注目されてきている中，「地域ごとに，その地域にふさわしい」やり方，つまり「方法(手段)によって区別するという考え方で保全するという区別の仕方をしているということになる。

問五 「鬼頭によれば,～」で始まる段落が着目点になる。アメリカは建国以来，人の手の付いていない自然，つまり，原生自然こそが重要だという受け止め方をしていたから，P型に固執する傾向になったのである。

問六 問四で考えたことが参考になる。アとオが残ることになるかと思われるが，アメリカもP型を一律に適用していたわけではない。また，それを適用したことで「かえってそのような自然が失われた」わけではない。この点を修正しているアがふさわしい。

問七 原生自然重視の自然観からすると，人間が一から自然をつくるということ自体が，すでに成立しない論理になってしまうため，そのような自然は大嘘，偽造ということになるということだ。手つかずの自然こそ自然というなら人間の手で自然を作るという発想自体が誤っているということになるのでエだ。

重要 問八 ① 直後にある「アメリカの従来の環境倫理学」から考えると①には「P型」がはいる。 ② 直前が「『里山保全などの』」だから「C型」だ。 ③・④ 「R型」の説明を，P型とC型で比較するのだから，「P型よりC型に近い」ということになる。また，R型は，P型とC型のどちらの延長にあるかといえば，原生自然が守る対象としているよりも「保全」というC型に近いのだから⑤には「C型」が入るので，組み合わせとしてはウになる。

基本 問九 P型が主流だったアメリカだったが，エマ・マリスの主張のように，原生自然を幻想として避け，多自然型ガーデンとして作り上げることが自然保護だという考え方が出てきたということなのでオを選択する。

四 (物語―心情・情景，細部の読み取り，空欄補充，記述力)

基本 問一 A 「わたし」が伯母さんがひとりで旅をすることを不思議に思うのは，友だちと一緒ではないことがつまらなかったり，さみしかったりしないのかというところにある。「わたし」は友だちの存在が何より大切だと考えていると察した伯母さんは，孤独を恐れたり，友だちの存在を必要とする気持ちが痛いほど大きいのは若い証拠だということなので「ひりひり」だ。　B　無計画に足の向くまま「ぶらぶら」していたということだ。　C　身体がふるえるほどの感動，その時は何であるかは自分自身でわからなかったが身体がざわついてふるえたということで「ざわざわ」である。

問二　友人はお金がかからないからと答えたとは言うが，「理由はそれだけではなかった」と伯母さんは思っている。それは，出席してみて「簡素ではあるが素敵な結婚式」だったと感じたからだ。もちろん，友人もそのような結婚式ができると思って区役所で挙式したのだ。

問三　「ここより前」という条件に注意する。問一Cが参考になる。伯母さんが身体がふるえるほど衝撃を受けたのは，美しい絵だという感動のような種類ではなく，「どっしりとした，静かな，悲しみ」を絵の中に見たからだ。

問四　「ふたりが送りあった手紙～」で始まる伯母さんの言葉に着目する。いっしょに食事をして，おしゃべりをして，楽しい時間を過ごす関係にはなれなかったが，ゴッホの作品に目を瞠ったという手紙を送ったゴーギャンとの関係，絵に関しては全身全霊をかけていて絵については一切の妥協がない二人だったのだから，相手からの高評価は何よりうれしいことだっただっろうと伯母さんは言っている。このことからエを選択できる。

基本 問五　(1)　真ん中に糸杉があり，左右に三日月と星という構図からア・ウ・エにしぼれる。男性が二人肩を寄せ合うようにということで，アとエが残る。二人の男性の後ろに馬車というのだからアだ。　(2)　アとエで迷うところだ。ゴッホはゴーギャンとの共同生活が終わってしまうことに耐えがたい痛みを感じてはいたが，糸杉の絵で，もう一度一緒に生活しようというアピールをしたわけではない。＜～失敗に終わってしまったけれど，わるいことばかりじゃなかった。そうは思わないかい？＞という手紙の文面から伯母さんが考えたのは，ともに暮らした日々を絵に重ね合わせようと思ったからなのかもしれないということでアを選択する。

問六　「どうしてかなあ。～」で始まる伯母さんの言葉からは，ゴッホのほうがゴーギャンを求める気持ちの方が強かったと思うということがわかる。つまり，思う相手が心の中にいることが大切だということになる。姪の言う，楽しい時間を過ごす友だちももちろん大切だと伯母は思っていることは冒頭の話でわかるので，オである。

重要 問七　伯母の言葉に，ここで「わたし」が引っかかっている点は「飛行機代を出すのは簡単ではない」ということと，「絵は待っていてくれる」とは言っても，そんなにのんびりとしているのではなく，伯母さんがふるえるほど感動したという絵を見てみたいというはやる気持ちになっていることだ。しかし，その2点は矛盾するのだから，「飛行機代は簡単に出せないけれど，ぜひ見たい」という主旨の解答を書く。

やや難 問八　「自分で自分のことをもてあまして」という設定が難しいかもしれない。また，「とんでもないこと」が，本文での耳を切り落としたというゴッホの話と重なりそんな大ごとになるようなことはないと話題に困る気持ちにもなるだろう。自分のことをもてあますというのは，自分の感情をコントロールできないというイメージであり，とんでもないことは，通常ならしないことをしてしまった程度で考えると書きやすいかも知れない。

★ワンポイントアドバイス★

言葉の意味はかなり高度である。出題数も多いのでできる限り失点は少なくしたい。新聞など短時間で読める大人向けの文章に接する機会を作ろう。

MEMO

大切なことはメモしておこうネ！

データ対応

収録から外れてしまった年度の
問題・解答解説・解答用紙を弊社ホームページで公開しております。
巻頭ページ＜収録内容＞下方のQRコードからアクセス可。

※都合によりホームページでの公開ができない内容については，
次ページ以降に収録しております。

でも自由にふるまえる方が自分の性分に合っていると感じた。そのため、花音たちのグループとはもう仲良くするべきではないと思い、二人をつき放すことができた。そして自分たちに歯向かった「わたし」に驚き、堂々とした態度におじけづいた二人を見て、優《ゆう》越《えつ》感にひたり笑いをこらえきれない気持ちでいる。

ウ　「わたし」は他人と違うところがあっても欠点だと思うのではなく、自分の個性として受け入れる態度が大切だと思い至った。そのため、花音たちと意見が合わなくてもよいのだと気づき、二人にはっきりと言いたいことを言えるようになった。それにより気弱だった「わたし」の成長を実感した二人と、気軽に軽口をたたきあえるようになり、喜びと安堵《あんど》に満ちた気持ちでいる。

エ　「わたし」はうわべだけの友情にこだわるより、互いに理解しあえる友達との関係を大切にすることが自分にとって重要だと自覚した。そのため、花音たちに気に入ってもらえなくても構わないと感じ、二人と自然に接することができた。すると自信がわきあがり、想定していたのと違う反応を返した「わたし」に、肩透《す》かしを食わされた二人を見て、晴れ晴れとした気持ちでいる。

オ　「わたし」は自分らしく生きることだけが正しくて、周りに合わせてばかりではいつまでも本当の友達を得られないと悟った。そのため、花音たちとは二度と一緒に行動しないようにしようと決め、気軽に会話を受け流すことができた。そうして「わたし」が仲良しグループから離れようとしていることに気付き慌てる二人を見て、おかしがりながらも情けなく思う気持ちでいる。

問九　＝＝線部Ａ「いちかオリジナルの『ソ』の軸」、＝＝線部Ｂ「わたしの『ソ』は、ここ」とありますが、この物語では「ソ」とはどのように生きていくかという行動の軸として描《えが》かれています。あなたにとってこれまでの行動の軸としてきたことは何ですか。あるいは、これからの行動の軸としたいことは何ですか。一行にまとめて紹介《しょうかい》しなさい。また、そう思う具体的な理由を自分自身の体験を踏まえて解答欄《らん》に収まるように紹介しなさい。

問六　——線部4「新しい素敵なヒント」とありますが、「サクちゃん」が伝えようとしたこととして最も適切なものを次から選び、記号で答えなさい。

ア　けんかしてもあきらめることなく友達と仲直りするべきだということ。

イ　名曲はいつの時代も変わることなく演奏することができるということ。

ウ　周りに流されることのない自分らしさを持つことが大事だということ。

エ　周りと波風をたてることのない協調性を持つことが必要だということ。

オ　すべてのものは無常なのでつらい気持ちもやがてなくなるということ。

問七　——線部5「ふたりは化石フェアの台とわたしを交互に見て、なにやら嬉しそうに笑った」とありますが、このときの二人の様子について説明したものとして、最も適切なものを次から選び、記号で答えなさい。

ア　自分たちに関係を隠していた「わたし」と乃木くんのことを疑っている二人は、転校する乃木くんに「わたし」がプレゼントを用意しようとしているところを見て、仲直りしていないという嘘《うそ》をあばけると考え喜んでいる。

イ　大人びている「わたし」と乃木くんのことをうらやましく思っている二人は、「わたし」が転校する乃木くんへのプレゼントに化石を選んでいると知って、「わたし」の常識知らずな一面を言いふらそうと思い喜んでいる。

ウ　自分たちに気後れしている「わたし」を下に見ている二人は、「わたし」が転校する乃木くんに渡すプレゼントを化石にしようとしているところを見つけ、また「わたし」をからかってやる話題が増えたと感じ喜んでいる。

エ　大切な友達である「わたし」が乃木くんを優先するのを苦々しく思っている二人は、「わたし」が二人の誘いを断ったのは転校する乃木くんへプレゼントを買うためだと悟《さと》り、「わたし」を責めるきっかけを得て喜んでいる。

オ　自分たちに劣る「わたし」が人気者の乃木くんと仲良くするのが気に入らない二人は、転校する乃木くんに「わたし」が化石をプレゼントする気だと察し、乃木くんの好みも知らないことをばかにできると思い喜んでいる。

問八　——線部6「わたしはちょっと笑って、『うらやましがるなよぉ』という言葉を口の中でころがした」とありますが、このときの「わたし」の内面を説明したものとして最も適切なものを次から選び、記号で答えなさい。

ア　「わたし」は周りの目を気にしてしまうのがつらく感じるのは学生の間だけで、社会に出ると当たり前になっていくので気にせずともいいと割り切った。そのため、花音たちに何を思われてもどうでもいいと考え、投げやりな状態になった。そこで二人に乃木くんへのプレゼントをばかにされても、反抗《はんこう》心が生まれることなく、大人の厳しさを知ってしまった苦々しい気持ちでいる。

イ　「わたし」は女友達のわがままに振りまわされ続けるよりも、一人

＊5　黒祖ロイド……乃木くんの好きなSF作家。

問一　本文中の[a]～[d]に当てはまる言葉として最も適切なものを次から選び、それぞれ記号で答えなさい。ただし、記号は一度ずつしか使いません。

ア　しゅん　　イ　きょとん　　ウ　しくしく
エ　てきぱき　　オ　ぱちくり

問二　――線部1「わたしがこの仲良しグループにいるための引換券」とありますが、「乃木くん」や「花音と瑠美」と「わたし」の関係を説明したものとして最も適切なものを次から選び、記号で答えなさい。

ア　花音と瑠美が男子と気軽に話すことを密《ひそ》かにねたんでいる「わたし」は、たまたま話しかけてきただけの乃木くんが告白をするはずもないのに騒《さわ》ぎ立ててきた二人を恨《うら》めしく思い、乃木くんに八つ当たりをした後も怒《いか》りが冷めず投げやりな態度をとってしまっている。

イ　花音と瑠美がからかってくることを気恥ずかしく思っている「わたし」は、乃木くんのことが好きではあるものの素直《すなお》な態度をとることができず、冷たくあしらってしまったことを悔《く》やんでいたため、その気持ちを察して何も言わずにいてくれる二人に感謝している。

ウ　花音と瑠美のように自信が持てないことを引け目に感じている「わたし」は、乃木くんと一緒に遊びたい気持ちを持つ一方で自分をパン屋に誘ってくれた二人との約束を破ることもできず、両者の間で板挟《いたばさ》みになってしまいどっちつかずな態度をとってしまっている。

エ　花音と瑠美に信頼してもらえているか気がかりに思っている「わたし」は、二人とパン屋に行きたいというのにしつこく話しかけてくる乃木くんをうっとうしく思いながらも、男子の誘いを決然と断ったことで二人に友情を認めてもらえたに違いないと確信している。

オ　花音と瑠美に仲間外れにされてしまわないか恐《おそ》れている「わたし」は、乃木くんとこれからも友達でいたいと考えているものの、男子と仲良くするところを見られて二人の反感をかうことを避《さ》けようとし、二人に気に入ってもらえるような態度をとってしまっている。

問三　――線部2「わたしはぎゅっと奥歯をかみしめて涙をこらえた」とありますが、このときの「わたし」の心情を五十字以上六十字以内で説明しなさい。

問四　本文中の[X]に当てはまる最も適切な言葉を、文章全体をよく読み自分で考えて漢字二字で答えなさい。

問五　――線部3「ト音記号」とありますが、ト音記号として最も適切なものを次から選び、記号で答えなさい。

ア

イ

ウ

エ

オ

そして、あった。アンモナイト。

薄《うす》茶色いのや、グレーがかったのや、白っぽいのや。どれも五百円玉ぐらいのサイズだけど、ひとつとして同じものはなかった。

わたしはよーく吟味《ぎんみ》して、殻《から》の模様が一番ぎゅっとつまっていて大理石みたいな色合いのアンモナイトを選んだ。

箱の隅《すみ》に「白亜紀《はくあき》」と書かれた小さなシールがついている。一億四千万年前のそのアンモナイトは、わたしのお小遣《こづか》いでもなんとかなる値段だった。千百円。消費税五パーセントを合わせて、千百五十五円。

それに手を伸ばそうとしたら、後ろから「いちか？」と声をかけられた。花音と瑠美だった。

5ふたりは化石フェアの台とわたしを交互に見て、なにやら嬉しそうに笑った。

「えっ、マジで？　化石？」

「うわ、信じられない」

一瞬《いっしゅん》、足がすくむ。

でも、おとといサクちゃんが書いてくれたト音記号の書き込みを思い出したら、体がふっと楽になった。

わたしは黙《だま》って、乃木くんに選んだ美しいアンモナイトの箱を手に取った。

花音たちに背中を向け、レジに向かう。彼女たちがどんな顔をしているのか、何を言ってるのか、べつにわからなくていいって初めて思った。

レジで店員さんに「プレゼントなんですけど、包装してもらえますか？」と訊いた。店員さんはにこっと笑って「承知しました」と言ってくれた。

書店の名前が入った包装紙でラッピングされた小箱を受け取るところまで、花音たちは見ていたらしい。わたしが店を出るとふたりで待ち構えていて「まさか乃木にプレゼントするんじゃない？」と花音が言った。瑠美に話しかけてるってスタイルで、その実、わたしに聞こえるように言っているのがわかる。

「男子に化石あげるとか、笑うわー」

瑠美がわざとらしくおなかを抱《かか》えた。

わたしは「また明日ねぇ」と笑顔でかわしてエスカレーターに向かった。

おびえながらウソをつく必要も、何が悪いんだとムキになる必要もない。

わたしは化石が好きで、乃木くんも同じで、そんな話で盛り上がったふたりの楽しい時間を覚えていてほしいから、彼にプレゼントしたい。

誰に笑われてもばかにされても、へっちゃらな軸。Bわたしの「ソ」は、ここ。しっかり足を着ける。

エスカレーターが下っていく。視界の隅で、花音と瑠美が［d］と立ち尽くしているのが見える。6わたしはちょっと笑って、「うらやましがるなよぉ」という言葉を口の中でころがした。

（「ト音記号の巻」　青山美智子『鎌倉うずまき案内所』より）

＊1　ポストイット……ふせん。

＊2　ポメッピ……花音のお気に入りの、ポメラニアンのキャラクター。

＊3　サクちゃん……いちかの叔父《おじ》。横浜の中学校で理科の先生をしている。

＊4　外巻さん……いちかが修学旅行の時に迷い込んだ「鎌倉うずまき案内所」で出会った、ダジャレ好きなおじいさん。

「……アンモナイトみたい」

わたしはつぶやいた。長い時間をかけて、うずまきになっていくなんて。

アンモナイト？　とサクちゃんは目を［c］させたけど、特に気には留めずに先を続けた。

「今はドレミファソラシドだけど、うんと昔はラで始まってたんだな。ラシドレミファソがABCDEFGに当てられて、日本の音符《おんぷ》の読み方では、いろはにほへと。ということで、ソはG、日本語では、と、にあたる。だからト音記号のトって、ソのことなんだよ」

サクちゃんは余白にアルファベットとカタカナ、ひらがなを並べて表にしながら言った。

「すべてのことは変わりゆくんだ。無常っていうこと。このト音記号だって、千年後にはこの形じゃないかもしれない。始まりはドじゃないかもしれないし、線だって五本じゃなくなるかもしれない。でも時がたつにつれ状況《じょうきょう》がどんどん変わっても、ソの位置がここだって、軸《じく》がはっきりしていれば狂《くる》わないだろ。名曲はずっと美しく奏《かな》でられる」

そう言いながら、サクちゃんは『いつくしみ深き』のタイトルを指でなぞった。

「五線譜からはみだすのが怖《こわ》い気持ちはすごくわかるよ。学校と家が全世界の学生のうちは、仕方ないことだと思う。でもね、ばかにされないように笑われないようにって、そっちを軸にして動くと、仲間外れにはならないとしてもホントの仲間は見つけにくいかもしれない。だから、誰に笑われたってへっちゃらって思えるような、Aいちかオリジナルの『ソ』の軸を持つといい。そしたらこれから先、どんなに状況が変わっても自分を見失ったりしないし、本当に大切な仲間を得られるよ」

サクちゃんはボールペンをテーブルに置く。

うずまきの中心の、わたしのソ。

わたしはサクちゃんの書き込みが入ったト音記号をじっと見た。

空いたグラスをトレイに載《の》せて、ウェイトレスさんが戻《もど》ってくる。サクちゃんはわざわざ立ち上がって、ウェイトレスさんにお礼を言いながらボールペンを返した。

横浜のおばあちゃんの家で一泊《いっぱく》したあと、日曜日の夕方、静岡に戻った。

振替休日の月曜日、わたしはショッピングモールに出かけた。

明日は乃木くんと会える最後の日だ。ちゃんと謝って、ありがとうも言って、何かプレゼントを渡したい。

男の子にプレゼントなんてしたことないから、何を選べばいいのかわからなかった。お金もそんなに、持ってないし。

本にしようと思いついて、わたしはモールの中の書店に向かった。＊5黒《くろ》祖《そ》ロイドの本は全部持ってるだろうから、図鑑《ずかん》とか、写真集とか。

店に着くと、文房具コーナーの隣《となり》に「化石フェア」というポスターがあって、わたしは目を見開いた。この書店では時々、こんなふうに本や文房具じゃないものを一時的に置いているのだ。わたしはドキドキしながら台の上に置かれた化石を見た。化石って、いったいいくらで買えるんだろう。

マッチ箱ぐらいの小さなプラスチックケースに入って、それらは行儀《ぎょうぎ》よく並んでいる。恐竜《きょうりゅう》の歯、三葉虫《さんようちゅう》、マンモスの骨。

そうなんだ。救世主は、友達だったんだ……。

「じゃあ、隠《かく》れキリシタンは友達を踏んだのね」

なんだかそれって、神様を踏むよりもつらいことのような気がした。

［b］としていると、サクちゃんはわたしの頭にぽんぽんと手をのせた。

「どうした、いちか姫は何かお悩《なや》みか？」

「……姫じゃないの。わたし、侍女《じじょ》なの」

サクちゃんは頭から手をおろし、そっと肩に触《ふ》れてくれた。こらえきれなくなって、わたしは涙《なみだ》声になる。

「みんなから外れないようにって必死で合わせてるうち、やっとわかり合えたはずのたったひとりの友達に、ひどいことしちゃった……」

わたしはぼろぼろと泣いた。サクちゃんは、そうかそうか、と優しく肩《かた》を抱《だ》いてくれた。テラス席の端《はし》っこはちょっとした死角になっていて、庭にいるみんなは俊介さんのお友達が弾《ひ》くバイオリンの音に聴《き》き入っている。

「そういうの、わかるよ。中学や高校のうちは、どうしてもみんなが同じほうを向いていないと先に進まないような空気ができちゃうんだ。この五線譜みたいにね、ぴっちり決められた枠《わく》の中にいなきゃいけなくて、自分がどこにいればいいのか見失ったりする。教師やってる僕《ぼく》から見ててもしんどいときあるよ。学校っていう大きな集団じゃなくて、もっと小さなところでひとりひとりと向き合えたらいいのになって思うこともある」

ちょっと意外だった。サクちゃんは楽しく中学校の先生をやっていると思っていた。いつか転職なんて、そんなこともあるんだろうか。

「人と違っているのは劣《おと》っているってことじゃないんだ。それぞれがそれぞれでいいって、もっと［X］性が認められる社会にしていかなきゃいけないって思うし、時間をかけて少しずつそういう時代になるって僕は信じてるよ」

サクちゃんは楽譜を見ながら言った。そして[3]ト音記号を指さす。

「ね、ト音記号の意味、知ってる？」

「えっ……」

サクちゃんの口からト音記号という言葉が出てきて、わたしの胸は高鳴った。なんだか、[4]新しい素敵なヒントを運んできてくれるような予感がしたのだ。

ここのさぁ……と言いかけて、サクちゃんは空のトレイを持って横切ったウェイトレスさんに「すみません、ボールペンありますか」と声をかけた。ウェイトレスさんはエプロンのポケットからペンを取り出し、サクちゃんに渡して庭に出ていく。

サクちゃんは楽譜のコピーをテーブルに置き、ト音記号にペンを入れた。

「このうずまきの中心のとこ。十字架《じゅうじか》みたいにクロスしてるだろ。ここが、ソですよってことなの」

「そうなの?!」

わたしが声を上げると、サクちゃんは意味ありげに「ソー」と言って笑った。*4外巻《そとまき》さん並のダジャレらしい。思わず吹き出すと、サクちゃんはにっこり笑った。

「もともとは、この記号はアルファベットのGだったんだ。それが長い時間をかけて、この形に変わっていった」

たら、花音たちに何を言われるかわからない。なんとも思わないふりをして、髪《かみ》の毛の先をいじったり爪《つめ》を見たりして、わたしは時間が過ぎるのを待った。

その週末、土曜日に親戚《しんせき》の結婚《けっこん》式があって、わたしはお父さんとお母さんと三人で横浜に行った。

お母さんや＊3サクちゃんの従弟《いとこ》である俊介《しゅんすけ》さんが今回の主役で、わたしにとっては「いとこおじ」になるらしい。

わたしは乃木くんのことで落ち込《こ》んでいたけど、サクちゃんに会えるのはやっぱり嬉《うれ》しかった。シャーベットグリーンのワンピースを着ているわたしに、サクちゃんは「お姫様《ひめさま》みたいだな」と言ってくれた。

式は教会で行われた。俊介さんのタキシード姿はかっこよかったし、花嫁《はなよめ》さんもかわいらしくて、見ているだけで幸せな気持ちになった。牧師さんに導かれて新郎《しんろう》新婦は神様に愛を誓《ちか》い、参列者のわたしたちは讃《さん》美歌《びか》を歌った。

ひととおりの儀式《ぎしき》を終えたあとは、コテージみたいな会場に場所を移した。一応、室内にテーブル席があったけど、テラスの窓が全部開け放たれて庭に出られるようになっている。移動自由なガーデンパーティー形式の、素敵《すてき》な披露宴《ひろうえん》だった。

わたしはサクちゃんとふたり、テラス席に座ってケーキを食べていた。「なついている姪《めい》っ子《こ》」のポジションを存分に活かし、彼を独《ひと》り占《じ》めすることに成功したのだ。こんな知能犯のわたしもいる。「おとなしい顔してやるなぁ」って花音の言うことも、あながち間違《まちが》いじゃないかもしれない。

「サクちゃんも、結婚したいって思う？」

そう訊《き》いたら、サクちゃんはウーンとうなった。

「ただ結婚したいかって言われたら、わかんないな。いつか好きな人ができて、その人と結婚したいなと思ったらするよ、きっと」

素晴《すば》らしい回答。今、サクちゃんに好きな人はいないってことだ。わたしは姪っ子の顔で言う。

「そのときは、わたしまた讃美歌を歌うのかな」

わたしはポシェットから紙を出した。さっき教会で配られた楽譜《がくふ》のコピー。讃美歌３１２番『いつくしみ深き』。

初めて歌った曲だ。オルガン伴奏《ばんそう》に合わせて、聖歌隊が歌うのをまねるようにしてなんとか口ずさんだ。

楽譜をもらったとき、疑問に思った。「友なるイエス」っていう歌詞があったからだ。

「サクちゃん、この『友なるイエス』ってどういうこと？　イエス様のことを友達なんて」

サクちゃんはなんでも答えてくれる。知っていることはていねいに教えてくれるし、知らないことは一緒《いっしょ》に考えてくれる。サクちゃんの学校の生徒たち、いいなあって本気で思う。

「だって、イエスは人間だから」

「えっ、そうなの？」

驚《おどろ》いているわたしに、サクちゃんは優《やさ》しいたれ目を向ける。

「うん、イエスを神様だと思ってる人もいるけど、彼は神の使いであって、人間なんだ。ヨハネの章だったかな、イエスがみんなに言ったんだよ。あなたたちは、私のしもべではなく友だって」

そうしてわたしは、なるべく乃木くんと目を合わせないようにして過ごした。

十二月に入ってすぐの放課後、教室を出ようとしたら乃木くんがわたしを呼び止めた。

「あのさ、ちょっといいかな」

ドア口で花音と瑠美がわたしを見ている。このあと三人で商店街のパン屋へ行く約束をしていた。パンをひとつ買うとクーポン券がついてきて、十枚集めればポメッピ*2のお皿がもらえるらしい。花音はそれが欲《ほ》しいと言って、わたしも誘《さそ》ってきたのだ。

「俺、園森《そのもり》さんに話があって」

「……急いでるから」

乃木くんは三秒ぐらい沈黙《ちんもく》したあと、「じゃ、いつならいい?」と弱々しく言った。

その声がなんだか泣きそうで、わたしのほうこそもっともっと泣きそうで、今すぐふたりで理科室に行きたかった。

「いちかに告《こく》るんじゃん?」

瑠美が花音に言う。わざとわたしたちに聞こえるように。

わたしは乃木くんから目をそらしながら叫《さけ》んだ。

「もう、話しかけてこないで!」

怒《おこ》った口調になったのは、乃木くんにじゃなくて自分自身に腹が立ったからだ。

乃木くんの顔を見ることができなかった。本当にこれで終わっちゃったと思った。

花音と瑠美にくっついて、わたしは商店街で食べたくもないパンを三個も買った。レジでもらったクーポン券を花音に渡《わた》す。それは、1わたしがこの仲良しグループにいるための引換《ひきかえ》券だった。

それから三週間して、ホームルームで泉《いずみ》先生が言った。

「突然《とつぜん》な話ですが、乃木くんが二学期いっぱいで転校します」

わたしはハッと顔を上げた。教室がざわつく。

今日は金曜日で、月曜日が祝日の振替《ふりかえ》休日だから週末を入れて三連休になる。冬休みは水曜日からだ。二学期いっぱいって、実質、今日を含《ふく》めて二日しかない。

乃木くんはクラス全員から注目を浴びて、きまり悪そうにうつむいていた。先生が［ａ］と説明する。

「お父さんが急に転勤になって、東京に引っ越《こ》すことになりました。三年生のこんな時期だけど、逆に今なら東京の高校を受験することも支障なくできるからね。乃木くんの希望で、ぎりぎりまでみんなには言わないってことで今日発表となりました。はい、乃木くん、みんなにひとこと!」

乃木くんは恥《は》ずかしそうに立ち上がり「残り二日、よろしくお願いします」とだけ言って座った。

そんだけかよー、と湯川《ゆかわ》くんが言ってみんなが笑う。

そうだった。乃木くんって、みんなの前でペラペラしゃべる人じゃなかった。わたしに見せてくれたイキイキとした表情や、饒舌《じょうぜつ》な語り口は、彼が心を大きく開いてくれていた何よりの証《あかし》だった。

乃木くんがわたしに話があるって、このことだったんだ……。

2わたしはぎゅっと奥歯をかみしめて涙をこらえた。ここで泣いたりし一つ選び、記号で答えなさい。

ア　学ぶに暇《いとま》あらずという者は暇《いとま》ありといえども、また学ぶあたわず。

イ　学びて思わざれば則《すなわ》ちくらし。思いて学ばざれば則《すなわ》ちあやうし。

ウ　吾、十有五にして学に志す。三十にして立つ。四十にして惑わず。

エ　学びて時にこれを習う。またよろこばしからずや。

オ　少年老いやすく学成り難《がた》し。一寸の光陰《こういん》軽んずべからず。

問九　本文の要旨《ようし》として最も適切なものを次から選び、記号で答えなさい。

ア「問い」には答えがはっきりしているものと、そうでないものとがあるが、「思考」を哲学的なものにするためには「問い」を重ねることが重要なので、対話を続けていくときには、とにかく答えに説明を要する「問い」をたくさん展開していくことがいいのである。

イ「問い」が漠然としていると「思考」も漠然としたものになってしまうが、具体的に問うことによって「思考」はより具体的なものになっていくので、明確な答えが出るような「問い」を重ねていくことで得る確かな知識が、「思考」をより深めていくのである。

ウ　知識がなくても対話は哲学的になりうるが、確かな知識をもとにして考えると対話が定まった方向で深まり問いを積み重ねることができるので、哲学的な思考には簡潔に答えられる問いと簡単には答えられず対話が発展していく問いが必要である。

エ「問うこと」は「思考」を哲学的なものにするために重要ではあるが、むやみに「問い」を重ねたからといって必ずしも「思考」が決まった方向に定まり、哲学的に深まっていくということはないので、何をいつ誰に問うかという「問い」の質が大切なのである。

オ　人の意見を聞くような「問い」は、思考力を育てるためには必要であるが、「思考」を深め、哲学的な広がりをもたせるには新たな視点や意外な展開が必要なので、明確な答えを求めるような「問い」を重ねて、土台となる確かな知識を身につけることが重要である。

四　次の文章は、青山美智子《あおやまみちこ》『鎌倉《かまくら》うずまき案内所』の一節です。中学三年生の「わたし」と「乃木《のぎ》くん」は修学旅行で同じグループになったことをきっかけに仲良くなり、火曜日と金曜日の早朝に誰《だれ》もいない理科室で話をするようになりますが、ある日同じクラスの「花音《かのん》」と「瑠美《るみ》」に二人の関係をひやかされた「わたし」は、「乃木くん」がいる前で彼《かれ》の悪口を言ってしまいます。本文はその続きの部分です。これを読んで、あとの問いに答えなさい。字数指定のある問いは、句読点などの記号も全て字数にふくみます。

次の日、わたしは借りていた本を紙袋《かみぶくろ》に入れ、補習が始まるぎりぎりの誰も教室にいない時間を見計らって乃木くんの机の中に返却《へんきゃく》した。表紙に「ありがとうございました」と書いたポストイット*1だけつけてある。

わたしはもう、乃木くんの友達でいる資格もない。そう思った。救世主だったイエス・キリストの踏《ふ》み絵を踏みまくった信者の気分だった。

本は読まなかった。そんな気分にはなれなかったし、乃木くんとつながるものを持っていてはいけない気がした。

それからわたしは、火曜日と金曜日の理科室には行かなくなった。もともと、約束していたわけじゃないのだ。

イ「何かいいことないかなぁ」と考えるかわりに「誰にとって楽しいこと?」「自分?」と自分のために抽象的な問いを重ねることで、自発的に考えられるようになる。

ウ「何かいいことないかなぁ」と考えるだけでなく「いいことって?」「誰のために?」という具体的な問いを重ねることで、別の角度から考えられるようになる。

エ「何かいいことないかなぁ」と考えてから「つまんないこと?」「楽しいこと?」と反対の意味の問いを重ねることで、問いの答えが漠然としたものにならないようになる。

オ「何かいいことないかなぁ」と考えてすぐに「自分にとって?」「みんなにとって?」と必要以上に問いを重ねることで、前向きに考えられるようになる。

問三　――線部２「実際には問いではない」とありますが、それはどういうことですか。最も適切なものを次から選び、記号で答えなさい。

ア　解消されることのない自分の中の思いが問うことをあきらめさせるということ。

イ　問いのような形だが自分の中では答えを求めているわけではないということ。

ウ　自分の中ではその問いが負の思いのせいで考えられなくなっているということ。

エ　不満や不安が大きすぎて自分の力では手に負えなくなっているということ。

オ　そもそもその問いに関して自分自身は疑問を感じているということ。

問四　――線部３「問いはより深くなり、哲学的になる」とありますが、何をどのようにすることで哲学的になるのですか。三十字以上四十字以内で説明しなさい。

問五　――線部４「答えが出るかどうかは問題ではない」とありますが、それはなぜですか。最も適切なものを次から選び、記号で答えなさい。

ア　授業を受ける意味があるかないかは答えがあるわけではなく、問いを積み重ねることが大事だから。

イ　納得のいく答えが出ると怒りや苦しみが増幅《ぞうふく》しかねないので、答えが出ない方がいい場合もあるから。

ウ　自分のもっている疑問を相手が受け止めてくれるだけで、恐れや怒りなどの感情が薄まるから。

エ　疑問に対して納得のいく答えが出なくても、授業を受けないということを認めてもらうことが重要だから。

オ　正しい答えを導き出すことよりもとにかく恐れず問うことで、不満や不安に打ち勝つことができるから。

問六　本文中の I ～ V には、「閉じた」または「開いた」が入ります。「閉じた」が入る箇所《かしょ》にはA、「開いた」が入る箇所にはBと、それぞれ記号で答えなさい。

問七　――線部５「かならずしもそうではない」とありますが、それはなぜですか。三十字以上四十字以内で説明しなさい。

問八　――線部６「知識だけ学んで問うことがなければ、思考はどこにも行かず、育つこともない。知識もなしに問うばかりでは、思考は方向を見失う」とありますが、この内容と同じような意味の文を次からするものである。

　イエス・ノーで答えられるのは、［Ⅰ］問いが多いだろうが、人の意見を聞くような問いは、かならずしもそうではない。「死刑《しけい》制度に反対ですか?」や「今の生活に満足していますか?」は、人によっても違い、簡単には答えられないので、［Ⅱ］問いである。

　また、人によって、場合によって答えが違うからといって、［Ⅲ］問いになるわけではない。「あなたの名前は何ですか?」や「今何時ですか?」は、一言で答えられるので、［Ⅳ］問いである。「夏休みはどのように過ごしたいですか?」というのは、中間的なものだろう。

　一般には、思考力を育てたり、哲学的な対話をしたりするためには、明確な答えのない問い、［Ⅴ］問いを考えるのがいいとされる。だが、5かならずしもそうではない。たとえば、「死刑についてどう思うか?」という問いに対して、何の予備知識もなしに、ただたんに命の価値、罪と罰《ばつ》の関係、復讐《ふくしゅう》、救済などについて自由に話していれば、対話じたいは哲学的になりうる。しかし死刑について、より深く考えられるとは限らない。

　歴史上、どのような死刑があったか、どのような罪に対して死刑が科されたか、現在死刑はどの国に残っていてどの国で廃止《はいし》されているか、死刑はどのようにして廃止されたのか、凶悪《きょうあく》犯罪に対して死刑の代わりにどのような刑罰をもって臨んでいるのか、現在日本で死刑はどのように行われているのか、死刑囚はどのような生活をしているのか等々、調べれば明確な答えが得られる問いはたくさんある。

　どんな問題であれ、調べれば分かることは明らかにしたうえで問い、考えなければ、対話は糸の切れた凧《たこ》のように宙を漂《ただよ》い、あらぬ方向へ行ってしまう。それはそれで、新たな視点が見つかったり、意外な展開があって予想もしないことを考えることができたりして、対話としては面白いし、哲学的な広がりも深まりもあるだろう。それもまた思考の自由さなのかもしれない。

　だが、制御《せいぎょ》がきかないのは、自由さとは違う。確かな知識によって土台と軸《じく》が与えられれば、対話は焦点《しょうてん》が定まった仕方で深めることができる。

6知識だけ学んで問うことがなければ、思考はどこにも行かず、育つこともない。知識もなしに問うばかりでは、思考は方向を見失う。知識はそこからさらに問うてこそ意味があり、問いは知識によってさらに発展する。だから哲学的に考えるためには、答えのある問いとない問い、閉じた問いと開いた問いの両方が必要なのである。

（梶谷真司《かじたにしんじ》『考えるとはどういうことか』より）

＊呪詛……うらみに思う相手に災《わざわ》いが起こるよう神仏に祈《いの》り願うこと。

問一　本文中の［Ａ］～［Ｄ］に当てはまる言葉として最も適切なものを次から選び、それぞれ記号で答えなさい。ただし、記号は一度ずつしか使いません。

ア　また　イ　たとえば　ウ　さて
エ　だから　オ　すると

問二　――線部1「考えが前進する」とありますが、それはどうなることですか。最も適切なものを次から選び、記号で答えなさい。

ア　「何かいいことないかなぁ」と考えたあとに「みんなにとって?」「誰にとって?」と問う対象を他人に限定することで、複数の答えを得られるようになる。

校で学ぶべきことは何か？」「ある科目で学ぶ意義があるのはどんなことか？　その意義とはどのようなものか？」といった具合に。

こうすれば、3問いはより深くなり、哲学的になる。堂々巡りをしたり、ただ人を怒《おこ》ったり憎《にく》んだりするのではなく、一歩でも二歩でも考えを進めていける。

こんなこと面倒くさくてやってられるか！と思うかもしれない。そんなことをやったって、どうにもならない。どうせ授業は受けなきゃなんないじゃないか！――その通り。こんなこと、生徒であっても教師であっても、一人では考える気にもなれないだろう。

それどころか、問うことは恐ろしいことでもある。もし答えがなかったら、答えられなかったら、どうするのか？　あるいは、自分の無力さ、愚《おろ》かさに直面するかもしれない。ならば、ただ文句を言って、誰かを責めていたほうがいい。そのほうがずっと楽だ。

だが、4答えが出るかどうかは問題ではない。生徒からすれば、授業を受ける意味があるかどうか、先生が納得のいく答えを示してくれなくてもいい。それがまっとうな問いであることを認めてくれればいいのだ。

つまり、疑問を共有することじたいに、すでに大きな意味がある。自分が疑問に思うことを、問うに値《あたい》しないかのように扱われたり、問うことじたいが間違っているとかケシカランと思われたりするのは、誰にとってもつらいことである。自分の疑問がきちんと受け止められること、問うていいのだと認められることが、重要なのである。

そして答えが出なくても、その問いから考えていくことで、恐れや怒りや苦しみ、不満や不安から身を引き離《はな》すことができる。そうすれば、その人自身、少しでも自由になれる。

大事なのは、問うことを恐れないことである。最初からいい問いを作る必要はない。とにかくいろいろ問う。そこから問いを積み重ねていく。

ただ、一人ではなかなか思いつかないし、何より退屈だ。だから、他の人と対話をする。自分だけでは思いつかないような問いを他の人が思いつく。他の人が問えば、自分も問う勇気が出る。そこに対話の意義がある。

問いには、はっきりした答えのある問いと、そうではない問いがある。「富士山の高さは何メートルか」という問いには、一言で明快に答えられるが、「富士山はなぜ神々《こうごう》しいのか？」にはいろんな答え方ができるし、簡単には答えられない。

実際に明確な答えが出せるかどうかは、あまり問題ではない。たとえば、「この部屋に酸素分子はいくつあるか？」という問いは、大まかな数であれば、化学式を用いて計算できるが、正確には分からない。かといって、数が決まっていないわけではない。

また中間的な問いもある。「日本人は何人いるか？」という問いは、日本国籍《こくせき》をもつ人の数を問題にしているのであれば、はっきり答えられるが、日本国籍をもつ外国人、外国籍をもつ日本人、世界のさまざまな国にいる日系の人を数に入れようとすれば、どのように答えるのか難しい問題である。

少し意味合いは違うが、「閉じた問い（closed question）」「開いた問い（open question）」という区別もある。閉じた問いは、簡潔に答えられて、それ以上の説明を要しないもの、開いた問いは答えに説明を要

「バチが当たればいいのに！」という呪詛である。

こうした問いは、実際にはそれが問いではないということだけではなく、「イヤだ」とか「ダメだ」とか「クソ」とか「アホ」とか、すでに答えが出ている。それなのに、解消されることのない不満と共に埒《らち》が明かない〝問い〟としてその人に付きまとう。そのせいできちんと考えることが妨《さまた》げられている。

この状態から抜《ぬ》け出す選択肢《せんたくし》は二つある。問うのをやめるか、問いを立て直すか、である。

問いではない問い、考えることのできない問いを考えられる問いに変えられないなら、もう問わないほうがマシだ。何でもかんでも問えばいいというものではない。

問う能力は、人によって違う。手に負えない問いというのは、誰にでもある。問わない、問いを忘れる、あきらめるということも重要だ。とはいえ、それとて簡単ではない。だから「どうしてそんなことを問うのか？」「その問いを問うことに意味はあるのか？」と問う。これで問いから抜け出せるかもしれない。

問うことをどうしてもやめられない、やめたくない、やめるべきでない場合は、もう一つの選択肢になる――問いを立て直すにはどうすればいいのか。

たとえば、「なぜ授業を受けなければならないのか？」（大人だったら「仕事」と言い換《か》えればいい）というのを取り上げよう。これは、学校へ行って生徒たちから自由に問いを出してもらうと、よく出てくる問いである。本当に疑問に思って出てきた問いかもしれないが、その背後にはしばしば「意味がないんじゃないか」「つまんない」「退屈《たいくつ》だ」「できれば受けたくない」という不満や拒絶がある。

普通《ふつう》の答えは（とくに教師からの）、「受験に必要だから」となるが、当然これで終わりにはならない。続いて生徒からは、「塾《じゅく》で習えば、学校の授業は必要ないのか」という問いが出てくる。あるいは、「自分が受ける大学ではこの科目（理系なら歴史、文系なら理科とか）は必要ないから受けなくていいか」となる。

教師としては、ここで手詰《づ》まりだろう。あるいは、「とにかく勉強しておけば、いつか何かの役に立つかもしれない」と、原理的には否定不可能なことを言うかもしれない。それなら「たとえば、どんな時？」と聞ける。さらに続けることはできるが、いずれにせよ、先生にとっては分の悪い問答だ。

だがここでは、教師をやり込《こ》めることが目的なのではない。教師がちゃんと答えられるかどうかも重要ではない。そうではなく、教師も含《ふく》めていっしょに考えられるような問いになるかどうか、そこから哲学的な問いにしていくにはどうすればいいか、である。

ここでも、自分自身をその問いに結びつけてみるといい――「なぜ自分はその授業に意味がないと思うのか？」「なぜその授業を受けたくないのか？」――そんな問いに対してはどう答えるだろうか。「そもそもやってることが分からないし、受験で不要だから分かる必要もないし、結局自分の人生には関係ない」

そこからさらに次のように問うことができる――「受験では不要でも分かるとためになる、人生には関係があるようなことは何か？」「それは不要だと思う科目（歴史や理科）について言えば、どのようなことか？」「それは学校で学べないか？　学べないとすればなぜか？」「そもそも学漠然《ばくぜん》としたことしか考えられないのは、問いが漠然としているからだ。抽象《ちゅうしょう》的なことばかり考えるのは、問いが抽象的だからだ。明確に問うことができれば、明確に考えることができ、具体的に問えば、具体的に考えられる。考えが同じところばかりグルグル回っていて、先に進めないのは、問いに展開がないからだ。

「何かいいことないかなぁ」と考えているだけでは、いろんなよさそうなこと、楽しそうなことが頭に浮《う》かんでは消え、「あーあ、つまんないなぁ」とグチるだけになる。その代わりに次のように問いをつないでみる。

「いいことってどういう意味だろう？　楽しいこと？　ためになること？　誰《だれ》にとっていいこと？　誰にとって楽しいこと？　自分にとって？　みんなにとって？　みんなって誰？　自分はどんな時に楽しいと感じる？　最近楽しかったのっていつ？　自分のためになることって何？　自分に必要なもの？　何のために、いつ必要なもの？……」

こうして問いを重ねていくと、[1]考えが前進する。［B］、「いいこと」が具体的に見つかるかもしれないし、やらなければいけないことがはっきりして「いいことないかな」などと考えている場合ではないと思うかもしれない。いずれにせよ、先に進める。

「何であの人はこんな面倒《めんどう》なことばかり頼《たの》んでくるんだろう？」と思っているだけでは、鬱陶《うっとう》しい、非常識だ、ワガママだ、いい加減にしろ！　等々と、心の中で相手をののしるだけだろう。そうではなく、こんなふうに問うてみる。

「あの人が頼んでくることって本当に必要？　なんで私はそれを面倒だと思うの？　あの人の言うことっていちいち聞かなきゃダメ？　あの人との付き合いって私にとってどれくらい大事？　断ったらどういう問題が起きるの？……」という具合に。

ひょっとすると〝あの人〟自身が何か別の問題を抱えているのかもしれない。［C］私が過剰《かじょう》に反応して、必要以上に言うことを聞こうとしているのかもしれない。それは私が気弱で断れないだけかもしれないし、他人に〝いい顔〟をしたいだけかもしれない。結局は断っても大したことがないのであれば、問題はどうやって断るか、だけなのかもしれない。それも、もっともらしい言い訳などせず、一言「忙《いそが》しいから無理」と言えばすんだりする。

こうして問いを重ねることで、考えることは広がり、別の角度からものを見られるようになる。哲学的かどうかはともかく、問いは思考を動かし、方向づける。［D］、考えるためには問わなければならない。重要なのは、何をどのように問うかである。

（中略）

世の中には、問いのように見えて、[2]実際には問いではないものがたくさんある。不満や不安、怒《いか》りや恐《おそ》れや苦しみと共に発せられる問いは、多くの場合、問いではなく、拒絶《きょぜつ》、否定、非難、侮蔑《ぶべつ》、＊呪詛《じゅそ》である。

「なんでこんなことしなきゃならないんだ？」は「やりたくない！」という拒絶であり、「なんでこんなのがいいんだ？」は「いいわけないだろ！」という否定、「何を言ってるの？」は「バカなこと言うな！」という非難である。「なんでこんなこともできないんだ？」は「無能な奴だ！」という侮蔑、「なんであんな奴がのうのうと生きてるんだ？」は

【国　語】（五〇分）〈満点：一五〇点〉

[一] 次の（1）～（5）に当てはまる最も適切な言葉をあとの語群から選び、それぞれ漢字に直して答えなさい。ただし、語群の言葉は一度ずつしか使いません。

・物事の（　1　）を判断する。
・この映画の（　2　）収入は、歴史的な記録を作った。
・彼の（　3　）がない行動に嫌気《いやけ》がさした。
・（　4　）寝坊《ねぼう》をしないとちかう。
・彼は（　5　）の天才だ。

【語群】
セッソウ　ケイチョウ　コウギョウ
コンリンザイ　フセイシュツ

[二] 次の（1）～（10）に当てはまる最も適切な言葉をあとの語群から選び、それぞれ記号で答えなさい。ただし、記号は一度ずつしか使いません。

・人生の大きな（　1　）に立つ。
・心の（　2　）にふれる素晴《すば》らしい演奏。
・会社についての悪い噂《うわさ》が（　3　）していた。
・本題に入る前に、計画の（　4　）を説明した。
・オリンピック招致《しょうち》活動に協力するのに（　5　）でない。
・彼は現場で苦労を重ねてきた（　6　）の職人だ。
・ハイキングにでかけるには（　7　）の上天気だ。
・日本人は昔から自然に（　8　）の念を抱《いだ》いている。
・社会的な不平等をなくすため（　9　）について学ぶ。
・自分の意見が（　10　）だからといって正しいとは限らない。

【語群】
ア　流布《るふ》　イ　岐路《きろ》　ウ　琴線《きんせん》　エ　畏敬《いけい》
オ　あらまし　カ　たたき上げ　キ　やぶさか
ク　おあつらえ向き　ケ　ジェンダー　コ　マジョリティー

[三] 次の文章を読んであとの問いに答えなさい。字数指定のある問いは、句読点などの記号もすべて字数にふくみます。なお、設問の都合上、一部の記号を省略しています。

「問い、考え、語り、聞くこと」としての哲学《てつがく》において、もっとも重要なのは「問うこと」である。「問い」こそが、思考を哲学的にする。

[A]、「今日は何しようかな、疲《つか》れてるしなぁ、今週中にあれ片づけなきゃいけないのに、……そういえば、昼ご飯、何食べよう？」――こういうのは「考える」ということとは違《ちが》う。頭の中で何となく思いが巡《めぐ》っているだけである。「考える」というのは、もっと自発的で主体的な活動を指す。それは「問い」があってはじめて動き出す。問い、答え、さらに問い、答える――この繰《く》り返し、積み重ねが思考である。それを複数の人で行えば、対話となる。

問いによって考えるようになるということは、何をどのように問うかによって考えることが変わってくるということを意味する。つまり、問いの質によって思考の質が決まるのである。そして、どのような問いをつなげていくかによって、思考の進み方が変わる。

い。

「日本人選手が太刀打ちできないから、留学生をチームに入れるのはずるい、という理屈」は、「勝てばいいと思っている」から出てくる発想である。それは、そもそも［A］だということを理解していない人の考えである。だから藤岡は「ばかげた意見」だと言ったのだ。

　また藤岡は競技について、「［B］のだ」と考えているので、競技を「勝てばいい」とするのは「走るってことがわかっていない素人」の勘違いだと断言している。

問七　――線部8「いいや、助かるよ」とありますが、なぜ清瀬はそう言ったのですか。その理由として最も適切なものを次から選び、記号で答えなさい。

ア　負けん気の強い走をだまらせ、見物客と喧嘩をしないように納得させてくれたから。

イ　走が心に感じたもやもやを晴らしてくれて、走の良き理解者になってくれたから。

ウ　答えるのが難しかった走の疑問に明快に答えてくれたので、肩の荷が下りたから。

エ　藤岡の話は、走のランナーとしての精神的成長をうながすものだと感じたから。

オ　陸上留学ではなかった黒人のムサが、今後は自信を持って走れると確信したから。

問八　――線部9「本当の意味でのかしこさ」とありますが、それはどういうことですか。最も適切なものを次から選び、記号で答えなさい。

ア　どうしたら箱根駅伝で勝ちつづけられるのかを長期的・計画的に考えられるということ。

イ　何か言われてもその正誤を判断でき、走ることに関してゆるがない考えがあるということ。

ウ　敵味方関係なく他人を尊重することができ、常に落ち着いたふるまいをするということ。

エ　駅伝は団体競技なので、自分のことだけでなくチームの仲間の支えになれるということ。

オ　自分のなかに迷いや怒りや恐れがあっても、それに打ち勝つために冷静を保てるということ。

問九　――線部10「走はうちひしがれると同時に奮い立つという、奇妙な興奮を味わった」とありますが、このときの走の心情を五十字以上七十字以内で説明しなさい。

問一　――線部1「微妙なところだ」とありますが、どのような点が微妙なのですか。最も適切なものを次から選び、記号で答えなさい。

ア　全出場選手が走り終わってから、さらに一時間ほど待たなければならない点。

イ　ゴール後にみんなが倒れ伏していて、十人の合計タイムを正確に確認できない点。

ウ　集計やインカレポイントの計算に手間取り、結果発表が十一時ごろになる点。

エ　予選会に出場した全選手の順位を平均すると、八十位台半ばになってしまう点。

オ　自分たちの順位の平均を見ると、予選を通過するか予選落ちするか分からない点。

問二　――線部2「うかつな励まし」とありますが、この場面では、それはどのような言葉だと考えられますか。十五字以内で答えなさい。

問三　――線部3「このひとたち」とありますが、走は「このひとたち」とはどういう点がちがいますか。三十字以上四十字以内で答えなさい。

問四　――線部4「走は憤然とした」とありますが、このときの走の心情として最も適切なものを次から選び、記号で答えなさい。

ア　見物客が黒人の留学生をばかにした発言をしたので、日本人として恥ずかしいと感じている。

イ　黒人の留学生をチームに入れることを問題視され、それの何が悪いのかと疑問を抱いている。

ウ　走りとは無関係なことを持ち出す批判は、真剣に走る人間をばかにしていると腹を立てている。

エ　ムサが陸上留学生だと誤解され、チームの苦労も知らずに黒人批判されて悔しいと思っている。

オ　競技に参加していない素人が、軽い気持ちでチームの戦略に口を出すことに怒りを覚えている。

問五　――線部5「おもしろそうに」とありますが、藤岡はなぜおもしろそうなのですか。その理由として最も適切なものを次から選び、記号で答えなさい。

ア　敵である自分にも教えを乞《こ》おうとする、走ることに対してまっすぐな気持ちを持つ走に興味を覚えたから。

イ　王者の余裕と貫禄で接したところ、走が負けん気の強さを出してきて、自分に食ってかかってきたから。

ウ　ばかげた意見だと断言したら、それに腹を立てて、どこがばかげているのか説明しろと要求してきたから。

エ　見物客の言葉に腹を立てていながら、その理由が分かっていないらしい様子に、優越感を感じたから。

オ　王者の自分に挑んできたのは意外だったが、論破する自信があったので、勝負を楽しもうと考えたから。

問六　――線部6「日本人選手が太刀打ちできないから、留学生をチームに入れるのはずるい、という理屈」、――線部7「勝てばいいと思っているところ」とありますが、それらを「ばかげた意見」「勘違い」と藤岡が言う理由は何ですか。次の文は、その理由をまとめたものです。[A]に当てはまる言葉を十五字以内、[B]は三十五字以内でそれぞれ本文中から探し、初めと終わりの五字をぬき出して答えなさ最後まで、王者にふさわしい毅然《きぜん》とした態度で、藤岡は木々のあいだに消えていった。涅槃《ねはん》で待つ、みたいだなとか、ここまで来たのに結果発表は見ていかないのかな、などと走は思ったが、あわてて藤岡の背中に向けて頭を下げる。ムサも、「ありがとうございます」と言って深々とお辞儀をした。雷雲を払うような藤岡の言葉が、走とムサに活力を抱かせた。

「袋も持たずに行ってしまうから、追ってきた」

清瀬はビニール袋を掲げてみせた。走は「すみません」と受け取り、店員からもらった氷を袋に移す。清瀬はもう、脚を引きずることなく歩いている。

「藤岡さんというのですか。すごいかたですね」

とムサは感激したふうだ。

「箱根で勝ちつづけるには、9精神力と本当の意味でのかしこさが必要だってことだろう」

清瀬はちょっと笑った。「まあ、あいつは昔っから、妙に落ち着いてたけどね。あだ名が『修行僧《しゅぎょうそう》』の高校生って、ちょっといやだろ」

走とムサは顔を見合わせ、たしかに、とうなずいた。

ゴール地点近くの大きな掲示板に、見物客や選手たちが集まりはじめている。

「そろそろ発表だな」

「行きましょう」

ムサは小走りになって、寛政大の陣地へ戻る。走は清瀬のペースに合わせ、ゆっくりと芝生を踏みしめた。どんな結果が出るか気になるが、ここまで来てあがいても、もうどうにもならない。それよりもいま、走の心を占めているのは、藤岡の姿だった。

思いを言葉にかえる力。自分のなかの迷いや怒りや恐れを、冷静に分析する目。

藤岡は強い。走りのスピードも並ではないが、それを支える精神力がすごい。俺がただがむしゃらに走っているときに、きっと藤岡は目まぐるしく脳内で自分を分析し、もっと深く高い次元で走りを追求していたのだろう。

10走はうちひしがれると同時に奮い立つという、奇妙な興奮を味わった。

俺に欠けていたのは、言葉だ。もやもやを、もやもやしたまま放っておくばかりだった。でも、これからはそれじゃあだめだ。藤岡のように、いや、藤岡よりも速くなる。そのためには、走る自分を知らなければ。それがきっと、清瀬の言う強さだ。

「俺、わかってきたような気がします」

走はぽつりと言った。

「そうか」

清瀬は満足そうだった。

（三浦《みうら》しをん『風が強く吹いている』より）

＊1　十人……清瀬・蔵原走・ユキ・ニコチャン・双子（ジョータ・ジョージ兄弟）・神童・ムサ・キング・王子の十人。十人とも竹青荘に住む寛政大学の学生。四年生の清瀬がチームのリーダーで、一年生の蔵原走はチームのエース。

＊2　インカレポイント……大学対抗の陸上競技選手権で好成績を収めると獲得できるポイント。箱根駅伝出場に有利になる。

プテンの、藤岡一真《かずま》だ。春の東体大記録会で顔を合わせたきりだが、どうしてこのひとが、予選会になんか来てるんだろう。

走の疑問を読み取ったのか、

「敵状視察だよ」

と藤岡は言った。「寛政大はずいぶん強くなったな。箱根まで出てきそうじゃないか」

藤岡には王者の余裕と貫禄《かんろく》があった。

「おかげさまで」

走は生来の負けん気が頭をもたげ、昂然《こうぜん》と答えた。藤岡は、一歩も引かぬ視線を走と激突させてから、ムサを見た。

「ああいう輩《やから》は、気にしないほうがいい。ばかげた意見だ」

「どういうところがですか」

茶を飲みながら去っていこうとする藤岡を、走は呼びとめた。見物客の、ムサへの言いぐさには腹が立つ。だが、どうして腹が立つのか、はっきりと把握できなかった。このもやもやの原因がどこにあるのか、藤岡はわかっているようだ。

「教えてください」

と走は頼んだ。藤岡は足を止め、5おもしろそうに走を眺《なが》めた。「いいだろう」と、走とムサに向き直る。

「ばかげた部分は、少なくとも二つある。ひとつは、6日本人選手が太刀《たち》打ちできないから、留学生をチームに入れるのはずるい、という理屈。じゃあオリンピックはどうするんだ。俺たちがやっているのは競技であって、お手々つないでワン・ツー・フィニッシュする幼稚園の運動会じゃない。身体能力に個人差があるのは、当然のこと。しかしそのうえでなおかつ、スポーツとは平等で公正なものなんだ。彼らは、同じ土俵《どひょう》で同じ競技を戦うとはどういうことかを、まったくわかっていない」

ムサは黙って、藤岡の言葉に聞き入っている。走は、静かに繰りだされる藤岡の分析に、ただ圧倒されていた。

「彼らのもうひとつの勘違《かんちが》いは、7勝てばいいと思っているところだ」

と、藤岡はつづけた。「日本人選手が一位になれば、金メダルを取れば、それでいいのか？　断固としてちがうと、俺は確信している。競技の本質は、そんなところにはないはずだ。たとえ俺が一位になったとしても、自分に負けたと感じれば、それは勝利ではない。タイムや順位など、試合ごとにめまぐるしく入れ替わるんだ。世界で一番だと、だれが決める。そんなものではなく、変わらない理想や目標が自分のなかにあるからこそ、俺たちは走りつづけるんじゃないのか」

そうだ。走は、もやもやが晴れていくのを感じた。こういうことに、俺は引っかかり、怒りを覚えたんだ。藤岡はすごい。走の感じたこと、言いたかったことを、いともたやすく解きほぐして言葉にしてしまった。

「あいかわらずだね、藤岡」

と声がした。いつのまにか清瀬が、走とムサの背後に立っていた。

「部外者が余計なことを言った」

藤岡はストイックな態度で清瀬に一礼し、今度こそ去っていく。

8「いいや、助かるよ」

清瀬が言うと、藤岡は肩越《かたご》しに振り返り、口の端に笑みを浮かべた。

「なかなかの人材をそろえたようじゃないか」

「まあね」

「箱根で待つ」

走は請《う》けあった。熱いマグマが、腹の底に湧《わ》いてくる。今日だって全員が全力で予選会を走った。負けるわけがない。

力のこもった言葉に、ムサは目を見開いた。

「走はなんだか、強くなったようです」

「そんなことはないですよ」

走は首を振《ふ》った。「俺たち、けっこう頑張って走ったじゃないですか。だから大丈夫だと思うだけで」

ムサはうなずいた。

「そうですね。私たちは箱根に行くのでした。みんなで」

ムサが言うと、おとぎ話の幸福な結末のようにも、信頼のおける予言のようにも聞こえるのだった。

走とムサが、「氷がほしい」と頼んだところ、売店の店員は快くわけてくれた。手ぶらで来てしまったので、店員は紙コップに氷を入れる。

「うっかりしていましたね」と話すムサの背後を、見物客の一団が通りかかった。

「また黒人選手がいる。ずりぃよなあ、留学生を入れるのは」

「あんなのがゴロゴロいたら、日本人選手はかないっこないもんな」

聞こえよがしな囁《ささや》きに、ムサはサッと顔を強張《こわば》らせ、走は振り返って抗議《こうぎ》しようとした。

「いいんです、走」

ムサが押しとどめる。「今日だけでも、ああいう意見をずいぶん耳にしました」

「あんな勝手なこと、言わせておけないですよ！」

走はなおも、遠ざかっていく見物客を追おうとしたが、ムサに腕をつかまれた。

「喧嘩《けんか》はいけません。あのひとたちが言っているのは、陸上の才能を見込まれてやってきた留学生のことでしょう。私は恥《は》ずかしいです。自分が恥ずかしいです。彼らには区別がついていないようですが、私の足は速くない。やっかまれるほどの才能もない、ただの留学生だからです」

「そんなこと、関係ない！」

4 走は憤然《ふんぜん》とした。「ムサさんも、俺も、今日、一位と二位を取ったひとたちも、同じコースを走ったことには変わりないですよ。それをあんな……」

どう言っていいのかわからなかったが、走は悔《くや》しかった。ともに寝起きするムサも、自分自身も、会話を交わしたこともない他大学の留学生も、まとめて侮辱《ぶじょく》された気分だった。そうだ、うまく表現できないけれど、これは走りに真剣に向きあうものに対する侮辱だ。走は肩《かた》をいからせた。

「蔵原《くらはら》の言うとおりだな」

と声がした。振り向くと、頭をつるつるに丸めた、ひょろ長い男が立っていた。

「だが、放っておけ。あいつらは、走るってことがわかっていない素人《しろうと》だ」

男は走とムサが見ているまえで、売店でウーロン茶を買った。どこかで会ったことがある。走は警戒《けいかい》を解かないままに、あわただしく記憶を探った。この、よく光る頭には見覚えがあるぞ。

「六道大《りくどうだい》の藤岡《ふじおか》！　……さん」

走は解答を導きだした。箱根で連続優勝している六道大学。そのキャ自分の体験から興味を持った事柄を取り上げ、深めていきます。

あなたが取り組んでみたいテーマを挙げ、それに関心を持つきっかけとなったあなた自身の体験を解答欄に収まるように書きなさい。

五　次の文章を読んで、あとの問いに答えなさい。字数指定のある問いは、句読点などの記号もすべて字数にふくみます。

竹青荘《ちくせいそう》の面々は、芝生広場の陣地《じんち》に倒《たお》れ伏《ふ》していた。ゴール後に自分の腕《うで》時計でタイムを確認する余裕があったものは、過半数を割った。ユキは、*1十人の合計タイムを明確に把握《はあく》する試みを諦《あきら》めた。*2集計やインカレポイントの計算に手間取るので、結果発表は十一時ごろになる。全出場選手が走り終わってから、さらに一時間ほどは待つ必要があった。

「1微妙《びみょう》なところだ」

清瀬《きよせ》は脛《すね》をアイシングしながら、冷静に計算した。「俺たちの順位を平均すると、たぶん八十位台半ばだろう。ボーダーライン上だな」

「同じくボーダーライン上にいる大学の、インカレポイントによっては……」

ニコチャンは難しい顔で空《くう》をにらむ。

「予選落ちもありうるね」

とユキは言った。

そんなあ、と双子《ふたご》が嘆《なげ》く。神童とムサは静かに、それぞれの先祖と氏神に祈っているようだ。キングは芝生をむしった。王子はぴくりとも反応せず、うつぶせに横たわったままだ。取り囲む葉菜子《はなこ》も商店街の人々も、2うかつな励《はげ》ましもできず、ただただ結果を待つばかりだ。

走《かける》はふと、清瀬の手もとを見た。クーラーボックスに入れて持ってきた氷が、ビニール袋のなかで溶けかかっている。

「氷をもらってきます。あそこの売店で、わけてもらえるかもしれない。」

重苦しい空気から逃《のが》れたくて、走は立ちあがった。ムサも同じ気持ちだったのだろう。

「私も行きます」

と言って、ついてきた。

芝生広場を横切り、赤い屋根の売店を目指す。予選通過を確信できた大学は、選手の表情ですぐわかる。緊迫《きんぱく》感を漂《ただよ》わせているのは、寛政《かんせい》のようにボーダーライン上の大学だ。もっと下位であることが歴然としている大学は、総じて穏やかに結果発表を待っていた。なかには、女子マネージャーが作った重箱の弁当を、仲良くつついているチームもある。

いろいろだな、と走は思った。3このひとたちにとっては、予選会に出る、ということが目標なんだ。最初から結果はわかりきっているから、走り終わったらピクニックと同じようなイベントにして、楽しんでしまう。それが悪いわけではないけれど、俺たちとはちがう。走はそう感じた。

俺は、予選会で終わるなんてごめんだ。もっと高みを見たい。もっと速く、強いチームになって、箱根駅伝で戦いたい。そのための練習をしてきたし、そのためならこれからも、もっと練習する気持ちがある。

「どうなるでしょうね、走」

ムサが心配そうに話しかけてきた。

「行けますよ、箱根に」

最も適切なものを次から選び、記号で答えなさい。

ア　技術として何かの役に立つかわからないテーマを研究していたところ、それがさまざまなものを作り出す原理となった。

イ　目立たず地味な自然の法則や根本的な原理の追究をしていたのだが、ある理論を発見し大きな業績を残すことができた。

ウ　余分な内容をそぎ落とし基本的な内容にしぼって探究していたが、そぎ落とした内容の中に意味のある現象を発見した。

エ　単純化された典型領域を徹底的に突きつめていたところ、人々の活動の役に立つ多くの道具を作り出すことになった。

オ　役立つものになることをめざしつつ実験や検証を繰り返すことで、それなしでは暮らしが成り立たない領域を開拓した。

問六　――線部6「根本から問題を見直し、長い目で見てじっくり育てていくという姿勢」とありますが、それはどのようなものですか。その「姿勢」として**ふさわしくないもの**を次から一つ選び、記号で答えなさい。

ア　人間の生活を便利にし、暮らしを豊かにするための技術開発を優先する姿勢。

イ　人間の精神を豊かにし、文化として社会に受け入れられる科学を認める姿勢。

ウ　基礎科学の重要性を信じ、人々や政府にその研究費を保証するよう求める姿勢。

エ　最初は企業化が無理でも、実験を積み重ねて技術開発につなげていく姿勢。

オ　信念を持ち、基礎的な研究から積み上げようとする研究者を大事にする姿勢。

問七　本文に書かれている筆者の考え方と一致《いっち》しているものを次から一つ選び、記号で答えなさい。

ア　科学は人間の生活に密着した人工物を創造することが本来の目的なので、人々の生活に役立ってこそ科学の効能がより大きくなったのだと言える。

イ　科学研究は企業の活動と同じで、イノベーションという成果に結びつく可能性が高い分野に投資を集中し短時間に結果を出すことが求められる。

ウ　科学の文化的な価値を学ぶことで、より深く自然を理解できるようになるという流れを生み出すことが科学の重要な役割の一つであることを忘れてはいけない。

エ　「いずれ役に立つから」と人々や政府に期待を持たせて研究費の保証を求める科学者は実際には何の役にも立っていないので、研究は個人の趣味とするべきだ。

オ　本当のイノベーションを考えるのであるならば、一見遠回りであったとしてもすぐに役立つ技術を求めるよりも科学者の研究を大切にするべきだ。

問八　本文では科学について書かれていました。あなたの知っている科学者を一人挙げ、その人物と功績について解答欄《らん》に収まるようにわかりやすく紹介しなさい。ただし、本文にある科学者と功績は除きます。

問九　本文では研究について書かれていました。栄東中学校では、毎年三年生が卒業研究を行っています。テーマは自由ですが、これまでの

問一　――線部1「一般に受け取られている『社会の役に立つ』という意味」とありますが、この意味で考えた場合に**適切でないもの**を次から一つ選び、記号で答えなさい。

ア　科学研究は経済論理や商業的利益につながる技術革新に貢献《こうけん》するべきだ。

イ　科学研究は企業が売り上げを伸ばして成長することに役立つものだ。

ウ　科学研究は人々の生活をより安定させるものでなくてはならない。

エ　科学研究はその基礎的な研究に力をつくすことが求められるものだ。

オ　科学研究は社会での実効的価値を生み出さなければならない。

問二　本文中の X に入るものとして最も適切なものを次から選び、記号で答えなさい。

ア　いつも月夜に米の飯

イ　独活《うど》の大木

ウ　武士は食わねど高楊枝《たかようじ》

エ　人間はパンのみにて生きるにあらず

オ　蓼《たで》食《く》う虫も好き好き

問三　――線部2「文化こそ社会に生きる人間的行為である」とありますが、そういえるのはなぜですか。最も適切なものを次から選び、記号で答えなさい。

ア　文化は、人間の精神的な活動から生み出されたものであるから。

イ　文化は、個々人の心を満たすこの上なく大切なものであるから。

ウ　文化は、利益や見返りを求めず楽しければよいものであるから。

エ　文化は、その発展に個人的な努力を求められるものであるから。

オ　文化は、多くの人の共感や理解を得て成立するものであるから。

問四　――線部3「基礎研究の第三の『役立ち方』」、――線部5「基礎研究の第四の『役立ち方』」とありますが、これらを説明したものとして最も適切なものを次から選び、それぞれ記号で答えなさい。

ア　研究している段階で過去を振り返り、すでに私たちの生活を豊かにすることにつながっている技術をさらに応用し新製品を開発するという役立ち方。

イ　研究している段階で焦らずに長い目で見守って欲しいと自分で言うほど不真面目な態度だが、いずれは真剣に取り組んで社会のためになるという役立ち方。

ウ　研究している段階でその成果が技術開発に結びつくかは分かっていないが、いずれ新しい技術が生み出され、社会の発展につながるという役立ち方。

エ　研究している段階で独占されている技術について、生活が便利で効率的になるように研究を積み重ねてイノベーションを起こすという役立ち方。

オ　研究している段階では上手くいってはいないが、必ず技術に結び付けるという目的を持って研究した成果が技術開発に直接結び付くという役立ち方。

問五　――線部4「基礎科学として始まった分野であったけれど、広い範囲に応用分野が展開し、人間の生活に大きな影響を与えるようになった」とありますが、これはどういうことですか。その内容としてその意味で、5基礎研究の第四の「役立ち方」があります。最初は実験段階で企業化や商業化はとても無理だけれども、じっくり時間をかけて基礎的な実験を積み重ねて技術開発に繋《つな》げていくという方法です。この場合、取りかかった時点では困難な技術で簡単に応用できそうにはないけれど、「いずれ役に立つ」との信念の下で、慌《あわ》てずに基礎研究に没頭《ぼっとう》する、というものです。

その一例として、日本の企業が行った半導体のＣＣＤ（電荷結合素子《でんかけうごうそし》）の開発があります。光を照射《しょうしゃ》すると電子が飛び出してくる光電素子で、電子の輸送法を工夫《くふう》して、素子のどの部分に、どのような色（波長）の光が、どのような強度で当たったか、をコンピューターで割り出せるように工夫したものです。その結果、碁盤《ごばん》のようにＣＣＤを縦横《たてよこ》に格子状《こうしじょう》に並べた版上に像を撮《と》ることができ、それを刻々《こくこく》とコンピューターに記憶することでデジタル撮影《さつえい》が可能になりました。素子の感度を上げることによって弱い光でも像が撮れ、格子上の網目《あみめ》（メッシュ）の点の数を増やして詳細《しょうさい》な像が撮影できるまでに進歩させました。この可視光《かしこう》用のＣＣＤを世界で最初に作ったのは日本の企業で、ケータイのカメラなどに使われ、一時世界のカメラ市場《しじょう》を制覇《せいは》しました。ＣＣＤの開発段階ではほとんど成功の見込《みこ》みはなく、投資のムダではないかと非難されたのですが、その困難を乗り切って成功したのです。

別の例では、ドイツの質量分析器《しつりょうぶんせきき》の開発があります。長い間、質量分析器は日本の企業が独占《どくせん》状態にあり、日本はそれに胡坐《あぐら》をかいて改良しか行いませんでした。これに対抗《たいこう》しようと、ドイツはより精度の高い新しい方式を考え出し、その開発のために基礎研究から試作と実験を繰《く》り返し15年もかけてようやく完成させ、ついに日本の技術を追《お》い越《こ》したそうです。最初は、まったく見込みが立たなかったのですが、「いずれ成功する」と信じて開発を続けた結果なのです。

以上のように、当面の効用が第一で科学・技術が直ちに役に立つことを追求するよりは、長い目で見て基礎的な研究からしっかり積み上げていく研究が重要であることがわかると思います。大学等の研究者はこのような信念を持っている人が多く、そのような科学者を大事にすることこそ、科学・技術を進めていく上での決定的なカギであるのです。ともすれば、近視眼的にすぐに「役立つ」ことを求めたがるのですが、それではかえって大きな成功を逃《のが》すことになるのではないでしょうか。

また、科学の文化的な価値を大事にし、科学がもたらす新しい物質観や世界観を学び直し、より深く自然を理解することが科学の重要な役割であることを忘れてはなりません。科学・技術を通常の企業活動と同じとみなし、投資を集中すれば成果が上がるとする考えでは、本当のイノベーションに結びつかないでしょう。6根本から問題を見直し、長い目で見てじっくり育てていくという姿勢こそが、科学・技術の育成に求められているのです。

（池内了《いけうちさとる》『なぜ科学を学ぶのか』より）

＊1　先のニュートリノに対する質問……これよりも前のところで「２００２年に小柴昌俊《こしばまさとし》氏がニュートリノ研究でノーベル賞を授与されたとき、記者から『ニュートリノは何の役に立つのですか？』と聞かれて、小柴氏はただ一言『何の役にも立たない！』と返答されたそうです。ニュートリノは、太陽内部や星の最終段階から多数放出され、星の進化に影響を及ぼすことは理論的に予想されていましたが、私たちの生活に何かの役に立つとは考えられない粒子です。」とある。

＊2　蒐集……収集と同じ。

に出自《しゅつじ》（生まれ故郷）を持つ個人の楽しみであったのです。

趣味と文化の決定的な違《ちが》いは、趣味は個人だけの楽しみですが、文化は社会性があるということ、つまり文化は多くの人々の支持によって広く共有されるものだということです。だから、文化は人々の支えによって維持《いじ》できるもので、税金が使われたり、浄財《じょうざい》で賄《まかな》ったり、対価を求めたり、ボランティアの助けを得たり、というような形で社会と結び合うことになります。文化が健全に育ち社会に生き続けるためには、個人の努力と社会の受容が両輪とならねばならず、蓄積《ちくせき》と発展のための努力が個人及《およ》び社会の双方に求められるわけです。こう考えると、2文化こそ社会に生きる人間的行為《こうい》であると言えるでしょう。私が「文化としての科学」と言うとき、科学は商売や経済の手先になるのではなく、「文化としての科学こそ人間の証明」であるということを言いたいのです。

他方、多くの科学者は、文化としての科学という抽象《ちゅうしょう》的な概念《がいねん》だけではなく、いつの日かそこから新しい技術が開発され、人々の生活に役立つようになると考えています。これが3基礎《きそ》研究の第三の「役立ち方」で、今はまだ何の役にも立たない純粋な基礎科学だけれど、そのうちに技術と結びついて、実際の物質に応用できるようになり、私たちの生活を豊かにするに違いない、と信じているのです。だから、焦《あせ》らず長い目で見守って欲《ほ》しい、と願っています。今確実に役に立つようになるとは言えないけれど、過去を振《ふ》り返《かえ》ってみれば何度もそんなことがあったのだから、またいつの日かそうなるだろう、という気持ちを持っています。

例えば、電子や原子の運動を記述する量子力学は、最初は人間の生活とは縁《えん》がない極微《ごくび》のミクロ世界の基礎的な物理法則でしかないと思われていました。しかし、１９５０年頃《ごろ》から、ＩＣ（集積回路）の発明を通じてコンピューターを動かす上での作動原理であり、Ｘ線や電子や陽子を用いた病気の治療《ちりょう》や物質の診断《しんだん》に応用するための動作規則として働き、原子・分子レベルでの物質の振《ふ》る舞《ま》いを記述しており、さまざまな新物質を作り出すための基本法則である、というふうに今や量子力学を抜《ぬ》きにしては成り立たない分野が数多く拓《ひら》かれてきました。

あるいは、ＤＮＡは、最初遺伝の仕組みを考えるために導入され、もっぱら生命体の遺伝情報の成り立ちと伝達の謎《なぞ》を解くための便利な模型と考えられていました。しかし、研究が進むうちに、ＤＮＡ上の塩基の並び方が解読され、その改変の技術が開発されるようになった現在では、遺伝子操作は当たり前になり、生物世界を根本的に変えてしまいかねない状況《じょうきょう》になっています。

このように、4基礎科学として始まった分野であったけれど、広い範囲《はんい》に応用分野が展開し、人間の生活に大きな影響《えいきょう》を与えるようになったことが何度もありました。科学者は「いずれ役に立つから」と人々や政府に期待を持たせて、研究費を保証するよう求めているのです。

これとは対照的に、日本の産業力の活性化のためだとして、政府や産業界は大学に基礎研究をすっ飛ばして、直ちにイノベーション（技術的革新）の種を提供するようしきりに要求しています。しかし、いくらイノベーションの掛《か》け声をかけ研究費を投じても、最初からイノベーション狙《ねら》いの研究は底が浅く、たいしたものはなかなか生まれません。遠回りのように見えるけれど、「いつか役に立つ」としか言えない基礎研究から始めた方がよいのです。「急がば回れ」という言葉があるように、近道をしようとすると、かえって道がわからなくなることが多く、基礎研究という遠回りに見える道を選ぶ方が得策なのです。

・昨日のけんかが二人の間に（　4　）として残っている。
・成功は間違いないと（　5　）。
・勝利に導《みちび》く（　6　）を持っている。
・外交問題の解決には（　7　）能力が必要だ。
・入学式の（　8　）として人気歌手が登場した。

【語群】
ア　心遣《こころづか》い　イ　心もとない　ウ　たかをくくる
エ　わだかまり　オ　コミュニケーション　カ　サプライズ
キ　ノウハウ　ク　リスク

四　次の文章を読んで、あとの問いに答えなさい。字数指定のある問いは、句読点などの記号もすべて字数にふくみます。

科学研究の社会に対する役立ち方を考えてみましょう。

一つは科学・技術の効能について先に述べたように、それによって人間の生活が便利で効率的になり、生産力が増大し、人々の暮らしが健康的で豊かになるということです。特に技術は人間の生活に密着した人工物を製作することが本来の目標ですから、技術の効能がより大きくなるためには人々の生活により役立たねばなりません。そして、当然、技術の発達による効能が経済的利得と結びつくことが求められます。要するに、儲《もう》かるための技術開発であることが、[1]一般に受け取られている「社会の役に立つ」という意味になります。[*1]先のニュートリノに対する質問も、ニュートリノが遠隔《えんかく》通信に使えるというようなことを期待したのだろうと思われますが、科学・技術の研究はこのように役立つことが当然と通常は考えられているわけです。

しかし、「役立ち方」はそれだけではありません。もう一つは、ニュートリノの研究がそうであったように、純粋《じゅんすい》科学や文化の創造に寄与《きよ》するという役割です。私は常々「科学は文化である」とか「文化としての科学」と言っていますが、金儲けや経済的利得は二の次で、人間の精神的活動としての文化の一つとして科学を考えています。モーツァルトの音楽もゴッホの絵画もロダンの彫刻《ちょうこく》もモリエールの演劇も、これらの芸術の成果は文化であり、「無用の用」と言えるでしょう。これらが無くなっても私たちは生きていけるのですが、これらがない世界は精神的に貧しくて空《むな》しく感じられるでしょう。「[X]」で、物質世界から言えば「無用」ですが、精神世界には「用」なのです。

ここで「文化」というものが持つ意味を考えてみましょう。文化は人間の精神的活動の成果で、芸術のみならず芸能や学問や宗教や道徳などが含《ふく》まれ、科学もその一つです。文化とは、「あることが大事で、無くなれば寂《さび》しい」というもので、基本的には個人の心を満たすためのかけがえのない先人の贈《おく》り物と言えるでしょう。

文化のための行為《こうい》ですが、まったく個人のレベルに閉じているのが「趣味《しゅみ》」です。切手集めや小石集めや貝殻《かいがら》集めなどの趣味は、通常は利益や見返りを求めず、自分が楽しければよいというものですね。それが文化の発祥《はっしょう》であり、それはとても大事な人間の営みなのです。西洋では、珍《めずら》しい植物や動物や鉱物を[*2]蒐集《しゅうしゅう》する趣味から、やがて蒐集物の共通する部分と異質な部分に着目して分類するという「博物学」になりました。さらに、その各々《おのおの》の分野が独立して植物学・動物学・鉱物学というふうに分科して「科学」へと発展しました。その意味では、科学は趣味

【国語】（五〇分）〈満点：一五〇点〉

一　次の――線部のカタカナを漢字に直したときに、1～5の四字熟語の□に入る漢字と同じ漢字が使われているものを選び、それぞれ記号で答えなさい。

1　天変地□
ア　クライが高くなる。　イ　食卓をカコむ。
ウ　コトなる意見。　エ　身をユダねる。
オ　ウツりゆく季節。

2　朝令暮□
ア　ねじをマワす。　イ　とびらがヒラく。
ウ　態度をアラタめる。　エ　知人とアう。
オ　ココロヨい返事。

3　異国□緒
ア　法律をサダめる。　イ　皿にノった料理。
ウ　ムし暑い日が続く。　エ　海外旅行がサカんだ。
オ　人にナサけをかける。

4　因果応□
ア　恩にムクいる。　イ　紙でツツむ。
ウ　友人をタズねる。　エ　七福神のタカラブネ。
オ　稚魚《ちぎょ》を川にハナつ。

5　失□千万
ア　カタチを整える。　イ　神仏をウヤマう。
ウ　カルい足取り。　エ　体重をハカる。
オ　兄と得点をキソう。

二　次の（1）～（8）に当てはまる最も適切な言葉をあとの語群から選び、それぞれ記号で答えなさい。ただし、記号は一度ずつしか使いません。

・昔ながらの決まりきった（　1　）を打破する。
・相手に勝ちたいという（　2　）が感じられない。
・欲しい物があって母にお小遣《こづか》いを（　3　）する。
・ひと言お願いしたいというので（　4　）を述べた。
・服薬しないなら病状の悪化は（　5　）だ。
・新聞記者から中学校の教師への（　6　）を決意した。
・祖父に留学費用を（　7　）してもらう。
・入試が終わったら海外旅行を（　8　）したい。

【語群】
ア　工面　イ　無心　ウ　所感　エ　気概《きがい》
オ　転身　カ　必至　キ　満喫《まんきつ》　ク　因習

三　次の（1）～（8）に当てはまる最も適切な言葉をあとの語群から選び、それぞれ記号で答えなさい。ただし、記号は一度ずつしか使いません。

・貯金が少なくて（　1　）。
・先輩は（　2　）ができる。
・投資には（　3　）がつきものだ。

ア　圭祐と良太の言動や心情が常に対照的なものとして描《えが》かれているため、それぞれの人物像が明確になっている。

イ　たくさんの登場人物の様子を詳《くわ》しく描き、その役割や関係を明らかにすることで、物語を複雑に展開させている。

ウ　主に会話の積み重ねで物語が展開していくことによって、登場人物の様子を客観的に描き、臨場感を与えている。

エ　カタカナを多く用いることによって重々しい雰囲気《ふんいき》が緩和《かんわ》され、読者がテンポよく読み進められるようになっている。

オ　全体を通して良太の心中が細かく描かれていることで、読者がわかりやすく読めるように物語が展開されている。

次から選び、記号で答えなさい。

ア　中学三年間同じ部活だったにも関わらず、ケガ人扱いされるのが嫌な気持ちを察してくれない良太にがっかりしている。

イ　以前のように走ることはできなくても、少しでも陸上部に関わりたいという熱意を良太に理解してほしいと思っている。

ウ　良太が心配してくれるのは嬉しいが、周囲に頼《たよ》るのは格好悪いことなので、できることは自分でやりたいと考えている。

エ　けがをしていても、中学のころからライバル関係だった良太の手を借りると自尊心が傷ついてしまうので強がっている。

オ　けがをして入れなくなった陸上部を圭祐に意識させることを、心苦しそうにする良太の態度がうとましいと感じている。

問五　――線部5「昨日少し話しただけ、と正直に答えたら、良太はさらに落ち込むような気がする」とありますが、圭祐がそのように感じるのはなぜですか。最も適切なものを次から選び、記号で答えなさい。

ア　良太は、誰にでも積極的に話しかけられる宮本をねたんでいるように見えるから。

イ　圭祐が、良太よりも宮本と仲良くしたいと思っているのが悟《さと》られてしまうから。

ウ　良太には、圭祐のことを理解しているという自負があると考えているから。

エ　圭祐は、良太が思っていたよりもあっさりと陸上を諦《あきら》めてしまったから。

オ　良太は、圭祐の長距離走選手としての実力を過大評価しているから。

問六　――線部6「良太がいるからだ」とありますが、良太がいると部活についてはっきりと口にできなくなるのはなぜですか。五十字以上七十字以内で具体的に説明しなさい。

問七　――線部7「なあ、良太、僕は高校生活を楽しんでいるだろう？陸上部に入れなくても」とありますが、この時の圭祐についての説明として最も適切なものを次から選び、記号で答えなさい。

ア　自分には陸上しかないと思っていたが、正也だけでなく良太も声を褒めてくれたことが嬉しく、けがで入部できない陸上部への未練よりも放送部への期待の方が強くなっている。

イ　どれだけ笑わせようと試みてもしんみりとした表情になってしまう良太と一緒にいるよりも、いつも明るい態度で接してくれる正也と一緒にいた方が高校生活は楽しくなると考えている。

ウ　陸上部に入れないという辛《つら》い現実を受け入れ、乗り越《こ》えようとしているのに、陸上の話ばかりしてくる良太と関わり続けていたら思いを断ち切れないので避けるべきだと思っている。

エ　良太の心を少しでも軽くするためにも、いつまでも陸上にとらわれている自分を変えるためにも、正也の熱心な勧誘に乗ってみることはいいきっかけになるのではないかと感じている。

オ　放送部に興味があるような演技をしても、本当は部活をやらないつもりだということが良太に知られてしまうのではないかと恐れ、顔だけは見られないようにしようと注意している。

問八　本文の表現に関する説明として最も適切なものを次から選び、記号で答えなさい。

ｃ「卑屈」

ア　よそよそしい　イ　回りくどい　ウ　いじけた

エ　えらそうな　オ　注意深い

問二　――線部１「逃げ出したい」とありますが、圭祐がそのように思うのはなぜですか。最も適切なものを次から選び、記号で答えなさい。

ア　事故に遭って足が不自由になったことで、部活動のことしか考えずに高校を選んでしまった自分の浅はかさに気づかされ、周りにいる賢そうな同級生を見て劣等感《れっとうかん》を抱いているから。

イ　自分がけがをして運動部に入ることができなくなったからといって、希望に満ちた表情で部活動紹介を聞いている同級生をうらめしく思ってしまったことに罪悪感を抱いているから。

ウ　事故にさえ遭わなければ自分も目指したはずの、高い目標を掲げた運動部の発表が続き、高校で陸上ができない自分には皆と違って輝ける場所が無いのだと疎外感を抱いているから。

エ　目的だった陸上ができなくなってしまった上に、授業についていけない可能性まであるので青海学院をやめようという決意が固まり、部活動紹介を聞くことに虚無感を抱いているから。

オ　陸上ができなくなり、部活動には入らないと決意した自分には、高い志を持って部活動に参加する人ばかりの青海学院では友達すらできないかもしれないと危機感を抱いているから。

問三　――線部２「良太の顔が少し曇った」・――線部４「良太の顔が曇る」とありますが、良太が顔を曇らせたのはなぜですか。最も適切なものをそれぞれ選び、記号で答えなさい。

⑴　――線部２「良太の顔が少し曇った」

ア　当番が陸上部だと知ったら圭祐は椅子を離さないと思い、やりとりが無駄《むだ》になってしまうのを悔しがっているから。

イ　圭祐が陸上のことを考えないように気遣《きづか》っていたが、顧問の一言で陸上部が当番だと知られてしまい焦《あせ》っているから。

ウ　せっかく圭祐と話すことができたのに、陸上部顧問に大声でさえぎられてしまったのを残念に思っているから。

エ　手の止まっている自分を見て顧問が注意したので、自分はさぼっていたわけではないと不服に思っているから。

オ　入ったばかりの陸上部の顧問に注意されたのは、圭祐がなかなか椅子を渡さないせいだと憤《いきどお》りを感じているから。

⑵　――線部４「良太の顔が曇る」

ア　突然《とつぜん》現れた宮本に自分の行動を否定されたと感じ、動揺しているから。

イ　顧問につづいて宮本にも圭祐との会話に割り込まれ、悲しんでいるから。

ウ　けがをしている圭祐のことを気遣わない宮本に対していらだっているから。

エ　急に間に入ってきた宮本が圭祐と仲良くしていた記憶がなく怪《あや》しんでいるから。

オ　自分のことが見えていないかのようにふるまう二人の態度に嫌《いや》気《け》が差しているから。

問四　――線部３「良太から椅子を奪い取るため、手をかけようとした」とありますが、この時の圭祐についての説明として最も適切なものを宮本が割って入ってくる。

「町田には……。なんか、三人で話してるのに、苗字《みょうじ》と名前が交ざるのって、ややこしくない？　呼び名は統一すべし。ってことで、圭祐って呼ばせてもらうな」

「なんでもいいよ……」

「で、圭祐には、そのいい声を生かして、声優をしてもらいたいと思っているんだ。ちなみに、俺の名前は正也《まさや》ね」

宮本……。正也は親指を立てて、得意げに自分の方に向けた。

「声がいいなんて、思ったことないんだけどね」

僕は良太に向かって肩《かた》をすくめてみせた。

――長距離走向きだなんて、思ったことないんだけどね。

頭の中で、いつかの自分の声が重なる。

「俺も、圭祐はいい声だと思ってるよ。県大会での、ラスト一周のかけ声も、みんながしてくれていたけど、圭祐の声が一番スッと耳に入ってきたし。あ、ゴメン」

良太が口を一文字に結んだ。

謝ったのは、陸上のことを話してしまったからだろう。褒《ほ》めてもらえて、僕は嬉《うれ》しかったのに。これじゃ、ダメだ。

「なんだ、いい声だと思ってたなら、そのとき言ってくれよ。僕は宮、いや、正也のことはまだ信用していないけど、良太が言ってくれることなら、自信が持てる」

そう言って、咳払《せきばら》いをして、「あ、あ」と発声練習のような声を出してみる。

「僕の声でタイムが上がるなら、いつでも応援《おうえん》に行くから、陸上、がんばれよ」

体育館内はざわついているのに、僕と良太のあいだにだけ、ぽっかりと空間ができてしまったように、音が止まった。

やりすぎたか、と後悔する。

良太がズズッと鼻をすすった。だから、泣くところじゃないんだって。

「なーんて。じゃあ、椅子はよろしく。ありがとな」

僕は笑いながらそう言って、「いい声だっただろう」とおどけながら、正也の肩に腕をまわした。

もう、良太の方には振《ふ》り返らない。

「正也、放送部の見学、今日の放課後にでも早速行くか」

本当に、昨日から、つまり高校に入学してから、僕は慣れないことばかりしている。

「行くに決まってんだろ、おーっ！」

正也が調子に乗って、片手を振り上げる。

7なあ、良太、僕は高校生活を楽しんでいるだろう？　陸上部に入れなくても。

（湊《みなと》　かなえ『ブロードキャスト』より）

問一　===線部a「泥臭い」b「はからずも」c「卑屈」の意味として最も適切なものを次から選び、それぞれ記号で答えなさい。

a「泥臭い」
ア　自由な　イ　あかぬけない　ウ　くだらない
エ　活気に満ちた　オ　表面的な

b「はからずも」
ア　結局　イ　運悪く　ウ　都合よく
エ　不意に　オ　予定通り

良太が宮本に訊き返した。

良太は「部活」というワードは僕に対して禁句だと思っている。なのに、宮本は平然と口にした。とまどっているのが、良太の薄《うす》い表情からでも伝わってくる。

僕も、昨日はこんな顔で宮本の話を聞いていたんじゃないだろうか。

「そう。ちなみに、相手の言葉をそのまま返す『おうむ返し』は脚本ではあまりよくない会話の手法として、教本に挙げられているんだけどね」

宮本は得意げに続けた。いきなり「脚本」と言われても、良太はきょとんとした顔だ。

しかし、宮本は良太の表情などおかまいなしに、僕に顔を向けた。

「で、考えてくれた?」

「いや、それが……」

高校では部活をやらない。そう強く決意したはずなのに、はっきりと口にすることができなかった。

6良太がいるからだ。

入院中、良太は何度か病院に見舞いに来てくれた。

退屈しのぎにと、毎回、マンガ本を数冊持ってきてくれたけど、良太が読んでいたものというよりは、話題の作品を新しく買ってきてくれたというような、折り目も紙の色あせもないものばかりだった。

僕の事故について、ひき逃げ犯が見つかっていない、ということは話しても、足の状態については、ほとんど話題にしなかった。

――足に磁石がくっつくかも。

一度、おどけて言ったことがある。良太は笑うどころか、まるで涙《なみだ》をこらえるように顔にギュッと力を込めただけだった。

そして、「ごめん」とつぶやいて、逃げるように病室を出て行った。

良太が謝ることなど何もない。

事故現場に一緒にいたとか、横断歩道を渡っている最中に良太から電話がかかってきたとかいうならまだしも、僕の交通事故と良太とはまったく無関係だ。

同情はしても、罪悪感を抱《いだ》く必要はない。

なのに、良太は僕に謝った。

あれは、僕を青海学院に誘ったことに対してではないかと思っている。

そして、良太の後悔《こうかい》は今も続いている。

「見学に行ってから、決めようかな」

またもや、思ってもいないことを宮本に言ってしまった。

「おおっ。だよな、見学に行かなきゃな」

肩に手をのせ、バンバンと叩《たた》かれる。宮本には「入部する」と聞こえたのだろうか、と疑ってしまうほどのはしゃぎっぷりだ。

おいてけぼりをくらったような顔の良太と目が合った。

「宮本から、放送部に誘《さそ》われたんだ。活動内容をまったく知らなかったんだけど、ドラマ作りとか聞くと、ちょっとおもしろそうかなと思って」

そう言う僕は今、ちっともおもしろそうな顔をしていないはずだ。

「そっか。俺、ドラマはあまり興味なかったけど、圭祐《けいすけ》が作るのなら見てみたいよ」

良太の顔も泣き笑いのように見える。

「でも、脚本を書くのは俺なんだな」

子から手を離《はな》した。

「ほら、陸上部、てきぱき動け！」

ステージ上から声を張り上げたのは、陸上部の顧問《こもん》らしき教師だ。当番は陸上部。2良太の顔が少し曇《くも》った。それが、ムカつく。

「やっぱり、いいよ」

「あー、町田！」

3良太から椅子を奪《うば》い取るため、手をかけようとした横から、声をかけられた。

宮本だ。ニヤニヤと笑っている。

「山岸くんも久しぶりだね」

宮本は良太にも愛想よく声をかけ、良太も薄く笑い返した。bはからずも、三崎中から青海学院に進学した同級生、勢揃《せいぞろ》いだ。

僕と良太と宮本の共通点は、三崎中出身だということ。多分、それだけだ。

これが女子同士なら、手を取り合って、高校でもよろしくね、などと、はしゃぐのかもしれない。内心、互《たが》いにどう思っていたとしても。だけど、男同士の場合、そんな空気すら生じない。

無言のヘンな間ができてしまう。

僕をはさんで二人がいるのだから、この間は、僕が断《た》ち切らなければならないのではないか。

「宮本も、僕の椅子運びを手伝いにきてくれたのか？」

とっさにこういう台詞《せりふ》しか出てこない自分が嫌になる。

c卑屈《ひくつ》。漢字ドリルにしか出てこない単語だと思っていたのに、今の僕を表すのにぴったりの言葉になってしまっている。

「そんなわけないじゃん」

ケロリとした顔で宮本が答えた。

「愛の告白の返事を聞こうってときに、相手が一番嫌がりそうなことをするヤツなんかいないよ」

宮本はニカッと歯を出して笑った。

反して、4良太の顔が曇る。愛のなんちゃらが気持ち悪いからではないはずだ。

宮本は、僕がケガ人扱いされるのを嫌がることに気付いている。

「二人って、中学のとき、同じクラス？」

良太が僕と宮本を交互《こうご》に見ながら訊《き》いた。本当は、仲が良かった？と確認したいのだろうけど。

5昨日少し話しただけ、と正直に答えたら、良太はさらに落ち込むような気がする。

「ぜんぜん。昨日、初めて話したもんな」

宮本が呑気《のんき》そうに答えた。僕と良太のあいだに流れる空気を、宮本はどんなふうに感じ取っているのか、わからない。

「な」と、もう一度言われて、「そうそう」と僕は頷いた。

「でも、誤解しないように。愛の告白ってのは、こういうのじゃないから」

宮本が良太に腰をくねらせながら言う。

「う、うん……」

良太は宮本を警戒《けいかい》するように一歩退いた。

「俺さ、今、町田を部活勧誘中なんだよ」

「部活勧誘中？」

「中でも一番力を入れているのは、作品制作です。テレビドラマ、ラジオドラマ、テレビドキュメント、ラジオドキュメントの四部門の作品を作り、毎年夏に全国大会が行われる、JBKのコンテストに応募《おうぼ》します」

　JBK、年末の歌合戦や大河ドラマでおなじみの、日本国民なら誰でも知っているであろう放送局だ。

「昨年はラジオドキュメント部門で全国大会に出場することができました」

　全国。放送部の先輩は、運動部のように気合いを込めず、さらりと口にした。

「残念ながら、準決勝に進むことはできませんでしたが、本校には、三年前にテレビドラマ部門で最優秀賞、日本一になったという輝《かがや》かしい実績があります」

　日本一、には気合いを感じた。

「青海青春。高校生の私たちには、今しか持つことのできない特別な感覚で、触れることができる世界があるはずです。ぜひ、それを一緒に形にして、東京のJBKホールに乗り込み、日本一を目指しましょう！」

　一瞬《いっしゅん》、館内が静まり、大きな拍手が上がった。規模の大きな目標を掲げたことにというよりも、声や話し方につられての盛り上がりではないかと思う。

　それにしても、JBKホールとは。歌合戦の会場ではないか。吹奏楽《すいそうがく》部以外の文化部で、他校と競う大会があるということだけでも少し驚いたのに、それが、全国とか、日本一に繋《つな》がる規模のものだとは。

　宮本はこういうことまで知っていたのだろうか。確かに、JBKで日本一になれば、プロの脚本家《きゃくほんか》に一歩近付けそうな気はする。

　とはいえ、放送部が活躍《かつやく》したニュースなんて、これまで聞いたこともない。全国大会といっても、出場校の少ない、県大会を四校くらいで争うといった、広き門なのではないだろうか。

　青海青春、と締《し》めの言葉の頭に付けることになっているのだろうけど、放送部の作品制作に、練習や努力、汗を流す、といったイメージは湧《わ》かない。

　入るつもりもない部活に対して、頭の中で文句を垂れ流すほどに、自分はa泥臭《どろくさ》い青春を欲《ほっ》していたのだということにうんざりして、大きなため息をついてしまう。

　特に興味を惹《ひ》かれる文化部もないまま、新入生オリエンテーションは終了した。

　準備は上級生がしてくれたけれど、片付けは一年生も手伝うらしく、自分が座《すわ》っていたパイプ椅子《いす》を体育館の指定された壁際《かべぎわ》まで運ばなければならない。

　立ち上がって椅子をたたみ、クラスのヤツらの最後尾《さいこうび》にダラダラとついていっていると、流れに逆らうようにして、良太がやってきた。

「椅子、運ぶよ。貸して」

　僕の足を案じて駆《か》け付けてくれたのか。

「いいよ、これくらい」

　遠慮《えんりょ》したのでも、テレたのでもない。ケガ人扱《あつか》いされるのが嫌《いや》で、本気で断った。

「俺《おれ》、片付け当番だから」

　良太はいつものさらりとした口調で言うと、僕の持っているパイプ椅子に手をかけた。良太のクラス、一組が当番なのか。じゃあ、と僕は椅そして、ステージ上に現れたのは、陸上部のユニホームを着た男子生徒二人だ。

僕の左手は、無意識に左足のボルトが入っている部分に触《ふ》れていた。動いているときは痛みを感じるものの、こうして、じっと同じ体勢でいるときは、何も感じることはない。

もう、走れるんじゃないかと思うほどに。

もしも、事故に遭っていなかったら。今ごろ、待ってましたとばかりに冊子を開き、陸上部の先輩たちの言葉に耳を傾《かたむ》けていたに違《ちが》いない。

「長距離《ちょうきょり》部門の目標は、全国高校駅伝大会への出場です」

壇上《だんじょう》の、りりしい顔をした方の先輩が力強く発する、全国、駅伝、といった言葉の一つ一つに僕は強く頷《うなず》いていたかもしれない。

隣《となり》の穏《おだ》やかそうな人にマイクが渡された。

「目標は高く掲《かか》げていますが、部員全員が、初めから速く走れたわけではありません。高校から陸上を始めて、全国大会に出場した選手もたくさんいます」

この言葉に僕は勇気づけられ、放課後、早速《さっそく》、入部届を出しに行こうと心に決めていたはずだ。

「青海青春！　走るのが好きな人、体を動かすことが好きな人なら、誰《だれ》でも大歓迎《だいかんげい》です。ぜひ、僕たちと一緒《いっしょ》に青春の汗《あせ》を流し、夢に向かって突《つ》き進みましょう」

壇上の二人が頭を下げると、新入生たちは拍手《はくしゅ》を送った。僕もパチパチと手を合わせながら……、息を止めた。

込《こ》み上げてくる涙を堰《せ》き止めるために。

誰でも大歓迎、とは自分以外の全員だ。そんなふうに感じた。周りのヤツら全員がうらめしく思えてくる。

こんな学校に来なければよかった。青海学院なんて受けなければよかった。そうだ、ここを受験しなければ、あの日、あの時間、あの交差点を渡《わた》ることもなかったのだ。

陸上部の紹介が終わっても、サッカー部、バスケ部、と運動部が続く。どの部からも陸上部と同様に、威勢《いせい》よく、全国だの、優勝だのという言葉が飛び出してくる。

1逃《に》げ出したい。そうは思っても、のろのろと足を引きずりながら歩く姿に注目されることを想像しただけで、腰《こし》を浮かせることすらできない。

ならば、寝《ね》てしまえばいいのだと、僕はぎゅっと目を閉じた。眠《ねむ》くもない目を無理やり閉じたはずなのに、スン、とテレビが消えるように頭の中には何も映らなくなる。

「新入生の皆さん、入学おめでとうございます」

ふと、朝のニュース番組みたいな声が聞こえたような気がして、僕はハッと目を開けた。壇上には制服姿の女子の先輩が一人、立っていた。

「これから放送部の紹介をします」

ニュース番組を読み上げるアナウンサーのような、一本芯《しん》の通った声が、心地よく耳に響《ひび》く。地声というよりは、訓練して出せるようになった声ではないか。

宮本は今ごろ、熱心に耳を傾けているのだろう。もしかすると、目を閉じて聞いているかもしれない。と、自分とは関係のない部活だと思っているのに、放送部の活動内容は、僕の意志とは無関係に、耳から頭の中心まで届き、じわじわと広がっていく。

感覚は他者と自由を共有していると言えるということ。

問十　【文章1】急に心と体が楽になりました、【文章2】体が軽くなってふっと浮く感覚とありますが、あなたがこれまで生活してきた中で経験したこのようなことを具体的に書きなさい。

五　次の文章を読んで、あとの問いに答えなさい。字数指定のある問いは、句読点などの記号もすべて字数にふくみます。

青海学院《せいかい》の合格発表の帰り道で事故に遭《あ》った僕《ぼく》を、見舞《みま》いにきてくれた人たち、母さんと陸上部関係者を除いては、皆《みな》、足のことには触《ふ》れず、合格を祝ってくれた。

――青海学院に受かるなんて、たいしたもんだ。しっかり勉強して、お母さんにラクをさせてやれよ。

滅多《めった》に会うことのない、親戚《しんせき》のおじさんまでが、入学祝を持ってきてくれた。

僕自身は、陸上ができない青海学院など何の価値もないと、ふてくされていたけれど、よくよく考えれば、部活のために高校に通うのではない。

余裕のある成績で受かったのではないのだから、授業についていけなくなる可能性もある。これ以上母さんに経済的負担をかけるわけにはいかないから、塾《じゅく》通いは難しい。

そうなると、自宅なり、図書館なりで勉強しないといけない。部活などしている余裕《よゆう》はないのではないのか。

放送部の紹介《しょうかい》ページに、昨日見たチラシ以上の情報は何もない。舞台《ぶたい》上のスクリーンに映像が流れるのか、体育館の電気が消された。と同時に、僕も冊子を閉じる。

高校では部活をしない。

それが僕の出した結論だ。

「次は、部活動紹介です。まずは、映像をご覧ください」

新入生オリエンテーションの司会者である三年生女子のアナウンスとともに、スクリーンに映像が流れ始めた。

「青海青春」というテロップのあと、軽快な音楽に合わせて、まずは運動部の活動の様子が映し出される。春休み中に撮影《さつえい》したのか、グラウンドの端《はし》に見える桜の木は、花が満開だ。

その前を軽快に走り抜《ぬ》けていったのは、良太《りょうた》だった。「陸上部」のテロップが重なって、次には体育館での別の部の練習風景が映し出され、そこに良太の姿はなかった。けれど、いつまでもその残像だけが頭の中に浮《う》かび続ける。目の前の映像は、もうバスケ部に変わっているのに。

良太の新しい生活はとっくに始まっている。あそこに僕が加わることはない。充分《じゅうぶん》に理解していることなのに、心臓をギュッと握《にぎ》りつぶされたように息苦しくなった。

放課後、グラウンドが視界に入らないように、顔をそむけて正門に向かっても、陸上部のジャージを着た良太が絶対に目に入らないという保証はない。その度《たび》に、僕はこんな気持ちになってしまうのだろうか。下駄箱《げたばこ》の前で遭遇《そうぐう》したら、痒《かゆ》くもない頭をかきながら、「授業についていくのに必死で、部活なんかやってる余裕ないんだよね」などと半笑いで言うのだろうか。

ぼんやりと考えているうちに、館内が明るくなり、映像がとっくに終《しゅう》了《りょう》していたことに気が付いた。

自分の案である新しいやり方に変えたところ、さぼる人もいなくなりいつもより早く終わらせることができてみんなが積極的に動くようになった。しかし、今まで通りのやり方でないためみんなが新しいやり方を覚えてこれから続けていけるのか心配になった。

イ　友人と昼食をとるのが当たり前だったが、初めて一人で昼食をとったときにペースを気にすることがなくとても楽であった。しかし、一人で昼食をとることで、かえって二人でいるときの大切さが身にしみた。このまま友人とどのような距離《きょり》感でつきあっていけばいいのか、なかなか答えが出ずに困っている。

ウ　親が言う通りに勉強してある程度の好成績を収めていたが、最近はそのやり方がきゅうくつに感じるようになっていた。そんなとき友達から自分で計画を立てているという話を聞いて真似《まね》をしてみたところ、充実《じゅうじつ》した時間となり自ら取り組むことの大事さを知った。しかし、学力が本当につくのかはわからず迷っている。

エ　念願であった第一志望の中学校に合格することができ、今までの受験勉強ばかりの日々が終わってほっとした。受験勉強を通して、あきらめないことの大切さや努力は必ず報《むく》われるということを知った。しかし、卒業と同時に小学校の友達とは違《ちが》う中学校に進学し離ればなれになると思うと悲しみがこみ上げてきた。

オ　いつもは文学作品しか買う本を選ばせてもらえなかったのに、今日は誕生日なのでどんな本を買ってもいいと言われた。夢中になって面白《おもしろ》そうなタイトルの本を手にしてみると、自分の視野が広がるような気がしてわくわくした。しかし、本当にどんな本を買ってもしかられないのだろうかという思いにおそわれた。

問八　本文中の［B］、［C］に当てはまる言葉として最も適切なものを次から選び、それぞれ記号で答えなさい。

B　ア　理由　イ　援助《えんじょ》　ウ　傍観《ぼうかん》者　エ　障害
　オ　協力者

C　ア　適格者　イ　邪魔《じゃま》　ウ　監督《かんとく》者　エ　目的
　オ　前提

問九　――線部６「対話において哲学的瞬間に感じる自由は、感覚じたいが個人的であり、主観的であるとしても、だからといって、他者と共有できないわけではない」とありますが、それはどういうことですか。最も適切なものを次から選び、記号で答えなさい。

ア　目の前が開け、明るくなる感じは誰もが感じたことのある感覚なので、自分がその感覚を味わうことは主観的であっても、他者にもそれを対話を通じて伝えることができるということ。

イ　対話の哲学的瞬間に感じる自由というのは精神的な自由の感覚であって、誰であれ他者が自由を感じている時、それを分かっていると言っていいので共有していると言えるということ。

ウ　体が軽くなってふっと浮く感覚を感じるのは確かにそれを感じている自分一人であるが、それは他者との対話によって得られた感覚なので、他者とともに感じていると言えるということ。

エ　対話が哲学的になって感じることができる自由は感じている者だけの感覚であるが、対話をしていれば相手にも交互《こうご》に生じるものなので、共有していると言うことができるということ。

オ　哲学的瞬間の解放されたような感じとして体感する自由は、解放感と不安定感の片方ずつを相手と分かち合うものなのでこの両義的

問一　本文中の［1］～［3］に当てはまる言葉として最も適切なものを次から選び、それぞれ記号で答えなさい。ただし、記号は一度ずつしか使いません。

ア　しかし　イ　なぜなら　ウ　さらに　エ　あるいは

問二　本文中の［A］に当てはまる言葉を【文章1】から探し、ぬき出して答えなさい。

問三　――線部1「モノの見方が狭くなってきます」とありますが、その原因について【文章2】ではどのように述べられていますか。最も適切なものを次から選び、記号で答えなさい。

ア　考えることで自由を感じること。
イ　日常生活で負っている役割、立場、境遇など。
ウ　他の文化を知ること。
エ　解放感と不安定感という両義的な感覚。
オ　他の人と関わることによるネガティブな感情。

問四　――線部2「対話の場」とありますが、【文章2】の筆者の言う「哲学対話」の説明として**ふさわしくないもの**を次から一つ選び、記号で答えなさい。

ア　互いに自由を得るために相手の考えに合わせることで相手を尊重することができる。
イ　自分の意見に対する相手の反応から新しい気づきを得て考えを深めることができる。
ウ　他人と語り合うことによってそれまでの自分にはなかった価値観を得ることができる。
エ　対話の相手と互いを鏡にすることによって自分の内面を明らかにすることができる。
オ　物事を自分から切り離して考えることによって自由を体感することができる。

問五　――線部3「なぜ考えることで、私たちは自由を感じるのか」とありますが、この問いに対する答えとして最も適切なものを次から選び、記号で答えなさい。

ア　考えることで他者の存在を感じ、自分を自由にしてくれるのは他者であるということに気づくから。
イ　考えることで多くの物の見方や判断基準を知り、新たな視界が開ける開放感につながるから。
ウ　自由のもつ開放感と不安定感は、考えることによって生じる譲歩や我慢の上に成り立つものだから。
エ　考えることで自分が自由を感じなければ、他人が自由を感じていることを理解できないから。
オ　多様な価値観に気づく視点を持つためには、それまでの自分にとらわれない自由な発想が必要だから。

問六　――線部4「自分とは違う考え方、ものの見方を他の人から聞いた時、新たな視界が開ける」とありますが、「新たな視界が開ける」とは【文章1】の校則を変えようとした話の中では具体的にどのような内容に当てはまりますか。四十五字以上六十字以内で説明しなさい。

問七　――線部5「両義的感覚」とありますが、その具体的な説明として最も適切なものを次から選び、記号で答えなさい。

ア　一年生の時から続けている教室掃除《そうじ》のやり方を、班で話し合ってしてまさに自由を体感するのである。

自由にはもう一つの重要な点がある。それは個人と自由との関係である。私たちは、自由であることと、一人であることをしばしば結びつける。一人のほうが気ままで自由だと考えることが多い。哲学でも「他者危害の原則」、すなわち「他人にとって害にならないかぎり、自由を認めるべきだ」という考え方がある。

日常生活の中でも、「誰にも迷惑《めいわく》かけてないでしょ」と言って、自分の行動の自由を正当化する人がいる。「あんたに関係ないでしょ」というのも、口出しするな、私の勝手にさせてくれという、自分の自由を主張するためによく使われるセリフだ。

（中略）

たしかにそうだ。結婚《けっこん》も、人付き合いも、気をつかうだけ。相手が好きでも嫌《きら》いでも、いっしょにいることじたいが疲《つか》れる――そんなふうに思う人も多いだろう。だが本当にそうなのだろうか。本当にそれだけなのだろうか。

他者が根本的に自由の妨《さまた》げなのだとすれば、他者と共に生きるのは、仕方がないからであって、できれば他の人などいないほうがいいのだろうか。だとすれば、人と関わって生きているかぎり、私たちの人生は妥《だ》協《きょう》の産物でしかないだろう。

実際、他の人といることで譲歩《じょうほ》したり、我慢《がまん》したりしないといけないことはある。けれども他者と共にいても、［３］共にいるからこそ、自由だと感じることもあるのではないか。それに私たちは、どこかでまず自由の〝味〟を覚えた後に、それが抑《おさ》えられたり妨げられたりする状態として不自由さを感じるのではないか。

私たちは生まれてから（あるいは生まれる以前から）、他の人との間で、他の人といっしょに生きている。最初の自由の感覚は、そこで身につけたはずだ。その時他者は、自由の［Ｂ］ではなく、むしろ［Ｃ］だったにちがいない。他者との関わりがあるからこそ、個人の自由が可能になり、そのうえで他者が時に障壁《しょうへき》になるのではないか。

だとすれば、この自由の感覚は、成長するにつれて、薄《うす》まることはあっても、けっして失われることはないだろう。私たちの自由を妨げるのが他者なら、私たちを自由にしてくれるのも他者だということは、実は大人になっても変わらないはずだ。

これはたんなる理屈《りくつ》ではない。６対話において哲学的瞬間に感じる自由は、感覚じたいが個人的であり、主観的であるとしても、だからといって、他者と共有できないわけではない。そこで自分が感じる自由は、まさにその場で他の人と共に問い、考え、語り、聞くことではじめて得られるものである。だからそれは、他者と共に感じる自由なのだ。

こうして私たちは考えることで自由になり、また他の人といっしょに考えることで、お互いが自由になる――哲学対話は、このような固有の、そしておそらくは、より深いところにある自由を実感し理解する格好の機会なのである。

（梶谷《かじたに》　真司《しんじ》「考えるとはどういうことか――０歳から１００歳までの哲学入門」より）

＊２　哲学……世界や人生の究極の根本原理を客観的・理性的に追求する学問。とらわれない目で事物を広く深く見るとともに、それを自己自身の問題として究極まで求めようとするもの。

＊３　敷衍……言葉を加えて詳《くわ》しく説明すること。

で、嘘《うそ》をついていることもあるだろう。

だからといって、他人が痛みを感じていることを私が分かる可能性が全面的に否定されるわけではない。それと同じように、誰《だれ》であれ他者が自由を感じている時、それを分かっていると言っていいのではないか（自由を感じているふりをするのは、痛いふりをするよりもずっと難しいだろう）。

このような感覚としての自由は、考えることとどのような関係にあるのか。3なぜ考えることで、私たちは自由を感じるのか。

ある哲学カフェを運営しているお母さんが、哲学対話を通して「物事を自分から切り離《はな》して考えられるようになった」と言っていた。そして「日常生活で負っている役割を脇《わき》に置いて私という個でいられる場」ができ、そこで「自由を体感できる」という。

ここには、思考と自由の関係が、きわめて的確かつ簡潔に言い表されている。蛇足《だそく》になるかもしれないことを承知で、私なりにもう少し＊3敷衍《ふえん》してみよう。

哲学対話で私たちは自ら問い、考え、語り、他の人がそれを受け止め、応答する。そして問いかけられ、［1］思考が促《うなが》される。こうして私たちはお互《たが》いを鏡にして、そこから翻《ひるがえ》って自らを振《ふ》り返る。

それは抽象《ちゅうしょう》的な言葉で言えば、「［A］化」とか「対象化」ということだろう。自分自身から、そして自分の置かれた状況《じょうきょう》、自分のもっている知識やものの見方から距離《きょり》をとる。その時私たちは、それまでの自分自身から解き放たれる。自分を縛っていたもの――役割、立場、境遇《きょうぐう》、常識、固定観念など――がゆるみ、身動きがとりやすくなる。

それは体の感覚としても表れる。先に述べたように、対話が哲学的になると、体が軽くなった感じ、底が抜けて宙に浮いた感じがする。その時おそらくは、自分が思い込んでいた前提条件が分かって、それが揺《ゆ》らぐか、取っ払《ぱら》われたのだ。

4自分とは違《ちが》う考え方、ものの見方を他の人から聞いた時、新たな視界が開けるのは、文字《もじ》通り目の前の空間が広がって明るくなる開放感として表れる。今まで分かっていたことが分からなくなると、いわゆるモヤモヤした感覚、それこそ靄《もや》の中に迷い込んだ感じがする。

そうしたもろもろの感覚は、どこか似たところがある。何かから切り離された感じ。自分をつないでいたもの、自分が立っていた地盤《じばん》から離れる。それは一方では、自分を縛りつけていたものからの解放感であり、他方で、自分を支えていたものを失う不安定感である。

解放感と不安定感――この5両義的感覚は、まさしく自由の感覚であろう。それはある種の高揚《こうよう》感と緊張《きんちょう》感を伴《ともな》っている。対話の時に経験する全身がざわつく感じ、快感と不快感が混じった、どちらとも言えない感覚はそれなのではないか。

これはさしあたり私の個人的な感覚にすぎないかもしれない。［2］私自身は、哲学対話のさいにこのような自由の感覚を経験し、考えることで自由になれたのだという実感がある。

そして他の人の表情を見ていても、きっと同じような経験をしているのだという感触《かんしょく》をもっている。参加者が眉間《みけん》にしわを寄せて一見苦しげに見えながら、深いところで満ち足りていて、楽しんでいるように見える。この両義的な表情から、他の人たちも同じように自由を感じているように私には思えるのだ。

実際、前述のお母さんも言っているように、私たちは考えることを通調べた結果、近くの高校では、肌色のストッキングが許可されて、黒色は禁止でした。

（中略）

そして、急に心と体が楽になりました。校則は絶対なものじゃない。隣《となり》の高校でさえ、正反対のルールなんだ。唯一《ゆいいつ》絶対の正解があるものじゃないんだ。

他の文化を知ることで、相対的な見方ができるようになる、というのはこういうことです。

他の文化を知ることで、自分の状況が「これしかない」ものではないことが分かるのです。

（鴻上《こうかみ》尚史《しょうじ》『「空気」を読んでも従わない　生き苦しさからラクになる』より）

＊1　ワンポイント……衣服などに一箇所《いっかしょ》だけ模様をつけること。また、その模様など。

【文章2】

次の文章の筆者は以下の①～⑧のルールで行われる哲学《てつがく》対話（数人が集まって行われる、考えを深めるための話し合い）を実践《じっせん》している。筆者は哲学対話について、何をもって「哲学的」と言うのかは、スポーツと同じで、実際に自分で経験してみて、体で感じるしかないものだと主張している。

ルール

①何を言ってもいい。
②人の言うことに対して否定的な態度をとらない。
③発言せず、ただ聞いているだけでもいい。
④お互いに問いかけるようにする。
⑤知識ではなく、自分の経験にそくして話す。
⑥話がまとまらなくてもいい。
⑦意見が変わってもいい。
⑧分からなくなってもいい。

私たちは何かの折に、ふと解放されたように感じる。今まで自分がいかに不自由であったか、いかに何かに縛《しば》られていたかを、体全体で感じることがある。

体が軽くなってふっと浮《う》く感覚。一気に、あるいはゆったりと広がるような感覚。目の前が開け、明るくなる感じ――そう、先に「体で感じる＊2哲学」のところで述べた、「対話が哲学的になった瞬間《しゅんかん》」の感覚である。

私が考えることと自由を結びつけるのは、対話の哲学的瞬間において、この二つが分かちがたく結びついている実感があるからだ。

しかもこれは、私の個人的な体験なのではない。少なくとも2対話の場においては、参加者から「自由になれた」というような感想をよく聞く。対話のさいの表情を見ていても、それが読み取れる。そんなのはお前のオメデタイ勝手な思い込みだと言うかもしれない。他の人が自由を感じているかどうかなんて分かるはずがない、と。

だが、私たちは、目の前の人が痛みに苦しんでいるさまを見て、その痛みの感覚そのものは感じられなくても、普通《ふつう》はその人が痛みを感じていることを疑うことはない。もちろん個々のケースで、それがどのくらい確実に言えるかは分からない。その人がただそう見せかけているだけ

・最後の話を（　７　）ことでどうにか時間内に講演を終えた。
・情に（　８　）ことなく理屈《りくつ》を重んじて判断を下すべきだ。

【語群】
ア　はしょる　　イ　ねぎらう　　ウ　あさましい
エ　おこがましい　　オ　ゆだねる　　カ　いそしむ
キ　ほだされる　　ク　そらぞらしい

四　次の【文章1】と【文章2】を読んで、あとの問いに答えなさい。字数指定のある問いは、句読点などの記号もすべて字数にふくみます。

【文章1】

数年前、ツイッターで「なぜ勉強をするのか?」という質問に対する親の答えが話題になっていました。

勉強をなぜするのか親に訊《き》いたときに、コップを指して「国語なら『透《とう》明《めい》なコップに入った濁《にご》ったお茶』、算数なら『２００㎖のコップに半分以下残っているお茶』、社会なら『中国産のコップに入った静岡《しずおか》産のお茶』と色々な視点が持てる。多様な視点や価値観は心を自由にする」というようなことを返された

素晴らしい答えでした。

「多様な視点や価値観は心を自由にする」ということが「相対的に考える」ということです。

私達《たち》は、苦しくなると、1モノの見方が狭《せま》くなってきます。「もうこの解決方法しかない」とか、「これをやるしかない」「他にどうしようもない」と思い込《こ》みがちになります。

そういう時、他の文化を知っていれば、いろんな考え方、見方ができるのです。

それは、まさに「心を自由」にします。

僕《ぼく》は高校時代、生徒会長でした。立候補したのは、無意味な校則を変えたいという理由でした。

あなたの学校はどうですか?

僕の通った高校は、靴下《くつした》の＊1ワンポイントだの髪《かみ》の長さだのストッキングの色だのスカートの長さだの、さまざまな細かい校則がありました。

生徒会長に当選して、さっそく校則を変えようとしました。

すると、生徒指導担当の先生がやってきて「校則を変えると学校が荒《あ》れる。校則はそもそも、考え抜《ぬ》かれた絶対的なものなのだ」と言いました。

僕が反論しようとすると「絶対に校則を変えさせない」と言って話を終わらせました。

考えた僕は、県内のすべての公立高校の校則を調べることにしました。僕の通っていたのが県立高校だったので、私立高校のデータは参考にならないと考えたのです（私立高校で、ものすごく自由な校則の学校があっても、「私立は独自だから」と言われると思ったのです。）

僕の高校は、女子のストッキングは、黒色しか認められていませんでした。肌《はだ》色は禁止でした。まったく理由が分からない理不尽《りふじん》な校則だと思いましたが、生徒指導の先生は「当然である」とだけ言いました。

【国　語】（五〇分）〈満点：一五〇点〉

一　次の――線部の漢字と同じ漢字を使っているものを選び、それぞれ記号で答えなさい。

1　雨季はカンダンなく雨が降る。
ア　車でカンセン道路を走る。　イ　物語を読んでカンドウする。
ウ　歴史にカンシンを持つ。　エ　カンセツ的に話を聞く。
オ　真冬にカンパがやってくる。

2　イッシ乱れぬ演技をした。
ア　敵の攻撃《こうげき》にイッシ報いたい。　イ　富岡《とみおか》セイシ場は世界遺産だ。
ウ　はやくシタクを済ませる。　エ　新聞のシメンをにぎわす。
オ　ヒッシに練習した。

3　気温もおだやかなコウラク日和。
ア　コウゾクの列車が遅《おく》れている。　イ　コウフクな人生を送る。
ウ　映画のコウギョウ収入。　エ　休むコウジツを考える。
オ　計画をケッコウする。

4　テイのいい断り方をされた。
ア　テイバンのメニュー。　イ　シテイの愛情を感じる。
ウ　テイチョウに応対した。　エ　テイサイを整える。
オ　あるテイドは一人でできる。

5　学芸会に関するフクアンを持っている。
ア　朝からフクツウでつらい。　イ　フクスウの人が手をあげた。
ウ　残り物にはフクがある。　エ　フクダイジンに任命される。
オ　薬をフクヨウする。

二　次の（1）～（10）に当てはまる言葉をあとの語群から選び、それぞれ記号で答えなさい。ただし、記号は一度ずつしか使いません。

・私の提案に友人たちは（　1　）を示した。
・世間をさわがせるような事件が（　2　）している。
・周りの友人に（　3　）されて読書するようになった。
・ミスをしてしまったことは（　4　）の極《きわ》みだ。
・だまってことの成り行きを（　5　）した。
・新しいルールをクラス全体に（　6　）したい。
・工場で製品完成までの（　7　）の作業を見学する。
・小説に描《えが》かれている（　8　）に気づかずに読み進めた。
・友人と（　9　）になって球拾いをした。
・（　10　）を残すような終わり方ではいけない。

【語群】
ア　一連　イ　禍根《かこん》　ウ　伏線《ふくせん》　エ　痛恨《つうこん》　オ　難色
カ　頻発《ひんぱつ》　キ　感化　ク　躍起《やっき》　ケ　静観　コ　周知

三　次の（1）～（8）に当てはまる言葉をあとの語群から選び、それぞれ記号で答えなさい。ただし、記号は一度ずつしか使いません。

・練習に（　1　）ことが今の私にできる最善のことだ。
・われ先に逃《に》げ出すなどという（　2　）ことはできない。
・先生に意見するなどという（　3　）ことはしたくない。
・（　4　）ウソをついてまで秘密を守りたくはない。
・下級生のがんばりを（　5　）ことが上級生の役割だ。
・運命を他人の手に（　6　）などということはできない。

裕がある自分をおかしく思う。

オ　年齢《ねんれい》に負い目を感じていたが、自分と同じような年齢でもコンクールに出場している人がいることを知り安心感を覚えつつも、歳をとったからこそいい演奏ができると自信を持って臨んでいるはずが他人の年齢を気にしていることに気づき、本番を前に気持ちの矛盾《むじゅん》を覚えた自分をおかしく思う。

問二　――線部2「明石は混乱した」とありますが、それはなぜですか。最も適切なものを次から選び、記号で答えなさい。

ア　普段はできていることが突然《とつぜん》できなくなってしまったから。

イ　靴紐の結び方を忘れたのと同じように曲も忘れてしまったから。

ウ　コンクールの前に靴紐がほどけるのは縁起《えんぎ》の悪いことだから。

エ　靴紐を結べないくらい自分が緊張していることを自覚したから。

オ　自分が本選に出場しているところが想像できなかったから。

問三　――線部3「生活者の音楽」とありますが、明石が目指す演奏はどのようなものですか。本文中の中略より前から探し、十字以内でぬき出しなさい。

問四　――線部4「同じステージに立つ他のコンテスタントたちや家族とも共有できない種類の孤独」とは、どのような気持ちからくるものですか。最も適切なものを次から選び、記号で答えなさい。

ア　なぜピアノを弾くのかわからないという混乱。

イ　後がない者にしか理解できない本番前の緊張。

ウ　自分の才能のなさを実感したことによる挫折《ざせつ》感。

エ　練習時間が圧倒的に不足していることへの不安。

オ　他のコンテスタントとの境遇の差による嫉妬《しっと》。

問五　――線部5「今朝はカメラを構えていなかった」とありますが、それはなぜですか。三十字以上四十字以内で説明しなさい。

問六　――線部6「素人というのは恐ろしいものだ」とありますが、明石がそう感じたのはなぜですか。最も適切なものを次から選び、記号で答えなさい。

ア　自分自身も気づいていなかった表現力の低さを何気なく言い当てられてしまったから。

イ　気にして練習している曲の解釈《かいしゃく》の欠点を的確にとらえられてしまったから。

ウ　一生懸命《けんめい》練習しているのに無遠慮《ぶえんりょ》に思ったままの感想を言われ傷ついたから。

エ　曲に対する知識の低さを作曲家のせいにして芸術の意義を理解しようとしないから。

オ　現代まで弾き続けられている理由を演奏者の力量を問うためだという本質を見抜いたから。

問七　――線部7「満智子は、不意に涙が溢れてくるのを感じた」とありますが、このときの満智子の気持ちを三十字以上四十字以内で説明しなさい。

問八　本文中の□に一文を加えるとしたら、あなたなら次の①と②のどちらを選びますか。どちらか一方を選び、解答欄《らん》に収まるように選んだ理由を書きなさい。なお、どちらを選んだとしても点数に差はつきません。

①　「曲が終わり、瞬間、万雷《ばんらい》の拍手が会場を包んだ。」

②　「曲が終わり、一瞬、真の静寂《せいじゃく》が会場を包んだ。」

タキシードを着て、美しいメロディを弾くためには、生きていくための仕事に忙殺《ぼうさつ》され、果てしない日常を支えていかなければならない。あそこに立つまでに、彼がどれだけ努力してきたか、観客たちは誰も知らない。

「これが最初で最後だから、頼む、挑戦《ちょうせん》させてくれ」

「パパは音楽家なんだって明人に言ってみたいなぁ」

「今更誰にも頼まれもしないのにコンクールなんか出てどうするんだろうね」

「今だから弾けるものってあると思うんだよ」

「駄目《だめ》だ、全然指がついてこない。気持ちばっかり先走って、曲になってない」

「やっぱり、こんなことやめときゃよかった」

「説得力のないピアニストが悪いんだよ」

「本選に残ったら、みんな聴きに来てくれるってさ」

たくさんの明石の声、明石の表情が重なり合う。

それでもなお、ピアノは、ショパンはこんなにも美しい。

バラードの二番は、明石の優しさと厳しさをそのまま体現しているかのようだった。

（恩田《おんだ》 陸《りく》『蜜蜂《みつばち》と遠雷《えんらい》』より）

＊1 コンテスタント……コンクールに出場する人のこと。

＊2 芳ヶ江……今回のコンクールの開催《かいさい》地。架空《かくう》のもの。

＊3 雅美……高島明石の高校時代の同級生。テレビ番組の企画《きかく》でコンクール前から明石に密着取材をしている。

＊4 アンビバレンツ……相反する感情が同時に存在しているさま。

＊5 満智子……高島明石の妻。

＊6 明人……高島明石の息子。

問一 ――線部1「自分だけが最年長ではないと知ってホッとしているのが我ながら滑稽だった」とありますが、この時の明石の心情の説明として最も適切なものを次から選び、記号で答えなさい。

ア 自分と同年代のコンテスタントがいるのであれば、よもや自分が彼らに負けるわけがないと思い、自信を持って演奏に臨《のぞ》める状況《じょうきょう》に安堵したが、はじめから自分の敵は若い学生たちでその人たちを気にする必要がないことを思い出し、そのことに気づけないほど緊張している自分をおかしく思う。

イ 自分と同年代で音楽をやっているのであれば、同じような生活や練習の苦労をしてきているだろうと思い、その苦しみを共有できることの喜びを感じたが、彼らも学生かもしれないと考えると自分はやはり孤独であることを認識《にんしき》し、舞台では一人だという事実から逃げようとした自分をおかしく思う。

ウ 自分にしかできない演奏をしようと思ってはいるものの、不安で周りのことが気になっていると、自分と同年代の出場者を見つけられ緊張がほぐれたが、結局はそのような人たちとも争わなければならないと思い、できることをやるしかないという当たり前のことを忘れていた自分をおかしく思う。

エ 自分には学生に負けない練習をしてきた自負があるが、そういう練習を積んできた出場者が他にもいることに気づき、無理矢理自分を落ち着かせようとしながらも、全体を客観的に分析《ぶんせき》できるほどの余裕《よゆう》があることを自覚し、コンクール出場に不安を覚えながらも余絞《しぼ》ったあとも、何度も何度も弾き比べ、プログラム提出ぎりぎりまで悩《なや》んでいた。

満智子はバッハを聴くと、いつも「宗教的な」という言葉を思い浮かべる。

詳《くわ》しいことは分からないけれど、しんと心が静まりかえって、「祈《いの》る」ということを理解できるような気がしてくるのだ。

明石のバッハは、ずっと聴いていたいような心地になる。こちらも心が静まってきて、謙虚《けんきょ》な気持ちになってくる。

しかし、バッハはあっというまに終わってしまった。

次はベートーヴェンのソナタ、第三番、第一楽章。

ソナタというのはたいへん重要な形式なのだそうだ。作曲家の力量を問われる、実力の顕《あらわ》れる形式なのだとも。

満智子は「月光」や「熱情」は知っていたけれど、正直、他のベートーヴェンのソナタを聴いてもピンと来なかった。

曲のための曲って感じだよね。何か表現したいから作ったんじゃなくて、形式のために作ったたって感じ。

6素人《しろうと》というのは恐《おそ》ろしいものだ。満智子は明石が練習しているソナタを聴きながら、素朴《そぼく》な印象を述べた。

そう聞こえる?

明石は苦笑した。

うん。あんまり面白くない。

そうかあ、それじゃあ、俺が悪いんだなあ。

ぱらぱらとフレーズを弾きながら、明石は天井《てんじょう》を見上げる。

どうして？ 作曲家のせいでしょ。

満智子は気軽にそう言い、洗濯物《せんたくもの》を畳んでいた。

違うよ。こうして後世に残っている曲には、それぞれに曲としてのきちんとした必然性があるんだ。それを弾きこなせない、説得力のないピアニストが悪いんだよ。

思いがけなくその声が厳しかったことが記憶《きおく》にある。

7満智子は、不意に涙《なみだ》が溢《あふ》れてくるのを感じた。

明石の言った意味が分かったよ。

今、明石の指先から聞こえてくるベートーヴェンは、フレーズのひとつひとつが有機的に繋《つな》がりあい、何かを訴《うった》えかけてくる。

そう、明石のピアノには説得力があるのだ。今のあたしには、ベートーヴェンが何を言いたいのかほんの少しだけ分かるような気がする。

ひとつの音も聴き逃《のが》すまいと満智子は集中したが、二曲目もあっというまに終わってしまった。

そして、明石の一次予選最後の曲はショパンのバラード第二番だった。

本当は、バラードの第四番を弾きたかったんだけど、時間が足りないんだよなー。

そんなことを言いながら練習していたっけ。

この上なく静かに優《やさ》しく始まる曲だ。誰かが囁きかけているような、シンプルで美しいメロディ。この部分を聴いていると、明石が＊6明人《あきひと》に絵本を読み聞かせているところを連想してしまう。

しかし、そんな長閑《のどか》な光景は、思いがけなく激しいフレーズに破られる。ドラマティックなメロディが、怒濤《どとう》のように何度も寄せては返し、更《さら》に大きな流れとなって押し寄せてくる。

現実の厳しさ、険しさ。

＊5満智子《まちこ》は溜息をついた。

そして、一次予選初日、最後の演奏者。

22　TAKASHIMA AKASHI

ネームプレートが入れ替《か》えられ、満智子は思わず背筋を伸ばした。

動悸《どうき》がいっそう激しくなった。

こんなに緊張したのはいつ以来か思い出せない。

思わず胃を押さえていた。

耳元で心臓の音がする。

あたしが出場者だったら、上がりまくっててとても演奏なんかできないよ。いや、違う、自分が出場者でも、こんなには上がらなかっただろう。

あんなところにたった一人で出てきて演奏できるだけでも、明石、あんたは偉《えら》い。

厚い回転扉《とびら》が開き、サッと長身の明石が出てきた。

日本人出場者とあって、ひときわ大きな拍手《はくしゅ》が湧《わ》く。

ステージの上で見る明石は、体格のせいだけでなく、とても大きく見えた。

思わず胃痛も忘れて感心する。

やっぱり、この人には生まれながらの明るく上品な雰囲気《ふんいき》があるなあ。

満智子は、彼を初めて見るような気がした。

にこやかにきびきびと歩いてきて、明石はピアノの前に腰《こし》掛けた。

手を伸ばし、椅子《いす》の高さを調節する。前の出場者は小柄《こがら》だったので、かなり椅子を下げている。

ポケットから白いハンカチを取り出し、鍵盤《けんばん》を少し拭《ふ》き、自分の手を拭く。

あれは儀式《ぎしき》なんだよ、調律師さんが入ってるから、鍵盤に汗が残ってるわけじゃない。気持ちを落ち着けるために鍵盤を拭くふりをするのさ。

明石の声が聞こえた。

彼は額を軽く拭《ぬぐ》うとピアノの上にハンカチを置き、斜《なな》め上を見上げて動きを止めた。

大丈夫《だいじょうぶ》。落ち着いてる。集中してる。

満智子は一人で頷いた。

静かな目でしばし宙を見ていた明石は、サッと弾き出した。

あっ。

満智子は目が開かれる思いがした。

それは満智子だけでなく、他の観客も同様だったようだ。やれやれ、やっと最後だという疲れた雰囲気だったのに、皆、覚醒《かくせい》して背筋を伸ばしたのを感じた。

明石の音は、違う。同じピアノなのに、さっきの人とは全然違う。

明快で、穏《おだ》やかで、しっとりしている。活《い》き活きとした表情がある。

やはり、音楽というのは人間性なのだ。この音は、あたしの知っている明石の人柄がそのまま表れている。明石という人の包容力の大きさが、音に、響きに宿っている。舞台の上の明石の周りに、広い景色が見えてくる。

平均律クラヴィーアの第一巻第二番。

どの曲にするか、ずいぶん長いこと迷っていたっけ。候補を数曲によりによってこんな時に。舌打ちしたくなるのを必死にこらえ、苦労して表情を繕《つくろ》った。

「ああ、おはよう」

声もぎこちなく、表情も全く繕えていなかったらしく、雅美が一瞬びくっとした顔をした。思わず目を逸《そ》らす。

撮《と》られたくない。この女は、いったいなんの権利があってこんなところまでやってきて俺に向かってビデオカメラを回すのだろう。

ここ数日、カメラが付いて回るのが鬱陶《うっとう》しく、煩《わずら》わしく、雅美に憎《にく》しみすら抱《いだ》いていることに気付いていた。雅美もそのことに気付いていたと思うが、むろん、彼女も仕事なので遠慮《えんりょ》するわけにもいかず、二人のあいだに少しぎくしゃくしたものがあった。

だが無理だ。今日だけは、無理だ。ずっとカメラに付いてこられたら、自分がどんな罵詈雑言《ばりぞうごん》を雅美に投げつけるか想像もつかないし、ひどい言葉で罵《ののし》るのを自分でも制御《せいぎょ》できないに違いない。

明石は息を深く吸いこんだ。

「ごめん、今日は」

硬《かた》い表情で思い切って明石が言いかけると、雅美はそれを遮《さえぎ》るように大きく頷《うなず》いた。よく見ると彼女はいつもの大きなバッグを持っていたものの、5今朝はカメラを構えていなかった。

「今日は会場に行って、関係者や他の出場者を撮ってるね」

「ごめん」

そう言うのが精一杯だった。

「でも、高島君が出る前の楽屋と袖《そで》は撮らせてもらう。ここだけは撮らないと、番組にならないからお願いね」

雅美は簡潔にぴしりと言った。

明石はホッとしつつも頷く。「分かった」

「グッドラック」

雅美はそう言ってすぐに引き揚《あ》げていった。拍子《ひょうし》抜けした気分になる。

明石が出場前でピリピリしているのは、彼女もよく承知していたのだ。安堵《あんど》するのと同時に大人げないな、俺も、と少し後悔《こうかい》した。この程度でいっぱいいっぱいになるようじゃ、学生コンテスタントとちっとも変わらない。一味違う大人の演奏をしようと思っていたのに、自分の許容範囲《はんい》の狭《せま》さが情けなかった。

その一方で、雅美と話をしたことで、少し落ち着きを取り戻《もど》した。

意識しながら、大きく深呼吸する。

そう、大人の演奏をするのだ。今自分が抱いている複雑な思いや孤独、音楽に対する＊4アンビバレンツな思いをも演奏で表現すればいい。それが、最年長のコンテスタントの唯一《ゆいいつ》のアドバンテージなのだ。

明石は背筋を伸《の》ばして新聞を畳《たた》み、近くを通りかかったウエイトレスにコーヒーのお代わりを頼んだ。

（中略）

韓国人の女の子、中国人の男の子、韓国人の男の子。

出てくるコンテスタントは誰も皆《みな》上手である。近年アジア勢の伸びが凄《すご》いと聞いていたけれど、さっきのロシア人の女の子よりもアジアの三人のほうが明らかにパワーも技巧《ぎこう》も勝っていた。

ほんとに皆上手だなあ。

リラックス、リラックス。一日は長い。今から気合いを入れていてどうする。

立ち上がろうとして、スニーカーの靴紐《くつひも》がほどけかけているのに気付いた。

しゃがんで結び直そうとしたが、結べない。

えっ？

2明石は混乱した。いつも普通にやっているはずの、靴紐を結ぶという行為《こうい》。

しかし、手はその行為を忘れてしまったかのように、もぞもぞと靴の上をさまよっていた。

どうしたんだ、俺《おれ》？

ようやくぎこちなく紐を結び終えた時には、初めて靴紐を結《ゆ》わえたような気がして、十五分近く経《た》っていた。

混乱したまま立ち上がる。

俺、上がってる？

全身からどっと冷や汗《あせ》が噴《ふ》き出してきた。

こんなことは今までなかった。かつて舞台《ぶたい》に立った時のことを思い浮《う》かべてみても、そりゃあ多少は緊張《きんちょう》したけれど、こんなふうに動揺《どうよう》した記憶《きおく》はなかった。

明石はゾッとした。急速に不安が込《こ》み上げてくる。久しぶりの舞台。しかも、真剣《しんけん》勝負の。その舞台で。

ピアノを前に、曲を度忘れして呆然《ぼうぜん》としている自分の姿が、一瞬妙《みょう》にリアルに目に浮かんだのだ。慌《あわ》ててその姿を打ち消す。

そんなことはない。あんなに練習してきたんだ。忘れるなんてあるはずがない。今までだって、そんなことは一度もなかった。

でも、こんなふうに靴紐も結べないほどに上がったことも、かつては一度もなかった。

冷たい声がそう囁《ささや》く。

やっぱり、おまえはもう音楽家なんかじゃない。会社勤めをして、所帯を持って、すっかり焼きが回ってしまった。3生活者の音楽だなんて大層なことを言っていたが、やはりおまえは逃《に》げただけだ。退路を断って音楽に向き合うことが怖《こわ》くて、ただ脱落《だつらく》したに過ぎないのさ。

それは、コンクールに出ることを決めてからここ一年、何度も胸の中で聞いた言葉だった。普通の生活があってこその音楽だとずっと思っていたはずなのに、しょせんは「酸《す》っぱい葡萄《ぶどう》」のようなもので、もし自分が抜《ぬ》きん出た才能を持っていたら迷わずプロの音楽家の道を選んだだろうし、それ以外の職に就《つ》くことなど考えもしなかっただろう。そして、そちら側にいたならば就職して所帯を持ち、「生活者の音楽」などと嘯《うそぶ》いている者をきっと軽んじていたに違いないのだ。

じゃあ、なぜ今自分はここにいるのだろう？　今ここにこうしている自分はいったい何なのか？

一瞬、足元が沈《しず》みこんでいくような凄《すさ》まじい孤独《こどく》を感じた。

演奏する時は誰《だれ》しも感じる孤独だろうが、今明石が感じたものはこれから4同じステージに立つ他のコンテスタントたちや家族とも共有できない種類の孤独で、限りなく絶望に近いもののような気がした。

「高島《たかしま》君、おはよう」

声を掛《か》けられて、反応するまで少し掛かった。

ようやく、＊3雅美《まさみ》が取材に来たのだと気付く。

会行動と交換される場合があることも明らかになった」とありますが、どのような条件の社会行動となら「毛づくろい」は交換されると考えられますか。その条件を十字以上十五字以内で答えなさい。

問九　これまでの生活の中であなたが経験した利他的行動とその感想を解答欄に収まるように書きなさい。

四　次の文章を読んで、あとの問いに答えなさい。字数指定のある問いは、句読点などの記号もすべて字数にふくみます。

ゆっくりめの朝食を摂《と》り、新聞を読む。

今日これから、たった二十分のパフォーマンスだけで評価されるのだ。一日中、いや年がら年中練習している、世界中の若い音大生たちと同じ土俵《どひょう》で。担当教授がつきっきりで、こと細かに指導し、コンクール対策を練ってきている彼《かれ》らと一緒に。

そのことが不思議な気がした。普段《ふだん》の生活では有り得ないイベント。

そう考えると、ここ一年かつての恩師に頼《たの》んで何度も聴《き》いてもらい、寸暇《すんか》を惜《お》しんで弾《ひ》きこんできたものの、練習時間の差は歴然としている。その蓄積《ちくせき》の差に、焦《あせ》りを感じないではいられなかった。もっとも、この歳《とし》になると、ひたすら練習するだけが練習ではないし、工夫して量を質で補う方法もあると知っている。時間に追われるせわしない日常生活のあいだに練習時間をひねりだし、中身の濃《こ》い練習をしてきた精神力は学生に負けないし、ピアノを弾ける喜びを誰《だれ》よりも感じてきたという自負もあるのだけれど。

てっきり自分が最年長だと思っていたのに、配られたプログラムで、1自分だけが最年長ではないと知ってホッとしているのが我ながら滑稽《こっけい》だった。ロシアからの＊1コンテスタントで明石《あかし》と同い年が一人、ひとつ下がロシアとフランスで一人ずついた。彼らはまだ学生なのだろうか。自分と同じように働いているのだろうか。どこの国でも、音楽だけで食べていくのは大変なはずだ。たぶん子供はいないだろうな。

長丁場のコンクールのために仕事を休むのは大変だったが、同僚《どうりょう》も上司も応援《おうえん》してくれた。楽器店という商売を選ぶだけあって、自分でも演奏する者が多いせいだろう。わざわざ、今日の一次を聴きに来てくれるという人も何人かいた。本選に残ったらみんなで聴きに行く、と決めているらしい。

本選。その響《ひび》きは憧《あこが》れだ。

学生時代、日本で最大規模、なおかついちばん権威《けんい》のある音楽コンクールで、本選に残ったことがある。その時は五位入賞だった。そして、それが明石がこれまでに獲《と》った最高位だった。

近年注目度が上がり、優勝者の特典も多い＊2芳ケ江《よしがえ》だ。しかも、これは国際コンクールなのだ。世界中から強豪《きょうごう》がやってくる。スケールの大きな新人が次々出てくる中国。国家事業として芸術分野に予算を注力する韓国。両者のレベルアップはめざましく、今回もこの二つの国のコンテスタントがかなりの人数を占《し》めていた。本選に自分が残れる望みは薄《うす》いと分かっていても、やはり残りたかった。ピアノ協奏曲を、ショパンの一番をオーケストラと弾きたい。

今この瞬間《しゅんかん》、どの出場者もそう思っているに違《ちが》いない。かつて子供の頃に聴いて憧れた、チャイコフスキーを、ラフマニノフを、グリーグを、オーケストラと一緒《いっしょ》に演奏したいと。

思わず、全身に力が入っているのに気付き、ふっと溜息《ためいき》をつく。

問四　――線部3「パタスモンキーにおいても、血縁個体と非血縁個体のあいだには互恵性という観点からみれば明確な違いが存在するということである」とはどういうことですか。その説明として最も適切なものを次から選び、記号で答えなさい。

ア　ニホンザルは非血縁同士でどんなに毛づくろいを多くし合っていても、そのやり方が血縁同士のパターンと同じにはならないのと同様に、パタスモンキーも毛づくろいのパターンで血縁個体なのか、非血縁個体なのかがわかるということ。

イ　パタスモンキーもニホンザルと同様に血縁、非血縁の両者と毛づくろいをするが、パタスモンキーは新生児への関心が非常に高いため、新生児をもつ母親との毛づくろいの場合にはニホンザルと明確に違ったやり方をするということ。

ウ　血縁、非血縁で毛づくろいのやり方に大きな違いの見られないニホンザルのように、血縁個体間の社会的な結びつきが比較的弱いパタスモンキーは、血縁個体が相手であっても非血縁個体が相手であっても行動に違いは見られないということ。

エ　パタスモンキーの非血縁間のやりとりはニホンザルと同様の互恵性があり、頻度の低い相手と毛づくろいをする場合には積極的に毛づくろいを返すという行動を通して、血縁関係、非血縁関係で生じる相手への態度の差をうめ合っているということ。

オ　ニホンザルもパタスモンキーも血縁個体同士の結びつきが強いということは共通しているが、パタスモンキーには「受け手による互恵性」という特有の性質があるため、利他的で互恵的な行動という点でははっきりとした違いがあるということ。

問五　――線部4「母親に対する毛づくろいの催促はほとんど見られなくなった。逆に赤ん坊持ちのメスは、相手から毛づくろいされたあとに、自分から積極的にやりとりを続けようとしなくなった」とありますが、その理由を説明している部分を解答欄《らん》の「〜から。」に続くように四十字で探し、その最初と最後の五字をぬき出しなさい。

問六　本文中の[D]にあてはまる内容として最も適切なものを次から選び、記号で答えなさい。

ア　毛づくろいを通して「受け手による互恵性」を進化させて考え、自分が利益を得るためには、まず相手に利益を与えようというわけである

イ　血縁間であっても非血縁同士であっても、毛づくろいは子守行動をするための手段であるとしっかり認識しているということである

ウ　赤ん坊に触りたいという自己の欲求を満足させることを優先し、母親の持つ感情をないがしろにしてしまっているということである

エ　「受け手による互恵性」を持ちながらも、単なる子守行動を毛づくろいをするために交換可能なものとして認識しているわけである

オ　毛づくろいを単に子守行動をするための手段として考えているわけではなく、お互いに交換可能なものとして認識しているわけである

問七　――線部5「相手がやりとりの少ない個体の場合、毛づくろいをした側だけでなく、毛づくろいを受けた側も積極的にお返しをしようとする」とありますが、その理由として考えられることを十字以上二十字以内で説明しなさい。

問八　――線部6「パタスモンキーの分析では、毛づくろいがほかの社

は、血縁間で見られるように親子関係などに発する親和性を基礎《きそ》に社会交渉を長期間重ねることによって関係を形成し維持《いじ》してゆくといったやり方ではないようである。むしろ、受けた利益を自発的に返すことによって結びつきを強めるといった、非血縁間に特徴的な互恵性そのものをさらに発展させたものなのであろう。

この両種に見られたもう一つの顕著な違いは、パタスモンキーのおとなメスたちが示す新生児への高い関心によって、ニホンザルでは毛づくろいのなかだけで成立すると考えてきたやりとりのルールが一時的に崩壊《ほうかい》することである。しかしながら、たとえルールが崩壊した場合でも、非血縁個体とは互恵的なやりとりをするという原則は、ほかの行動を含めた形で成立していた。この結果から考えられることは、このような短期的な互恵性は、霊長類が非血縁間で利他的な行動をやりとりする場合に常に成り立っている可能性があるということである。

これまで述べてきたニホンザルとパタスモンキーの分析によって得られた結果は、霊長類一般《いっぱん》に対して、毛づくろいを利他的行動として扱《あつか》い、そのやりとりのパターンを分析することの有効性を示している。さらに、6パタスモンキーの分析では、毛づくろいがほかの社会行動と交換される場合があることも明らかになった。今後さまざまな種で同様《どうよう》の視点からの分析が行われれば、さらに互恵性についての議論が深まるだろう。

（正高《まさたか》　信男《のぶお》『ニホンザルの心を探る』より）

＊1　利他……自分を犠牲《ぎせい》にして他人に利益を与《あた》えること。
＊2　互恵……互《たが》いに都合のいい利益を与えたり、受けたりすること。
＊3　近接……近づくこと。接近。
＊4　追随……あとからついていくこと。
＊5　先ほど述べた……この問題文章より前の文章で述べられていること。

問一　本文中の［A］～［C］にあてはまる言葉として最も適切なものを次から選び、それぞれ記号で答えなさい。

ア　そして　イ　しかし　ウ　もちろん　エ　なぜなら
オ　つまり

問二　――線部1「パタスモンキーはニホンザルとはいくつか異なる社会的な特徴を持っている」とありますが、「パタスモンキー」に見られる「ニホンザルとはいくつか異なる社会的な特徴」とは何ですか。**適切でないもの**を次から一つ選び、記号で答えなさい。

ア　敵対交渉時に母親の助けを必要としない。
イ　母系社会を形成する。
ウ　非血縁の新生児への子守行動。
エ　非血縁関係が比較的強い。
オ　単雄複雌の群れを作る。

問三　――線部2「このような種で予想されること」とありますが、予想されることとして適切なものを次から二つ選び、記号で答えなさい。

ア　血縁と非血縁では生息環境に大きな違いが見られること。
イ　血縁よりも非血縁同士の毛づくろいの回数が多くなること。
ウ　母親ザルが血縁同士の互恵性を深める役を担《にな》っていること。
エ　血縁同士の社会的な行動に変化が見られにくくなること。
オ　毛づくろいのルールが赤ん坊の出現によって変わること。
カ　サルの新生児が毛づくろいし始めるまでの時間が短いこと。
キ　血縁のサルと非血縁のサルの行動に差があまりないこと。

も、血縁個体と非血縁個体のあいだには互恵性という観点からみれば明確な違いが存在するということである。

　ところが、出産期になって新生児が現れると、予想通り新生児がいない時期とまったく違うやりとりのパターンが見られるようになった。赤ん坊を持っているメスに対してはほかのサルからの一方的な毛づくろいが見られ、4母親に対する毛づくろいの催促はほとんど見られなくなった。逆に赤ん坊持ちのメスは、相手から毛づくろいされたあとに、自分から積極的にやりとりを続けようとしなくなった。このような赤ん坊持ちのメスをめぐるやりとりには、血縁関係の有無はまったく影響《えいきょう》しなかった。ところが、毛づくろいを始める前や毛づくろいをしたあとの子守行動を調べてみると、非血縁間での毛づくろいの前後には、血縁間での場合よりも、子守行動が多くなっていた。とくに、赤ん坊持ちのメスに対して毛づくろいをしたあとには、相手の赤ん坊に対して子守行動をすることが多かった。一方、赤ん坊のいない組み合わせでは、出産前と変わらないパターンが見られた。これらのことは、毛づくろいのやりとりのなかで、赤ん坊への接触や子守行動という毛づくろい以外のものが、利益として交換の対象となることを示している。[C]、非血縁個体間では、そのようないくつかの異なる行動を含めて互恵的なやりとりをしているらしいのである。

　毛づくろいの機能から考えれば、赤ん坊を持っているサルに対して一方的な毛づくろいが見られるのは、赤ん坊に触《さわ》ったりできるように、相手をなだめているのだということも考えられる。もし相手をなだめるためなら、毛づくろいをしてから子守行動をしようとするだろう。しかし、パタスモンキーでは、むしろ子守行動をしてから母親を毛づくろいすることが多く、この予想にはうまくあてはまらなかった。つまり彼らは、[D]。「赤ん坊に触らせてもらったからかわりに毛づくろいをする」、あるいは「毛づくろいをしたから触らせてもらえる」という認識《にんしき》を、彼らは持っている可能性が高い。

　毛づくろいのやりとりについて、パタスモンキーとニホンザルのあいだに見られたもっとも顕著《けんちょ》な違いの一つは、非血縁間で毛づくろい交渉を始めるときの振《ふ》る舞《ま》いだろう。

　パタスモンキーでは、5相手がやりとりの少ない個体の場合、毛づくろいをした側だけでなく、毛づくろいを受けた側も積極的にお返しをしようとする。もしこのことがパタスモンキーの社会で確実に行われているのなら、交渉の始めに催促された個体が催促に応《こた》えて毛づくろいをしてやっても、お返しをしてもらえないという危険はそれほど大きくはならない。パタスモンキーがやりとりの少ない相手と毛づくろいをする場合には、する側とされる側の両方が互恵的なやりとりを支えているため、ニホンザルのように最初に相手を毛づくろいしてからやりとりを始める必要がないのかもしれない。

　では、なぜこのような「受け手による互恵性」のきざしがパタスモンキーで見られるのだろうか。この問いに対する十分な答えはまだ得られていない。ただその理由の一つには、群れと群れとの敵対的交渉が頻繁に起こるために、群れのなかでは、非血縁個体同士の結びつきが日常生活のなかで大きな位置を占《し》めていることがあげられるかもしれない。血縁関係が希薄《きはく》なのではなく、逆に群れの内部でのそのほかの関係が比較的強いということである。ただし、そのような結びつきを支えているで交わされている毛づくろいが血縁同士の組み合わせに匹敵《ひってき》するくらい多くても、非血縁間の毛づくろいに特有の互恵的なパターンには大きな変化はなかった。これは、ニホンザルでは血縁と非血縁が明確に区別されていることを示している。ニホンザルほど血縁の結びつきが強くないと考えられているパタスモンキーでも同じように明確な区別があるとすれば、日常的な交渉こそ特別多くはないものの、血縁のサルはそのほかのサルとまったく違う存在としてとらえられていることになるだろう。

もう一つの興味深い予想は、新生児の出現によって毛づくろいのルールは大きく変化するだろうということである。生まれたばかりの赤ん坊が関心の的になれば、毛づくろいだけが交換《こうかん》されるのでなく、毛づくろいと毛づくろい以外の利益（ここでは新生児に対する接触《せっしょく》や毛づくろいなどの子守行動）とが交換される可能性が考えられる。子守行動についてはさまざまな機能が考えられているが、子守行動を行うサルにとってどのような短期的なあるいは長期的な利益があるのかはあまりよく分かっていない。ニホンザルでは、赤ん坊が生まれるとメスたちの関心が多少集まるが、おとなメス間の毛づくろいのパターンそのものには大きな変化は起こらない。［Ａ］、パタスモンキーの場合、新生児への関心度は非常に高く、新生児との交渉はおそらくなんらかの将来的な、あるいは潜在的《せんざいてき》な利益と結びついているのだろう。もし赤ん坊に対する子守行動が母親以外のメスたちの利益となるのなら、メスたちは、母親に対して毛づくろいをしたあとに、その見返りとして母親に毛づくろいを催促《さいそく》するかわりに、子守行動をさせてもらおうとするだろう。従って、赤ん坊に対する子守行動が毛づくろいの前後に頻繁に行われるようになり、母親は相手から一方的に毛づくろいを受けることになると予想できる。

パタスモンキーの調査は西アフリカ・カメルーンのカラマルエ国立公園で行った。この公園には数群が生息するが、調査対象となった群れは、おとなオス一頭、おとなメス六頭を含む一群で、追跡《ついせき》したのは群れ内のすべてのおとなメスである。調査期間を出産期（一月から二月）と非出産期（十月から十一月）にわけ、出産期には赤ん坊を産んだメスを約三〇時間、産まなかったメスを約二〇時間、追跡した。非出産期には、すべてのメスを約二〇時間追跡した。出産期には六頭のうち三頭が出産した。

分析の結果はいくつかの点でニホンザルと異なっていたものの、おおむね利他主義に関する理論から予想されるものと一致《いっち》した。新生児のいない時期の非血縁間のやりとりには、ニホンザルと同じような互恵的なパターンが見られた。とくにあまり毛づくろいをしていないメス間では毛づくろいしたサルが相手に催促するだけでなく、毛づくろいを受けたサルが相手に毛づくろいを積極的に返すという、ニホンザルには見られなかったパターンが多かった。［Ｂ］、利益を受けたメスが自分から相手に利益を返すという、＊5先ほど述べた「受け手による互恵性」のきざしがパタスモンキーには現れていた。一方、母子間では、ニホンザルと同じように互恵的なパターンはまったく見られなかった。

毛づくろい交渉を始めようとするときには、母子間の毛づくろいでは相手に近づいた個体が毛づくろいを催促するというニホンザルと同じパターンが見られた。一方、非血縁個体間で毛づくろいを始めるときには、ニホンザルで見られたような接近と催促の明確な傾向《けいこう》が見られなかった。これらの結果からいえることは、3パタスモンキーにおいて名をあとから選び、記号で答えなさい。

① 親譲《ゆず》りの無鉄砲《むてっぽう》で子供の時から損ばかりしている。小学校にいる時分学校の二階から飛び降りて一週間ほど腰《こし》を抜《ぬ》かした事がある。

② 僕《ぼく》の前に道はない　僕の後ろに道は出来る　ああ、自然よ　父よ
僕を一人立ちにさせた広大な父よ

③ ある日の事でございます。御釈迦様《おしゃかさま》は極楽《ごくらく》の蓮池《はすいけ》のふちを、独りでぶらぶら御歩《おある》きになっていらっしゃいました。

④ 行く河の流れは絶えずして、しかも、もとの水にあらず。よどみに浮《うか》ぶうたかたは、かつ消え、かつ結びて、久しくとどまりたる例なし。

⑤ 春はあけぼの。やう《（よ）》やう《（よ）》白くなりゆく山ぎは《（わ）》、すこしあかりて、紫《むらさき》だちたる雲のほそくたなびきたる。

ア　方丈記《ほうじょうき》　イ　蜘蛛《くも》の糸　ウ　道程　エ　坊《ぼ》っちゃん
オ　枕草子《まくらのそうし》

問三　次の①と②は、それぞれある一字の漢字を説明したものです。それぞれが説明している漢字を組み合わせてできる熟語を答えなさい。

① 形声文字。部首はこころ。つくりはものの姿を見るという意味を持つ。心にものの姿を見るの意味から、おもうの意味を表す。

② 形声文字。部首はにんべん。つくりはものの姿という意味。人の姿・かたちの意味を表す。

三　次の文章を読んで、あとの問いに答えなさい。字数指定のある問いは、句読点などの記号もすべて字数にふくみます。

現在世界には二〇〇種近い霊長類《れいちょうるい》が生息しており、そのほとんどは毛づくろいをすることが知られている。もし毛づくろいが＊[1]利他的行動として行われているのなら、いままでニホンザルで述べてきた＊[2]互恵《ごけい》的《てき》なやりとりは、ほかの霊長類の種においても見られるはずである。さらにその現れ方にさまざまなタイプがあれば、それに基《もと》づいて生息《せいそく》環境《かんきょう》との関連や、互恵性がどのように進化してきたかという過程をたどれるかもしれない。そこで、同じような分析《ぶんせき》をアフリカのサバンナにすむオナガザル科の一種であるパタスモンキーで試みた。

[1]パタスモンキーはニホンザルとはいくつか異《こと》なる社会的な特徴《とくちょう》を持っている。まず、ニホンザルと違《ちが》い、群れのなかにはおとなオスが一頭しかいない単雄複雌《たんゆうふくし》の群れを作る。また、ニホンザルを含《ふく》むほかの多くの霊長類と同じように、オスが自分の生まれた群れを出てゆきメスが群れに残るという母系社会を形成するが、血縁《けつえん》個体間の社会的な結びつきが比較的《ひかくてき》弱いといわれている。毛づくろいは、ニホンザルほど母親や子どもに極端《きょくたん》に集中することはなく、交わされる毛づくろいは血縁間でもっとも多いものの、比較的多数の仲間と交渉《こうしょう》を持つ。敵対的交渉における援助などは血縁間でほとんど見られないが、これは子どもがニホンザルに比べて非常に早熟で、敵対的な交渉のときあまり母親の助けを必要としないせいかもしれない。そのほか、ほかの母親の新生児を抱《だ》いたり毛づくろいしたりする子守《こもり》行動が頻繁《ひんぱん》に見られることで有名であり、出産期には生まれたばかりの赤ん坊《ぼう》をめぐって＊[3]近接や＊[4]追随《ついずい》などの社会交渉が急増することが知られている。

[2]このような種で予想されることは、血縁個体と非血縁個体との差が小さく、ニホンザルのような明確な違いが見られないのではないか、ということである。ニホンザルでは、ある特定の非血縁同士の組み合わせ

【国　語】〈五〇分〉〈満点：一五〇点〉

一　1～5の――線部のカタカナを漢字に直したとき、その漢字と同じになるものを次のア～オから一つ選び、記号で答えなさい。

1　知識のなさをジセイした。

ア　中学生はセイフクを着る。
イ　病院でセイミツ検査を受ける。
ウ　家臣はチュウセイシンが高い。
エ　高速道路はキセイラッシュだ。
オ　明るいセイカクは得をする。

2　運命に身をユダねる。

ア　学級イインがクラスをまとめる。
イ　キャプテンにニンメイされる。
ウ　銀行でヨキンをおろす。
エ　練習場所をテイキョウしてもらった。
オ　年上にはケイイをもって接する。

3　このビルはカイシュウ工事中です。

ア　首相《しゅしょう》のキョシュウが内外から注目される。
イ　体だけではなく精神のシュウレンも必要だ。
ウ　混乱した事態のシュウソクを図る。
エ　苦しくてもシュウシ笑顔で過ごす。
オ　オリンピックは四年シュウキで行われる。

4　その学者は新しい説をトナえた。

ア　昔の教育制度をケンショウする。
イ　試合に負けたショウシンをいやす。
ウ　ショウチクバイはめでたいもののシンボルだ。
エ　小学校から聞こえるガッショウの声。
オ　その手続きには会社のショウニンが必要だ。

5　現代の町からはセントウが姿を消してしまった。

ア　健康のためにトウニュウを飲む。
イ　生徒会長にトウセンした。
ウ　国のあり方に一石をトウじた。
エ　国会で大臣がトウベンする。
オ　箱根にトウジに行く。

二　次の各問いに答えなさい。

問一　次の（1）～（5）に当てはめるのに最もふさわしい言葉を、あとの【語群】から選び、それぞれ記号で答えなさい。ただし、ア～オの言葉はそれぞれ一度ずつしか使いません。

・環境《かんきょう》のためにも資源を（　1　）させることが重要だ。
・倫理《りんり》的な観点から（　2　）技術には否定的意見がある。
・蚊《か》が（　3　）となって伝染病が蔓延《まんえん》するおそれがある。
・日本人の偉業《いぎょう》がさまざまな（　4　）を通じて報道された。
・大雪の影響《えいきょう》で野菜が（　5　）高値になっている。

【語群】

ア　軒並《のきな》み　　イ　循環《じゅんかん》　　ウ　媒体《ばいたい》　　エ　メディア
オ　クローン

問二　次の各文はいずれもある作品の冒頭部分である。それぞれの作品

解答用紙集

○月×日　△曜日　天気（合格日和）

◆ご利用のみなさまへ
＊解答用紙の公表を行っていない学校につきましては、弊社の責任において、解答用紙を制作いたしました。
＊編集上の理由により一部縮小掲載した解答用紙がございます。
＊編集上の理由により一部実物と異なる形式の解答用紙がございます。

人間の最も偉大な力とは、その一番の弱点を克服したところから生まれてくるものである。 ――カール・ヒルティ――

東京学参株式会社

栄東中学校(東大特待Ⅰ)　2024年度　　◇算数◇

※解答欄は実物大になります。

1	(1)	A　:　B
	(2)	個
	(3)	cm^2
	(4)	分
	(5)	分　秒
	(6)	倍

2

(1)

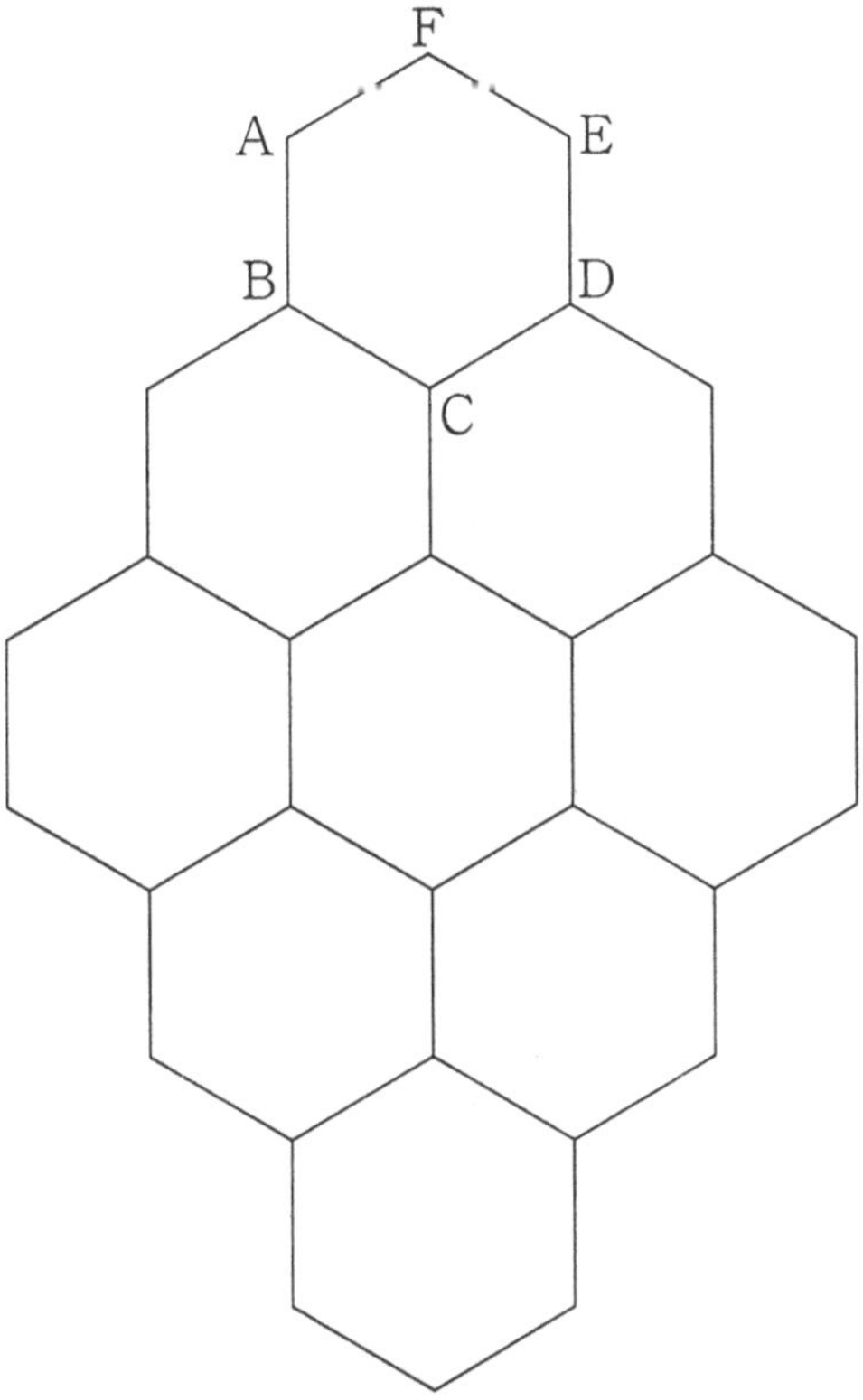

(2)

BG : GC

3

(1) DS : SE

(2) AT : TM

(3)

《考え方を記す欄》

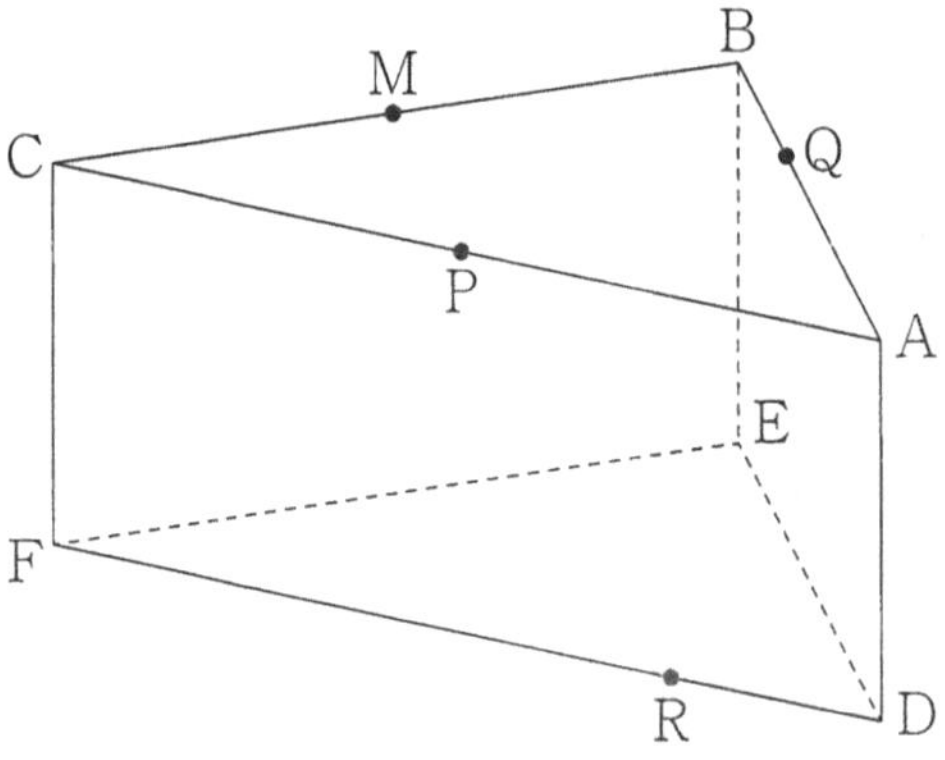

倍

4	(1)	ア
		イ
	(2)	ウ
		エ
	(3)	

栄東中学校（東大特待Ｉ）　2024年度

◇理科◇

※解答欄は実物大になります。

1	問1	引く力 kg	体重計A kg	問2	kg
	問3	kg	問4	引く力 kg	体重計A kg
	問5	図4 kg	図5 kg	問6	kg
	問7	kg			

2	問1		問2		問3	
	問4		問5	③	ミョウバン g	
	問6	%	問7			

3	問1		問2		問3	
	問4	g	問5		問6	
	問7					

4	問1		問2		問3	
	問4	(1)	(2)			

栄東中学校（東大特待Ⅰ）　2024年度

◇社会◇

※解答欄は実物大になります。

1	問1	(1)	Ⅰ　　湾	Ⅱ　　川
		(2)		
	問2	(1)	米	畜産
		(2)	静岡県	愛媛県
		(3)		
		(4)	Ⅰ	Ⅱ
	問3	(1)	静岡県	熊本県
		(2)	山梨県	福岡県
		(3)	埼玉県	長野県
		(4)	Ⅰ	
			Ⅱ	
	問4	(1)		(2)
		(3)	西洋なし	もも
		(4)		

2			
問1		2番目	4番目
問2			
問3	(1)		
	(2)		
問4			
問5			
問6		2番目	4番目
問7		a	b
問8			
問9			
問10			
問11		古い順で4番目	東から順で3番目
問12	(1)	2番目	4番目
	(2)	県	
問13			

3					
問1		問2		問3	
問4		問5		問6	
問7					

◇国語◇

栄東中学校(東大特待Ⅰ)　２０２４年度

※　１４５％に拡大していただくと、解答欄は実物大になります。

一

1		2		3		4	
5		6		7		8	

二

1		2		3		4		5	
6		7		8		9		10	

三

問一

問二

問三　A　B　C

問四

問五

問六

問七　20　30

問八　40　50

問九　自分が選ぶ方を○でかこむ　伝統的　近代的

四

問一　a　b

問二　15

問三

問四

問五　30　40

問六

問七　自分と同じように成瀬も　35　45

問八

問九　→　→　→　→　→

問十

◇算数◇

※解答欄は実物大になります。

1		cm^2

2	(1)		番目
	(2)	ア	
		イ	番目
		ウ	

<table>
<tr><td rowspan="4">3</td><td rowspan="2">(1)</td><td>A</td><td>ア　　倍</td></tr>
<tr><td colspan="2">理由</td></tr>
<tr><td>(2)</td><td>B</td><td>イ　　倍</td></tr>
<tr><td>(3)</td><td colspan="2"></td></tr>
</table>

4	(1)	ア
	(2)	
	(3)	$n=5$なら　　　　　　　　通り $n=6$なら　　　　　　　　通り $n=7$なら　　　　　　　　通り $n=8$なら　　　　　　　　通り

◇算数◇

※解答欄は実物大になります。

1	(1)	匹《ひき》
	(2)	個
	(3)	番目
	(4)	分　秒
	(5)	10時　分
	(6)	ア　cm
		イ　m

<table>
<tr><td rowspan="2">2</td><td>(1)</td><td>EH : HD

EG : GC</td></tr>
<tr><td>(2)</td><td>倍</td></tr>
</table>

3	(1)	B
		C
		D
		E
		F
	(2)	A

4

(1)

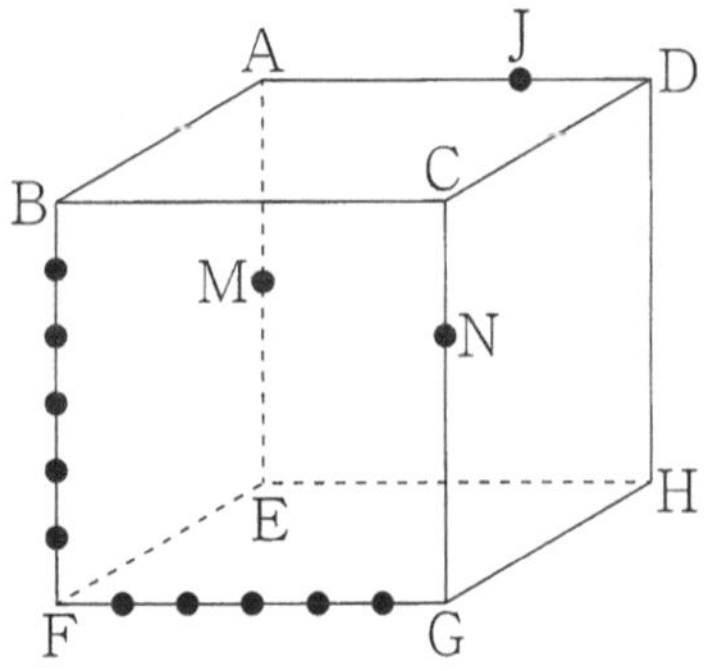

(2) cm^3

(3) CI : IH

(4)

《考え方を記す欄》

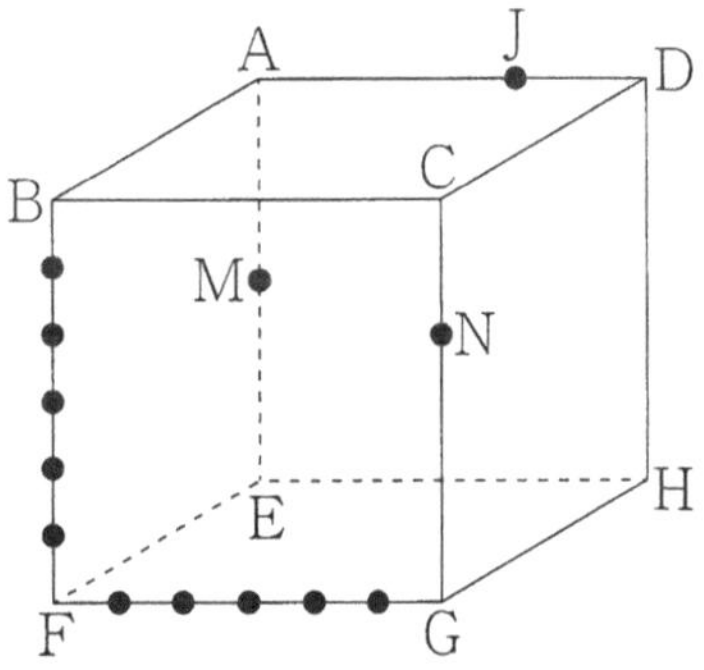

cm^3

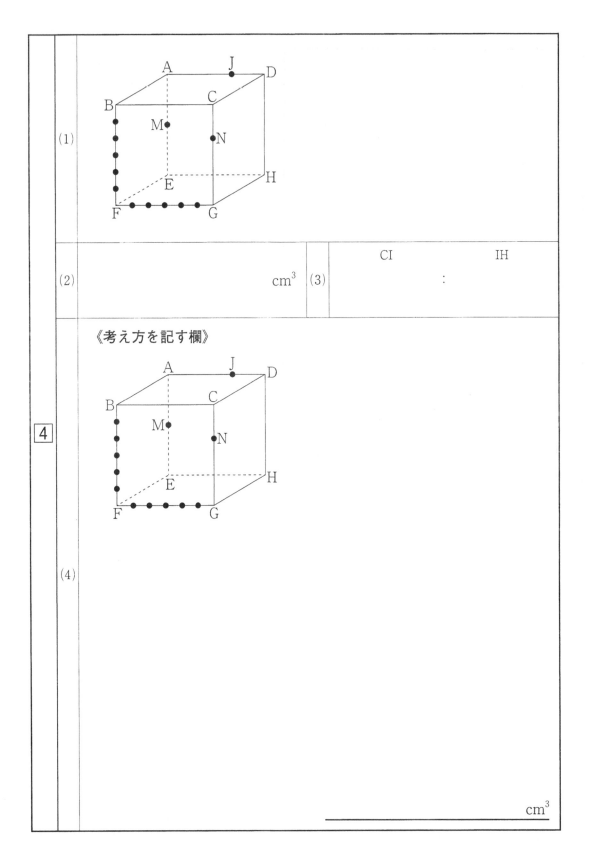

栄東中学校（東大Ⅱ）　2024年度

◇理科◇

※解答欄は実物大になります。

1	問1	A	B	C	D	問2		問3	
	問4	A	B	C	D				
	問5	A	B	C	D	問6		問7	

2	問1		問7
	問2		
	問3		
	問4	分　秒	
	問5	℃	
	問6		

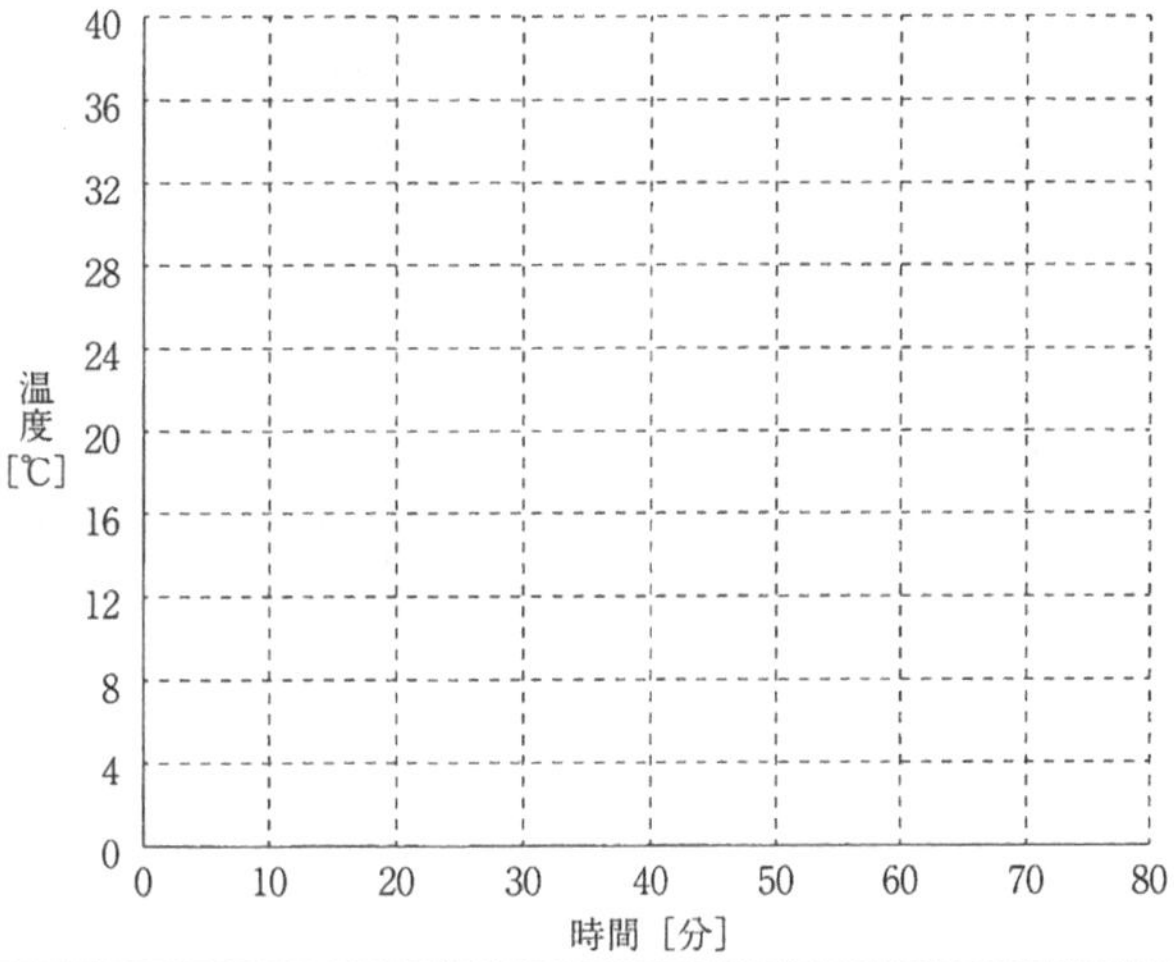

3	問1		問2		問3		問4	
	問5		問6		問7			

4	問1		問2	℃	問3	温度　℃	湿度　%
	問4						

栄東中学校（東大Ⅱ）　2024年度　　◇社会◇

※解答欄は実物大になります。

1	問1		Ⅰ　　川	Ⅱ　　山	
	問2		A	B	C
	問3	(1)	畜産	野菜	
		(2)	三重県	広島県	
		(3)	中国	ベトナム	
	問4				
	問5				
	問6		京都市	福岡市	
	問7				
	問8	(1)	(　　　　　　　　　　)こと		
		(2)			
	問9	(1)		(2)	
		(3)	あ	い	
		(4)			

2	問1		
	問2		
	問3	2番目	4番目
	問4		
	問5		
	問6	2番目	4番目
	問7		
	問8		
	問9	2番目	4番目
	問10	2番目	4番目
	問11		
	問12	2番目	4番目
	問13	2番目	4番目
	問14	**日本では、**	
		ロシアでは、	

3	問1	(1)		(2)		
	問2		問3		問4	
	問5		問6		問7	

◇国語◇

栄東中学校(東大Ⅱ)　２０２４年度

※１４５%に拡大していただくと，解答欄は実物大になります。

一

1　2　3　4

5　6　7　8

二

1　2　3　4　5

6　7　8　9　10

三

問一　問二　問三 A　B

問四　問五

問六

問七

問八

四

問一 A　B　C　問二　問三

問四　問五

問六

問七

を伝えたほうがいいということ。

問八

◇算数◇

※ 102％に拡大していただくと，解答欄は実物大になります。

1	(1)	分　秒
	(2)	FH : HE
	(3)	分　秒
	(4)	分後
	(5)	g
	(6)	個

2

(1)

《考え方を記す欄》

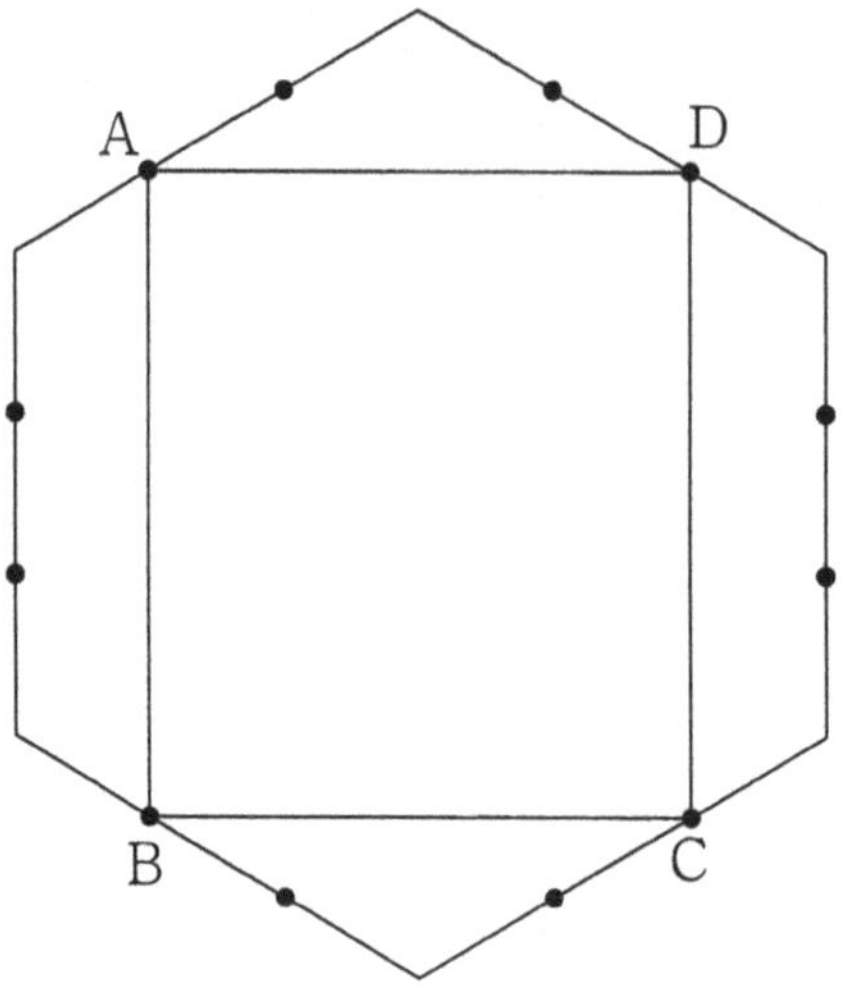

cm^2

(2) cm^2

(3) cm^2

(4) cm^2

3	(1)	
	(2)	
	(3)	《考え方を記す欄》

4

(1)

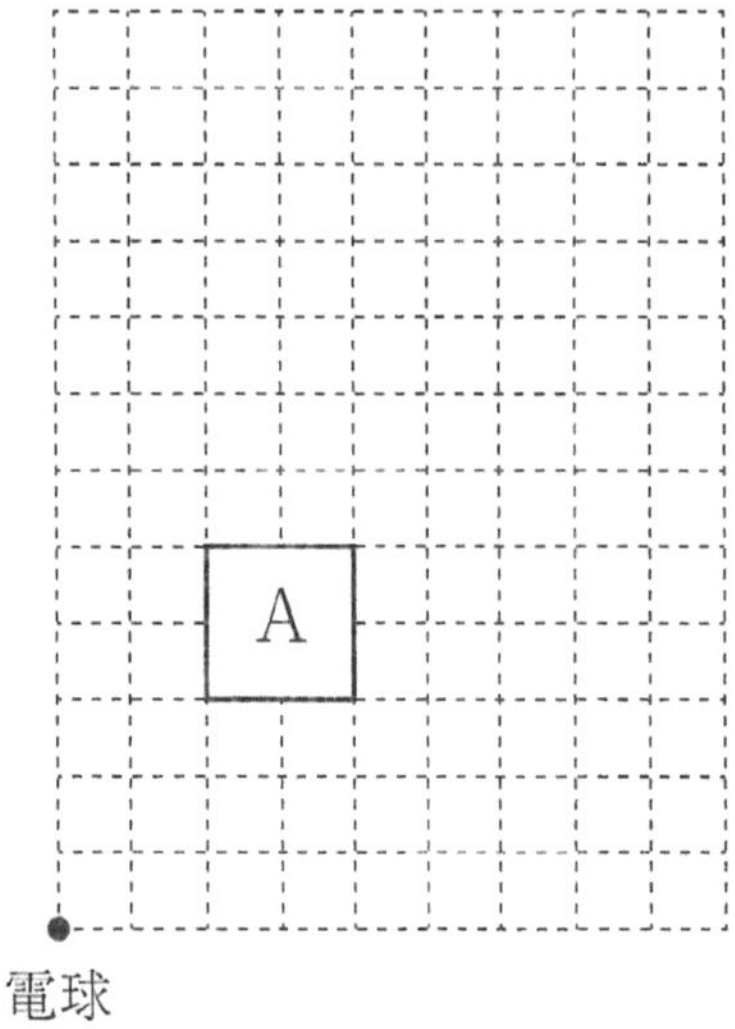

m^2

(2)

m

(3)

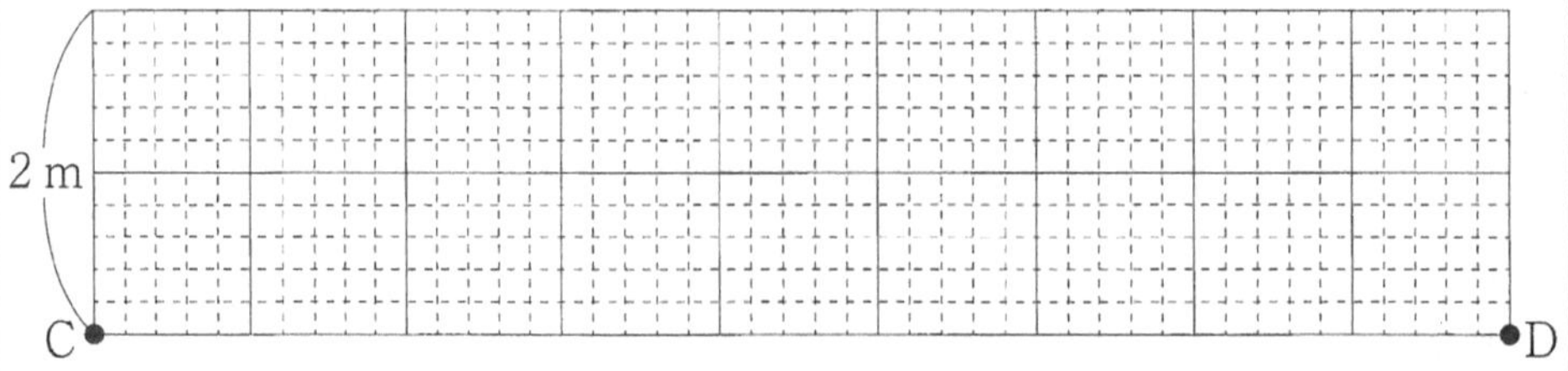

m^2

栄東中学校(東大特待Ｉ)　2023年度

◇理科◇

※解答欄は実物大になります。

1	問1	cm	問2	cm	問3	cm
	問4	g	問5			
	問6	あ　g	い　cm			
	問7	う	え　cm	お　cm		

2	問1		問2	%	問3	
	問4		問5		問6	g
	問7	%				

3	問1		問2		問3	
	問4		問5			
	問6			問7		

4	問1	(1)	(2)
	問2	(1)　km	(2)　秒速　km
	問3	(1)　10時59分　秒	(2)　km
	問4	秒後	

栄東中学校(東大特待Ⅰ)　2023年度　　◇社会◇

※ 111%に拡大していただくと，解答欄は実物大になります。

1	問1	(1)	Ⅰ　湾		Ⅱ　諸島
		(2)	松本市	鳥取市	
		(3)	東北地方	中国地方	
	問2	(1)	みかん	スダチ	
		(2)			
		(3)			
		(4)			
		(5)	青森県	大分県	
		(6)	北海道	長野県	
	問3	(1)	群馬県	奈良県	
		(2)			
		(3)	Ⅰ		
			Ⅱ		
	問4	(1)			
		(2)			

2	問1	2番目	4番目
	問2		
	問3	人事面	
		財政面	
	問4		
	問5		
	問6		
	問7	2番目	4番目
	問8		
	問9		
	問10		
	問11	2番目	4番目
	問12	2番目	4番目
	問13	町　　段	歩
	問14		

3	問1	
	問2	
	問3	
	問4	
	問5	
	問6	
	問7	
	問8	

栄東中学校(東大特待Ⅰ)　２０２３年度

※１４５%に拡大していただくと、解答欄は実物大になります。

◇国語◇

一

1		2		3		4	
5		6		7		8	

二

1		2		3		4		5	
6		7		8		9		10	

三

問一 （15字）

問二　問三 A　B　問四

問五 （　　）という問題。

問六　問七

問八 自分が選ぶ方を○でかこむ　有機栽培　慣行栽培

四

問一 a　b

問二 A　B　C　問三

問四 （15字）

問五 → → → → → → →　問六　問七

問八　問九

問十 （70字）

栄東中学校（1教科入試）　2023年度

◇算数◇

※ 102%に拡大していただくと，解答欄は実物大になります。

1	(1)	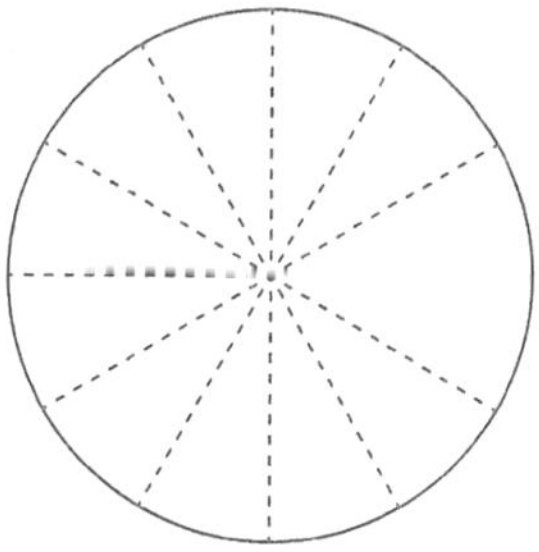
	(2)	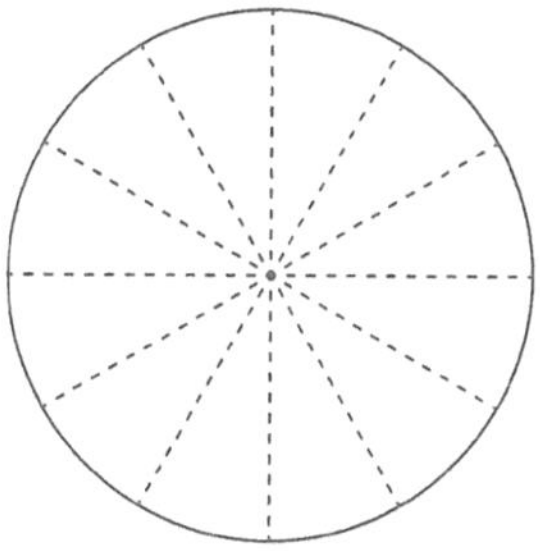

2	(1)	個分
	(2)	個分

3

栄くんへ

東より

4

ア		イ	

栄東中学校（東大Ⅱ）　2023年度

◇算数◇

※ 102％に拡大していただくと，解答欄は実物大になります。

1	(1)	
	(2)	袋
	(3)	GI　：　IC
	(4)	番目
	(5)	午後5時　分
	(6)	通り

2	(1)	個
	(2)	個
	(3)	《考え方を記す欄》 個

3

(1)

(2) cm^2

(3)

《考え方を記す欄》

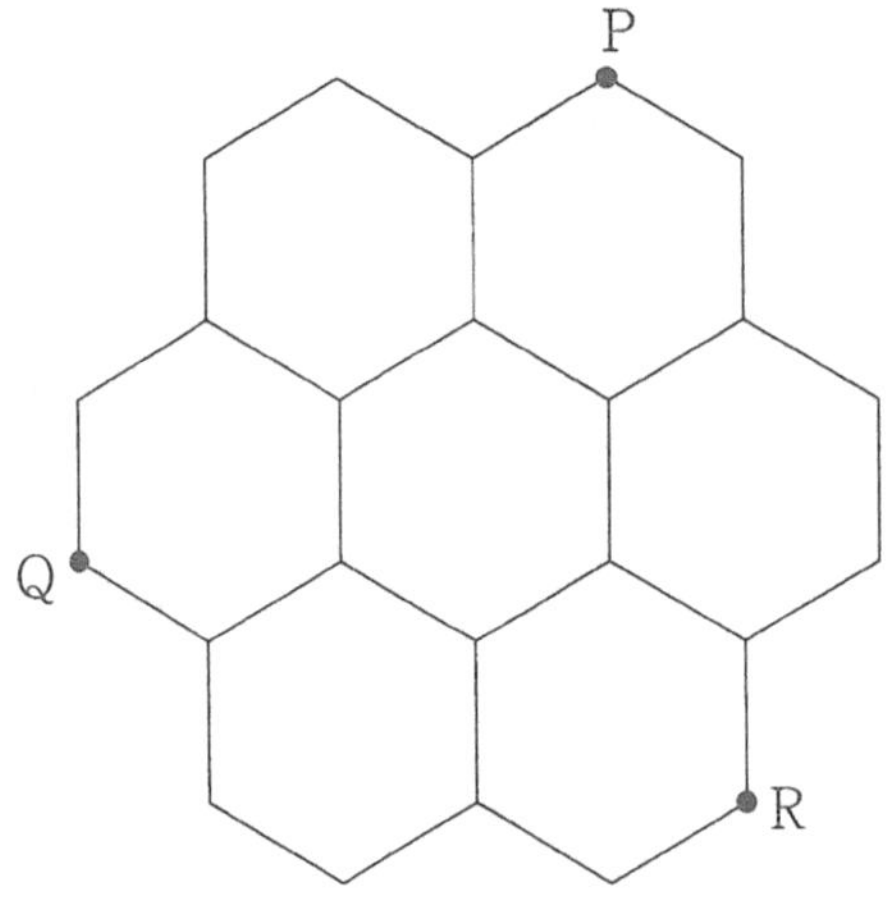

cm^2

4

(1)

(2) IQ : QR

(3)

《考え方を記す欄》

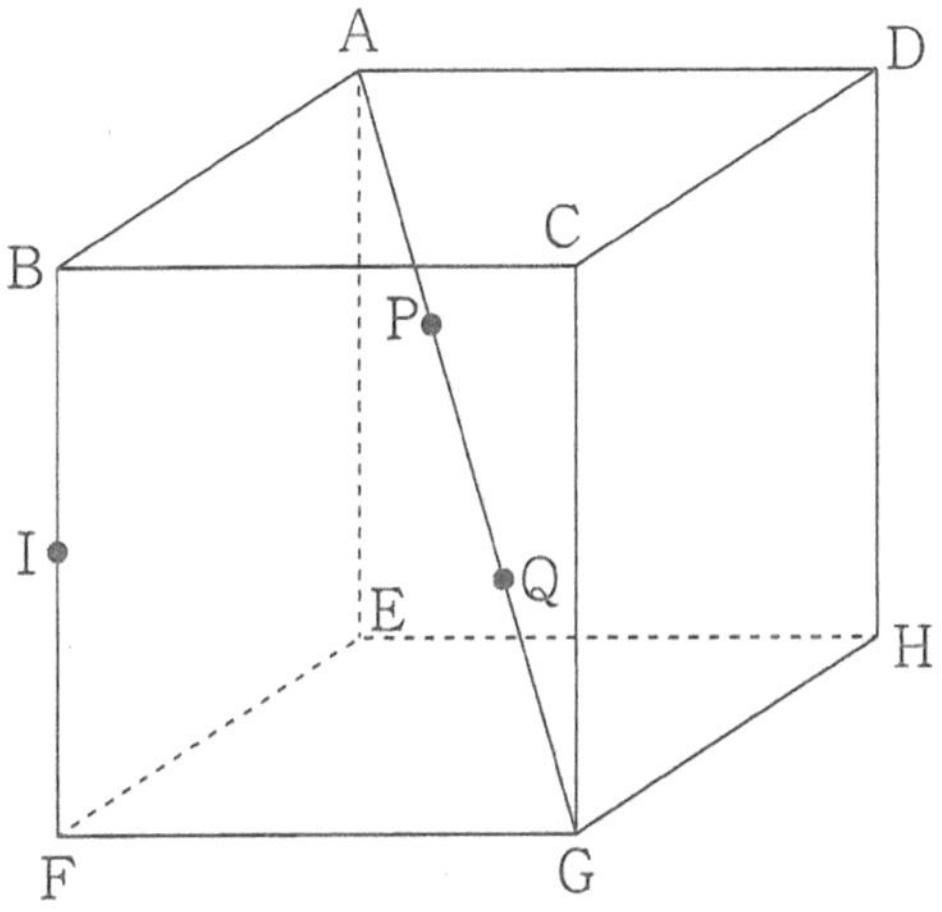

倍

栄東中学校（東大Ⅱ）　2023年度

◇理科◇

※解答欄は実物大になります。

1	問1		問2		問3		問4	
	問5	℃	問6	℃	問7	℃		

2	問1		問2		問3		問4	
	問5		問6		問7			

3	問1		問2		問3		問4	
	問5		問6		問7			

4	問1	(1)	(2)						
		理由							
	問2	①	②	問3	(1)	(2)	問4		

栄東中学校（東大Ⅱ）　2023年度　◇社会◇

※ 111％に拡大していただくと，解答欄は実物大になります。

1	問1	(1)	Ⅰ　山	Ⅱ　川
		(2)		
		(3)	金沢市	高松市
	問2	(1)		
		(2)		
		(3)	秋田県	沖縄県
		(4)	長野県	群馬県
		(5)	関西国際空港	千葉港
	問3	(1)		
		(2)		
		(3)		
		(4)	良い点	
			悪い点	
	問4	(1)		
		(2)		
		(3)		

2	問1		
	問2	2番目	4番目
	問3		
	問4		
	問5	2番目	4番目
	問6	2番目	4番目
	問7	2番目	4番目
	問8		
	問9		
	問10	2番目	4番目
	問11		
	問12		
	問13	2番目	4番目
	問14		

3	問1	(1)	
		(2)	
	問2		
	問3		
	問4		
	問5		
	問6		
	問7		

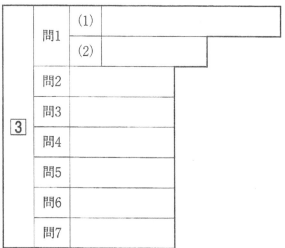

◇国語◇

栄東中学校(東大Ⅱ)　２０２３年度

※１４５％に拡大していただくと，解答欄は実物大になります。

一
1　2　3　4
5　6　7　8

二
1　2　3　4　5
6　7　8　9　10

三
問一　A　B　C
問二　問三　問四　i　ii
問五　20　30
問六　問七　問八　問九

四
問一　A　B　C
問二　20　30
問三
問四　問五　(1)　(2)　問六
問七　40　60
問八

MEMO

大切なことはメモしておこうネ！

MEMO

大切なことはメモしておこうネ！

東京学参の
中学校別入試過去問題シリーズ

＊出版校は一部変更することがあります。一覧にない学校はお問い合わせください。

東京ラインナップ

あ 青山学院中等部(L04)
麻布中学(K01)
桜蔭中学(K02)
お茶の水女子大附属中学(K07)
か 海城中学(K09)
開成中学(M01)
学習院中等科(M03)
慶應義塾中等部(K04)
啓明学園中学(N29)
晃華学園中学(N13)
攻玉社中学(L11)
国学院大久我山中学
　(一般・CC)(N22)
　(ＳＴ)(N23)
駒場東邦中学(L01)
さ 芝中学(K16)
芝浦工業大附属中学(M06)
城北中学(M05)
女子学院中学(K03)
巣鴨中学(M02)
成蹊中学(N06)
成城中学(K28)
成城学園中学(L05)
青稜中学(K23)
創価中学(N14)★
た 玉川学園中学部(N17)
中央大附属中学(N08)
筑波大附属中学(K06)
筑波大附属駒場中学(L02)
帝京大中学(N16)
東海大菅生高中等部(N27)
東京学芸大附属竹早中学(K08)
東京都市大付属中学(L13)
桐朋中学(N03)
東洋英和女学院中学部(K15)
豊島岡女子学園中学(M12)
な 日本大第一中学(M14)
日本大第三中学(N19)
日本大第二中学(N10)
は 雙葉中学(K05)
法政大学中学(N11)
本郷中学(M08)
ま 武蔵中学(N01)
明治大付属中野中学(N05)
明治大付属八王子中学(N07)
明治大付属明治中学(K13)
ら 立教池袋中学(M04)
わ 和光中学(N21)
早稲田中学(K10)
早稲田実業学校中等部(K11)
早稲田大高等学院中学部(N12)

神奈川ラインナップ

あ 浅野中学(O04)
栄光学園中学(O06)
か 神奈川大附属中学(O08)
鎌倉女学院中学(O27)
関東学院六浦中学(O31)
慶應義塾湘南藤沢中等部(O07)
慶應義塾普通部(O01)
さ 相模女子大中学部(O32)
サレジオ学院中学(O17)
逗子開成中学(O22)
聖光学院中学(O11)
清泉女学院中学(O20)
洗足学園中学(O18)
捜真女学校中学部(O29)
た 桐蔭学園中等教育学校(O02)
東海大付属相模高中等部(O24)
桐光学園中学(O16)
な 日本大中学(O09)
は フェリス女学院中学(O03)
法政大第二中学(O19)
や 山手学院中学(O15)
横浜隼人中学(O26)

千・埼・茨・他ラインナップ

あ 市川中学(P01)
浦和明の星女子中学(Q06)
か 海陽中等教育学校
　(入試Ⅰ・Ⅱ)(T01)
　(特別給費生選抜)(T02)
久留米大附設中学(Y04)
さ 栄東中学(東大・難関大)(Q09)
栄東中学(東大特待)(Q10)
狭山ヶ丘高校付属中学(Q01)
芝浦工業大柏中学(P14)
渋谷教育学園幕張中学(P09)
城北埼玉中学(Q07)
昭和学院秀英中学(P05)
清真学園中学(S01)
西南学院中学(Y02)
西武学園文理中学(Q03)
西武台新座中学(Q02)
専修大松戸中学(P13)
た 筑紫女学園中学(Y03)
千葉日本大第一中学(P07)
千葉明徳中学(P12)
東海大付属浦安高中等部(P06)
東邦大付属東邦中学(P08)
東洋大附属牛久中学(S02)
獨協埼玉中学(Q08)
な 長崎日本大中学(Y01)
成田高校付属中学(P15)
は 函館ラ・サール中学(X01)
日出学園中学(P03)
福岡大附属大濠中学(Y05)
北嶺中学(X03)
細田学園中学(Q04)
や 八千代松陰中学(P10)
ら ラ・サール中学(Y07)
立命館慶祥中学(X02)
立教新座中学(Q05)
わ 早稲田佐賀中学(Y06)

公立中高一貫校ラインナップ

北海道 市立札幌開成中等教育学校(J22)
宮　城 宮城県仙台二華・古川黎明中学校(J17)
市立仙台青陵中等教育学校(J33)
山　形 県立東桜学館・致道館中学校(J27)
茨　城 茨城県立中学・中等教育学校(J09)
栃　木 県立宇都宮東・佐野・矢板東高校附属中学校(J11)
群　馬 県立中央・市立四ツ葉学園中等教育学校・
市立太田中学校(J10)
埼　玉 市立浦和中学校(J06)
県立伊奈学園中学校(J31)
さいたま市立大宮国際中等教育学校(J32)
川口市立高等学校附属中学校(J35)
千　葉 県立千葉・東葛飾中学校(J07)
市立稲毛国際中等教育学校(J25)
東　京 区立九段中等教育学校(J21)
都立大泉高等学校附属中学校(J28)
都立両国高等学校附属中学校(J01)
都立白鷗高等学校附属中学校(J02)
都立富士高等学校附属中学校(J03)
都立三鷹中等教育学校(J29)
都立南多摩中等教育学校(J30)
都立武蔵高等学校附属中学校(J04)
都立立川国際中等教育学校(J05)
都立小石川中等教育学校(J23)
都立桜修館中等教育学校(J24)
神奈川 川崎市立川崎高等学校附属中学校(J26)
県立平塚・相模原中等教育学校(J08)
横浜市立南高等学校附属中学校(J20)
横浜サイエンスフロンティア高校附属中学校(J34)
広　島 県立広島中学校(J16)
県立三次中学校(J37)
徳　島 県立城ノ内中等教育学校・富岡東・川島中学校(J18)
愛　媛 県立今治東・松山西中等教育学校(J19)
福　岡 福岡県立中学校・中等教育学校(J12)
佐　賀 県立香楠・致遠館・唐津東・武雄青陵中学校(J13)
宮　崎 県立五ヶ瀬中等教育学校・宮崎西・都城泉ヶ丘高校附属中学校(J15)
長　崎 県立長崎東・佐世保北・諫早高校附属中学校(J14)

公立中高一貫校
「適性検査対策」
問題集シリーズ

総合編
作文問題編
資料問題編
数と図形編
生活と科学編
実力確認テスト編

私立中・高スクールガイド
THE《ザ》 私立
私立中学&高校の学校生活がわかる!

〈ダウンロードコンテンツについて〉

本問題集のダウンロードコンテンツ、弊社ホームページで配信しております。現在ご利用いただけるのは「2025年度受験用」に対応したもので、**2025年3月末日**までダウンロード可能です。弊社ホームページにアクセスの上、ご利用ください。

※配信期間が終了いたしますと、ご利用いただけませんのでご了承ください。

中学別入試過去問題シリーズ

栄東中学校（東大特待）　2025年度

ISBN978-4-8141-3232-4

[発行所] 東京学参株式会社

〒153-0043　東京都目黒区東山2-6-4

書籍の内容についてのお問い合わせは右のQRコードから ⇒

※書籍の内容についてのお電話でのお問い合わせ、本書の内容を超えたご質問には対応できませんのでご了承ください。

2024年7月18日　初版